Hock/Mayer/Hilbert
Immobiliarvollstreckung

Immobiliarvollstreckung

Zwangsversteigerung
Teilungsversteigerung
Zwangsverwaltung
Insolvenzverwalterversteigerung

Tipps und Taktik

von

Rainer Hock
und
Günter Mayer

unter Mitarbeit von
Alfred Hilbert

2., völlig neu bearbeitete und erweiterte Auflage

C.F. Müller Verlag · Heidelberg

1. Auflage bearbeitet von Rainer Hock und Günter Mayer
unter dem Titel „Immobiliarvollstreckung I"

Bibliografische Information Der Deutschen Bibliothek

Die Deutsche Bibliothek verzeichnet diese Publikation
in der Deutschen Nationalbibliografie; detaillierte bibliografische Daten
sind im Internet über <http://dnb.ddb.de> abrufbar.

© 2005 C. F. Müller, Verlagsgruppe Hüthig Jehle Rehm GmbH, Heidelberg
Printed in Germany
Satz: Strassner ComputerSatz, Leimen
Druck: Druckerei Lokay, Reinheim
ISBN 3-8114-5068-9

Vorwort

Das Gebiet der Immobiliarvollstreckung gilt als besonders schwierig, weshalb bereits eine Reihe guter Kommentare und Studienbücher erschienen sind. Was fehlt, ist ein Grundriss, der keine Vorkenntnisse aus dem Bereich des Zwangsversteigerungsgesetzes voraussetzt. Diese Lücke will das Buch schließen.

Es wendet sich somit an alle, die sich Grundkenntnisse auf den Gebieten Zwangsversteigerung und Zwangsverwaltung verschaffen oder bereits vorhandene Kenntnisse auffrischen und vertiefen wollen. Der Adressatenkreis umfasst damit insbesondere Rechtsanwälte, die sich in das komplizierte Gebiet der Immobiliarvollstreckung einarbeiten wollen, weshalb das Werk in der Praxis dienliche Tipps enthält und das anwaltliche Kostenrecht (RVG) Beachtung gefunden hat.

Das Buch richtet sich weiter an Bürovorsteher und Rechtsanwaltsfachangestellte, welche mit der Bearbeitung von Zwangsversteigerungs- und Zwangsverwaltungsangelegenheiten betraut sind und nicht zuletzt an die Mitarbeiter der Kreditinstitute und kommunalen Kassen, die auf Gläubigerseite solche Verfahren betreiben müssen.

Ganz besonders wendet sich das Werk an die Studierenden der Fachhochschulen und Universitäten, da es sowohl als Begleitmaterial für das Grundstudium als auch für das Selbststudium Verwendung finden kann. Es will auf seinem Gebiet jene Grundkenntnisse vermitteln, welche zum sachgemäßen Gebrauch der vorhandenen Kommentare und Studienbücher unverzichtbar sind, wobei lediglich die Grundzüge des allgemeinen Vollstreckungsrechts und des Immobiliarsachenrechts vorausgesetzt werden. Schließlich soll es Rechtspflegern dienen, welche viele Jahre nach ihrer Ausbildung als Entscheidungsträger im Bereich der Immobiliarvollstreckung tätig werden und daher ihre in der Ausbildung erworbenen Kenntnisse rasch auffrischen müssen.

In der nun vorliegenden, völlig überarbeiteten und erweiterten 2. Auflage erfasst das Buch erstmals alle wichtigen Verfahren der Immobiliarvollstreckung, nämlich die Zwangsversteigerung zum Zwecke der Zwangsvollstreckung (Vollstreckungsversteigerung), die Zwangsversteigerung zur Aufhebung einer Gemeinschaft (Teilungsversteigerung) und die Zwangsverwaltung. Weiter wird die Zwangsversteigerung auf Antrag des Insolvenzverwalters dargestellt.

In seinem Aufbau folgt das Buch in den einzelnen Teilen dem Ablauf des jeweiligen Verfahrens. Am Beispiel der Vollstreckungsversteigerung erklärt, führt das Werk also von der Verfahrensanordnung über die Möglichkeiten der einstweiligen Einstellung bis zum Versteigerungstermin, der Entscheidung über den Zuschlag, der anschließenden Erlösverteilung und der Schlussabwicklung.

Besondere Schwierigkeiten bei der Anwendung des Zwangsversteigerungsgesetzes entstehen, wenn mehrere Grundstücke im einheitlichen Verfahren versteigert werden. Die Verfasser haben daher auf ein an den Fachhochschulen für Rechtspflege seit Jahren bewährtes Konzept zurückgegriffen und im 1. Teil (Vollstreckungsversteigerung) zunächst die Versteigerung nur **eines** Grundstücks dargestellt (1. Abschnitt). Im 2. Abschnitt des 1. Teils werden dann die Besonderheiten erklärt, welche durch die Versteigerung **mehrerer** Grundstücke im einheitlichen Verfahren entstehen.

Vorwort

Mit Rücksicht auf ihre besondere Bedeutung wurden die Berührungspunkte zwischen dem Zwangsversteigerungs- bzw. Zwangsverwaltungsrecht und dem Insolvenzrecht besonders herausgearbeitet, auch um gerade jenen Benutzern Hilfe zu bieten, die ihre berufliche Ausbildung noch unter der Geltung der Konkursordnung oder Gesamtvollstreckungsordnung absolviert haben.

Gesetzgebung, Rechtsprechung und Schrifttum sind bis Ende Oktober 2004 berücksichtigt.

Im Oktober 2004

Landau in der Pfalz *Rainer Hock*
Kaiserslautern *Günter Mayer*
Rottenburg am Neckar *Alfred Hilbert*

Benutzerhinweise

Vorweg einige praktische Hinweise für die Nutzung dieses Buches.

Die einzelnen Bände der Reihe »Tipps und Taktik« beschränken sich inhaltlich auf ein Rechtsgebiet, in dem sie dem Leser die Arbeit in der Praxis erleichtern sollen. Hierzu gehören die durchgehenden Randnummern und das ausführliche Stichwortverzeichnis, die ein schnelles Nachschlagen einzelner Punkte ermöglichen. Eine weitere Hilfe stellen die in den Text eingefügten Tipps dar. Darüber hinaus werden Muster, Checklisten, Übersichten und Tabellen, sowie Beispiele in einem jeweils eigenen Grauton unterlegt.

        Muster
        Checklisten, Tabellen, Übersichten
        Beispiele

Soweit im Text auf Muster, Beispiele etc. verwiesen wird, wurden auch diese mit einer Randnummer versehen.

Da die Reihe »Tipps und Taktik« ausschließlich von Praktikern für Praktiker geschrieben wurde, ist der Verlag für Anregungen aus der Praxis seiner Leser dankbar.

Inhaltsverzeichnis

Vorwort V
Benutzerhinweise VII
Abkürzungsverzeichnis XXIX
Literaturverzeichnis XXXIII

Einführung in die Immobiliarvollstreckung

A. Definition 1
B. Gesetzliche Grundlagen 1
C. Gegenstände der Immobiliarvollstreckung 1
D. Arten der Immobiliarvollstreckung 2

1. Teil
Zwangsversteigerung zum Zwecke der Zwangsvollstreckung (Vollstreckungsversteigerung)

1. Abschnitt
Versteigerung eines Grundstücks

1. Kapitel
Verfahren über die Anordnung der Vollstreckungsversteigerung

A. Versteigerungsobjekte 5
B. Versteigerungsantrag 6
   I. Zuständigkeit 6
     1. Sachliche Zuständigkeit 6
     2. Örtliche Zuständigkeit 6
     3. Funktionelle Zuständigkeit 7
   II. Voraussetzungen und Inhalt des Antrags 7
     1. Übersicht 7
     2. Vollstreckungsschuldner 8
        a) Normalfall 8
        b) Mehrere Schuldner 8
        c) Gütergemeinschaft 8
        d) Tod des Grundstückseigentümers 9
        e) Juristische Person, Handelsgesellschaft 10
        f) BGB-Gesellschaft 10
     3. Bezeichnung des Grundstücks 10
     4. Die zu vollstreckende Forderung 11
        a) Rangklassen (RK) 11
        b) Hauptforderung 11
        c) Zinsen 11
        d) Kosten der Rechtsverfolgung 11
     5. Vollstreckungstitel 13

C. Entscheidung über den Antrag ... 15
I. Prüfung durch das Vollstreckungsgericht ... 15
1. Allgemeine Prüfung ... 15
a) Tätigkeit der Geschäftsstelle ... 15
b) Allgemeine Prozessvoraussetzungen ... 15
c) Allgemeine und besondere Vollstreckungsvoraussetzungen ... 15
2. Besondere Prüfung (§ 28 ZVG) ... 16
II. Entscheidung des Vollstreckungsgerichts ... 17
1. Beanstandung des Antrags ... 17
2. Aufklärungsverfügung ... 17
3. Zurückweisung des Antrags ... 17
4. Verfügungsbeschränkungen ... 18
a) Eröffnung des Insolvenzverfahrens gegen den Eigentümer ... 18
b) Anordnung einer Testamentsvollstreckung ... 18
c) Schuldner ist nur Vorerbe ... 18
d) Auflassungsvormerkung ... 19
5. Anordnungsbeschluss ... 19
6. Bekanntmachung der Anordnung und Grundbuchersuchen ... 19
7. Beitritt weiterer Gläubiger zum Verfahren ... 20

D. Beschlagnahme ... 21
I. Allgemeines ... 21
II. Eintritt der Beschlagnahme ... 21
III. Wirkung der Beschlagnahme ... 23
1. Relatives Veräußerungsverbot ... 23
2. Gläubiger mit Grundpfandrecht (Haftungsverband) ... 23
3. Gläubiger ohne Haftungsverband ... 24
IV. „Mithaftende Gegenstände" (Haftungsverband) ... 24
1. Vorbemerkung ... 24
2. Haftungsverband der Hypothek ... 24
3. Beschlagnahmeumfang in der Zwangsversteigerung ... 25
4. Haftungsverband, Beschlagnahme und Mobiliarvollstreckung ... 28

E. Rechtsbehelfe im Verfahren über Anordnung und Beitritt ... 29
I. Rechtsbehelf des Schuldners ... 30
II. Rechtsbehelfe des Gläubigers ... 31

F. Kosten im Verfahren über Anordnung und Beitritt ... 31
I. Kosten des Gerichts ... 31
II. Rechtsbehelf gegen den Kostenansatz ... 32
III. Rechtsanwaltskosten ... 32

2. Kapitel
Einstweilige Einstellung und Aufhebung

A. Das System und seine Anwendung ... 33
B. Gegenrechte und Verfügungsbeschränkungen (Beispiele) ... 34
I. Allgemeine Vorbemerkung ... 34
II. Neues Eigentum ... 34
III. Auflassungsvormerkung ... 36
IV. Testamentsvollstreckung ... 36
V. Nachlassverwaltung ... 37

	VI.	Vorerbe und Nacherbe	37
	VII.	Keine Hindernisse	38
C.	**Zwangsversteigerung und Insolvenz**	38
	I.	Insolvenzverfahren als Vollstreckungshindernis	38
		1. Die vollstreckenden Gläubiger	38
		a) Insolvenzgläubiger	38
		b) Gläubiger mit Absonderungsrecht	38
		c) Massegläubiger	39
		d) Berechtigter einer Zwangshypothek	39
		2. Beschlagnahme vor Eröffnung	39
		3. Beschlagnahme zwischen Sicherung und Eröffnung	39
		4. Beschlagnahme nach Eröffnung	40
		a) Insolvenzgläubiger	40
		b) Neugläubiger	40
		c) Absonderungsberechtigte	40
		d) Massegläubiger	40
		5. Vollstreckung aus einer Zwangshypothek	41
	II.	Einstweilige Einstellung auf Antrag des Insolvenzverwalters	41
		1. Antrag	41
		2. Einstellungsgründe und Auflagen	42
		a) Einstellungsgründe	42
		b) Einstellung bei vorläufigem Verwalter	42
		c) Auflagen	42
		3. Aufhebung der einstweiligen Einstellung	43
D.	**Einstweilige Einstellung und Aufhebung auf Grund einer Verfahrenshandlung**	44
	I.	Antragsrücknahme durch den Gläubiger	44
	II.	Bewilligung der einstweiligen Einstellung durch den Gläubiger	45
	III.	Einstweilige Einstellung auf Schuldnerantrag nach § 30a ZVG	46
		1. Schuldnervortrag	46
		2. Gläubigervortrag	46
		3. Verfahren	46
	IV.	Antrag des Schuldners nach § 765a ZPO	48
	V.	Entscheidung des Prozessgerichts	49
	VI.	Sonstige Einstellungsfälle (Beispiele)	49
E.	**Rechtsbehelfe bei einstweiliger Einstellung und Aufhebung**	50
F.	**Kosten bei einstweiliger Einstellung und Aufhebung**	51
	I.	Kosten des Gerichts	51
	II.	Rechtsanwaltskosten	51

3. Kapitel
Verfahren bis zum Versteigerungstermin

A.	**Was jetzt zu erledigen ist**	51
B.	**Wertfestsetzung**	52
	I.	Vorbereitung	52
	II.	Verfahren bis zum Gutachten	53
	III.	Entscheidung	54

C. Bestimmung des Versteigerungstermins ... 55
    I. Terminstag und Terminsort ... 55
    II. Terminsbestimmung ... 58
    III. Bekanntmachung ... 58
    IV. Zustellungsformen ... 58
    V. Die Zeit bis zum Termin ... 59

D. Grundsätze für das weitere Verfahren ... 60
    I. Einführung einer Forderung in das Verfahren ... 60
    II. Wiederkehrende Leistungen ... 60

E. Rangklassen (RK) des § 10 Abs. 1 ZVG ... 62
    I. Rangklasse 1 ... 62
    II. Rangklasse 1a ... 62
    III. Rangklasse 2 ... 63
    IV. Rangklasse 3 ... 63
        1. Einmalige Leistungen ... 63
        2. Wiederkehrende Leistungen ... 64
    V. Rangklasse 4 ... 64
    VI. Rangklasse 5 ... 66
    VII. Rangklasse 6 ... 66
    VIII. Rangklassen 7 und 8 ... 66
    IX. „Inoffizielle" Rangklassen ... 66

F. Das geringste Gebot (gG) ... 67
    I. Begriffsbestimmung ... 67
    II. Bestbetreibender Gläubiger ... 67
    III. Aufbau ... 69
    IV. Bestehen bleibende Rechte ... 70
    V. Mindestbargebot ... 71
        1. Kosten des Verfahrens ... 71
        2. Weitere Beträge ... 72

4. Kapitel
Versteigerungstermin

A. Vom Aufruf der Sache bis zur Aufforderung, Gebote abzugeben ... 74
    I. Gliederung, Öffentlichkeit und Protokoll ... 74
    II. Feststellung der Beteiligten ... 75
    III. Bekanntmachungen ... 75
    IV. Miet- und Pachtverhältnisse/Mietkaution ... 76
    V. Anträge zum Verfahren ... 77
        1. Abweichende Versteigerungsbedingungen ... 77
        2. Schuldnerfremdes Zubehör ... 78
        3. Zuzahlungsbetrag ... 79
    VI. Bekanntgabe der Versteigerungsbedingungen ... 80
    VII. Aufforderung zur Abgabe von Geboten ... 82

B. Die Bietezeit ... 82
I. Abgabe von Geboten ... 82
II. Zulassung, Zurückweisung, Widerspruch ... 84
III. Sicherheitsleistung ... 85
1. Grundsätze ... 85
2. Darf der Beteiligte Sicherheit verlangen? ... 85
3. Muss der Bieter Sicherheit leisten? ... 86
4. Wie hoch ist die Sicherheit? ... 86
5. Welches Sicherungsmittel ist tauglich? ... 87
6. Sicherheitsverlangen; Verfahren ... 88
7. Behandlung der Sicherheit ... 89
IV. Vorzeitige Beendigung des Termins ... 90
1. Aufhebung oder einstweilige Einstellung ... 90
2. Zahlung an das Gericht ... 91
3. Ablösung ... 91
C. Schlussverhandlung ... 91
I. Schluss der Versteigerung ... 91
II. Ergebnisloser Termin ... 92
III. Verhandlung über den Zuschlag ... 92

5. Kapitel
Zuschlag

A. Entscheidung über den Zuschlag ... 94
I. Versagung des Zuschlags ... 94
1. Grundlagen ... 94
2. Versagungsgründe ... 94
   a) Unzulässiges Gebot ... 94
   b) Fehlende Identität von Versteigerungs- und Zuschlagsobjekt ... 95
   c) Handlungen nach Schluss der Versteigerung ... 95
   d) Nicht ausreichendes Meistgebot ... 96
   e) Versagungsgründe nach § 83 ZVG ... 98
3. Entscheidung ... 99
4. Fortsetzung des Verfahrens ... 99
II. Erteilung des Zuschlags ... 99
B. Inhalt, Bekanntmachung, Wirkungen ... 100
I. Inhalt des Zuschlagsbeschlusses ... 100
II. Bekanntmachung des Zuschlagsbeschlusses ... 101
III. Wirkungen des Zuschlagsbeschlusses ... 102
1. Eigentumserwerb ... 102
2. Erlöschen der Rechte ... 102
3. Vollstreckungstitel ... 103
C. Rechtsbehelfe bei der Entscheidung über den Zuschlag ... 104
D. Kosten für den Versteigerungstermin und die Entscheidung über den Zuschlag ... 105
I. Kosten des Gerichts ... 105
II. Rechtsanwaltskosten ... 105

6. Kapitel
Verteilung des Erlöses

- **A. Vorbereitung des Verteilungstermins** 106
  - I. Terminsbestimmung 106
  - II. Bekanntmachung des Verteilungstermins 107
  - III. Vorläufiger Teilungsplan 107
    1. Begriff 107
    2. Grundlagen für die Aufstellung des Plans 108
       a) Grundbuch 108
       b) Anmeldungen 108
       c) Grundlagen für die Berechnung 109
- **B. Teilungsplan** 110
  - I. Zweck und Form 110
  - II. Einzelteile des Plans 111
    1. Vorbericht 111
    2. Bestehen bleibende Rechte 111
    3. Teilungsmasse 111
    4. Schuldenmasse 111
       a) Bedeutung 111
       b) Kosten 112
       c) Rangklassen 1, 1a und 2 112
       d) Rangklasse 3 113
       e) Nebenleistungen bestehen gebliebener Rechte (RK 4) 113
       f) Erloschene Rechte (RK 4) 114
       g) Gläubiger der Rangklasse 5 114
       h) Berechtigte der Rangklasse 6 115
       i) Rangklassen 7 und 8 115
       j) Ansprüche mit Rangverlust 116
       k) Erlösüberschuss 116
    5. Zuteilung 116
  - III. Bewertung der nicht auf Kapital gerichteten Rechte 117
    1. Einteilung 117
    2. Wertersatz durch Einmalzahlung 117
    3. Wertersatz durch Rente 118
    4. Auszahlung des Wertersatzes 120
- **C. Verteilungstermin** 120
  - I. Verfahren im Termin 120
    1. Terminsverlauf ohne Notwendigkeit einer Planänderung 120
    2. Erklärungen im Termin, die zur Planänderung führen 121
       a) Anmeldungen 121
       b) Widersprüche 121
       c) Vereinbarung über das Bestehen bleiben erloschener Rechte 123
    3. Beträge, die nicht ohne weiteres auszahlbar sind 124
       a) Briefrechte 124
       b) Rechte unbestimmten Betrages 125
  - II. Eigentümerrechte und Erlösverteilung 126
    1. Grundsätze 126
       a) Offene und verdeckte Eigentümergrundschuld 126
       b) Bestehen gebliebene Eigentümergrundschuld 126

		c) Erloschene Eigentümergrundschuld	127
		4. Sicherungsgrundschuld	130
		a) Grundsätze	130
		b) Bestehen gebliebene Sicherungsgrundschuld	131
		c) Erloschene Sicherungsgrundschuld	132
	III.	Außergerichtliche Erlösverteilung	133
		1. Allgemeines	133
		2. Außergerichtliche Einigung	134
		3. Außergerichtliche Befriedigung	134
D.	Rechtsbehelfe im Verteilungsverfahren		135
E.	Kosten im Verteilungsverfahren		136
	I.	Kosten des Gerichts	136
	II.	Rechtsanwaltskosten	136
F.	Pfändungen im Verteilungsverfahren		137
	I.	Erloschenes Grundpfandrecht	137
	II.	Erloschene Eigentümergrundschuld	138
	III.	Hinterlegung und Pfändung	139
	IV.	Pfändung des Rückgewähranspruchs bei erloschener Sicherungsgrundschuld	139
		1. Vornahme	139
		2. Wirkung der Pfändung	139
	V.	Pfändung des Erlösüberschusses	141

7. Kapitel
Schlussabwicklung

A.	Auszahlung des Erlöses		141
B.	Grundbuchersuchen		142
	I.	Umfang des Ersuchens	142
	II.	Form des Ersuchens	143
	III.	Prüfungspflicht des Grundbuchamts	144
	IV.	Kosten	144
C.	Sonstige Tätigkeiten		145

8. Kapitel
Nichtzahlung des Bargebots

A.	Allgemeines		145
B.	Forderungsübertragung		146
	I.	Allgemeines	146
	II.	Übertragungsgegenstand	146
	III.	Begünstigter der Übertragung	146
	IV.	Besonderheiten	148
	V.	Rechtsfolgen der Forderungsübertragung	148
	VI.	Wegfall der Befriedigungswirkung	149
		1. Verzicht	149
		2. Wiederversteigerung	149

C.	**Sicherungshypotheken**	149
	I. Allgemeines	149
	II. Besonderheiten	149
	III. Rangverhältnis	150
D.	**Zwangsvollstreckung aus übertragener Forderung**	151
	I. Zwangsvollstreckung in das sonstige Vermögen	151
	II. Zwangsvollstreckung in das versteigerte Grundstück (Wiederversteigerung)	151
	1. Allgemeines	151
	2. Besonderheiten der Wiederversteigerung	152

9. Kapitel
Erbbaurecht und Wohnungseigentum

A.	**Erbbaurecht**	153
	I. Allgemeines	153
	II. Gemeinsame Regeln für die Zwangsversteigerung des Erbbaurechts	154
	1. Anordnung der Zwangsversteigerung	154
	2. Einzelfragen	154
	3. Grundsätze zum Erbbauzins	155
	4. Zuschlag in der Zwangsversteigerung	155
	5. Heimfall	156
	III. Erbbauzins beim „alten" Erbbaurecht	157
	IV. Erbbauzins beim „neuen" Erbbaurecht	159
B.	**Wohnungseigentum**	160
	I. Allgemeines	160
	II. Zwangsversteigerung	160
	1. Zustimmung	160
	2. Geld der Wohnungseigentümer	161

2. Abschnitt
Versteigerung mehrerer Grundstücke

A.	**Grundsatz der Einzelversteigerung**	163
B.	**Voraussetzungen für die gemeinsame Versteigerung**	163
	I. Mehrheit von Grundstücken (Versteigerungsgegenständen)	163
	II. Zuständigkeit	163
	III. Identität	164
C.	**Allgemeine Auswirkungen**	164
	I. Beschlagnahmezeitpunkt	164
	II. Grundstückswert (Verkehrswert)	165
D.	**Ausgebotsarten und Verfahren**	165
	I. Einzelausgebot	165
	II. Gesamtausgebot	165
	III. Gruppenausgebot	165
	IV. Verfahren	166
	V. Verhältnis der einzelnen Ausgebotsarten zueinander	168

	1. Wegfall des Einzelausgebots		168
	2. Reihenfolge der Ausgebotsarten		168

E. Das geringste Gebot (gG) 168
    I. Allgemeines 168
    II. Grundsätze 169
    III. Einzelausgebot 169
        1. Verfahrenskosten 169
            a) Gebühren 169
            b) Auslagen 169
        2. Ansprüche der Rangklassen 1 bis 3 169
        3. Ansprüche der Rangklasse 4 170
        4. Ansprüche der Rangklasse 5 170
    IV. Gesamtausgebot 170
    V. Gruppenausgebot 171
    VI. Erhöhung des geringsten Gebots 171

F. Zuschlagsentscheidung 172

G. Verteilung von Gesamtgrundpfandrechten 176
    I. Voraussetzungen 176
        1. Gesamtgrundpfandrecht 176
        2. Einzel- oder Gruppenausgebot 176
        3. Antrag 176
        4. Keine BGB-Verteilung 177
    II. Durchführung der Verteilung 177
    III. Gegenantrag 179
    IV. Erhöhung nach § 63 Abs. 3 Satz 1 ZVG 180
    V. Zuschlagsentscheidung 181
        1. Gesamtsummenvergleich 182
        2. Einzelerlösvergleich 182

H. Zuschlagsversagung nach §§ 74a, 85a ZVG 183
    I. Zuschlagsversagung nach § 74a ZVG 183
    II. Zuschlagsversagung nach § 85a ZVG 184

I. Einstweilige Einstellung und Aufhebung 184

J. Einstellung nach § 76 ZVG 185
    I. Allgemeines 185
    II. Voraussetzungen 185
    III. Verfahren 185
    IV. Rechtsbehelfe 186

K. Erlösverteilung nach § 112 ZVG 187
    I. Allgemeines 187
    II. Voraussetzungen 187
    III. Verfahren 188
    IV. Fehlbetrag 188

L. Erlösverteilung bei Gesamtrechten 190
    I. Wesen des Gesamtrechts 190
    II. Das Gesamtrecht in der Zwangsversteigerung 191

III. Voraussetzungen für die Verteilung 191
   1. Gesamtrecht 191
   2. Anspruch auf Barzahlung 192
   3. Einzelmassen 192
   4. Ein Versteigerungsverfahren 192
   5. Keine Verteilung nach § 1132 BGB 193
IV. Durchführung der Verteilung 193
   1. Verteilung bei bezahltem Bargebot 193
   2. Verteilung bei Nichtzahlung des Bargebots 193

Fallbeispiel zum 1. Teil

1. Abschnitt: Geringstes Gebot (Rn. 303 ff.) 194
2. Abschnitt: Zuschlagsentscheidung 205
3. Abschnitt: Teilungsplan 207

2. Teil
Zwangsversteigerung zum Zwecke der Aufhebung einer Gemeinschaft (Teilungsversteigerung)

1. Kapitel
Begriffsklärung und systematische Einordnung

A. Verfahrenszweck 221
B. Der Begriff „Teilungsversteigerung" 221
C. Gesetzessystematik 221
D. Teilungsversteigerung als Zwangsvollstreckung? 222
E. Verhältnis von Teilungsversteigerung zur Vollstreckungsversteigerung 222

2. Kapitel
Dem Verfahren zugängliche Gemeinschaften
Der Versteigerung entgegenstehende Rechte

A. Bruchteilsgemeinschaft 224
  I. Allgemeine Erläuterungen zur Bruchteilsgemeinschaft 224
  II. Entgegenstehende Rechte 224
    1. Naturalteilung (gesetzlicher Ausschluss) 224
    2. Treu und Glauben (gesetzlicher Ausschluss) 225
    3. Anderweitige Auseinandersetzung vereinbart 225
    4. Ausschlussvereinbarung 225
  III. Sonderfall: Zugewinngemeinschaft 226
    1. Zeitpunkt der Anwendung von § 1365 BGB 226
    2. Berücksichtigung durch das Vollstreckungsgericht 227
    3. Verfahren der Geltendmachung von § 1365 BGB 227
    4. Geltungsdauer von § 1365 BGB 227
  IV. Sonderfall: Lebenspartnerschaft 227
  V. Sonderfall: Wohnungseigentümergemeinschaft 227
B. Gesamthandsgemeinschaft 228
  I. Allgemeine Erläuterungen zur Gesamthandsgemeinschaft 228
  II. Erbengemeinschaft 228
    1. Allgemeine Erläuterungen zur Erbengemeinschaft 228

	2. Entgegenstehende Rechte	228
	a) Naturalteilung / Treu und Glauben / Anderweitige Vereinbarung	228
	b) Ausschlussvereinbarung	229
	c) Besondere Gegenrechte bei der Erbengemeinschaft	229
	d) Nacherbenvermerk	230
III.	BGB-Gesellschaft	230
IV.	Handelsrechtliche Personengesellschaft (OHG, KG)	230
V.	Partnerschaft und Europäische Wirtschaftliche Interessenvereinigung	231
VI.	Gütergemeinschaft	231
	1. Eheliche Gütergemeinschaft	231
	2. Fortgesetzte Gütergemeinschaft	232

3. Kapitel
Verfahren über die Anordnung der Teilungsversteigerung

A.	**Versteigerungsobjekte**	232
B.	**Versteigerungsantrag**	232
I.	Zuständigkeit	232
II.	Antragsrecht und Antragsteller	232
	1. Antragsrecht der Teilhaber	233
	a) Bruchteilsgemeinschaft	233
	b) Erbengemeinschaft	233
	2. Sonderfälle beim Antragsrecht der Teilhaber	234
	a) Testamentsvollstreckung	234
	b) Vor- / Nacherbschaft	234
	c) Insolvenzverwalter	234
	d) Vormund / Betreuer	234
	e) Nachlasspfleger / Nachlassverwalter	234
	f) Nießbrauch	235
	3. Antragsrecht der Gläubiger	235
III.	Antragsgegner	235
IV.	Antragsinhalt und Nachweisungen	236
	1. Inhalt	236
	2. Nachweisungen	236
C.	**Entscheidung über den Antrag**	237
I.	Gewährung rechtlichen Gehörs	237
II.	Entgegenstehende Rechte	237
III.	Beanstandung des Antrages	237
IV.	Anordnungsbeschluss	237
	1. Inhalt	238
	2. Bekanntmachung der Anordnung und Grundbuchersuchen	238
D.	**Beitritt zum Verfahren**	238
E.	**Beteiligte**	239
F.	**Beschlagnahme**	240
G.	**Rechtsbehelfe im Verfahren über Anordnung und Beitritt**	241
I.	Rechtsbehelf des Antragsgegners	241
II.	Rechtsbehelf des Antragstellers	241
H.	**Kosten im Verfahren über Anordnung und Beitritt**	242

4. Kapitel
Einstweilige Einstellung und Aufhebung des Verfahrens

A. Das System und seine Anwendung 242
B. Gegenrechte (§ 28 ZVG) 242
    I. Aufhebungsausschluss bei Bruchteilsgemeinschaften 243
    II. Eigentumswechsel nach Verfahrensanordnung 243
C. Teilungsversteigerung und Insolvenz 243
D. Einstweilige Einstellung und Aufhebung auf Grund einer Verfahrenshandlung 244
    I. Antragsrücknahme 244
    II. Bewilligung der einstweiligen Einstellung durch den Antragsteller 244
    III. Einstweilige Einstellung auf Antrag des Antragsgegners nach § 180 ZVG . . . 244
        1. Der allgemeine Schutz (§ 180 Abs. 2 ZVG) 244
            a) Antragsberechtigung 244
            b) Antragsfrist 245
            c) Selbstständigkeit der Einzelverfahren 245
            d) Materielle Voraussetzungen 245
        2. Der Kinderschutz (§ 180 Abs. 3 ZVG) 246
            a) Antragsberechtigung 246
            b) Antragsfrist 246
            c) Materielle Voraussetzungen 247
    IV. Einstweilige Einstellung auf Antrag des Antragsgegners nach § 765a ZPO . . 249
E. Einstellung durch das Prozessgericht 250
F. Sonstige Einstellungsfälle 250
G. Rechtsbehelfe bei einstweiliger Einstellung und Aufhebung 251
H. Kosten bei einstweiliger Einstellung und Aufhebung 251

5. Kapitel
Verfahren bis zum Versteigerungstermin

A. Die nächsten Schritte (Überblick) 251
B. Wertfestsetzung 251
C. Beurkundung eines Vergleichs zur Verfahrensbeendigung 252
D. Bestimmung des Versteigerungstermins 253
E. Das geringste Gebot 253
    I. Der Deckungsgrundsatz in der Teilungsversteigerung 253
    II. Sonderfall: Bruchteilsgemeinschaft 254
        1. Ein Antragsteller 254
        2. Mehrere Antragsteller 256
        3. Ausgleichsbetrag 257
            a) Begründung 257
            b) Berechnung 258
F. Grundsätze für das weitere Verfahren 259
G. Rangklassen 259

6. Kapitel
Der Versteigerungstermin

- **A. Vom Aufruf der Sache bis zur Aufforderung, Gebote abzugeben** 260
  - I. Erste Schritte 260
  - II. Ausgebotsarten 260
  - III. Miet- und Pachtverhältnisse 260
  - IV. Begrenzung des Bieterkreises 261
  - V. Weiterer Ablauf und Aufforderung zur Abgabe von Geboten 261
- **B. Die Bietezeit** 262
  - I. Abgabe von Geboten, Zulassung, Zurückweisung, Widerspruch 262
  - II. Sicherheitsleistung 262
  - III. Vorzeitige Beendigung des Termins 263
    1. Aufhebung oder einstweilige Einstellung 263
    2. Zahlung 263
    3. Ablösung 263
- **C. Schlussverhandlung** 263

7. Kapitel
Zuschlag

- **A. Entscheidung über den Zuschlag** 264
  - I. Versagung des Zuschlags 264
  - II. Erteilung des Zuschlags 264
- **B. Inhalt, Bekanntmachung, Wirkungen** 264
- **C. Rechtsbehelfe bei der Entscheidung über den Zuschlag** 265
  - I. Allgemeines 265
  - II. Gesamthandsgemeinschaften 265
  - III. Bei gepfändetem Miteigentumsanteil 265
  - IV. Antragsgegner gegen Zuschlagsversagung 265
- **D. Kosten für den Versteigerungstermin und die Entscheidung über den Zuschlag** 266
  - I. Allgemeines 266
  - II. Reduzierung des Geschäftswerts bei Zuschlagsgebühr 266

8. Kapitel
Verteilung des Erlöses

- **A. Allgemeines** 266
- **B. Teilungsmasse** 266
- **C. Einzelmassenbildung bei Bruchteilseigentum** 267
- **D. Erlösüberschuss** 267

9. Kapitel
Schlussabwicklung 269

10. Kapitel
Nichtzahlung des Bargebots

- **A. Allgemeines** 269
- **B. Ehemaliger Miteigentümer als Ersteher** 269

C. Zuweisung des Erlösüberschusses 270
D. Wiederversteigerung 270

11. Kapitel
Teilungsversteigerung auf Antrag eines Gläubigers

A. Allgemeines 270
B. Schuldner ist Miteigentümer in Bruchteilsgemeinschaft 271
   I. Pfändung 271
   II. Das Problem mangelnder Erfolgsaussicht 272
   III. Hindernisse für die Teilungsversteigerung 274
C. Schuldner ist Miteigentümer in Gesamthandsgemeinschaft 275
   I. Pfändung 275
   II. Das geringste Gebot 275
   III. Hindernisse für die Teilungsversteigerung 276
D. Gemeinsame Verfahrensregeln 276
   I. Anordnung und Beitritt 276
   II. Einstweilige Einstellung des Verfahrens 278
   III. Verfahren bis zum Verteilungstermin 278
   IV. Verteilungstermin 279

Fallbeispiel zum 2. Teil
1. Abschnitt: Geringstes Gebot (Rn. 1191 f.) 281
2. Abschnitt: Teilungsplan (Rn. 1244 ff.) 286

3. Teil
Zwangsverwaltung

1. Kapitel
Systematische Einordnung und Allgemeines

A. Zwangsverwaltung als Maßnahme der Immobiliarvollstreckung 299
B. Verfahrenszweck 299
C. Verhältnis der Zwangsverwaltung zur Zwangsversteigerung 300
   I. Bestimmte Zwangsverwaltungsvorschüsse 300
   II. Zwangsverwaltung zur Sicherung 300
   III. Überleitung einer ergebnislosen Zwangsversteigerung 300
   IV. Zwangsverwaltung und Zuschlag 301
   V. Gerichtliche Verwaltung gem. § 94 ZVG 301

2. Kapitel
Dingliche Mietpfändung – Alternative zur Zwangsverwaltung?

A. Miete als Vollstreckungsobjekt 302
B. Zwangsverwaltung „bricht" Mobiliarpfändung 302
C. Alternativ: Auch „dingliche Pfändung" bricht Mobiliarpfändung 303
D. Prozessökonomisches Gläubigerverhalten 304

3. Kapitel
Verfahren über die Anordnung der Zwangsverwaltung

- A. **Objekte der Zwangsverwaltung** 306
- B. **Antrag auf Zwangsverwaltung** 307
  - I. Zuständigkeit 307
  - II. Antragsvoraussetzungen 307
    1. Vollstreckungstitel 307
    2. Schuldner muss Besitzer sein 307
    3. Zwangsverwaltung gegen den Eigenbesitzer 308
       - a) Besitz und Eigenbesitz 308
       - b) Voraussetzungen 308
  - III. Inhalt des Antrags und Anlagen 309
- C. **Entscheidung über den Antrag** 310
  - I. Prüfung durch das Vollstreckungsgericht 310
    1. Allgemeine Prüfung 310
       - a) Tätigkeit der Geschäftsstelle 310
       - b) Allgemeine Prozessvoraussetzungen 310
       - c) Allgemeine und besondere Vollstreckungsvoraussetzungen .. 311
    2. Besondere Prüfung (§ 28 ZVG) 311
  - II. Entscheidung des Vollstreckungsgerichts 311
    1. Beanstandung des Antrags 311
    2. Hindernisse für die Anordnung 312
       - a) Grundproblematik bei Nießbrauch, Altenteil (Leibgeding) und Wohnungsrecht 312
       - b) Nießbrauch 312
       - c) Altenteil (Leibgeding) und Wohnungsrecht 313
       - d) Besitzaufgabe durch den Eigentümer 313
    3. Verfügungsbeschränkungen 313
       - a) Eröffnung des Insolvenzverfahrens gegen den Eigentümer .. 313
       - b) Anordnung der Testamentsvollstreckung 313
       - c) Schuldner ist nur Vorerbe 313
       - d) Auflassungsvormerkung 314
    4. Anordnungsbeschluss 314
    5. Bekanntmachung der Anordnung und Grundbuchersuchen 315
    6. Beitritt weiterer Gläubiger zum Verfahren 315
- D. **Beschlagnahme** 316
  - I. Eintritt der Beschlagnahme 316
  - II. Wirkung der Beschlagnahme 317
    1. Relatives Veräußerungsverbot 317
    2. Aktivierung des Haftungsverbandes / Befriedigungsrecht 317
    3. Grundstücksverwaltung und -benutzung 317
    4. Wirkung gegenüber Drittschuldnern 317
  - III. Umfang der Beschlagnahme 317
    1. Grundsätzliches 317
    2. Erweiterter Umfang in der Zwangsverwaltung 318
    3. Exkurs: Räume des Schuldners 318
       - a) Privaträume 318
       - b) Gewerbliche Räume 318
       - c) Zwangsräumung wegen Gefährdung 319

E. Rechtsbehelfe im Verfahren über Anordnung und Beitritt 320
  I. Rechtsbehelf des Schuldners 320
  II. Rechtsbehelfe des Gläubigers 320
F. Kosten im Verfahren über Anordnung und Beitritt 320
  I. Kosten des Gerichts 320
  II. Rechtsbehelf gegen den Kostenansatz 320
  III. Rechtsanwaltskosten 321

4. Kapitel
Der Zwangsverwalter

A. Bedeutung für das Verfahren 321
B. Theorien der Amtsführung 321
C. Bestellung 322
  I. Bestellung durch das Vollstreckungsgericht 322
  II. Person und Qualifikation 322
  III. Zeitpunkt der Bestellung 323
  IV. Ausweis 323
  V. Rechtsbehelf gegen die Auswahl 323
D. Aufgaben 323
  I. Allgemeines 323
  II. Rechnungslegung 324
    1. Pflicht zur Rechnungslegung 324
    2. Inhalt der Rechnungslegung 324
    3. Prüfung und Einwendungen 325
E. Haftung 325
  I. Allgemeines 325
  II. Haftung nach § 154 ZVG 325
  III. Haftung nach dem BGB 326
  IV. Geltendmachung der Ansprüche und Verjährung 326
F. Besondere Verwalter 327
  I. Institutsverwalter 327
    1. Vorschlagsrecht und Bestellung 327
    2. Rechtsstellung 327
  II. Schuldner als Verwalter 328
    1. Zweck der Regelung 328
    2. Aufsichtsperson 329
G. Vergütung 329
  I. Allgemeines 329
  II. Regelvergütung 330
  III. Verminderung / Erhöhung der Regelvergütung 330
  IV. Vergütung nach Zeitaufwand 331
    1. Voraussetzungen 331
    2. Berechnung 331
  V. Mindestvergütung 332

		1. Bei erlangtem Besitz	332
		2. Ohne Besitzerlangung	332
	VI.	Auslagen	332
	VII.	Besonderheiten	333
		1. Fertigstellung von Bauvorhaben	333
		2. Besondere Sachkunde	333
	VIII.	Vorschuss	333
	IX.	Festsetzung durch das Gericht	333

5. Kapitel
Einstweilige Einstellung und Aufhebung

A.	Das System und seine Anwendung		334
B.	Gegenrechte und Verfügungsbeschränkungen		334
	I. Allgemeine Vorbemerkung		334
	II. Neues Eigentum		334
	III. Auflassungsvormerkung		334
	IV. Testamentsvollstreckung		335
	V. Nachlassverwaltung		335
	VI. Vorerbe und Nacherbe		335
C.	Zwangsverwaltung und Insolvenz		335
	I. Insolvenzeröffnung als Vollstreckungshindernis		335
	II. Einstweilige Einstellung auf Antrag des Insolvenzverwalters		336
		1. Materielle Voraussetzungen	337
		2. Verfahren	337
		3. Entscheidung	337
		4. Folgen der (einstweiligen) Einstellung	338
		5. Rechtsbehelfe	338
	III. Fortsetzung der Zwangsverwaltung		339
		1. Materielle Voraussetzungen	339
		2. Verfahren	339
D.	Einstweilige Einstellung und Aufhebung auf Grund einer Verfahrenshandlung		339
	I. Antragsrücknahme durch den Gläubiger		339
	II. Bewilligung der einstweiligen Einstellung durch den Gläubiger		340
	III. Einstweilige Einstellung auf Schuldnerantrag nach § 30a ZVG		341
	IV. Antrag des Schuldners nach § 765a ZPO		341
	V. Entscheidung des Prozessgerichts und sonstige Einstellungsfälle nach § 775 ZPO (Beispiele)		342
E.	Aufhebung der Zwangsverwaltung nach § 161 ZVG		342
	I. Befriedigung des Gläubigers (§ 161 Abs. 2 ZVG)		342
		1. Befriedigung durch Zahlung des Zwangsverwalters	342
		2. Befriedigung durch Zahlung außerhalb des Verfahrens	342
		3. Befriedigung aus dem Erlös der Zwangsversteigerung	343
	II. Aufhebung mangels Vorschusszahlung (§ 161 Abs. 3 ZVG)		343
F.	Zuschlag in der Zwangsversteigerung		343
	I. Allgemeines		343

II. Wirkung des Zuschlagsbeschlusses 344
III. Verwaltungsbefugnis zwischen Zuschlag und Aufhebung 344
IV. Nicht versteigerte Gegenstände 345

6. Kapitel
Verfahren bis zum Verteilungstermin

A. **Inbesitznahme des Grundstücks** 345
    I. Allgemeines 345
    II. Schuldner ist unmittelbarer Besitzer 346
        1. Freiwillige Besitzübergabe 346
        2. Zwangsweise Besitzeinweisung 346
    III. Schuldner ist mittelbarer Besitzer 346
    IV. Bericht über die Besitzerlangung 346
B. **Geltendmachung beschlagnahmter Ansprüche** 347
    I. Miete und Pacht 347
    II. Mietverträge des Verwalters 349
    III. Zubehör 350
    IV. Weitere beschlagnahmte Gegenstände 350
    V. Prozessführung 351
        1. Allgemeines 351
        2. Rechtsstreit ist bereits anhängig 352
        3. Ende der Prozessführungsbefugnis 352
C. **Verwaltung des beschlagnahmten Objekts** 353
    I. Einzelheiten zur Verwaltung 353
    II. Fortführung eines Betriebs 354
D. **Zahlungen aus dem Erlös** 354
    I. Allgemeines 354
    II. Aufwendungen nach § 155 Abs. 1 ZVG 355
    III. Einzelheiten zu § 155 Abs. 1 ZVG 356
        1. Die Kosten des Verfahrens 356
        2. Ausgaben der Verwaltung 356
    IV. Öffentliche Lasten 357
    V. Überschüsse 357
E. **Bestimmung des Verteilungstermins** 357
F. **Anmeldungen zum Verteilungstermin** 358
    I. Allgemeines 358
    II. Anzumeldende Ansprüche 358
    III. Rechtsanwaltskosten für die Anmeldung 359

7. Kapitel
Verteilung der Überschüsse

A. **Die Rangklassen in der Zwangsverwaltung** 360
    I. Rangklassen 1 und 1a 360
    II. Rangklasse 2 360
    III. Rangklasse 3 360

	IV. Rangklasse 4	361
	V. Rangklasse 5	361
	VI. Weitere Rangklassen	361
B.	Aufstellung des Teilungsplans	362
	I. Allgemeines	362
	II. Verhandlung über den Teilungsplan	363
	III. Rechtsbehelfe	363
	1. Sofortige Beschwerde	363
	2. Widerspruch	363
C.	Zahlungen auf das Kapital	364

8. Kapitel
Jahresrechnung und Schlussrechnung

A.	Der Bericht	364
B.	Prüfung durch das Gericht	366

Zwangsverwalterverordnung (ZwVwV)

Text der Verordnung vom 19.12.2003 367

4. Teil
Zwangsversteigerung auf Antrag des Insolvenzverwalters

1. Kapitel
Einordnung, Gesetzessystematik, Zweck

A.	Einordnung des Verfahrens	375
B.	Gesetzliche Systematik	375
C.	Zweck des Verfahrens – Insolvenzrechtliches	375
	I. Aufgaben eines Insolvenzverwalters	375
	II. Aufgaben eines Treuhänders	376
	III. Verwertung nach Wahl des Insolvenzverwalters	376
D.	Verhältnis zu anderen Versteigerungsverfahren	377

2. Kapitel
Verfahren über die Anordnung der Insolvenzverwalterversteigerung

A.	Versteigerungsobjekte	377
B.	Versteigerungsantrag	377
	I. Zuständigkeit	377
	II. Antragsberechtigung	378
	III. Voraussetzungen und Inhalt des Antrags	378
C.	Entscheidung über den Antrag	379
	I. Anordnungsbeschluss	379
	II. Bekanntmachung der Anordnung und Grundbuchersuchen	379
	III. Beitritt zum Verfahren	380

D. Beschlagnahme 380
I. Kein Veräußerungsverbot 380
II. Verbliebene Wirkungen 380
E. Rechtsbehelfe im Verfahren über die Anordnung 381

3. Kapitel
Einstweilige Einstellung und Aufhebung

A. Einstweilige Einstellung und Aufhebung auf Grund einer Verfahrenshandlung 381
I. Antragsrücknahme durch den Insolvenzverwalter 381
II. Bewilligung der einstweiligen Einstellung durch den Insolvenzverwalter ... 381
III. Einstweilige Einstellung auf Antrag nach § 30a ZVG 382
B. Besondere Beendigungsgründe 382
I. Freigabe des Grundbesitzes 382
II. Aufhebung des Insolvenzverfahrens 382

4. Kapitel
Weiteres Verfahren

A. Wertfestsetzung 383
B. Bestimmung des Versteigerungstermins 383
C. Das geringste Gebot 383
I. Umsetzung des Deckungsgrundsatzes 383
II. Abweichende Feststellung auf Antrag eines Gläubigers (§ 174 ZVG) 385
1. Zweck der Regelung 385
2. Voraussetzungen und Verfahren 385
a) Antrag und Antragsberechtigung 385
b) Zeitpunkt der Antragstellung 386
c) Antragsrücknahme 386
d) Rechtsfolge 386
e) Antragstellung durch mehrere Gläubiger 387
f) Zuschlagsentscheidung 388
III. Abweichende Feststellung auf Antrag des Insolvenzverwalters (§ 174a ZVG) 388
1. Zweck der Regelung und Kritik 388
2. Voraussetzungen und Verfahren 388
a) Antrag und Antragsberechtigung 388
b) Zeitpunkt der Antragstellung 388
c) Anspruch nach § 10 Abs. 1 Nr. 1a ZVG 389
d) Antragsrücknahme 389
e) Rechtsfolge 389
f) Antrag nach § 174a ZVG neben Antrag nach § 174 ZVG 389
g) Zuschlagsentscheidung 389

Paragrafenregister zum ZVG 391
Stichwortverzeichnis 395

Abkürzungsverzeichnis

a.A.	andere(r) Ansicht
abl.	ablehnender
Abs.	Absatz
Abt.	Abteilung
a.F.	alte(r) Fassung
Alt.	Alternative
a.M.	andere(r) Meinung
Anm.	Anmerkung
ArbG	Arbeitsgericht
arg.	argumentum aus
Art.	Artikel
BArbG	Bundesarbeitsgericht
BauGB	Baugesetzbuch
BayOblG	Bayerisches Oberstes Landesgericht
BB	Der Betriebsberater
BbR	Bestehen bleibende Rechte
BGB	Bürgerliches Gesetzbuch
BGBl.	Bundesgesetzblatt
BGH	Bundesgerichtshof
Brandenbg. OLG	Brandenburgisches Oberlandesgericht
BRD	Bundesrepublik Deutschland
BVerfG	Bundesverfassungsgericht
bzw.	beziehungsweise
DDR	Deutsche Demokratische Republik
d.h.	das heißt
DM	Deutsche Mark
EGBGB	Einführungsgesetz zum BGB
EGZPO	Gesetz betreffend die Einführung der Zivilprozessordnung
EGZVG	Einführungsgesetz zum Gesetz über die Zwangsversteigerung und Zwangsverwaltung
ErbbauVO	Verordnung über das Erbbaurecht
EU	Europäische Union
evtl.	eventuell(e)
EWIV-AusfG	Gesetz zur Ausführung der EWG-Verordnung über die Europäische wirtschaftliche Interessenvereinigung (EWIV-Ausführungsgesetz), BGBl. I 1988, Seite 514
f., ff.	folgende
FamRZ	Zeitschrift für das gesamte Familienrecht
FGG	Gesetz über die Angelegenheiten der freiwilligen Gerichtsbarkeit
FlSt.	Flurstück
GBA	Grundbuchamt
GBVfg	Grundbuchverfügung
gem.	gemäß
GesO	Gesamtvollstreckungsordnung
GKG	Gerichtskostengesetz
gG	Geringstes Gebot
ggf.	gegebenenfalls

Abkürzungsverzeichnis

GmbH	Gesellschaft mit beschränkter Haftung
HGB	Handelsgesetzbuch
HinterlO	Hinterlegungsordnung
h.M.	herrschende Meinung
InsO	Insolvenzordnung
i.S.	im Sinne
i.S.d./v.	im Sinne des/von
i.V.m.	in Verbindung mit
JurBüro	Das Juristische Büro
JVEG	Gesetz über die Vergütung von Sachverständigen, Dolmetscherinnen, Dolmetschern, Übersetzerinnen und Übersetzern sowie die Entschädigung von ehrenamtlichen Richterinnen, ehrenamtlichen Richtern, Zeuginnen, Zeugen und Dritten (Justizvergütungs- und -entschädigungsgesetz)
JW	Juristische Wochenschrift
KAG	Kommunalabgabengesetz
KG	Kommanditgesellschaft
KO	Konkursordnung
KostRMoG	Gesetz zur Modernisierung des Kostenrechts (Kostenrechtsmodernisierungsgesetz) vom 05.05.2004, BGBl. I Seite 718
KostVfg	Kostenverfügung
KTS	Konkurs, Treuhand und Sanierung
KVGKG	Kostenverzeichnis zum Gerichtskostengesetz
lit.	Buchstabe
LG	Landgericht
LPartG	Gesetz zur Beendigung der Diskriminierung gleichgeschlechtlicher Gemeinschaften: Lebenspartnerschaften
LZB	Landeszentralbank
MBG	Mindestbargebot
mtl.	monatlich
m.w.N.	mit weiteren Nachweisen
NdsRpfl	Niedersächsische Rechtspflege
NJW	Neue Juristische Wochenschrift
NJW-RR	NJW-Rechtsprechungs-Report, Zivilrecht
NV	Nachlassverwaltung
o.ä.	oder ähnliche(s)
OFD	Oberfinanzdirektion
o.g.	oben genannt(e)
OHG	Offene Handelsgesellschaft
OLG	Oberlandesgericht
OLG-NL	OLG-Rechtsprechung Neue Länder
PartGG	Gesetz über Partnerschaftsgesellschaften Angehöriger Freier Berufe (Partnerschaftsgesellschaftsgesetz)
Pos.	Position
RG	Reichsgericht
RGZ	Entscheidungen des Reichsgerichts in Zivilsachen, Band 1 – 171 (1880-1943)
RK	Rangklasse(n) (§ 10 ZVG)
Rn.	Randnummer
Rpfleger	Der Deutsche Rechtspfleger
RPflG	Rechtspflegergesetz
RpflJahrbuch	Rechtspfleger-Jahrbuch
RpflStud.	Rechtspfleger Studienhefte

Abkürzungsverzeichnis

RVG	Gesetz über die Vergütung der Rechtsanwältinnen und Rechtsanwälte (Rechtsanwaltsvergütungsgesetz)
SchuMoG	Gesetz zur Modernisierung des Schuldrechts vom 26.11.2001, BGBl. I Seite 3138
sog.	sogenannte
str.	streitig
TV	Testamentsvollstreckung
UB	Unbedenklichkeitsbescheinigung (§ 22 Grunderwerbsteuergesetz)
u.Ä.	und Ähnliche(s)
u.a.	unter andere(m)
u.U.	unter Umständen
vgl.	vergleiche
v.u.g.	vorgelesen und genehmigt
VerglO	Vergleichsordnung
VVG	Versicherungsvertragsgesetz
VVRVG	Vergütungsverzeichnis zum Rechtsanwaltsvergütungsgesetz
WEG	Gesetz über das Wohnungseigentum und das Dauerwohnrecht (Wohnungseigentumsgesetz)
z.B. (auch Z.B.)	zum Beispiel
Ziff.	Ziffer
ZinsO	Zeitung für das gesamte Insolvenzrecht
ZIP	Zeitschrift für Wirtschaftsrecht
ZPO	Zivilprozessordnung
ZSEG	Gesetz über die Entschädigung von Zeugen und Sachverständigen
ZfIR	Zeitschrift für Immobilienrecht
ZMR	Zeitschrift für Miet- und Raumrecht
ZVG	Gesetz über die Zwangsversteigerung und Zwangsverwaltung
zzgl.	zuzüglich

Literaturverzeichnis

Behr/Eickmann Pfändung von Grundpfandrechten und ihre Auswirkungen auf die Zwangsversteigerung, RWS-Skript Nr. 197, Köln 1989

Böttcher Kommentar zum ZVG, 3., Auflage, München 2000

Dassler/Schiffhauer/Gerhardt/Muth Gesetz über die Zwangsversteigerung und die Zwangsverwaltung, 12. Auflage, Stuttgart 1991

Demharter Grundbuchordnung, 24. Auflage, München 2002

Depré/Mayer Die Praxis der Zwangsverwaltung, 2. Auflage, Bonn 2004

Eickmann Die Teilungsversteigerung, 5., Auflage, Köln 2001; hier zitiert: *Eickmann* (TLV)

Eickmann Zwangsversteigerungs- und Zwangsverwaltungsrecht, 2. Auflage, München 2004; hier zitiert: *Eickmann* (ZVG)

Eickmann/Flessner/Irschinger/Kirchhof/Kreft/Landfermann/Marotzke/Stephan Heidelberger Kommentar zur Insolvenzordnung, 3. Auflage, Heidelberg 2003; hier zitiert: *(Bearbeiter)* in HK-InsO

Glotzbach/Mayer Immobiliarvollstreckung aus Sicht der kommunalen Vollstreckungsbehörden. Handbuch für Praxis und Ausbildung, 3. Auflage, Siegburg 2002

Haarmeyer/Wutzke/Förster/Hintzen Zwangsverwaltung, 3. Auflage, München 2004

Hess/Weis Insolvenzrecht, 2. Auflage, Heidelberg 2002

Mayer Immobilien günstig ersteigern, 6. Auflage, Regensburg 2004

Mock Mobiliarzwangsvollstreckung, Heidelberg 2001

MünchKomm-ZPO Münchener Kommentar zur ZPO, 2. Auflage, München 2000; hier zitiert: *MünchKomm-ZPO/(Bearbeiter)*

Palandt Bürgerliches Gesetzbuch, 63. Auflage, München 2004; hier zitiert: *Palandt/(Bearbeiter)*

Schellhammer Zivilprozess, 10. Auflage, Heidelberg 2003

Schönfelder Textsammlung Deutsche Gesetze

Smid (Hrsg.) Insolvenzordnung InsO, 2. Auflage, Stuttgart 2001

Steiner/Eickmann, Hagemann, Storz, Teufel Kommentar zum Zwangsversteigerung- und Zwangsverwaltungsrecht, 9. Auflage München 1984 (Band 1) und 1986 (Band 2); hier zitiert: *Steiner/(Bearbeiter)*

Stöber Forderungspfändung, 13. Auflage, Bielefeld 2002; hier zitiert: *Stöber* (Fpf.)

Stöber Kommentar zum Zwangsversteigerungsgesetz, 17. Auflage, München 2002 (früher *Zeller/Stöber*); hier zitiert: *Stöber* (ZVG)

Storz Praxis der Teilungsversteigerung, 2. Auflage, München 1999; hier zitiert: *Storz* (TLV)

Einführung in die Immobiliarvollstreckung

A. Definition

Bei der Immobiliarvollstreckung (auch Immobiliarzwangsvollstreckung genannt) handelt es sich um die Zwangsvollstreckung in das unbewegliche Vermögen eines Schuldners.

B. Gesetzliche Grundlagen

Soweit wegen privatrechtlicher Ansprüche (Ansprüche eines Bürgers) vollstreckt werden soll, ist das hierbei zu beachtende Verfahren direkt in der Zivilprozessordnung (ZPO), dort im 8. Buch ab § 704 geregelt. Aber auch für die Immobiliarvollstreckung wegen öffentlich-rechtlicher Ansprüche wird vielerorts auf die Bestimmungen der ZPO verwiesen (z.B. § 322 Abgabenordnung).

Die Zwangsversteigerung und die Zwangsverwaltung (beides Arten der Immobiliarvollstreckung) werden darüber hinaus durch ein besonderes Gesetz, das Zwangsversteigerungsgesetz (ZVG) geregelt. Über § 869 ZPO ist dieses Gesetz Bestandteil der ZPO. Deshalb gelten für die allgemeinen und besonderen Vollstreckungsvoraussetzungen (z.B. Titel, Klausel, Zustellung) auch bei der Zwangsversteigerung und Zwangsverwaltung die Bestimmungen der ZPO; lediglich die Besonderheiten der beiden genannten Verfahren finden sich dann im ZVG.

C. Gegenstände der Immobiliarvollstreckung

Im Gegensatz zur Mobiliarvollstreckung (Mobiliarzwangsvollstreckung), bei der auf bewegliche Sachen des Schuldners, also körperliche Sachen oder Forderungen zugegriffen wird, erfolgt die Immobiliarvollstreckung nach § 864 ZPO in
- Grundstücke,
- ideelle Miteigentumsanteile,
- grundstücksgleiche Rechte (z.B. Erbbaurecht),
- eingetragene Schiffe und Schiffsbauwerke.

Der Immobiliarvollstreckung unterliegen unter bestimmten Voraussetzungen auch die Gegenstände, auf die sich bei Grundstücken und Berechtigungen die Hypothek, bei Schiffen oder Schiffsbauwerken die Schiffshypothek erstreckt (§ 865 ZPO). So kann z.B. auf Grundstückszubehör (§§ 97, 98 BGB), obwohl es sich dabei um bewegliche Sachen handelt, nicht im Wege der Mobiliar-, sondern nur durch Immobiliarvollstreckung zugegriffen werden (§ 864 Abs. 2 Satz 1 ZPO).

Schließlich findet die Immobiliarvollstreckung auch Anwendung auf Luftfahrzeuge, welche in der Luftfahrzeugrolle eingetragen sind.

D. Arten der Immobiliarvollstreckung

Der Gesetzgeber unterscheidet **drei Arten** der Immobiliarvollstreckung (§ 866 Abs. 1 ZPO), nämlich
- die Eintragung einer **Sicherungshypothek** für die Forderung (sog. **Zwangshypothek**)
- die **Zwangsversteigerung** und
- die **Zwangsverwaltung**.

Während die Eintragung einer Zwangshypothek für den Gläubiger nur eine Sicherung bedeutet und damit nicht direkt zur Forderungsbefriedigung führt, wird mit der Zwangsverwaltung auf die Nutzungen des Grundstücks (z.B. Mieterträge) zugegriffen und diese unter den „Berechtigten" verteilt. Den aus Sicht des Schuldners bedeutsamsten Eingriff stellt die Zwangsversteigerung dar, da mit diesem Verfahren auf die Substanz des Grundstücks zugegriffen wird, wodurch der Schuldner letztlich das Eigentum am Grundstück verliert.

Obwohl also zwischen den einzelnen Arten der Immobiliarvollstreckung hinsichtlich der Schwere des Eingriffs in die Rechte des Schuldners eine klare Abstufung besteht, schreibt der Gesetzgeber dem Gläubiger keine Reihenfolge des Vorgehens vor. Der Gläubiger, auch bei der Immobiliarvollstreckung Herr des Verfahrens, kann zwischen den einzelnen Arten wählen, ja sogar verlangen, dass „eine dieser Maßregeln neben den übrigen ausgeführt werde" (§ 866 Abs. 2 ZPO). Lediglich für die Eintragung der Zwangshypothek formuliert der Gesetzgeber die Einschränkung, dass die Forderung des Gläubigers mehr als 750,00 Euro betragen muss (§ 866 Abs. 3 ZPO).

1. Teil
Zwangsversteigerung zum Zwecke der Zwangsvollstreckung (Vollstreckungsversteigerung)

1. Abschnitt
Versteigerung *eines* Grundstücks

1. Kapitel
Verfahren über die Anordnung der Vollstreckungsversteigerung

A. Versteigerungsobjekte

Nach den Regeln des Zwangsversteigerungsgesetzes (ZVG)[1] werden folgende Gegenstände zwangsversteigert:

- **Grundstücke**, 1
  zusammen mit ihren wesentlichen Bestandteilen (§ 94 BGB z.B. Gebäude) sowie weiteren Gegenständen des Haftungsverbandes (Rn. 106 ff.);

- **Grundstücksbruchteile**, 2
  welche gemäß § 864 Abs. 2 ZPO wie ein Grundstück zu versteigern sind. Nur Grundstücksbruchteile, die als Bruchteilseigentum eingetragen sind (ideelle Miteigentumsanteile), können nach den allgemeinen Regeln versteigert werden. Steht das Grundstück im Gesamthandseigentum, kann der Anteil eines Miteigentümers nicht versteigert werden.

  Tipp: Im Grundbuch lässt sich der Unterschied leicht erkennen:
  - Steht beim Namen der/des Eigentümer(s) ein Bruchteil (z.B. „zur Hälfte"), kann der Bruchteil versteigert werden.
  - Steht beim Namen nur die Bezeichnung einer Gemeinschaft (z.B. „in Erbengemeinschaft"), ist die Versteigerung des Anteils eines Miteigentümers nicht möglich, obwohl die Gemeinschaft durchaus Bruchteile kennt. Hier kommt nur eine Zwangsversteigerung zum Zwecke der Aufhebung einer Gemeinschaft (sog. Teilungsversteigerung) in Betracht (siehe ab Rn. 1037).

- **Grundstücksgleiche Rechte, insbesondere das Erbbaurecht** 3
  Es wird wie ein Grundstück versteigert (Rn. 834 bis 875). Zu den grundstücksgleichen Rechte gehören u.a. auch das **Bergwerkseigentum** (§ 9 Abs. 1 BBergG) und das **Stockwerkseigentum nach Landesrecht.** Die Versteigerung der beiden letztgenannten Gegenstände wird im Rahmen dieses Buches nicht dargestellt.

- **Wohnungseigentum** 4
  Auch dieses wird wie ein Grundstück versteigert (Rn. 876 bis 894).

---

[1] Gesetz über die Zwangsversteigerung und Zwangsverwaltung vom 24.03.1897, zuletzt geändert durch Gesetz vom 05.04.2002; im *Schönfelder* abgedruckt unter Nr. 108.

5 • **Schiffe, Schiffsbauwerke** und **Luftfahrzeuge** (§§ 162 ff. ZVG) sowie **Bahneinheiten** (§ 871 ZPO).

Die Versteigerung dieser Gegenstände wird im Rahmen dieses Buches nicht dargestellt.

6 • Im **Beitrittsgebiet** (ehemalige DDR) galten sachenrechtliche Besonderheiten, welche mit dem Sachenrecht des BGB nicht zu vereinbaren sind und daher seit 1990 nicht mehr neu begründet werden können, so z.B. Gebäudeeigentum ohne Grundstückseigentum oder dingliches Nutzungsrecht. Obwohl die Abwicklung dieser Rechte im Beitrittsgebiet noch zum Gerichtsalltag gehört, wird von einer Darstellung abgesehen und auf die Spezialliteratur verwiesen;[2] hierzu auch § 9a EGZVG.

7 Auch für diese Immobiliarzwangsvollstreckung gelten die Grundsätze der ZPO (§ 869 ZPO), soweit nicht das ZVG besondere Regeln aufstellt.

B. Versteigerungsantrag

8 Eine Zwangsversteigerung wird nicht von Amts wegen eingeleitet, sondern es bedarf stets eines Antrags (§ 15 ZVG) an das zuständige Gericht. Bei der hier dargestellten Vollstreckungsversteigerung ist Antragsteller ein Gläubiger des Grundstückseigentümers. Dieser kann die Versteigerung seines eigenen Grundstücks nicht beantragen.

I. Zuständigkeit

1. Sachliche Zuständigkeit

9 Die sachliche Zuständigkeit liegt beim Amtsgericht als Vollstreckungsgericht (§ 1 Abs. 1 ZVG).

2. Örtliche Zuständigkeit

10 Zur Durchführung der Zwangsversteigerung örtlich zuständig ist grundsätzlich jenes **Amtsgericht**, in dessen Bezirk das Grundstück liegt („belegen ist") (§ 1 Abs. 1 ZVG). Besteht insoweit eine Ungewissheit oder ist das Grundstück in verschiedenen Gerichtsbezirken belegen, entscheidet das gemeinsame obere Gericht (§ 2 Abs. 1 ZVG). Wäre dies der BGH, entscheidet das OLG des Bezirks, in dem das zuerst angegangene Gericht liegt (§ 36 Abs. 2 ZPO i.V.m. § 2 Abs. 1 ZVG). Eine Entscheidung über die Zuständigkeit ist nicht anfechtbar (§ 37 ZPO). Zur örtlichen Zuständigkeit bei der Zwangsversteigerung mehrerer Grundstücke siehe Rn. 900. Es handelt sich um eine **ausschließliche Zuständigkeit** (§ 802 ZPO), die sich somit einer Vereinbarung der Beteiligten entzieht (§ 40 Abs. 2 ZPO). Die Landesregierungen können aber durch Rechtsverordnung bestimmen, dass die Zwangsversteigerungssachen von einem Amtsgericht für den Bezirk mehrerer Amtsgerichte erledigt werden (Zentralisierung), um hierdurch eine effektivere Bearbeitung zu ermöglichen (§ 1 Abs. 2 ZVG).

---

2 Z.B. *Stöber* (ZVG) Einleitung Rn. 14.

3. Funktionelle Zuständigkeit

Funktionell zuständig ist der **Rechtspfleger** (§ 3 Nr. 1 i RPflG). Seine Tätigkeit ist Gerichtsbarkeit, keine Verwaltung. Deshalb können seine Entscheidungen nur mit den von der Verfahrensordnung vorgesehenen Rechtsbehelfen (hierzu Rn. 110 ff.), nicht jedoch mit der Dienstaufsichtsbeschwerde angefochten werden.[3]   **11**

II. Voraussetzungen und Inhalt des Antrags

1. Übersicht

Ein Gläubiger kann die Zwangsversteigerung eines Grundstücks beantragen, wenn folgende Voraussetzungen vorliegen: **12**
- Er muss einen vollstreckbaren **Titel** haben.
- Der in diesem Titel genannte **Schuldner** muss als **Eigentümer** des Grundstücks im Grundbuch eingetragen sein. Zur Ausnahme siehe Rn. 48.

Im **Versteigerungsantrag** sind folgende **Angaben** erforderlich (§§ 16 ZVG, 253, 130 ZPO):   **13**
- Bezeichnung des angerufenen Gerichts (Rn. 9, 10);
- Name und Anschrift (zustellungsfähig) des Gläubigers und des Schuldners (Rn. 15 ff.);
- Bezeichnung des Grundstücks (Rn. 24);
- Bezeichnung der Forderung, wegen welcher vollstreckt werden soll (Rn. 26 ff.);
- Bezeichnung des vollstreckbaren Titels (Rn. 37 ff.).

Eine Begründung des Antrags ist nicht erforderlich.

Dem Antrag sind folgende **Unterlagen** beizufügen: **14**
- Die für den Beginn der Zwangsvollstreckung erforderlichen Urkunden (§ 16 Abs. 2 ZVG), also insbesondere der Vollstreckungstitel und Belege für die nach § 788 ZPO ohne Festsetzung zu vollstreckenden Kosten (Rn. 32 und 34).
- Ein Grundbuchzeugnis (§ 17 Abs. 2 ZVG) oder ein beglaubigter Grundbuchauszug (beides möglichst aktuell) als Nachweis der Eigentümerstellung des Schuldners. Gehört das Grundbuchamt dem gleichen Gericht wie das Vollstreckungsgericht an, so genügt im Antrag die Bezugnahme auf das Grundbuch. Bei Zentralisierung der vollstreckungsgerichtlichen Zuständigkeit (Rn. 10) wird meist die Bezugnahme auf das Grundbuch auch beim Zentralgericht zugelassen.
Die Vorlage einer Flurkarte kann nur unter besonderen Umständen verlangt werden, auch wenn sie nach Landesrecht beigefügt werden soll.[4]
- Ggf. Erbnachweise (§ 17 Abs. 3 ZVG) (Rn. 20).

Da das Gericht nicht das materielle Recht prüft, ist bei Vollstreckung aus einem Briefrecht die Vorlage des Grundpfandrechtsbriefes im Rahmen der Verfahrensanordnung nicht erforderlich.

Tipp: Durch Bezugnahme auf das Grundbuch oder die Einholung eines kostenfreien Grundbuchzeugnisses nach § 17 Abs. 2 ZVG lassen sich die Kosten für den beglaubigten Grundbuchauszug sparen.

---
3 Diese wäre allenfalls zulässig, um unkorrektes Benehmen oder grundlose Verzögerungen zu rügen.
4 *LG Frankfurt* Rpfleger 2003, 94 zu Art. 3 des Hessischen ZVG-Ausführungsgesetzes.

1 Versteigerung eines Grundstücks

Zwangsversteigerungsantrag

Checkliste	Inhalt	Anlagen
	Gericht	
	Gläubiger	ggf. Vertretungsnachweis
	Schuldner (Eigentümer) Grundstück	Grundbuchzeugnis oder beglaubigter Grundbuchauszug (nicht erforderlich, wenn Bezugnahme erfolgt); ggf. Erbnachweis
	Titel	Vollstreckungsunterlagen
	Anspruch des Gläubigers	ggf. Belege über die Vollstreckungskosten
	Bestimmter Antrag (auf Anordnung der Zwangsversteigerung)	

2. Vollstreckungsschuldner

a) Normalfall

15 Ist der im Titel genannte Schuldner als Eigentümer im Grundbuch eingetragen, muss der Gläubiger dessen zustellungsfähige Anschrift im Antrag angeben; sie wird nicht von Amts wegen ermittelt. Ist die Anschrift nicht zu ermitteln, kommt evtl. die Bestellung eines Abwesenheitspflegers nach § 1911 BGB durch das Vormundschaftsgericht in Betracht. Die Bestellung eines Zustellungsvertreters (Rn. 256) gemäß § 6 ZVG scheidet für die Zustellung des Anordnungsbeschlusses wegen § 8 ZVG aus.

b) Mehrere Schuldner

16 Sind mehrere Personen als Miteigentümer eingetragen und soll das ganze Grundstück versteigert werden, ist regelmäßig ein Titel gegen alle Miteigentümer erforderlich (Ausnahme Rn. 18). Bei Bruchteilseigentum kann jedoch der Antrag auf den Bruchteil des Schuldners beschränkt werden (Rn. 2).

c) Gütergemeinschaft

17 Sind Eheleute in Gütergemeinschaft (§ 1415 ff. BGB) als Eigentümer eingetragen, ist zunächst festzustellen, wer das Gesamtgut[5] **verwaltet.** Dies muss sich aus dem Ehevertrag ergeben, der sich meist bei den Grundakten befindet. Haben die Eheleute insoweit nichts vereinbart, verwalten beide das Gesamtgut gemeinsam (§ 1421 BGB).[6] Ein Ehegatte verwaltet das Gesamtgut allein, wenn
- dies so im Ehevertrag vereinbart wurde oder
- ein Ehegatte unter elterlicher Sorge oder Vormundschaft steht (§ 1458 BGB).

---

5 Leben die Ehegatten in Gütergemeinschaft, gehört das Grundstück jedoch zum Vorbehaltsgut (§ 1418 BGB), ergeben sich für die Zwangsversteigerung keine Besonderheiten.
6 Wurde der Gütervertrag vor dem 01.04.1953 geschlossen, liegt die Verwaltung beim Ehemann allein.

Für die Vollstreckung in ein solches Grundstück gilt: **18**

aa) Verwalten beide Ehegatten das Gesamtgut gemeinsam, ist ein Leistungstitel gegen beide erforderlich (§ 740 Abs. 2 ZPO). Ein Leistungstitel gegen einen und ein Duldungstitel gegen den anderen genügt nicht.

bb) Verwaltet ein Ehegatte das Gesamtgut allein, genügt ein Titel gegen diesen (§ 740 Abs. 1 ZPO).

cc) Betreibt einer der Ehegatten ein Erwerbsgeschäft, so genügt regelmäßig ein Titel gegen diesen, auch wenn er das Gesamtgut nicht oder nicht allein verwaltet (§ 741 ZPO). Ist diese Voraussetzung weder aus dem Titel ersichtlich noch bei Gericht offenkundig, muss Nachweis erfolgen[7], z.B. durch schriftliche Auskunft des Gewerbeamtes. Wendet man § 17 Abs. 3 ZVG analog an, müsste Glaubhaftmachung durch Urkunden genügen.

d) Tod des Grundstückseigentümers

aa) Titel lautet gegen den Verstorbenen

Hatte vor dem Tod des Schuldners bereits irgendeine Zwangsvollstreckung aus diesem Titel gegen den Schuldner begonnen, also z.B. eine Lohnpfändung, kann jetzt die Zwangsversteigerung angeordnet werden, ohne dass der Vollstreckungstitel auf die Erben umgeschrieben werden müsste. Die Annahme der Erbschaft ist damit nicht Voraussetzung für die Vollstreckung (§ 779 Abs. 1 ZPO). Hat der Erbe die Erbschaft noch nicht angenommen, ist die Bestellung eines Vertreters nach § 779 Abs. 2 ZPO erforderlich, an den auch zugestellt wird.[8] **19**

Lautet der Titel gegen den Verstorbenen, hatte die Zwangsvollstreckung aber noch nicht begonnen, benötigt der Gläubiger eine Vollstreckungsklausel gegen den (alle) Erben (§ 727 ZPO; sog. Umschreibung des Vollstreckungstitels). Ist die Erbschaft noch nicht angenommen, kann diese nur nach Bestellung eines Nachlasspflegers durch das Nachlassgericht (§§ 1961, 1962 BGB) beschafft werden. Grundbuchberichtigung ist nicht erforderlich (§ 17 Abs. 1 und 3 ZVG). Unterbleibt sie, ist die Erbfolge durch Urkunden glaubhaft zu machen. Bezugnahme auf die Nachlassakten genügt, wenn sich daraus die Erbfolge ergibt. Anderenfalls ist die Vorlage des Erbscheins oder der nach § 35 Abs. 1 GBO zur Grundbuchberichtigung ausreichenden Urkunden notwendig. **20**

bb) Titel lautet gegen den oder die Erben[9]

Die Zwangsvollstreckung kann erst nach Erbschaftsannahme beginnen. Auch hier bedarf es keiner Grundbuchberichtigung; dann aber Nachweise wie bei Rn. 20. Ist das Grundstück auf den Namen mehrerer Erben eingetragen, bedarf es eines Titels gegen alle (§ 747 ZPO). **21**

---

7 So jedenfalls *LG Frankenthal (Pfalz)* Rpfleger 1975, 371.
8 Für die Verwaltungsvollstreckung: *Glotzbach/Mayer* Rn. 694 ff. insbesondere Rn. 697.
9 Hierzu ausführlich *Stöber* (ZVG) § 15 Rn. 30 sowie § 17 Rn. 4 und *Glotzbach/Mayer* Rn. 693 ff.

1 Versteigerung eines Grundstücks

Übersicht

Titel gegen den Verstorbenen		Titel gegen den/die Erben
Vollstreckung in den Nachlass bei Tod des Grundstückseigentümers		
Hatte Zwangsvollstreckung begonnen (§ 779 ZPO)?		Zwangsvollstreckung erst nach Annahme der Erbschaft
ja	nein	
Anordnung ohne Titelumschreibung möglich	Titelumschreibung notwendig	

e) Juristische Person, Handelsgesellschaft

22 Ist als Eigentümer eine juristische Person (z.B. GmbH, eingetragener Verein) oder eine Handelsgesellschaft (z.B. OHG, KG) eingetragen, ist ein Titel gegen diese erforderlich.[10]

f) BGB-Gesellschaft

23 Eine BGB-Gesellschaft kann (derzeit noch) als solche **nicht** im Grundbuch eingetragen sein. Eingetragen sind vielmehr alle Gesellschafter mit dem Zusatz „als Gesellschafter des bürgerlichen Rechts". Wegen § 736 ZPO wurde bisher ein Titel gegen alle Gesellschafter für erforderlich gehalten. Neuerdings[11] hat der BGH entschieden, dass auch ein gegen die Gesellschaft lautender Titel möglich und ausreichend ist. Anders als bei der OHG genügt aber auch ein Titel gegen alle Gesellschafter. Ob in Weiterführung dieser Rechtsauffassung künftig die BGB-Gesellschaft auch als eintragungsfähig angesehen wird, muss die Zukunft zeigen. Da es sich um eine Gesamthandsgemeinschaft handelt, kann **keine Versteigerung des Anteils** eines Gesellschafters stattfinden.

3. Bezeichnung des Grundstücks

24 Das Grundstück wird regelmäßig übereinstimmend mit dem Grundbuch zu bezeichnen sein, also Blattstelle des Grundbuchs, Gemeinde, Flurstücksnummer, Lagebezeichnung und Größe. Unbedingt erforderlich ist dies aber nicht. Es genügt eine Bezeichnung, die unzweifelhaft erkennen lässt, welches Grundstück versteigert werden soll. Demnach müsste z.B. genügen:

„das im Grundbuch von Hohenecken, Blatt 1166 auf den Namen des Schuldners eingetragene Grundstück ..."

(falls dort nur ein Grundstück eingetragen ist).

25 Soll nur ein Bruchteil versteigert werden, ist dies ausdrücklich anzugeben, wobei der Anteil durch einen „gemeinen Bruch" („Hälfteanteil", „Anteil zu einem Viertel" etc.) zu bezeichnen ist.

---

10 Hierzu *Mock* Rn. 45 bis 51.
11 *BGH* Rpfleger 2001, 246.

4. Die zu vollstreckende Forderung

a) Rangklassen (RK)

Es ist wichtig zu wissen, dass in der Zwangsversteigerung besondere Vorschriften für den Rang (= die Reihenfolge der Befriedigung) gelten (§ 10 Abs. 1 ZVG). Diese Regelung ist von großer Bedeutung für das Verfahren und wird daher an anderer Stelle (Rn. 275) ausführlich erklärt. Für den Versteigerungsantrag genügt zunächst eine kurze Zusammenfassung. **26**

- Den besten Rang (= RK 1 bzw. 1a) haben bestimmte Vorschüsse und Kosten, wenn gleichzeitig eine Zwangsverwaltung bzw. ein Insolvenzverfahren anhängig ist.
- Die zweite RK (Lohn der landwirtschaftlichen Arbeitskräfte) hat heute jede praktische Bedeutung verloren.
- Die dritte RK umfasst besonders privilegierte öffentlich-rechtliche Ansprüche.[12]
- In der vierten RK werden die im Grundbuch eingetragenen Sicherungsrechte für Geldforderungen (z.B. Grundschuld, Hypothek, Reallast) befriedigt, für welche das Grundstück haftet.
- In der fünften RK stehen alle anderen Forderungen, für welche die Zwangsversteigerung angeordnet wurde.

Wegen der Einzelheiten zu diesen und den weiteren RK (RK 6 bis RK 8) siehe Rn. 297 ff.

Man kann im Antrag die verlangte RK angeben, erforderlich ist dies aber nicht. Bei richtiger Bezeichnung der Hauptforderung im Antrag kann das Gericht die jeweils zutreffende RK erkennen.

b) Hauptforderung

Es ist jene Forderung, welche im Titel ausgewiesen ist. Der Gläubiger kann die Versteigerung auch wegen einer Teilforderung beantragen, sollte diese dann aber ausdrücklich als „Teil der Hauptforderung" bezeichnen (hierzu auch Rn. 33). **27**

c) Zinsen

Der Gläubiger kann auch die titulierten Zinsen fordern. Sie haben grundsätzlich den gleichen Rang, den die Hauptforderung hat. Zinsen, welche nach diesem Grundsatz in eine bessere Rangklasse als RK 5 fallen würden, können diesen Vorrang jedoch durch „Zeitablauf" verlieren. Bestimmte „ältere Zinsrückstände" fallen dann in RK 5 zurück (Einzelheiten Rn. 301). **28**

d) Kosten der Rechtsverfolgung

Der Gläubiger kann auch die Kosten der Rechtsverfolgung fordern. Für ihre Behandlung in der Zwangsversteigerung kann man diese Kosten zunächst in vier **Gruppen** einteilen: **29**

aa) Die **vorgerichtlichen Kosten** müssen tituliert (im Titel genannt) sein. **30**

bb) Die **Kosten der Titelbeschaffung** müssen – wie bei der Mobiliarvollstreckung – durch einen Kostenfestsetzungsbeschluss tituliert sein (§ 103 Abs. 1 ZPO) und müssen bereits im Versteigerungsantrag beziffert werden; sie können also nicht „nachgemeldet" werden. **31**

---

12 Hierzu ausführlich *Glotzbach/Mayer* Rn. 206 ff.

1 Versteigerung eines Grundstücks

32   *cc)* Die **Kosten einer früheren anderen Vollstreckung** (z.B. Mobiliarvollstreckung) können gemäß § 788 ZPO ohne Titel vollstreckt werden. Auch sie müssen bereits im Versteigerungsantrag beziffert sein und können nicht nachgemeldet werden. Sind diese Kosten nicht festgesetzt, hat das Versteigerungsgericht die gleiche Prüfungspflicht wie das Prozessgericht. Erforderlich sind also eine Einzelaufstellung und Vorlage der Belege (§§ 103 Abs. 2, 104 Abs. 2 ZPO). Berücksichtigung finden nur die **notwendigen** Kosten der Zwangsvollstrekkung. Soweit mehrere Schuldner als Gesamtschuldner verurteilt worden sind, haften sie auch für die Kosten der Zwangsvollstreckung als Gesamtschuldner (§ 788 Abs. 1 Satz 3 ZPO; dort auch zu den Ausnahmen der gesamtschuldnerischen Kostenhaftung).

33   Wird nur wegen einer **Teilforderung** vollstreckt und soll diese Teilforderung auch Kosten umfassen, ist die Einzelaufstellung/Belegung der in der Teilforderung enthaltenen und nicht festgesetzten Kosten unumgänglich, da sonst der Gläubiger bei einer Teilleistung des Schuldners diese auf Kosten verrechnen könnte, deren Erstattungsfähigkeit nicht gerichtlich geprüft wurde.

Beispiel 1   Die Hauptforderung beträgt 1.500,00 €.
Die Formulierung „Teilforderung: 1.000,00 €" würde eine Forderungsaufstellung erfordern; eine solche ist bei der Bezeichnung „Teil der Hauptforderung: 1.000,00 €" entbehrlich.

Tipp: Unterschied zwischen „Teilforderung" und „Teil der Hauptforderung" bei der Antragstellung beachten!

dd) Die Kosten der dinglichen Rechtsverfolgung

34   Obwohl sie an sich keine eigene Kategorie bilden, da sie auch in die vorgenannten Kategorien eingeordnet werden könnten, werden sie hier gesondert ausgewiesen, weil sie im Zwangsversteigerungsverfahren gemäß § 10 Abs. 2 ZVG ein **besonderes Privileg** genießen. Sie müssen noch nicht im Versteigerungsantrag (bzw. Beitrittsgesuch) beziffert werden, sondern können noch bis zum Beginn des Versteigerungstermins formlos angemeldet werden. Ratsam ist dies allerdings nicht! Was im Versteigerungsantrag steht, gilt (§ 114 Abs. 1 Satz 2 ZVG) für das Gesamtverfahren als angemeldet und kann daher nicht mehr vergessen werden. Das Gericht muss sie nicht unbedingt in den Anordnungsbeschluss (bzw. Beitrittbeschluss) aufnehmen!

Tipp: Die schon bezifferbaren Kosten der dinglichen Rechtsverfolgung sollten bereits im Versteigerungsantrag stehen.

35   Kosten der dinglichen Rechtsverfolgung sind die Kosten „der die Kündigung und Befriedigung aus dem Grundstück bezweckenden Rechtsverfolgung". Es sind dies z.B.
- Kosten der dinglichen Klage (Duldungstitel);
- Kosten der Zustellung des dinglichen Titels;
- Rechtsanwaltskosten für dieses Verfahren sowie die Gerichtskosten für die Entscheidung über den Versteigerungsantrag;
- Künftige Terminswahrungskosten des Gläubigers für die Teilnahme am Versteigerungs- und Verteilungstermin (dazu Rn. 292);
- Kosten eines Zwangsverwaltungsverfahrens einschließlich dort geleisteter Vorschüsse;
- Kosten eines früheren ergebnislosen Zwangsversteigerungsverfahrens (gleicher Titel, gleiches Grundstück);
- Gerichts und Rechtsanwaltskosten für die Eintragung einer Zwangshypothek.

Gehören diese Kosten nicht ausnahmsweise zur RK 1, dann gilt für ihren **Rang** Folgendes: 36
- Betreibt der Gläubiger aus RK 5, haben alle Kosten der Rechtsverfolgung die RK 5.
- Betreibt der Gläubiger aus RK 4, haben die Kosten zu cc) nur die RK 5, die Übrigen die RK 4; also auch die festgesetzten Kosten (Rn. 34, 35) der dinglichen Klage (dazu Rn. 38).

5. Vollstreckungstitel

Für den Vollstreckungstitel, die Vollstreckungsklausel, die Zustellung und die übrigen Voraussetzungen zum Beginn der Zwangsvollstreckung gelten zunächst die allgemeinen Regeln (allgemeine Vollstreckungsvoraussetzungen).[13] Eine Sicherungsvollstreckung (§ 720a ZPO) ist nicht zulässig. Will jedoch ein Gläubiger aus der bevorzugten RK 4 vollstrecken, bedarf es eines besonderen Vollstreckungstitels, welcher nicht auf Zahlung einer Geldsumme lautet, sondern ausdrücklich bestimmt, dass der Schuldner wegen dieser Geldsumme „die Zwangsvollstreckung in das Grundstück dulden muss". Man nennt dies einen **„dinglichen Titel."** Wurde das Grundpfandrecht in notarieller Urkunde bestellt, erfolgte fast immer auch die Unterwerfung des Schuldners unter die sofortige Zwangsvollstreckung. Dann ist die Urkunde des Notars ein dinglicher Titel. 37

Denkbar ist aber auch eine Klage auf Duldung der Zwangsvollstreckung, z.B. bei Grundpfandrechten ohne Unterwerfungsklausel.[14] 38

Ein Titel auf Duldung der Zwangsvollstreckung in das Grundstück (sog. Duldungstitel, auch dinglicher Titel genannt) ermöglicht außerhalb des Haftungsverbandes (Rn. 106 ff.) keine Mobiliarvollstreckung. Meist hat aber der Gläubiger sowohl einen „dinglichen" als auch einen „persönlichen" Titel und könnte wahlweise auch die Versteigerung aus der RK 5 betreiben. Hat ein solcher Gläubiger bereits eine Mobiliarvollstreckung (= eine Vollstreckung mit dem persönlichen Titel) versucht und will er wegen dieser Kosten jetzt die Zwangsversteigerung betreiben, erhält er hierfür nur die RK 5, auch wenn die Hauptsumme in der RK 4 steht (Rn. 36). Dies sollte das Gericht im Anordnungsbeschluss klarstellen. Kosten für die Vollstreckung in den Haftungsverband (also Vollstreckung mit Duldungstitel) haben die RK 4. 39

Von dem vorgenannten Grundsatz gibt es seit dem 01.01.1999 eine wichtige **Ausnahme**: Seit dem 01.01.1999 genügt bei der Zwangshypothek zur Befriedigung aus dem Grundstück durch Zwangsversteigerung (dingliche Vollstreckung) der vollstreckbare Titel, auf dem die Eintragung vermerkt ist. Ein ausdrücklicher Duldungstitel ist nicht (mehr) erforderlich. Dies gilt auch für Zwangshypotheken, die vor dem 01.01.1999 eingetragen wurden. Zur Situation nach anschließender Anordnung des Insolvenzverfahrens siehe Rn. 162 ff. 40

> **Tipp: Aus einer Zwangshypothek kann ohne Duldungstitel vollstreckt werden. Schuldtitel mit Eintragungsvermerk genügt.**

Auch bei Briefrechten genügt die Vorlage des vollstreckbaren Titels. Die Briefvorlage ist für den Versteigerungsantrag noch nicht erforderlich (wohl aber im Verteilungstermin!). 41

---

13 Hierzu ausführlich *Mock* Rn. 21 ff.
14 Unterwirft sich der Grundstückseigentümer bei der Bestellung eines Grundpfandrechtes der sofortigen Zwangsvollstreckung, erfordert dies notarielle Beurkundung. Soll das Grundpfandrecht ohne diese Klausel bestellt werden, genügt öffentliche Beglaubigung. Aus Kostengründen gibt es daher auch Grundpfandrechte ohne Unterwerfungsklausel.

1 Versteigerung eines Grundstücks

42 Die **Verwaltungsvollstreckung** erfolgt ohne Titel auf Grund eines „vollstreckbaren Versteigerungsantrags" der hierfür zuständigen Behörden.[15]

Antrag auf Anordnung der Zwangsversteigerung (Vollstreckungsversteigerung)

Muster 43

Stadtsparkasse Musterstadt
Sparkassenplatz 1
66666 Musterstadt

Musterstadt, 22.01.2004

An das
Amtsgericht
66666 Musterstadt

Antrag auf Anordnung der Zwangsversteigerung

In der Zwangsvollstreckungssache

Stadtsparkasse Musterstadt, vertreten durch den Vorstand
Sparkassenplatz 1
66666 Musterstadt
– Gläubigerin –

g e g e n

Aloisius Hinterher
Bebelstraße 1
66666 Musterstadt
– Schuldner –

Der Schuldner ist Eigentümer Grundstücks der Gemarkung Musterstadt,
eingetragen im Grundbuch von Musterstadt Blatt 1000 unter lfd. Nr. 1 des Bestandsverzeichnisses
Flurstücksnummer 444
Gebäude- und Freifläche, Bebelstraße 1 zu 500 m^2

Unter lfd. Nr. 1 der dritten Abteilung ist an diesem Grundstück zu unseren Gunsten eine Grundschuld ohne Brief zu 100.000,00 € mit 14 % Jahreszinsen ab Eintragung eingetragen.

Unter Bezugnahme auf die beigefügte Urkunde des Notars Dr. Schlau in Musterstadt vom 29.02.1998 (Urk. Nr. 32/98) beantragen wir wegen folgender Forderung:

1. Hauptsumme – Grundschuld –   100.000,00 €
2. 2 % Zinsen hieraus seit 01.03.1998   p. m.
3. Bisherige Vollstreckungskosten (Aufstellung anliegend)   150,50 €
4. sowie den Kosten dieser Rechtsverfolgung

die Zwangsversteigerung des vorgenannten Grundstücks anzuordnen.

Die Eintragung des Schuldners als Eigentümer des genannten Grundstücks weisen wir durch Vorlage eines beglaubigten Grundbuchauszuges vom 15.01.2004 nach.

Stadtsparkasse Musterstadt

(Unterschrift)   (Unterschrift)

Anlagen:
- Urkunde des Notars Dr. Schlau vom 29.02.1998 mit Vollstreckungsklausel und Zustellungsnachweis,
- Aufstellung über die bisherigen Vollstreckungskosten mit 7 Belegen,
- Beglaubigter Grundbuchauszug vom 15.01.2004.

---

15 Hierzu ausführlich *Glotzbach/Mayer* Rn. 275 ff.

Anmerkung zum Muster Rn. 43: Die Hauptsumme hat RK 4. Die Zinsen haben diese RK größtenteils durch Zeitablauf verloren (dazu Rn. 291) und fallen insoweit nur noch RK 5.[16] Die bisherigen Vollstreckungskosten könnten teilweise der RK 4 angehören, wenn es sich um Kosten der dinglichen Rechtsverfolgung (Rn. 34, 35) handelt. Hat bisher nur eine Mobiliarvollstreckung stattgefunden, gehören sie zur RK 5. All dies sollte das Gericht im Anordnungsbeschluss klarstellen. **44**

C. Entscheidung über den Antrag

I. Prüfung durch das Vollstreckungsgericht

1. Allgemeine Prüfung

a) Tätigkeit der Geschäftsstelle

Die Geschäftsstelle trägt den Antrag ins Vollstreckungsregister Spalte K ein. Soweit im Antrag für die Eintragung des Schuldners im Grundbuch auf die Grundakten Bezug genommen ist, werden diese beigezogen. **45**

b) Allgemeine Prozessvoraussetzungen

Auch vor Beginn einer Zwangsvollstreckung sind die allgemeinen Prozessvoraussetzungen[17] zu prüfen, nämlich z.B. **46**
- Parteifähigkeit (§ 50 ZPO);
- Prozessfähigkeit (§§ 51 bis 53 ZPO);
- Rechtsschutzbedürfnis[18].

c) Allgemeine und besondere Vollstreckungsvoraussetzungen

Neben den stets zu beachtenden allgemeinen Vollstreckungsvoraussetzungen hat der Rechtspfleger zu prüfen, ob der vorgelegte Titel gegen den im Grundbuch eingetragenen Eigentümer vollstreckbar ist (§ 17 ZVG). Ausnahme Rn. 21. **47**

Die weiteren Ausnahmen vom Eintragungsgrundsatz, nämlich bei der **48**
- Zwangsversteigerung gegen den Insolvenzverwalter,
- Zwangsversteigerung gegen den Testamentsvollstrecker,
- Wiederversteigerung (§ 133 Abs. 1 ZVG)

werden später erörtert.

Die Zwangsversteigerung in herrenlose Grundstücke (§ 928 BGB) erfolgt gegen einen nach § 787 ZPO vom Vollstreckungsgericht zu bestimmenden Vertreter, der nicht im Grundbuch eingetragen wird. **49**

---

16 Wegen der Verjährung von Grundschuldzinsen siehe *BGH* in Rpfleger 2000, 60.
17 Einzelheiten werden als bekannt vorausgesetzt. Eine gute Zusammenstellung der Prozessvoraussetzungen findet sich z.B. bei *Schellhammer* Rn. 355 f.
18 Gelegentlich wurde das Rechtsschutzbedürfnis für eine Zwangsversteigerung wegen einer Bagatellforderung in Frage gestellt. Dessen Vorliegen ist jedoch zu bejahen. Hierzu *BGH* NJW 1973, 894.

2. Besondere Prüfung (§ 28 ZVG)

50 Während die unter 1. genannte Prüfung sich auf die Frage beschränkte, ob der Eigentümer die Zwangsvollstreckung dieses Gläubigers in das Grundstück dulden muss, wird jetzt geprüft, ob der Zwangsversteigerung dieses Grundstücks die **Rechte Dritter entgegenstehen**.

An sich sieht § 28 ZVG nach seinem Wortlaut diese Prüfung erst **nach Anordnung des Verfahrens** vor.

Die schon bisher allgemein vertretene Auffassung[19], dass ein solches Hindernis von Amts wegen **bereits bei der Entscheidung über die Verfahrensanordnung** zu beachten sei, wird jetzt durch die Einführung[20] von Abs. 2 in den § 28 ZVG zusätzlich gestützt.

Das Gericht hat also **von Amts wegen zu prüfen**, ob durch die Anordnung der Zwangsversteigerung dieses Grundstücks die Rechte Dritter verletzt würden, wenn das entgegenstehende Recht entweder

- **grundbuchersichtlich** (§ 28 **Abs. 1** ZVG) oder
- als Verfügungsbeschränkung (§ 28 **Abs. 2** ZVG) dem Rechtspfleger **bekannt** ist.

Grundsätzlich gilt:
- Muss der Dritte die Vollstreckung dulden, besteht kein Hindernis.
- Kann der Gläubiger das Hindernis überwinden, ist er unter Fristsetzung durch Zwischenverfügung hierzu aufzufordern.
- Ist das Hindernis unüberwindlich, wird der Antrag zurückgewiesen. Hierzu auch Rn. 128. Eine formelle Zwischenverfügung, welche nur durch Antragsrücknahme erledigt werden kann, sollte unterbleiben.[21] Allerdings soll das Gericht dem Gläubiger unter kurzem Hinweis auf die Rechtslage Gelegenheit geben, einen aussichtslosen Antrag zurückzunehmen.

Einzelheiten zu „Gegenrechten": Rn. 131 ff.

51 Obwohl, wie ausgeführt, die in § 28 ZVG genannten Hindernisse **bereits bei der Entscheidung über die Verfahrensanordnung** zu beachten sind, kann es immer wieder zur Verfahrensanordnungen kommen, obwohl ein Hindernis nach § 28 ZVG objektiv besteht.

Verlässt sich das Gericht nämlich (zulässigerweise) bei der Prüfung der Eigentümerstellung des Schuldners (Rn. 14 und 47) allein auf das von dem antragstellenden Gläubiger vorgelegte **Grundbuchzeugnis nach § 17 Abs. 2 ZVG**, kann es selbst zu diesem Zeitpunkt schon grundbuchersichtliche Hindernisse nicht erkennen, da das Grundbuchzeugnis nach seinem originären Inhalt zu den Eintragungen in der zweiten Abteilung keine Angaben enthält. In solchen Fällen kann es dann **nachträglich**, sobald nämlich das Gericht vom Grundbuchamt die Unterlagen gem. § 19 Abs. 2 ZVG übersandt erhalten hat, wegen § 28 ZVG zu einer Aufhebung oder einstweiligen Einstellung des bereits angeordneten Verfahrens kommen. Um dies zu vermeiden, ist den Rechtspflegerinnen und Rechtspflegern zu raten, sich möglichst vor jeder Verfahrensanordnung über den vollständigen Inhalt des Grundbuchs (etwa durch Beiziehen der Grundakten) zu informieren.

---

19 Z.B. *Stöber* (ZVG) § 28 Rn. 3 und § 15 Rn. 3.5.
20 Gesetz zur Änderung des Gesetzes über die Zwangsversteigerung und Zwangsverwaltung und anderer Gesetze vom 18.02.1998 (BGBl. I Seite 866).
21 Zuletzt *OLG Hamm* Rpfleger 1990, 426 für einen „Register-Fall".

II. Entscheidung des Vollstreckungsgerichts

1. Beanstandung des Antrags

Kommt das Vollstreckungsgericht zur Auffassung,
- dass die beantragte Zwangsvollstreckung **unzulässig** ist, oder
- dass ein **formaler Mangel** auch auf gerichtlichen Hinweis nicht behoben wurde,

kann es keinen Anordnungsbeschluss erlassen.

Dies ist insbesondere der Fall, wenn
- wichtige Angaben im Antrag fehlen; dazu Rn. 13.
- kein Vollstreckungstitel vorliegt (und offenbar auch nicht vorhanden ist);
- der vorgelegte Vollstreckungstitel für diese Zwangsvollstreckung nicht ausreicht;
- der im Vollstreckungstitel ausgewiesene Schuldner nicht als Eigentümer im Grundbuch eingetragen ist und auch nicht die Ausnahme Rn. 21 bzw. 48 vorliegt;
- eine Verfügungsbeschränkung grundbuchersichtlich oder dem Rechtspfleger bekannt ist (§ 28 ZVG), welche der Gläubiger nicht überwinden kann.
Die **wichtigsten** dieser **Verfügungsbeschränkungen** werden ab Rn. 55 näher dargestellt.

2. Aufklärungsverfügung

Liegt ein formaler Mangel vor, kann das Gericht eine entsprechende Aufklärungsverfügung erlassen, dort den Mangel (alle Mängel) und die Behebungsmöglichkeiten aufzeigen und dem Gläubiger eine Erledigungsfrist setzen.

Davon sollte das Gericht jedoch **nur Gebrauch machen**, wenn der aufgezeigte **Mangel** von dem Gläubiger **zeitnah** (etwa durch Nachreichen schon vorhandener Unterlagen etc.) **behoben** werden kann. So scheidet eine Aufklärungsverfügung z.B. aus, wenn für den Beginn der Zwangsvollstreckung noch eine Umschreibung des Vollstreckungstitels (§ 727 ZPO) nebst Zustellung der Rechtsnachfolgeklausel mit Urkunden (§ 750 Abs. 2 ZPO) erforderlich wäre.

Mag in anderen Vollstreckungsverfahren großzügig eine Aufklärungsverfügung ergehen, weil ja kein Rang gewahrt wird, ist dies im Bereich des ZVG unangebracht. Ein sonst möglicher gutgläubiger Erwerb soll nicht daran scheitern, dass der Erwerber einen Versteigerungsantrag kannte (§ 23 Abs. 2 ZVG), der eigentlich zurückzuweisen gewesen wäre.

Die Aufklärungsverfügung (mit Fristsetzung) ist dem Gläubiger zuzustellen.

3. Zurückweisung des Antrags

Ist die Zwangsvollstreckung unzulässig oder wird ein Antragsmangel auch auf gerichtlichen Hinweis (Aufklärungsverfügung) nicht behoben, ist der Anordnungsantrag durch zu begründenden Beschluss zurückzuweisen. Dieser Beschluss ist dem Gläubiger zuzustellen. Hierfür gelten die allgemeinen Regeln der ZPO[22] und die §§ 4 und 5 ZVG. Der Schuldner wird von der Zurückweisung nicht benachrichtigt.

---

22 Sofern der Gläubiger durch einen Prozessbevollmächtigten vertreten ist, müssen alle Zustellungen an diesen erfolgen (§ 176 ZPO).

4. Verfügungsbeschränkungen

a) Eröffnung des Insolvenzverfahrens gegen den Eigentümer

55 Soweit der Gläubiger wegen einer **Insolvenzforderung** (§ 38 InsO) vollstreckt, ist der Antrag abzuweisen, da § 89 Abs. 1 InsO für diese Gläubiger ein Vollstreckungsverbot dekretiert. Dies gilt auch für einen Antrag, der vor der Eröffnung gestellt aber noch nicht entschieden ist. Auch „Neugläubiger" (Gläubiger, deren Forderungen erst nach Eröffnung begründet wurden) können in das zur Masse gehörige Grundstück nicht vollstrecken.[23]

56 Die Vollstreckung aus einem **Absonderungsrecht**[24] (§ 49 InsO) wäre möglich. Insbesondere sind dies Gläubiger, welche aus RK 3 oder 4 betreiben. Sie benötigen einen Titel gegen den Insolvenzverwalter, der analog §§ 727, 749 ZPO beschafft werden kann und gemäß § 750 ZPO diesem zugestellt sein muss. Zur Beschaffung wäre diesem Gläubiger eine Frist zu setzen. Ausführlich hierzu *Stöber* (ZVG) § 15 Rn. 23; weitere Einzelheiten auch unter Rn. 160.

b) Anordnung einer Testamentsvollstreckung

57 Da § 779 ZPO auch bei Testamentsvollstreckung anwendbar ist, kann eine bereits begonnene Vollstreckung (dazu Rn. 19) ohne Titelumschreibung weitergeführt werden.

Tipp: Auch bei angeordneter Testamentsvollsteckung gilt § 779 ZPO.

58 Anderenfalls bedarf es eines Titels gegen diesen. Es muss unterschieden werden (§ 748 ZPO):

- Verwaltet der Testamentsvollstrecker den gesamten Nachlass, bedarf es eines Leistungstitels (Titel auf Zahlung) gegen ihn. Ein Titel gegen den Erben ist daneben nicht erforderlich. Liegt jedoch gegen den Erben bereits ein Leistungstitel vor, genügt gegen den Testamentsvollstrecker ein Duldungstitel.
- Verwaltet er nur einzelne Gegenstände, darunter aber das Grundstück, muss der Erbe auf Zahlung und der Testamentsvollstrecker auf Duldung verurteilt sein.
- Soll wegen eines Pflichtteilsanspruchs vollstreckt werden, ist ein Leistungstitel gegen den Erben und ein Duldungstitel gegen den Testamentsvollstrecker erforderlich.

Hat der Gläubiger einen Titel gegen den Erblasser oder soll mit einem schon gegen den Erben lautenden Titel eine Nachlassforderung vollstreckt werden, kommt evtl. eine Titelbeschaffung gegen den Testamentsvollstrecker nach § 749 ZPO (Titelumschreibung) in Betracht. In anderen Fällen wäre der Antrag zurückzuweisen, falls er nicht auf entsprechenden Hinweis zurückgenommen wird.

c) Schuldner ist nur Vorerbe

59 Der Nacherbe wird durch § 773 ZPO vor einer Vollstreckung geschützt, die er nicht hinnehmen muss. Ergibt sich aus dem Titel, dass es sich um eine Nachlassverbindlichkeit handelt oder der Nacherbe aus sonstigen Gründen die Vollstreckung dulden muss, kann die Anordnung erfolgen. Anders als beim Testamentsvollstrecker bedarf es dann keines besonderen Titels gegen den Nacherben, da diesem kein Verwaltungsrecht zusteht. In anderen Fällen wäre dem Gläubiger unter Fristsetzung aufzugeben, einen Duldungstitel

---

23 *Eickmann* in HK-InsO § 89 Rn. 12.
24 Absonderungsberechtigte sind Gläubiger, denen es kraft Gesetzes gestattet ist, sich aus dem Erlös bestimmter Massegegenstände vorab zu befriedigen. Hierzu *Hess/Weis* Rn. 802 f.

gegen den Nacherben oder dessen Zustimmung beizubringen; anderenfalls der Antrag zurückgewiesen wird.[25] Dies gilt auch gegenüber einem befreiten Vorerben.

d) Auflassungsvormerkung

Eine Auflassungsvormerkung ist **kein Hindernis** für die Anordnung. Dazu Rn. 140 ff. **60**

5. Anordnungsbeschluss

Die Zwangsversteigerung wird durch Beschluss des Gerichts angeordnet (Anordnungsbeschluss), falls die gerichtliche Prüfung des Antrags kein Hindernis ergeben hat. **61**

Entgegen der sonst üblichen Grundsätze findet eine vorherige Anhörung des Schuldners nicht statt, damit dieser nicht noch rasch vor der Beschlagnahme (Rn. 75) das Grundstück veräußert oder belastet. **62**

Der **Mindestinhalt** des Anordnungsbeschlusses entspricht der Vorgabe des **§ 16 ZVG** für den Versteigerungsantrag. Daneben ist der Ausspruch konstitutiv, dass hiermit die Zwangsversteigerung angeordnet wird. Die meist enthaltende Aussage, der Beschluss bewirke die Beschlagnahme des Grundstücks, ist deklaratorisch. Eine Begründung des Beschlusses ist regelmäßig nicht erforderlich. Sie sollte allerdings erfolgen, wenn der Anordnung eine besondere Prüfung – z.B. nach Rn. 19 ff. – vorausgegangen ist, die kein Hindernis ergeben hat. So sieht der Schuldner, dass das Gericht ein mögliches Bedenken erwogen und als nicht hinderlich angesehen hat. **63**

Inhalt des Anordnungsbeschlusses
• Vollstreckungsgericht
• Rubrum
• Eigentümer
• Grundstück
• Titel
• Anspruch des Gläubigers
• Ausspruch: Anordnung der Zwangsversteigerung (konstitutiv)
• Ausspruch: „Beschlagnahme" (deklaratorisch)
• Unterschrift und Amtsbezeichnung (Rechtspfleger)

Checkliste

6. Bekanntmachung der Anordnung und Grundbuchersuchen

Das Gericht (bzw. die Geschäftsstelle) veranlasst jetzt die notwendigen weiteren Maßnahmen. Zunächst muss der Anordnungsbeschluss natürlich dem **Schuldner** (Eigentümer) **zugestellt** werden. Förmliche Zustellung ist erforderlich. Die §§ 4 bis 7 ZVG finden wegen § 8 ZVG keine Anwendung. Somit erfolgt die Zustellung gemäß den §§ 166 ff. ZPO. Zusammen mit dem Anordnungsbeschluss ist **eine Belehrung** nach § 30b Abs. 1 ZVG (Möglichkeit der einstweiligen Einstellung) zuzustellen. Richtet sich der Versteigerungsantrag gegen mehrere Personen, die als Miteigentümer im Grundbuch eingetragen sind, erfolgt die Zustellung an alle. Wird gegen einen Insolvenzverwalter oder Testamentsvollstrecker vollstreckt, erfolgt die Zustellung an diesen. Der Testamentsvollstrecker erhält eine Belehrung nach § 30b Abs. 1 ZVG; der Insolvenzverwalter erhält keine Belehrung (dazu Rn. 166). **64**

---

25 Die Behandlung dieses Falles ist sehr streitig. Hierzu *Stöber* (ZVG) § 15 Rn. 30.8 ff.; *Steiner/Eickmann* § 28 Rn. 40; aber auch *Steiner/Hagemann* §§ 15, 16 Rn. 160.

65 Der **Gläubiger** erhält den Beschluss **formlos**, wenn seinem Antrag vollumfänglich stattgegeben wurde. Erfolgte eine teilweise Ablehnung (z.B. wegen nicht nachgewiesener Kosten), wird der Beschluss auch an ihn zugestellt.

66 Die MIZI[26] sieht **weitere Mitteilungen** vor, z.B. an das Finanzamt (wobei üblicherweise gleich auch um Mitteilung des Einheitswertes des Grundstücks gebeten wird) und an die Steuerstelle für kommunale Abgaben (Stadtkasse etc.); meist mit der Bitte, die Höhe der jährlichen Steuerlast[27] mitzuteilen.

67 Schließlich muss das Vollstreckungsgericht jetzt noch das Grundbuchamt um Eintragung des **Zwangsversteigerungsvermerks ersuchen** (§ 19 Abs. 1 ZVG), der dort in der zweiten Abteilung einzutragen ist. Dies erfolgt üblicherweise zusammen mit der Übersendung einer Abschrift des Anordnungsbeschlusses und unter Rückgabe der Grundakten, soweit diese beigezogen waren.

68 Das Grundbuchamt hat nach der Eintragung des Versteigerungsvermerks dem Gericht
- eine beglaubigte Abschrift des Grundbuchblattes zu erteilen;
- die bei ihm evtl. bestellten Zustellungsbevollmächtigten zu bezeichnen, und
- mitzuteilen, was ihm über die Anschriften der eingetragenen Beteiligten und deren Vertreter bekannt ist

(§ 19 Abs. 2 ZVG).

Eintragungen im Grundbuch, die nach dem Zwangsversteigerungsvermerk erfolgen, soll es dem Vollstreckungsgericht mitteilen (§ 19 Abs. 3 ZVG).

69 Die aus dem Grundbuch ersichtlichen übrigen Beteiligten (§ 9 Satz 1 ZVG) werden jetzt noch nicht verständigt. Es ist aber zweckmäßig, vor Rückgabe der Grundakten die ladungsfähigen Anschriften dieser Beteiligten zu vermerken, soweit sie aus diesen Akten ersichtlich sind.

7. Beitritt weiterer Gläubiger zum Verfahren

70 Beantragen weitere Gläubiger die Anordnung der Versteigerung eines Grundstücks, für welches die Zwangsversteigerung bereits angeordnet ist, ergeht zu deren Gunsten ein Beitrittsbeschluss (§ 27 ZVG).

71 Der Unterschied ist rein verbal. Tatsächlich erlangt der **Gläubiger** durch den auf seinen Antrag ergangenen Beitrittsbeschluss die **gleichen Rechte und Pflichten** wie jener, zu dessen Gunsten die Anordnung erfolgte (§ 27 Abs. 2 ZVG). Und es sind auch die gleichen Voraussetzungen für den Antrag erforderlich (Rn. 12 f). Einen Nachweis der Eigentümerstellung des Schuldners (§ 17 Abs. 2 ZVG) muss der Gläubiger jedoch nur vorlegen, wenn der Eigentümer seit der Anordnung gewechselt hat. Die unter Rn. 50 genannte besondere Prüfung muss erneut und für jeden Gläubiger gesondert erfolgen, da ein und dasselbe Hindernis für einen Gläubiger bestehen kann und für einen anderen nicht. Dazu Rn. 139. Auch der Inhalt des Beitrittsbeschlusses bestimmt sich nach § 16 ZVG. Statt „wird die Zwangsversteigerung angeordnet" heißt es jetzt „... wird der Beitritt zugelassen". Ohne Rückfrage bzw. Zwischenverfügung kann ein Beitrittsbeschluss ergehen, wenn der Gläubiger – weil er von der bereits erfolgten Anordnung keine Kenntnis hatte – einen Antrag auf Anordnung stellte.

72 Es wird **kein neuer Zwangsversteigerungsvermerk** im Grundbuch eingetragen (§ 27 Abs. 1 Satz 2 ZVG); somit ist kein weiteres Ersuchen erforderlich. Auch die Mitteilungen an Finanzamt und Gemeindesteuerstelle müssen nicht wiederholt werden.

---

26 Anordnung der Justizverwaltung über Mitteilungspflichten in Zivilsachen.
27 Vor allem Grundsteuer, aber z.B. auch „Feldhut-Abgaben" etc.

Für die Zustellung gelten die Ausführungen zum Anordnungsbeschluss. Eine erneute Belehrung nach § 30b Abs. 1 ZVG ist erforderlich, da der Schuldner einen entsprechenden Antrag „für jeden Gläubiger getrennt" stellen kann (und muss); hierzu Rn. 192. Wegen der Beschlagnahme siehe Rn. 77.

D. Beschlagnahme

I. Allgemeines

Die Anordnung der Zwangsversteigerung (ebenso ein Beitritt) bewirkt in der Folge die Beschlagnahme des Grundstücks zu Gunsten des jeweiligen Gläubigers (§ 20 Abs. 1 ZVG). Diese Beschlagnahme schafft ihm zwar kein Pfandrecht im Sinne der ZPO; wegen bestehender Ähnlichkeit kann jedoch in gewissem Umfang auf die für das Pfandrecht entwickelte Lehre zurückgegriffen werden.[28] Es handelt sich um ein Bündel verschiedener Wirkungen, welche unter diesem Begriff zusammengefasst sind. Einzelheiten dazu unter Rn. 84, 86 und 87.

II. Eintritt der Beschlagnahme

Zu Gunsten des Gläubigers, der einen Anordnungsbeschluss erwirkt hat, erfolgt die Beschlagnahme (§ 22 Abs. 1 ZVG)

- durch **Eingang des Ersuchens** auf Eintragung des Zwangsversteigerungsvermerks (Rn. 67) beim Grundbuchamt, (§ 22 Abs. 1 Satz 2 ZVG), vorausgesetzt, die Eintragung[29] erfolgt demnächst; oder
- durch **Zustellung des Anordnungsbeschlusses** an den Schuldner (§ 22 Abs. 1 Satz 1 ZVG); bei mehreren Schuldnern, die in Gesamthandsgemeinschaft[30] eingetragen sind, an den Letzten von ihnen.

Erfolgen (letzte) Zustellung und Eingang des Ersuchens zu verschiedener Zeit, entscheidet der **frühere Zeitpunkt**.

Hat der Gläubiger einen Beitrittsbeschluss erwirkt, erfolgt zu seinen Gunsten die Beschlagnahme nur durch die Zustellung des Beitrittsbeschlusses an den/die Schuldner, da ja kein neuer Zwangsversteigerungsvermerk eingetragen wird und deshalb kein neues Ersuchen ergeht.

Zu Gunsten eines **jeden Gläubigers** erfolgt also eine **eigene, neue Beschlagnahme**.

Das sei nun anhand der **Beispiele 2 bis 5** (Rn. 79 bis 82) erklärt, für welche folgende Abkürzungen gelten:

E = Grundstückseigentümer, gegen den vollstreckt wird;
K = Käufer, welcher das Grundstück von E erwerben will;

---

28 So *Eickmann* (ZVG) der in § 9 eine ausgezeichnete Darstellung zum Wesen der Beschlagnahme bietet.
29 Der Zeitpunkt der Eintragung des Zwangsversteigerungsvermerks ist somit für den Zeitpunkt der Beschlagnahme ohne Belang, falls die Eintragung „demnächst" erfolgte. Das Eintragungsdatum kann daher den Beginn der Beschlagnahme nicht verlauten.
30 Da Bruchteile als Miteigentumsanteile getrennt zu sehen sind, erfolgt ihre Beschlagnahme zu unterschiedlichen Zeiten, wenn die Zustellung an die Eigentümer unterschiedlich erfolgte und nicht durch vorherigen Eingang des Ersuchens ein einheitlicher Beschlagnahmetermin entstand.

1 Versteigerung eines Grundstücks

Urkunde = der notarielle Kaufvertrag, der die Auflassung und den Eintragungsantrag enthält;
G = Gläubiger, der den Zwangsversteigerungsantrag gestellt hat;
GBA = Grundbuchamt;
B = Beitrittsgläubiger.

Beispiel 2

79

Am 09.07. stellt G den Versteigerungsantrag;
10.07. wird der Kaufvertrag zwischen E und K notariell beurkundet;
11.07. geht die Urkunde beim GBA ein, der Eigentumswechsel wird sofort eingetragen;
12.07. geht das Ersuchen beim GBA ein; am gleichen Tag wird der Anordnungsbeschluss dem E zugestellt.

Ergebnis: Eintragung des neuen Eigentümers erfolgte vor der Beschlagnahme. Damit hat K gegenüber G wirksam das Eigentum erworben, ohne dass es auf § 878 BGB oder den guten Glauben des K ankäme.

Beispiel 3

80

Am 09.07. stellt G den Versteigerungsantrag;
10.07. wird der Kaufvertrag zwischen E und K notariell beurkundet;
11.07. geht die Urkunde beim GBA ein; am gleichen Tag wird die Versteigerung angeordnet;
12.07. wird der Anordnungsbeschluss dem E zugestellt;
13.07. wird der Eigentumswechsel eingetragen;
14.07. geht das Ersuchen beim GBA ein und wird sofort vollzogen.

Ergebnis: Zum Zeitpunkt der Eintragung der Auflassung war bereits Beschlagnahme erfolgt. Da aber die Urkunde vor der Beschlagnahme beim GBA einging, hat K gegenüber G wirksam das Eigentum erworben (§ 878 BGB). Auch hier kommt es nicht auf den guten Glauben des K an.

Beispie 4

81

Am 09.07. stellt G den Versteigerungsantrag;
10.07. wird die Versteigerung angeordnet;
11.07. wird der Anordnungsbeschluss dem E zugestellt; am gleichen Tag wird der Kaufvertrag zwischen E und K notariell beurkundet;
12.07. geht die Urkunde beim GBA ein, der Eigentumswechsel wird sofort eingetragen;
13.07. geht das Ersuchen beim GBA ein und wird sofort vollzogen.

Ergebnis: Durch die Zustellung am 11.07. war das Grundstück zum Zeitpunkt des § 892 BGB, also am 12.07., bereits beschlagnahmt. Diese Beschlagnahme wirkt dann nicht gegen K, wenn er weder die Beschlagnahme noch den Versteigerungsantrag kannte (= wirksamer, weil gutgläubiger Eigentumserwerb). Anderenfalls hat K gegenüber G nicht wirksam Eigentum erworben.

Beispiel 5

82

Am 09.07. stellt G den Versteigerungsantrag;
10.07. wird der Kaufvertrag zwischen E und K notariell beurkundet;
11.07. wird die Versteigerung angeordnet;
12.07. wird der Anordnungsbeschluss dem E zugestellt;
13.07. geht vormittags die Urkunde und nachmittags das Ersuchen beim GBA ein; der Eigentumswechsel wird sofort eingetragen;
14.07. wird der Zwangsversteigerungsvermerk eingetragen;
15.07. wird dem E der Beitrittsbeschluss zu Gunsten B zugestellt.

Ergebnis: Durch die vorherige Zustellung war das Grundstück zu Gunsten G am 13.07. bereits beschlagnahmt. Kannte K aber weder diese Beschlagnahme noch den Antrag vom 09.07., hilft ihm der gute Glaube. Die Beschlagnahme zu Gunsten B ist jedoch nach dem Zeitpunkt des § 878 BGB erfolgt. Das relative Veräußerungsverbot (Rn. 84) wirkt nicht gegen K. Auf einen „guten Glauben" kommt es nicht an, weshalb dem B auch der inzwischen eingetragene Zwangsversteigerungsvermerk nicht hilft. K hat gegenüber B wirksam Eigentum erworben.

83 Es muss unbedingt beachtet werden, dass sich die vorstehenden Ausführungen nur auf den Rang zwischen Drittrechten und der Beschlagnahme beziehen, also auf die **materielle Rechtslage**. Damit ist noch nicht gesagt, wie die Beteiligten zu ihrem Recht kommen und sich das Vollstreckungsgericht zu diesen Fragen verhalten muss. Dies wird ab Rn. 127 erörtert.

III. Wirkung der Beschlagnahme

1. Relatives Veräußerungsverbot

84 Zur Sicherstellung des Gläubigeranspruchs auf Befriedigung aus dem Grundstück bewirkt die Beschlagnahme nach § 23 Abs. 1 Satz 1 ZVG ein relatives Veräußerungsverbot. Eine nach der Beschlagnahme erfolgte Eigentumsübertragung wäre zwar möglich (also kann ein Grundstück auch noch nach der Beschlagnahme veräußert werden), aber dem Gläubiger gegenüber unwirksam. Ein Dritter, der die Beschlagnahme nicht kennt, kann aber **gutgläubig** beschlagnahmefreies Eigentum an einem bereits beschlagnahmten Grundstück erwerben, da wegen § 135 Abs. 2 BGB die im § 892 Abs. 1 Satz 2 BGB getroffene Regelung auch für Verstöße gegen eine Verfügungsbeschränkung Anwendung findet. Gleiches gilt für den Erwerb eines Rechtes am Grundstück (z.B. Grundschuld, Reallast o.ä.), das also zu Gunsten eines gutgläubigen Berechtigten noch mit Wirkung gegen den oder die Beschlagnahmegläubiger eingetragen werden konnte. Für den Zeitpunkt, zu welchem der gute Glaube noch bestehen muss, gilt zunächst § 892 Abs. 2 BGB (Antragstellung). Ist zu diesem Zeitpunkt bereits der Zwangsversteigerungsvermerk im Grundbuch eingetragen, kommt ein gutgläubiger Erwerb nicht mehr in Betracht (§ 892 Abs. 1 Satz 2 BGB). Ist dies nicht der Fall, gilt Folgendes:

85 Nicht mehr gutgläubig ist,
- wer zum Zeitpunkt des § 892 Abs. 2 BGB die **Beschlagnahme** kannte (§§ 135 Abs. 2, 892 Abs. 1 Satz 2 BGB), oder
- wer zum vorgenannten Zeitpunkt den **Versteigerungsantrag** kannte (Sonderregelung in § 23 Abs. 2 Satz 1 ZVG).

2. Gläubiger mit Grundpfandrecht (Haftungsverband)

86 Bezüglich des Grundstücks und der mithaftenden Gegenstände (Rn. 88 ff.) bedeutet „Hypothekenhaftung" (§ 1113 ff. BGB), dass eine künftige Beschlagnahme auf den Beginn dieser Haftung (= Eintragung des Grundpfandrechtes) zurückwirkt, wenn sie mit dem Rang einer anderen Beschlagnahme konkurriert. Diese **Beschlagnahme aktiviert** jetzt den **Haftungsverband**, wenn der Gläubiger aus einem Grundpfandrecht die Versteigerung betreibt.

3. Gläubiger ohne Haftungsverband

87 Gläubiger, die bisher noch kein Recht am Grundstück (also z.B. ein Grundpfandrecht) haben, sondern aus einem Zahlungstitel (persönlichen Titel) die Zwangsversteigerung betreiben (RK 5), erhalten erst durch die Beschlagnahme ein Befriedigungsrecht aus dem Erlös, das mit anderen Befriedigungsrechten in einem Rangverhältnis steht. Natürlich bewirkt die Beschlagnahme auch zu ihren Gunsten das unter Rn. 84, 85 genannte Veräußerungsverbot. Wegen des für sie nicht vorhandenen Haftungsverbandes (Rn. 86) siehe Rn. 97.

IV. „Mithaftende Gegenstände" (Haftungsverband)

1. Vorbemerkung

88 Die **Beschlagnahme umfasst** zunächst einmal das **Grundstück** als solches. Da **wesentliche Bestandteile** nicht Gegenstand besonderer Rechte sein können (§ 93 BGB), werden auch sie von der Beschlagnahme und damit von der Versteigerung erfasst. Dies sind vor allem die Gebäude auf dem Grundstück und deren wesentliche Bestandteile[31] (§ 94 BGB). Die Versteigerung richtet sich daher stets gegen das Grundstück; die darauf (fest) errichteten Gebäude werden als wesentliche Bestandteile mitversteigert.

Darüber hinaus kann Beschlagnahme und damit die Versteigerung auch noch **weitere Gegenstände** erfassen. Man nennt dies den Haftungsverband. Dazu Rn. 89.

2. Haftungsverband der Hypothek

89 Unter dem Haftungsverband der Hypothek[32] versteht man Sachen und Rechte, welche neben dem Grundstück und den wesentlichen Bestandteilen **den Grundpfandrechten haften** (§ 1120 BGB). Dies sind insbesondere:
- das **Zubehör** (§§ 97, 98, 1120 ff. BGB), wenn es im Eigentum des Schuldners steht;
- die bereits getrennten (d.h. geernteten) **Erzeugnisse** (nicht geerntete Erzeugnisse wären wesentliche Bestandteile!), soweit sie nicht durch die Ernte Eigentum eines Dritten (Pächter) geworden sind (§§ 99, 1120 ff. BGB);
- **Miet- und Pachtforderungen** (§§ 1123 ff. BGB), **wiederkehrende Leistungen** (§ 1126 BGB) und **Versicherungsforderungen** (§§ 1127 ff. BGB).

90 Diesen Gegenständen „droht" also grundsätzlich eine **Beschlagnahme** zu Gunsten eines Grundpfandrechtes (§ 20 Abs. 2 ZVG). Eine solche Beschlagnahme (§ 865 Abs. 1 ZPO) könnte erfolgen:
- durch die Anordnung der Zwangsversteigerung oder den Beitritt hierzu;
- durch die Anordnung der Zwangsverwaltung (§§ 146 ff. ZVG);
- durch Pfändung mit dem dinglichen Titel (Rn. 37), da § 1147 BGB nur allgemein von der Zwangsvollstrekkung spricht. Wegen § 865 Abs. 2 ZPO gilt dies aber nicht für Zubehör.

---

31 Für die Abgrenzung zwischen Bestandteilen (§§ 93, 94 BGB), Scheinbestandteilen (§ 95 BGB) und Zubehör (§§ 97, 98 BGB) wird auf die Kommentarliteratur verwiesen. Eine gute Übersicht bringt auch *Stöber* (ZVG) § 20 Rn. 3.
32 Die Ausführungen finden für die Grundschuld und die Rentenschuld entsprechende Anwendung (§§ 1192, 1199 BGB).

3. Beschlagnahmeumfang in der Zwangsversteigerung

Die Beschlagnahme durch Anordnung der Zwangsversteigerung erreicht aber wegen § 21 ZVG nicht alle zum Haftungsverband gehörigen Gegenstände, sondern lediglich

- das Zubehör, wenn es im Eigentum des Schuldners steht;
- die land- und forstwirtschaftlichen Erzeugnisse, die Zubehör sind (z.B. Saatgut) oder erst nach der Beschlagnahme des Grundstücks geerntet wurden. Und auch diese nur, wenn sie nicht durch die Ernte Eigentum eines Dritten (Pächter) werden (§ 21 Abs. 3 ZVG).
- Versicherungsforderungen bezüglich eines beschlagnahmten Gegenstandes; insbesondere die Brandversicherung (Gebäude!).

91

Wegen der weiter gehenden Beschlagnahme in der Zwangsverwaltung siehe ab Rn. 1409.

Tipp: Hat der Gläubiger einen Titel gegen den Pächter, kann er ohne Rücksicht auf die angeordnete Zwangsversteigerung vollstrecken, z.B. die gerade geernteten Früchte pfänden. § 865 ZPO steht dem nicht entgegen.

Haftungsverband der Hypothek	Beschlagnahmeumfang in der Zwangsversteigerung
das Grundstück und seine wesentlichen Bestandteile	
Zubehör im Eigentum des Schuldners	
bereits getrennte Erzeugnisse, soweit sie nicht mit der Trennung in das Eigentum eines Dritten gelangt sind	
	land- und forstwirtschaftliche Erzeugnisse nur, wenn sie noch mit dem Boden verbunden oder Zubehör geworden sind. Auf die dem Pächter zustehenden Früchte erstreckt sich die Beschlagnahme nicht (§ 21 Abs. 3 ZVG);
Miet- und Pachtforderungen	
wiederkehrende Leistungen (§ 1126 BGB)	
Versicherungsforderungen	
	Wegen der Versicherungsforderungen aus land- und forstwirtschaftlichen Erzeugnissen siehe § 21 Abs. 1 ZVG

Übersicht

92

1 Versteigerung eines Grundstücks

93 Die vorgenannten Gegenstände müssen nicht für immer im Haftungsverband bleiben. Falls noch keine Beschlagnahme erfolgt ist, können Zubehörstücke den **Haftungsverband** wie folgt **verlassen**:

a) Durch **Veräußerung und Entfernung** vom Grundstück (§ 1121 Abs. 1 BGB), also Eigentumsübertragung und Abtransport. Erfolgt die Beschlagnahme zwischen Eigentumsübertragung und Abtransport, kommt gutgläubiger beschlagnahmefreier Erwerb in Betracht (§ 1121 Abs. 2 BGB).

b) Durch **Aufhebung der Zubehöreigenschaft** im Rahmen der ordnungsgemäßen Wirtschaft (§ 1122 Abs. 2 BGB). So würde z.B. ein Traktor im Schuppen des landwirtschaftlichen Betriebes haftungsfrei, wenn er auf Grund Abnutzung nicht mehr fahrbereit und auch nicht mehr wirtschaftlich sinnvoll reparaturfähig wäre,

94 Beschafft der Eigentümer neues Zubehör und bringt dies auf das Grundstück, unterstellt er es dem Haftungsverband auch für die bereits eingetragenen Grundpfandrechte.

95 Zu beachten: Sachen können auch Zubehör sein, wenn sie nicht im Eigentum des Grundstückseigentümers stehen, z.B. sicherungsübereignete Sachen oder das Eigentum des Pächters oder auch geliehene bzw. gemietete Sachen.[33] Diese gehören, obwohl Zubehör, nicht zum Haftungsverband, der nur das Eigentum des Grundstückseigentümers umfasst. Somit können diese Gegenstände auch **nicht beschlagnahmt** werden. Wegen möglicher Mitversteigerung ohne Beschlagnahme: Rn. 355.

96 Die Anordnung der Zwangsversteigerung bewirkt also in den unter Rn. 91 genannten Grenzen die Beschlagnahme der in § 21 ZVG genannten Gegenstände. Nach der Beschlagnahme des Grundstücks geerntete Früchte bleiben beschlagnahmt; neues Zubehör, das als solches auf das Grundstück verbracht wird, unterliegt der Beschlagnahme, wenn es im Eigentum des Grundstückseigentümers steht.

Für die spätere Versteigerung gilt der Grundsatz: Was zum Zeitpunkt des Zuschlags noch beschlagnahmt ist, wird auch mitversteigert (§ 90 ZVG).

Tipp: Beschlagnahmeumfang zum Zuschlagszeitpunkt bestimmt Versteigerungsumfang.

97 Wie unter Rn. 86, 89 und 90 dargelegt, besteht der Haftungsverband in der Zeit vor der Beschlagnahme nur zu Gunsten von Grundpfandrechten, nicht aber für Gläubiger, welche nur aus einem persönlichen Titel die Versteigerung betreiben. Aber auch für diese muss die Beschlagnahme die vorgenannten Gegenstände umfassen, da nur so Befriedigungsrecht am anteiligen Erlös begründet wird. Für diese Gläubiger wird der Beschlagnahmeumfang wie folgt abgegrenzt: Für einen Gläubiger der RK 5 sind (in den unter Rn. 91 gezogenen Grenzen) jene Gegenstände beschlagnahmt, welche zum Haftungsverband gehören würden, wenn zum Zeitpunkt der Beschlagnahme zu seinen Gunsten ein Grundpfandrecht eingetragen werden würde.

98 Allerdings müssen beschlagnahmte Sachen nicht dauernd beschlagnahmt bleiben. Ebenso wie sie sich unter bestimmten Bedingungen aus dem Haftungsverband lösen konnten (Rn. 93), gibt es auch die Möglichkeit, sie aus der **Beschlagnahme** zu **lösen**. Dem Eigentümer bleibt nämlich gemäß § 24 ZVG im Interesse aller Beteiligten das Recht, das beschlagnahmte Grundstück im Rahmen einer ordnungsgemäßen Wirtschaft zu verwalten. Damit er dies kann, muss ihm auch das Recht bleiben, im Rahmen dieser ord-

---

[33] Pächter-Eigentum und geliehene/gemietete Sachen sind kein Zubehör, wenn man ihren Verbleib auf dem Grundstück als „vorübergehend" (§ 97 Abs. 2 BGB) ansieht oder die Verkehrsauffassung (§ 97 Abs. 1 Satz 2 BGB) sie nicht als Zubehör einordnet.

nungsgemäßen Verwaltung beschlagnahmte Sachen zu veräußern.[34] Er kann also (§ 23 Abs. 1 Satz 2 ZVG) z.B.:

- nach der Beschlagnahme ordnungsgemäß **ernten** und die Ernte veräußern;
- für die ordnungsgemäße Bewirtschaftung nicht mehr erforderliches **Zubehör veräußern**.

Die Erwerber erlangen beschlagnahmefreies Eigentum, ohne dass es auf ihren guten Glauben ankäme, da ja der Eigentümer als Berechtigter verfügt. Der Erlös steht dem Eigentümer beschlagnahmefrei zu. Da die Beschlagnahme durch die Veräußerung erloschen ist, erfolgt hier keine dingliche Surrogation. **99**

Tipp: Der Erlös aus der im Rahmen des § 24 ZVG möglichen Veräußerung beschlagnahmter Sachen steht dem Eigentümer beschlagnahmefrei zu und könnte daher von einem seiner Gläubiger gepfändet werden.

Obwohl der Eigentümer die vorgenannten Sachen veräußern könnte, kann sie ein Gläubiger nicht pfänden, da sie bis zur Veräußerung beschlagnahmt sind (§ 865 Abs. 2 Satz 2 ZPO). Der Schuldner, die Gläubiger (und auch die Berechtigten eines nicht die Versteigerung betreibenden Grundpfandrechtes) könnten sich gegen die Sachpfändung mit Erinnerung (§ 766 ZPO) wehren. **100**

Betreiben **mehrere Gläubiger** die Zwangsversteigerung, so ist die **Beschlagnahme** für jeden Gläubiger **individuell** zu prüfen. Dabei kann es möglich sein, dass ein Gegenstand für einen Gläubiger beschlagnahmt ist, für einen anderen nicht (dazu **Beispiel 9** Rn. 105). **101**

Dies soll durch **Beispiele** vertieft werden:

Die Grundstücksbeschlagnahme erfolgte am 23.07. Bereits am 20.07. hatte Bauer E seinen alten Traktor veräußert, obwohl er ohne diesen das Grundstück nicht mehr ordnungsgemäß bewirtschaften kann. Am 25.07. erntet er die reifen Tomaten und am 30.07. die noch unreifen Frühkartoffeln, um sie als Viehfutter billig zu verkaufen. Beides veräußert er am 31.07. an H, der die Beschlagnahme nicht kannte.

Beispiel 6

102

Ergebnis: Beide „landwirtschaftliche Erzeugnisse" (hier: Früchte) waren beschlagnahmt. Die Veräußerung der reifen Tomaten erfolgte im Rahmen der ordnungsgemäßen Wirtschaft. H erwirbt beschlagnahmefreies Eigentum und E erlangt freies Eigentum am Erlös. Die Ernte der unreifen Frühkartoffeln erfolgte nicht im Rahmen ordnungsgemäßer Wirtschaft. Obwohl H die Beschlagnahme nicht kannte, setzt sie sich an den Kartoffeln fort, da – wovon auszugehen ist – inzwischen der Zwangsversteigerungsvermerk eingetragen wurde, was jeden gutgläubigen Erwerb vereitelt (§ 23 Abs. 2 Satz 2 ZVG). Der Traktor war Zubehör. Seine Veräußerung erfolgte nicht im Rahmen ordnungsgemäßer Wirtschaft. Aber: Die Veräußerung erfolgte vor der Beschlagnahme. Jetzt muss man unterscheiden: Erfolgte die Beschlagnahme für einen Gläubiger der RK 5, ist der Traktor auf jeden Fall von der Beschlagnahme frei. Betreibt der Gläubiger aus einem Grundpfandrecht (RK 4), kommt es darauf an, ob der Traktor durch den Verkauf aus dem Haftungsverband ausgeschieden ist. Ein Zubehörstück wird (§ 1121 Abs. 1 BGB) durch Veräußerung und Entfernung vor der Beschlagnahme von der Haftung frei (und wird deshalb auch von der Beschlagnahme nicht mehr erreicht), ohne dass es auf die ordnungsgemäße Wirtschaft ankäme. Bei Veräußerung nach Beschlagnahme wäre der Traktor mangels ordnungsgemäßer Wirtschaft nicht frei geworden!

---

34 Gefährdet er durch seine Verwaltung das Grundstück, kommen Maßnahmen nach § 25 ZVG in Betracht.

1 Versteigerung eines Grundstücks

Beispiel 7

103 Bauer E betreibt eine Schweinezucht. Dazu hat er einen Eber, fünf Zuchtsäue und am 23.07., zur Zeit der Beschlagnahme des Grundstücks, 20 Ferkel. Er möchte die Ferkel verkaufen, obwohl sie dazu eigentlich noch zu jung sind. Darf er das?

Ergebnis: Eber und Zuchtsäue sind Zubehör und damit beschlagnahmt. Die Ferkel sind „Sachfrüchte" (§ 99 BGB) und gehören als solche zum Haftungsverband, werden aber wegen § 21 ZVG nicht beschlagnahmt, da sie nicht „mit dem Boden verbunden" sind. Somit kann E sie verkaufen. Auf die Frage, ob dies im Rahmen einer ordnungsgemäßen Wirtschaft erfolgt, kommt es nicht an.

Beispiel 8

104 Kann der zwölfjährige Sohn des E die Zubehöreigenschaft des Ebers (Beispiel 7) ohne Zustimmung des gesetzlichen Vertreters aufheben?

Ergebnis: Ja, kann er, indem er ihn so verletzt, dass er zur Zucht und damit als Zubehör untauglich wird. Zubehörstücke verlieren die Zubehöreigenschaft, wenn sie zu ihrem Dienst am Grundstück tatsächlich nicht mehr tauglich sind. Bitte immer beachten: Verlust der Zubehöreigenschaft und Ausscheiden aus dem Haftungsverband müssen nicht zusammenfallen!

Beispiel 9

105 *(Weiterführung von Beispiel 8 Rn. 104)*

Angenommen, der Sohn tut dies am 20.07. Am 23.07. erfolgt die Beschlagnahme seitens eines Gläubigers der RK 5 und am 26.07. seitens eines Grundpfandgläubigers. Ist der Eber, der ja immerhin noch als Schlachtvieh einen Wert hat, beschlagnahmt?

Ergebnis: Der Eber gehörte zum Haftungsverband. Durch die Verletzung ist er seit dem 20.07. mangels Tauglichkeit kein Zubehör mehr. Seit diesem Tag kann er nicht mehr neu einem Haftungsverband unterstellt werden. Somit konnte er am 23.07. für einen Gläubiger der RK 5 auch nicht mehr beschlagnahmt werden (siehe dazu Rn. 97). Aus dem bereits vorhandenen Haftungsverband wäre er aber gemäß § 1122 Abs. 2 BGB nur ausgeschieden, wenn er die Zubehöreigenschaft im Rahmen der ordnungsgemäßen Wirtschaft verloren hätte. Da dies nicht der Fall ist, gehört der Eber immer noch zum alten Haftungsverband, wird deshalb zu Gunsten des Grundpfandgläubigers beschlagnahmt und mitversteigert.

4. Haftungsverband, Beschlagnahme und Mobiliarvollstreckung

106 Ein Grundstück kann im Wege der Mobiliarvollstreckung nicht gepfändet werden. Ein solcher Versuch wäre ohne jede rechtliche Wirkung. Gleiches gilt grundsätzlich für die wesentlichen Bestandteile eines Grundstücks, die ja wegen § 93 BGB nicht Gegenstand besonderer Rechte sein können. Hiervon allerdings macht § 810 ZPO eine Ausnahme. Die Pfändung von nicht geernteten Früchten ist zulässig, wenn

- noch keine Beschlagnahme des Grundstücks erfolgt ist, und
- die Pfändung nicht früher als ein Monat vor der üblichen Reife stattfindet.

Erfolgt die Pfändung zu früh oder nach Beschlagnahme, ist sie unzulässig. Schuldner und Grundpfandgläubiger können ihre Beseitigung durch Erinnerung (§ 766 ZPO) verlangen. Letzterer muss auch eine an sich zulässige Pfändung vor Beschlagnahme nicht hinnehmen. Er kann

- sich gemäß § 810 Abs. 2 ZPO durch Drittwiderspruchsklage (§ 771 ZPO) wehren, oder
- sich aber auch darauf beschränken, gemäß § 805 ZPO den Versteigerungserlös zu fordern („vorzugsweise Befriedigung").

Verfahren über die Anordnung der Vollstreckungsversteigerung

Zubehör kann grundsätzlich nicht gepfändet werden, auch nicht mit dem „dinglichen Titel" zu Gunsten des Gläubigers eines Grundpfandrechtes (§ 865 Abs. 2 Satz 1 ZPO). Dies gilt jedoch nur für Zubehör, das im Eigentum des Grundstückseigentümers steht. Fremdes Zubehör (Rn. 95) wird von § 865 Abs. 2 Satz 1 ZPO nicht geschützt und könnte also unter der Voraussetzung des § 809 ZPO mit einem Titel gegen den Eigentümer des Zubehörs gepfändet werden. **107**

Ehemaliges Zubehör, das im Rahmen ordnungsgemäßer Wirtschaft die Zubehöreigenschaft verloren hat, sich aber noch auf dem Grundstück befindet und einen gewissen Wert hat, kann jetzt gepfändet werden. **108**

Tipp: Ein Gläubiger sollte im Verfahren auf Abgabe der Offenbarungsversicherung (§§ 807, 899 ff. ZPO) darauf hinwirken, dass der Gerichtsvollzieher gezielt nach den vorgenannten Gegenständen (ehemaliges Zubehör) fragt.

Erzeugnisse können gepfändet werden, solange sie noch nicht beschlagnahmt sind (§ 865 Abs. 1 Satz 2 ZPO). Ist also (nur) die Zwangsversteigerung angeordnet, könnte ein Gläubiger z.B. die vor der Beschlagnahme geernteten Früchte (die sich noch im Besitz des Schuldners befinden) und vor allem die „Sachfrüchte", die nicht mit dem Boden verbunden und deshalb auch nicht beschlagnahmt sind, pfänden lassen. Ob ein Grundpfandgläubiger interveniert, wäre abzuwarten. **109**

E. Rechtsbehelfe im Verfahren über Anordnung und Beitritt

Rechtsbehelfe im Verfahren über Anordnung und Beitritt — Übersicht

Schuldner	Gläubiger	
Antrag des Gläubigers wurde entsprochen	Antrag wurde <u>nicht</u> entsprochen	
	nicht nur wegen Kosten im Betrag von 50,00 € und weniger	nur wegen Kosten im Betrag von 50,00 € und weniger
unbefristete Vollstreckungserinnerung § 766 ZPO	sofortige Beschwerde §§ 793, 567 f. ZPO	sofortige Erinnerung § 11 Abs. 2 Satz 1 RPflG
Abhilfe durch den Rechtspfleger möglich	Abhilfe durch den Rechtspfleger möglich § 572 Abs. 1 ZPO	Abhilfe durch den Rechtspfleger möglich § 11 Abs. 2 Satz 2 RPflG

1 Versteigerung eines Grundstücks

I. Rechtsbehelf des Schuldners

110 Der **Schuldner** wird vor der Anordnung der Zwangsversteigerung **nicht gehört**. Somit können die Anordnung des Verfahrens und der Beitritt ihm gegenüber keine gerichtliche Entscheidung im engeren Sinne sein, da einer solchen zwingend rechtliches Gehör vorauszugehen hat. Selbst wenn man, für die Verfasser unverständlich[35], Art. 103 GG auf die Tätigkeit des Rechtspflegers nicht unmittelbar anwenden will, so erfordert dies doch mittelbar der verfassungsrechtlich geschützte Grundsatz eines fairen Verfahrens. Die Anordnung der Zwangsversteigerung stellt sich somit dem Schuldner gegenüber nur als **Vollstreckungsmaßnahme** dar, etwa vergleichbar mit einer Pfändung durch den Gerichtsvollzieher. Somit hat der Schuldner gegen die Anordnung der Zwangsversteigerung oder gegen die Zulassung eines Beitritts den Rechtsbehelf der unbefristeten Vollstreckungserinnerung § 766 ZPO, über welche gemäß §§ 3 Nr. 3a, 20 Nr. 17 RPflG der Richter entscheidet. Der Rechtspfleger kann der Erinnerung abhelfen.

111 Gegen die richterliche Entscheidung findet die **sofortige Beschwerde** (§ 793 ZPO) statt, auf welche die hierfür geltenden allgemeinen Vorschriften (§§ 567 ff. ZPO) anzuwenden sind. Es entscheidet das Landgericht. Die sofortige Beschwerde ist innerhalb einer Notfrist von zwei Wochen (§ 569 Abs. 1 ZPO) ab Zustellung (§ 329 Abs. 3 ZPO) der richterlichen Entscheidung über die Vollstreckungserinnerung einzulegen. Sie kann schriftlich oder zu Protokoll der Geschäftsstelle des Amtsgerichts oder Landgerichts (§§ 569 Abs. 1 und 3 ZPO) eingelegt werden; es besteht kein Anwaltszwang (§ 569 Abs. 3 ZPO). Wird sie zu Protokoll irgendeines Amtsgerichts (§§ 129a, 496 ZPO) eingelegt, ist die Frist erst bei Zugang beim zuständigen Amts- oder Landgericht gewahrt. Der Richter kann der sofortigen Beschwerde abhelfen (§ 572 Abs. 1 ZPO).

112 Gegen die Entscheidung des Landgerichts ist die **Rechtsbeschwerde** (§ 574 ff. ZPO) nur gegeben, wenn sie vom Landgericht zugelassen wurde. Es entscheidet dann (§ 133 GVG) der BGH; jedoch ist auch § 7 EGZPO zu beachten. Die Frist zur Einlegung beträgt einen Monat (§ 575 ZPO); sie kann nur von einem beim BGH zugelassenen Anwalt eingelegt werden.[36] Ein Rechtsbehelf gegen die Nichtzulassung ist nicht vorgesehen. Mangels Zulassung der Rechtsbeschwerde ist die Entscheidung des Landgerichts rechtskräftig. Verletzt die Entscheidung des Landgerichts ein Verfahrensgrundrecht eines Beteiligten oder ist sie „greifbar gesetzeswidrig", käme in entsprechender Anwendung von § 321a ZPO eine Gegenvorstellung zum Landgericht (innerhalb von zwei Wochen nach Zustellung der Entscheidung) in Betracht. Darüber hinaus bleibt dann nur noch Verfassungsbeschwerde.[37]

---

35 So aber *BVerfG* FamRZ 2000, 731; hierzu Anm. *Gottwald* Rechtspflegerblatt 2001, 4.
36 *BGH* Rpfleger 2002, 368.
37 *BGH* Rpfleger 2002, 320.

II. Rechtsbehelfe des Gläubigers

Da der Gläubiger in seinem Antrag und ggf. auf Zwischenverfügung des Gerichts die Möglichkeit hatte, alles vorzutragen, was er für die Begründung seines Antrags als rechtserheblich ansieht, wurde er im Sinne der Rn. 110. „gehört". Ihm gegenüber ist die Entscheidung nicht nur Vollstreckungsmaßnahme, sondern **Entscheidung** des Gerichts. Wird seinem Antrag nicht oder nicht vollumfänglich stattgegeben, kann er sich mit dem Rechtsmittel der **sofortigen Beschwerde** wehren, wie sich aus § 11 Abs. 1 RPflG i.V.m. § 793 Abs. 1 ZPO ergibt. Eine Abhilfe durch den Rechtspfleger ist jetzt möglich (§ 572 Abs. 1 ZPO). Es entscheidet das Landgericht. Für Frist und Form gilt Rn. 111. Rechtsbeschwerde gegen diese Entscheidung siehe Rn. 112. **113**

Wurde der Antrag des Gläubigers nur wegen der Kosten ganz oder teilweise abgelehnt (insbesondere weil die mitzuvollstreckenden „bisherigen Vollstreckungskosten" (Rn. 32) als nicht belegt oder nicht notwendig erachtet wurden), ist § 567 Abs. 2 Satz 2 ZPO zu beachten. Die sofortige Beschwerde ist dann nur zulässig, wenn der Antrag des Gläubigers wegen eines Betrages von mehr als 200,00 € abgewiesen wurde. Anderenfalls hat der Gläubiger den besonderen Rechtsbehelf des § 11 Abs. 2 RPflG, also **sofortige Erinnerung** (Frist ebenfalls zwei Wochen). Der Rechtspfleger kann der Erinnerung abhelfen. Hilft er der Erinnerung nicht oder nicht vollumfänglich ab, entscheidet der Richter über die Erinnerung; dessen Entscheidung ist unanfechtbar. **114**

F. Kosten im Verfahren über Anordnung und Beitritt

I. Kosten des Gerichts

Für die Entscheidung über den Antrag auf Anordnung der Zwangsversteigerung fällt eine **Pauschalgebühr** von 50,00 € (Nr. 2210 KVGKG) an, ohne dass es auf den Wert des Grundstücks oder die Höhe der Forderung ankäme.[38] Die Gebühr **entsteht mit der Entscheidung**, mithin sowohl für die Anordnung als auch für die Zurückweisung des Antrags. Wird der Antrag vor Entscheidung zurückgenommen, fällt keine Gebühr an. **115**

Hierzu kommen die Auslagen für die Zustellung des Beschlusses (Nr. 9002 KVGKG[39]). **116**

Für die Entscheidung über jedes Beitrittsgesuch fällt die vorgenannte Gebühr erneut an. Dies gilt auch für den Gläubiger, der die Versteigerung bereits betreibt und jetzt wegen einer weiteren Forderung beitritt. Häufig erfolgt dies wegen der Kosten einer Mobiliarvollstreckung (Rn. 32), die beim Antrag vergessen wurden oder wegen derer die Zurückweisung erfolgte, da sie nicht ordnungsgemäß belegt waren. Für Kosten, die „nachgemeldet" werden können (Rn. 34), ist kein neuer Beitritt erforderlich. **117**

> **Tipp:** Wegen der Höhe der Gebühr für einen weiteren Beitritt sollen die mitzuvollstreckenden Kosten bereits im Antrag sorgfältig aufgelistet und belegt werden. Erfolgt dennoch eine Zurückweisung, ist Erinnerung, sogar Beschwerde, unter Nachreichen der vorher fehlenden Angaben/Unterlagen meist billiger als ein neues Beitrittsgesuch.

---

38 Gesamtgläubiger und **Gesamthandsgläubiger**, die den Antrag gemeinsam stellen, gelten kostenrechtlich als **ein** Antragsteller (Vorbemerkung 2.2. KVGKG).

39 Bei Zustellung durch die Deutsche Post AG derzeit (Stand 07/2004) 5,60 €, bei Zustellung durch Justizbedienstete (Nr. 9002 2. Alt. KVGKG) 7,50 €.

1 Versteigerung eines Grundstücks

118 Kostenschuldner ist der Gläubiger (§ 26 Abs. 1 GKG). Vorschuss wird nicht erhoben (§§ 10, 15 GKG). Die Kosten können vom Gläubiger angemeldet werden (Rn. 292) und werden dann im Rang der Hauptforderung befriedigt, also nicht vorweg dem Erlös entnommen. Ist der Gläubiger gebühren- oder kostenbefreit (z.B. § 2 GKG), werden die angefallenen Beträge beim Schuldner erhoben[40] (§ 29 Nr. 4 GKG), falls vom Kostenansatz nicht unter den Voraussetzungen des § 10 KostVfg abgesehen werden darf.

II. Rechtsbehelf gegen den Kostenansatz

119 Die Kostenberechnung obliegt nicht dem Rechtspfleger, sondern dem Kostenbeamten, auch wenn dieser im Einzelfall gleichzeitig Rechtspfleger ist.

120 Der Kostenschuldner kann gegen die Kostenberechnung des Gerichts unbefristete Erinnerung gemäß § 66 Abs. 1 GKG einlegen. Sie ist immer an das Gericht, bei dem die Kosten angesetzt wurden, nie an die Justizkasse, zu richten. Der Kostenbeamte kann ihr abhelfen.

121 Über die Erinnerung entscheidet das Gericht, somit der Rechtspfleger. Hat dieser als Kostenbeamter die Kostenrechnung erstellt, darf er nicht selbst über die Erinnerung gegen den Kostenansatz entscheiden.[41]

122 Der Rechtsbehelf gegen die Entscheidung des Rechtspflegers ähnelt der unter Rn. 114 genannten Regelung. Wehrt sich der Kostenschuldner jetzt noch wegen mehr als 200,00 € Kosten, kann er Beschwerde (§ 66 Abs. 2 GKG) einlegen, über welche das Landgericht entscheidet. Erinnerung und Beschwerde sind beim Amtsgericht schriftlich oder zu Protokoll der Geschäftsstelle einzulegen und sind an keine Frist gebunden (§ 66 Abs. 5 GKG). Der Rechtspfleger kann der Beschwerde abhelfen (§ 66 Abs. 3 GKG).

123 Geht es aber nach der Entscheidung des Rechtspflegers nur noch um 200,00 € oder weniger, findet keine Beschwerde statt. Der Kostenschuldner kann gegen diese Entscheidung innerhalb einer Frist von zwei Wochen ab Zustellung Erinnerung nach § 11 Abs. 2 RPflG zum Amtsrichter einlegen. Der Rechtspfleger kann der Erinnerung abhelfen. Die richterliche Entscheidung ist unanfechtbar.

III. Rechtsanwaltskosten

124 Der Rechtsanwalt erhält für die Vertretung **eines Gläubigers** im Verfahren über die Anordnung oder den Beitritt eine Verfahrensgebühr in Höhe von 4/10 der vollen Gebühr (Nr. 3311 Ziff. 1 VVRVG). Gegenstandswert ist die gesamte Forderung des Gläubigers, einschließlich Nebenforderungen (§ 26 Satz 1 RVG). Wird nur wegen einer Teilforderung betrieben, ist diese maßgebend, wenn es sich um eine Forderung der RK 5 handelt. Anderenfalls ist die Gesamtforderung maßgeblich, welche mit diesem Titel beitreibbar gewesen wäre. Obergrenze ist der Gegenstandswert, insbesondere also der Wert des Grundstücks, den das Gericht nach den §§ 66, 74a ZVG festgesetzt hat.

Der Rechtsanwalt hat Anspruch auf Auslagenersatz und Umsatzsteuer gemäß Nr. 7000 ff. VVRVG.

---

40 Im Falle eines Versteigerungsantrags durch die Gerichtskasse, ist § 4 Abs. 3 KostVfg zu beachten.
41 *BayObLG* Rpfleger 1990, 245; Vorbemerkung 2.2. KVGKG

Besonders zu vergüten sind: **125**
- die Teilnahme an einem Versteigerungstermin (Nr. 3312 VVRVG); dazu Rn. 527 f.
- die Mitwirkung bei der Erlösverteilung (Nr. 3311 Ziff. 2 VVRVG), dazu Rn. 741 f.
- oder die Mitwirkung bei Anträgen auf einstweilige Einstellung des Verfahrens (dazu Rn. 213) oder bei Verhandlungen zwischen Gläubiger und Schuldner mit dem Ziel der Aufhebung des Verfahrens (Nr. 3311 Ziff. 6 VVRVG).

Für die **Vertretung des Schuldners** erhält der Rechtsanwalt die gleichen Gebühren und Auslagen wie für die Vertretung des Gläubigers (Nr. 3311, 3312 VVRVG). Der Gegenstandswert richtet sich gem. § 26 Satz 2 RVG nach dem Grundstückswert (Rn. 124). **126**

2. Kapitel
Einstweilige Einstellung und Aufhebung

A. Das System und seine Anwendung

Die Möglichkeiten, ein bereits angeordnetes Verfahren wieder aufzuheben oder einstweilen einzustellen, sind derart vielfältig, dass es unmöglich erscheint, ein wirklich vollständiges und noch dazu übersichtliches System dieser Möglichkeiten zu erstellen. Dies ergibt sich einmal daraus, dass die Grundsätze der ZPO und somit auch die im dortigen 8. Buch vorgesehenen Rechtsbehelfe Anwendung finden. Außerdem kennt das ZVG eigene Regelungen, welche (erkennbar an den Buchstaben hinter dem Paragrafen[42]) später eingefügt wurden und diese späteren Ergänzungen nicht immer der Qualität des ursprünglichen Gesetzes entsprechen. **127**

Schließlich gibt es Vorschriften, welche von Amts wegen zu beachten sind und andere, die eine Verfahrenshandlung eines Beteiligten erfordern. Die nachfolgende Zusammenstellung ist daher notwendig kurz und lückenhaft. Sie umfasst zunächst auch nur jene Fälle, die sich bereits unmittelbar nach der Anordnung bzw. einem Verfahrensbeitritt ereignen können; dann aber (soweit keine Fristen zu beachten sind) bis zum Zuschlag möglich sind. Weitere Fälle werden in Zusammenhang mit dem Versteigerungstermin erörtert. Im Übrigen wird auf die ausführlichen Darstellungen in der Kommentarliteratur verwiesen.

Es ist möglich, dass das zur Entscheidung führende Hindernis materieller Natur ist (was dann im Ergebnis zur Aufhebung führt) oder aber nur formeller Art, so dass der Titel der neuen Situation angepasst werden muss (wofür dann nur eine einstweilige Einstellung erfolgt). **128**

Sind **mehrere Gläubiger** vorhanden, ist zu beachten, dass jede gerichtliche **Entscheidung nur für und gegen den Gläubiger wirkt, der betroffen ist**. Es ist möglich, dass ein und derselbe Sachverhalt bezüglich eines Gläubigers zur einstweiligen Einstellung, bezüglich des Zweiten zur Aufhebung führt und bezüglich eines Dritten keine Wirkung erzeugt. Jeder Gläubiger hat ja seine eigene Beschlagnahme und muss für sich allein gesehen werden. Daher ist unverzichtbar, im jeweiligen Beschluss den bzw. die Gläubiger genau zu bezeichnen, zu dessen (deren) Gunsten oder Lasten der Beschluss wirken soll. **129**

---

42 Z.B. §§ 30a, 30c ZVG, § 765a ZPO.

130 Weist das Gericht einen Versteigerungsantrag zurück und erweist sich diese Entscheidung später als unrichtig, ist meist kein besonderer Schaden entstanden. Wird aber ein bereits angeordnetes **Verfahren aufgehoben**, ist die **Beschlagnahme endgültig erloschen** und kann nicht rückwirkend wieder hergestellt werden. Da die Beschlagnahme, wie wir noch sehen werden, den Befriedigungsrang bestimmen kann, ist hier unüberschaubarer Schaden möglich. Zunächst einmal ist vor jeder Entscheidung der Gläubiger zu hören. Außerdem wird das Gericht im Zweifel nur einstweilen einstellen.

> **Tipp:** Zur Sicherheit sollte der Rechtspfleger, falls seine Aufhebungsentscheidung irgendwie zweifelhaft sein könnte, anordnen, dass die Wirkungen dieser Entscheidung erst mit Rechtskraft eintreten. Die Beschlagnahme bleibt erhalten, wenn das Rechtsmittelgericht die Entscheidung des Rechtspflegers aufheben sollte.

B. Gegenrechte und Verfügungsbeschränkungen (Beispiele)

I. Allgemeine Vorbemerkung

131 Bei Gegenrechten und Verfügungsbeschränkungen handelt es sich um Rechte Dritter, welche der Zwangsversteigerung entgegenstehen, denn auch die gegen den eingetragenen Eigentümer bestehenden Verfügungsbeschränkungen schützen stets die besseren Rechte Dritter. **Gegenrechte** müssen **grundbuchersichtlich** sein, bei **Verfügungsbeschränkungen** genügt es, dass sie dem Gericht bekannt sind. Gleiches gilt für Vollstreckungsmängel, die jetzt erst **bekannt** werden (§ 28 Abs. 2 ZVG).

132 Da die Anordnung der Zwangsversteigerung bzw. die Zulassung eines Beitritts auch dann als Entscheidung wirksam ist, wenn sie aus materiellen Gründen nicht hätte ergehen dürfen[43], wäre ihre Beseitigung nach dem System der ZPO eigentlich (§ 771 ZPO) außerhalb des Vollstreckungsverfahren zu bewirken. Nachdem aber die Eintragung des Eigentümers Vollstreckungsvoraussetzung ist, erschien es dem Gesetzgeber angebracht, die Folgen grundbuchersichtlicher Hindernisse im Verfahren selbst zu bereinigen. Für gerichtsbekannte Verfügungsbeschränkungen wurde dies ausdrücklich in § 28 Abs. 2 ZVG bestimmt.

II. Neues Eigentum

133 Schon früher (Rn. 84) wurde festgestellt, dass sich zwischen Anordnung und Beschlagnahme die Eigentumsverhältnisse ändern können und somit das Grundstück zwar immer noch „verstrickt", nicht aber beschlagnahmt ist. In diesem Fall kann der Gläubiger kein Befriedigungsrecht am (fremden) Eigentum erwerben; die Rechtsordnung muss dem neuen Eigentümer die Möglichkeit geben, diese „Verstrickung" zu beseitigen. Dies sei nun erörtert anhand der **Beispiele 2 bis 5** (Rn. 79 bis 82).

134 **Zu Beispiel 2** (Rn. 79):

Die dort getroffene Feststellung, dass K beschlagnahmefreies Eigentum erworben hat, muss jetzt relativiert werden. Sie trifft nur uneingeschränkt zu, wenn G ein „persönlicher" Gläubiger der RK 5 ist. Die Voreintragung des K ist grundbuchersichtlich. Das Verfahren muss aufgehoben werden. Vorsichtsmaßnahme: Rn. 130.

---

43 Vergleichbar also mit der „Verstrickung" bei der Pfändung.

Da sich aber ein aus RK 4 betreibender Gläubiger[44] auf die Rückwirkung der Hypothekenhaftung (Rn. 86) berufen kann, wirkt seine Beschlagnahme materiell gegen K. Da die Eintragung des K vor der Beschlagnahme erfolgt ist, bedarf es in diesem Fall eines Titels gegen K, den sich der Gläubiger gemäß § 727 ZPO verschaffen kann. Hierzu ist das Verfahren von Amts wegen unter Fristsetzung einstweilen einzustellen. Nach Vorlage des neuen Titels wird das Verfahren ohne besonderen Antrag fortgesetzt. Dem K, der nun „Schuldner" ist, sollte ein formeller Fortsetzungsbeschluss zugestellt werden. Seine Belehrung nach § 30b ZVG ist in jedem Fall erforderlich. Nach der hier vertretenen Auffassung kann in diesem Fall § 26 ZVG (Rn. 137) zu Gunsten des G (mit der Folge, dass keine neue Klausel benötigt würde) keine Anwendung finden.

Zu Beispiel 3 (Rn. 80):

Der durch § 878 BGB bewirkte Vorrang des K vor dem aus RK 5 betreibenden G kann begrifflich nie grundbuchersichtlich sein. Deshalb wird überwiegend angenommen, es bestehe kein Handlungsbedarf nach § 28 ZVG.[45] Vielmehr habe K sein besseres Recht gegenüber G prozessual (§ 771 ZPO) durchzusetzen und das Versteigerungsgericht vollziehe (§§ 775, 776 ZPO) lediglich die Entscheidung des Prozessgerichts; allenfalls käme eine einstweilige Einstellung nach § 769 Abs. 2 ZPO in Betracht.

Auch hier hat der aus RK 4 betreibende Gläubiger materiell ein besseres Recht als K, der sich gegen die Beschlagnahme zu Gunsten G nicht nach § 771 ZPO wehren kann. Wegen § 26 ZVG benötigt er auch keinen neuen Titel.[46] E bleibt Schuldner des Verfahrens, das ohne besonderen Fortsetzungsbeschluss weitergeführt wird. Da K vor dem Zwangsversteigerungsvermerk eingetragen wurde, ist er ohne Anmeldung Verfahrensbeteiligter nach § 9 ZVG.

Zu Beispiel 4 (Rn. 81):

Da die Urkunde nach Beschlagnahme beim GBA eingegangen ist, findet § 878 BGB keine Anwendung. K könnte die Beschlagnahme zu Gunsten des aus RK 5 betreibenden G nur auf Grund seines guten Glaubens überwinden. Dieser gute Glaube des K wird zwar vermutet, kann aber nicht grundbuchersichtlich sein, weshalb Rn. 136 anzuwenden ist.[47]

Zu Beispiel 5 (Rn. 82):

Wegen des Verhältnisses zwischen K und G kann auf die vorstehenden Feststellungen verwiesen werden. Ist B aber ein Gläubiger der RK 5, wäre der Beitrittsbeschluss aufzuheben, da der im Titel ausgewiesene Schuldner zum Zeitpunkt der Beschlagnahme nicht mehr Eigentümer des Grundstücks war. Ein Gläubiger der RK 4 benötigt nach der hier vertretenen Auffassung eine neue Klausel (§ 727 ZPO). Das Gericht kann das Verfahren nach § 28 ZVG einstweilen einstellen und ihm aufgeben, diese Klausel beizubringen.

---

44 Ähnliches gilt für Gläubiger der RK 2 und 3, die aber in jedem Fall einen Titel gegen K brauchen. Bei Verwaltungsvollstreckung aus RK 3 würde ein Duldungsbescheid gegen K ergehen.
45 Von der neueren Literatur will nur *Eickmann* (ZVG) § 9 Nr. 2b über § 28 ZVG das Verfahren einstweilen einstellen. Dort finden sich auch Hinweise auf die auch hier vertretene Gegenmeinung.
46 Zur Problematik des § 26 ZVG: *Stöber* (ZVG) § 26 Rn. 2.
47 Besonders für diesen Fall fordert *Eickmann* (ZVG) § 9 Nr. 2b eine einstweilige Einstellung nach § 28 ZVG, da die Eintragungen (Urkunde/Zwangsversteigerungsvermerk) die Möglichkeit eines gutgläubigen Erwerbs grundbuchersichtlich ausweisen.

III. Auflassungsvormerkung

140 Eine eingetragene Auflassungsvormerkung ist **kein der Anordnung** der Zwangsversteigerung **entgegenstehendes Recht**. Wird jedoch nach Beschlagnahme der neue Eigentümer auf Grund einer vorher eingetragenen Auflassungsvormerkung eingetragen, gilt er gemäß **§ 883 BGB** als vor der Beschlagnahme eingetragen. Für das Gericht bedeutet dies:

141 • Wurde der neue Eigentümer zur Überzeugung des Gerichts auf Grund der Vormerkung eingetragen, muss das Verfahren gemäß § 28 Abs. 1 ZVG aufgehoben werden, wenn es aus RK 5 betrieben wurde.

142 • Bestehen (ausnahmsweise) insoweit Zweifel, wird das Verfahren einstweilen eingestellt und dem neuen Eigentümer eine Frist gesetzt, innerhalb der er die Zustimmung des Gläubigers zur Aufhebung oder eine entsprechende Gerichtsentscheidung (§ 771, 769 Abs. 1 ZPO) beibringen muss.

143 • Gläubiger der RK 4 mit Rang vor der Auflassungsvormerkung können die Zwangsvollstreckung gegen den neuen Eigentümer fortsetzen. Eine Umschreibung des Titels ist nicht[48] erforderlich, wenn die Beschlagnahme vor der Eintragung erfolgt ist. Das Verfahren wird ohne besonderen Beschluss gegen den Erwerber weitergeführt. Bisherige Maßnahmen behalten Gültigkeit (§ 1148 BGB), insbesondere der Ablauf der Frist des § 30b ZVG (Rn. 193).

• Wird der neue Eigentümer nicht bis zum Zuschlag eingetragen, muss die Auflassungsvormerkung wie jedes andere eingetragene Recht behandelt werden.[49]

144 **IV. Testamentsvollstreckung**

Übersicht

Zwangsversteigerung und Testamentsvollstreckung

Zwangsversteigerung bereits angeordnet?					
ja			nein		
nur Leistungstitel gegen Erben	Titel gegen Erblasser		nur Leistungstitel gegen Erben	Titel gegen Erblasser	
	Hatte Zwangsvollstreckung gegen den Erblasser bereits begonnen?			Hatte Zwangsvollstreckung gegen den Erblasser bereits begonnen?	
	ja	nein		ja	nein
Verfahren wird aufgehoben	Verfahren nimmt ohne Titelumschreibung Fortgang	Verfahren wird einstweilen eingestellt zur Titelumschreibung	keine Anordnung möglich	Anordnung ohne Titelumschreibung möglich	Titelumschreibung erforderlich

---

48 Sehr streitig! So aber *Stöber* (ZVG) § 28 Rn. 4.8c. A.M. *OLG Hamm* Rpfleger 1984, 426.
49 Hierzu ausführlich *Stöber* (ZVG) § 28 Rn. 5.1b und 5.1c.

Einstweilige Einstellung und Aufhebung **1**

Hatte irgendeine Vollstreckung gegen den Erblasser bereits begonnen, hindert die von ihm angeordnete Testamentsvollstreckung (TV) die Anordnung und Weiterführung der Zwangsversteigerung nicht (§ 779 ZPO, Rn. 57). Somit ist keine Titelumschreibung erforderlich. In allen anderen Fällen bedurfte es (Rn. 58) eines Titels gegen den Testamentsvollstrecker. Erfolgte die Anordnung (der Beitritt) ohne diesen Titel, gilt Folgendes: **145**

Wurde mit einem (nur) gegen den Erben lautenden Titel angeordnet, ist das Verfahren gemäß § 28 ZVG aufzuheben.[50] **146**

Lautet der Titel gegen den Erblasser, ohne dass die Vollstreckung bereits begonnen hatte, ist einstweilen einzustellen, da eine Umschreibung des Titels gemäß §§ 727, 749 ZPO erforderlich und möglich ist. Dies gilt für alle RK. Wegen des Erfordernisses eines zusätzlichen Titels gegen den (die) Erben siehe Rn. 58.

V. Nachlassverwaltung

Nach Anordnung der Nachlassverwaltung (NV) dürfen in das zum Nachlass gehörende Grundstück nur noch Nachlassgläubiger vollstrecken (§ 1984 Abs. 2 BGB). Vollstrecken andere Gläubiger des Erben, kann sich der Verwalter nach § 784 ZPO wehren. Erfolgte die Anordnung (Beitritt) mit einem Titel gegen den (die) Erben vor Anordnung der NV, kommt eine einstweilige Einstellung mit Fristsetzung gegen den Gläubiger in Betracht, um die Zustimmung des Verwalters oder einen Duldungstitel gegen diesen beizubringen, wenn das Gericht nicht erkennen kann, dass es sich um eine Nachlassverbindlichkeit handelt.[51] Der Verwalter kann aber auch nach §§ 771, 769 Abs. 1 ZPO vorgehen. Nach Anordnung der NV kann mit einem Titel gegen den Erben die Anordnung (der Beitritt) nur noch erfolgen, wenn der Gläubiger zur Überzeugung des Gerichts Nachlassgläubiger ist.[52] **147**

VI. Vorerbe und Nacherbe

Gemäß § 2115 Satz 1 BGB wird die im Wege der Zwangsvollstreckung vorgenommene Veräußerung des Grundstücks nach Eintritt der Nacherbfolge unwirksam, wenn es sich nicht um die Vollstreckung **148**
- einer Nachlassverbindlichkeit (alle RK) oder
- einem gegenüber dem Nacherben wirksamen (z.B. mit seiner Zustimmung eingetragen) dinglichen Rechtes

handelt (§ 2115 Satz 2 BGB).

---

50 *Stöber* (ZVG) § 15 Rn. 30.7e.
51 So *Steiner/Eickmann* § 28 Rn. 42, a.M. *Stöber* (ZVG) § 15 Rn. 30.7c, der wegen mangelnder Grundbuchersichtlichkeit § 28 ZVG nicht anwenden will. Nach der hier vertretenen Auffassung ist aber § 28 Abs. 2 ZVG anzuwenden, der keine Grundbuchersichtlichkeit erfordert. Es wäre auch nicht konsequent, bei der Neuanordnung die Prüfung der Eigenschaft als Nachlassverbindlichkeit vorzusehen, sie beim bereits angeordneten Verfahren aber zu verweigern.
52 *Steiner/Eickmann* § 28 Rn. 43.

Muss der Nacherbe hiernach die Zwangsvollstreckung dulden, kann das bereits angeordnete Verfahren ohne Duldungstitel gegen den Nacherben weitergeführt werden. Anderenfalls käme auch hier die einstweilige Einstellung nach § 28 Abs. 2 ZVG in Betracht. Denkbar wäre auch Klage des Nacherben (§§ 773, 771 ZPO) und einstweilige Einstellung durch das Prozessgericht.[53] All dies gilt auch für die befreite Vorerbschaft.

VII. Keine Hindernisse

149 Keine Hindernisse[54] sind z.B.
- Flurbereinigungsverfahren,
- Nießbrauch[55] oder
- Vorkaufsrecht.

C. Zwangsversteigerung und Insolvenz

I. Insolvenzverfahren als Vollstreckungshindernis

1. Die vollstreckenden Gläubiger

150 Zur Beantwortung der Frage, ob und wie sich ein Insolvenzverfahren[56] als Vollstreckungshindernis bei der Zwangsvollstreckung in ein Grundstück darstellt, müssen die **Gläubiger** nach der Art ihres Anspruchs wie folgt **unterschieden** werden:

a) Insolvenzgläubiger

151 Sie haben eine bereits bei Eröffnung des Insolvenzverfahren begründete (nicht notwendig fällige) Forderung gegen den Insolvenzschuldner (§ 38 InsO), aber keine Sicherheit; sie fallen daher in RK 5. Für die hier stattfindenden Erörterungen stehen ihnen die nachrangigen Insolvenzgläubiger (§ 39 InsO) gleich.

b) Gläubiger mit Absonderungsrecht

152 Absonderungsberechtigte, also Gläubiger, welche ein Recht auf Befriedigung aus unbeweglichen Gegenständen haben (§ 49 InsO) sind zunächst einmal die Gläubiger der RK 2 bis 4, welche mit einem dinglichen Titel (Rn. 37) vollstrecken. Aber auch Gläubiger der RK 5 erlangen durch die Beschlagnahme vor Insolvenzeröffnung ein Absonderungsrecht.

---

53 Wegen des Meinungsstreites: *Steiner/Eickmann* § 28 Rn. 37 bis 40 und *Stöber* (ZVG) § 28 Rn. 30.8 bis 30.10.
54 Hierzu *Stöber* (ZVG) § 15 Rn. 17, 26, 42.
55 Die Anordnung der Zwangsversteigerung bedarf (anders als die Anordnung der Zwangsverwaltung) keines Titels gegen den Nießbraucher (*BGH* Rpfleger 2003, 378).
56 Dargestellt wird nur die seit Inkrafttreten der Insolvenzordnung am 01.01.1999 geltende Rechtslage. Die für Altverfahren noch anwendbaren Vorschriften der KO, VerglO und der GesO bleiben hier unbeachtet.

c) Massegläubiger

Massegläubiger (§ 55 InsO) haben einen Anspruch gegen die Insolvenzmasse, der entweder durch das Handeln des Verwalters entstanden ist oder kraft Gesetzes als Masseschuld bestimmt wurde (Rn. 161).

d) Berechtigter einer Zwangshypothek

Wegen einiger Besonderheiten wird die Vollstreckung aus einer Zwangshypothek, soweit sie in Zusammenhang mit der Insolvenzeröffnung steht, gesondert behandelt (Rn. 162 bis 165).

2. Beschlagnahme vor Eröffnung

Wurde die Beschlagnahme in der Zwangsversteigerung (Zeitpunkt Rn. 75 bis 77) bereits vor der Eröffnung des Insolvenzverfahrens (Zeitpunkt: § 27 InsO) bewirkt, wird das Verfahren der vorstehend unter 1a und 1b genannten Gläubiger gegen den Insolvenzverwalter ohne **Titelumschreibung** fortgesetzt. Für Gläubiger der RK 2 bis 4 ergeben sich in diesem Fall keine Besonderheiten.

Das Absonderungsrecht der Gläubiger RK 5 entfällt jedoch gemäß § 88 InsO, wenn die Beschlagnahme für diese innerhalb der Monatsfrist (Berechnung § 139 InsO) erfolgt ist. Das Zwangsversteigerungsverfahren muss dann, soweit es von den Gläubigern betrieben wird, gemäß § 28 Abs. 2 ZVG aufgehoben werden.

3. Beschlagnahme zwischen Sicherung und Eröffnung

Auch nach der Anordnung von Sicherungsmaßnahmen (§ 21 InsO) können die oben unter 1a und 1b (Rn. 151, 152) genannten Gläubiger eine Beschlagnahme bewirken (§ 21 Abs. 2 Satz 3 InsO). Für beide gilt jedoch folgende Besonderheit:

Zur Vollstreckung gegen einen vorläufigen Insolvenzverwalter, welchem die Verwaltungs- und Verfügungsbefugnis zusteht[57], bedarf es eines gegen diesen gerichteten Vollstreckungstitels[58] (§§ 727, 749 ZPO); erlässt das Insolvenzgericht kein allgemeines Verfügungsverbot, so richtet sich die Zwangsvollstreckung, selbst wenn ein vorläufiger Insolvenzverwalter bestellt wurde, weiterhin gegen den Schuldner und kann daher aus dem „alten" Titel erfolgen. Für Gläubiger der RK 5 findet § 88 InsO (Rn. 156) Anwendung.

---

57 Erlässt das Insolvenzgericht als vorläufige Sicherungsmaßnahme ein allgemeines Verfügungsverbot gegen den Schuldner (§ 21 Abs. 2 Nr. 2 InsO), so geht die Verwaltungs- und Verfügungsbefugnis über das Vermögen des Schuldners auf den vorläufigen Insolvenzverwalter über (§ 22 Abs. 1 InsO). Die Praxis spricht hier von einem „starken" vorläufigen Insolvenzverwalter. Entsprechend werden Verwalter ohne Verwaltungs- und Verfügungsbefugnis „schwache" vorläufige Insolvenzverwalter genannt.

58 So auch *LG Cottbus* Rpfleger 2000, 294; MünchKomm-ZPO *Wolfsteiner* § 727 Rn. 18, 28. A.M. (nicht zutreffend!) *Böttcher* § 28 Rn. 20 und *LG Halle* Rpfleger 2002, 89 (mit abl. Anm. *Alff*). Der Titel muss sich gegen denjenigen richten, dessen Verfügungsbefugnis eingeschränkt werden soll.

4. Beschlagnahme nach Eröffnung

a) Insolvenzgläubiger

158 Insolvenzgläubiger (Rn. 151) können nach Insolvenzeröffnung nicht mehr vollstrecken (§ 89 InsO). Wird für sie in Unkenntnis der Eröffnung des Insolvenzverfahrens die Zwangsversteigerung angeordnet oder ein Beitritt zugelassen, muss **Aufhebung** nach § 28 Abs. 2 ZVG erfolgen. Geschieht dies nicht, kann sich der Insolvenzverwalter[59] mit Erinnerung § 766 ZPO wehren, über welche das Insolvenzgericht (§ 89 Abs. 3 InsO) entscheidet. Dieses erklärt die Vollstreckung für unzulässig; das Versteigerungsgericht vollzieht den Beschluss durch Aufhebung des Verfahrens (§§ 775, 776 ZPO).[60]

Sollte das Grundstück aus der Masse durch den Verwalter freigegeben worden sein, so wäre eine Vollstreckung durch die Insolvenzgläubiger trotzdem nicht zulässig, da sie auch nicht in insolvenzfreies Vermögen vollstrecken dürfen. In diesem Falle läge die Erinnerungsbefugnis (§ 766 ZPO) beim Schuldner, da er hinsichtlich freigegebener Gegenstände das Verwaltungs- und Verfügungsrecht zurückerlangt.

b) Neugläubiger

159 Dies sind Gläubiger, deren Anspruch erst nach Eröffnung begründet wurde, ohne Massegläubiger (Rn. 153) zu sein. Für sie gilt Rn. 158 entsprechend, da die **Insolvenzmasse allein den Insolvenzgläubigern** zur Befriedigung **zugeordnet** ist.[61] Die für Neugläubiger theoretisch bestehende Vollstreckungsmöglichkeit in vom Insolvenzverwalter aus der Masse freigegebenen Grundbesitz dürfte wirtschaftlich ohne Bedeutung sein, da der Insolvenzverwalter wohl kaum für die Masse werthaltige Gegenstände freigeben wird.

c) Absonderungsberechtigte

160 Sie können zwar auch jetzt noch eine Beschlagnahme bewirken, benötigen dafür aber einen **Duldungstitel gegen den Verwalter**, den sie durch Umschreibung (§§ 727, 749 ZPO), dingliche Klage gegen den Verwalter oder dessen Anerkenntnis[62] erlangen können. Wurde das dingliche Recht erst nach der Eröffnung eingetragen, finden die §§ 878 und 892 BGB entsprechende Anwendung.[63]

d) Massegläubiger

161 Masseforderungen (Rn. 153) können erstmals nach Eröffnung vorhanden sein. Diese Gläubiger benötigen einen Leistungstitel gegen den Verwalter und können mit diesem die Anordnung der Zwangsversteigerung bewirken. Soweit sie nicht nach § 90 InsO begünstigt sind, darf aber die Zwangsvollstreckung erst nach Ablauf einer Frist von sechs Monaten nach Eröffnung des Verfahrens beginnen. Ein vorheriger Antrag wäre zurückzuweisen. Wurde dennoch angeordnet oder ein Beitritt zugelassen, hat der Verwalter den unter Rn. 158 genannten Rechtsbehelf. Kurz vor Fristablauf sollte jedoch beachtet werden, dass die Vollstreckung durch Fristablauf zulässig wird. Sobald der Insolvenzverwalter

---

59 Dem Schuldner fehlt die Verwaltungs- und Verfügungsbefugnis bezüglich der Insolvenzmasse (§ 80 InsO).
60 *Eickmann* in HK-InsO § 89 Rn. 8; *Stöber* (ZVG) § 15 Rn. 23.8.
61 *Eickmann* in HK-InsO § 89 Rn. 12.
62 Wegen § 794 Abs. 1 Nr. 5 ZPO ist im Rahmen der Zwangsvollstreckung hier notarielle Beurkundung erforderlich.
63 *Eickmann* in HK-InsO § 49 Rn. 9.

die Masseunzulänglichkeit angezeigt hat, ist die Vollstreckung wegen einer Masseverbindlichkeit nicht mehr möglich (§ 210 InsO).

5. Vollstreckung aus einer Zwangshypothek

Einerseits bewirkt die Zwangshypothek als Grundpfandrecht ein Absonderungsrecht, andererseits ist sie im Vollstreckungswege entstanden und schließlich fehlt noch (Rn. 40) der dingliche Titel. Daraus ergeben sich folgende Besonderheiten[64]: **162**

- Wurde sie **vor** der Frist des **§ 88 InsO** eingetragen, **und** daraus die **Beschlagnahme vor der Eröffnung bewirkt**, wird die Versteigerung ohne Titelumschreibung gegen den Verwalter weitergeführt. **163**

- Wurde sie **innerhalb** der Frist des **§ 88 InsO** eingetragen und die Beschlagnahme erfolgte vor Eröffnung, muss das Verfahren gemäß § 28 Abs. 2 ZVG aufgehoben werden[65], sonst Rechtsbehelf nach § 89 Abs. 3 InsO (Rn. 151). **164**

- Wurde sie **vor** der Frist des **§ 88 InsO** eingetragen, die **Versteigerung** soll aber **erst nach der Eröffnung** betrieben werden, fehlt es am dinglichen Titel gegen den Verwalter. Ein solcher ist aber erforderlich, da nicht die persönliche Forderung, sondern nur das dingliche Recht vollstreckt wird. Man wird hier dem Gläubiger zugestehen müssen, dass sein persönlicher Titel zusammen mit dem Eintragungsvermerk im Umfang der Eintragung nach §§ 727, 749 ZPO in einen Titel auf Duldung der Zwangsvollstreckung gegen den Verwalter umgeschrieben werden kann. Anderenfalls wäre dingliche Klage erforderlich, welche durch die Rechtsänderung (Rn. 40) gerade vermieden werden sollte. **165**

II. Einstweilige Einstellung auf Antrag des Insolvenzverwalters

1. Antrag

Um zu verhindern, dass durch eine Zwangsversteigerung zur Unzeit ein gleichzeitig durchgeführtes Insolvenzverfahren erheblich behindert wird, sieht § 30d ZVG die Möglichkeit einer einstweiligen Einstellung auf Antrag des Insolvenzverwalters vor[66]. Der Antrag ist nicht an eine Frist gebunden. Eingestellt werden kann ein bereits zur Zeit der Insolvenzeröffnung anhängiges Verfahren wie auch ein auf Antrag eines hierzu Berechtigten nach Eröffnung angeordnetes Verfahren. Die Einstellung kann noch bis zum Zuschlag erfolgen. **166**

Um das Verfahren wirklich „anzuhalten", muss die **einstweilige Einstellung gegenüber jedem Gläubiger** erfolgen. Somit muss ein neuer Antrag gestellt werden, wenn nach erfolgter einstweiliger Einstellung ein weiterer Gläubiger beitritt oder ein bislang aus anderen Gründen eingestelltes Verfahren fortsetzt. **167**

---

64 Für die Verwaltungsvollstreckung: *Glotzbach/Mayer* Rn. 717 bis 722c.
65 Wird eine Zwangssicherungshypothek mit Eröffnung des Insolvenzverfahrens unwirksam, entsteht eine Eigentümergrundschuld (*BayObLG* ZinsO 2000, 455). A.M. *Eickmann* in HK-InsO § 88 Rn. 11 bewirkt (dingliches) Erlöschen der Zwangshypothek. Allerdings ist die Ansicht *Eickmanns* in HK-InsO § 88 Rn. 12, die Aufhebung von Amts wegen sei dem Vollstreckungsrecht fremd, hier wegen § 28 Abs. 2 ZVG nicht zutreffend.
66 Auch hier musste eine Beschränkung auf eine Kurzfassung erfolgen. Für Einzelheiten siehe z.B. *Stöber* (ZVG) Anmerkungen zu §§ 30d bis 30f.

168 **Antragsberechtigt** sind:
- der Insolvenzverwalter;
- der vorläufige Insolvenzverwalter, unabhängig davon, ob ihm die Verwaltungs- und Verfügungsbefugnis zusteht (§ 30d Abs. 4 ZVG);
- der Schuldner nach Vorlage eines Insolvenzplans (§ 30d Abs. 2 ZVG).

2. Einstellungsgründe und Auflagen

a) Einstellungsgründe

169 Diese ergeben sich aus § 30d Abs. 1 ZVG. Das Gericht hat in jedem Fall abzuwägen, ob die einstweilige Einstellung dem Gläubiger unter Berücksichtigung
- der ggf. erforderlichen Auflagen (Rn. 171) und
- seiner wirtschaftlichen Lage

zuzumuten ist.

Die Kosten des Einstellungsverfahrens trägt in jedem Fall die Insolvenzmasse; also auch wenn das Verfahren einstweilen eingestellt wird. [67]

b) Einstellung bei vorläufigem Verwalter

170 Für den Antrag des vorläufigen Verwalters ergeben sich die Gründe aus § 30d Abs. 4 ZVG. Im Ergebnis handelt es sich um eine Verlagerung der Entscheidung nach § 21 Abs. 2 Satz 3 InsO aus der Kompetenz des Insolvenzgerichts in jene des Vollstreckungsgerichts. Obwohl unerwähnt, muss auch hier eine Abwägung der Interessen des Insolvenzverfahrens gegen die Belange des betreibenden Gläubigers (wie Rn. 169) erfolgen.

c) Auflagen

171 Die vorgenannten **Einstellungen** haben gemäß den in § 30e ZVG genannten Voraussetzungen **unter Zahlungsauflagen** seitens des Insolvenzverwalters an die Gläubiger zu erfolgen. Hierbei müssen die nachgenannten Voraussetzung für jeden Gläubiger getrennt geprüft und die entsprechenden Auflagen getrennt angeordnet oder auch nicht angeordnet werden.

172 **Allgemeine Voraussetzung** ist die Prognose des Vollstreckungsgerichts, dass der jeweilige Gläubiger angesichts des Wertes des Grundstücks und seinem Befriedigungsrang **Aussicht auf eine Zuteilung** aus dem Erlös hat (§ 30e Abs. 3 ZVG).

> **Tipp:** Der Gläubiger sollte stets behaupten, mit einer Befriedigung aus dem Versteigerungserlös rechnen zu können und hinsichtlich des Wertverlustes hohe Zahlungen einfordern.

173 Trifft dies zu, erhält der Gläubiger gemäß § 30e ZVG Ausgleichszahlungen für Zinsverluste (Abs. 1)[68] sowie für Wertverlust (Abs. 2) bei Nutzung des Grundstücks für die Insolvenzmasse. Die Regelung ist so allgemein gehalten und noch dazu dem ZVG verfahrensfremd, dass noch längst keine Klärung erfolgt und Streit vorprogrammiert ist. Nach der hier vertretenen Auffassung sind beim Ausgleich des Zinsverlustes die dinglichen Zinsen

---

67 *LG Mühlhausen* Rpfleger 2002, 275.
68 Fraglich ist, ob Säumniszuschläge zinsloser Forderungen der öffentlichen Hand gleichzustellen sind; hierzu *Glotzbach/Mayer* Rn. 722.

maßgeblich.[69] Der Gläubiger muss jene Zinsen erhalten, wegen der er die dingliche Zwangsvollstrekkung betreibt.

3. Aufhebung der einstweiligen Einstellung

Systemgerecht[70] kann das einstweilen eingestellte Verfahren nicht von Amts wegen fortgesetzt werden. Es ist immer ein Gläubigerantrag erforderlich, wobei wiederum jeder Gläubiger bezüglich seines Verfahrens einen gesonderten Antrag stellen muss. Der Antrag eines Gläubigers wirkt nicht zugleich auch für die anderen. **174**

Dieser Antrag kann (§ 30f ZVG) gestellt werden:
- nach Beendigung des Insolvenzverfahrens;
- bei Nichterfüllung der Auflagen;
- mit Zustimmung des Insolvenzverwalters; im Falle Rn. 168 3. Alt. mit Zustimmung des Schuldners;
- bei Wegfall aller Voraussetzungen des § 30d Abs. 1 ZVG.

Zu den letztgenannten Voraussetzungen gehört auch die Zumutbarkeit für den Gläubiger. Die Verschlechterung seiner wirtschaftlichen Verhältnisse kann daher Aufhebungsgrund sein.

Tipp: Ein Gläubiger, der trotz Insolvenzeröffnung grundsätzlich vollstrecken darf, sollte bei Verschlechterung seiner wirtschaftlichen Lage versuchen, die ihm gegenüber angeordnete Einstellung zur Aufhebung zu bringen.

Hatte bereits der vorläufige Verwalter die Einstellung bewirkt, erfolgt auf Gläubigerantrag die Aufhebung auch nach Rücknahme oder Abweisung des Insolvenzantrags (§ 30f Abs. 2 ZVG). **175**

Das Gericht hört vor der Entscheidung den Insolvenzverwalter an. Der Aufhebungsbeschluss wird dem Verwalter zugestellt, dem Gläubiger formlos übersandt. Grundsätzlich wird das Verfahren nach Beendigung der einstweiligen Einstellung nur auf fristgebundenen Gläubigerantrag fortgesetzt (§ 31 ZVG). Da aber ein Antrag auf Aufhebung der einstweiligen Einstellung wegen Wegfalls der Voraussetzungen, wegen Nichterfüllung der Auflagen oder mit Zustimmung des Insolvenzverwalters (bzw. ausnahmsweise des Schuldners[71]) inhaltlich stets den Fortsetzungswillen des Gläubigers zum Ausdruck bringt, muss das Gericht in diesem Fall nach der hier vertretenen Auffassung das Verfahren ohne besonderen Fortsetzungsbeschluss weiterführen.[72] **176**

Anders kann es sein, wenn das Verfahren nach Beendigung des Insolvenzverfahrens, nach Antragsrücknahme durch den Insolvenzverwalter bzw. Schuldner (Rn. 174) oder nach Rn. 175 weitergeführt werden könnte. Da jetzt kein insolvenzrechtliches Interesse an einem weiteren Stillstand mehr besteht, kann das Vollstreckungsgericht den Gläubiger zur Handlung zwingen, indem es ihn unter Belehrung über Fristbeginn und Folgen (§ 31 Abs. 2 ZVG) auf die Möglichkeit der Fortsetzung des Verfahrens (§ 31 Abs. 2 lit. c ZVG) **177**

---

69 A.A. *LG Göttingen* Rpfleger 2000, 228 (mit abl. Anm. *Alff*) sowie *LG Stade* Rpfleger 2002, 472.
70 Das Zwangsversteigerungsverfahren kennt im Grunde nur zwei Fälle einer Fortsetzung von Amts wegen: § 28 ZVG, wenn die Auflage nicht erfüllt wird und § 769 Abs. 2 ZPO mit Fristablauf ohne vorherige prozessgerichtliche Einstellung.
71 Im Falle des § 30d Abs. 2 ZVG.
72 Klarstellend sollte der Umstand der Verfahrensfortführung im Aufhebungsbeschluss Erwähnung finden.

hinweist. Stellt der Gläubiger nicht fristgerecht einen entsprechenden Antrag, wird das Verfahren nach Ablauf von sechs Monaten ab Zustellung der Belehrung aufgehoben. Streng formal könnte verlangt werden dass der Gläubiger sowohl die Aufhebung der Einstellung (§ 30f ZVG) als auch die Fortsetzung (§ 31 ZVG) beantragen muss. Ob eines das andere einschließt, erscheint noch ungeklärt. Ein Fortsetzungsbeschluss ist erforderlich, der dem Schuldner zuzustellen ist. Falls für diesen die Frist für eine einstweilige Einstellung (Rn. 193) noch nicht abgelaufen ist, muss eine Belehrung nach § 30b ZVG erfolgen.

Tipp: Der Gläubiger sollte mit dem Antrag auf Aufhebung der einstweiligen Einstellung stets vorsorglich ausdrücklich die Fortsetzung des Verfahrens beantragen.

D. Einstweilige Einstellung und Aufhebung auf Grund einer Verfahrenshandlung

I. Antragsrücknahme durch den Gläubiger

178 Jeder Gläubiger kann seinen Versteigerungsantrag jederzeit bis zum Zuschlag zurücknehmen (§ 29 ZVG). Danach ist eine Antragsrücknahme nicht mehr Möglich, da das Versteigerungsobjekt mit dem Zuschlag der Verfügung des Schuldners und damit auch des Gläubigers entzogen ist.[73] Die Antragsrücknahme eines Gläubigers berührt die Weiterführung des Verfahrens durch den (die) anderen nicht. Die Rücknahmeerklärung ist bedingungsfeindlich und unwiderruflich.

179 Anders als im Zivilprozess erfordert eine **Teilzahlung** des Schuldners **keine formelle Beschränkung des Antrags**. Allerdings sollte sie dem Gericht unter Verrechnung auf die im Anordnungs- bzw. Beitrittsbeschluss genannten Beträge mitgeteilt werden.

Tipp: Zahlt der Schuldner die Hauptforderung sollte der Gläubiger keinesfalls „die Hauptsache für erledigt" erklären. Das soll als Antragsrücknahme ausgelegt werden können[74], denn der Antrag auf Zwangsversteigerung ist ja „die Hauptsache".

180 Das Gericht erlässt einen Aufhebungsbeschluss und stellt ihn dem Schuldner und dem Gläubiger zu (§ 32 ZVG). Ist die Erklärung des Gläubigers fragwürdig, sollte das Gericht unbedingt Rücksprache halten. Ist kein Gläubiger mehr im Verfahren verblieben, muss das Grundbuchamt um Löschung des Zwangsversteigerungsvermerks ersucht werden. Wird dies vergessen, tauchen die Vermerke auf, wenn die Akten schon längst vernichtet sind.

181 Nach h.M.[75] soll die Beschlagnahme bereits durch Eingang der Rücknahmeerklärung beim Gericht erlöschen, so dass der Aufhebungsbeschluss nur noch deklaratorisch wäre. Wie riskant diese Auffassung ist, hat *Eickmann*[76] überzeugend dargelegt. Man sollte sich von dieser uralten, überkommenen Meinung trennen und den Beschluss als actus contrarius mit konstitutiver Wirkung gelten lassen, so dass also die Beschlagnahme erst durch den Aufhebungsbeschluss beseitigt würde.

---

73 *Stöber* (ZVG) § 29 Rn. 2.7.
74 *Stöber* (ZVG) § 29 Rn. 2.2.
75 Für viele: *Stöber* (ZVG) § 29 Rn. 2.5.
76 *Eickmann* (ZVG) § 6 2a.

Die Rechtslage nach der h.M. sei an einem **Beispiel** erklärt:

> 01.03. Erlass Anordnungsbeschluss für Gläubiger A
> 01.04. Eingang der **Antragsrücknahme** des einzig betreibenden Gläubigers A
> 02.04. Eingang Antrag Gläubiger B auf Zulassung des Beitritts
> 03.04. Erlass eines Beschlusses nach § 29 ZVG wegen Antragsrücknahme des Gläubigers A
>
> Nach h.M. kann für B ein Beitrittsbeschluss nicht mehr erlassen werden, da das Verfahren bereits mit Eingang der Antragsrücknahme des A beendet war. Für B muss der Verfahren jetzt (u.a. mit der Konsequenz einer neuen ersten Beschlagnahme) neu angeordnet werden.

Beispiel 10

II. Bewilligung der einstweiligen Einstellung durch den Gläubiger

Der Gläubiger als „Herr des Verfahrens" kann **jederzeit bis zum Zuschlag** (Rn: 178) die einstweilige Einstellung (§ 30 ZVG) bewilligen. Eine Begründung ist nicht erforderlich. Selbstverständlich ist auch hier zu beachten, dass eine solche Bewilligung nur das Verfahren dieses Gläubigers stoppt, während das Verfahren für die anderen Gläubiger weitergeführt wird.

182

Bewilligt der Gläubiger die einstweilige Einstellung, erlässt das Gericht einen formellen Einstellungsbeschluss und stellt ihn Gläubiger und Schuldner zu (§ 32 ZVG). Das Verfahren müsste aufgehoben werden, wenn der Gläubiger nicht innerhalb von sechs Monaten die Fortsetzung beantragt (§ 31 ZVG). Hierüber ist der Gläubiger zu belehren (§ 31 Abs. 3 ZVG), am besten zusammen mit dem Einstellungsbeschluss, da die Frist mit Zustellung des Beschlusses und der Belehrung beginnt.

183

Da es sich bei der Frist des § 31 Abs. 1 ZVG nicht um eine Notfrist handelt, ist Wiedereinsetzung in den vorherigen Stand nicht möglich (§ 233 ZPO).

Tipp: Unbedingt 6-Monatsfrist des § 31 ZVG beachten!

Der Gläubiger kann jederzeit[77] die Fortsetzung beantragen. Eine Begründung ist nicht erforderlich. Ein formeller **Fortsetzungsbeschluss** ist nicht vorgesehen. Mit Rücksicht auf §§ 43 und 44 ZVG wird man darauf aber kaum verzichten können und auch seine Zustellung an den Schuldner fordern müssen. Dem Gläubiger wird der Fortsetzungsbeschluss formlos zugeleitet.

184

Zur Entscheidung über den Fortsetzungsantrag muss der Vollstreckungstitel vorliegen.[78] Hat inzwischen ein Gläubigerwechsel stattgefunden oder wurde über das Vermögen des Schuldners das Insolvenzverfahren eröffnet (Rn. 56) bzw. im gegenwärtigen Eröffnungsverfahren ein „starker" vorläufiger Insolvenzverwalter bestellt (Rn. 157), setzt die Verfahrensfortsetzung die „Umschreibung" des Vollstreckungstitels und die vorherige Zustellung des Titels nebst Vollstreckungsklausel voraus.

Es ist zulässig, z.B. kurz vor Fristablauf, die Fortsetzung des Verfahrens zu beantragen und sogleich erneut die einstweilige Einstellung zu bewilligen. Das Gericht kann in diesem Fall Fortsetzung und einstweilige Einstellung in **einem** Beschluss treffen. Der Gläubiger ist erneut nach § 31 Abs. 3 ZVG zu belehren.

185

Beantragt der Gläubiger die Aufhebung eines bereits bestimmten Versteigerungstermins, gilt dies kraft Gesetzes als Bewilligung der einstweiligen Einstellung (§ 30 Abs. 2 ZVG).

186

---

77 Sogar noch zwischen Verkündung des Zuschlags und Eintritt seiner Rechtskraft.
78 *BGH* Rpfleger 2004, 368.

Fraglich, aber vertretbar wäre es, analog auch den Antrag, keinen Versteigerungstermin zu bestimmen, als Einstellungsbewilligung zu werten.[79] Zurückhaltung ist insbesondere im Fall Rn. 187 am Platz.

187 Ein Gläubiger kann nur zweimal innerhalb des gesamten Verfahrens die einstweilige Einstellung bewilligen. Eine dritte Bewilligung führt zur Aufhebung des Verfahrens (§ 30 Abs. 1 Satz 3 ZVG). Dies gilt auch, wenn eine frühere Einstellung nach Rn. 186 erfolgt ist. Es zählen aber nur die vom Gläubiger bewilligten einstweiligen Einstellungen.

Tipp: **Der Gläubiger sollte wegen des vorgenannten „Risikos" niemals den Antrag stellen, keinen Versteigerungstermin zu bestimmen.**

III. Einstweilige Einstellung auf Schuldnerantrag nach § 30a ZVG

Übersicht

Sachliche Voraussetzungen § 30a ZVG

auf Schuldnerseite	auf Gläubigerseite
Sanierungsfähigkeit und Billigkeit (= Persönliche Verhältnisse, wirtschaftliche Verhältnisse, Art der Schuld)	Zumutbarkeit und kein „Erlösverfall"

188 Unter besonders geregelten Voraussetzungen kann gemäß § 30a ZVG das Verfahren **auf Antrag des Schuldners** auf die Dauer von höchstens sechs Monaten einstweilen eingestellt werden. Hierbei hat das Gericht folgende Abwägung zu treffen:

1. Schuldnervortrag

189 Der Schuldner muss darlegen, dass er die **Zwangsversteigerung vermeiden** kann, wenn ihm hierzu eine Frist gegeben wird (Sanierungsfähigkeit).

Die Gewährung der einstweiligen Einstellung muss unter Berücksichtigung seiner persönlichen und wirtschaftlichen Verhältnisse und der Art der Schuld billig sein.

2. Gläubigervortrag

190 Für den Gläubiger muss die Verzögerung unter Berücksichtigung seiner wirtschaftlichen Verhältnisse zumutbar sein; sie darf ihm insbesondere keinen unverhältnismäßigen Nachteil bringen.

Es dürfen keine Erkenntnisse dahingehend vorliegen, dass das Grundstück zu einem späteren Zeitpunkt einen wesentlich geringeren Erlös bringen wird.

3. Verfahren

191 Wegen der vorgeschriebenen Belehrung des Schuldners (§ 30b Abs. 1 ZVG) werden Anträge nach § 30a ZVG häufig gestellt, obwohl die strengen Voraussetzungen so gut wie

---

[79] Sieht man das nicht so, darf dem Antrag keine Folge gegeben werden. Das Verfahren ist zügig durchzuführen. Dem Gläubiger stehen nur die im Gesetz genannten Mittel zur Verzögerung zur Verfügung.

Einstweilige Einstellung und Aufhebung

nie eine einstweilige Einstellung ermöglichen. Es handelt sich um eine für das Gericht sehr arbeitsaufwändige „Feigenblatt-Regelung" zur Betonung der Sozialstaatlichkeit.

Der Schuldner muss gegenüber jedem Gläubiger einen neuen Antrag stellen. Wenn also ein Beitritt zugelassen wird, kann der Schuldner gegen diesen Gläubiger mit spezieller Begründung einen Einstellungsantrag stellen, gleichgültig ob er bezüglich des (der) anderen Gläubiger(s) einen Antrag gestellt hatte, und ob diesem Antrag entsprochen worden ist oder nicht. Allerdings erreicht er keinen Verfahrensstillstand, wenn auch nur bezüglich eines Gläubigers dem Antrag nicht entsprochen wird. **192**

Der Antrag kann nur innerhalb einer **Notfrist von zwei Wochen** nach Zustellung des Anordnungs- bzw. Beitrittsbeschlusses samt der in § 30b Abs. 1 ZVG vorgesehenen Belehrung gestellt werden. **193**

Das Gericht kann[80] (§ 30a Abs. 3 bis 5 ZVG) die einstweilige Einstellung **unter Auflagen** beschließen. Dabei kann es anordnen, dass die einstweilige Einstellung außer Kraft tritt, wenn die Auflagen nicht eingehalten werden. **194**

Tipp: Als Gläubiger immer hilfsweise konkret bezeichnete Auflagen fordern, falls das Gericht eine einstweilige Einstellung in Erwägung zieht.

Das Gericht muss den Gläubiger vor der Entscheidung hören.[81] Es kann verlangen, dass Gläubiger und Schuldner ihre tatsächlichen Angaben glaubhaft machen (§ 30b Abs. 2 ZVG i.V.m. § 294 Abs. 2 ZPO), falls diese Angaben streitig geblieben sind. Es kann auch mündliche Verhandlung anordnen. **195**

Die Entscheidung ergeht durch Beschluss, welcher (§ 32 ZVG) dem Schuldner und dem Gläubiger zuzustellen ist. Im Falle der einstweiligen Einstellung ist darauf zu achten, dass stets ihr Ende im Beschluss zu bezeichnen ist, wobei sechs Monate nicht überschritten werden dürfen, kürzere Einstellungsfristen aber zulässig sind. Es ist sehr ratsam, ein genaues Datum als Endtermin anzugeben; dazu auch Rn. 199. **196**

Tipp: Unzweckmäßig: „auf die Dauer von sechs Monaten"; zweckmäßig: „Bis zum 20.08.2003".

Hatte der Schuldner, wie meist üblich, die einstweilige Einstellung des Verfahrens auf die Dauer von sechs Monaten beantragt, gewährt das Gericht jedoch nur eine zeitliche kürzere Einstellung, so liegt in dieser Entscheidung eine **teilweise Zurückweisung** des Schuldnerantrags. Dies sollte in der Entscheidung wörtlich zum Ausdruck kommen; die verfahrensrechtlichen Konsequenzen (Zustellung, Rechtsmittel) sind zu beachten. **197**

Das Verfahren wird nur auf Gläubigerantrag fortgesetzt (§ 31 ZVG). Jeder Gläubiger muss für sein eingestelltes Verfahren den Antrag selbst stellen; der Fortsetzungsantrag eines anderen wirkt nicht für ihn. Insbesondere wird das Verfahren auch nicht nach Ablauf der vom Gericht bei der Einstellung bestimmten Frist oder wegen Nichterfüllung der Auflagen von Amts wegen fortgesetzt. **198**

Tipp: Fortsetzungsfrist beachten!

Die genaue Angabe des Endtermins (Rn. 196) ermöglicht dem Gericht, den Gläubiger bereits zusammen mit der Zustellung über die Frist zu belehren, die ab dem Einstellungsende für ihn läuft (§ 31 Abs. 2 lit. b ZVG). **199**

---

80 Wird die Zwangsversteigerung von einem Gläubiger betrieben, dessen Hypothek oder Grundschuld innerhalb der ersten sieben Zehnteile des Grundstückswertes steht, so darf das Gericht von einer solchen Anordnung nur unter engen Voraussetzungen (§ 30a Abs. 3 Satz 2 ZVG) absehen.
81 Einzelheiten zum Verfahren: *Stöber* (ZVG) § 30b Rn. 4.

Versteigerung eines Grundstücks

Dies sei an einem Beispiel erklärt:

Beispiel 11   Das Gericht hat die einstweilige Einstellung auf 20.08.2003 befristet.

Es kann zusammen mit dem Einstellungsbeschluss den Gläubiger dahingehend belehren, dass er den Fortsetzungsantrag spätestens am 20.02.2004 stellen muss.

Hätte es „auf die Dauer von sechs Monaten" eingestellt, müsste die Zustellung an den Schuldner abgewartet und dann, ausgehend von diesem Datum, eine separate Belehrung an den Gläubiger zugestellt werden.

200   Wurde auf Schuldnerantrag die einstweilige Einstellung bewilligt, so kann er gegenüber diesem Gläubiger noch einmal einen Antrag auf einstweilige Einstellung stellen (§ 30c ZVG). Nachdem also auf Antrag des Gläubigers die Fortsetzung beschlossen worden ist, kann der Schuldner – wieder innerhalb einer Frist von zwei Wochen – denn § 30b ZVG ist entsprechend anwendbar – noch einmal eine einstweilige Einstellung beantragen. Belehrung Rn. 64. Für die Gründe, die Auflagen und die Höchstfrist gilt § 30a ZVG, wobei die Zumutbarkeit für den Gläubiger jetzt enger zu sehen ist.

201   Einen Antrag nach § 30c ZVG kann der Schuldner nicht mehr stellen, wenn gegenüber diesem Gläubiger

- die Frist für den Antrag nach § 30a ZVG versäumt worden ist; oder
- ein Antrag nach § 30a ZVG bereits abgelehnt worden ist.

Ist der Antrag aber nach Rn. 200 zulässig, bleibt er dies auch dann, wenn die Einstellung nach § 30a ZVG vorzeitig aufgehoben wurde, z.B. wegen nicht erfüllter Auflage. Es ist eine Frage der Begründetheit, nicht der Zulässigkeit, ob in einem solchen Fall dem Antrag stattzugeben ist.

202   Kann der Schuldner nach Rn. 200 einen Antrag nach § 30c ZVG stellen, muss er bei der Zustellung des Fortsetzungsbeschlusses belehrt werden. Für die Fortsetzung des Verfahrens (wieder nur auf Gläubigerantrag) gilt Rn. 198.

203   Hat der Schuldner einen zulässigen Antrag nach § 30a oder § 30c ZVG rechtzeitig gestellt und bewilligt der Gläubiger vor Entscheidung die einstweilige Einstellung nach § 30 ZVG, wird auf Gläubigerantrag einstweilen eingestellt. Zu beachten ist aber, dass der Antrag des Schuldners damit nicht erledigt ist. Über ihn muss entschieden werden, sobald der Gläubiger die Fortsetzung beantragt.

IV. Antrag des Schuldners nach § 765a ZPO

204   Unter den ganz besonderen Gründen des § 765a ZPO kann das Gericht jede der dort vorgesehenen Entscheidungen auch im Zwangsversteigerungsverfahren zum Zwecke der Zwangsvollstreckung treffen. Deshalb wird auf die Kommentarliteratur (ZPO) Bezug genommen. Die Einschränkung in § 30c Abs. 2 ZVG ist so zu verstehen, dass jetzt mit Gründen, die bereits nach § 30a und/oder § 30c ZVG zur Einstellung geführt haben, keine Einstellung nach § 765a ZPO mehr möglich ist. Andere, besonders neue, Gründe können aber immer noch zur Anwendung des § 765a ZPO führen.

205   Da ist sich bei § 765a ZPO um eine **extreme Ausnahmevorschrift** handelt, kommen nur sehr schwer wiegende Gründe in Betracht, z.B. akute Lebensgefahr des Schuldners. Demnach sind Umstände und Härten, die typischerweise mit einem Verlust „der eigenen vier Wände" einhergehen (man könnte sie verfahrenimmanente Härten nennen) gerade nicht geeignet, eine Einstellung zu begründen. Dass bereits die Gefahr „schwer wiegen-

der Gesundheitsschäden" ausreichen soll und dies vor allem nicht erst anlässlich des Zuschlags geprüft wird[82], sondern bereits das Verfahren als solches aufhalten kann, wird eine neue Dimension des Schuldnerschutzes und der Verzögerungstaktik eröffnen, da die Schuldner sicher geeignete Berater und willfährige Ärzte[83] finden. Der Kausalzusammenhang zwischen dem Verfahren und der Gesundheitsgefährdung ist daher substantiiert vorzutragen und der Schuldner ist ggf. verpflichtet, sich zur Verbesserung seines depressiven Zustandes eine fachärztliche Behandlung aufzunehmen.[84]

Tipp: **Wird der Gläubiger mit einem solchen Antrag konfrontiert, sollte er ausdrücklich beantragen, der Amtsarzt möge dazu Stellung nehmen, ob das Suizidrisiko nicht am Sichersten durch Einweisung in eine Nervenklinik behoben werden könnte.**

V. Entscheidung des Prozessgerichts

Das zuständige Prozessgericht kann jederzeit die Aufhebung des Versteigerungsverfahrens (z.B. §§ 767, 771 ZPO) durch Urteil anordnen und durch Beschluss gemäß § 769 Abs. 1 ZPO bis zu seiner Entscheidung die einstweilige Einstellung anordnen. Geschieht dies, bewirkt die prozessgerichtliche Entscheidung **nicht unmittelbar** die Aufhebung/einstweilige Einstellung des Verfahrens. Vielmehr hat das **Versteigerungsgericht** gemäß den §§ 775 Nr. 1 und 2, 776 ZPO die Gerichtsentscheidung zu **vollziehen**, indem es sein Verfahren aufhebt oder einstweilen einstellt. **206**

Wegen der Verfahrensfortsetzung in solchen Fällen siehe Rn. 210.

Wird dem Versteigerungsgericht ein Tatbestand glaubhaft gemacht, der eine solche prozessgerichtliche Maßnahme zur Folge haben könnte, kann es **in dringenden Fällen** unter Fristsetzung selbst einstweilen einstellen (§ 769 Abs. 2 ZPO). Innerhalb der Frist wäre **beizubringen**: **207**

- das Urteil des Prozessgerichts (kaum denkbar!), oder
- die Einstellungsentscheidung des Prozessgerichts nach § 769 Abs. 1 ZPO; oder
- die Einstellungsbewilligung (§ 30 ZVG) oder Antragrücknahme (§ 29 ZVG) durch den Gläubiger.

Die **Fortsetzung erfolgt von Amts wegen** nach Fristablauf, wenn keine der vorgenannten Unterlagen beigebracht wird.

VI. Sonstige Einstellungsfälle (Beispiele)

Eine einstweilige Einstellung oder Aufhebung des Verfahrens gemäß §§ 775, 776 ZPO könnte z.B. auch in folgenden Fällen in Betracht kommen: **208**

a) Dem Schuldner ist Abwendung der Zwangsvollstreckung durch **Sicherheitsleistung** nachgelassen und deren Leistung wird jetzt nachgewiesen. Es erfolgt Aufhebung des Verfahrens (§ 775 Nr. 3 mit § 776 ZPO).

---

82 *Brandenbg.* OLG Rpfleger 2001, 91 sowie *Saarländisches OLG* Rpfleger 2003, 37.
83 Jeder Arzt kann ohne weiteres seinem Patienten bescheinigen, dass ein so erheblicher Eingriff wie die Versteigerung des Wohnhauses „schwer wiegende Gesundheitsschäden" befürchten lässt.
84 *LG Lübeck* Rpfleger 2004, 435.

1 Versteigerung eines Grundstücks

b) Der Schuldner legt eine Urkunde vor, aus welcher sich ergibt, dass die **Forderung** nach Urteilserlass **gezahlt oder gestundet** ist. Es erfolgt einstweilige Einstellung des Verfahrens (§ 775 Nr. 4 mit § 776 ZPO).

c) Der Schuldner legt Überweisungsbeleg einer Bank oder Sparkasse vor, wonach die **Beschlagnahmeforderung** nach Urteilserlass **bezahlt** ist.[85] Es erfolgt einstweilige Einstellung des Verfahrens (§ 775 Nr. 5 mit § 776 ZPO).

Tipp: Das Versteigerungsgericht sollte sorgfältig prüfen, ob auf dem Überweisungsbeleg das Konto des Empfängers richtig angegeben ist. Schuldner überweisen manchmal unter falscher Kontoangabe und erhalten dann kurz darauf ihr Geld wieder zurück – für den nächsten Gläubiger!

209 Hat das Gericht nach § 775 Nr. 3 ZPO das Verfahren aufgehoben, kann der betroffene Gläubiger die Entscheidung (nur) im Rechtsmittelweg anfechten, weshalb Rn. 130 beachtet werden sollte. In den anderen Fällen erfolgt die Fortsetzung auf Gläubigerantrag, der nicht begründet werden muss. Der Schuldner kann sich hiergegen nur nach § 767 ZPO wehren.

210 **Nach** erfolgter **einstweiliger Einstellung**, gleichgültig ob seitens des Prozess- oder des Vollstreckungsgerichts[86], erfolgt die **Fortsetzung nur auf Antrag des betroffenen Gläubigers**. Auch hier gilt § 31 ZVG, d.h.
- der Antrag muss innerhalb einer Frist von **sechs Monaten** gestellt werden;
- die **Frist beginnt** im Falle § 31 Abs. 2 lit. d ZVG mit Wegfall der Einstellung, im Falle § 775 Nr. 4 und Nr. 5 ZPO mit der Anordnung der einstweiligen Einstellung;
- In jedem Falle beginnt die Frist jedoch erst mit der Zustellung der **Belehrung** nach § 31 Abs. 3 ZVG.
- Nach Fristablauf ohne Fortsetzungsantrag wird das Verfahren **aufgehoben**.

E. Rechtsbehelfe bei einstweiliger Einstellung und Aufhebung

211 Betrifft die Entscheidung des Rechtspflegers die **einstweilige Einstellung, Aufhebung** oder **Fortsetzung** des Verfahrens, ist sie separat anfechtbar (§ 95 ZVG). Soweit ein Antrag des Gläubigers erforderlich war, ist die Entscheidung ihm gegenüber nicht nur „Maßnahme" und deshalb von ihm mit sofortiger Beschwerde anfechtbar, während sich der – nicht angehörte – Schuldner mit Erinnerung nach § 766 ZPO wehren kann. Diesen Rechtsbehelf haben Gläubiger und Schuldner, wenn das Gericht von Amts wegen ohne Anhörung entschieden hat.

---

85 Der häufig auf den vorgelegten Überweisungsdurchschriften vorzufindende Vermerk des Kreditinstituts „Zur Überweisung angenommen" ist für sich allein wertlos. Nur zusammen mit einem unzweifelhaften Überweisungsvermerk auf einem Kontoauszug kann von einem Nachweis gesprochen werden. Als Nachweis denkbar wäre auch ein Vermerk mit dem Inhalt: „Überweisung wird ausgeführt". Neuerdings werden solche Bescheinigungen überwiegend nicht mehr ausgestellt.
86 Ausgenommen § 769 Abs. 2 ZPO, siehe Rn. 207.

F. Kosten bei einstweiliger Einstellung und Aufhebung

I. Kosten des Gerichts

Die vorgenannten Einstellungsverfahren lösen keine eigene Gerichtsgebühr aus; auch nicht das Verfahren nach § 765a ZPO.[87] **212**

Für die Beschwerde, wenn verworfen oder zurückgewiesen: § 765a ZPO = Festgebühr 100,00 € (Vorbemerkung 2.2. KVGKG, Nr. 2240 KVGKG), andere Verfahren: eine volle Gebühr (Nr. 2241 KVGKG).

II. Rechtsanwaltskosten

Der Rechtsanwalt erhält für seine Tätigkeit im Verfahren über die einstweilige Einstellung (oder Beschränkung) der Zwangsversteigerung eine weitere Verfahrensgebühr von 4/10 der vollen Gebühr (Nr. 3311 Ziff. 6 VVRVG). Auch für diese Gebühr richtet sich der Gegenstandswert nach § 26 Ziff.1 oder 2 RVG. Dazu Rn. 124 und 126. **213**

3. Kapitel
Verfahren bis zum Versteigerungstermin

A. Was jetzt zu erledigen ist

Nach Zustellung des Anordnungsbeschlusses ist es allgemein üblich, zunächst einmal die dem Schuldner in § 30b ZVG gewährte Frist für einen Antrag nach § 30a ZVG verstreichen zu lassen, bis weitere Maßnahmen getroffen werden. Wie sich aus § 30b Abs. 4 ZVG ergibt, ist dies aber nicht zwingend notwendig. Vielmehr könnte sofort mit der Vorbereitung des Versteigerungstermins begonnen werden. Versucht der Schuldner durch immer neue Eingaben die Versteigerung zu verzögern, könnte zumindest nach der Ablehnung des Vollstreckungsschutzes bereits die Wertfestsetzung eingeleitet werden. **214**

Das Gericht muss jetzt – und zwar in dieser Reihenfolge – **215**
1. den **Grundstückswert** (Verkehrswert) ermitteln und **festsetzen**;
2. den **Versteigerungstermin bestimmen** und bekannt machen, und
3. den **Termin vorbereiten**.

Als weitere vorbereitende Handlung empfiehlt es sich, bei der Gemeinde einen Auszug aus dem Baulastverzeichnis anzufordern. Bei einer Baulast handelt es sich um eine öffentlich-rechtliche Verpflichtung des Grundstückeigentümers, etwas zu tun, zu dulden oder zu unterlassen. In manchen Bundesländern kann diese Verpflichtung in ein kommunales, von der Bauaufsichtsbehörde geführtes Verzeichnis (Baulastverzeichnis) eingetragen werden.

Die vorgenannten Maßnahmen dürfen nur ergriffen werden, wenn das Verfahren nicht einstweilen eingestellt ist. Hat also z.B. der einzige Gläubiger nach § 30 ZVG die einst- **216**

---
87 Vorbemerkung 2.2. KVGKG.

weilige Einstellung bewilligt, darf die Weiterführung erst nach beschlossener Fortsetzung erfolgen.

217 Sind mehrere Gläubiger vorhanden, ist es erforderlich, aber auch ausreichend, dass das Verfahren gegenüber wenigstens einem von ihnen nicht einstweilen eingestellt ist. Dieser Gläubiger muss weder der zeitlich Erste (der also den Anordnungsbeschluss bewirkt hatte = Anordnungsgläubiger) noch jener mit dem besten Rang sein. Innerhalb des Gesamtverfahrens hat jeder Gläubiger sein eigenes Verfahren (§ 27 Abs. 2 ZVG).

B. Wertfestsetzung

I. Vorbereitung

218 Gemäß § 74a Abs. 5 ZVG hat das Gericht den **Verkehrswert** des Grundstücks zu ermitteln und festzusetzen. Dabei hat es, soweit erforderlich, einen Sachverständigen zu hören. Dessen Beauftragung erfolgt nach den Regeln der §§ 402 ff. ZPO, weshalb (alle) Gläubiger und der Schuldner, nicht aber die übrigen Beteiligten, von der Auswahl des Sachverständigen zu verständigen sind. Nur Gläubiger und Schuldner haben ein Ablehnungsrecht.[88] Eine Anfechtung (Erinnerung) gegen die Bestellung findet nicht statt.[89] Der Wert der mitzuversteigernden Gegenstände des Haftungsverbandes (Rn. 88 ff.) ist vom Rechtspfleger frei zu schätzen.

219 Die Wertfestsetzung wird benötigt für
- die Festlegung der Höhe der regelmäßigen Sicherheit (Rn. 411);
- die Entscheidung über den Zuschlag nach §§ 74a und 85a ZVG (Rn. 462 ff.);
- die Verteilung von Grundpfandrechten (Rn. 948 ff.) und
- die Kostenberechnung (Rn. 318).

Daneben stellt sie eine wichtige Orientierung für die Beteiligten und Bietinteressierten dar.

220 Der Rechtspfleger wird zunächst folgende Überlegungen anstellen:
- Sind bereits irgendwo Unterlagen über den Wert des Grundstücks vorhanden? In Betracht kommen die Akten eines zeitnahen früheren Verfahrens, die Akten des Insolvenzverwalters, die Unterlagen eines beteiligten Kreditinstitutes.
- Kann ich mir leicht einen Überblick über den Wert verschaffen, z.B. durch eine „Richtwert-Auskunft" der Geschäftsstelle des Gutachterausschusses[90]?
- Lohnt der mutmaßliche Grundstückswert ein formelles Gutachten?
- Habe ich evtl. eine Möglichkeit, mir durch einen „informellen Gutachter" (z.B. den Ortsbürgermeister)[91] einen Eindruck über den Zustand und den Wert des Grundstücks zu verschaffen, wenn sich kein Gutachten lohnt?

---

88 *Stöber* (ZVG) § 74a Rn. 10.10.
89 *Stöber* (ZVG) § 74a Rn. 10.9.
90 Bei allen Stadt- und Kreisverwaltungen befinden sich Gutachterausschüsse, die aus einer Sammlung von Kaufurkunden einen Richtwert berechnen können.
91 Das Amtsgericht in K. hatte sich für geringwertige landwirtschaftliche Grundstücke vom jeweiligen Ortsbürgermeister einen der Flur kundigen Landwirt benennen lassen, der dann an Hand eines vorgegebenen Fragekataloges das Grundstück beschrieben hat. Dafür hat er eine kleine Vergütung nach dem ZSEG erhalten. Diese „Gutachten" haben sich als ungemein praxistauglich erwiesen.

Verfahren bis zum Versteigerungstermin **1**

- Bei Zwangsverwaltung: Kann der Verwalter dem Sachverständigen Zutritt verschaffen? Können evtl. die Angaben des Verwalters (besonders bei kleineren Eigentumswohnungen) zusammen mit den Richtwerten ein Gutachten überflüssig machen?

Obwohl das Gutachten über den Grundstückswert einen erheblichen Teil der entstehenden Gerichtskosten verursacht, ist es stets notwendig, wenn der mutmaßliche Wert des Grundstücks einen solchen Aufwand rechtfertigt und nach Rn. 220 nicht anderweitig eine gesicherte Erkenntnis erlangt werden kann. Landesrechtlich kann eine Begutachtung ohne Rücksicht auf den Wert zwingend vorgeschrieben sein. **221**

Soweit das Landesrecht dies nicht ausdrücklich vorschreibt, ist es nicht ratsam, stets den Gutachterausschuss[92] zu beauftragen. Besser wäre es, mit den ortsansässigen Architekten zu vereinbaren, dass diese als Gutachter herangezogen werden. Dabei sollte man aber Folgendes beachten: **222**

- Der Sachverständige sollte vom Gericht ein Merkblatt erhalten, in welchem die Besonderheiten der Bewertung zum Zwecke der Zwangsversteigerung erklärt sind.[93] **223**
- Der Sachverständige muss wissen, dass er beim Gericht gemäß JVEG[94] nach Zeitaufwand entschädigt wird. Der Stundensatz wird sich wohl (§ 9 JVEG mit Anlage 1) nach der Gruppe 7 berechnen und somit 80,00 EUR betragen, falls nicht eine Vereinbarung nach § 14 JVEG getroffen ist. **224**

Keinesfalls sollte sich das Gericht von einem einzigen Sachverständigen abhängig machen.

Es ist heute üblich, dass der Sachverständige Fotos beifügt; abhängig von der Zahl der Gläubiger sollte das Gutachten mit einigen Mehrfertigungen eingereicht werden. Der Sachverständige soll auch nach Möglichkeit einen Aufteilungsplan der Wohnräume fertigen, was später für die Bietinteressierten sehr wichtig ist. **225**

Soweit Gegenstände vorhanden sind, die zum Haftungsverband gehören können, soll der Sachverständige diese zumindest verzeichnen; evtl. einen Wertvorschlag machen (Rn. 218).

II. Verfahren bis zum Gutachten

- Das **Gericht bestellt den Sachverständigen** durch Beschluss. Der Beschluss wird dem Sachverständigen, dem Schuldner sowie allen Gläubigern, deren Verfahren nicht einstweilen eingestellt ist, formlos zugeleitet. Soweit vorhanden, sollte auch dem Zwangsverwalter und dem Insolvenzverwalter unbedingt eine Abschrift zugeleitet werden. **226**
- Der Sachverständige wird nun dem Schuldner mitteilen, wann die **Ortsbesichtigung** stattfinden soll. Dieser ist nicht verpflichtet, dem Sachverständigen das Betreten des Grundstücks zu gestatten.[95] In diesem Fall muss der Sachverständige die Bewertung nach dem äußeren Eindruck sowie den Plänen des Bauamtes unter Berücksichtigung **227**

---

92 Es kann fraglich sein, ob Gutachterausschüsse überhaupt Sachverständige im Sinne der ZPO sein können. Hierzu *OLG Düsseldorf* NJW 1968, 1095 sowie *LG Berlin* NJW 1964, 672.
93 Stichwortartig sei erwähnt: Einzelbewertung bei mehreren Grundstücken! Wirtschaftliche Einheit? Eingetragene Belastungen bleiben außer Ansatz! Eintrag im Baulastverzeichnis? Wenn möglich, die Namen der Bewohner (Mieter, Eigentümer) feststellen!
94 Ersetzt seit 01.07.2004 das bisherige ZSEG.
95 Der Gesetzgeber sollte sich dazu entschließen, durch eine Rechtsänderung § 197 BauGB für anwendbar zu erklären!

der allgemeinen Bewertungskriterien (Lage, Grundstücksmarkt etc.) vornehmen.[96] Dass hierbei wahrscheinlich wegen der nicht stattgefundenen Innenbesichtigung ein erheblicher Abschlag erfolgen wird, hat der Schuldner hinzunehmen.[97]

228 • Der Rechtspfleger kann sich der Ortsbesichtigung anschließen. Aber auch ihm muss der Schuldner das Betreten nicht gestatten.[98] Das Gericht kann vor oder nach der Beauftragung des Sachverständigen einen Ortstermin bestimmen. Dies sollte es spätestens dann tun, wenn Einwendungen gegen das Gutachten erhoben werden.

229 Neuerdings regelt § 839a BGB die Haftung des Gutachters für grobe Fahrlässigkeit gegenüber den Beteiligten (einschl. Ersteher). Eine solche Haftung war bisher nur bei Vorsatz durchsetzbar. Nur der Gutachterausschuss haftete auch bisher schon für Fahrlässigkeit.[99]

III. Entscheidung

230 Gelegentlich wird darauf verzichtet, das Gutachten eingehend zu prüfen und nur der am Schluss festgestellte Wert in die gerichtliche Entscheidung übernommen. Sachdienlich ist dies aber nicht. Vielmehr soll der Rechtspfleger das Gutachten ganz genau lesen, um sich, zusammen mit den ihm sonst noch vorliegenden Erkenntnissen, darüber schlüssig zu werden, ob er sich nach freier Würdigung des Gutachtens dem Wertvorschlag anschließen will. Ergeben sich Zweifelsfragen, soll er diese ausräumen, bevor er die Beteiligten hört.

231 Erst dann soll er die notwendige **Anhörung** vornehmen. Angehört werden alle Beteiligten (§ 9 ZVG), also:
- die **Gläubiger** (also auch jene, deren Verfahren noch einstweilen eingestellt ist); zum Gläubigerbegriff i.S. des § 9 ZVG siehe Rn. 268;
- der **Schuldner**;
- die **Berechtigten der Rechte in der zweiten und dritten Abteilung des Grundbuchs**. Diese erfahren jetzt erstmals offiziell von der Anordnung der Zwangsversteigerung.

232 Mitgeteilt wird ihnen das Ergebnis der Schätzung und auch die evtl. geplante Abweichung von dieser Bewertung unter Angabe der hierfür maßgebenden Gründe. Einen Anspruch auf eine kostenlose Kopie des Gutachtens haben sie nach der hier vertretenen Auffassung nicht. Es ist ihnen aber gegen Erstattung der Schreibauslagen (Nr. 9000 KVGKG) eine Abschrift anzubieten. Ansonsten können sie kostenlos die Akten einsehen (§ 42 ZVG).

233 Werden Einwendungen erhoben, kann das Gericht nach freiem Ermessen entscheiden, ob und welche Erkenntnisse es noch benötigt. In Betracht kommt z.B. eine Rückfrage beim Sachverständigen oder eine gerichtliche Ortsbesichtigung. Die Eingabe mit den Einwendungen soll auch den übrigen Beteiligten „zur Stellungnahme" zugeleitet werden. Soweit das Gericht neue Erkenntnisse gewonnen hat, sollen diese (mit kurzer Frist zur Stellungnahme) zumindest demjenigen mitgeteilt werden, der Einwendungen erhoben hat.

---

96 Soweit vorhanden, können der Zwangsverwalter oder der Insolvenzverwalter weiterhelfen.
97 Hierzu *LG Göttingen* Rpfleger 1998, 213.
98 Die Erfahrung hat gezeigt, dass der Schuldner den Rechtspfleger nur selten abweist, weil er ihm in seinen eigenen Räumen seine Not klagen und ihn fragen kann, ob die Versteigerung nicht vermeidbar ist.
99 *BGH* Rpfleger 2003, 310.

Sodann entscheidet das Gericht über den Grundstückswert. Der Beschluss ist zu begründen, insbesondere wenn Einwendungen erhoben worden sind. Die Begründung soll erkennen lassen, dass sich das Gericht mit dem Gutachten auseinander gesetzt und nicht einfach nur den Wert übernommen hat. **234**

Vorhandene Gegenstände des Haftungsverbandes sind unbedingt getrennt und einzeln zu bewerten. Nur so ist eine einfache Korrektur des Wertes möglich, wenn später solche Gegenstände vorzeitig ausscheiden. Einen weiteren Grund für diese Verfahrensweise liefert ein eröffnetes Insolvenzverfahren (hierzu Rn. 277). **235**

Der **Beschluss ist allen Beteiligten förmlich zuzustellen**. Er ist von diesen mit **sofortiger Beschwerde** anfechtbar. **236**

Nach fruchtlosem Ablauf der Beschwerdefrist ist der Beschluss den bisher bekannten Beteiligten gegenüber formell rechtskräftig. Später hinzukommende Beteiligte können ihn aber noch anfechten. Der **Beschluss erwächst nicht in materielle Rechtskraft**; das Gericht kann ihn daher von Amts wegen oder auf Anregung eines Beteiligten jederzeit ändern, wenn sich hierfür sachliche Gründe feststellen lassen. Dies gilt sowohl für neu hinzukommende Gründe (Beschädigungen, Reparaturen) als auch für bereits vorhandene Mängel (und Verbesserungen), die erst nachträglich bekannt wurden. Der Beschluss über die neue Festsetzung muss die Gründe erkennen lassen und ist wieder allen Beteiligten zuzustellen. Er ist ebenfalls mit sofortiger Beschwerde anfechtbar, falls noch kein Zuschlag erteilt wurde.[100] **237**

Die Wertfestsetzung gilt grundsätzlich für das gesamte Verfahren, auch wenn mehrere Termine stattfinden. Allerdings sollte das Gericht bei gegebenem Anlass und nach einiger Zeit (ca. zwei Jahre) den festgesetzten Wert überprüfen.[101] **238**

Sind die Zuschlagsgrenzen der §§ 74a, 85a ZVG inzwischen entfallen (Rn. 462 ff., 468), besteht kein Rechtsschutzinteresse mehr für eine solche Anpassung an die veränderten Umstände.[102] Allerdings ist diese objektiv nicht mehr zutreffende Wertfestsetzung bei der Berechnung der „fiktiven Befriedigung" (§ 114a ZVG) nicht mehr bindend.[103]

C. Bestimmung des Versteigerungstermins

I. Terminstag und Terminsort

Den Zeitrahmen für die Bestimmung des Versteigerungstermins steckt das ZVG nur durch die (für die Praxis bedeutungslosen) §§ 30b Abs. 4 und 36 Abs. 2 ZVG ab. Insbesondere ist nicht bestimmt, dass die Rechtskraft des Beschlusses über die Wertfestsetzung abgewartet werden muss. Die zahlreichen und sich widersprechenden Ausführungen hierzu in der Literatur lassen erkennen, dass es nur eine am Einzelfall orientierte pragmatische Lösung geben kann. Wenn nach Sachlage kaum eine Beschwerde zu erwarten ist, könnte man (um Arbeit und Kosten zu sparen) die Terminsbestimmung zusammen mit dem Wertfestsetzungsbeschluss zustellen. Hatte sich das Gericht über Einwendungen hinweg- **239**

---

100 *LG Rostock* Rpfleger 2003, 205.
101 In einem sehr ärgerlichen Fall war das Grundstück zutreffend als Bauland bewertet. Nach zwei Jahren hatte die Gemeinde den damaligen Bebauungsplan geändert. Jetzt konnte keine Bebauung mehr erfolgen. Dem Gericht und den Beteiligten ist dies nicht rechtzeitig bekannt geworden.
102 *BGH* Rpfleger 2004, 172.
103 *BGH* Rpfleger 2004, 433.

gesetzt, wird man besser die Rechtskraft des Wertfestsetzungsbeschlusses abwarten. Im Übrigen kann wegen Rn. 248 ohnehin der Termin nicht alsbald stattfinden, so dass ein zügig arbeitendes LG stets in der Lage wäre, vor dem Termin über eine evtl. Beschwerde zu entscheiden.

240 Jetzt muss das Gericht noch einmal prüfen, ob die in Rn. 217 genannten Voraussetzungen immer noch vorliegen. Anderenfalls darf kein Termin bestimmt werden.

241 Bei der Terminsbestimmung ist zu beachten:

Zwischen Zustellung der Terminsbestimmung und Termin müssen **zwei Fristen** (§ 43 Abs. 2 ZVG) gewahrt sein, nämlich:

242 1. Allen Beteiligten im Sinne des § 9 ZVG muss die **Terminsbestimmung mindestens vier Wochen vor dem Termin zugestellt** sein. Dies gilt für den Schuldner, alle Gläubiger (auch diejenigen, deren Verfahren einstweilen eingestellt ist) und alle jetzt schon bekannten sonstigen Beteiligten.

243 2. Dem **Schuldner** muss innerhalb der gleichen Frist zumindest ein **Beschluss zugestellt** sein, „**auf Grund dessen die Versteigerung erfolgen kann**". Dies ist ein Anordnungs-, Beitritts- oder Fortsetzungsbeschluss.

244 Mit Rücksicht auf Rn. 248 wird die erstgenannte Frist in der Praxis kaum Probleme bereiten. Dagegen kann die zweitgenannte Voraussetzung nach der Terminsbestimmung wegfallen, wenn z.B. ein Gläubiger die einstweilige Einstellung bewilligt. Dann muss der Termin aufgehoben werden, wenn nicht für einen anderen Gläubiger die Frist gewahrt ist. Es ist nämlich für die Durchführung des Termins genügend, dass irgendein Gläubiger die Voraussetzung des § 43 Abs. 2 ZVG erfüllt. Dies muss nicht der gleiche Gläubiger sein, zu dessen Gunsten der Termin ursprünglich bestimmt worden ist.

Bei Verstoß gegen die in § 43 Abs. 2 ZVG genannten Zustellungsfristen ist Heilung durch Genehmigung des Betroffenen möglich (§ 43 Abs. 2 letzter Halbsatz ZVG).

Beispiel 12

Anmerkung: Bei den Daten handelt es sich um die **Zustellungsdaten** betreffend die Zustellung an den Schuldner.

245
Gläubiger A Anordnungsbeschluss am   12.03.2004
             Einstellung (§ 30 ZVG) am 05.04.2004
Gläubiger B Beitrittsbeschluss am   23.03.2004
Gläubiger C Beitrittsbeschluss am   30.03.2004
             Einstellung (§ 30 ZVG) am 18.04.2004

Am 27.04.2004 bestimmt das Gericht Termin auf 29.06.2004. Dies war nur wegen Gläubiger B möglich. Für A und C hätte kein Termin bestimmt werden dürfen (Rn. 217).

246 Weiterführung Sachverhalt (Veränderungen in Fettdruck):

Gläubiger A Anordnungsbeschluss am   12.03.2004
             Einstellung (§ 30 ZVG) am 05.04.2004
             Fortsetzung am   **03.05.2004**
Gläubiger B Beitrittsbeschluss am   23.03.2004
             Einstellung (§ 30 ZVG) am **04.05.2004**
Gläubiger C Beitrittsbeschluss am   30.03.2004
             Einstellung (§ 30 ZVG) am 18.04.2004

Ohne den Fortsetzungsbeschluss auf Antrag des Gläubigers A hätte das Gericht nach der Einstellungsbewilligung des B den Termin vom 29.06.2004 aufheben müssen. So aber kann es ihn bestehen lassen.

Verfahren bis zum Versteigerungstermin **1**

247 Weiterführung Sachverhalt (Veränderungen in Fettdruck):

Gläubiger A	Anordnungsbeschluss am	12.03.2004
	Einstellung (§ 30 ZVG) am	05.04.2004
	Fortsetzung am	03.05.2004
	Einstellung (§ 30 ZVG) am	**20.06.2004**
Gläubiger B	Beitrittsbeschluss am	23.03.2004
	Einstellung (§ 30 ZVG) am	04.05.2004
Gläubiger C	Beitrittsbeschluss am	30.03.2004
	Einstellung (§ 30 ZVG) am	18.04.2004
	Fortsetzung am	**19.06.2004**

Jetzt muss der Termin aufgehoben werden, obwohl C das Verfahren betreibt. Sein Fortsetzungsbeschluss ist jedoch nicht innerhalb der Frist des § 43 Abs. 2 ZVG zugestellt worden. Gegenüber den Gläubigern A und B ist das Verfahren einstweilen eingestellt. Somit ist kein Gläubiger mehr vorhanden, für welchen der Termin vom 29.06.2004 gehalten werden darf. Es muss ein neuer Termin bestimmt werden.

248 Außerdem muss der Versteigerungstermin so geplant werden, dass es noch möglich ist, **sechs Wochen vor dem Termin** (§ 43 Abs. 1 ZVG) die in § 39 ZVG vorgesehene **Veröffentlichung** im „Amtsblatt"[104] vorzunehmen. Es ist zu beachten, dass diese Frist mit dem Tag des Erscheinens des Amtsblattes beginnt.[105] Auf die Fristverkürzung nach § 43 Abs. 1 Satz 2 ZVG sollte man sich nicht verlassen. Eine Veröffentlichung mit der verkürzten Frist des § 43 Abs. 1 Satz 2 ZVG setzt nämlich voraus, dass das Verfahren für den bestbetreibenden Gläubiger des kommenden Termins einmal einstweilen eingestellt war. Fällt dieser Gläubiger vor oder im Termin weg und erfüllt der nunmehr dem geringsten Gebot zugrunde zu legende Gläubiger nicht die Voraussetzungen des § 43 Abs. 1 Satz 2 ZVG, so wäre der Termin aufzuheben. Man sollte daher grundsätzlich nur mit der regelmäßigen 6-Wochen-Frist (§ 43 Abs. 1 Satz 1 ZVG) veröffentlichen und § 43 Abs. 1 Satz 2 ZVG nur als „Rettungsring" im Falle einer versehentlichen Nichteinhaltung der 6-Wochen-Frist ansehen.

Bei geringwertigen Grundstücken (dies entscheidet das Gericht nach pflichtgemäßem Ermessen) kann statt einer Veröffentlichung (Kosten!) die Terminsbestimmung auch an der Gemeindetafel angeheftet werden.[106]

249 Nunmehr muss noch festgelegt werden, ob der Termin im Gerichtsgebäude oder (§ 36 Abs. 3 ZVG) außerhalb[107] stattfinden soll. Dies kann der Rechtspfleger nach pflichtgemäßem Ermessen[108] entscheiden. Die Justizverwaltung darf ihm insoweit keine Vorschriften machen.[109]

---

104 Das Landesrecht bestimmt, welche Zeitung „Amtsblatt" ist.
105 Bei der Zeitplanung auch den Annahmeschluss des Amtsblattes beachten!
106 Soweit die Gemeinde überhaupt noch eine Tafel hat, an welcher sie ihre amtlichen Bekanntmachungen anheftet!
107 Z.B. in Räumen der Gemeinde, der Kirchengemeinde oder einer Gastwirtschaft.
108 Für wertvolle Grundstücke kommen die Bieter auch zum Gericht. Für landwirtschaftliche Grundstücke erzielt man in der Gemeinde meist höhere Gebote. Bitte das oft sehr restriktive Landesrecht beachten!
109 Eine Dienstreisegenehmigung für den Rechtspfleger ist nicht erforderlich, wohl aber für den Urkundsbeamten der Geschäftsstelle.

II. Terminsbestimmung

250 Nun verfügt der Rechtspfleger die Terminsbestimmung. Deren **Inhalt** ergibt sich aus den §§ 37, 38[110] ZVG. Bei der Beschreibung des zu versteigernden Grundstücks darf sich der Rechtspfleger keinesfalls auf die Angaben im Grundbuch beschränken. Vielmehr muss er das **Grundstück so beschreiben, dass Interessenten erkennen können, was versteigert wird**. Die Angaben hierzu wird er dem Wertgutachten oder den Angaben der Gemeinde entnehmen. Es ist nicht verboten, die Quelle anzugeben; also z.B. *„laut Gutachten Gastwirtschaft mit zwei Wohnungen"*.

251 Die Angabe des Verkehrswertes (§ 38 Satz 1 ZVG) ist wegen § 68 Abs. 1 Satz 1 ZVG erforderlich. Leider wurde für die nach § 38 Satz 2 ZVG vorgeschriebene Angabe kein Wortlaut bestimmt. Es muss beachtet werden, dass sich dieser Hinweis an Laien richtet. Am besten wäre wohl (Rn. 468): *„Der halbe Verkehrswert muss nicht mehr erreicht werden"*. Das versteht jeder!

III. Bekanntmachung

252 Der Versteigerungstermin wird wie folgt bekannt gemacht:
- **Zustellung** (§ 41 Abs. 1 ZVG) an den Schuldner, den (die) Gläubiger und alle anderen Beteiligten im Sinne des § 9 ZVG. Für die Form der Zustellung Rn. 256 bis 259.

253 - **Veröffentlichung im Amtsblatt** (Rn. 248) und Aushang an der Gerichtstafel (§ 40 ZVG); bei Zentralisierung (Rn. 10) an der jeweiligen Tafel[111] des zuständigen Gerichts und des Gerichts, in dessen Bezirk das Grundstück liegt.

254 - **Freiwillige Veröffentlichungen** nach § 40 Abs. 2 ZVG. In Betracht kommen z.B. Anzeigen in der Tageszeitung,[112] in einer Fachzeitung oder zusätzlich zu § 39 Abs. 1 ZVG in der Gemeinde. In diesem Fall muss die Tafel nicht den Wert einer „Amtstafel" haben![113] Neuerdings erfolgt häufig eine Veröffentlichung im Internet.

255 Die Justizverwaltung kann bestimmen, wem die Terminsbestimmung noch formlos zuzuleiten ist (siehe Rn. 66).

IV. Zustellungsformen

256 Ergänzend zur ZPO sieht das ZVG Erleichterungen für die vorgeschriebenen Zustellungen vor. Diese Erleichterungen galten nicht (§ 8 ZVG) für die Zustellung des Anordnungsbeschlusses oder eines Beitrittsbeschlusses an den Schuldner (Rn. 15) und werden deshalb erst hier erörtert.

257 Hat ein Beteiligter beim Grundbuchamt eine Vollmacht hinterlegt, gilt sie auch für das Versteigerungsverfahren (§ 5 ZVG). Wohnt der Empfänger nicht im Gerichtsbezirk, ist ge-

---

110 Trotz des Wortes „soll" in § 38 ZVG sind die dort genannten Anforderungen unbedingt zu beachten!
111 Die Praxis hat gezeigt, dass diese Veröffentlichung größte Beachtung seitens der Bietinteressierten findet. Eine übersichtliche Gerichtstafel ist das Schaufenster des Gerichts!
112 Unverzichtbar, wenn als Amtsblatt aus politischen Gründen eine Zeitung bestimmt wurde, die ohnehin kaum jemand liest!
113 Diese Veröffentlichung bewirkt in kleinen Gemeinden häufig Zahlungsbereitschaft beim Schuldner, da dort die Bürger eifrig die Tafel studieren.

mäß § 4 ZVG Zustellung durch Aufgabe zur Post[114] nach § 175 ZPO zulässig, jedoch nur per Einschreibebrief!

Ist ein Beteiligter nach Name und/oder Anschrift unbekannt, kann ihm ein Zustellungsvertreter nach § 6 ZVG bestellt werden, dem nach § 7 ZVG dann wirksam zugestellt wird. Dies hat insbesondere Bedeutung für unbekannte Erben oder verschwundene Berechtigte aus uralten Grundbucheinträgen. **258**

Für eine Person, die es nicht gibt (Beispiel: gelöschte GmbH) darf kein Zustellungsvertreter bestellt werden. Wegen der Einzelheiten zur Bestellung, zu den Pflichten des Zustellungsvertreters und seiner Entschädigung wird auf die Kommentarliteratur verwiesen. § 6 Abs. 3 ZVG ist ohne praktische Bedeutung, zumal das Registergericht nicht Aufsichtsbehörde im Sinne dieser Vorschrift ist. **259**

V. Die Zeit bis zum Termin

Kommen nachträglich durch Anmeldung (§ 9 Satz 2 ZVG) noch weitere Beteiligte hinzu, ist ihnen die Terminsbestimmung samt Wertfestsetzung zuzustellen. Ihnen gegenüber muss die Frist des § 43 Abs. 2 ZVG jedoch nicht mehr gewahrt sein. **260**

Erfährt das Gericht (z.B. vom Sachverständigen), dass **Mieter (Pächter)** vorhanden sind, soll es diesen grundsätzlich eine **Belehrung nach § 57d ZVG** förmlich **zustellen**. Unterbleiben kann dies nur, wenn davon auszugehen ist[115], dass keine Zahlungen im Sinne des § 57c ZVG geleistet worden sind. Besonders wenn die Mieter (Pächter) mit dem Schuldner verwandt sind, ist diese Belehrung geboten. Wegen der Bedeutung dieser Belehrung siehe Rn. 346 und 347; wegen der Mietsicherheit (Kaution) siehe Rn. 348. **261**

„In der vierten Woche vor dem Termin", wenn also die Fristen der §§ 43 Abs. 2, 44 Abs. 2 ZVG gewahrt sind, hat das Gericht allen Beteiligten, denen es auch die Terminsbestimmung zugestellt hat, mitzuteilen, welche Gläubiger das Verfahren betreiben. In dieser **Mitteilung nach § 41 Abs. 2 ZVG** sind alle Gläubiger anzugeben, **262**

- die den Anordnungs- oder einen Beitrittsbeschluss erwirkt haben;
- deren Verfahren nicht (mehr) einstweilen eingestellt ist und
- deren Anordnungs-, Beitritts- oder Fortsetzungsbeschluss dem Schuldner mindestens vier Wochen vor dem Termin zugestellt worden ist.

Wäre kein solcher Gläubiger mehr vorhanden, hätte der Termin aufgehoben werden müssen. Die Mitteilung soll neben dem Namen des Gläubigers die Forderung und die Rangklasse bezeichnen, aus welcher dieser betreibt (§ 41 Abs. 2 ZVG).

Nunmehr werden hoffentlich zahlreiche Bietinteressierte bei der Geschäftsstelle des Gerichts vorsprechen, um sich Informationen zu holen. Sie dürfen die Akten im Umfang des § 42 ZVG einsehen. Nach der hier vertretenen Auffassung kann (muss nicht) ihnen das Gericht gegen Erstattung der Schreibauslagen (Nr. 9000 KVGKG) eine Kopie des Gutachtens überlassen. **263**

Es ist ein Erfordernis des Anstandes, den Interessenten Auskünfte zum aktuellen Verfahren zu geben. Ob dies die Geschäftsstelle oder der Rechtspfleger erledigt, ist eine Frage der Fähigkeit bzw. der Organisation. Manche Rechtspfleger verfassen und verteilen Merkblätter mit den wesentlichen Angaben. Grundwissen über den Ablauf eines Zwangsver- **264**

---

114 In den Akten ist zu vermerken, zu welcher Zeit und unter welcher Anschrift der Brief zur Post gegeben wurde (§§ 191, 192 ZPO).
115 Wenn Zwangsverwaltung angeordnet ist, weiß dies der Verwalter.

1 Versteigerung eines Grundstücks

steigerungsverfahrens müssen sich aber die Bietinteressierten selbst verschaffen. Hierzu kann auf die leicht zu beschaffende und preiswerte Literatur[116] verwiesen werden. Eine eingehende Erörterung dieser Grundzüge kann man weder der Geschäftsstelle noch dem Rechtspfleger zumuten.

D. Grundsätze für das weitere Verfahren

I. Einführung einer Forderung in das Verfahren

265 Damit die Forderung eines Beteiligten gegen den Schuldner im Verfahren berücksichtigt werden kann, muss sie ins Verfahren „eingeführt" werden. Hierfür gibt es grundsätzlich **drei Möglichkeiten**:
- Der Gläubiger bewirkt einen **Anordnungs- oder Beitrittsbeschluss**. Dies wurde im ersten Kapitel bereits ausführlich erörtert.
- Die Forderung wird zum Verfahren formlos **angemeldet** (§ 45 Abs. 1 ZVG) oder gilt als angemeldet (§ 114 Abs. 1 Satz 2 ZVG).
- Die Forderung wird vom Gericht **von Amts wegen berücksichtigt** (z.B. § 45 Abs. 2 ZVG)

266 Es ist den Beteiligten keineswegs freigestellt, wie sie ihre Forderung ins Verfahren einführen. Anmeldung oder gar Berücksichtigung von Amts wegen ist nur wenigen besonders privilegierten Forderungen vorbehalten. Bei der Erörterung der Rangklassen (Rn. 275 bis 302) wird dies ausdrücklich erklärt werden. Alle anderen Forderungen können nur über einen Anordnungs- oder Beitrittsbeschluss eingeführt werden.

267 Umgekehrt können aber Beteiligte, die eine vollstreckbare Forderung haben, welche eigentlich angemeldet werden könnte oder sogar von Amts wegen berücksichtigt würde, auch einen Anordnungs- oder Beitrittsbeschluss erwirken.

Hierdurch wird dieser Beteiligte zum Gläubiger und kann Einfluss auf den Verlauf des Verfahrens nehmen, z.B. Rn. 460. In Einzelfällen ist damit auch eine Rangverbesserung verbunden (Rn. 301).

268 „Gläubiger" im Sinne des ZVG ist demnach nur, wer einen Anordnungs- oder Beitrittsbeschluss bewirkt hat, deshalb manchmal auch „betreibender Gläubiger" genannt. Alle anderen sind (nur) „Beteiligte" (§ 9 ZVG).

II. Wiederkehrende Leistungen

269 Für die Aufstellung des geringsten Gebots und später für die Verteilung des Versteigerungserlöses wird zwischen „wiederkehrenden Leistungen" und „einmaligen Leistungen" unterschieden, wobei die richtige Berechnung der wiederkehrenden Leistungen (also z.B. Zinsen, Grundsteuer) speziellen Regeln unterliegt, die jetzt erörtert werden müssen.

270 Zunächst einmal muss zwischen **„laufenden"** und **„rückständigen"** wiederkehrenden Leistungen **unterschieden** werden, wobei diese Begriffe in § 13 Abs. 1 ZVG von den Regelungen des bürgerlichen Rechts abweichend definiert werden.

---

116 Z.B. *Mayer* „Immobilien günstig ersteigern".

Verfahren bis zum Versteigerungstermin **1**

Für diese Unterscheidung ist ein für die gesamte Verfahrensdauer und für alle stattfindenden Termine einheitlicher Trennpunkt zwischen „laufenden" und „rückständigen" Leistungen festgelegt. Es ist dies (§ 13 Abs. 4 ZVG) der **zeitlich erste Beschlagnahmetag**[117], der sich also (Rn. 75) zu Gunsten des Anordnungsgläubigers ergeben hat. Dabei ist es gleichgültig, ob dieser Gläubiger **271**

- überhaupt noch das Verfahren betreibt oder schon (z.B. durch Rücknahme) aus dem Verfahren ausgeschieden ist; oder
- ob für ihn der Termin gehalten werden darf (Rn. 217); oder
- ob er den besten Rang unter allen Gläubigern hat (Rn. 307).

„Laufend" im Sinne des ZVG sind alle Beträge wiederkehrender Leistungen, die letztmals vor der ersten Beschlagnahme fällig geworden sind sowie sämtliche nachträglich fällig werdenden Beträge bis zum Zuschlag! „Rückständig" sind die älteren Leistungen. **272**

Abgrenzung von laufenden und rückständigen wiederkehrenden Leistungen — **Übersicht**

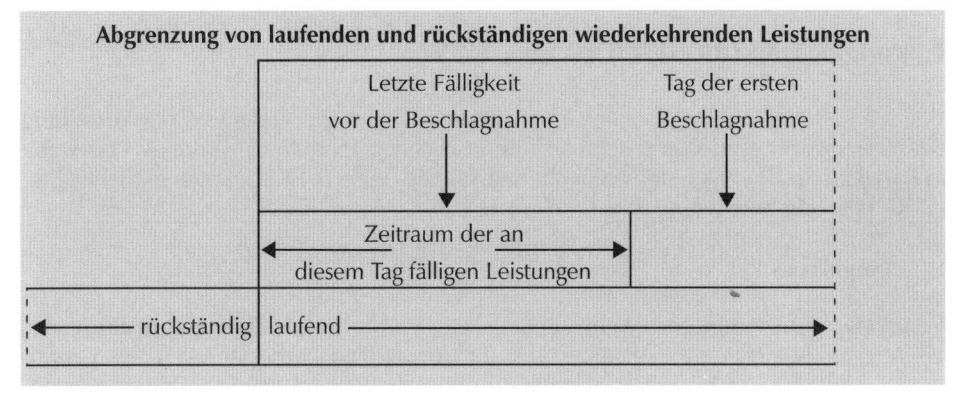

```
            Letzte Fälligkeit          Tag der ersten
          vor der Beschlagnahme        Beschlagnahme
                   ↓                        ↓
          ┌────────────────────────┬─────────────────┐
          │  Zeitraum der an       │                 │
          │  diesem Tag fälligen Leistungen          │
          └────────────────────────┴─────────────────┘
 ←─ rückständig │ laufend ─────────────────────────────→
```

Die Abgrenzung von laufenden und rückständigen wiederkehrenden Leistungen sei an Beispielen erklärt: **273**

Beispiel 13

Die Zinsen einer Grundschuld sind kalenderjährlich nachträglich fällig.
Erste Beschlagnahme war am 25.05.2004.
Berechnung:
Letzte Fälligkeit vor der Beschlagnahme: 31.12.2003.
Fällig wurden an diesem Tag die Zinsen für das ganze Jahr 2003; also sind diese und alle späteren Zinsen „laufend".
Rückständig sind die Zinsen des Jahres 2002 und alle älteren Zinsen.

Beispiel 14

Die Zinsen einer Hypothek werden kalendervierteljährlich im Voraus fällig.
Erste Beschlagnahme war am 25.05.2004.
Berechnung:
Letzte Fälligkeit vor der Beschlagnahme: 01.04.2004.
Fällig wurden am diesem Tag die Zinsen für das 2. Quartal 2004. Also: Laufend sind die Zinsen ab 01.04.2004, rückständig sind die älteren Zinsen.

---

117 Sonderregelung in § 13 Abs. 4 ZVG beachten, wenn eine Zwangsverwaltung angeordnet ist (bzw. war)!

1 Versteigerung eines Grundstücks

Beispiel 15 Die Grundsteuer ist regelmäßig jeweils in der Quartalsmitte fällig (15.02./15.05./15.08 und 15.11). Erste Beschlagnahme war am 25.05.2004.

Berechnung:

Letzte Fälligkeit vor Beschlagnahme 15.05.2004.

Fällig wurde an diesem Tag die Grundsteuer für das 2. Quartal, also 01.04.2004 bis 30.06.2004. Laufend ist also die Grundsteuer ab 01.04.2004; die ältere Grundsteuer ist rückständig.

274 Für die Aufstellung des geringsten Gebots und für die spätere Verteilung des Erlöses wird aber nicht nur die Unterscheidung der Begriffe „wiederkehrend" und „einmalig" sowie „laufend" und „rückständig", sondern besonders auch die Unterscheidung der „Rangklassen" benötigt.

E. Rangklassen (RK) des § 10 Abs. 1 ZVG

275 Wie schon früher (Rn. 26) kurz erwähnt, werden nicht alle Ansprüche bei der **Verteilung des Versteigerungserlöses** gleichmäßig berücksichtigt, sondern es wird eine **Einteilung in Rangklassen**[118] vorgenommen, wobei Ansprüche besserer RK vor jenen mit schlechterer RK befriedigt werden.

I. Rangklasse 1

276 Sie umfasst Aufwendungen, welche ein Beteiligter im Laufe einer **Zwangsverwaltung** des Versteigerungsobjekts zur Erhaltung oder für notwendige Verbesserungen des Grundstücks geleistet hat. Der Anspruch muss (formlos) angemeldet werden. Er wird nur berücksichtigt, wenn

- der Anmeldende in der Zwangsverwaltung einen Anordnungs- oder Beitrittsbeschluss bewirkt hatte;
- diese Zwangsverwaltung noch bis zum Zuschlag fortdauert und
- die Aufwendungen tatsächlich zur Erhaltung/Verbesserung des Grundstücks Verwendung gefunden haben. Andere Vorschüsse in der Zwangsverwaltung haben diesen Vorrang nicht![119]

Aus RK 1 kann das Zwangsversteigerungsverfahren nicht betrieben werden.[120] Ein solcher Vorschuss sollte zusätzlich auch gem. § 10 Abs. 2 ZVG angemeldet werden, da er sonst nicht „abgelöst" werden könnte.

II. Rangklasse 1a

277 Sie kommt nur in Betracht, wenn ein **Insolvenzverfahren** eröffnet und der Insolvenzverwalter bestellt ist. Dieser muss die zum Haftungsverband gehörenden „beweglichen Gegenstände" feststellen und bewerten, obwohl sie der abgesonderten Befriedigung dienen. Für diesen Aufwand erhält er 4 % des vom Versteigerungsgericht für diese Gegenstände festgesetzten (Rn. 218 bzw. 235) Wertes. Formlose Anmeldung ist erforderlich; Betreiben ist nicht möglich.

---

118 Wegen der Einzelheiten wird auf die Kommentarliteratur verwiesen.
119 *BGH* 2003, 454; auch OLG *Braunschweig* Rpfleger 2002, 580 für Hausgeld (Wohngeld) nach WEG.
120 *Stöber* (ZVG) § 10 Rn. 2.9.

III. Rangklasse 2

Diese RK sollte **land- und forstwirtschaftlichen Arbeitern** Ersatz ausstehenden Lohnes (sog. Litlohn) bringen. Heute hat diese Vorschrift keine praktische Bedeutung mehr.[121] Auch diese Ansprüche müssten formlos angemeldet werden. Betreiben mit Titel auf Duldung der Zwangsvollstreckung wäre möglich.

IV. Rangklasse 3

Diese RK ist für die Praxis von großer Bedeutung. Es handelt sich um Ansprüche, die als **„öffentliche Last" auf dem Grundstück** ruhen, meist (§ 54 GBO) ohne im Grundbuch eingetragen zu sein. Eine Forderung kann nur **durch** ein **Gesetz** zur öffentlichen Last erklärt werden. Dies kann geschehen durch

- **Bundesrecht** (wichtigste Beispiele: Grundsteuer, Leistungen bei der Flurbereinigung, Erschließungsbeiträge)[122];
- **Landesrecht**[123];
- **Kommunale Satzung**, aber nur, wenn das Landesrecht (meist im KAG) dies erlaubt. Wichtigstes Beispiel: Ausbaubeiträge[124].

Für alle Ansprüche dieser RK gilt, dass sie sowohl formlos angemeldet als auch durch einen Versteigerungsantrag (Beitrittsgesuch) ins Verfahren eingeführt werden können. Sie werden jedoch nicht von Amts wegen berücksichtigt, da sie nicht grundbuchersichtlich sind (§ 45 Abs. 2 ZVG).

Da diese öffentlichen Lasten das Privileg der RK 3 durch Zeitablauf verlieren können, muss eine Berechnung erfolgen, bei welcher zunächst einmal zwischen „einmaligen" und „wiederkehrenden" Leistungen unterschieden wird.

1. Einmalige Leistungen

Es handelt sich um Beträge, die nicht immer wieder anfallen, sondern durch **einmalige Zahlung** getilgt werden. Diese Eigenschaft „einmalig" bleibt auch dann erhalten, wenn z.B. die Beitragssatzung vorsieht, dass ein Erschließungsbeitrag in fünf jährlichen Teilbeträgen zahlbar ist. Dann handelt es sich für die hier anstehende Berechnung um fünf getrennte einmalige Leistungen, jeweils ausgehend von ihrem Fälligkeitstermin.

Die einmaligen Leistungen **verlieren** das **Privileg** der RK 3, wenn sie **älter sind als vier Jahre**. Nach h.M.[125] wird von der ersten Beschlagnahme (Rn. 75) zurück gerechnet. War also die erste Beschlagnahme am 15.05.2003, hätten alle Leistungen das Privileg verloren, die vor dem 15.05.1999 fällig geworden sind.

Sie rücken in die RK 7 und verbessern sich in die RK 5, wenn wegen dieser Forderung das Verfahren betrieben wird.

---

121 Es kann hierfür auf *Stöber* (ZVG) § 10 Rn. 4 verwiesen werden.
122 Hierzu ausführlich *Glotzbach/Mayer* Rn. 9 ff.
123 Ob das Saarländische Landesrecht, welches sogar den Kosten der Müllabfuhr den Rang einer öffentlichen Last einräumen will, einer verfassungsmäßigen Prüfung standhalten würde, sei dahingestellt.
124 Z.B. Forderungen der Gemeinde für die Wiederherstellung einer Straße.
125 Hiervon abweichend *Stöber* (ZVG) § 10 Rn. 6.17b und 6.17c, welcher vom Zuschlag aus zurück rechnen will. Hierzu auch *Glotzbach/Mayer* Rn. 34 bis 37 mit Zahlenbeispielen.

2. Wiederkehrende Leistungen

284 Es handelt sich um jene **Beträge, die immer wieder anfallen**; insbesondere also die Grundsteuer. Hier muss man nun zwischen den laufenden und den rückständigen Beträgen unterscheiden, wie dies in Rn. 269 dargestellt wurde. Von wenigen Ausnahmen abgesehen, wird die Grundsteuer kraft Gesetzes immer in der Mitte eines Quartals für dieses Quartal (siehe **Beispiel 15** Rn. 273) fällig. Es ist also jeweils die letzte Fälligkeit vor der ersten Beschlagnahme festzustellen. Die dort fällig gewordene Grundsteuer und alle später fällig werdenden Beträge sind „laufend" und behalten ihr Privileg. Ältere Beträge sind „rückständig" und verlieren ihr Privileg nach zwei Jahren. Für Beträge mit verlorenem Privileg gilt Rn. 300.[126]

285 **Innerhalb der RK 3** haben alle Forderungen den **gleichen Rang** (§ 10 Abs. 1 Nr. 3 ZVG), gleichgültig, auf welchem Recht sie beruhen.

286 Für die Berechnung ist immer die erste Fälligkeit maßgebend; eine evtl. Stundung bleibt unbeachtet.

V. Rangklasse 4

287 In diese RK gehören sämtliche **Rechte, die im Grundbuch** eingetragen sind. Soweit für diese Rechte Nebenleistungen geschuldet werden, also insbesondere Zinsen, aber auch Leistungen aus einer Reallast (z.B. Erbbauzins), gehören auch diese nach Maßgabe der Rn. 291 in die RK 4.

288 Die Stammrechte, also z.B. die Hypotheken und Grundschulden, aber auch die in der zweiten Abteilung des Grundbuchs eingetragenen Rechte (z.B. Nießbrauch, Wegerechte, Reallasten etc.) werden **von Amts wegen berücksichtigt, wenn sie vor dem Zwangsversteigerungsvermerk im Grundbuch eingetragen sind** (§ 9 Nr. 1 mit § 45 Abs. 1 ZVG), bei späterem Eintrag Rn. 298.

289 Soweit diese Rechte auf Geldzahlung gerichtet sind (insbesondere also Grundschulden und Hypotheken, aber auch Reallasten) kann aus ihnen mit einem „dinglichen Titel" (Rn. 37 und 38) auch die Versteigerung betrieben werden. Die RK ändert sich hierdurch nicht.

290 Für die daraus zu entrichtenden wiederkehrenden Leistungen (Rn. 269) gelten die in Rn. 270 bis 272 genannten Grundsätze. Auch hier wird in gleicher Weise zwischen „laufend" und „rückständig" unterschieden. Dazu **Beispiele 13 bis 15** (Rn. 273) und **Beispiel 16** (Rn. 295).

291 Soweit hiernach die **wiederkehrenden Leistungen „laufend"** sind, werden sie **von Amts wegen berücksichtigt** (§ 45 Abs. 2 ZVG), müssen also nicht angemeldet werden. Die hiernach als **„rückständig"** geltenden Beträge **müssen angemeldet** werden. Alle laufenden Beträge sowie die Rückstände für zwei Jahre haben noch die RK 4; ältere Rückstände die RK 8. Verbesserung durch Betreiben nach RK 5.

Tipp: Rangverbesserung durch Betreiben möglich.

---

126 Für Einzelfragen wie „Nebenleistungen", „Nacherhebung" „Verrentung", „Ansprüche ohne Privileg" siehe *Glotzbach/Mayer* Rn. 42 bis 47 und Rn. 206 bis 216; Rechenbeispiel Rn. 41.

Die entstandenen Kosten der 4. Kategorie (Rn. 34), also z.B. Rechtsanwaltskosten für die Anmeldung, müssen **angemeldet** werden. Sie haben ebenfalls RK 4 und in dieser RK den Rang vor ihrem Stammrecht (§ 12 ZVG) und vor den Zinsen aus diesem Recht. **292**

Für die Anmeldung zum gG können Terminswahrungskosten pauschalisiert werden; im Verteilungstermin ist deren Spezifizierung jedoch unerlässlich.

Bei der **Amortisationshypothek** (Schuldner zahlt gleich bleibende Leistungen) und bei der **Abzahlungshypothek** (Schuldner zahlt immer geringer werdende Leistungen) muss zwischen Zins- und Tilgungsbeträge unterschieden werden, wenn es um den Verlust der RK 4 geht. Nur Zinsen, nicht Tilgungsbeträge, können die RK 4 verlieren, denn „Zinsen altern, Kapital nicht".[127] **293**

Innerhalb der RK 4 bestimmt sich der Rang verschiedener Rechte (§ 11 Abs. 1 ZVG) nach § 879 BGB, also nach dem Rang des Stammrechtes im Grundbuch. Innerhalb einer einheitlichen Forderung bestimmt § 12 ZVG die Rangfolge „Kosten – Zinsen und andere Nebenleistungen – Hauptanspruch. **294**

> An dem zu versteigernden Grundstück ist eine Grundschuld zu 100.000,00 € eingetragen, die kalenderjährlich nachträglich mit 12 % zu verzinsen ist. Die erste Grundstücksbeschlagnahme war am 18.08.2005. Die Gemeinde meldet an, dass die Grundsteuer mit 120,00 € pro Quartal seit dem 2. Quartal 2002 nicht bezahlt ist. Die Grundschuldberechtigte meldet zum Versteigerungstermin nichts an.
>
> Es empfiehlt sich, nach folgendem Schema vorzugehen:
> - Wann war die letzte Fälligkeit der jeweiligen Forderung vor der ersten Beschlagnahme?
> - Welcher Betrag für welchen Zeitraum wurde dort fällig?
> - Einmalige oder wiederkehrende Leistung?
> - Einmalige Leistung? → Rn. 282 und 283.
> - Wiederkehrende Leistung? → Der zuletzt vor der Beschlagnahme fällig gewordene Betrag und alle später fällig werdenden Beträge sind „laufend", alle älteren Beträge sind „rückständig".
> Hiernach rückständige Beträge für mehr als zwei Jahre haben das Privileg der RK 3 bzw. der RK 4 verloren.
>
> Somit *Ergebnis* unseres Beispiels:
> - Grundsteuer: Letzte Fälligkeit vor Beschlagnahme: 15.08.2005; dort fällig wurde das 3. Quartal; „laufend" ist die Grundsteuer damit ab dem 01.07.2005. Ältere Leistungen sind rückständig. Hiervon privilegiert sind nur zwei Jahre, also 3. und 4. Quartal 2003, die vier Quartale des Jahres 2004 sowie das 1. und 2. Quartal 2005; insgesamt stehen also acht Quartale = 960,00 € des Rückstandes noch in RK 3. Der Rest (drei Quartale 2002 und zwei Quartale 2003) wird nur in RK 7 berücksichtigt.
> - Grundschuldzinsen: Letzte Fälligkeit vor Beschlagnahme: 31.12.2004. Dort fällig wurden die Zinsen für das Jahr 2004. Also sind die Zinsen ab dem Jahr 2004 „laufend". Ohne Anmeldung (Rn. 291) berücksichtigt das Gericht die Zinsen für 2004 und 2005 also 24.000,00 € und noch die Zinsen für 2006 bis zum Zuschlag. Die Grundschuldberechtigte hätte in der RK 4 noch weitere 24.000,00 € für die Jahre 2003 und 2002 (als rückständig, aber privilegiert) anmelden können. Zinsen ab 2001 hätten nur noch die RK 8.

Beispiel 16

295

---

127 Stöber (ZVG) § 10 Rn. 8.7. und 8.8.
128 Es wird unterstellt, dass der Zuschlag erst im Jahr 2006 erfolgen kann.

VI. Rangklasse 5

296 In dieser RK stehen alle Forderungen, für welche der Anordnungsbeschluss oder ein Beitrittsbeschluss bewirkt worden ist. **Innerhalb der RK 5** bestimmt der Tag der Beschlagnahme (Rn. 75 bis 77) den Rang (§ 11 Abs. 2 ZVG). Innerhalb der Forderung gilt auch hier § 12 ZVG.

VII. Rangklasse 6

297 Hierher gehören alle im Grundbuch eingetragenen Rechte, welche auf Grund der Beschlagnahme dem **bestbetreibenden** Gläubiger (Rn. 307 f.) gegenüber unwirksam sind. Ob sie nur auf Anmeldung Berücksichtigung finden, hängt davon ab, ob sie vor oder nach dem Zwangsversteigerungsvermerk eingetragen wurden (§ 37 Nr. 4 ZVG).

298 Rechte, die nach dem Zwangsversteigerungsvermerk eingetragen wurden, müssen zu ihrer Berücksichtigung formlos angemeldet werden, falls aus ihnen kein Beitrittsbeschluss bewirkt wurde (§ 9 Nr. 2 ZVG); siehe auch § 45 Abs. 1 ZVG.

Tipp: **Anmeldeerfordernis beachten!**

299 Sind mehrere Gläubiger vorhanden, von denen jeder seinen eigenen Beschlagnahmetag hat, kann es vorkommen, dass ein Recht nach dem ZV-Vermerk, aber vor der Beschlagnahme durch den Beitrittsbeschluss eingetragen wurde. In diesem Fall hat das Recht – Anmeldung vorausgesetzt – gegenüber dem ersten Gläubiger die RK 6, gegenüber dem Beitrittsgläubiger die RK 4. Man spricht dann von einem „relativen Rang".

VIII. Rangklassen 7 und 8

300 In diese RK gehören jene Beträge, welche durch **Zeitablauf** ihr **Privileg verloren** haben und zwar bei Verlust der RK 3 in RK 7[129]; aus RK 4 in RK 8.

301 Die Forderung muss angemeldet werden. Ein Betreiben wegen dieser Forderung verbessert den Rang von RK 7 oder RK 8 in RK 5. Innerhalb der RK 7 besteht Gleichrang. Innerhalb der RK 8 bestimmt sich das Rangverhältnis nach Rn. 296. Bei der Vollstreckungsversteigerung wird auf die RK 7 oder RK 8 kaum jemals eine Zuteilung entfallen; wohl aber bei der Zwangsversteigerung zum Zwecke der Aufhebung einer Gemeinschaft (Rn. 1212).

Tipp: **Rangverbesserung durch Betreiben möglich.**

IX. „Inoffizielle" Rangklassen

302 In der Literatur werden manchmal jene Kosten, die Rang vor der RK 1 haben (Rn. 318 f.), als RK 0 und jene Beträge, welche mangels rechtzeitiger Anmeldung ihren Rang verloren haben (§ 110 ZVG) und deshalb hinter die RK 8 rücken, als RK 9 bezeichnet.

---

[129] Landesrechtliche Regelungen und Verjährung können dies verhindern; hierzu *Glotzbach/Mayer* Rn. 5 und Rn. 30.

F. Das geringste Gebot (gG)

Hinweis:
Eine ausführliche Darstellung und Berechnung eines geringsten Gebots anhand konkreter Daten findet sich im Fallbeispiel zum 1. Teil, 1. Abschnitt „Geringstes Gebot" (Rn. 1034).

I. Begriffsbestimmung

Beim geringsten Gebot (gG) handelt es sich um den Betrag, welcher von einem Bieter **mindestens** geboten werden muss. Ein geringeres Gebot würde das Gericht nicht zulassen, sondern zurückweisen. Das gG darf nicht mit den Zuschlagsgrenzen der §§ 74a und 85a ZVG verwechselt werden (Rn. 462 ff.). Zu „niedrige" Gebote im Sinne **dieser** Bestimmungen werden im Versteigerungstermin zunächst angenommen (zugelassen), erhalten aber, wenn die weiteren Voraussetzungen der genannten Vorschriften vorliegen, keinen Zuschlag. 303

Tipp: Nicht jedes zulässige Gebot ist auch zuschlagsfähig.

Das gG wird endgültig erst zu Beginn des Versteigerungstermins aufgestellt (Rn. 338). Da aber umfangreiche und manchmal schwierige Überlegungen und Berechnungen anzustellen sind, muss der Rechtspfleger[130] einige Tage vor dem Termin eine vorläufige Berechnung aufstellen (sog. vorläufiges geringstes Gebot). 304

Gemäß § 44 ZVG umfasst das gG die Kosten (Rn. 318) des Verfahrens und alle Ansprüche, welche einen besseren Rang haben als der Anspruch des bestbetreibenden Gläubigers (sog. **Deckungsgrundsatz**). Der Anspruch dieses Gläubigers steht also selbst **nicht** im gG. Somit ist die Höhe des gG vom Rang des Gläubigers abhängig. Hat er einen „guten Rang", z.B. RK 3, wird das gG sehr niedrig sein. Hat er einen schlechteren Rang, z.B. RK 5, kann es sehr hoch werden. 305

Daraus ergibt sich, dass das gG vom Wert des Grundstücks unabhängig ist. Es ist denkbar, dass es den Wert des Grundstücks übersteigt (dann wird kaum jemand bieten) oder so niedrig ist, dass das Grundstück für ein Gebot nur in Höhe des geringsten Gebotes nicht zugeschlagen werden wird. 306

II. Bestbetreibender Gläubiger

Sind mehrere Gläubiger vorhanden, richtet sich das gG nach dem Gläubiger **mit dem besten Rang** (§ 44 Abs. 2 ZVG). Allerdings muss ein Gläubiger, wenn er so das gG bestimmen will, **vier Voraussetzungen** erfüllen: 307

1. Er muss einen **Anordnungs- oder Beitrittsbeschluss** bewirkt haben, da er sonst kein „Gläubiger im Sinne des ZVG" ist. 308
2. Sein Verfahren darf **nicht** mehr **einstweilen eingestellt** sein.
3. Sein Anordnungs- bzw. Beitrittsbeschluss muss dem Schuldner wenigstens **vier Wochen** vor dem Termin zugestellt sein (§ 43 Abs. 2 ZVG). Falls das Verfahren ihm gegen-

---

[130] Notfalls mit Hilfe eines Rechnungsbeamten, soweit das Landesrecht dies noch zulässt.

1 Versteigerung eines Grundstücks

über einstweilen eingestellt war, muss diese Frist auch für die Zustellung des Fortsetzungsbeschlusses eingehalten sein.[131]

4. Die **Veröffentlichung** des Versteigerungstermins muss innerhalb der **Frist** des § 43 Abs. 1 Satz 1 ZVG erfolgen, es sei denn, das Verfahren wäre für diesen Gläubiger bereits einmal einstweilen eingestellt gewesen, so dass § 43 Abs. 1 Satz 2 ZVG Anwendung finden könnte. dazu aber Rn. 248.

Erfüllt kein Gläubiger alle diese Voraussetzungen, darf der Termin nicht gehalten werden.

Beispiel 17

309 Der Anordnungsbeschluss für den dinglichen Gläubiger A wurde dem Schuldner am 28.02. zugestellt. Auf Bewilligung dieses Gläubigers wurde das Verfahren am 31.05. einstweilen eingestellt und dann wieder fortgesetzt. Dieser Fortsetzungsbeschluss wurde dem Schuldner am 19.06. zugestellt. Der Beitrittsbeschluss für den dinglichen Gläubiger B wurde dem Schuldner am 20.04. zugestellt. Der Beitrittsbeschluss für den persönlichen Gläubiger C wurde dem Schuldner am 22.04. zugestellt. Zum Termin vom 26.06. hat die Gemeinde ihre Grundsteuerforderung angemeldet.

Prüfung: Wer ist für den Termin am 26.06. bestbetreibender Gläubiger?

Die Gemeinde hat keinen Beitrittsbeschluss. Sie scheidet als bestbetreibende Gläubigerin aus. A erfüllt zwar die beiden erstgenannten (Rn. 308) Voraussetzungen, jedoch ist für ihn die Frist des § 43 Abs. 2 ZVG nicht gewahrt. Sein Fortsetzungsbeschluss ist zu spät zugestellt. Für Ihn findet der Versteigerungstermin vom 26.06. nicht statt. B und C erfüllen die drei ersten der in Rn. 308 genannten Voraussetzungen. Zwischen diesen beiden Gläubigern entscheidet der Rang (§§ 10, 11 ZVG). Der Termin kann gehalten werden, wenn die Veröffentlichungsfrist des § 43 Abs. 1 Satz 1 ZVG eingehalten ist und B bestimmt das gG.

Ermittlung des bestbetreibenden Gläubigers
(anhand des Beispiels 17 Rn. 309)

Checkliste

	A	B	C	Gemeinde
Betreiben? (Anordnungs- oder Beitrittsbeschluss bewirkt?)	✓	✓	✓	–
Keine einstweilige Einstellung?	✓	✓	✓	
Frist § 43 Abs. 2 ZVG gewahrt?	–	✓	✓	
Rang (§§ 10, 11 ZVG)?		RK 4	RK 5	
Bestbetreibender Gläubiger:		X		

310 Die 4-Wochen-Frist des § 44 Abs. 2 ZVG gilt nach h.M. auch in einem bestimmten Zusammenhang mit **Rangänderungen** der im Grundbuch eingetragenen Rechte:

---

131 Hat das Gericht nur (Rn. 248) mit einer Frist von zwei Wochen veröffentlicht (§ 43 Abs. 1 Satz 2 ZVG), kommt als vierte Voraussetzung hinzu, dass das Verfahren diesem Gläubiger gegenüber bereits einmal einstweilen eingestellt war.

Würde die Rangänderung zur **Verringerung** des gG führen (der bestbetreibende Gläubiger aus RK 4 tritt mit seinem Recht im Rang vor), muss die Rangänderung spätestens vier Wochen vor dem Versteigerungstermin in das Grundbuch eingetragen sein. Daneben muss diese Rangänderung, da nach dem Zwangsversteigerungsvermerk im Grundbuch eingetragen, rechtzeitig angemeldet werden (§ 37 Nr. 4 ZVG).

Tipp: Bei bestimmten Rangänderungen § 44 Abs. 2 ZVG beachten.

III. Aufbau

Das gG kann aus **zwei Teilen** bestehen, nämlich: **311**
1. im Grundbuch eingetragene Rechte mit der Maßgabe, dass diese Rechte **bestehen bleiben** und vom Ersteher übernommen werden müssen. Ob Rechte bestehen bleiben, wird ab Rn. 312 erklärt;
2. einem bestimmten Geldbetrag, sog. **Mindestbargebot** (immer vorhanden).

Schema eines (vorläufigen) geringsten Gebots

Muster

Amtsgericht _____
Vollstreckungsgericht
Aktenzeichen:

Vorläufiges geringstes Gebot
berechnet für den Versteigerungstermin am

In dem Zwangsversteigerungsverfahren
zum Zwecke der Zwangsvollstreckung
betreffend das Grundstück [genaue Bezeichnung]

I. Vorbericht:

1. Die <u>erste Beschlagnahme</u> des Grundbesitzes erfolgte am
   [ ] durch Eingang des Ersuchens um Eintragung des Zwangsversteigerungsvermerks beim Grundbuchamt (Eintragung des Vermerks im Grundbuch ist am   erfolgt)
   [ ] durch Zustellung des Anordnungsbeschlusses an den Schuldner (bei mehreren Schuldnern ist die letzte Zustellung maßgeblich)
   [ ] Maßgeblich ist die in dem noch fortdauernden Zwangsverwaltungsverfahren (AZ:) erfolgte Beschlagnahme.

2. Endzeitpunkt nach § 47 ZVG:

3. Durch Beschluss vom   (Blatt:) wurde der
   <u>Verkehrswert</u> des Grundbesitzes festgesetzt auf: €
   Der 5/10 Wert gemäß § 85a ZVG beträgt demnach: €
   Der 7/10 Wert gemäß § 74a ZVG beträgt demnach: €

4. Der Versteigerungstermin wurde ordnungsgemäß <u>bekannt gemacht</u>
   durch Veröffentlichung in dem für amtliche Bekanntmachungen bestimmten Blatt am
   Weitere Veröffentlichungen erfolgten
   [ ] in der Tagespresse, nämlich
   [ ] in der Fachpresse, nämlich
   [ ] im Internet, nämlich
   [ ] durch Aushang an der Gerichtstafel
   [ ] durch Aushang an der Gemeindetafel
   [ ] im Mitteilungsblatt der Gemeinde

5. Bestbetreibender Gläubiger:
Dieser Gläubiger betreibt das Verfahren aus der Rangklasse,
[ ] aus dem Recht III /

6. An Anmeldungen liegen dem Gericht vor:
...

II. Bestehen bleibende Rechte:

Abteilung II:
Abteilung III:

III. Mindestbargebot:

1. Kosten des Verfahrens (§ 109 ZVG):
Wert: € (bei Nr. 2215 KVGKG Wertangabe vorläufig)
½ Gebühr Nr. 2211 KVGKG: €
½ Gebühr Nr. 2213 KVGKG: €
½ Gebühr Nr. 2215 KVGKG: €
Auslagen: €
(einschl. geschätzter künftiger Auslagen)
Gesamtkosten: €

2. Weitere Beträge (§ 10 Abs. 1 ZVG):
Rangklasse 1:
Rangklasse 1a:
Rangklasse 2:
Rangklasse 3:
Rangklasse 4:
Rangklasse 5:

IV. Bestehen bleibende Rechte

312   Nicht alle Rechte, die im Grundbuch eingetragen sind, erlöschen in der Zwangsversteigerung. Vielmehr bleiben alle eingetragenen Rechte bestehen, die einen **besseren Rang** haben als der nach Rn. 307, 308 festgestellte „bestbetreibende" Gläubiger (§ 52 Abs. 1 ZVG). Hat dieser also RK 5, dann werden meist alle eingetragenen Rechte bestehen bleiben; hat er RK 3, werden grundsätzlich alle erlöschen (§ 52 Abs. 1 Satz 2 ZVG). Betreibt z.B. der bestbetreibende Gläubiger aus der zweitrangigen Grundschuld (= RK 4), so wird die erstrangige Grundschuld (auch RK 4, aber besseren Rang!) bestehen bleiben, die drittrangige erlöschen. Die bestehen bleibenden Rechte sind vom Ersteher zu übernehmen (**Übernahmegrundsatz**).

313   Soweit aus dem bestehen bleibenden Recht Geldbeträge, insbesondere als Nebenleistungen, zahlbar sind, bleiben diese nicht bestehen, sondern sind bar zu zahlen und stehen daher im bar zu zahlenden Teil des gG (Rn. 317 ff.). Dies gilt insbesondere für Kosten nach § 10 Abs. 2 ZVG, Zinsen, Tilgungsraten, einmalige Nebenleistungen und fällige Zahlungen aus Reallasten (Erbbauzins!). Somit erscheinen die bestehen bleibenden Rechte meist zweimal im gG, einmal als „bestehen bleibendes Recht" und dann noch mit ihren bar zu zahlenden Leistungen im Mindestbargebot.

314   Das Erlöschen oder Bestehen bleiben gilt sowohl für die Rechte in der dritten als auch für jene in der **zweiten Abteilung** des Grundbuchs. Es können also auch z.B. Wohnungsrechte, Nießbrauch, Wegerechte, Reallasten etc. erlöschen, ebenso Vormerkungen. Auch eine Auflassungsvormerkung kann auf diese Weise erlöschen oder bestehen bleiben. Bleibt sie bestehen, muss der Ersteher das Grundstück unter den dort vereinbarten Bedingungen an den Berechtigten der Vormerkung herausgeben.

§ 48 ZVG regelt für die Berücksichtigung bestimmter Rechte im gG Besonderheiten. Danach sind bedingte Rechte wie unbedingte Rechte, vormerkungsgesicherte und widerspruchsgesicherte Rechte wie eingetragene Rechte zu behandeln. Wegen der Behandlung bedingter Rechte im Teilungsplan siehe Rn. 661.

315

Nicht eintragungspflichtige altrechtliche[132] Dienstbarkeiten sowie die Renten nach §§ 912 bis 917 BGB (Überbau und Notweg) bleiben auf jeden Fall bestehen (§ 52 Abs. 2 ZVG). Wegen des Erbbauzinses siehe Rn. 869. Für die nach Art. 9 des EGZVG und Landesrecht bestehen bleibenden „Altenteile" etc. wird auf Rn. 353 und die Kommentarliteratur verwiesen.[133]

316

V. Mindestbargebot

Es handelt sich um den Betrag, welchen der Bieter mindestens bieten muss, wenn sein Gebot überhaupt zugelassen werden soll. Während die unter 3. genannten bestehen bleibenden Rechte nicht immer vorhanden sind, enthält das gG stets einen bar zu zahlenden Betrag.

317

1. Kosten des Verfahrens

Gemäß § 44 Abs. 1 ZVG umfasst das gG zuerst die Kosten des Verfahrens. Dies sind aber keineswegs alle Kosten, welche im Verfahren anfallen können, sondern nur die nach § 109 ZVG dem Erlös zu entnehmenden Kosten. Dies sind zunächst die in Nr. 2211, 2213 und 2215 KVGKG genannten **Gerichtsgebühren**[134], also

318

- eine halbe Gebühr für das Verfahren im Allgemeinen;
- eine halbe Gebühr für die Abhaltung eines Versteigerungstermins;
- eine halbe Gebühr für die Erlösverteilung.

Die beiden erstgenannten Gebühren berechnen sich aus dem festgesetzten Wert (Verkehrswert) (§ 74a Abs. 5 ZVG; § 54 Abs. 1 GKG), die letztgenannte aus dem – jetzt noch nicht bekannten – Versteigerungsergebnis (§ 54 Abs. 3 GKG), weshalb sie **vorläufig** ebenfalls nach dem Verkehrswert angesetzt wird.

Dazu kommen noch die **Auslagen des Gerichts**, also z.B. für die im Rahmen der Verkehrswertfestsetzung angefallenen Kosten eines Sachverständigen (Nr. 9005 KVGKG), für Zustellungen (Nr. 9002 KVGKG), außer jenen für die Zustellung des Anordnungsbeschlusses und der Beitrittsbeschlüsse, für die öffentliche Bekanntmachung (Nr. 9004 KVGKG) und die Reisekosten des Gerichts (Nr. 9006 KVGKG) zur Ortsbesichtigung (Rn. 233) oder zum auswärtigen Versteigerungstermin (Rn. 249).

319

Nicht hierher gehören die Kosten (einschl. Zustellungsauslagen) für die Anordnung, die Beitritte (Rn. 115 ff.) und die Gebühr für den Zuschlag (Rn. 523). Auch die außergerichtlichen Kosten der Beteiligten fallen nicht darunter; diese stehen, sofern rechtzeitig angemeldet (Rn. 292), jeweils bei der Hauptforderung unter deren Rang.

320

---

132 Altrechtliche Dienstbarkeiten = vor Anlage des Grundbuchs, also vor ca. 1900 nach damaligem Recht entstanden.
133 Z.B. Stöber (ZVG) Art. 9 EGZVG Rn. 1 bis 4. Diese Regelungen sind von erheblicher praktischer Bedeutung.
134 Für alle Gebührenfragen wird von einem durchgeführten Verfahren ausgegangen. Wegen der bei vorzeitig erledigtem Verfahren anfallenden Kosten siehe Rn. 740.

1 *Versteigerung eines Grundstücks*

321 Das Gericht hatte spätestens bei der Bestimmung des Zwangsversteigerungstermins einen **Gebührenvorschuss** in Höhe des Doppelten einer Gebühr nach Nr. 2213 KVGKG (§ 15 Abs. 1 GKG) und rechtzeitig einen angemessenen **Auslagenvorschuss** (§ 17 Abs. 3 GKG) bei einem Gläubiger zu erheben. Dieser Betrag wird zunächst einmal an den Kosten Rn. 318, 319 abgezogen. Da ihn aber der Einzahler im Falle der Versteigerung vorweg zurückerhält, wird dieser Vorschuss zu Gunsten des Einzahlers von Amts wegen hier ins gG eingestellt.

2. Weitere Beträge

322 Nunmehr folgen alle bar zu zahlenden Beträge, die einen **besseren Rang** haben als der bestbetreibende Gläubiger. Wenn vorhanden, RK 1 und 1a und 2, meist auch RK 3 und ggf. RK 4. Es kann sogar vorkommen, dass eine Forderung der RK 5 im gG steht. Richtet sich das gG nach einem Beitrittsgläubiger aus der RK 5, weil kein anderer Gläubiger alle in Rn. 308 genannten Voraussetzungen erfüllt, so kommt z.B. auch ein besserrangiger (Rn. 296) persönlicher Gläubiger (RK 5) in das gG (Mindestbargebot).

323 Bisher wurde nur erörtert, mit welchem Anfangstermin die wiederkehrenden Leistungen in das gG einzustellen sind. **Endtermin** wäre eigentlich der Tag des Zuschlags, da ab diesem Tag der Ersteher die Leistungen zu übernehmen hat (§ 56 Satz 2 ZVG). Da aber der Zuschlag nicht immer im Versteigerungstermin erteilt wird (Rn. 447), sieht **§ 47 ZVG** vor, dass diese Beträge nicht nur bis zum Tag vor dem Versteigerungstermin, sondern darüber hinaus für den Terminstag und weitere 14 Tage berechnet werden. Es ist wichtig zu wissen, dass diese Regelung **nur für das gG**, nicht aber für die Erlösverteilung gilt. Dort wird auf den Tag genau bis zum Tag vor dem Zuschlag abgerechnet. Fällt ausnahmsweise ein Gläubiger der RK 5 in das gG sind die wiederkehrenden Leistungen dieses Anspruchs dort bis zum mutmaßlichen Verteilungstermin zu berechnen (Anhaltspunkt: Zwei Monate nach Versteigerungstermin).

324 Einmalige Leistungen kommen auch dann ins gG, wenn sie nach dem Versteigerungstermin, aber innerhalb der Frist des § 47 ZVG fällig werden. Auch dies gilt nur für das gG, nicht für die Erlösverteilung! Erfolgt der Zuschlag tatsächlich vor ihrer Fälligkeit, zahlt der **Ersteher** die einmalige Leistung; wird erst nach ihrer Fälligkeit zugeschlagen, muss sie noch aus dem Erlös befriedigt werden.

325 Bestehen die wiederkehrenden Leistungen ausnahmsweise nicht in Geld, sondern – wie dies z.B. bei Reallasten vorkommt – in Naturalien („täglich ein Liter Milch") und steht das Recht im gG, wird hierfür ein Geldbetrag eingesetzt (§ 46 ZVG). Meldet der Berechtigte den Geldbetrag nicht an, setzt ihn das Gericht fest.

326 Wegen der besonderen Bedeutung der Vorschriften über das gG werden diese jetzt nochmals an einem Beispiel[135] vertieft. Die angegebenen Daten sind die jeweiligen Zustellungsdaten der genannten Beschlüsse an den Schuldner.

Beispiel 18   Drei Gläubiger betreiben das Verfahren, nämlich

Gläubiger A Anordnungsbeschluss, dem Schuldner zugestellt am 18.04.2006, aus der erstrangigen Grundschuld wegen 100.000,00 € und 12 % kalenderjährlich nachträglich fälliger Zinsen seit 01.01.2002.
Nach bewilligter einstweiliger Einstellung (§ 30 ZVG) erfolgte Fortsetzung am 03.07.2006.

---

135 Es wäre ratsam, zunächst selbst das gG zu berechnen und dann erst die Lösung zu lesen!

Gläubiger B Beitrittsbeschluss aus RK 5, dem Schuldner zugestellt am 16.05.2006.

Gläubiger C Beitrittsbeschluss, dem Schuldner zugestellt am 22.05.2006, aus der zweitrangigen Grundschuld wegen 60.000,00 € und 6 % kalenderjährlich nachträglich fällig werdender Zinsen seit 01.01.2004.

Die erste Beschlagnahme war am 18.04.2006. Das Gericht hat den Verkehrswert auf 150.000,00 € festgesetzt und den Versteigerungstermin auf den 24.07.2006 bestimmt. Die gesamten gerichtlichen Auslagen betragen 1.300,00 €.

Zum Termin gehen folgende Anmeldungen ein:
- Gemeinde: Grundsteuer pro Quartal 120,00 €, rückständig seit dem 3. Quartal 2002 und 10.000,00 € seit dem 01.02.2005 fälliger Erschließungsbeitrag.
- A meldet 55,60 €[136] Gerichtskosten für den Anordnungsbeschluss an.
- B meldet 55,60 € Gerichtskosten für den Beitrittsbeschluss an.
- C meldet 55,60 € Gerichtskosten für den Beitrittsbeschluss und 100,00 € Kostenpauschale für die Terminswahrung (hierzu Rn. 292) an.

Frage: Wie hoch ist das geringste Gebot?

Zunächst ist festzustellen, wer das gG bestimmt (bestbetreibender Gläubiger). Nach dem Schema Rn. 308 ergibt sich, dass A dies nicht kann, da sein Fortsetzungsbeschluss dem Schuldner zu spät zugestellt wurde (Rn. 243). B und C dagegen könnten das gG bestimmen. Da C aber der RK 4 angehört, während B nur aus RK 5 betreibt, hat C den besseren Rang und bestimmt das gG. Damit steht zunächst einmal fest: C und B können nicht selbst im gG stehen. Nur die Ansprüche, welche Rang vor C haben, kommen ins gG.

327

Es kommen in Betracht:
a) Die Gerichtskosten (Rn. 318, 319, 321).
b) Die öffentlichen Lasten RK 3, welche die Gemeinde anmeldet.
c) Die Ansprüche des A als Gläubiger RK 4 mit Rang vor C.

328

Nunmehr ist festzustellen, welche Beträge berücksichtigt werden können und ob die Berücksichtigung durch „Bestehen bleiben" oder durch „Zahlung" zu erfolgen hat.

Das Stammrecht des A, also die Grundschuld über 100.000,00 €, bleibt gemäß § 52 ZVG bestehen und muss vom Ersteher übernommen werden. Alle anderen Beträge sind bar zu zahlen.

329

a) Die Gerichtskosten:
Sie werden mit 3 x 0,5, also mit 1,5 der vollen Gebühr eingesetzt, dazu kommen die Auslagen.

330

b) Der Erschließungsbeitrag der Gemeinde:
Er ist innerhalb der Frist des § 10 Nr. 3 ZVG fällig geworden und wird angesetzt.
Letzte Fälligkeit der Grundsteuer vor dem 18.04.2006 war der 15.02. 2006. Fällig wurde die Grundsteuer ab 01.01.2006. Ab hier ist sie „laufend" und wird gemäß § 47 ZVG als solche bis zum 08.08.2006[137] taggenau eingesetzt; das 3. Quartal also nur anteilig! Privilegierter Rückstand sind (nur) die Jahre 2005 und 2004.

c) Forderung des A:
Die angemeldeten Kosten sind voll einzusetzen. Die im Antrag auf Anordnung der Versteigerung stehenden Zinsen gelten als angemeldet (Rn. 34). Die letzte Fälligkeit vor Beschlagnahme war am 31.12.2005 für das Jahr 2005. Somit sind „laufend" die Zinsen des Jahres 2005 und jene vom 01.01. bis zum 08.08.2006. Rückständig privilegiert sind die Jahre 2004 und 2003; nicht mehr aber 2002.

---

136 Gerichtskosten (Rn. 318, 319) = Gebühr (Nr. 2210 KVGKG) 50,00 € + Zustellungsauslagen nach Anfall (bei Zustellung durch die Deutsche Post AG derzeit (Stand 07/2004) 5,60 €).
137 Es ist auch hier zweckmäßig, alle Monate pauschal mit 30 Tagen zu rechnen.

331 Dies ergibt nun folgendes geringstes Gebot:

Bestehen bleibendes Recht:
Grundschuld des A über 100.000,00 € mit Zinsen ab Zuschlag.

Mindestbargebot:

Gerichtskosten:			
1,5 Gebühr aus 150.000,00 € lt. Tabelle § 34 GKG =		1.734,00 €	
Auslagen (lt. Sachverhalt)		1.300,00 €	
Summe			3.034,00 €
Gemeinde:	Grundsteuer für 8 Quartale à 120,00 € =	960,00 €	
	laufende Grundsteuer 218 Tage	290,66 €	
	Erschließungsbeitrag	10.000,00 €	11.250,66 €
Gläubiger A:	Kosten lt. Anmeldung	55,60 €	
	Zinsen für 2003 bis 2005 = 3 x 12.000,00 €	36.000,00 €	
	Zinsen für 2006 = 218 Tage[138]	7.266,66 €	43.325,26 €
Mindestbargebot			57.606,92 €

Ein Bieter müsste also das Recht von 100.000,00 € übernehmen und dazu noch mindestens 57.606,92 € bar bezahlen. Wirtschaftlich gesehen muss er also mindestens 157.606,92 € aufwenden, wenn er das Grundstück erwerben will; hier also mehr als den Verkehrswert!

4. Kapitel
Versteigerungstermin

A. Vom Aufruf der Sache bis zur Aufforderung, Gebote abzugeben

I. Gliederung, Öffentlichkeit und Protokoll

332 Der Versteigerungstermin gliedert sich in **drei Abschnitte**:

Übersicht

Bekanntmachungsteil (§ 66 ZVG)	Bietezeit (§ 73 ZVG)	Zuschlagsverhandlung (§ 74 ZVG)
• Aufruf der Sache • Feststellung der Beteiligten • Bekanntmachungen • Feststellung des geringsten Gebots und der Versteigerungsbedingungen • Hinweis auf Ausschließung (Rangverlust) verspäteter Anmeldungen	• Aufforderung zur Gebotsabgabe = Beginn der mind. 30-minütigen Bietezeit • Gebotsabgaben etc. • Dreimaliger Aufruf des letzten Gebots • Kein weiteres Gebot • Verkündung des Schlusses der Versteigerung	• Anhörung der anwesenden Beteiligten über den Zuschlag • evtl. Versagungsanträge, Zahlung, Antragsrücknahme, Bewilligung der einstweiligen Einstellung etc. • Zuschlagsentscheidung oder Bestimmung eines Verkündungstermins

---

138 Obwohl die Zinsen des Jahres 2006 noch nicht fällig sind.

Versteigerungstermin 1

Der Versteigerungstermin ist natürlich **öffentlich**. Das Gericht muss unbedingt durch geeignete Maßnahmen dafür sorgen, dass jeder, der am Termin teilnehmen will, das Versteigerungslokal leicht findet. Sollte – was nach Möglichkeit zu vermeiden ist – die Versteigerung in einen anderen als den ursprünglich angegebenen Raum verlegt werden, ist darüber nicht nur sorgfältig zu informieren, sondern es ist auch im Terminsprotokoll festzuhalten, was insoweit veranlasst worden ist. **333**

Vor allem wegen §§ 78, 80 ZVG ist das Terminsprotokoll von größter Bedeutung. Da der Rechtspfleger ein durchschnittliches Verfahren nicht neben der Protokollführung gleichzeitig leiten, die jeweils sofort notwendigen Entscheidungen treffen und z.B. noch die geleisteten Sicherheiten verwalten kann, sollte im Normalfall kein Termin ohne Urkundsbeamten der Geschäftsstelle, der das Protokoll führt (§ 159 Abs. 1 ZPO), gehalten werden.[139] **334**

II. Feststellung der Beteiligten

Der Termin beginnt mit dem Aufruf der Sache und der Feststellung, welche Beteiligten (§ 9 ZVG) erschienen sind. Diese werden im Protokoll vermerkt. Die am Verfahren nicht beteiligten Personen werden zunächst auch dann nicht einzeln im Protokoll notiert, wenn sie später Gebote abgeben wollen. Vertretung ist zulässig. Soll der Vertreter[140] nur Prozesshandlungen vornehmen, also z.B. Anträge stellen oder Anmeldungen vornehmen, genügt eine darauf gerichtete schriftliche Vollmacht. **335**

Besonders die fast immer beteiligten Kreditinstitute ermächtigen ihre Vertreter aber meist auch zur Abgabe von Geboten und statten sie deshalb mit einer nicht auf diesen speziellen Termin beschränkten **Bietvollmacht** aus, welche (falls nicht bei Gericht offenkundig) gemäß § 71 Abs. 2 ZVG **öffentlich beglaubigt** sein muss. Es ist üblich, dem Gericht das Original vorzulegen und eine Kopie zum Verbleib in den Akten zu übergeben. **336**

Jeder Gläubiger, dem der Vollstreckungstitel zwischenzeitlich zurückgegeben worden war, hat diesen spätestens jetzt wieder vorzulegen.[141]

Tipp: Soll ein Rechtsanwalt für seinen Mandanten bieten, benötigt er eine öffentlich beglaubigte Bietvollmacht.

III. Bekanntmachungen

Nunmehr erfolgen die nach § 66 Abs. 1 ZVG erforderlichen Bekanntmachungen, insbesondere **337**

- der genauen Bezeichnung des zu versteigernden **Grundstücks** und des hierfür festgesetzten Verkehrswertes;
- der **Gläubiger** und ihre Forderungen;
- der bereits vorhandenen **Anmeldungen**.

Anschließend wird über die Feststellung des gG verhandelt (§ 66 Abs. 1 ZVG). Falls nicht jetzt noch Anmeldungen erfolgen (was bis zur Aufforderung zur Gebotsabgabe zulässig **338**

---

139 Verweigert der Behördenvorstand die Zuweisung eines Urkundsbeamten, sollte der Rechtspfleger ausdrücklich „mit Rücksicht auf das damit verbundene erhöhte Haftungsrisiko" eine schriftliche Anweisung fordern.
140 Wegen der Vertretung einer Gemeinde im Termin: *Glotzbach/Mayer* Rn. 358 bis 367.
141 *BGH* Rpfleger 2004, 368.

ist) wird das vorbereitete „vorläufige geringste Gebot" verlesen und zum endgültigen gG erklärt. Soweit erforderlich, wird der Zuzahlungsbetrag nach § 51 ZVG (Rn. 363) festgesetzt.

Tipp: Erst im Termin abgegebene Anmeldungen können diesen verzögern. Anmeldungen sollten bei Gericht daher stets vorher schriftlich eingereicht werden.

339 Neben Anmeldungen zum gG können jetzt noch andere Anmeldungen erfolgen und Anträge gestellt werden, welche vom Rechtspfleger abzuhandeln sind. Wegen der Anträge im Zusammenhang mit der Versteigerung mehrerer Grundstücke wird auf Rn. 910 ff. verwiesen.

340 Bleibt eine Grundschuld bestehen (Rn. 312), welche eine Forderung sichert, für die der Schuldner persönlich haftet, sollte er dies jetzt anmelden (§ 53 Abs. 2 ZVG), um so evtl. später aus der persönlichen Haftung freizukommen. Auch diese Anmeldung wird bekannt gemacht.

341 Damit eine bereits erfolgte Kündigung des Grundpfandrechtes gegenüber dem Ersteher wirksam ist, hat der Grundpfandrechtsberechtigte diese anzumelden (§ 54 ZVG). Die erfolgte Kündigung (Fälligstellung des Kapitals) und Anmeldung ändert jedoch nichts daran, dass das Recht als bestehend bleibend (und nicht etwa im Mindestbargebot) in das gG aufzunehmen ist.

342 Es ist der Hinweis üblich, dass der Ersteher im Grundbuch als Eigentümer nur eingetragen werden kann, wenn er die Unbedenklichkeitsbescheinigung[142] des Finanzamtes vorlegt. Für den Erwerb in der Zwangsversteigerung wird nämlich Grunderwerbsteuer geschuldet. Sie beträgt derzeit 3,5 % vom Erwerbspreis, also barem Meistgebot und Wert der bestehen bleibenden Rechte[143] (Rn. 312).

IV. Miet- und Pachtverhältnisse/Mietkaution

343 Ist das Grundstück vermietet oder verpachtet, muss der Ersteher grundsätzlich in die **bestehenden Verträge eintreten** (§ 57 ZVG). Die Zwangsversteigerung als solche ist **kein Kündigungsgrund**.

344 Allerdings hat der Ersteher unter den nachgenannten Bedingungen ein **Sonderkündigungsrecht**:
- Es muss ein Miet- oder Pachtvertrag vorliegen, in welchem längere Kündigungsfristen **vereinbart** wurden, als das BGB vorsieht.
- Der Ersteher muss einen vom BGB anerkannten Kündigungsgrund haben, also z.B. Eigenbedarf.
- Die in Rn. 346 genannten Einschränkungen dürfen nicht vorliegen.

345 Ist dies der Fall, kann der Ersteher zum nächsten gesetzlichen (!) Kündigungstermin kündigen, allerdings nur zum ersten möglichen Termin nach dem Zuschlag. Dabei ist eine Überlegungsfrist von bis zu einer Woche regelmäßig ausreichend.[144]

---

142 § 22 Grunderwerbsteuergesetz.
143 Es gilt eine „Freigrenze", also kein „Freibetrag", bis 2.500,00 € pro Bieter. In gesetzlich vorgesehenen Fällen ist Befreiung von der Grunderwerbsteuer möglich.
144 *OLG Oldenburg* Rpfleger 2002, 375; hierzu auch *BGH* Rpfleger 2002, 133.

Das Kündigungsrecht des § 57a ZVG ist wie folgt auszuüben:
- Bei Wohnraum im Sinne des § 549 Abs. 2 Satz 2 BGB (untervermieteter Wohnraum): Spätestens am 15. eines Monats zum Ablauf **dieses** Monats.
- Bei sonstigem Wohnraum: Spätestens am 3. Werktag eines Kalendermonats zum Ende des **übernächsten** Monats, ohne Rücksicht auf § 573c BGB.
- Bei Geschäftsräumen und gewerblich genutzten unbebauten Grundstücken: Spätestens am 3. Werktag eines Kalendervierteljahres (§ 580a Abs. 1 Nr. 3 und Abs. 2 sowie Abs. 4 BGB) zum Ablauf des Kalendervierteljahres.
- Bei sonstigen Grundstücken und Räumen: Wie bei Wohnraum (§ 580a Abs. 1 Nr. 3 sowie Abs. 4 BGB).

Bei gewissen **Vorleistungen** des Mieters/Pächters ist das in Rn. 344 genannte besondere **Kündigungsrecht eingeschränkt** (§ 57c ZVG). Die aus der Zeit der Wohnungsnot stammende Vorschrift ist heute zwar ohne ernsthafte wirtschaftliche Bedeutung, wird aber gelegentlich missbraucht. Falls das Gericht (z.B. durch den Sachverständigen oder den Zwangsverwalter) erfährt, dass Mieter/Pächter vorhanden sind, sollte es zur Sicherheit diesen immer eine Belehrung nach § 57d ZVG förmlich zustellen (Rn. 261). Wegen der Einzelheiten wird auf die Kommentarliteratur verwiesen. Die Verrechnung von Mietvorauszahlungen regelt § 57b ZVG. **346**

Hatte das Gericht die Belehrung zugestellt, muss der Mieter/Pächter spätestens bis zur Aufforderung zur Abgabe von Geboten seine Rechte anmelden; anderenfalls verliert er den Schutz gegen die Sonderkündigung. Das Versteigerungsgericht hat kein Prüfungsrecht. Es gibt die Anmeldung nur bekannt. Das Risiko ihrer Richtigkeit trägt der Ersteher. Im Prozess ist der Mieter/Pächter dafür beweispflichtig, dass die Mittel von ihm geflossen sind und entsprechend § 57c ZVG verwendet wurden.[145] **347**

Hatte der bisherige Eigentümer vom Mieter eine **Mietkaution** erhalten, haftet der Ersteher diesem Mieter nach Beendigung des Mietverhältnisses auch dann auf Rückzahlung der Kaution, wenn er sie vom bisherigen Eigentümer nicht erlangen konnte (§ 566a BGB i.V.m. § 57 ZVG). Dem Wortlaut nach gilt diese Regelung nur für vermieteten Wohnraum. Ob wegen § 578 BGB eine entsprechende Anwendung bei der Versteigerung von Geschäfts- oder Gewerberäume zu erfolgen hat, ist ungeklärt[146]. In jedem Fall sollte aber das Gericht bei der Mieterbelehrung (Rn. 261) nach einer Kaution fragen oder den Sachverständigen bitten, beim Gespräch mit dem Mieter Erkundigungen einzuziehen. Auf das Risiko sollten die Bietinteressierten hingewiesen werden. **348**

V. Anträge zum Verfahren

1. Abweichende Versteigerungsbedingungen

Auf Antrag eines Beteiligten muss das Gericht eine Abweichung (§ 59 ZVG) von den Grundsätzen der Rn. 303 bis 333 für das gG und den Versteigerungsbedingungen zulassen, wenn folgende Voraussetzungen vorliegen: **349**
- Es darf nichts verlangt werden, was den Grundsätzen des Verfahrens nach dem ZVG widerspricht; z.B. dass der Zuschlag demjenigen erteilt wird, der zuerst eine bestimmte Summe bietet.

---

145 *BGH* Rpfleger 2002, 579.
146 Für eine entsprechende Anwendung: *Stöber* (ZVG) § 57 Rn. 4.1.

1 Versteigerung eines Grundstücks

- Alle, welche von der Abweichung **beeinträchtigt** sind, müssen **zustimmen**, § 59 Abs. 1 ZVG. Soll jedoch bestimmt werden, dass ein Recht bestehen bleiben soll[147], das eigentlich erlöschen müsste, bedarf es nicht der Zustimmung der nachrangigen Beteiligten, § 59 Abs. 3 ZVG. Nach der hier vertretenen Auffassung ist auch die Zustimmung des Schuldners nicht erforderlich (str.).[148]

350 Fehlt die Zustimmung eines beeinträchtigten Beteiligten, ist der Antrag abzulehnen. Beispielsfall: Es kann nicht ohne Zustimmung des Hypothekengläubigers angeordnet werden, dass die Hypothek, die eigentlich bestehen bleiben müsste, jetzt erlöschen und bar abgegolten werden soll. Wichtiger Praxisfall Rn. 392.

351 Steht nicht fest, ob ein Dritter überhaupt beeinträchtigt ist (weil dies von der Höhe des späteren Meistgebotes abhängt), muss das Gericht das Grundstück sowohl mit der verlangten Abweichung als auch nach der gesetzlichen Regel ausbieten, sog. **Doppelausgebot** (§ 59 Abs. 2 ZVG). Für den Zuschlag gilt folgender Grundsatz: Ergibt dieses Doppelausgebot, dass der betroffene Beteiligte nicht beeinträchtigt ist, wird auf die Abweichung zugeschlagen, anderenfalls auf das gesetzliche Ausgebot. Wegen der Einzelheiten, insbesondere, wenn nur auf eines der Ausgebote geboten wurde, wird auf die Kommentarliteratur verwiesen.

352 Art. 9 Abs. 2 EGZVG zusammen mit dem Landesrecht bestimmt, dass **Altenteile** etc. entgegen der Regel des § 52 ZVG auch dann bestehen bleiben, wenn der bestbetreibende Gläubiger einen besseren Rang hat als das Altenteil. Allerdings werden dann dessen Rechte auf sein Verlangen durch ein Doppelausgebot (Ausgebot des Grundstücks mit und ohne Altenteil) gewahrt. Ergibt sich, dass der Gläubiger durch das Altenteil nicht beeinträchtigt wird, bleibt es erhalten. Anderenfalls erlischt es. Dazu auch Rn. 316.

353 Für Rechte (auch Altenteile etc.), die nach § 52 ZVG bestehen bleiben, gibt es keine Besonderheit. Sie könnten nur mit ausdrücklicher Zustimmung des Berechtigten abweichend nach § 59 ZVG erlöschen; ein Doppelausgebot findet nicht statt, da die Beeinträchtigung des Berechtigten feststeht.

2. Schuldnerfremdes Zubehör

354 Sachen können Zubehör des Grundstücks sein, ohne dass sie im Eigentum des Grundstückseigentümers stehen. Dies gilt z.B. für Gegenstände, die sicherungsübereignet[149] sind oder gemietet/geliehen wurden. Bei geliehenen oder gemieteten Gegenständen kann allerdings die Zubehöreigenschaft dadurch ausgeschlossen sein, dass sich diese Gegenstände nur **vorübergehend** auf dem Grundstück befinden oder die Verkehrsauffassung[150] sie nicht als Zubehör ansieht.

355 Zubehör, das dem Grundstückseigentümer **nicht gehört**, ist **zwar nicht beschlagnahmt** (Rn. 95), da es nicht zum Haftungsverband gehört, wird aber gemäß § 55 Abs. 2 ZVG **mitversteigert**. Geschieht dies, verliert der Eigentümer sein Eigentum (§ 90 Abs. 2 ZVG).

356 Das Problem besteht darin, dass nicht das Versteigerungsgericht, sondern das Prozessgericht (Eigentümer des Zubehörstücks gegen Ersteher) verbindlich entscheidet, ob der Ge-

---

147 Wichtigster Praxisfall: „Altes" Erbbaurecht; hierzu Rn. 861.
148 Hierzu ausführlich *Mayer* Rpfleger 2003, 281.
149 Dies gilt auch für Zubehör, das unter Eigentumsvorbehalt steht. Wegen der Besonderheit: *Stöber* (ZVG) § 55 Rn. 3.11. und 3.12.
150 In vielen Gegenden Deutschlands gehört das Gaststätteninventar regelmäßig nicht dem Gastwirt, sondern der Brauerei. Dort gilt dieses Inventar nach der Verkehrsauffassung nicht als Zubehör.

genstand Zubehör (also mitversteigert) oder kein Zubehör (also nicht mitversteigert) war. Diese Ungewissheit führt dazu, dass die nachstehend genannte Intervention des Eigentümers auch dann notwendig (und üblich) ist, wenn es zweifelhaft erscheint, ob der Gegenstand Zubehör ist.

Um die Mitversteigerung eines Zubehörstücks zu vermeiden, muss der Eigentümer insoweit die Aufhebung oder einstweilige Einstellung der Versteigerung „herbeiführen" (§ 37 Nr. 5 ZVG). „Herbeiführen" bedeutet, dass Anmeldung allein nicht genügt. Vielmehr muss er sich die **Freigabe** (= selektive Antragsrücknahme, § 29 ZVG) aller Gläubiger beschaffen (und dem Gericht vorlegen), die das Verfahren betreiben und zu Gunsten derer der Termin gehalten wird (Rn. 308). 357

Tipp: Der Eigentümer solcher Zubehörstücke sollte stets so früh wie möglich alle Gläubiger zur „Freigabe" der Sache auffordern. Er muss sein Eigentum beweisen und sein Recht notfalls durch Drittwiderspruchsklage verfolgen.

Hat dies der Eigentümer versäumt, bleibt ihm im Versteigerungstermin eine letzte Möglichkeit. Gibt der im Termin anwesende Gläubiger jetzt die Sache frei, ergeht insoweit Aufhebungsbeschluss. Ist der Gläubiger hierzu nicht willens oder nicht anwesend, kann der Eigentümer einen Antrag nach § 769 Abs. 2 ZPO auf **einstweilige Einstellung** durch das Vollstreckungsgericht stellen. Hierzu muss er jetzt 358

- die Sache so genau bezeichnen, dass sie ein Gerichtsvollzieher finden könnte;
- glaubhaft machen (§ 294 ZPO, anwaltliche Versicherung genügt nicht!), dass die Sache in seinem Eigentum steht;
- auf Verlangen des Gerichts erklären, warum er jetzt erst tätig wird.

Tipp: Rechtsanwalt des Eigentümers bringt schriftliche eidesstattliche Versicherung des Mandanten und alle Beweisurkunden für das Eigentum in den Termin mit.

Gibt das Gericht dem Antrag statt, so beschließt es für diese Sache die einstweilige Einstellung des Verfahrens und setzt gleichzeitig dem Antragsteller eine Frist, innerhalb der eines der in Rn. 207 genannten Ergebnisse vorzulegen ist. 359

Die Sache wird nicht mitversteigert, auch wenn sie Zubehör ist.

Der Rechtspfleger muss die Sache genau bezeichnen. Er könnte den Tenor wie folgt formulieren: „Unter der Voraussetzung, dass es sich hierbei um Zubehör handelt, wird die Zwangsversteigerung in … (den Badeofen Marke Rostig Nr. …) … mit der Maßgabe einstweilen eingestellt, dass (der Eigentümer) bis zum … die Entscheidung des Prozessgerichts beizubringen hat". Dazu Rn. 207. 360

3. Zuzahlungsbetrag

Es wird zwar nur sehr selten vorkommen, ist aber theoretisch denkbar, dass ein Recht, welches im gG als „bestehen bleibend" bezeichnet wurde, in Wirklichkeit **nicht besteht,** das Grundbuch also insoweit unrichtig ist. Da aber der Ersteher bei der Kalkulation seines Gebotes damit gerechnet hat, dieses Recht übernehmen bzw. dulden zu müssen, wäre es nicht rechtens, wenn nun ein ersatzloser Wegfall zu seinen Gunsten ginge. Daher ist vorgesehen (§§ 50, 51 ZVG), dass der Ersteher in einem solchen Fall entsprechenden Ersatz durch eine Zuzahlung[151] zu leisten hat. 361

---

151 Es ist leider praxisüblich, aber unsachgemäß, hierfür den Ausdruck „Ersatzbetrag" zu benutzen, da dieses Wort eine andere Zahlung (§ 92 ZVG) bezeichnet.

1 Versteigerung eines Grundstücks

362 Die Höhe des Zuzahlungsbetrages steht fest, wenn es sich um ein Grundpfandrecht handelt (dann ist es dessen Nennbetrag) oder aber, wenn (ganz selten), für andere Rechte, gemäß § 882 BGB ein Betrag im Grundbuch eingetragen ist.

363 Bleibt in der zweiten Abteilung ein Recht bestehen, ohne dass ein Eintrag gemäß § 882 BGB vorliegt, muss das Gericht gemäß § 51 ZVG den Zuzahlungsbetrag festsetzen. Festgesetzt wird der **Wert des Vorteils**, welchen der Ersteher dadurch hat, dass das Recht entgegen der Annahme im Termin nicht besteht. Nach Anhörung der Beteiligten wird nach pflichtgemäßem Ermessen entschieden. An eine Anmeldung ist das Gericht nicht gebunden.[152]

364 Eine Zuzahlung muss nur erfolgen, wenn
- das Recht bereits zum Zeitpunkt des Zuschlags nicht besteht oder
- der Wegfall nach § 50 Abs. 2 ZVG erfolgt.

Beruht der Wegfall des Rechtes also nicht auf den Gründen des § 50 Abs. 2 ZVG und erfolgt er erst nach dem Zuschlag, ist **keine** Zuzahlung geschuldet.

365 Neben dem seltenen Fall der Zuzahlung, für welchen eigentlich der Wert nach § 51 ZVG festgesetzt wird, liegt die praktische Bedeutung dieser Festsetzung darin, dass sie den Wert des „Nichthypothekenrechts" für die Fälle §§ 74a, 85a ZVG[153] und für die Kostenberechnung festlegt. Es ist zweckmäßig, die Bieter ausdrücklich darauf hinzuweisen, dass sie nicht etwa durch Zahlung des festgesetzten Betrages das bestehen bleibende Recht ablösen können.

Beispiel 19 Wohnungsrecht für die Oma bleibt bestehen. Festgesetzt wurde ein Zuzahlungsbetrag von 5.000,00 €.

366
- Oma lebt noch zum Zeitpunkt des Zuschlags: Ersteher muss das Wohnungsrecht dulden und kann die Oma nicht gegen Zahlung von 5.000,00 € auf die Straße setzen.
- Oma ist eine Stunde vor Zuschlag gestorben, was im Termin niemand weiß: Ersteher muss 5.000,00 € zuzahlen. Diesen Betrag erhalten die im Versteigerungsverfahren Zuteilungsberechtigten, nicht etwa die Erben der Oma!
- Oma stirbt am Tag nach dem Zuschlag: Ersteher muss nichts zahlen. Er hat Glück gehabt. Ebenso gut hätte sie ja auch 100 Jahre alt werden können!

VI. Bekanntgabe der Versteigerungsbedingungen

367 Nunmehr erfolgt – zusammengefasst – die Bekanntgabe der Versteigerungsbedingungen. Üblich sind folgende Angaben:

368 • Genaue Bezeichnung der **Rechte**, welche als Teil des gG bestehen bleiben (Rn. 313).

369 • Genaue Bezeichnung der **Gegenstände**, welche infolge Freigabe oder gemäß Rn. 358 bis 360 nicht mitversteigert werden. Fehlen solche, ist die Angabe üblich: *„Von der Versteigerung sind keine Gegenstände ausgenommen"*.

370 • Ein Hinweis auf die **Zahlungs- und Zinspflicht** (§ 49 ZVG) des Erstehers. Er hat das bare Meistgebot im Verteilungstermin an das Gericht in bar zu zahlen (§ 107 Abs. 2 ZVG) oder aber rechtzeitig vorher zu überweisen (§ 49 Abs. 3 ZVG).

---

152 Berechnung für den Wert der Erbbauzins-Reallast siehe *Glotzbach/Mayer* Rn. 617 ff.
153 *LG Hamburg* Rpfleger 2003, 142.

Das Bargebot ist mit 4 % (§ 246 BGB) vom Tag des Zuschlags (mitgerechnet) bis zum Tag **vor** dem Verteilungstermin zu verzinsen (§ 49 Abs. 2 ZVG). **371**

Der Ersteher kann sich von dieser **Zinspflicht befreien**, indem er das Bargebot unter Verzicht auf das Recht der Rücknahme bei einer Hinterlegungsstelle hinterlegt und diese Hinterlegung spätestens im Verteilungstermin dem Gericht anzeigt (§ 49 Abs. 4 ZVG). **372**

> Der Hinweis könnte wie folgt lauten:
> „Das bare Meistgebot ist im Verteilungstermin bar zu zahlen oder rechtzeitig vorher an die Gerichtskasse zu überweisen oder dort einzuzahlen. Es ist vom Zuschlag bis zum Verteilungstermin mit 4 % zu verzinsen, falls keine Hinterlegung unter Verzicht auf das Recht der Rücknahme erfolgt."

Muster

373

Einzelheiten können dann mit dem Ersteher nach dem Versteigerungstermin erörtert werden.

- „*Die* **Kosten** *des Zuschlagsbeschlusses trägt der Ersteher*". Dies folgt aus § 58 ZVG. Dazu Rn. 523. **374**

- „Im Übrigen gelten die gesetzlichen Versteigerungsbedingungen". Die wichtigste der gesetzlichen Versteigerungsbedingungen findet sich in § 56 ZVG mit der lapidaren Bestimmung (Satz 3) „Ein Anspruch auf **Gewährleistung** findet – selbst bei einem Irrtum über die Lage des Grundstücks[154] – nicht statt". Dies besagt, dass der Ersteher das Grundstück so zu übernehmen hat, wie er es vorfindet. Auch wenn der Sachverständige grobe Mängel übersehen haben sollte, die dem Ersteher unbekannt geblieben sind, wird er kaum eine Chance haben, das Gebot erfolgreich anzufechten. Wegen der Haftung des Sachverständigen siehe § 839a BGB und Rn. 229. **375**

Tipp: Ein vorsichtiger Bieter sollte gegenüber dem sonst als angemessen angesehenen Kaufpreis einen Risikoabschlag von ungefähr 30 % vorsehen.

Im § 56 ZVG ist auch der **Übergang der Gefahr** dergestalt geregelt, dass bezüglich des Grundstücks der Ersteher das Risiko ab dem Zuschlag übernimmt, anschließende Schäden also zu seinen Lasten gehen. Ist allerdings das Grundstück z.B. gegen Feuer versichert, kann er evtl. wegen § 69 VVG[155] auf Ersatz hoffen. **376**

Tipp: Bietinteressierte sollen sich immer erkundigen, ob eine Feuerversicherung besteht. Meistens weiß dies einer der Gläubiger, manchmal auch das Gericht.

Bezüglich der mitversteigerten Gegenstände (Rn. 89, 355) geht die Gefahr bereits mit dem Schluss der mündlichen Verhandlung auf den Ersteher über. Wenn also der Zuschlag nicht sofort erteilt wird (Rn. 447), trägt der künftige Ersteher bereits vorher das Risiko.[156] **377**

Nutzungen und Lasten treffen ab dem Zuschlag den Ersteher (§ 56 Satz 2 ZVG).[157] **378**

Ist das Objekt vermietet und hat der Mieter eine Mietsicherheit (Kaution) geleistet, ist der Ersteher bei Beendigung des Mietverhältnisses verpflichtet, dem Miete die Mietsicherheit zu erstatten, auch wenn er diese vom Schuldner nicht erlangt hat (§ 57 ZVG i.V.m. **379**

---

154 *LG Neuruppin* Rpfleger 2002, 40.
155 Versicherungsvertragsgesetz vom 30.05.1908, zuletzt geändert durch Gesetz vom 24.12.2003; im *Schönfelder* abgedruckt unter Nr. 62.
156 Rechtspfleger, welche ausschließlich auf Gläubigerwunsch die Zuschlagsentscheidung vertagen, gehen ein hohes Haftungsrisiko ein. Die Amtspflicht des Rechtspflegers umfasst auch den Schutz des Meistbietenden (*BGH* Rpfleger 2002, 38).
157 Wegen der Besonderheit bei der Grundsteuer: *Mayer* Rpfleger 2000, 260

§ 566a BGB). Ob dies wegen § 578 BGB auch für andere Räume als Wohnraum gilt, ist bisher noch nicht entschieden.

Vor dem genannten Hintergrund einer Rückzahlungsverpflichtung erscheint eine Klärung der Frage, ob und welche Mietsicherheiten geleistet wurden, für das Zwangsversteigerungsverfahren (etwa im Rahmen der Verkehreswertermittlung über den Gutachter oder durch schriftliche Anfrage im Rahmen der Mieterbelehrung (Rn. 261)) sinnvoll.

VII. Aufforderung zur Abgabe von Geboten

380   Nachdem dies alles erledigt ist, hat das Gericht jetzt „auf die Ausschließung weiterer Anmeldungen" hinzuweisen (§ 66 Abs. 2 ZVG). Die Formulierung ist ungenau, denn es könnten durchaus noch Anmeldungen vorgenommen werden, allerdings mit **Rangverlust** (§ 110 ZVG).[158] Besser ist daher, nochmals zu fragen, ob noch Anmeldungen beabsichtigt sind und dann darauf hinzuweisen, dass ab jetzt nur noch mit Rangverlust angemeldet werden kann.

381   Nunmehr fordert das Gericht zur Abgabe von Geboten auf. Da mit dieser Aufforderung die Bietezeit (§ 73 Abs. 1 ZVG) von mindestens dreißig Minuten beginnt, muss jetzt die genaue Uhrzeit festgehalten werden. Hat der Rechtspfleger keinen Urkundsbeamten, muss er die Uhrzeit notieren und die Notiz aufbewahren!

B. Die Bietezeit

I. Abgabe von Geboten

382   Ab Beginn der Bietezeit können Gebote abgegeben werden. Das Gericht soll noch einmal ausdrücklich darauf hinweisen, dass beim Bieten nur der Geldbetrag genannt wird, welchen der Bieter bar zahlen will. Die daneben bestehen bleibenden Rechte (Rn. 312) werden nicht erwähnt, sondern „stillschweigend" übernommen. Sehen also z.B. die Versteigerungsbedingungen vor, dass eine Grundschuld in Höhe von 100.000,00 € bestehen bleibt und bietet der Bieter 25.000,00 €, so hat er, wirtschaftlich gesehen, für das Grundstück 125.000,00 € geboten.

383   Der Bieter muss – und auch das sollte in Zweifelsfällen klargestellt werden – das bestehen bleibende Recht auch dann im vollen Nennbetrag übernehmen (und ab dem Zuschlag mit den im Grundbuch eingetragenen Zinsen verzinsen), wenn der Schuldner dem Kreditinstitut (hier als Berechtigter des Rechts) wesentlich weniger schuldet. Offen ist dann nur, an **wen** der Ersteher später zahlen muss (Stichwort: Eigentümerrecht); zahlen muss er aber auf jeden Fall. Ob eine bestehen gebliebene Grundschuld oder Hypothek sofort nach dem Zuschlag abgelöst werden kann, ergibt sich aus den Bedingungen, unter welchen sie bestellt wurde. Die Versteigerung als solche gibt dem Ersteher kein Recht auf vorzeitige Tilgung.

384   Die **Rechtsnatur des Gebots** ist umstritten; nach h.M. handelt es sich um eine privatrechtliche Willenserklärung. Folgerichtig kann das Gebot wegen eines Willensmangels

---

158 Wegen der Anmeldungen, die noch **ohne Rangverlust** im Verteilungstermin möglich sind, siehe Rn. 633.

(nach den bürgerlich rechtlichen Bestimmungen) angefochten werden (siehe aber Rn. 382).

Tipp: Gebotsanfechtung ist (in engen Grenzen) möglich.

Wer bieten will, muss den Betrag angeben, den er für das Grundstück bar bietet und seinen Namen nennen[159]. Es wird **mündlich** geboten; nur Stumme dürfen schriftlich bieten. Telefonisches Mitbieten (wie bei Auktionen) ist unzulässig. 385

Vertretung ist zulässig. Die **Bietvollmacht** muss aber **öffentlich beglaubigt** sein (§ 71 Abs. 2 ZVG; Rn. 336). Es ist zulässig, aber riskant, zunächst im eigenen Namen zu bieten und erst nachträglich unter Vorlage der Vollmacht zu erklären, für einen anderen geboten zu haben (sog. **Strohmanngebot**). Wer so bietet, haftet neben dem Vertretenen für das Gebot (§ 81 Abs. 3 ZVG); auch fällt regelmäßig die Grunderwerbssteuer doppelt an. 386

Tipp: Strohmanngebote bergen Risiken!

Mehrere natürliche oder juristische Personen können auch gemeinsam bieten. Sofern nicht alle selbst anwesend sind (bei juristischen Personen ihre gesetzlichen Vertreter), ist auf ordnungsgemäße Vertretung (Rn. 336) zu achten. Bei Gebotsabgabe muss angegeben werden, in welchem **Gemeinschaftsverhältnis** die Personen erwerben wollen. Handelt es sich um eine Bruchteilsgemeinschaft müssen die exakten Bruchteile für jede Person benannt werden. Beim Gebot einer Gesamthandsgemeinschaft (z.B. BGB-Gesellschaft, Gütergemeinschaft, Erbengemeinschaft) muss das maßgebende Rechtsverhältnis bezeichnet werden. Fehlen die Angaben zum Gemeinschaftsverhältnis, muss das Gebot zurückgewiesen werden. 387

Personen, die geschäftsunfähig oder in der Geschäftsfähigkeit beschränkt sind, werden in gleicher Weise vertreten wie beim Kauf eines Grundstücks. Auch die in § 1821 Abs. 1 Nr. 5 BGB und § 1643 BGB i.V.m. vorgenannter Norm vorgesehene **Genehmigung** des Vormundschafts- bzw. Familiengerichts ist zum Bieten erforderlich und muss im Termin vorhanden sein und vorgelegt werden. Vormünder/Pfleger/Betreuer legen auch die Bestallung vor, „Alleinerziehende" ggf. die Entscheidung des Familiengerichts. Beruht die Vertretung auf Gesetz (Eltern, Mutter im Falle des § 1626a Abs. 2 BGB), wird neben dem Ausweis des/der Bietenden keine weitere Legitimation verlangt werden können. 388

Für Juristische Personen, Handelsgesellschaften und Vereine bietet der jeweils zur Vertretung Berechtigte unter Vorlage eines neueren beglaubigen Registerauszuges oder eines Zeugnisses des zuständigen Registers, soweit das Gericht keine Bezugnahme auf die Registerakten zulässt. Der Prokurist darf für die Firma bieten. 389

Es ist **nicht zulässig**, die in Rn. 386 bis 389 bezeichneten **Unterlagen nachzureichen**. Liegen sie bei Abgabe des Gebotes nicht vor, wird dieses zurückgewiesen (§ 71 Abs. 2 ZVG). 390

Tipp: Erforderliche Unterlagen unbedingt vor Versteigerungstermin besorgen.

Ausländer, auch außerhalb der EU, dürfen in Deutschland unbeschränkt Grundbesitz erwerben.[160] Wegen der Einzelheiten siehe *Stöber* (ZVG) § 71 Rn. 7.1. 391

Das ZVG enthält (leider) keine Regelung, um welchen Betrag ein bereits abgegebenes Gebot überboten werden muss. Es ist also zulässig, 1 ct mehr zu bieten. Die Festlegung 392

---
159 Ein Bieter muss sich auf Verlangen des Gerichts ausweisen.
160 Derzeit gibt es auch noch keine Beschränkung nach Art. 86 Satz 2 EGBGB.

von „Gebotssprüngen" ist nur mit Zustimmung **aller** (!) nicht im gG stehenden Beteiligten zulässig, also auch des Schuldners und der **nicht** im Termin anwesenden Beteiligten. Eine Festlegung von Gebotssprüngen könnte die Abgabe eines Gebots verhindern und so diese Beteiligten beinträchtigen (§ 59 ZVG). In der Praxis ist dies deshalb kaum zu erreichen. Es muss daher dem Geschick des Rechtspflegers überlassen werden, durch gute Verhandlungsführung die Beteiligten zu bewegen, sinnlos niedrige Übergebote zu unterlassen.[161]

II. Zulassung, Zurückweisung, Widerspruch

393 Das Gericht hat – wie sich aus § 72 Abs. 1 Satz 2 ZVG ergibt – **sofort** darüber zu entscheiden, ob ein abgegebenes Gebot zugelassen oder zurückgewiesen wird. Die Zulassung erfolgt meist formlos durch Ausruf des Gebotes. Eine **Zurückweisung** erfolgt, wenn das Gebot unzulässig ist. In Betracht käme (außer Rn. 427) z.B.:
- Das Gebot ist **geringer als das gG**.
- Die in Rn. 386 bis 389 genannten **Unterlagen** liegen nicht oder nicht in gehöriger Form vor.
- Der Bieter ist **nicht voll geschäftsfähig** bzw. **nicht ordnungsgemäß vertreten**.
- Das Gebot wird an eine **Bedingung** geknüpft.
- Das Gebot ist nicht höher als ein bereits zugelassenes Gebot (sog. **Untergebot**).

394 Wird ein Gebot zurückgewiesen, **erlischt** es, wenn nicht der **Bieter oder ein Beteiligter sofort** der Zurückweisung widerspricht (§ 72 Abs. 2 ZVG).

395 Erlöschen eines Gebotes bedeutet, dass dieses Gebot unter keinen Umständen mehr für den Zuschlag in Betracht kommt. Dies gilt auch dann, wenn die Zurückweisung rechtswidrig erfolgte. Weder das Gericht (§ 79 ZVG) noch das Rechtsmittelgericht können auf das Gebot einen Zuschlag erteilen.

396 Der Widerspruch gegen die Zurückweisung verhindert das Erlöschen des Gebots und ermöglicht dem Gericht (und ggf. auch noch dem Beschwerdegericht) bei der Zuschlagsentscheidung dem zurückgewiesenen Gebot doch noch den Zuschlag zu erteilen, wenn die Zurückweisung zu Unrecht erfolgt ist. Allerdings kann durch Widerspruch keine Frist für das Nachreichen erforderlicher Unterlagen geschaffen werden.

Tipp: Nur sofortiger Widerspruch verhindert Erlöschen des Gebotes.

397 Ein Gebot erlischt mit der vorgenannten Folge auch dann, wenn ein höheres Gebot (Übergebot) zugelassen wird und kein Beteiligter dieser Zulassung **sofort** widerspricht (§ 72 Abs. 1 ZVG). Der Bieter des früheren Gebotes (wenn er nicht zufällig Beteiligter ist) kann der Zulassung des Übergebotes nicht widersprechen.

Beispiel 20

398 A bietet 20.000,00 €, das Gebot wird zugelassen. B bietet 25.000,00 €. Kein Beteiligter widerspricht der Zulassung des Gebotes. Das Gebot des A ist damit erloschen. Stellt sich später heraus, dass das Gebot des B keinen Zuschlag bekommen kann, etwa weil er geschäftsunfähig war, kann auch das Gebot des A keinen Zuschlag bekommen. Der Termin ist gescheitert.

---

161 Bei einer Versteigerung in einem Dorf hatte ein „Spaßvogel" stets eine Mark mehr geboten. Auf die Frage des Rechtspflegers, ob er der ärmste Mann im Dorf sei (Gelächter), hat er dann Übergebote in vernünftiger Höhe abgegeben. Allerdings hat bei dem Amtsgericht K ein Interessent ein Haus für 110.001,00 DM erhalten, nachdem die Bank vorher 110.000,00 DM geboten hatte.

Variation: 399

Der Gläubiger G widerspricht der Zulassung des Gebotes B, weil B minderjährig sei. Es stellt sich später heraus, dass das stimmt. Nun kann dem A der Zuschlag erteilt werden, weil sein Gebot durch den Widerspruch des G nicht erloschen ist.

Variation: 400

A weiß, dass B minderjährig ist. Der Rechtspfleger glaubt aber, der B sei volljährig und lässt das Gebot zu. A, der kein Beteiligter ist, kann nicht widersprechen. Sein Gebot erlischt. So bekäme niemand den Zuschlag. A kann aber erneut 20.000,00 € bieten. Nun muss das Gericht sein Gebot (als Untergebot) zurückweisen. Dem kann A widersprechen; sein Gebot erlischt nicht. Wird dann später nachgewiesen, dass der B minderjährig ist, kann dem A wegen § 79 ZVG der Zuschlag erteilt werden.

III. Sicherheitsleistung

1. Grundsätze

Da die Verpflichtung zur Sicherheitsleistung keine Frage der Bonität des Bieters ist, kann das Verlangen taktisch eingesetzt werden 401

Sicherheit für ein abgegebenes Gebot muss nur auf Verlangen eines hierzu berechtigten Beteiligten (§ 9 ZVG) geleistet werden. Bietkonkurrenten, die nicht Beteiligte sind, können keine Sicherheit verlangen. Auch das Gericht kann keine Sicherheitsleistung von Amts wegen fordern. Ist Sicherheitsleistung erforderlich, sind die zulässigen Sicherungsmittel vorgeschrieben.

Es hat sich bewährt, die nach einem Sicherheitsverlangen erforderliche **Prüfung nach folgendem Schema** vorzunehmen: 402

- Darf der Beteiligte Sicherheitsleistung verlangen? (Rn. 403, 404)
- Muss der Bieter Sicherheit leisten? (Rn. 405 bis 410)
- Wie hoch ist die Sicherheit? (Rn. 411 bis 413)
- Ist das angebotene Sicherungsmittel tauglich? (Rn. 414 bis 421)

2. Darf der Beteiligte Sicherheit verlangen?

Sicherheit verlangen dürfen nur jene Beteiligte, welche bei dem gerade abgegebenen Gebot bereits mit einer Zuteilung aus dem gebotenen Betrag rechnen können und deshalb **„beeinträchtigt"** wären, wenn später der Bieter das Gebot nicht bezahlen würde (§ 67 Abs. 1 ZVG). Das Gericht muss also summarisch berechnen, welcher der Beteiligten bei welchem Gebot Sicherheit verlangen kann. Daraus ergibt sich, dass sich die Zahl der hiernach Berechtigten von Gebot zu Gebot erhöhen kann. Auch der Schuldner kann Sicherheit verlangen, wenn er für eine der vorgenannten Forderungen (die schon befriedigt würde) persönlich haftet. 403

Nach diesem Grundsatz können also Beteiligte, denen ein bestehen bleibendes Recht (Rn. 312) zusteht, Sicherheit verlangen, wenn für sie auch ein Geldbetrag, z.B. Zinsen oder Kosten, im Mindestbargebot steht. Ist dies nicht der Fall sollen sie auch dann Sicherheit verlangen können, wenn infolge des Anwachsens vorgehender Zinsen und Kosten die Sicherheit ihres Rechtes beeinträchtigt wäre.[162] Diese Besonderheit hat aber keine praktische Bedeutung. 404

3. Muss der Bieter Sicherheit leisten?

405 Man kann zwischen absoluter und eingeschränkter Privilegierung (Freiheit von der Verpflichtung zur Sicherheitsleistung) unterscheiden. Die **absolute** Privilegierung muss sich aus einem Gesetz ergeben, aus Bundesrecht oder wegen Art. 10 EGZVG aus dem Landesrecht. Die **eingeschränkte** Privilegierung ergibt sich aus § 67 Abs. 2 ZVG.

406 Für ein Gebot eines **absolut** privilegierten Bieters kann **niemand** Sicherheit verlangen.

407 Nach Bundesrecht absolut privilegiert sind als Bieter der Bund und die Länder, die weiteren in § 67 Abs. 3 ZVG genannten Institutionen sowie[163] die Deutsche Siedlungs- und Landesrentenbank.

408 Das Landesrecht sieht überwiegend vor, dass für Gebote einer Gemeinde und der Sparkassen, die Anstalten des öffentlichen Rechtes sind, keine Sicherheit verlangt werden darf.

409 Die Verpflichtung zur Sicherheitsleistung ist für einen Bieter, dem ein Grundpfandrecht zusteht, unter bestimmten Voraussetzungen (§ 67 Abs. 2 ZVG) eingeschränkt (**eingeschränkte Privilegierung**):
- Er muss einen **Anspruch auf eine bare Zahlung** aus dem Versteigerungserlös haben, also z.B. für Zinsen und Kosten (wenn sein Recht bestehen bleibt) oder auch auf das Kapital (wenn sein Recht erlischt). Bleibt sein Recht bestehen, ohne dass eine Barzahlung im gG vorgesehen ist, findet die Einschränkung für ihn keine Anwendung.[164]
- Sein Gebot muss so hoch sein, dass er aus diesem Gebot bereits selbst eine (wenn auch noch so kleine) **Zuteilung** erwarten kann.

410 Liegen diese Voraussetzungen vor, muss der Bieter **nur auf Verlangen eines Gläubigers** Sicherheit leisten. „Gläubiger" im Sinne des § 67 Abs. 2 ZVG sind alle, für welche nach Rn. 217, 308 der derzeitige Versteigerungstermin gehalten wird, also auch solche, die einen schlechteren Rang haben als das Grundpfandrecht des Bieters. Voraussetzung ist auch hier, dass dieser Gläubiger nach den Ausführungen in Abschnitt 2 (Rn. 403, 404) überhaupt Sicherheit verlangen darf.

4. Wie hoch ist die Sicherheit?

411 Die zu leistende Sicherheit beträgt **grundsätzlich 10 %** des in der Terminsbestimmung veröffentlichen **Verkehrswertes** (§ 68 Abs. 1 Satz 1 ZVG). Dies gilt auch dann, wenn nachträglich (Rn. 237) die Wertfestsetzung geändert wurde. Hatte das Gericht den Verkehrswert entgegen § 38 ZVG nicht veröffentlicht, gilt der tatsächlich festgesetzte Wert.

412 Ist das bare Meistgebot niedriger als der vorgenannte Betrag, wird der Überschuss zurückgezahlt bzw. freigegeben (§ 68 Abs. 1 Satz 3 ZVG). Es wäre in diesem Fall auch zu vertreten, von dem Bieter nur Sicherheit in Höhe seines Gebotes zu verlangen. Dann müsste jedoch die Sicherheit bei weiteren Geboten dieses Bieters bis zur Höhe der Regelsicherheit aufgestockt werden.

413 Von der Regelsicherheit (Rn. 411) wird in drei Fällen abgewichen:
- Sind die im gG stehenden Kosten (Rn. 318, 319) höher als 10 % des Verkehrswertes, ist Sicherheit in Höhe dieser Kosten zu leisten (§ 68 Abs. 1 Satz 2 ZVG). Dies beachtet das Gericht von Amts wegen.

---

162 *Stöber* (ZVG) § 67 Rn. 2.2, so auch *Steiner/Storz* § 68 Rn. 12.
163 § 14 Abs. 3 Landesrentenbankgesetz.
164 Str. aber h.M.; so auch *Stöber* (ZVG) § 67 Rn. 3.4.

- Auf das ausdrückliche Verlangen eines Beteiligten, dessen Recht bestehen bleibt (Rn. 312), muss Sicherheit mindestens in Höhe des im gG stehenden Betrages geleistet werden, welcher im Range dem Beteiligten vorgeht (§ 68 Abs. 2 ZVG).[165]
- Bietet der Schuldner oder ein neuer Eigentümer, der dies erst nach der Beschlagnahme geworden ist, so hat er auf besonderes Verlangen eines jeden Gläubigers (Rn. 217, 308) Sicherheit bis zur Deckung der Gläubigerforderung zu leisten (§ 68 Abs. 3 ZVG). Dies gilt aber nur
  - wenn dieser Gläubiger aus dem Gebot bereits eine Zuteilung bekäme, und
  - maximal in Höhe des Gebotes.

Tipp: Erhöhte Sicherheit muss ausdrücklich verlangt werden.

5. Welches Sicherungsmittel ist tauglich?

Eine erforderliche Sicherheit kann mit folgenden Mitteln geleistet werden: **414**
(1) Geld,
(2) Bestätigte Bundesbankschecks,
(3) Bank-Verrechnungsschecks,
(4) Bank-Bürgschaften.

(1) **Geld** im Sinne des § 69 Abs. 3 ZVG ist nur in der BRD gültiges Geld, also nur noch **415** der EURO. Es kann in bar im Termin übergeben[166] oder bereits vor dem Termin (§ 70 Abs. 2 Satz 2 ZVG) bei der Hinterlegungsstelle hinterlegt [167] werden.

Tipp: Vorherige Hinterlegung der Sicherheit ist nicht empfehlenswert (vgl. Rn. 432).

(2) Von der Bundesbank oder ihren Filialen, den Landeszentralbanken, **bestätigte** **416** **Schecks** (§ 69 Abs. 1 ZVG) kann nur ein Kreditinstitut erhalten; dieses gibt sie dann seinen Kunden weiter. Die im Bestätigungsvermerk genannte Vorlegungsfrist muss noch mindestens vier Tage, welche keine Werktage sein müssen, nach dem Termin laufen.

(3) Das neu eingeführte Sicherungsmittel **„Verrechnungsscheck"** eines Kreditinstituts **417** dürfte das für die Praxis am besten geeignete Mittel sein. Aussteller muss ein in der „EU-Liste"[168] stehendes Kreditinstitut sein. Außerdem muss auch hier die Vorlagefrist noch mindestens vier Tage nach dem Termin laufen und der Scheck muss im Inland zahlbar sein.

(4) Zulässig ist auch eine **Bürgschaftserklärung** eines der vorgenannten Kreditinstitute. **418** Diese Bürgschaft muss neben der Schriftform[169] folgende Voraussetzungen erfüllen (§ 69 Abs. 2 ZVG):
- Sie muss selbstschuldnerisch sein. Dies ist wegen § 349 HGB bei deutschen Banken immer der Fall.

---

165 Dieses Verlangen kann nur zu einer höheren Sicherheit, nicht zu einer Ermäßigung führen.
166 Hiervon ist dringend abzuraten. Die zunehmende Unsicherheit in unserem Land macht auch vor Gerichtssälen nicht Halt.
167 Auch hiervon ist abzuraten, da die Rückzahlung einer hinterlegten und nicht benötigten Sicherheit wochenlang dauern kann. Ob der Hinterleger auf Rücknahme verzichten muss, ist streitig. Hierzu *Stöber* (ZVG) § 70 Rn. 3.1.
168 Hierzu § 69 Abs. 1 Satz 3 ZVG. Inzwischen stehen wohl alle deutschen Banken und Sparkassen in dieser Liste. Bei ausländischen Banken muss nachgefragt werden.
169 Wegen § 350 HGB käme theoretisch auch eine mündliche Bürgschaftserklärung durch den zur Vertretung der Bank Berechtigten im Termin (Protokoll!) in Betracht.

1 Versteigerung eines Grundstücks

- Sie darf keine Bedingung enthalten, wohl aber auf einen Höchstbetrag ausgestellt sein.
- Sie darf nicht befristet sein, aber bei Rückgabe der Urkunde enden.
- Sie muss im Inland zahlbar sein.

Tipp: **Bietinteressierte sollte immer mit dem Kreditinstitut absprechen, welche Kosten anfallen, wenn er die Bürgschaftsurkunde unbenutzt am gleichen Tag zurückbringt. Manche Kreditinstitute langen kräftig zu, andere begnügen sich mit einer Ausstellungsgebühr.**

419 Der Schuldner und der neu eingetretene Eigentümer dürfen mit einer Bürgschaft keine Sicherheit leisten (§ 69 Abs. 2 Satz 2 ZVG).

420 Keine tauglichen Sicherungsmittel sind z.B.
- Goldbarren,
- Briefmarken- und Münzsammlungen,
- Sparbücher,
- Aktien und andere Wertpapiere,
- Ausländisches Geld.

421 Mit Zustimmung des Beteiligten, der die Sicherheit verlangt hat (bei mehreren müssen alle zustimmen) kann auch ein an sich nicht taugliches Sicherungsmittel, insbesondere aus Rn. 420, zugelassen werden.[170] Nach der hier vertretenen Auffassung kann jedoch selbst mit Zustimmung des Berechtigten keine Sicherheit mit Sachen geleistet werden, die nicht hinterlegungsfähig sind.[171]

6. Sicherheitsverlangen; Verfahren

422 Ein hierzu Berechtigter (Rn. 403, 404) kann nur **sofort** nach Abgabe des Gebotes Sicherheit verlangen (§ 67 Abs. 1 ZVG). Das Verlangen muss also der Abgabe des Gebotes unmittelbar folgen, sobald der Berechtigte hierzu Gelegenheit hatte.[172] Nachdem das Gericht ein Gebot sicherheitsfrei zugelassen hat, kann das Verlangen nicht mehr gestellt werden. Die Sicherheit muss nicht bereits beim ersten Gebot eines Bieters verlangt werden; ein einmal gestelltes Verlangen gilt dann aber für alle weiteren Gebote dieses Bieters (§ 67 Abs. 1 Satz 2 ZVG).

Tipp: **Sicherheit sofort nach Gebotsabgabe verlangen.**

423 Sicherheit wird immer von einem **bestimmten Bieter** verlangt. Wer von allen Bietern Sicherheit verlangen will, muss dies gegenüber jedem Bieter erklären. Mehrere Berechtigte können für das gleiche Gebot Sicherheit verlangen, die dann aber nur einmal für alle zu leisten ist. Im Fall der Rn. 421 müssen alle zustimmen, deren Sicherheitsverlangen zulässig ist.

424 Das Verlangen muss mündlich im Termin gestellt werden und zwar (§ 67 Abs. 1 Satz 1 ZVG) **nach** Abgabe des Gebotes, also nicht im Voraus. Es kann nur bis zur Leistung der Sicherheit zurückgenommen[173] werden.

---

170 Einzelheiten hierzu *Stöber* (ZVG) § 69 Rn. 5.
171 Es kann z.B. nicht angehen, dass ein Zirkusdirektor mit seinen wertvollen Löwen Sicherheit leisten will und diese mit Zustimmung des Berechtigten in den Sitzungssaal bringt und dem Rechtspfleger übergeben will.
172 *Steiner/Storz* § 67 Rn. 19.
173 *Stöber* (ZVG) § 67 Rn. 2.7, str. aber h.M.

Das Gericht muss sofort (§ 70 Abs. 1 ZVG) über das Sicherheitsverlangen entscheiden. Es hat zwei Möglichkeiten: **425**
- Es lässt das Gebot sicherheitsfrei zu (weil es das Verlangen als unzulässig ansieht);
- es ordnet Sicherheitsleistung an, wobei es die Höhe der Sicherheit (Rn. 411 bis 413) zu bestimmen hat.

Lässt das Gericht das Gebot sicherheitsfrei zu, gilt das Verlangen als zurückgenommen, wenn der Beteiligte, der Sicherheit verlangt hat, nicht **sofort** widerspricht (§ 70 Abs. 3 ZVG). Wurde widersprochen, kann dem Bieter bei der Entscheidung über den Zuschlag (§ 79 ZVG) oder sogar noch vom Beschwerdegericht der Zuschlag verweigert werden, wenn Sicherheitsleistung erforderlich gewesen wäre. Andererseits kann der Bieter die evtl. erforderliche Sicherheit später nicht mehr wirksam leisten. Es ist daher zulässig, dass der Bieter – obwohl sein Gebot sicherheitsfrei zugelassen wurde – im Widerspruchsfall eine freiwillige „Notsicherheit" leistet, damit das Gebot auch dann zuschlagsfähig bleibt, wenn der Rechtspfleger es zu Unrecht sicherheitsfrei zugelassen hatte. **426**

Ordnet das Gericht Sicherheitsleistung an, ist diese sofort[174] (§ 70 Abs. 2 Satz 1 ZVG) zu leisten. Geschieht dies nicht, wird das Gebot zurückgewiesen (Satz 3). Zwar kann der Bieter dieser Zurückweisung widersprechen, er kann sich damit aber keine Zeit verschaffen, die Sicherheit zu holen und nachzureichen. Auch nach § 79 ZVG wäre ihm auf das zurückgewiesene Gebot kein Zuschlag zu erteilen. Kommt er noch rechtzeitig mit der Sicherheit zurück, kann er erneut bieten. Ein Widerspruch hilft dem Bieter also nur, wenn es sich später ergeben sollte, dass das Sicherheitsverlangen unzulässig war (Rn. 403 bis 410). **427**

Ein Gebot ist auch zurückzuweisen, wenn der Bieter ein untaugliches Sicherungsmittel anbietet und keine Zustimmung (Rn. 421) des/der Berechtigten erfolgt. **428**

Wegen §§ 78, 80 ZVG ist es unverzichtbar, jedes Verlangen und jede Entscheidung genau zu protokollieren, insbesondere auch die Gründe für die sicherheitsfreie Zulassung des Gebotes trotz Sicherheitsverlangen. **429**

7. Behandlung der Sicherheit

Wurde für Gebote Sicherheit geleistet, welche erloschen sind, gibt das Gericht diese Sicherheiten, die ihm im Termin übergeben worden sind (also Geld, Schecks, Bürgschaftsurkunden) nach Schluss der Versteigerung zurück. Ist das Gebot eines Bieters erloschen und will er sich vorher entfernen, ist ihm seine Sicherheit sofort zurückzugeben. Leisten mehrere Bieter Sicherheit mit Bargeld, ist darauf zu achten, dass jeder wieder **seine** eigenen Banknoten zurückerhält (Aufbewahrung in verschiedenen Briefumschlägen). **430**

Die Rückgabe der Sicherheit ist im Terminsprotokoll festzuhalten. Der Bieter soll ausdrücklich den Empfang bestätigen (v.u.g.). **431**

Hatte ein Bieter von der in § 70 Abs. 2 Satz 2 ZVG ausdrücklich vorgesehenen, aber nicht empfehlenswerten Möglichkeit Gebrauch gemacht, die Sicherheit vor dem Termin **432**

---

174 Die Verfasser wollen den sinnlosen Streit nicht vertiefen, wie viel Zeit bleiben muss, um eine nicht präsente Sicherheit beizuschaffen. Nach dem klaren Wortlaut des Gesetzes bleibt hierfür eben keine Zeit. Warum also nicht das Gebot zurückweisen und dem Bieter avisieren, dass ihm eine gewisse Zeitspanne eingeräumt wird, die Sicherheit beizubringen um dann erneut zu bieten. Dafür kann man die Bietezeit angemessen verlängern. Der Ansicht des *Brandenb.* OLG (Rpfleger 2001, 601), wonach zur Beischaffung der Sicherheit der Termin unterbrochen werden soll, kann nicht zugestimmt werden.

zu hinterlegen, muss jetzt eine Anweisung an die Hinterlegungsstelle (§ 15 HinterlO) erfolgen. Mit Rücksicht auf die zentralisierten Kassen kann nur unbare Rückzahlung erfolgen, was einige Zeit in Anspruch nimmt.

433 Soweit die Sicherheit für ein Gebot geleistet wurde, das nicht erloschen ist, wird sie zunächst aufbewahrt. Schecks sind vom Gericht über die Gerichtszahlstelle einzulösen. Hebt das Beschwerdegericht den Zuschlag auf, erfolgt nach Rechtskraft die Rückgabe bzw. Rückzahlung.

434 Geld, das im Termin dem Gericht übergeben wurde, gilt als hinterlegt (§ 69 Abs. 3 Satz 3 ZVG). Gleiches muss für die Scheckvaluta nach Eingang gelten. Als Sicherheit hinterlegtes Geld gilt als im Teilungstermin bezahlt (§ 107 Abs. 3 ZVG). Da aber wegen § 49 Abs. 4 ZVG die Zinspflicht nur bei Hinterlegung unter Rücknahmeverzicht entfällt, müsste dieser Betrag dennoch verzinst werden, wenn keine Hinterlegungserklärung abgegeben wird.

Tipp: Der Meistbietende sollte ausdrücklich zu Protokoll des Gerichts erklären, dass er die Sicherheitsleistung als Teil des Meistgebotes unter Verzicht auf Rücknahme hinterlegt.

IV. Vorzeitige Beendigung des Termins

1. Aufhebung oder einstweilige Einstellung

435 Aus einer Reihe von Gründen kann der Termin ohne Entscheidung über den Zuschlag enden. So kann z.B. ein Gläubiger noch im Termin die einstweilige Einstellung bewilligen (Rn. 182) oder den Versteigerungsantrag zurücknehmen (Rn. 178) oder es kann eine einstweilige Einstellung/Aufhebung nach den Regeln der ZPO erfolgen, z.B. §§ 765a, 775, 769 Abs. 2 ZPO.

436 Ist nur ein **Gläubiger** vorhanden, für welchen der Termin gehalten werden durfte (Rn. 217, 308), wird das Verfahren aufgehoben bzw. einstweilen eingestellt und der Versteigerungstermin aufgehoben (beachte aber Rn. 438). Hierdurch erlöschen (Rn. 395) alle bisher bereits abgegebenen Gebote (§ 72 Abs. 3 ZVG). Wegen geleisteter Sicherheit: Rn. 430.

437 Sind mehrere **Gläubiger** vorhanden und ist nur einer vom Einstellungs- bzw. Aufhebungsgrund nach Rn. 435 betroffen, ist zu unterscheiden:
- Konnte für ihn der Termin nicht gehalten werden (Rn. 217, 308), ist sein Ausscheiden für den Fortgang des Termins ohne Bedeutung.
- Hat dieser Gläubiger das gG nicht bestimmt (Rn. 307), wird der Versteigerungstermin ebenfalls fortgesetzt.
- Hat dieser Gläubiger als bestbetreibender Gläubiger das gG bestimmt (Rn. 308), muss das Gericht nun, vom nächstbetreibenden Gläubiger ausgehend, ein neues gG berechnen und die Bietezeit für das neue Ausgebot neu beginnen lassen. Alle bisher abgegebenen Gebote sind erloschen (§ 72 Abs. 3 ZVG). Ist die Neuberechnung zu schwierig, um sie innerhalb angemessener Zeit zu erledigen, kann der Rechtspfleger nach pflichtgemäßem Ermessen den Termin aufheben.

438
Achtung! Bei Antragsrücknahme oder Einstellungsbewilligung **nach** Schluss der Versteigerung (§ 73 Abs. 2 ZVG) findet **§ 33 ZVG** Anwendung. Die Entscheidung muss dann, falls der bestbetreibende Gläubiger von der Antragsrücknahme oder Einstellungsbewilligung betroffen ist

und mindestens ein nicht erloschenes Gebot vorliegt, auf **Zuschlagsversagung** lauten (Rn. 458, 459).

2. Zahlung an das Gericht

Der Schuldner kann die Forderung des Gläubigers samt der bisher angefallenen Kosten während des Termins an das Gericht zahlen, was aber nach § 75 ZVG nur zur einstweiligen Einstellung des Verfahrens führt. Rn. 436 gilt entsprechend. Die Aufhebung erfolgt erst, wenn der Gläubiger den Antrag zurücknimmt oder der Schuldner eine Entscheidung nach § 767 ZPO erwirkt, welche das Vollstreckungsgericht, sobald ihm eine Ausfertigung vorgelegt wird, nach den §§ 775 Nr. 1, 776 ZPO vollzieht. **439**

Tipp: **Zahlt der Schuldner vor Schluss der Versteigerung an das Gericht, wird er wohl alle Gläubiger bezahlen müssen, für die der Versteigerungstermin stattfindet, um die Aufhebung des Termins zu erreichen. Zahlt er erst während der Verhandlung über den Zuschlag, genügt die Bezahlung nur des Bestbetreibenden, da dies, falls ein wirksames Gebot vorhanden ist, zur Zuschlagsversagung führen muss (§ 33 ZVG).**

3. Ablösung

Ein Beteiligter, welcher durch die Versteigerung ein Recht am Grundstück verlieren würde, kann gemäß §§ 268, 1150 BGB den Gläubiger ablösen. Auch hier gilt, wenn mehrere Gläubiger vorhanden sind, Rn. 437. Diese Zahlung kann (§ 75 ZVG) ebenfalls an das Gericht geleistet werden, welches dann die einstweilige Einstellung des Verfahrens und ggf. die Aufhebung des Termins beschließt. Die Ablösung bewirkt den Übergang der Forderung vom Gläubiger auf den Ablösenden und zwar mit allen Neben- und Sicherungsrechten (§ 268 Abs. 3 BGB). Wird z.B. ein Gläubiger abgelöst, der aus einer Grundschuld betrieben hat, geht diese kraft Gesetzes auf den Ablösenden über. Das Grundbuch wird unrichtig. **440**

Ablösung erfordert immer Zahlung! Eine Ablöseerklärung für sich allein bewirkt nichts. Erfolgt die Ablösung durch **Zahlung** direkt an den Gläubiger und wird dies dem Gericht nachgewiesen[175], kann nach der hier vertretenen Auffassung der Ablösende ohne Titelumschreibung die einstweilige Einstellung bzw. die Aufhebung des Verfahrens bewilligen. Will er aber selbst die Zwangsversteigerung wegen der durch Ablösung erworbenen Forderung fortsetzen, bedarf es einer neuen Vollstreckungsklausel (§ 727 ZPO). Wegen der Einzelheiten zur Ablösung und deren Folgen wird auf die Literatur verwiesen.[176] **441**

C. Schlussverhandlung

I. Schluss der Versteigerung

Ist die Bietezeit von **30 Minuten** (§ 73 Abs. 1 Satz 1 ZVG) abgelaufen, kann das Gericht die Versteigerung schließen. Es ist dies jedoch eine **Mindestzeit**. Die Versteigerung darf also nicht geschlossen werden, solange noch zügig weiter geboten wird (§ 73 Abs. 1 **442**

---

175 Nach *Stöber* (ZVG) § 15 Rn. 20.23 soll Anmeldung und Glaubhaftmachung genügen.
176 *Stöber* (ZVG) § 15 Rn. 20; *Glotzbach/Mayer* Rn. 344 bis 357.

1 Versteigerung eines Grundstücks

Satz 2 ZVG). Auch liegt es im pflichtgemäßen Ermessen des Rechtspflegers, mit dem Schluss der Versteigerung aus anderen Gründen (z.B. Rn. 427) noch etwas zu warten. Eine sinnlose Verlängerung der Bietezeit wäre aber nicht rechtens.

443 Werden keine Gebote mehr abgegeben, fordert das Gericht noch einmal ausdrücklich zur Abgabe weiterer Gebote auf und ruft dann (§ 73 Abs. 2 ZVG) das letzte zugelassene Gebot dreimal auf, etwa mit den Worten:

„Herr Y bot für das Grundstück 100.000,00 €

Dieses Gebot wird aufgerufen:

100.000,00 € zum Ersten,
100.000,00 € zum Zweiten,
100.000,00 € zum Dritten."

Es ist üblich, nach jedem Aufruf zur Abgabe weiterer Gebote aufzufordern. Insbesondere muss dies nach dem dritten Aufruf geschehen, denn anders als bei Auktionen und der Versteigerung durch einen Gerichtsvollzieher kann auch **nach** dem dritten Aufruf noch geboten werden. Erst wenn ungeachtet dieser Aufforderung kein Gebot mehr abgegeben wird, verkündet das Gericht den Schluss der Versteigerung. Nun kann nicht mehr geboten werden.[177]

II. Ergebnisloser Termin

444 Wurde kein Gebot abgegeben oder sind sämtliche abgegebenen Gebote erloschen, beschließt das Gericht gemäß § 77 ZVG die einstweilige Einstellung des Verfahrens. Dieser Beschluss bewirkt gegenüber **allen** (also nicht nur gegenüber dem bestbetreibenden) Gläubigern, für die der Termin gehalten wurde (Rn. 217, 308), die einstweilige Einstellung des Verfahrens. Wegen der Fortsetzung gelten die allgemeinen Regeln (Rn. 184 ff.). Es ist daher die Zustellung einer Belehrung erforderlich, um die Frist des § 31 Abs. 3 ZVG in Lauf zu setzen.

445 War das Verfahren gegenüber einem der von der Einstellung betroffenen Gläubiger bereits aus dem gleichen Grund in einem früheren Termin schon einmal einstweilen eingestellt worden, ist ihm gegenüber die Aufhebung des Verfahrens (§ 77 Abs. 2 Satz 1 ZVG) zu beschließen. Der Beschluss ist konstitutiv.

Diese Folge tritt auch ein, wenn in beiden Terminen verschiedene geringste Gebote oder verschiedene Ausgebotsarten zugrunde gelegt worden waren; entscheidend ist, dass das gleiche Objekt ausgeboten wurde.[178]

III. Verhandlung über den Zuschlag

446 Ist zumindest ein Gebot vorhanden, das nicht erloschen ist, muss das Gericht nun die Beteiligten zur Entscheidung über den Zuschlag hören (§ 74 ZVG). Es ist dies die letzte Möglichkeit, einen Antrag nach § 74a ZVG (dort Abs. 2) zu stellen (Rn. 464); dies gilt

---

177 In einer unveröffentlicht gebliebenen Entscheidung hat das *LG Kaiserslautern* festgelegt, dass kein Gebot mehr abgegeben werden kann, sobald der Rechtspfleger das erste Wort der Schlussformel gesprochen hat.
178 *LG Chemnitz* Rpfleger 2003, 205.

selbst dann, wenn ein Verkündungstermin (Rn. 447) bestimmt wird. Wegen aller anderen Anträge siehe Rn. 448.

Das Gericht kann seine Entscheidung sofort verkünden (was die gesetzliche Regel ist) oder einen Verkündungstermin bestimmen (§ 87 ZVG), den es nicht länger als eine Woche aufschieben soll.[179] **447**

Bestimmt das Gericht einen **Verkündungstermin**, kann bis dahin (§ 87 Abs. 3 ZVG) noch in folgender Weise Einfluss auf die Gerichtsentscheidung genommen werden[180]: **448**
- Antrag des Schuldners nach §§ 765a, 775, 769 Abs. 2 ZPO;
- Bewilligung der einstweiligen Einstellung oder Antragsrücknahme durch den Gläubiger;
- Ablösung des Gläubigers, die im Verkündungstermin anzumelden und nachzuweisen wäre;
- Zahlung des Schuldners oder eines Ablösungsberechtigten an das Gericht (nur sofort nach Beginn des Verkündungstermins).

All dies ist für die Zuschlagsentscheidung jedoch nur von Bedeutung, wenn hiervon der **bestbetreibende** Gläubiger betroffen ist.

Bestimmt das Gericht keinen Verkündungstermin, müssen alle diese Anträge, Handlungen und Erklärungen vor der Verkündung der Zuschlagsentscheidung erfolgen. Auch wenn der Schuldner im Versteigerungstermin nicht anwesend oder vertreten war, besteht keine grundsätzliche Verpflichtung, einen Verkündungstermin zu bestimmen.[181] Dies mag anders sein, wenn das zuschlagsfähige Meistgebot sehr niedrig ist.[182] **449**

Leider ist die Unsitte weit verbreitet, auf einseitigen Wunsch der Gläubigerbank ohne triftigen Grund die Zuschlagsentscheidung zu vertagen. Dies ist definitiv rechtswidrig und kann zu Schadensersatzforderungen[183] gegen den Rechtspfleger führen, wenn der Meistbietende dieser Vertagung ausdrücklich widersprochen hat. Eine solche Vertagung bringt dem Meistbietenden, der ja an sein Gebot gebunden ist, eine Reihe von Nachteilen (z.B. Rn. 377).[184] Weiter ist zu befürchten, dass die Kreditinstitute diese Vertagung zu nichts anderem benutzen, als den Meistbietenden mit der Drohung, anderenfalls (Rn. 435 und 438) den Zuschlag zu verhindern, zu einer Sonderzahlung zu nötigen. **450**

> **Tipp:** Als Meistbietender immer dem Vertagungswunsch des Gläubigers widersprechen, darauf dringen, dass dieser Widerspruch protokolliert wird und sich der Forderung des Kreditinstitutes auf eine Sonderzahlung widersetzen.[185]

Nach Abschluss der Verhandlung oder aber im Verkündungstermin verkündet das Gericht seine Entscheidung. Sie lautet entweder auf Erteilung oder Versagung des Zuschlags. **451**

---

179 Es gibt beachtliche Gründe, diese Frist zu verlängern, besonders wenn zum Zuschlag eine noch nicht vorhandene Zustimmung eines Dritten erforderlich ist. Grundlose Verlängerung ist dagegen rechtswidrig. Ein freies Ermessen hat das Gericht nicht. Wegen evtl. Haftung siehe *BGH* Rpfleger 2002, 38.
180 In einer unveröffentlicht gebliebenen Entscheidung hat das *LG Kaiserslautern* entschieden, dass keine Anträge mehr gestellt werden können, wenn der Rechtspfleger das erste Wort des Zuschlagbeschlusses gesprochen hat.
181 *BGH* Rpfleger 2004, 434.
182 *LG Mönchengladbach* Rpfleger 2004, 436, auch zur Hinweispflicht.
183 Zur Stellung des Meistbietenden: *BGH* Rpfleger 2002, 38.
184 Weitere Nachteile, Schilderung aus der Praxis: *Mayer* Rechtspflegerblatt 2000, 40.
185 Lieber die Versagung des Zuschlags riskieren. Es ist keineswegs sicher, dass das Kreditinstitut es dazu kommen lässt, da es u.U. monatelang auf den nächsten Termin warten müsste. Wer aber eine Sonderzahlung leistet, muss dies beim Finanzamt anmelden, da diese Sonderzahlung grunderwerbsteuerpflichtig ist.

5. Kapitel
Zuschlag

A. Entscheidung über den Zuschlag

I. Versagung des Zuschlags

1. Grundlagen

452 Der Zuschlag ist zu versagen, wenn
- sich keines der nicht erloschenen Gebote als zuschlagsfähig erweist (Rn. 455 bis 457);
- Vorgänge zwischen dem Schluss der Versteigerung und der Verkündung der Entscheidung den Zuschlag verhindern (Rn. 435 bis 441);
- die Höhe des an sich zulässigen Meistgebotes auf Grund Gesetzes keinen Zuschlag erlaubt (Rn. 462 bis 468);
- ein anderer der in § 83 ZVG genannten Versagungsgründe vorliegt (Rn. 470 bis 472).

453 Vorgänge im Versteigerungstermin[186] können zur Begründung einer Zuschlagsentscheidung nur herangezogen werden, wenn sie sich aus dem Protokoll ergeben (§§ 78, 80 ZVG).

454 Eine vom Gericht im Versteigerungstermin getroffene Entscheidung ist für die Entscheidung über den Zuschlag **nicht bindend** (§ 79 ZVG). Der Rechtspfleger kann daher z.B. den Zuschlag versagen, obwohl er (zu Unrecht) im Termin das Gebot zugelassen hatte. Ist allerdings das Gebot erloschen (Rn. 395), steht es für eine Entscheidung über den Zuschlag nicht mehr zur Verfügung. Es wird so angesehen, als wäre es nie abgegeben worden. Es ist daher unzulässig, auf ein erloschenes Gebot den Zuschlag zu versagen oder gar zu erteilen.

2. Versagungsgründe

a) Unzulässiges Gebot

455 Das Gericht muss den Zuschlag versagen, wenn sich anlässlich der Prüfung bei der Entscheidung herausstellt, dass das Gebot zurückzuweisen gewesen wäre. In Betracht käme z.B. das Gebot einer nicht voll geschäftsfähigen Person, das Gebot eines gesetzlichen Vertreters ohne familiengerichtliche/vormundschaftsgerichtliche Genehmigung oder eines Bevollmächtigten ohne ausreichende Vollmacht. Auch ein Gebot, welches zu Unrecht ohne Sicherheitsleistung zugelassen wurde, kann keinen Zuschlag erhalten, wenn das Sicherheitsverlangen nicht als zurückgenommen gilt (§ 70 Abs. 3 ZVG) und der Bieter keine „Notsicherheit" (Rn. 426) geleistet hat.

456 Der Zuschlag wäre auch auf ein Meistgebot zu versagen, welches das Gericht zurückgewiesen hatte, das aber infolge Widerspruchs nicht erloschen ist, vorausgesetzt natürlich, dass der Rechtspfleger den Zurückweisungsgrund auch jetzt noch als gegeben ansieht.

---

[186] Auch der Verkündungstermin ist ein Teil des Versteigerungstermins!

b) Fehlende Identität von Versteigerungs- und Zuschlagsobjekt

Durch Zuschlagsversagung ist auch zu entscheiden, wenn es sich ergibt, dass das versteigerte Objekt mit jenem, das zum Zuschlag ansteht, nicht oder nicht mehr übereinstimmt. Hierher gehört nicht nur die **Verwechslung** des Objektes[187] (§ 83 Nr. 5 ZVG), sondern auch dessen **wesentliche Veränderung** zwischen Schluss der Versteigerung und Zuschlag, z.B. ein schwer wiegender Brandschaden.[188] Im letztgenannten Fall wird man aber den Zuschlag erteilen, wenn der Meistbietende zustimmt. Es ist jedoch nicht möglich, den Zuschlag in einem solchen Fall zu einem geringeren Betrag als dem Meistgebot zu erteilen. Werden mitversteigerte Gegenstände (Rn. 88, 355) zwischen Schluss der Versteigerung und Zuschlag beschädigt, trifft dies den Ersteher (§ 56 ZVG). Dazu auch Rn. 377.

457

c) Handlungen nach Schluss der Versteigerung

Ergibt sich nach Schluss der Versteigerung die Notwendigkeit (z.B. Rn. 435 bis 441), das Verfahren gegenüber dem bestbetreibenden Gläubiger einstweilen einzustellen oder aufzuheben, so erfolgt dies nicht durch einen Einstellungs- oder Aufhebungsbeschluss, sondern durch **Versagung des Zuschlags** (§ 33 ZVG). Diese Entscheidung bewirkt erst mit ihrer Rechtskraft (§ 86 ZVG) die einstweilige Einstellung oder Aufhebung des Verfahrens gegenüber dem betroffenen Gläubiger. Zuschlagsversagungsgrund ist hier § 83 Nr. 6 ZVG.

458

Die Regelung des § 33 ZVG hat folgenden Sinn: Eine Aufhebung oder einstweilige Einstellung des Verfahrens führt nach § 72 Abs. 3 ZVG zum Erlöschen aller Gebote einschließlich des Meistgebotes. Somit könnte (Rn. 395) das Beschwerdegericht eine falsche Entscheidung nicht mehr durch Zuschlagserteilung korrigieren. Da aber bei einer Versagung des Zuschlags das Erlöschen der Gebote erst mit Rechtskraft eintritt (§§ 86, 72 Abs. 3 ZVG), bleibt eine solche Korrektur möglich.

459

Sind mehrere Gläubiger vorhanden, ist der Zuschlag nur zu versagen, wenn der bestbetreibende Gläubiger vom Hindernis betroffen ist. Wird nur ein anderer Gläubiger betroffen, ergeht diesem gegenüber eine Entscheidung über die Einstellung oder Aufhebung, ohne dass dies die Entscheidung über den Zuschlag beeinflusst. Es ist aber denkbar, dass mehrere (darunter der bestbetreibende Gläubiger!) oder alle Gläubiger betroffen sind, für welche der Termin gehalten werden konnte. Das muss dann im Versagungsbeschluss deutlich zum Ausdruck kommen. Gläubiger, für welche der Termin nicht gehalten werden durfte (Rn. 308), können vom Versagungsbeschluss nie betroffen sein. Für sie muss immer separat entschieden werden.

460

Wird der bestbetreibende Gläubiger betroffen, der nächstrangige Gläubiger aber nicht, kann ausnahmsweise doch der Zuschlag erteilt werden, wenn weder der bestbetreibende Gläubiger noch ein Zwischenrecht beeinträchtigt ist oder aber die Zustimmung des Beeinträchtigten vorliegt (§ 84 ZVG).

461

> Das Verfahren wird von der Gemeinde aus RK 3 und von dem Gläubiger der erstrangigen Grundschuld aus RK 4 betrieben. Die Gemeinde bewilligt nach Schluss der Versteigerung die einstweilige Einstellung, der Gläubiger aber nicht. Das Gebot reicht aus, um die Forderung der Gemeinde zu decken. Zuschlag ist möglich.

Beispiel 21

---

[187] Besonders in ländlicher Flur sind solche Verwechslungen denkbar und auch schon vorgekommen.
[188] Hierzu sehr ausführlich *Eickmann* (ZVG) § 18 III 1.

1 Versteigerung eines Grundstücks

> **Variation:** Zwei Grundschuldgläubiger betreiben die Versteigerung. Der Bestbetreibende bewilligt die einstweilige Einstellung, der zweitrangige Gläubiger nicht. Der Zuschlag ist zu versagen, weil die Grundschuld des Bestbetreibenden nicht erloschen wäre, wenn von Anfang an nur der Gläubiger der zweiten Grundschuld das Verfahren betrieben hätte.

d) Nicht ausreichendes Meistgebot

462 Beträgt das Meistgebot, also das bare Meistgebot **zusammen** mit der Summe der bestehen bleibenden Rechte[189], nicht mindestens die Hälfte des festgesetzten Grundstückswertes, muss das Gericht den Zuschlag von Amts wegen versagen (§ 85a Abs. 1 ZVG). Das Gebot musste also zunächst zugelassen werden, erhält aber dann keinen Zuschlag.

463 Diese Zuschlagsversagung findet **nicht** statt (§ 85a Abs. 3 ZVG) wenn
– der Bieter einen Anspruch auf Befriedigung aus dem Grundstück hat,
– mit diesem Anspruch bei dem vorhandenen Gebot ganz oder teilweise ausfällt,
– und die Summe des Meistgebotes, (also des baren Meistgebotes zuzüglich des Wertes der bestehen bleibenden Rechte) und dazu sein Ausfall die Hälfte des festgesetzten Grundstückswertes erreicht.

Den Schutz des Schuldners bewirkt dann § 114a ZVG (siehe hierzu **Beispiel 22** Rn. 465 Bieter B).

Tipp: Bei Meistgeboten unter 50 % des Verkehrswertes § 85a Abs. 3 ZVG beachten.

464 Ist das Meistgebot höher als 50 %, aber niedriger als 70 % des festgesetzten Grundstückswertes, kommt eine Zuschlagsversagung nach § 74a ZVG in Betracht. Diese Entscheidung erfolgt aber nicht von Amts wegen. Vielmehr ist der Antrag eines Beteiligten erforderlich. Diesen Antrag kann nur stellen, wer bei einem (fiktiven) Gebot in Höhe von 70 % des Verkehrswertes eine Zuteilung erwarten könnte, die er bei dem abgegebenen Gebot nicht oder nicht in dieser Höhe erwarten kann.

465 Das sei an zwei Beispielen erklärt:

Beispiel 22

Im Grundbuch des Versteigerungsobjekts sind folgende Rechte eingetragen:

III/1 Zinslose[190] Grundschuld für A über   70.000,00 €
III/2 Zinslose   Grundschuld für B über   150.000,00 €

Das Zwangsversteigerungsverfahren wird von der Gemeinde wegen einer Forderung aus RK 3 in Höhe von 2.000,00 € betrieben.

Es bleiben keine Rechte bestehen.
Die A und B machen im Verfahren keine Kosten geltend.
Der Verkehrswert des Grundstücks wurde auf 200.000,00 € festgesetzt.
Die Gerichtskosten belaufen sich auf 5.000,00 €.

---

189 Hierbei ist für Rechte der zweiten Abteilung der nach § 51 ZVG festgesetzte Wert maßgebend (*LG Hamburg* Rpfleger 2003, 142).
190 Diese wenig realistische Annahme dient der Vermeidung einer für die Darstellung der Problematik des § 85a Abs. 3 ZVG nicht notwendigen Verkomplizierung der „Rechentätigkeit".

Zuschlag 1

Gebot	Rechtsfolge
X bietet 79.000,00 €	Der Zuschlag wäre wegen § 85a ZVG von Amts wegen zu versagen.
B bietet 80.000,00 €	B gehen 77.000,00 € vor; bei einer Erlösverteilung bekäme er 3.000,00 € und würde damit mit einem Betrag von 147.000,00 € ausfallen. Addiert man Gebot und Ausfall ergeben sich 227.000,00 €, mithin mehr als 50 % des Verkehrswertes (100.000,00 €). Wegen § 85a Abs. 3 ZVG könnte das Grundstück dem B zugeschlagen werden. A kann bei diesem Gebot keinen Antrag nach § 74a ZVG stellen, da 80.000,00 € zu seiner Befriedigung reichen. Mehr als seine Gesamtforderung kann er nicht bekommen. (B muss nicht nur 80.000,00 € zahlen, sondern seine Forderung gegen den Schuldner ermäßigt sich nach § 114a ZVG um weitere 60.000,00 €, also der Differenz zwischen Gebot (80.000,00 €) und 7/10 des Verkehrswertes (140.000,00 €).
X bietet 100.000,00 €	Eine Zuschlagsversagung von Amts wegen erfolgt nicht mehr, da 50 % des Verkehrswertes erreicht sind. B kann aber einen Antrag nach § 74a ZVG stellen, da er bei einem Gebot von 70 % des Verkehrswertes, also 140.000,00 €, mehr bekommen würde als bei dem abgegebenen Gebot von 100.000,00 €.

Beispiel 23

Im Grundbuch des Versteigerungsobjekts sind folgende Rechte eingetragen:

III/1 Zinslose Grundschuld für A-Bank über   20.000,00 €
III/2 Zinslose Grundschuld für B-Bank über   120.000,00 €
III/3 Zinslose Grundschuld für C-Bank über   130.000,00 €

Das Zwangsversteigerungsverfahren wird von der B-Bank wegen ihrer dinglichen Forderung aus RK 4 in Höhe von 120.000,00 € betrieben. Die erstrangige Grundschuld bleibt bestehen.

A, B und C machen im Verfahren keine Kosten geltend.

Der Verkehrswert des Grundstücks wurde auf 300.000,00 € festgesetzt. Die Gerichtskosten belaufen sich auf 5.000,00 €. Öffentliche Lasten wurden nicht angemeldet.

Das Mindestbargebot beläuft sich demnach auf 5.000,00 €. Die B-Bank bleibt in der Annahme, dass im anstehenden ersten Termin wegen § 85a ZVG ihre Grundschuld ausgeboten werden muss, damit der Zuschlag erteilt werden kann, dem Versteigerungstermin fern.

Gebot	Rechtsfolge
C-Bank bietet 5.000,00 €	Der C-Bank gehen 125.000,00 € vor; bei einem Gebot in der abgegebenen Höhe würde sie demnach in voller Höhe (130.000,00 €) ausfallen. Addiert man Gebot, bestehen bleibendes Recht und Ausfall ergibt sich jedoch ein Betrag von 155.000,00 € mithin mehr als 50 % des Verkehrswertes (150.000,00 €). Wegen § 85a Abs. 3 ZVG könnte das Grundstück der C-Bank zugeschlagen werden. Die B-Bank ginge leer aus, da zur Verteilung lediglich 5.000,00 € kämen.

Tipp: Gläubiger sollten bei ihrer Vorbereitung des Versteigerungstermins und der Entscheidung über eine Terminswahrnehmung § 85a Abs. 3 ZVG in die Überlegungen einbeziehen.

466 Auch der **Gläubiger** kann den Antrag nach § 74a ZVG stellen, wenn er die Voraussetzungen Rn. 464 erfüllt. Gleiches gilt für den **Schuldner** nur, wenn er eine Zuteilung aus einem Grundpfandrecht erhalten würde. Dem **Meistbietenden** steht ein Antragsrecht nicht zu.

467 Jeder Gläubiger, der glaubhaft machen kann, dass ihm durch die Zuschlagsversagung nach § 74a ZVG ein „unverhältnismäßiger Nachteil" entstehen würde, kann verlangen, dass der Zuschlag erteilt wird, obwohl das Gebot unter 70 % des Verkehrswertes liegt. Die 50 % nach § 85a ZVG müssen aber erreicht sein! Die Entscheidung trifft das Gericht, indem es den Zuschlag erteilt, wenn es das Verlangen als begründet ansieht oder versagt, wenn es keine solche Beeinträchtigung erkennen kann. Dieses Verlangen kann, ebenso wie der Antrag nach § 74a ZVG selbst, nur in der Verhandlung über den Zuschlag (Rn. 446) geltend gemacht werden.

468 Die Versagung des Zuschlags nach § 85a ZVG oder § 74a ZVG kann insgesamt nur **einmal** erfolgen. Wurde also während des Verfahrens, auch wenn mehrere Termine stattfinden, einmal der Zuschlag nach § 85a ZVG **oder** nach § 74a ZVG versagt, kommen diese **beiden** Versagungsgründe in diesem Verfahren nicht mehr in Betracht (§ 74a Abs. 4 i.V.m. § 85a Abs. 2 ZVG). Auf diesen Umstand muss das Gericht in jeder neuen Terminsbestimmung hinweisen (§ 38 ZVG, dazu auch Rn. 251).

469 Die Versagung des Zuschlags nach § 74a ZVG oder § 85a ZVG hat entgegen Rn. 458 nicht die Wirkung der einstweiligen Einstellung des Verfahrens (§ 74a Abs. 3 i.V.m. § 85a Abs. 2 ZVG). Vielmehr ist **von Amts wegen** innerhalb der dort genannten Frist ein **neuer Termin** zu bestimmen, falls hierfür die allgemeinen Voraussetzungen (Rn. 308) vorliegen.

Tipp: Fortsetzungsantrag ist nicht erforderlich.

e) Versagungsgründe nach § 83 ZVG

470 **§ 83 Nr. 1 ZVG:** Dem Schuldner wurde der entscheidende Beschluss (Rn. 243) oder einem Beteiligten die Terminsbestimmung nicht rechtzeitig zugestellt. Oder aber, das gG war falsch berechnet oder die Versteigerungsbedingungen waren nicht richtig festgestellt. Die Betroffenen können nach § 84 ZVG die Erteilung des Zuschlags genehmigen.

471 **§ 83 Nr. 4 ZVG:** Der erforderliche Hinweis auf den Ausschluss der Anmeldungen (Rn. 380) ist unterblieben und dennoch wurde eine Anmeldung zurückgewiesen. Nach der hier vertretenen Auffassung (Rn. 380) darf eine solche Zurückweisung überhaupt nicht erfolgen. Vielmehr hat die Anmeldung nur Rangverlust. Heilung gemäß § 84 ZVG ist möglich.

472 **§ 83 Nr. 7 ZVG:** Der Termin wurde nicht rechtzeitig oder nicht richtig veröffentlicht. Die Bietezeit wurde nicht eingehalten. Die Versteigerung wurde geschlossen, obwohl noch geboten wurde. Es ist keine Heilung möglich. Zuschlag muss versagt werden.

473 Für die in Rn. 470 bis 472 genannten Fälle gilt: Der Beschluss bewirkt gemäß § 86 ZVG für alle Gläubiger, für welche der Termin gehalten wurde, die einstweilige Einstellung des Verfahrens.

474 Wegen der Versagungsgründe
- § 83 Nr. 2 ZVG siehe Rn. 914;
- § 83 Nr. 3 ZVG siehe Rn. 976 f.;
- § 83 Nr. 5 ZVG siehe Rn. 457;
- § 83 Nr. 6 ZVG siehe Rn. 458, 476, 521.

3. Entscheidung

Die Entscheidung über die Versagung des Zuschlags ergeht durch **Beschluss**, der zu verkünden ist (§ 87 ZVG). Eine Zustellung ist – wie sich aus § 98 ZVG ergibt – nicht erforderlich; auch nicht an die Beteiligten, welche den Termin nicht wahrgenommen haben und auch nicht an die Gläubiger, für welche er die einstweilige Einstellung oder Aufhebung des Verfahrens bewirkt. Es ist aber Rn. 477 zu beachten. 475

Der Beschluss ist immer zu **begründen**. Es ist darauf zu achten, dass § 33 ZVG kein Versagungsgrund, sondern eine Vorschrift für das Verfahren ist. Wenn also zu lesen wäre: „Die Versagung erfolgt gemäß § 33 ZVG", zeigt dies Lücken im Verständnis. Hat z.B. der bestbetreibende Gläubiger die einstweilige Einstellung bewilligt, lautet die Begründung: „§§ 30, 83 Nr. 6, 33 ZVG" und der Zusatz: „Dieser Beschluss bewirkt mit dem Eintritt seiner Rechtskraft die einstweilige Einstellung des Verfahrens gegenüber dem Gläubiger X (§ 86 ZVG)". 476

4. Fortsetzung des Verfahrens

Soweit die Versagung des Zuschlags mit dem Eintritt der Rechtskraft die einstweilige Einstellung des Verfahrens bewirkt hat, erfolgt auch hier die **Fortsetzung nur auf Antrag** der betroffenen Gläubiger. Auch dieser Antrag muss innerhalb der Frist des § 31 ZVG gestellt werden. Damit diese Frist in Lauf gesetzt wird, ist die Zustellung einer Belehrung erforderlich. Es ist zu beachten, dass diese Zustellung nicht vor der Rechtskraft des Versagungsbeschlusses erfolgt, damit eine eindeutige Angabe des Endtermins möglich ist. 477

War ein Gläubiger vorhanden, für welchen der gescheiterte Termin nicht gehalten werden konnte (Rn. 308), so muss jetzt – falls die Voraussetzungen nunmehr vorliegen – für diesen Termin bestimmt werden. 478

Wegen der Weiterführung nach Zuschlagsversagung aus den Gründen der §§ 74a und 85a ZVG siehe Rn. 469. 479

II. Erteilung des Zuschlags

Ist ein nicht erloschenes Meistgebot vorhanden und liegen keine Gründe vor, den Zuschlag zu versagen, erteilt das Gericht dem **Meistbietenden** den Zuschlag (§ 81 ZVG). 480

Der Zuschlag ist nicht dem Meistbietenden, sondern einem **Dritten** zu erteilen, wenn der Meistbietende nach Schluss der Versteigerung unter Vorlage einer öffentlich beglaubigten, ausreichenden Vollmacht erklärt, dass er nicht für sich, sondern für den Dritten geboten habe (sog. **Strohmanngebot**; § 81 Abs. 3 ZVG). 481

Der Meistbietende kann aber auch vor dem Zuschlag erklären, dass er die Rechte aus dem Meistgebot an einen Dritten abtrete. Dieser Dritte muss die **Abtretung** annehmen und die Verpflichtungen aus dem Meistgebot übernehmen. Auch in diesem Fall ist der Zuschlag dem Dritten zu erteilen (§ 81 Abs. 2 ZVG). 482

Die vorgenannten Erklärungen können nach Schluss der Versteigerung im Versteigerungstermin, im Verkündungstermin oder vor dem Verkündungstermin schriftlich in einer öffentlich beglaubigten Urkunde erklärt werden. 483

484 In beiden Fällen gilt Folgendes:
- Meistbietender und Dritter haften als **Gesamtschuldner** für das Meistgebot, die dafür zu entrichtenden Zinsen (§ 81 Abs. 4 ZVG) und die Kosten der Zuschlagserteilung Rn. 523 (§ 26 Abs. 2 GKG);
- Die **Grunderwerbsteuer** fällt doppelt an.

Tipp: Will ein Vater für sein volljähriges Kind bieten (Aussteuer), hat aber in den Versteigerungstermin keine Vollmacht mitgebracht, kann er für sich bieten und um einen Verkündungstermin bitten. In diesem kommt er mit dem Kind und überträgt ihm die Rechte aus dem Meistgebot; das Kind erhält den Zuschlag.[191]

B. Inhalt, Bekanntmachung, Wirkungen

I. Inhalt des Zuschlagsbeschlusses

Hinweis:
Eine ausführliche Darstellung eines Zuschlagsbeschlusses anhand konkreter Daten findet sich im Fallbeispiel zum 1. Teil (Rn. 1034 f.), 2. Abschnitt „Zuschlagsentscheidung" (Rn. 1035).

485 Es wird dringend abgeraten, sich an dem gerade noch ausreichenden (§ 82 ZVG) Mindestinhalt zu orientieren, welcher den Zuschlag noch wirksam machen würde. Ein ordentlicher Zuschlagsbeschluss enthält mindestens:
- Die genaue Bezeichnung des Grundstücks;
- Die genaue Bezeichnung des Erstehers; bei mehreren auch das Rechtsverhältnis, in welchem sie erworben haben, also z.B. „als Miteigentümer je zur Hälfte" oder „in Gütergemeinschaft". Bei natürlichen Personen sollte – in Anlehnung an § 15 GBVfg. – Vor- und Familienname, Anschrift und Geburtsdatum angegeben werden;
- Genaue Aufzählung der Gegenstände, die nicht mitversteigert wurden (Rn. 369) oder aber die Feststellung, dass keine Gegenstände von der Versteigerung ausgenommen waren;
- Die genaue Bezeichnung der Rechte, die als Teil des gG bestehen geblieben sind;
- Die Höhe des Bargebots und die Aussage, dass dieses im Verteilungstermin zu zahlen und bis dahin vom Zuschlag an mit 4 % zu verzinsen ist;
- Die Feststellung, dass der Ersteher die Kosten des Zuschlags zu tragen hat.

486 Es ist allgemein üblich und richtig, die Aussage anzuschließen, dass im Übrigen die gesetzlichen Versteigerungsbedingungen gelten. Dass eine Gewährleistung nicht stattfindet, kann wegen der besonderen Bedeutung dieses Umstandes, ausdrücklich erwähnt werden.

487 Haben mehrere Personen gemeinsam das Grundstück ersteigert, gleichgültig in welchem Rechtsverhältnis, ist weiter auszusprechen, dass die Ersteher für die Verpflichtungen aus dem Zuschlag (Meistgebot, Zinsen, Kosten) als **Gesamtschuldner** haften.

488 Wurde der Zuschlag nicht dem Meistbietenden, sondern einem Dritten erteilt (Rn. 386 und 481 bis 484), ist zunächst der Grund (Vollmacht/Abtretung) festzuhalten und weiter die gesamtschuldnerische Haftung auszusprechen (§ 82 ZVG).

---

191 Erwerb Vater – Kind ist grunderwerbsteuerfrei. Somit fällt die Steuer nur einmal an!

Wurde mit einer **Bürgschaft** Sicherheit geleistet, ist festzustellen, dass der Bürge (das Kreditinstitut) in Höhe der Bürgschaft als Gesamtschuldner mithaftet (§ 82 ZVG). Da die Verpflichtung aus der Bürgschaft hiermit realisiert ist, muss die Bürgschaftsurkunde bis zur Zahlung aufbewahrt werden. **489**

Erlischt ein Altenteil (Rn. 352) durch Doppelausgebot, ist dies ebenfalls im Beschluss festzuhalten. **490**

II. Bekanntmachung des Zuschlagsbeschlusses

Der Zuschlagsbeschluss muss verkündet werden (§ 87 ZVG) und wird mit der **Verkündung** wirksam (§ 89 ZVG). Erteilt das Beschwerdegericht den Zuschlag, wird er nicht verkündet und erst mit der Zustellung an den Ersteher wirksam (§ 104 ZVG). **491**

Neben der Verkündung hat die **Zustellung** des Beschlusses zu erfolgen (§ 88 ZVG) und zwar an **492**
- alle Beteiligten (§ 9 ZVG), welche weder im Versteigerungstermin noch im Verkündungstermin erschienen sind. Kurzfristige Anwesenheit in einem der beiden Termine reicht; sie kann nur durch das Protokoll bewiesen werden (§ 78 ZVG);
- den Ersteher, also demjenigen, welchem zugeschlagen wurde. Bei Zuschlag an mehrere Personen muss Zustellung an alle erfolgen;
- den Meistbietenden, der nicht Ersteher wurde, aber mithaftet (Rn. 481 bis 484);
- das Kreditinstitut, mit dessen Bürgschaft für das Meistgebot Sicherheit geleistet wurde.

Nicht zugestellt wird demnach an die Beteiligten, welche im Versteigerungs- oder Verkündungstermin anwesend waren. Sie sollen durch eine Zustellung nicht über den Lauf der Beschwerdefrist (Rn. 519) oder darüber getäuscht werden, dass der Zuschlag bereits wirksam ist. **493**

Tipp: Beachten, dass nicht allen Beteiligten der Zuschlagsbeschluss zugestellt wird.

Die Verwaltungsvorschriften sehen eine formlose Übersendung an verschiedene Stellen vor, insbesondere
- an das Finanzamt, mit der Bitte, die „Unbedenklichkeitsbescheinigung"[192] zu erteilen; **494**
- an die kommunale Steuerstelle, falls diese nicht beteiligt war;
- an den Gutachterausschuss (Rn. 220) für seine Sammlung.

Gegen eine formlose Übersendung des Zuschlagsbeschlusses an die im Termin anwesenden Beteiligten bestehen keine Bedenken. **495**

Falls viele Zustellungen anfallen würden und mit einer Anfechtung des Zuschlagsbeschlusses nicht gerechnet wird, können Kosten und Arbeit erspart werden, wenn die Zustellung des Zuschlagsbeschlusses zusammen mit der Ladung zum Verteilungstermin erfolgt (hierzu Rn. 537). **496**

---

[192] Diese Unbedenklichkeitsbescheinigung wird erteilt, wenn die Frage der Grunderwerbsteuer erledigt ist (kein Anfall, Zahlung, Stundung) und ist für die Grundbuchberichtigung erforderlich.

III. Wirkungen des Zuschlagsbeschlusses

1. Eigentumserwerb

497 Der Ersteher wird **mit** der **Verkündung** des Zuschlags Eigentümer des Grundstücks und der Gegenstände, auf welche sich die Versteigerung erstreckt hat (§ 90 ZVG). Der **Eigentumserwerb** findet **außerhalb des Grundbuchs** statt; das Grundbuch wird also unrichtig.

498 Dieser Eigentumserwerb und die unter 2. genannten Wirkungen entfallen nicht, wenn später der Ersteher das Meistgebot nicht bezahlt. Dazu ab Rn. 803.

499 Bis zur Rechtskraft des Zuschlagsbeschlusses ist der Ersteher bereits Eigentümer, sein Eigentum ist aber „temporär in der Schwebe"[193]. Wird der Zuschlagsbeschluss vom Rechtsmittelgericht rechtskräftig aufgehoben, gelten die mit ihm verbundenen Wirkungen als nie eingetreten. Der Ersteher wird so behandelt, als sei er nie Eigentümer gewesen. Seine Handlungen zwischen Verkündung des Zuschlags und Rechtskraft der Aufhebung sind als Handlungen eines Nichtberechtigten anzusehen. Gläubiger und Schuldner könnten sich nur nach § 94 ZVG schützen.[194]

500 Im Sinne des **Umsatzsteuerrechtes** ist das Meistgebot – auch soweit Zubehör mitversteigert wurde – ein Nettobetrag. Somit ist der Ersteher nicht befugt, sich vom (zahlungsunfähigen) Vollstreckungsschuldner eine Rechnung mit ausgewiesener Vorsteuer ausstellen zu lassen, da im Meistgebot eine solche nicht enthalten ist.[195]

2. Erlöschen der Rechte

501 Mit der Verkündung des Zuschlags erlöschen alle im Grundbuch eingetragenen Rechte, soweit sie nicht nach den Versteigerungsbedingungen vom Ersteher als bestehen bleibend (Rn. 312 ff.) übernommen worden sind (§ 91 Abs. 1 ZVG). Das Grundbuch wird unrichtig. Dies gilt für die Einträge in beiden Abteilungen des Grundbuchs, aber nicht für Lasten, die nicht im Grundbuch, sondern im „Baulastverzeichnis" eingetragen sind. Inwieweit der Ersteher die dort eingetragenen Pflichten übernehmen muss, ist noch sehr umstritten.[196]

Tipp: Bevor man ein Grundstück ersteigert, sollte man sich bei der Gemeinde erkundigen, ob und ggf. welche Eintragungen im Baulastverzeichnis bestehen.

502 Die in § 52 Abs. 2 ZVG bezeichneten Rechte erlöschen nicht. Die in § 9 EGZVG bezeichneten Rechte erlöschen nur, wenn dies durch ein Doppelausgebot bewirkt und das Erlöschen im Zuschlagsbeschluss ausgesprochen war (Rn. 352 und 490).

503 Im Wege der dinglichen Surrogation setzen sich die erloschenen Rechte am Erlös fort, soweit dieser hierzu reicht (**Surrogationsgrundsatz**). Rechte, die nicht auf Geldzahlung gerichtet sind, erhalten Wertersatz nach § 92 ZVG. Dazu Rn. 601.

504 Der Schuldner wird von den schuldrechtlichen Verpflichtungen auch dann nicht frei, wenn die dingliche Sicherheit erloschen ist und der Erlös für eine Zuteilung auf das erloschene Recht nicht reicht.

---

193 *Steiner/Eickmann* § 90 Rn. 22.
194 Diese Vorschrift hat nach den Erfahrungen der Verfasser keine praktische Bedeutung erlangt.
195 *BGH* Rpfleger 2003, 450. Damit ist die Entscheidung des *OLG Karlsruhe* (Rpfleger 2002, 531) überholt.
196 Hierzu *Glotzbach/Mayer* Rn. 158 bis 161.

3. Vollstreckungstitel

Der Zuschlagsbeschluss ist Vollstreckungstitel zur Vollstreckung auf **Räumung und Herausgabe des Grundstücks** gegenüber allen Personen, deren Recht zum Besitz nach dem Zuschlag nicht mehr besteht (§ 93 ZVG). Dies sind insbesondere: 505
- Der bisherige Eigentümer (der sein Besitzrecht vom verlorenen Eigentum ableitete) und alle Personen (Angehörige), die ihr Besitzrecht vom bisherigen Eigentümer ableiten;
- Berechtigte eines Wohnungsrechtes, Nießbrauchs o.ä., deren Besitzrecht sich von einem jetzt erloschenen Recht ableitete;
- Personen, welche überhaupt kein Besitzrecht haben (Hausbesetzer).

Der Zuschlagsbeschluss erlaubt **keine Räumung** gegenüber Personen, die ein **fortbestehendes Besitzrecht**[197] haben. Insbesondere kann also gegen Mieter nicht aus dem Zuschlag vollstreckt werden. Dies gilt auch für Mieter, denen gegenüber der Ersteher ein außerordentliches Kündigungsrecht (Rn. 344 ff.) hat. Diesen Personen gegenüber ist der Ersteher auf Kündigung, Räumungsklage und ggf. Zwangsvollstreckung nach den allgemeinen Vorschriften angewiesen. 506

Zur Zwangsvollstreckung auf Räumung und Herausgabe bedarf es einer **Vollstreckungsklausel** auf dem Zuschlagsbeschluss, in welcher die Personen, gegen die vollstreckt werden soll, so genau wie möglich zu bezeichnen sind. Die Vollstreckung erfolgt durch den Gerichtsvollzieher auf Grund Auftrages des Erstehers nach den allgemeinen Regeln der Zwangsvollstreckung (insbesondere § 885 ZPO). 507

Tipp: Im Antrag auf Klauselerteilung alle Personen nennen, gegen die sich die Vollstreckung richtet.

Obwohl der Herausgabetitel (Zuschlagsbeschluss) vom Rechtspfleger erlassen wurde, bedarf es wegen § 758a Abs. 2 ZPO keiner richterlichen Genehmigung für die Zwangsräumung.[198] 508

Mit dem Zuschlagsbeschluss kann auch auf **Herausgabe mitversteigerter Gegenstände** vollstreckt werden, welche der Schuldner oder Dritte vom Grundstück entfernt haben. Auch hierzu bedarf es einer Klausel, in welcher die herauszugebenden Gegenstände so zu bezeichnen sind, dass sie der Gerichtsvollzieher identifizieren kann. 509

Die Klausel gegen den Schuldner und dessen Angehörige, die ihr Besitzrecht von ihm ableiten, erteilt der Urkundsbeamte der Geschäftsstelle. Ist der Zuschlagsbeschluss bereits zugestellt (§ 88 ZVG), bedarf es keiner erneuten Zustellung vor Beginn der Vollstreckung; der Vermerk nach § 213a ZPO genügt. 510

Richtet sich die Vollstreckung Rn. 507, 509 gegen Dritte, handelt es sich um eine Klausel im Sinne des § 727 ZPO, für deren Erteilung der Rechtspfleger zuständig ist (§§ 3 Nr. 3 a, 20 Nr. 12 RPflG) und die nach § 750 Abs. 2 ZPO vor dem Beginn der Vollstreckung zuzustellen ist. Falls in der Klausel nicht die Offenkundigkeit des Besitzes bestätigt ist, müssen die Urkunden, welche den Besitz bewiesen haben, mit zugestellt werden. 511

Hat der Schuldner vor oder nach dem Zuschlag den Besitz des Grundstücks unzweifelhaft aufgegeben[199], kann der Ersteher den Besitz ergreifen, soweit er dadurch kein Besitz- 512

---
197 Wer sich etwa im Klauselerteilungsverfahren auf ein fortbestehendes Besitzrecht beruft, muss Anhaltspunkte für das Bestehen eines solchen Besitzrechts dartun (*BGH* Rpfleger 2004, 368).
198 So *Stöber* (ZVG) § 93 Rn. 2.4 und *MünchnKomm-ZPO/Heßler* § 758a Rn. 42.
199 Fall aus der Praxis: Schuldner hat das Haus ausgeräumt, die Tür vernagelt und ist nach Brasilien verzogen, von wo aus er der Gläubigerbank schrieb, dass sie ihn nie mehr sehen würde.

recht eines Dritten verletzt. Im Zweifelsfalle sollte sich der Ersteher aber mit einer vollstreckbaren Ausfertigung des Zuschlagsbeschlusses durch einen Gerichtsvollzieher in den Besitz einweisen lassen.

513 Beruft sich ein Besitzer gegen die Vollstreckung auf ein **Besitzrecht**, muss er gegen den Ersteher nach **§ 771 ZPO** klagen (§ 93 Abs. 1 Satz 3 ZVG). Das allgemeine Vollstreckungsgericht[200] kann dann nach § 769 Abs. 2 ZPO evtl. die Zwangsvollstreckung einstweilen einstellen.[201]

C. Rechtsbehelfe bei der Entscheidung über den Zuschlag

514 Gegen den Zuschlag und die Versagung des Zuschlags ist das Rechtsmittel der **sofortigen Beschwerde** gegeben (§ 96 ZVG i.V.m. § 11 Abs. 1 RPflG); auf diese finden die Vorschriften der ZPO über die sofortige Beschwerde Anwendung, soweit das ZVG keine besondere Regelung enthält.

515 Die Beschwerdefrist beträgt zwei Wochen (§ 569 Abs. 1 ZPO). Auch die Vorschriften über die Einlegung (§ 569 Abs. 2 und 3 ZPO) finden Anwendung.

516 **Beschwerdeberechtigt** sind (§ 97 ZVG), wenn der Zuschlag **erteilt** wurde:
- der Schuldner;
- alle anderen Beteiligten nach § 9 ZVG;
- der Ersteher (z.B. Rn. 457);
- Dritte, die für zahlungspflichtig erklärt wurden (Rn. 484) und
- alle Bieter, deren Gebot zwar nicht erloschen ist (Rn. 394, 395), die jedoch keinen Zuschlag erhalten haben.

517 Wurde der Zuschlag **versagt**, sind beschwerdeberechtigt (§ 97 ZVG):
- alle Gläubiger, für welche der Termin gehalten wurde (Rn. 217, 308);
- der Meistbietende und alle anderen Bieter, deren Gebot nicht erloschen ist;
- Personen, die nach § 81 Abs. 2 und 3 ZVG (Rn. 481, 482) an Stelle des Meistbietenden Eigentümer werden sollten.

Nach h.M. ist der Schuldner nicht berechtigt, allein aus dieser Position heraus die Versagung des Zuschlags anzufechten.[202]

518 Wurde der Zuschlag versagt, beginnt die Beschwerdefrist gegenüber allen mit der Verkündung des Beschlusses (§ 98 ZVG); es erfolgt also keine Zustellung des Versagungsbeschlusses.

519 Wurde der Zuschlag erteilt, beginnt die Beschwerdefrist gegenüber allen Personen, denen nach § 88 ZVG nicht zuzustellen war, weil sie im Termin anwesend waren (Rn. 492), mit der Verkündung (§ 98 ZVG). Für alle anderen, insbesondere also für den Ersteher, den Meistbietenden und den Bürgen beginnt die Frist mit der Zustellung des Zuschlagsbeschlusses. Eine Rechtsmittelbelehrung ist nicht vorgesehen.

520 Rechtsbeschwerde gegen die Entscheidung des Beschwerdegerichts ist nur bei Zulassung gegeben (Rn. 112).

---

200 Besonders bei Zentralisierung nach § 1 Abs. 2 ZVG ist nicht nur die funktionelle, sondern auch die örtliche Zuständigkeit zu beachten.
201 Hierzu *Steiner/Eickmann* § 93 Rn. 43 ff.
202 *Stöber* (ZVG) § 97 Rn. 2.11 m.w.N.

Die **Beschwerdegründe** sind gemäß § 100 ZVG **beschränkt**, wobei besonders zu berücksichtigen ist, dass das Beschwerdegericht die in § 83 Nr. 6 und 7 ZVG genannten Versagungsgründe von Amts wegen beachten muss, wenn Beschwerde eingelegt wurde (§ 100 Abs. 3 ZVG). **521**

Lag der Vollstreckungstitel dem Gericht im Versteigerungstermin nicht vor, ist dies Beschwerdegrund nach § 83 Nr. 6 ZVG, der jedoch durch Nachreichen des Titels geheilt werden kann, wenn der Titel zwischen Anordnung und Zuschlag ohne Einschränkung beim Gläubiger vorhanden war.[203]

D. Kosten für den Versteigerungstermin und die Entscheidung über den Zuschlag

I. Kosten des Gerichts

Für die Abhaltung von mindestens einem Versteigerungstermin mit Aufforderung zur Gebotsabgabe fällt die Hälfte der vollen Gebühr an (Nr. 2213 KVGKG). Der Geschäftswert berechnet sich gem. § 54 Abs. 1 GKG grundsätzlich (dort auch zu den Ausnahmen) nach dem festgesetzten Verkehrswert. **522**

Für die Erteilung des Zuschlags fällt die Hälfte der vollen Gebühr an (Nr. 2214 KVGKG). Der Geschäftswert berechnet sich gem. § 54 Abs. 2 GKG aus der Summe von barem Meistgebot und dem Wert der bestehen gebliebenen Rechte, wobei der nach § 51 ZVG bestimmte Zuzahlungsbetrag den Wert der nicht auf Geld lautenden Rechte bestimmt. Wurde der Zuschlag zu weniger als 70 % des Verkehrswertes einem nach § 114a ZVG Verpflichteten erteilt, ist der Erlasswert hinzuzurechnen. Regelmäßig wird man dann den Wert mit 70 % des Verkehrswertes annehmen können. **523**

Die Gebühr wird mit dem Zuschlag fällig (§ 7 Abs. 1 Satz 2 GKG) und ist nur vom Ersteher geschuldet (§ 26 Abs. 2 GKG), wird also nicht gemäß § 109 ZVG dem Erlös entnommen. Wegen der Mithaft: Rn. 484.

Die Gebühr entfällt, wenn der Zuschlag aufgehoben wird (Nr. 2214 KVGKG). **524**

Die Versagung des Zuschlags löst keine besondere Gebühr aus. **525**

Die Auslagen für die Zustellung des Zuschlagsbeschlusses gehören zu den allgemeinen Kosten (§ 109 ZVG) und sind daher nicht vom Ersteher zu tragen. **526**

II. Rechtsanwaltskosten

Der Rechtsanwalt erhält für seine Tätigkeit im Rahmen der Zuschlagsentscheidung keine besondere Gebühr. Hat er einen Beteiligten vertreten, ist dies mit den hierfür vorgesehenen (Nr. 3311 Ziff. 1 und Nr. 3312 VVRVG) Gebühren abgegolten, also der Verfahrensgebühr (4/10) und der Gebühr für die Wahrnehmung des Termins (4/10). Die letztgenannte Gebühr fällt nur einmal an, auch wenn mehrere Termine stattfinden und wahrgenommen werden. Der Gegenstandswert bestimmt sich nach § 26 RVG. **527**

Hat der Rechtsanwalt einen Bieter vertreten, der nicht Beteiligter ist, erhält er gemäß Nr. 3311 Ziff.1 VVRVG eine Gebühr von 4/10 für das gesamte Verfahren, gleichgültig ob **528**

---

[203] *BGH* Rpfleger 2004, 368.

er den Bieter in einem oder mehreren Terminen vertreten hatte. Die Gebühr fällt auch an, wenn der Zuschlag einem anderen als dem Mandanten erteilt oder versagt wird. Eine Terminsgebühr erhält er nicht.

529 Der **Gegenstandswert** bestimmt sich im Falle der Rn. 528 gem. § 26 Abs. 3 RVG wie folgt:
- Hat der Rechtsanwalt für seinen Mandanten Gebote abgegeben, ist das höchste abgegebene Gebot (Bargebot zuzüglich bestehen bleibende Rechte) Gegenstandswert.
- Hat er kein Gebot abgegeben, ist Gegenstandswert der festgesetzte Grundstückswert (= Wert des Gegenstands der Zwangsversteigerung).

530 Hat der Rechtsanwalt einen Bieter vertreten, der auch Beteiligter ist, erhält er die Gebühr nach Nr. 3311 Ziff.1 VVRVG nur einmal und zwar nach dem jeweils höheren Wert und dazu die 4/10 Terminsgebühr Nr. 3312 VVRVG.

531 Vertritt der Rechtsanwalt einen Beteiligten oder einen Bieter im Beschwerdeverfahren, erhält er die 5/10 Gebühr nach Nr. 3500 VVRVG. Der Gegenstandswert entspricht dem für die Gerichtsgebühren festgesetzten Wert (§ 23 RVG).

6. Kapitel
Verteilung des Erlöses

A. Vorbereitung des Verteilungstermins

I. Terminsbestimmung

532 Alsbald nach der Erteilung des Zuschlags (§ 105 Abs. 1 ZVG) bestimmt das Gericht einen Termin zur Verteilung des Versteigerungserlöses (Verteilungstermin). Fristen sind hierfür nicht vorgesehen, es muss nur die rechtzeitige Zustellung der Terminsbestimmung (Rn. 538) möglich sein. Praxisüblich sind vier bis sechs Wochen nach dem Zuschlag.

533 Wie sich aus § 116 ZVG ergibt, kann der Verteilungstermin auch stattfinden, wenn der Zuschlagsbeschluss noch nicht rechtskräftig ist. Zweckmäßig ist dies aber nicht. Ist Beschwerde gegen den Zuschlag zu erwarten, sollte der Termin etwas weiter hinausgeschoben werden, damit das LG noch vorher über den Zuschlag entscheiden kann. Das Gericht kann nach pflichtgemäßem Ermessen einen bereits bestimmten Termin wieder aufheben, wenn gegen den Zuschlag Beschwerde eingelegt wird.[204]

534 Ist der Zuschlagsbeschluss ausnahmsweise am Terminstag noch nicht rechtskräftig, wird nach § 116 ZVG verfahren. Dazu Rn. 653 bis 655.

535 Wird der Zuschlag rechtskräftig aufgehoben, muss der Verteilungstermin ebenfalls aufgehoben werden.

---

204 Allerdings wäre in diesem Fall mit Rücksicht auf das Anwachsen der Zinsen eine sorgfältige Abwägung der Interessen der Beteiligten erforderlich.

II. Bekanntmachung des Verteilungstermins

Die Terminsbestimmung ist allen Beteiligten (§ 9 ZVG) zuzustellen (§ 105 Abs. 2 ZVG). Eine Ladungsfrist ist für sie nicht vorgesehen; aus rechtsstaatlichen Erwägungen muss den Beteiligten aber eine angemessene Zeit für die Vorbereitung verbleiben. Gehört ein Beteiligter auch zu den unter Rn. 538 genannten Personen, ist ihm gegenüber die dort genannte Frist zu wahren. **536**

In der Praxis erfolgt gelegentlich – besonders bei einer hohen Zahl von Beteiligten – die Zustellung der Terminsbestimmung zusammen mit dem Zuschlagsbeschluss, wenn dort kein Rechtsmittel zu erwarten ist. Dies ist im Bezug auf jene Beteiligten, für welche die Beschwerdefrist bereits mit Verkündung des Zuschlagsbeschlusses begonnen hatte (§ 98 ZVG; Rn. 519), nicht ganz unbedenklich. Hier wäre ein Hinweis auf den Lauf der Frist angebracht. **537**

Stets erforderlich ist die Zustellung der Terminsbestimmung an den bzw. die Ersteher. Soweit andere Personen für das bare Meistgebot haften, also **538**
- ein Bürge (Kreditinstitut; Rn. 492) oder
- ein Meistbietender, der nicht Ersteher wurde (Rn. 488),

ist auch diesen zuzustellen.

Diese Zustellungen müssen spätestens zwei Wochen vor dem Termin erfolgen (§ 105 Abs. 4 ZVG). Ersteher und mithaftende Personen sollen so genügend Zeit haben, die Zahlungsmittel bis zum Termin zu beschaffen.

Alle diese Zustellungen erfolgen von Amts wegen (§ 3 ZVG) nach den allgemeinen Regeln (§§ 166 ff. ZPO) unter Beachtung der §§ 4 bis 7 ZVG. **539**

Neben der Zustellung soll die Terminsbestimmung auch an die Gerichtstafel angeheftet werden (§ 105 Abs. 3 ZVG). Der Termin könnte zwar auch stattfinden, wenn dies unterblieben ist, dennoch sollte der Aushang nicht unterlassen werden. Die darin enthaltene Aufforderung zur Anmeldung richtet sich nämlich auch an Personen, die bisher noch nicht beteiligt waren.[205] Der Aushang wird später – versehen mit den Daten über Aushang und Abnahme – zu den Akten genommen. **540**

An Personen, die erst nach dem Zuschlag durch Anmeldung Beteiligte werden, ist die Terminsbestimmung ebenfalls zuzustellen, falls dies zeitlich noch möglich ist. Sie können allerdings auf diese Zustellung verzichten. **541**

III. Vorläufiger Teilungsplan

1. Begriff

Ebenso wie das gG (Rn. 304), wird auch der Teilungsplan endgültig erst im Verteilungstermin festgestellt. Grundsätzlich besteht keine Verpflichtung des Gerichts, bereits vor dem Termin einen vorläufigen Plan zu fertigen. In der Praxis wird man kaum jemals darauf verzichten können. **542**

Wurde jedoch in der Terminsbestimmung zum Verteilungstermin eine formelle Aufforderung an die Beteiligten erlassen, ihre Forderungen innerhalb von zwei Wochen anzumel- **543**

---

205 Beispiel: Eigentümer eines Zubehörstücks, das mitversteigert wurde.

den, muss ein vorläufiger Teilungsplan gefertigt und wenigstens drei Tage vor dem Termin in der Geschäftsstelle zur Einsicht der Beteiligten ausgelegt werden (§ 106 ZVG). Da diese formelle Aufforderung keine Ausschlusswirkung hat, das Gericht aber unter Zeitdruck setzt, sollte hiervon abgesehen werden. Es genügt ein unverbindlicher Hinweis, dass unverzügliche Anmeldung der Forderungen sachdienlich und wünschenswert ist.

Tipp: **Keine Aufforderung nach § 106 ZVG erlassen.**

2. Grundlagen für die Aufstellung des Plans

a) Grundbuch

544   Bei der Aufstellung des Plans geht das Gericht vom **Inhalt des Grundbuch**s aus, wie er der Versteigerung zu Grunde lag (§ 114 Abs. 1 ZVG i.V.m. § 891 BGB) und setzt die Rechte in der Reihenfolge ihres Ranges und zu Gunsten der dort ausgewiesenen Berechtigten in den Plan ein.

545   Rechtsänderungen, die sich außerhalb des Grundbuchs vollzogen haben (das Grundbuch wurde unrichtig) müssen aber beachtet werden, wenn sie angemeldet[206] und zur Überzeugung des Rechtspflegers nachgewiesen werden. Dies gilt insbesondere für den Rechtsübergang bei Briefrechten (§§ 1154, 1155 BGB), auch z.B. für das Erlöschen eines Rechtes durch den Tod des Berechtigten oder für den Übergang (§ 1173 BGB) bzw. das Erlöschen (§§ 1174, 1181 BGB) eines Grundpfandrechtes nach den Vorschriften über die Gesamtrechte. Solche Rechtsänderungen sind im Plan zu berücksichtigen, auch wenn das Grundbuch noch nicht berichtigt ist.

b) Anmeldungen

546   **Ohne Anmeldung** werden in den Plan aufgenommen:
- die Stammrechte (Rn. 288);
- laufende wiederkehrende Leistungen (§ 114 Abs. 2 ZVG), die sich aus dem Grundbuch berechnen lassen. Dies sind vor allem die laufenden Zinsen der Grundpfandrechte. Rückständige Leistungen müssen angemeldet werden;
- Forderungen, die bereits im Versteigerungsantrag oder einem Beitrittsgesuch beziffert sind (§ 114 Abs. 1 Satz 2 ZVG);
- der nach § 46 ZVG festgesetzte Geldbetrag.

547   Alle übrigen **Forderungen** werden **nur auf Anmeldung** in den Plan aufgenommen. Soweit diese bereits zum Versteigerungstermin angemeldet werden mussten (§ 37 Nr. 4 ZVG), haben sie ihren Rang verloren, wenn diese Anmeldung unterblieben ist (§ 110 ZVG). Sie werden jetzt an die letzte Stelle (manchmal RK 9 genannt) gesetzt. Einzelne Anmeldungen, die nicht unter § 37 Nr. 4 ZVG fallen, können auch noch im Verteilungstermin ohne Rangverlust erfolgen. Darauf wird später eingegangen werden.

548   Nach allgemeiner Meinung[207] genügt die Anmeldung zum **Versteigerungstermin** auch für die Aufnahme in den Teilungsplan. Sachdienlich wäre aber eine neue Anmeldung, da gegenüber der früheren Anmeldung meist Änderungen (Rn. 551) erforderlich werden.

---

206 § 110 ZVG findet auf diese Anmeldung keine Anwendung.
207 So z.B. *Stöber* (ZVG) § 114 Rn. 4.4.

Jedenfalls hat das Gericht darauf zu achten, dass für diese Beteiligten nicht zu viel in den Plan aufgenommen wird.

Tipp: **Man sollte immer zum Verteilungstermin erneut anmelden und dabei auf den richtigen Endtermin bei wiederkehrenden Leistungen achten. Terminswahrungskosten müssen jetzt spezifiziert werden; Pauschalen genügen nicht mehr.**

Auch Abtretungen, Pfändungen oder der Rechtsübergang nach Ablösung (Rn. 440, 441) sind zu beachten, falls Anmeldung und genügender Nachweis erfolgt. **549**

c) Grundlagen für die Berechnung

Die bereits für das gG erklärte Unterscheidung zwischen „einmaligen" und „wiederkehrenden" (Rn. 269) sowie „laufenden" und „rückständigen" (Rn. 270) Leistungen gilt auch für die Aufstellung des Teilungsplans. **550**

Für die Berechnung der **laufenden wiederkehrenden Leistungen** findet § 47 ZVG keine Anwendung mehr (galt nur für das gG). Diese Leistungen sind bis zu folgenden **Endterminen** in den Plan einzustellen: **551**

- Soweit der Ersteher diese Leistungen künftig übernehmen muss, werden sie bis zum Tag vor dem Zuschlag berücksichtigt (Rn. 552)
- Trifft den Ersteher keine Zahlungspflicht für die Zukunft, werden sie bis zum Tag vor dem Verteilungstermin in den Plan eingestellt (Rn. 554).

Der Ersteher ist für die künftigen Leistungen zahlungspflichtig, wenn es sich um **552**

- wiederkehrende öffentlich-rechtliche Leistungen (z.B. Grundsteuer[208]) oder um
- Nebenleistungen bestehen gebliebener Rechte handelt.

In diesem Fall muss nach Tagen **genau** bis zum Tag vor dem Zuschlag abgerechnet werden, da der Ersteher ab dem Tag des Zuschlags zahlungspflichtig wird (§ 56 Satz 2 ZVG). Dabei wird auf die Fälligkeit **keine Rücksicht** genommen. Es müssen also u.U. auch noch nicht fällige Beträge in den Plan aufgenommen werden.

> Verkündung Zuschlagsbeschluss am 13.08.2004
>
> Grundsteuer (Fälligkeit: Rn. 284) pro Quartal 120,00 €.
>
> Für eine bestehen gebliebene Grundschuld werden jeweils 3.600,00 € Jahreszinsen, kalenderjährlich nachträglich fällig.
>
> Grundsteuer: Das 3. Quartal der Grundsteuer (01.07. bis 30.09.) wird zwar erst am 15.08.2004 fällig, dennoch wird ein Teilbetrag für 42 Tage (01.07. bis 12.08.2004) = 42,00 € in den Plan aufgenommen.
>
> Zinsen: Für das Jahr 2004 werden die Zinsen zwar erst am 31.12.2004 fällig, dennoch wird ein Teilbetrag für 222 Tage (01.01. bis 12.08.2004) = 2.200,00 € in den Plan eingestellt.

Beispiel 24

553

Den Ersteher treffen keine künftigen Leistungen aus den Rechten, die nach den Versteigerungsbedingungen erloschen sind. Für diese Rechte werden also die Nebenleistungen bis zum Tag vor dem Verteilungstermin in den Plan eingestellt. **554**

Einmalige Leistungen (z.B. Erschließungsbeitrag) treffen den Ersteher, wenn sie am Zuschlagstag oder später fällig werden. Früher fällig gewordene Beträge stehen im Teilungsplan. **555**

---

[208] Wegen der Unterscheidung zwischen dinglicher und persönlicher Leistungspflicht des Erstehers bei der Grundsteuer siehe *Mayer* Rpfleger 2000, 260.

B. Teilungsplan

I. Zweck und Form

Hinweis:
Eine ausführliche Darstellung und Berechnung eines Teilungsplans anhand konkreter Daten findet sich im Fallbeispiel zum 1. Teil (Rn. 1034 f.), 3. Abschnitt „Teilungsplan" (Rn. 1036).

556 Im Teilungsplan wird ausgewiesen, wie der Ertrag der Versteigerung auf die einzelnen Forderungen verteilt werden soll. Zusammen mit dem Terminsprotokoll ist er die **Grundlage für die Auszahlung** an die Berechtigten durch das Gericht.

557 Eine bestimmte Form ist nicht vorgeschrieben. Folgende Gliederung hat sich in der Praxis bewährt:

1. Vorbericht   (Abschnitt I),
2. Bestehen bleibende Rechte   (Abschnitt II),
3. Aufstellung der Teilungsmasse (Abschnitt III),
4. Aufstellung der Schuldenmasse (Abschnitt IV),
5. Zusammenstellung der Zuteilung (Abschnitt V).

Schema eines Teilungsplans

Muster

Amtsgericht
Vollstreckungsgericht
Aktenzeichen:

Teilungsplan
für den Verteilungstermin am

I. Vorbericht:
1. Tag der ersten Beschlagnahme:
2. Tag des Zuschlags:
3. Verteilungstermin:
4. Ersteher:
5. An Anmeldungen zum Verteilungstermin liegen dem Gericht vor:
...

II. Bestehen bleibende Rechte:
Abteilung II:
Abteilung III:

III. Teilungsmasse:
Bares Meistgebot:
4 % Zinsen aus   vom   bis

IV. Schuldenmasse:
1. Kosten des Verfahrens (§ 109 ZVG):
½ Gebühr Nr. 2211 KVGKG Wert: Betrag:
½ Gebühr Nr. 2213 KVGKG Wert: Betrag:
½ Gebühr Nr. 2215 KVGKG Wert: Betrag:
Auslagen:
Gesamtkosten:

abzgl. Vorschuss
Restbetrag:

2. Vorschuss des Gläubigers

3. Weitere Ansprüche (in Befriedigungsrangfolge):
a)
b)
c)
…

V. Zuteilung:
a)
b)
c)
…

II. Einzelteile des Plans

1. Vorbericht

Damit der Plan aus sich selbst heraus verständlich wird, ist es üblich, eingangs die Grundlagen für die Berechnung kurz anzugeben. Beteiligte, welche eine Abschrift erhalten, können dann die einzelnen Ansätze leichter nachvollziehen. In Betracht kommen die Angaben der **wichtigsten Daten** (Tag der ersten Beschlagnahme, Tag des Zuschlags, Tag des Verteilungstermins) sowie die Zusammenstellung der zum Termin eingegangenen Anmeldungen. 558

2. Bestehen bleibende Rechte

Zur besseren Übersicht **müssen** die bestehen bleibenden Rechte (§ 52 ZVG) aufgezählt werden (§ 113 Abs. 2 ZVG). Ihre Nebenleistungen, die bar zu zahlen sind, stehen aber im Abschnitt „Schuldenmasse". 559

3. Teilungsmasse

Die Teilungsmasse besteht aus dem **Bargebot** (§ 49 Abs. 1 ZVG) und den 4 % **Zinsen**, welche der Ersteher für die Zeit vom Zuschlag bis zum Verteilungstermin zu zahlen hat (§ 49 Abs. 2 ZVG i.V.m. § 246 BGB), falls er den Betrag nicht unter Rücknahmeverzicht hinterlegt hatte (§ 49 Abs. 4 ZVG). Der Zuschlagstag wird bei der Zinsberechnung mitgerechnet, der Tag des Verteilungstermins nicht. 560

Hinzu kommen in sehr seltenen Fällen Erlöse aus einer Sonderversteigerung (§§ 65, 107 Abs. 1 Satz 2 ZVG), bereits fällige Zuzahlungen (Rn. 361 ff.) oder Hinterlegungszinsen (§ 8 HinterlO). Von der Erörterung wird abgesehen. 561

4. Schuldenmasse

a) Bedeutung

Ein formal korrekter Teilungsplan enthält **sämtliche Ansprüche**, welche aus der Teilungsmasse zu befriedigen wären, wenn diese ausreichen würde. Da die Masse aber so gut wie nie ausreicht, beschränkt sich die Praxis häufig auf die Berechnung jener Beträge, die auch befriedigt werden können. Dies ist nicht ganz unbedenklich, da die Feststellungen im Verteilungstermin später nicht mehr ergänzt werden können. Zumindest die Reihen- 562

1 Versteigerung eines Grundstücks

folge aller Ansprüche an die Masse sollten an dieser Stelle im Plan angegeben werden, auch wenn auf die Berechnung des einzelnen Anspruchs verzichtet wird.

b) Kosten

563 Das Gericht berechnet zunächst jene Kosten, welche vorweg aus dem Erlös zu entnehmen sind (§ 109 ZVG).

564 Die Gebühren des Gerichts berechnen sich wie folgt:
- Für das Verfahren im Allgemeinen eine 0,5 Gebühr (Nr. 2211 KVGKG).
- Für den Versteigerungstermin[209] eine 0,5 Gebühr (Nr. 2213 KVGKG).
- Für das Verteilungsverfahren eine 0,5 Gebühr (Nr. 2215 KVGKG).

Die beiden erstgenannten Gebühren werden aus dem festgesetzten Grundstückswert berechnet (§ 54 Abs. 1 Satz 1 GKG). Die Gebühr für das Verteilungsverfahren berechnet sich grundsätzlich[210] nach dem Bargebot (ohne die Zinsen des § 49 Abs. 2 ZVG) zuzüglich des Wertes der bestehen gebliebenen Rechte (§ 54 Abs. 3 GKG).

565 Hinzu kommen die Auslagen, die im Laufe des Verfahrens angefallen sind. Es sind dies insbesondere
- die Zustellungskosten (Nr. 9002 KVGKG), außer für Anordnung und Beitritt,
- die Kosten der Verkehrswertermittlung (Nr. 9005 KVGKG),
- die Kosten der öffentlichen Bekanntmachung (Nr. 9004 KVGKG),
- die Reisekosten des Gerichts und die Miete eines Raumes bei auswärtiger Versteigerung (Nr. 9006 KVGKG).

Dazu kommen auch die Kosten eines Rechnungsverständigen (§ 66 Abs. 1 ZVG und § 70 GKG), soweit dessen Einschaltung landesrechtlich noch möglich ist.

566 Nicht hierher gehören die Kosten für Anordnung und Beitritt. Sie erscheinen im Teilungsplan im Range des Gläubigers, für welchen sie angefallen sind. Die Kosten des Zuschlags (Rn. 523 f.) stehen nicht im Teilungsplan, da sie der Ersteher zu tragen hat (§ 58 ZVG).

567 Vorschüsse der Gläubiger (Rn. 321) werden von den Gerichtskosten abgezogen und sofort an gleicher Rangstelle (Rang der Gerichtskosten) als Anspruch des jeweiligen Gläubigers ausgewiesen. Hierzu ist keine besondere Anmeldung seitens der Gläubiger erforderlich.

c) Rangklassen 1, 1a und 2

568 Im Range nach den Kosten kommen jetzt – in dieser Reihenfolge – die Ansprüche der RK 1, 1a und 2 des § 10 Abs. 1 ZVG. In der Praxis fallen sie so selten an, dass eine kurze Darstellung genügt. Soweit neben dem jeweiligen Hauptanspruch Kosten entstanden sind, stehen diese jeweils vor ihrem Hauptanspruch (§ 12 ZVG). Die nachgenannten Ansprüche haben den für sie ausgewiesenen Rang nur, wenn sie rechtzeitig (Rn. 380) angemeldet waren; sonst trat Rangverlust ein (§ 110 ZVG).

569 Forderungen in **RK 1** können nur anfallen, wenn das versteigerte Grundstück bis zum Zuschlag unter **Zwangsverwaltung** stand. Es handelt sich um Leistungen, welche ein Gläubiger dieser Zwangsverwaltung zur Erhaltung oder notwendigen Verbesserung (nicht aber zur Verwaltung) des Grundstücks erbracht hat, ohne aus dem Ertrag der Zwangsverwaltung Ersatz zu erlangen.

---

209 Die Gebühr fällt nur einmal an, auch wenn mehrere Versteigerungstermine stattgefunden haben.
210 Besonderheit: § 53 Abs. 3 Satz 2 GKG.

Forderungen in **RK 1a** können nur anfallen, wenn über das Vermögen des Grundstückseigentümers ein **Insolvenzverfahren** eröffnet und ein Verwalter bestellt war (Rn. 277).

570

In der **RK 2** stehen **Ansprüche land- oder forstwirtschaftlicher Arbeiter** (sog. Litlohnansprüche), wenn das Grundstück, das sie bewirtschaftet haben, versteigert wurde. Wegen der Einzelheiten wird auf die Kommentarliteratur Bezug genommen.[211]

571

d) Rangklasse 3

Hierher gehören öffentlich-rechtliche Ansprüche, soweit sie kraft Gesetzes (Rn. 279) „**öffentliche Last**" **des Grundstücks** sind. Da bei weitem nicht alle öffentlich-rechtlichen Ansprüche auch eine solche öffentliche Last darstellen, werden in dieser RK manchmal Forderungen angemeldet (und leider auch zugeteilt!), welche diese Voraussetzung nicht erfüllen, zumal hier auch landesrechtliche Regelungen (KAG) zu beachten sind. Einzelheiten finden sich in der Kommentarliteratur.

572

Es kann sich um „einmalige Leistungen" oder um „wiederkehrende Leistungen" handeln. Für die Berechnung wird auf Rn. 552, 555 (für den Endtermin) und für die Abgrenzung des zeitlichen Privilegs auf Rn. 283, 284 verwiesen. Alle Ansprüche haben **untereinander Gleichrang** (§ 10 Abs. 1 Nr. 3 ZVG), auch wenn sie von verschiedenen Kassen angemeldet wurden und auf verschiedenen rechtlichen Grundlagen beruhen.

573

Die Leistungen mussten bereits im Versteigerungstermin angemeldet werden, sonst erleiden sie Rangverlust (§ 110 ZVG, Rn. 380). Rechtzeitig angemeldete Rückstände, welche das Zeitprivileg verloren haben (Rn. 284), fallen in die RK 7. Bei drohendem Rangverlust durch Zeitablauf konnte die Gemeinde schon vor der Zwangsversteigerung eine „aufschiebend bedingte Sicherungshypothek" eintragen lassen[212], wodurch der Rückfall von der RK 3 nur in die RK 4 erfolgte.

574

e) Nebenleistungen bestehen gebliebener Rechte (RK 4)

Hierher gehören die bar zu bezahlenden Nebenleistungen (insbesondere Zinsen) der Rechte, welche gemäß § 52 ZVG nicht erloschen sind. Rechte, für welche keine Nebenleistungen angefallen sind (Beispiel „Wegerecht"), werden unter dieser Nummer nicht erwähnt. Diese stehen nur im Abschnitt II des Teilungsplans „Bestehen bleibende Rechte".

575

Einmalige Nebenleistungen (z.B. Vorfälligkeitsentschädigungen) werden in den Plan zur Zahlung eingestellt, wenn sie vor dem Zuschlag fällig geworden sind. Laufende Beträge wiederkehrender Leistungen werden nach Rn. 552 berechnet. Wegen des Zeitprivilegs der Rückstände siehe Rn. 291.

576

Auch für Rechte, die in der **zweiten Abteilung** des Grundbuchs eingetragen sind, können Nebenleistungen anfallen. In Betracht kommen z.B. Geldleistungen aus Reallasten (für Erbbauzins Rn. 849) oder Altenteilen. Denkbar sind auch Naturalleistungen, wobei ein hierfür nach § 46 ZVG festgesetzter Geldbetrag nicht mehr angemeldet werden muss.

577

Für Tilgungs- oder Abzahlungshypotheken (Rn. 293) wird auf die Kommentarliteratur verwiesen.[213] Das Grundbuch wird in Höhe der nach dem Plan zu zahlenden Tilgungsbeträge durch diese Zahlung unrichtig (§ 1181 BGB).

578

---

211 Etwa *Stöber* (ZVG) § 10 Rn. 4.
212 Hierzu ausführlich *Glotzbach/Mayer* Rn. 108 bis 121.
213 Z.B. *Stöber* (ZVG) § 10 Rn. 8.7 und 8.8 sowie § 114 Rn. 5.14e.

f) Erloschene Rechte (RK 4)

579 Soweit Rechte aus der zweiten oder dritten Abteilung des Grundbuchs durch den Zuschlag erloschen sind (§ 91 Abs. 1 ZVG), setzen sie sich am Versteigerungserlös fort (**dingliche Surrogation**). Somit ist für diese Rechte in der Reihenfolge ihres früheren Grundbuchranges ein Geldbetrag in die Schuldenmasse des Teilungsplans einzusetzen, unabhängig davon, ob der Erlös auch für eine Zuteilung ausreicht.

580 Dieser Geldbetrag ergibt sich aus dem Wert des Rechtes, zuzüglich der Nebenleistungen (Rn. 290 und 292). Innerhalb eines Rechtes sind die Forderungen in der Reihenfolge Kosten – Zinsen – Hauptanspruch (§ 12 ZVG) getrennt im Plan auszuweisen. Kosten und **rückständige** Zinsen waren bereits zum Versteigerungstermin anzumelden. Der Wertersatz für nicht auf Geldzahlung gerichtete Rechte kann jetzt noch angemeldet werden.

581 Bei Grundpfandrechten bestimmt sich der Wert des Stammrechtes nach dem Nennbetrag. Bei **Briefrechten** kann das Grundbuch wegen § 1154 BGB den Berechtigten für das Kapital nicht ausweisen. Wird der Brief nicht vorgelegt, gilt der Berechtigte für die Zuteilung als unbekannt (§ 126 ZVG). War das Recht außerhalb des Grundbuchs abgetreten, ist außer dem Brief eine Abtretungserklärung in der Form des § 1155 BGB vorzulegen.

582 Werden nur **Nebenleistungen** (Kosten, Zinsen) zugeteilt, ist nach der hier vertretenen Auffassung[214] die Vorlage des Briefes nicht erforderlich, da § 1159 BGB die Rückstände („Rückstandshypothek") dem Schuldrecht zuweist und somit auch der Eigentümer im Falle beabsichtigter Zahlung der fälligen Nebenleistungen vom Hypothekar die Briefvorlage nicht verlangen könnte.

Tipp: Für bestimmte Zuteilungen ist Briefvorlage nicht erforderlich.

583 Auch Rechte, die nicht auf eine Geldsumme lauten, erhalten Wertersatz (§ 92 ZVG). Für die Berechnung Rn. 601 bis 621. Soweit aus einer Reallast Nebenleistungen als wiederkehrende Leistungen gefordert werden konnten, werden diese – was das Zeitprivileg, den Endtermin und die Anmeldepflicht anlangt – wie Zinsen behandelt (§ 1107 BGB).

g) Gläubiger der Rangklasse 5

584 Nunmehr folgen jene Gläubiger, welche einen Anordnungs- oder Beitrittsbeschluss erwirkt hatten, ohne dass ihre Forderung in einer besseren Rangklasse stünde. Sie werden in der **Reihenfolge der Beschlagnahme** (§ 11 Abs. 2 ZVG, dazu auch Rn. 75 bis 78) in den Plan eingestellt.

585 Auch hier gilt innerhalb einer Forderung die Reihenfolge Kosten – Zinsen – Hauptanspruch (§ 12 ZVG).

586 Was bereits im Versteigerungsantrag (Beitrittsgesuch) stand, gilt als angemeldet (§ 114 Abs. 1 Satz 2 ZVG). Weitere Kosten der 4. Kategorie (Rn. 34) konnten bis zum Versteigerungstermin nachgemeldet werden. Hierzu gehören insbesondere die Gerichtskosten Rn. 115 ff. Manche Gerichte schlagen diese Kosten ohne Anmeldung der Forderung zu. Darauf verlassen sollte man sich nicht. Kosten der Kategorien 1 bis 3 (Rn. 30 bis 32) sind nicht anmeldefähig!

Tipp: Die gezahlten Gerichtskosten für die Anordnung/den Beitritt sowie weiter entstandene, noch nicht im Versteigerungsantrag bezifferte Kosten, unbedingt zum Versteigerungstermin formlos anmelden.

---

214 Sehr streitig, a.M. *Steiner/Teufel* § 126 Rn. 12 m.w.N. So aber *Stöber* (ZVG) § 126 Rn. 2.1 m.w.N.

h) Berechtigte der Rangklasse 6

In Betracht kommen   **587**

- Berechtigte, deren dem Gläubiger gegenüber auf Grund Beschlagnahme **unwirksamen** Rechte (Rn. 84) nach dem Zwangsversteigerungsvermerk im Grundbuch eingetragen wurden;
- Berechtigte, deren Recht zwar vor dem Zwangsversteigerungsvermerk eingetragen wurde, aber der Beschlagnahme des Gläubigers **nachgehen**. Dies kann z.B. der Fall sein, wenn nach Beschlagnahme durch Zustellung des Anordnungsbeschlusses zuerst ein Grundpfandrecht und dann der Zwangsversteigerungsvermerk eingetragen werden.

Die Erstgenannten müssen das Stammrecht, die Kosten (§ 10 Abs. 2 ZVG) und sämtliche Nebenleistungen anmelden (§ 37 Ziff. 4 ZVG), sonst erleiden diese Ansprüche Rangverlust.   **588**

Die Letztgenannten müssen das Stammrecht und die laufenden Nebenleistungen nicht anmelden.   **589**

Stehen mehrere Rechte in der RK 6, haben sie **untereinander** den **Grundbuchrang**.   **590**

Sind mehrere Gläubiger vorhanden, bestimmt sich der Rang zwischen dem/den Beitrittsgläubiger und dem Recht im Normalfall nach der Reihenfolge der Eintragung gegenüber der Beschlagnahme (Rn. 77 und 294). Es ist also möglich, dass ein solches Recht gegenüber einem/einigen Gläubiger(n) einen schlechteren Rang (= RK 6) und gegenüber einem/einigen anderen einen besseren (= RK 4) hat (relativer Rang). Dies muss der Plan ausweisen.   **591**

> 01.02.2004   Beschlagnahme für den persönlichen Gläubiger G1 (Anordnung)   **Beispiel 25**
> 20.03.2004   Eintragung einer Zwangshypothek (Abt. III Nr. 4)
> 15.04.2004   Beschlagnahme für den persönlichen Gläubiger G2 (Beitritt)   **592**
>
> Gegenüber dem Gläubiger G1 ist das Recht Abt. III Nr. 4 (beschlagnahme-)unwirksam und fällt daher in RK 6. Da die Beschlagnahme für Gläubiger G2 erst nach der Eintragung des Rechtes Abt. III Nr. 4 liegt, ist das Recht ihm gegenüber wirksam (= RK 4).
> Was mit dem Recht in der Zwangsversteigerung letztlich wirklich geschieht, hängt davon ab
> - ob es **rechtzeitig angemeldet** wird (Rn. 380) und
> - welcher Gläubiger als **bestbetreibend** das gG bestimmt (Rn. 308).
>
> Richtet sich das gG nach G1 bleibt das Recht Abt. III Nr. 4 nicht bestehen; es ist aus dem vorhandenen Erlös (soweit dieser ausreicht) im Rang nach G1 und vor G2 zu befriedigen.
> Bestimmt G2 das gG, bleibt das Recht Abt. III Nr. 4 bestehen.

i) Rangklassen 7 und 8

In diesen Rangklassen stehen – in dieser Reihenfolge – die Forderungen, welche zwar rechtzeitig angemeldet wurden, aber durch **Zeitablauf** ihren Rang verloren haben. Dadurch rückten   **593**

- Forderungen aus ursprünglich RK 3 in die RK 7 und
- solche aus ursprünglich RK 4 in die RK 8.

Untereinander haben mehrere Forderungen in RK 7 Gleichrang (Rn. 573); mehrere in RK 8 den Rang, den sie in RK 4 hätten.   **594**

595 In der Vollstreckungsversteigerung sind diese Rangklassen nahezu bedeutungslos, da hierauf nur sehr selten eine Zuteilung erfolgen kann. In der Zwangsversteigerung zum Zwecke der Aufhebung einer Gemeinschaft können sie dagegen mit einer Zuteilung rechnen.

Tipp: **Gläubiger von Forderungen der RK 7 oder RK 8 können eine Verbesserung ihres Ranges erreichen, wenn sie das Verfahren wegen dieser Ansprüche betreiben. Die Beträge fallen dann in RK 5.**

j) Ansprüche mit Rangverlust

596 Hier nun, manchmal RK 9 genannt, stehen alle Ansprüche, die eigentlich einer besseren Rangklasse zuzuordnen gewesen wären, aber **nicht rechtzeitig** (§ 37 Nr. 4 ZVG) zum Versteigerungstermin (Rn. 380) **angemeldet** worden sind und deshalb Rangverlust (§ 110 ZVG) erlitten haben. Untereinander haben sie wieder ihren ursprünglichen Rang.

597 Voraussetzung für eine Berücksichtigung ist, dass sie wenigstens noch im Verteilungstermin bis zur Feststellung des Teilungsplans angemeldet wurden. Eine spätere Anmeldung bewirkt nichts mehr.

k) Erlösüberschuss

598 Ein jetzt noch vorhandener Betrag (Erlösüberschuss) gebührt dem letzten Grundstückseigentümer, meist also dem Schuldner.

5. Zuteilung

599 Durch eine Gegenüberstellung von Teilungsmasse und Schuldenmasse wird nun festgestellt, wer befriedigt werden kann und wer einen Ausfall erleidet.

600 Dieser Teil (Abschnitt V; siehe Muster zu Rn. 557) kann also z.B. folgendermaßen aussehen:

Es sind zuzuteilen:

a) Der Landesjustizkasse in X gegen Zahlungsanzeige		3.500,00 €
b) Der Stadt Y für Grundsteuer Pos. 3[215]		600,00 €
c) Der Rheinischen Sandbank AG		
aa) Gerichtskostenvorschuss	2.000,00 €	
bb) Grundschuld III/1		
(Zinsen und Teil der Hauptforderung)	56.400,00 €	
zusammen:	58.400,00 €	58.400,00 €
Damit ist die Teilungsmasse von erschöpft.		62.500,00 €

Ausgefallen sind

a) Rheinische Sandbank AG mit	12.000,00 €
b) Gläubiger Müller mit	4.300,00 €

---

[215] Diese Angabe bezieht sich auf die entsprechende Position im Abschnitt „Schuldenmasse" des Teilungsplans.

III. Bewertung der nicht auf Kapital gerichteten Rechte

1. Einteilung

Für die nach § 91 Abs. 1 ZVG erloschenen Rechte, welche nicht auf Kapitalzahlung gerichtet sind, wird in die Schuldenmasse des Teilungsplans ein **Wertersatz** eingestellt, für dessen Berechnung man diese Rechte wie folgt unterscheiden muss: 601

Grundsätzlich wird für diese Rechte gemäß § 92 Abs. 1 ZVG eine einmalige Zahlung in den Plan eingestellt, der ihrem Wert entspricht.   602

Für die drei in § 92 Abs. 2 ZVG genannten Rechte, also   603
- Nießbrauch,
- Beschränkte persönliche Dienstbarkeit (Beispiel: Wohnungsrecht),
- Reallast auf unbestimmte Dauer (z.B. Recht auf Lebenszeit des Berechtigten)

wird der Wertersatz durch wiederkehrende Zahlungen (Rente) geleistet.

Einteilung der Rechte des § 92 ZVG

Übersicht 604

Rechte mit Anspruch auf		
einmaligen Wertersatz (§ 92 Abs. 1, 3 ZVG)		**Zahlung einer Geldrente** (§ 92 Abs. 2 ZVG)
Rechte, die nicht auf wiederkehrende Leistungen gerichtet sind	Rechte, die zwar auf wiederkehrende Leistungen gerichtet, aber nicht in § 92 Abs. 2 ZVG genannt sind	
z.B. Grunddienstbarkeit, Auflassungsvormerkung	z.B. Reallast von bestimmter Dauer	z.B. Nießbrauch

Ablösbare Rechte (§ 92 Abs. 3 ZVG) sind in der Praxis bedeutungslos. Es sind dies jene Rechte, die auf der Rechtsgrundlage Art. 113 EGBGB nach Landesrecht ablösbar sind. § 882 BGB bestimmt keine Ablösesumme! Auch die Rentenschuld fällt nicht unter § 92 Abs. 3 ZVG, sondern unter Rn. 580, da auf die dortige Ablösesumme die Vorschriften über das Grundschuldkapital anzuwenden sind (§ 1200 Abs. 1 BGB).   605

2. Wertersatz durch Einmalzahlung

Ein Ersatzbetrag durch Einmalzahlung wird zunächst für jene Rechte festgesetzt, welche keine wiederkehrenden Leistungen haben, also insbesondere: 606
- Grunddienstbarkeiten,
- dingliche Vorkaufsrechte, die nicht ersatzlos wegfallen,[216]
- Auflassungsvormerkungen.

---

216 Hierzu *Stöber* (ZVG) § 81 Rn. 10.

607 Gleiche Behandlung erfahren jene Rechte mit wiederkehrenden Leistungen, die in § 92 Abs. 2 ZVG **nicht** genannt sind, also insbesondere:
- der Erbbauzins (dazu Rn. 845 ff.),
- Reallasten von bestimmter Dauer.

608 Für ihre **Bewertung** muss wiederum unterschieden werden:
- Ist im Grundbuch ein **Höchstbetrag** nach § 882 BGB eingetragen, wird mangels einer Anmeldung dieser Höchstbetrag in den Plan eingesetzt.
- Lässt sich der **Wert aus dem Grundbuch berechnen**, bedarf es hierzu keiner Anmeldung. Die Berechnung erfolgt durch das Gericht (Rn. 610).
- In allen **anderen Fällen** hat der Berechtigte den **Wert anzumelden** (§ 114 ZVG). Dazu Rn. 611 ff.

609 Ersatzbeträge für Rechte, die nicht auf wiederkehrende Leistungen gerichtet sind, gelten im Verteilungstermin als fällig, wenn sich aus dem Inhalt des Rechtes nichts anderes ergibt.

610 Wiederkehrende Leistungen mit bestimmter künftiger Fälligkeit sind „betagt"[217] im Sinne des § 111 ZVG und gelten somit im Verteilungstermin als fällig, d.h. der Berechtigte erhält den Ersatzbetrag sofort. Sind zwischen Zuschlag und Fälligkeit keine Zinsen geschuldet (unverzinsliche Rechte), muss sich der Empfänger einen Abzug dafür gefallen lassen, dass er den Ersatzbetrag sofort erhält, während die wiederkehrenden Leistungen erst künftig fällig geworden wären. Die Berechnung der **Abzinsung** erfolgt mit Formeln (z.B. Hoffmann'sche Methode) und Tabellen.[218] Beispiel für Erbbauzins Rn. 865.

611 Ist der Wert nicht aus dem Grundbuch ersichtlich oder berechenbar, muss der Berechtigte einen Wert anmelden (§ 114 Abs. 1 Satz 1 ZVG). Diese Anmeldung kann noch **ohne Rangverlust** im Verteilungstermin erfolgen. Unterbleibt diese Anmeldung, wird für das Recht kein Ersatzbetrag in den Plan eingestellt.

Tipp: Ausnahmsweise ist „späte" Anmeldung rangwahrend möglich.

612 Das Gericht hat den angemeldeten Betrag auf Angemessenheit zu überprüfen und eine zu hohe[219] Anmeldung auf eine geringere Summe zu reduzieren. Nimmt der Berechtigte seine Anmeldung bezüglich der Differenz nicht zurück, gilt dies kraft Gesetzes als Widerspruch gegen den Teilungsplan (§ 115 Abs. 2 ZVG). Dazu Rn. 638 ff.

3. Wertersatz durch Rente

613 Erlischt eines der in **§ 92 Abs. 2 ZVG** bezeichneten Rechte, erhält der Berechtigte keine Einmalzahlung, sondern eine **Rente**.

614 Hierzu muss ein **Deckungskapital** gebildet werden (§ 121 ZVG), welches aus der Summe aller künftigen Leistungen besteht, höchstens jedoch auf der Basis von 25 Jahren berechnet wird.[220] Auch ein nach § 882 BGB eingetragener Betrag darf nicht überschritten werden.

---

217 Ein Betrag ist „betagt" (also nicht bedingt), wenn die künftige Fälligkeit sicher ist.
218 Solche Formeln und Tabellen finden sich in den gängigen Kommentaren.
219 Ist die Summe zu niedrig, erfolgt allenfalls Hinweis, jedoch keine Erhöhung von Amts wegen.
220 Wenn man den 25-fachen Jahresbetrag mit 4 % verzinslich anlegt, kann theoretisch das Deckungskapital nie verbraucht werden. Somit bedarf es keines höheren Betrages.

Verteilung des Erlöses 1

Ergeben sich die künftigen Leistungen aus dem Grundbuch, bedarf es keiner Anmeldung. Anderenfalls muss der Wert der Leistung angemeldet werden, sonst erfolgt **keine** Berücksichtigung! Auch diese Anmeldung kann noch ohne Rangverlust im Verteilungstermin erfolgen. Wegen der gerichtlichen Prüfung siehe Rn. 612.

615

> Ein Altenteil ist erloschen. Die Oma (= Berechtigte des Altenteils) hatte ein Wohnungsrecht und einen Anspruch (Reallast) auf monatlich 100,00 € und täglich einen Liter Milch. Anmeldepflichtig sind der Wert des Wohnungsrechts und der Wert der Milch. Angenommen, die Oma meldet mtl. 200,00 € für die Wohnung und täglich 0,50 € für die Milch an. Da die Lebensdauer der Oma unbestimmt ist, wird ein statistischer Wert aus der Tabelle[221] zu Grunde gelegt; angenommen 12 Jahre.
>
> Das Deckungskapital berechnet sich dann wie folgt:
> Geldrente (Jahresbetrag):   1.200,00 € x 12 =   14.400,00 €
> Wohnung (Jahresbetrag):   2.400,00 € x 12 =   28.800,00 €
> Milch (Jahresbetrag):   182,50 € x 12 =   2.190,00 €
> **Deckungskapital:**   **3.782,50 € x 12 =**   **45.390,00 €**

Beispiel 26

616

Aus dem Deckungskapital erhält der Berechtigte (§ 92 Abs. 2 ZVG) gegen **Lebensnachweis** eine jeweils auf drei Monate vorauszahlbare Rente in Höhe von ¼ des Jahresbetrages. Die Rente läuft ab Zuschlag, ist aber erstmals im Verteilungstermin fällig. Hatte die Teilungsmasse nicht ausgereicht, um das gesamte errechnete Deckungskapital zu hinterlegen, erhält der Berechtigte dennoch die volle errechnete Rente so lange, wie das Deckungskapital hierzu reicht.

617

> *(Weiterführung von Beispiel 26)*
> Zuschlag: 17.05., Verteilungstermin 04.07.
> Jahresbetrag der Rente: 3.782,50 €, Rentenhöhe ¼ = 945,63 €.
> Zahlung: Im Verteilungstermin ist die erste Rate (17.05. bis 16.08.) bereits fällig. Also erhält die Oma im Termin 945,63 €; nur der Rest wird hinterlegt. Die nächste Zahlung, wiederum 945,63 €, erhält sie am 17.08. Für die Auszahlung ist Lebensnachweis erforderlich.

Beispiel 27

618

Entfällt die Rente (insbesondere durch den Tod des Berechtigten), fällt das Ersatzkapital an den **bestrangig ausgefallenen Beteiligten**, was das Gericht im Teilungsplan festlegen muss (§§ 119, 121 Abs. 2 ZVG). Der zuletzt zur Auszahlung gelangte Betrag verbleibt dem Berechtigten bzw. seinen Erben (§ 92 Abs. 2 Satz 3 ZVG).

619

Das Gericht hinterlegt das Deckungskapital. Die **weitere Abwicklung** obliegt der **Hinterlegungsstelle**. Der Berechtigte hat gegenüber dem in Rn. 619 genannten Beteiligten einen Anspruch auf eine andere (verzinsliche) Anlage des Deckungskapitals (§ 121 Abs. 2 i.V.m. § 120 Abs. 2 ZVG), da die Zinsen diesem zugeschlagen werden. Dieser Anspruch ist aber außerhalb des Versteigerungsverfahrens zu verfolgen. Vermittlung durch das Gericht ist nicht ausgeschlossen.

620

> **Tipp:** Ggf. das Gericht bitten, im Einvernehmen mit dem Zweitberechtigten die verzinsliche Hinterlegung des Deckungskapitals bei einem Kreditinstitut zu vermitteln.

---

[221] Solche „Lebenserwartungstabellen" finden sich in allen gängigen ZVG-Kommentaren. Die dortigen Werte ergeben sich aus den vom Statistischen Bundesamt herausgegebenen Sterbetafeln.

621 Die Konditionen für eine solche Anlage, welche das Kreditinstitut akzeptieren müsste, könnten im Beispiel 26/27 (Rn. 616, 618) lauten:

„Auf das Konto werden 44.444,37 € eingezahlt. Von Kapital und Zinsen darf die Berechtigte B (Oma) gegen Lebensnachweis alle drei Monate, erstmals am 17.08.2002, einen Betrag von 945,63 € erheben. Wird der Tod der Berechtigten nachgewiesen, steht das Restguthaben der X-Bank zu." (Die X-Bank ist als bestrangig ausgefallene Beteiligte Hilfsberechtigte, Rn. 619)

4. Auszahlung des Wertersatzes

622 Es versteht sich von selbst, dass ein Ersatzbetrag oder eine Rente nur zur Auszahlung gelangen kann, wenn an der entsprechenden Rangstelle eine Zuteilung aus dem Erlös möglich ist.

623 Aber auch dann folgt allein aus der Einstellung in den Plan noch nicht der Anspruch auf Auszahlung. Ob die eingestellten Beträge auch ausgezahlt werden können, ergibt sich erst im Verteilungstermin. Dazu Rn. 659 ff.

C. Verteilungstermin

I. Verfahren im Termin

1. Terminsverlauf ohne Notwendigkeit einer Planänderung

624 Nach Feststellung der erschienenen Beteiligten (denn der Termin ist nicht öffentlich) verliest das Gericht den vorläufigen Teilungsplan. Sodann wird festgestellt, ob gegen diesen Plan
- schriftliche Widersprüche vorliegen oder
- einer der erschienenen Beteiligten jetzt dem Plan widerspricht (Rn. 634 ff.).

625 Ist dies nicht der Fall und liegt auch kein Widerspruch nach § 115 Abs. 2 ZVG vor (dazu Rn. 638), erklärt das Gericht den vorläufigen Teilungsplan zum endgültigen Plan.

626 Nunmehr wird der Verbleib des Bargebots[222] (ggf. zuzüglich Zinsen) festgestellt. Dieses kann
- hinterlegt sein (§ 49 Abs. 4 ZVG);
- bei der Gerichtskasse eingezahlt sein (§ 49 Abs. 3 ZVG), worüber ein Nachweis bei den Akten sein muss oder jetzt vom Ersteher vorzulegen ist;
- jetzt sofort vom Ersteher bar an das Gericht bezahlt werden (§ 49 Abs. 3 ZVG).

627 Hatte der Meistbietende im Versteigerungstermin durch Übergabe von Geld Sicherheit geleistet, gilt dies als Zahlung auf das Bargebot (§ 107 Abs. 3 ZVG). Gleiches muss gelten, wenn Sicherheit durch Übergabe eines Schecks geleistet und dessen Valuta vom Gericht eingezogen worden ist.

628 Nunmehr ordnet das Gericht die Auszahlung an die Beteiligten an. Hierbei geht es von der im Teilungsplan festgestellten Zuteilung aus.

---

[222] Die Folgen der Nichtzahlung des Bargebots sind im 8. Kapitel dargestellt.

Verteilung des Erlöses **1**

Wurde im Termin bar bezahlt und ist ein Empfangsberechtigter anwesend, kann ihm sein Anteil sofort bar ausgezahlt werden. Die Regel ist dies nicht (mehr) (§ 117 Abs. 1 Satz 2 ZVG). **629**

Anderenfalls muss das Gericht (§ 117 ZVG) **630**
- die **Gerichtskasse** zur Auszahlung anweisen, wenn das Bargebot ohne formelle Hinterlegung bei dieser als Verwahrgeld verbucht ist;
- die **Hinterlegungsstelle** zur Auszahlung anweisen, wenn das Geld hinterlegt ist. Die Hinterlegungsstelle weist dann die Gerichtskasse an. Dieser „Umweg" ist unvermeidlich.

Liegt ein Vollstreckungstitel vor, auf welchen eine Zuteilung entfallen ist, wird dies auf dem Titel vermerkt (§ 127 Abs. 2 ZVG) und der Wortlaut des Vermerks im Protokoll festgestellt (§ 127 Abs. 3 ZVG). **631**

Liegt der Brief eines ganz oder teilweise erloschenen Grundpfandrechtes vor, wird nach § 127 Abs. 1 ZVG verfahren. Das Gericht kann einen solchen Brief vom Besitzer anfordern, aber die Vorlage nicht erzwingen. **632**

2. Erklärungen im Termin, die zur Planänderung führen

a) Anmeldungen

Soweit im Termin noch Anmeldungen erfolgen, müssen diese im Plan berücksichtigt werden. In Betracht kommen z.B. **633**
- Anmeldungen zum Wertersatz nicht auf Geldzahlung gerichteter Rechte (Rn. 601 ff.);
- Anmeldungen mit Rangverlust;
- Reduzierung von Ansprüchen, welche ohne Anmeldung (§ 114 Abs. 2 ZVG) in den Plan aufzunehmen waren („Minderanmeldungen"). Soweit es sich um Ansprüche aus einer Sicherungsgrundschuld handelt siehe Rn. 708 ff.

b) Widersprüche

Beteiligte, welche mit der vom Gericht vorgesehenen Erlösverteilung nicht einverstanden sind, haben grundsätzlich **zwei Rechtsbehelfe**: **634**
- Sie können den Teilungsplan mit **sofortiger Beschwerde** anfechten (Rn. 734).
- Sie können einer beabsichtigten Zuteilung an einen anderen Berechtigten **widersprechen**.

Beide Rechtsbehelfe stehen nicht wahlweise zur Verfügung. Die Abgrenzung ist oft schwierig. Allgemein kann man wie folgt unterscheiden: **635**
- Wer einen **Verfahrensfehler** des Gerichts bei der Aufstellung des Plans rügen will, hat **sofortige Beschwerde** (Rn. 735 ff.).
- Wer der Auffassung ist, er habe ein besseres **materielles Recht** als der Zuteilungsempfänger, wehrt sich mit **Widerspruch**.

Tipp: **Im Zweifelsfall immer Widerspruch erheben. Die sofortige Beschwerde kann hinterher immer noch eingelegt werden.**

1 Versteigerung eines Grundstücks

636 Zur Verdeutlichung seien aus der Vielzahl möglicher Fälle zwei Beispiele genannt:

Beispiel 28

1. Variante:
Für die Gemeinde stehen 1.000,00 € Ausbaubeitrag unter RK 3 im Teilungsplan. Mit der Rüge, das Zeitprivileg (Rn. 283 und 284) dieser Forderung sei abgelaufen und der Betrag habe daher nur noch RK 7, muss der Plan angefochten werden (sofortige Beschwerde). Soll der Anspruch als solcher bestritten werden (die Beitragssatzung sei unwirksam) erfolgt dies durch Widerspruch.

2. Variante:
Im Teilungsplan stehen 10.000,00 € Zinsen für die X-Bank. Mit der Rüge, diese Zinsen seien falsch berechnet (richtig nur 8.000,00 €), muss der Plan angefochten werden. Die Behauptung, ein Teilbetrag von 2.000,00 € sei ihm abgetreten, muss der Beteiligte durch Widerspruch verfolgen.

637 Der Widerspruch kann wie folgt erhoben werden:
- Vor dem Termin schriftlich oder zu Protokoll der Geschäftsstelle.
- Im Termin mündlich.

638 Eine Anmeldung, die nicht oder nicht vollständig in den Teilungsplan aufgenommen wurde, gilt **kraft Gesetzes als Widerspruch** (§ 115 Abs. 2 ZVG).

639 Zum Widerspruch ist nur berechtigt, wer statt des im Plan ausgewiesenen Berechtigten den betroffenen Betrag bekäme, wenn der Widerspruch Erfolg hat. Allerdings bleiben hierbei Zwischenrechte, die sich am Widerspruch nicht beteiligt haben, außer Betracht.

640 Ist der Widersprechende kein Beteiligter, hat er keine Zuteilung nach Rn. 599 zu erwarten hat oder hat er auch sonst kein (zumindest mittelbares) Interesse an einer anderweitigen Verteilung des Erlöses, weist das Gericht den Widerspruch zurück.

641 In allen anderen Fällen muss über den Widerspruch verhandelt werden. Für diese Verhandlung, die Erledigung des Widerspruchs und für die Auszahlung finden nach § 115 Abs. 1 ZVG die §§ 876 bis 882 ZPO, also die Vorschriften über das Teilungsverfahren nach der ZPO, Anwendung.

642 Kann der Widerspruch nicht durch Verhandlung ausgeräumt werden, muss das Gericht den **streitigen Betrag hinterlegen**. Dabei muss es einen der Beteiligten als den Berechtigten und den anderen als Widersprechenden bestimmen. Als Berechtigter wird bestimmt, wem nach den Grundsätzen für die Aufstellung des Teilungsplans (Rn. 544) der Betrag gebührt.

643 Wird der nach § 878 Abs. 1 ZPO erforderliche Nachweis[223] nicht innerhalb der Frist von einem Monat geführt, ordnet das Gericht die Auszahlung des hinterlegten Betrages an den Berechtigten an. Wird die Klage durchgeführt, erfolgt die Auszahlungsanordnung gemäß dem Prozessurteil. Wegen des weiteren Verfahrens wird auf die Kommentarliteratur, auch zu den §§ 876 bis 882 ZPO, Bezug genommen.

644 Der Schuldner kann einer titulierten Forderung nicht nach diesen Regeln widersprechen (§ 115 Abs. 3 ZVG). Er ist auf die Vollstreckungsgegenklage (§ 767 ZPO) angewiesen. Allenfalls käme eine einstweilige Einstellung unter Fristsetzung gemäß § 769 Abs. 2 ZPO in Betracht.

---

[223] Wegen §§ 270 Abs. 3, 495 ZPO genügt der Nachweis der fristgerechten Einreichung der Klage zuzüglich Kostenzahlung/Gesuch auf Prozesskostenhilfe, wenn die Klage demnächst zugestellt wird.

Einer nicht titulierten Forderung kann auch der Schuldner widersprechen. Ihm wird man immer ein „mittelbares Interesse an einer anderen Verteilung" (Rn. 640) zugestehen müssen.

c) Vereinbarung über das Bestehen bleiben erloschener Rechte

Ersteher und Berechtigter eines Rechtes, das nach den Versteigerungsbedingungen erloschen ist, können jetzt noch vereinbaren, dass dieses Recht (ganz oder teilweise) als nicht erloschen behandelt werden soll (sog. **Liegenbelassungsvereinbarung**; § 91 Abs. 2 ZVG). Geschieht dies, wird das Recht so behandelt, als sei es nicht erloschen.

Tipp: Finanziert der Ersteher über ein verfahrensbeteiligtes Kreditinstitut, an Liegenbelassung denken.

Diese Vereinbarung kann im Verteilungstermin mündlich zu Protokoll erklärt werden oder vorher getroffen und dem Gericht in einer öffentlich beglaubigten Urkunde nachgewiesen werden. Sie könnte so auch noch nach dem Termin (bis zur Absendung des Grundbuchersuchens Rn. 769 ff.) getroffen werden. Dann wäre aber der nachgenannte Ausgleich durch das Gericht nicht mehr möglich.

Eine solche Vereinbarung hat **Folgen für die Verteilung des Erlöses**. Der Teilungsplan muss also geändert werden. Es war jahrelang streitig[224], wie dieser Ausgleich zu erfolgen hat. Die Darstellung (Rn. 649 bis 651) entspricht der heute allgemeinen Meinung:

Für die Berechnung der **Teilungsmasse** ergibt sich **keine Veränderung**. Der Ersteher muss also das **gesamte** Bargebot, falls nicht zinsbefreiend hinterlegt, bis zum Verteilungstermin verzinsen.

Durch die Vereinbarung übernimmt der Ersteher **zwei zusätzliche Pflichten**, für welche ihm Ausgleich zusteht:

- Er schuldet das übernommene Recht, das anderenfalls aus dem Bargebot bezahlt worden wäre.
- Er muss dem Berechtigten des Rechtes ab dem Zuschlag Zinsen zahlen, die sonst vom Zuschlag bis zum Verteilungstermin aus dem Bargebot bezahlt worden wären.

Also kann er das Bargebot um diese beiden Positionen kürzen. Dies gilt selbstverständlich **nur insoweit**, als der Berechtigte des liegen belassenen Rechtes hierauf überhaupt eine **Zuteilung** erhalten hätte (§ 91 Abs. 3 Satz 1 ZVG).

Beispiel 29

Die Grundschuld über 100.000,00 € nebst 12 % Jahreszinsen, geschuldet ab dem 01.01.2004, ist durch Zuschlag erloschen.

Zuschlag am:	01.06.2004
Verteilungstermin am:	01.08.2004

Ohne die Vereinbarung nach § 91 Abs. 2 ZVG wäre auf die Grundschuld, da die Teilungsmasse ausgereicht hätte, folgender Betrag zuzuteilen gewesen:

Zinsen vom 01.01.2004 bis 31.07.2004:	7.000,00 €
Kapital:	100.000,00 €
Summe:	107.000,00 €

---

[224] Zum früheren Meinungsstreit (und der wenig sachdienlichen Beteiligung des *BGH*) siehe *Eickmann* (ZVG) § 12 3b.

> Nach der Liegenbelassungsvereinbarung erhält der Berechtigte der Grundschuld aus dem Bargebot nur noch die Zinsen vom 01.01.2004 bis zum 31.05.2004, also 5.000,00 €. Der Ersteher schuldet ihm 2.000,00 € Zinsen (01.06.2004-31.07.2004) und 100.000,00 € Kapital. Dafür ermäßigt sich seine Zahlungspflicht im Verteilungstermin um diese 102.000,00 €.

652 Wegen der weiteren Einzelheiten wird auf die Kommentarliteratur verwiesen. Dies gilt insbesondere für die Problematik bei nicht voll gedecktem Recht und für die Frage der Befriedigungswirkung (§ 91 Abs. 3 ZVG).

d) Aussetzung mangels Rechtskraft des Zuschlagsbeschlusses

653 Wie bereits früher dargelegt (Rn. 533), kann das Gericht den Verteilungstermin schon vor der Rechtskraft des Zuschlagsbeschlusses abhalten, obwohl dies nicht ratsam ist.

654 Ist der Zuschlagsbeschluss im Termin noch nicht rechtskräftig, kann **auf Antrag** (§ 116 ZVG) die Ausführung des Teilungsplans ausgesetzt werden. Das Gericht muss dem Antrag nicht stattgeben, sollte die Aussetzung aber nur verweigern, wenn die Geldempfänger absolute Gewähr für die Rückzahlung der empfangenen Beträge bieten.[225] Die Ablehnung der Aussetzung ist mit sofortiger Beschwerde anfechtbar (Rn. 734 ff.). Auch das Beschwerdegericht, bei welchem die Beschwerde gegen den Zuschlag anhängig ist, könnte die Aussetzung der Verteilung anordnen (§ 570 Abs. 3 ZPO).

655 Wurde ausgesetzt, muss nach Rechtskraft ein neuer Verteilungstermin bestimmt werden, in welchem die Auszahlungsanordnung nachgeholt wird. Alle anderen Verhandlungen konnten im früheren Termin stattfinden. Allerdings sind im neuen Termin auch noch Anmeldungen möglich, die zur Planänderung führen können.

3. Beträge, die nicht ohne weiteres auszahlbar sind

a) Briefrechte

656 Auf das Kapital eines **Briefrechtes** kann nur zugeteilt werden, wenn der Brief im Verteilungstermin vorgelegt wird. Wegen der Nebenleistungen Rn. 582. Wird der Brief von einem anderen als dem eingetragenen Berechtigten vorgelegt, hat dieser auch eine auf ihn lautende beglaubigte (§ 1155 BGB) Abtretungserklärung vorzulegen. Erst dann kann ausgezahlt und der Brief unbrauchbar gemacht werden (Rn. 790).

Tipp: An rechtzeitige Briefvorlage denken!

657 Wird der Brief **nicht vorgelegt**, gilt der **Berechtigte** als **unbekannt** (§ 126 Abs. 1 ZVG). Das Gericht verfährt wie folgt:
- Es hinterlegt den auf das Grundpfandrecht entfallenden Betrag zu Gunsten des unbekannten Berechtigten. Der Inhaber des Briefes kann dann immer noch bei der Hinterlegungsstelle Zahlung an sich fordern.
- Es leitet ein Verfahren nach §§ 135 ff. ZVG ein und bestellt zur Ermittlung des Berechtigten einen Vertreter. Wegen des weiteren Verfahrensgangs wird auf die Kommentarliteratur verwiesen.
- Es stellt fest, an wen die Auszahlung erfolgen soll, wenn im vorgenannten Verfahren der unbekannte Beteiligte mit seinen Rechten ausgeschlossen wird.

---

225 Beispiel: Empfänger nur Gerichtskasse und ein Kreditinstitut, wenn sich letzteres ausdrücklich zur Rückzahlung im Falle der Aufhebung des Zuschlags verpflichtet.

In gleicher Weise verfährt das Gericht, wenn der Berechtigte aus anderen Gründen unbekannt ist. **658**

b) Rechte unbestimmten Betrages

Wie in Rn. 608 bis 612 dargestellt, wurde bei der Aufstellung der Schuldenmasse unterschieden zwischen Rechten, deren Betrag sich aus dem Grundbuch ergab oder sich aus dem Grundbuch berechnen ließ und solchen Rechten, deren Betrag (nur) auf Grund einer Anmeldung in den Plan aufzunehmen war. **659**

Die aus dem Grundbuch ersichtlichen bzw. berechenbaren Beträge können an ihrer Rangstelle ohne weiteres ausgezahlt werden, denn sie gelten als „festgestellt". Ein nachstehender Beteiligter, der die Höhe des Betrages bestreiten will, müsste Widerspruch[226] (Rn. 634 ff.) einlegen und damit den Streit vor das Prozessgericht bringen. **660**

Die nur auf Anmeldung für die **Rechte unbestimmten Betrages** in den Plan aufgenommenen Summen sind aber dem Schuldner gegenüber noch **nicht festgestellt** und gelten daher gemäß § 14 ZVG bis zu dieser Feststellung als **aufschiebend bedingt**. **661**

In Betracht kommen die Ersatzbeträge für Rechte, welche durch Einmalzahlung abgegolten werden, ebenso wie das Deckungskapital für jene Rechte, deren Berechtigte eine Rente (Rn. 613 ff.) bekommen werden. **662**

Eine **Feststellung** gem. § 14 ZVG **kann erfolgen**: **663**
- durch ein **Anerkenntnis** des Grundstückseigentümers (Schuldners), oder
- durch **Prozessurteil**.

Wird eine dieser Voraussetzungen spätestens im Verteilungstermin nachgewiesen, kann die Auszahlung erfolgen.

Ist ein Betrag aber nicht spätestens im Verteilungstermin festgestellt, kann er nicht ausgezahlt werden. Das Gericht hat zu bestimmen, wer den Betrag zu bekommen hat, wenn die aufschiebende Bedingung (Feststellung) nicht erfolgt (§ 119 ZVG). Sodann hinterlegt es den Betrag zu Gunsten dieser beiden Berechtigten unter Angabe der Bedingung (§ 120 Abs. 1 ZVG). **664**

> Dies sei in Fortführung des Beispiels 26/27 (Rn. 616, 618) dargestellt: **Beispiel 30**
> Die Geldrente aus der Reallast in Höhe von 100,00 € mtl. ist nach dem Inhalt des Grundbuchs berechnet und damit festgestellt. Die angenommene Lebensdauer von 12 Jahren ist **665**
> nicht feststellungsbedürftig. Somit steht das Deckungskapital in Höhe eines Teilbetrages von 1.200,00 € x 12 = 14.400,00 € und die sich ergebende Rente in Höhe eines Teilbetrages von 300,00 € für drei Monate fest.
>
> Feststellungsbedürftig sind die beiden anderen Beträge (für Wohnung und Milch). Werden sie spätestens im Verteilungstermin anerkannt[227], wird nach Rn. 618 verfahren. Anderenfalls muss der nicht festgestellte Teil des Deckungskapitals zu Gunsten der Oma als Rentenberechtigte und zu Gunsten des bestberechtigten ausfallenden Beteiligten hinterlegt werden.

---

226 Wird nur um einen angeblichen Rechenfehler des Gerichts gestritten, käme Anfechtung des Plans (Rn. 736) in Betracht.
227 Die Anerkennung kann auch schriftlich erfolgen und im Verteilungstermin nachgewiesen werden. Der Annahme *Eickmanns* (ZVG) § 20 2b, es bedürfe mindestens beglaubigter Urkunden, wird nicht gefolgt. Der Rechtspfleger hat zu entscheiden, ob ihm die vorgelegten schriftlichen Erklärungen als Nachweis genügen.

> Die Oma muss nun die Feststellung gegen den früheren Grundstückseigentümer (Schuldner) erzwingen (Rn. 663). Erst dann wird ihr die Rentendifferenz nachgezahlt. Erscheinen die beiden anderen Beträge (200,00 € bzw. 0,50 €) einem nachstehenden Beteiligten, der nicht voll befriedigt wurde, zu hoch, kann er (gleichgültig, ob die Beträge festgestellt wurden oder nicht) hiergegen nach den Regeln und mit den Folgen Rn. 634 bis 645 Widerspruch einlegen. Er gilt dann als „Widersprechender" und muss gegen die Oma klagen.

666 Feststellung des Hilfsberechtigten (§ 119 ZVG) und Hinterlegung (§ 120 Abs. 1 ZVG) erfolgen auch für die äußerst seltenen anderen Ansprüche, welche aufschiebend bedingt oder mit zeitlich unbestimmter Fälligkeit betagt sind (§ 111 ZVG).

II. Eigentümerrechte und Erlösverteilung

1. Grundsätze

a) Offene und verdeckte Eigentümergrundschuld

667 Im Grundbuch kann eine Grundschuld zu Gunsten des Eigentümers eingetragen sein (offene Eigentümergrundschuld).

668 Ein Grundpfandrecht ist auch dann „offene Eigentümergrundschuld", wenn der Verzicht des bisherigen Berechtigten (§ 1168 BGB) im Grundbuch eingetragen ist.

669 Allerdings kann ein Grundpfandrecht auch außerhalb des Grundbuchs zur Eigentümergrundschuld werden, so dass das Grundbuch unrichtig wird (verdeckte Eigentümergrundschuld).[228] Die Vermutung des § 891 BGB kann für die Verteilung des Erlöses bei erloschenen Rechten durch geeignete Beweismittel (nicht zwingend öffentlich beglaubigte Urkunden) widerlegt werden. Geschieht dies, ist an den richtigen Berechtigten zuzuteilen. Bis dahin erfolgt die Zuteilung an den eingetragenen Beteiligten.[229]

670 Aus dem Eigentümerrecht stehen dem Eigentümer keine Zinsen zu (§ 1197 Abs. 2 BGB), falls keine Zwangsverwaltung angeordnet ist. Dies ist auch bei der Erlösverteilung zu beachten.[230]

b) Bestehen gebliebene Eigentümergrundschuld

671 Ist eine Eigentümergrundschuld – gleichgültig, ob offen oder verdeckt (Rn. 669) – nach § 52 ZVG bestehen geblieben, ist sie jetzt Fremdrecht am Grundstück des Erstehers mit dem bisherigen Grundstückseigentümer (Schuldner) als Berechtigten.

672 Ein Eigentümer ist den Berechtigten gleichrangiger und nachstehender Rechte gegenüber im Umfang des § 1179a BGB verpflichtet, auf deren Verlangen sein Eigentümerrecht löschen zu lassen („gesetzlicher Löschungsanspruch"[231]). Deshalb gilt ein solches löschungspflichtiges Eigentümerrecht als „auflösend bedingt" durch die Durchsetzung des Löschungsanspruchs.

---

228 Eine Aufzählung der hierzu führenden Möglichkeiten findet sich bei *Eickmann* (ZVG) § 20 Nr. 3.
229 Briefrechte ausgenommen; siehe Rn. 656 f.
230 Ob dem Pfand- bzw. Pfändungsgläubiger Zinsen zustehen, ist streitig. Hierzu *Eickmann* (ZVG) § 20 VI 1 m.w.N. auch für die Gegenmeinung.
231 Zugunsten von vor dem 01.01.1978 eingetragenen Grundpfandrechten musste dieser Anspruch vereinbart und vorgemerkt werden (Löschungsvormerkung). Die Wirkungen waren vergleichbar. Sie werden daher nicht besonders erwähnt.

673 Der Zuschlag im Zwangsversteigerungsverfahren ändert an dieser Rechtslage nichts. Die Durchsetzung des Löschungsanspruchs kann sich jedoch problematisch gestalten. Grundsätzlich sind zwei Fallkonstellationen zu unterscheiden:
- Alle Rechte, zu deren Gunsten ein Löschungsanspruch besteht, sind im Zwangsversteigerungsverfahren bestehen geblieben.
- Rechte, zu deren Gunsten ein Löschungsanspruch besteht, sind durch den Zuschlag erloschen und wurden aus dem Erlös nicht voll befriedigt.

Tipp: Zuschlag lässt Löschungsanspruch nicht wegfallen.

674 Sind alle Rechte mit Löschungsanspruch bestehen geblieben, ergeben sich keine Besonderheiten.

675 Sind jedoch solche Rechte durch den Zuschlag erloschen und aus dem Erlös nicht voll befriedigt worden, ist der Löschungsanspruch nicht erloschen (§ 91 Abs. 4 ZVG). Sobald allerdings die Grundbuchberichtigung erfolgt (Rn. 779), ist der Löschungsanspruch nicht mehr **grundbuchersichtlich**. Damit ist der Anspruch zwar schuldrechtlich nicht erloschen, aber dem Untergang durch gutgläubigen Erwerb ausgesetzt (§ 130a Abs. 1 ZVG), wenn der frühere Eigentümer seine Grundschuld an einen gutgläubigen Dritten abtritt, der den Löschungsanspruch nicht kennt.

676 Der Berechtigte des Löschungsanspruchs (= Berechtigter eines erloschenen Rechtes) kann deshalb im Verteilungstermin verlangen, dass sein Löschungsanspruch durch eine **Vormerkung** gesichert wird (§ 130a Abs. 2 ZVG). Diesen Anspruch hat er auch dann, wenn die angebliche Eigentümergrundschuld „verdeckt" (= nicht grundbuchersichtlich) ist.

677 Der Löschungsanspruch ist noch werthaltig: Gemäß § 50 Abs. 2 Nr. 1 ZVG bewirkt die Durchsetzung des Anspruchs eine **Zuzahlungspflicht** des Erstehers. Kann also der Berechtigte anschließend den früheren Eigentümer zwingen[232], die Eigentümergrundschuld zum Erlöschen zu bringen, muss ihm der Ersteher die Zuzahlung leisten.

678 Das Gericht hat die verlangte Vormerkung (Rn. 676) einzutragen, wenn das nicht voll befriedigte Recht des Antragstellers einen Löschungsanspruch gegen ein bestehen bleibendes Recht haben kann. Es hat also weder nachzuprüfen, ob dieses Recht wirklich eine Eigentümergrundschuld war, noch ob der gesicherte Anspruch durchsetzbar ist. Wer eine solche Vormerkung für einen tatsächlich nicht bestehenden Anspruch verlangt, hat später die Kosten der Löschung der Vormerkung zu tragen (§ 130a Abs. 2 Satz 3 ZVG).

679 Der Antrag nach Rn. 676 erfordert zugleich eine **bedingte Zuteilung** und **Übertragung** des sich aus § 50 ZVG ergebenden Zuzahlungsanspruchs (§ 125 Abs. 1 und 2 ZVG) und eine entsprechende (bedingte) Sicherungshypothek (§ 128 ZVG). Einzelheiten hierzu z.B. bei *Stöber* (ZVG) § 125 und § 130a Rn. 5.

c) Erloschene Eigentümergrundschuld

680 Auch eine durch den Zuschlag erloschene, offene Eigentümergrundschuld setzt sich infolge dinglicher Surrogation am Erlös fort. Somit gebührt der auf diese Grundschuld entfallende Geldbetrag dem früheren Eigentümer.

681 Wird im Verteilungstermin nachgewiesen, dass das noch als Fremdrecht eingetragene (Rn. 669) erloschene Grundpfandrecht dem früheren Eigentümer zusteht (das Grund-

---

232 Klage auf Zustimmung, wenn dieser nicht freiwillig die Löschung bewilligt.

1 Versteigerung eines Grundstücks

buch ist unrichtig), ist in gleicher Weise zu verfahren. Da keine Eintragung im Grundbuch mehr zu erfolgen hat, findet § 29 GBO auf die Form des Nachweises keine Anwendung.

682 Soweit nachstehenden, nicht befriedigten Rechten ein **Löschungsanspruch** gemäß §§ 1179, 1179a BGB zusteht, ist dieser nicht erloschen (Rn. 675). Vielmehr hat er sich in einen Anspruch gegen den früheren Eigentümer auf Herausgabe des auf die Eigentümergrundschuld entfallenden Erlöses **verwandelt**. Der Anspruch des Eigentümers (Rn. 681) ist somit auflösend bedingt durch die Durchsetzung des verwandelten Löschungsanspruchs.

683 Obwohl der schuldrechtliche „verwandelte Löschungsanspruch" mit Vormerkungswirkung gesichert ist (§ 1179a Abs. 1 Satz 3 BGB), wird er nicht von Amts wegen in den Teilungsplan eingesetzt. Er muss zunächst **angemeldet** werden. Entgegen einer weit verbreiteten Meinung ist damit aber noch nichts erreicht. Der betroffene Erlös aus der Eigentümergrundschuld steht dem früheren Eigentümer unter der **auflösenden** Bedingung der Durchsetzung des Löschungsanspruchs zu. Deshalb kommt keine Hinterlegung nach § 120 ZVG in Betracht; der Plan muss trotz Anmeldung weiterhin die Auszahlung an den früheren Eigentümer vorsehen.

684 Obwohl also trotz Anmeldung der streitige Erlös nicht dem Anmeldenden, sondern dem früheren Eigentümer zugewiesen wurde, handelt es sich nicht um einen Widerspruch nach § 115 Abs. 2 ZVG, weil diese Anmeldung keine andere Wirkung haben konnte, also „berücksichtigt" ist.

685 **Durchgesetzt** wird der Löschungsanspruch gegen den früheren Eigentümer entweder durch **Anerkenntnis** seitens des Eigentümers oder im **Prozessweg**. Liegt das Anerkenntnis des Eigentümers im Verteilungstermin vor, kann (unter Beachtung von Rn. 688 ff.) die Auszahlung der auf das Eigentümerrecht entfallenden Valuta an den Berechtigten des Löschungsanspruchs erfolgen.

686 Ist dies nicht der Fall, kann der Berechtigte des Löschungsanspruchs die Zahlung an den früheren Eigentümer nur durch einen **ausdrücklichen Widerspruch** aufhalten. Ob man in der Anmeldung des Löschungsanspruchs zwingend zugleich einen solchen Widerspruch sehen kann, mag dahingestellt bleiben.

> **Tipp:** Gläubiger eines nicht befriedigten erloschenen Rechtes, welche gegen ein ebenfalls erloschenes Eigentümerrecht ihren Löschungsanspruch verfolgen, sollten unbedingt diesen Anspruch nicht nur anmelden, sondern zugleich der Zuteilung an den Eigentümer widersprechen.

687 Wurde widersprochen, hat das Gericht den streitigen Betrag zu Gunsten des früheren Eigentümers als Berechtigten und des Berechtigten des Löschungsanspruchs (als Widersprechenden) zu hinterlegen. Die Abwicklung erfolgt gemäß Rn. 642, 643.

688 Der vorstehend geschilderte Löschungsanspruch steht dem Berechtigten aber nur zu, wenn er ein **Rechtsschutzbedürfnis** hat, diesen Anspruch auch zu verfolgen. Dieses fehlt, wenn

- sein Recht auch ohne diesen Anspruch aus dem Erlös gedeckt wird;
- er im Falle einer tatsächlichen Löschung des Rechtes vor dem Zuschlag auch keine Zuteilung aus dem Erlös erhalten hätte.

689 An der letztgenannten Voraussetzung wird es nicht fehlen, wenn das Eigentümerrecht und das Recht mit Löschungsanspruch bis zum Zuschlag im Grundbuch unmittelbar hintereinander oder nebeneinander (Gleichrang) gestanden haben.

Verteilung des Erlöses **1**

Probleme ergeben sich aber, wenn ein **„Zwischenrecht"** vorhanden ist, das keinen Löschungsanspruch hat oder ihn nicht geltend macht. Dieses Zwischenrecht darf zwar selbst durch den Löschungsanspruch des hinter ihm stehenden Rechtes weder begünstigt noch benachteiligt werden, kann aber durch seine Existenz den Löschungsanspruch vereiteln, was dann zu ganz ungewöhnlichen Ergebnissen führen kann. Es müssen immer **zwei Berechnungen** miteinander verglichen werden, nämlich

- Verteilung, wie sie ohne den Löschungsanspruch erfolgen müsste; unten: ①
- fiktive Verteilung, wie sie erfolgen müsste, wenn das Eigentümerrecht bereits vor dem Zuschlag gelöscht worden wäre; unten: ②
- Der Vergleich ergibt dann die Verteilung mit durchgesetztem Löschungsanspruch; unten ③

690

Drei durch den Zuschlag erloschene Grundschulden mit den nachgenannten Beträgen stehen wie folgt im Grundbuch:

1. Rang: Eigentümergrundschuld des früheren Eigentümers (E) über 10.000,00 €
2. Rang: Grundschuld zu Gunsten A über 15.000,00 €
3. Rang: Grundschuld zu Gunsten B über 20.000,00 €

A (Zwischenrecht) macht **keinen** Löschungsanspruch geltend.

Erlös: 12.000,00 €

Beispiel 31

691

①	②	③
E erhält 10.000,00 €	E wäre bereits gelöscht	E: 10.000,00 €
A erhält 2.000,00 €	A würde dann erhalten: 12.000,00 €	A: 2.000,00 €
B erhält nichts	B würde nichts erhalten.	B: nichts

Erklärung: Der Löschungsanspruch hilft dem B nichts, da er auch bei früherer Löschung nichts erhalten hätte. E erhält 10.000,00 €, A die restlichen 2.000,00 €.

1. Variation: Erlös 18.000,00 €

692

①	②	③
E erhält 10.000,00 €	E wäre bereits gelöscht	E: 7.000,00 €
A erhält 8.000,00 €	A würde dann erhalten: 15.000,00 €	A: 8.000,00 €
B erhält nichts	B würde dann erhalten: 3.000,00 €	B: 3.000,00 €

Erklärung: A darf (Rn. 690) nicht mehr als die 8.000,00 € erhalten, da ihm der Löschungsanspruch des B keinen Vorteil bringen darf. B darf (Rn. 690) nicht mehr erhalten, als er im Fall ② erhalten hätte, also 3.000,00 €. Die bekommt er auch, wenn er den Löschungsanspruch gegen E durchgesetzt hat. A erhält 8.000,00 € und E den Rest von 7.000,00 €.

693 **2. Variation**: Erlös 30.000,00 €

①	②	③
E erhält 10.000,00 €	E wäre bereits gelöscht	E erhält nichts
A erhält 15.000,00 €	A würde dann erhalten: 15.000,00 €	A: 15.000,00 €
B erhält 5.000,00 €	B würde dann erhalten: 15.000,00 €	B: 15.000,00 €

Erklärung: A muss die 15.000,00 € auch bekommen. B bekommt die 5.000,00 €, die er auch ohne Löschungsanspruch erhalten hätte (①) und außerdem (falls sein Löschungsanspruch durchgesetzt ist) aus ② die dann noch übrigen 10.000,00 €. E bekommt nichts.

694 Sobald also der Erlös für das Zwischenrecht (A) reicht, kann E erst wieder etwas bekommen, wenn B befriedigt ist.

4. Sicherungsgrundschuld

a) Grundsätze

695 Theoretisch sind Grundschulden „ohne Grund" denkbar. In der Praxis sichern sie aber stets eine **schuldrechtliche Forderung**, ohne dass jedoch die Existenz des dinglichen Rechtes als Fremdrecht mit dieser Forderung verknüpft wäre. Anderseits muss das Schicksal der Forderung irgendwie auf die Grundschuld einwirken. Solche Grundschulden nennt man Sicherungsgrundschulden.

696 Steht dem Berechtigten der Grundschuld gegen den Eigentümer die gesicherte Forderung zu, ergeben sich keine Besonderheiten. Bleibt die Grundschuld bestehen, konnte sich der Eigentümer über § 53 Abs. 2 ZVG durch rechtzeitige Anmeldung aus der Haftung für die Forderung befreien (Rn. 340).

697 Probleme entstehen, wenn die **gesicherte Forderung nicht mehr** (oder nicht mehr in voller Höhe) **besteht**. Dann gelten folgende Grundsätze:
- Die Grundschuld als dingliches Recht steht nach wie vor dem Berechtigten zu; wird also **nicht kraft Gesetzes zum Eigentümerrecht**.[233]
- Der Berechtigte ist aber dem Besteller der Grundschuld (meist also dem früheren Eigentümer) gegenüber verpflichtet, sich von der Grundschuld zu trennen (**Rückgewähranspruch**[234]).

698 Hierzu stehen dem Berechtigten der nicht mehr benötigten Grundschuld (nur) **drei Möglichkeiten** zur Verfügung, nämlich
- die **Aufhebung** (Löschung) des Rechtes (§§ 875, 1183, 1192 BGB);
- die **Übertragung** (Abtretung) des Rechtes auf den Besteller der Grundschuld (§§ 1154, 1192 BGB);
- der **Verzicht** auf das Recht (§§ 1168, 1192 BGB).

---

233 Eine Grundschuld kann auch durch Bezahlen zur Eigentümergrundschuld werden, wenn der Schuldner **berechtigt** die Zahlung nicht auf die Forderung, sondern auf das dingliche Recht leistet.

234 Exakt wäre die Bezeichnung „Rückübertragungsanspruch". Die Praxis hat sich aber derart auf „Rückgewähranspruch" festgelegt, dass hier nichts mehr zu machen ist.

Verteilung des Erlöses 1

699 Ist nichts anderes vereinbart, kann der Eigentümer wählen[235], auf welche Weise der Berechtigte den Rückgewähranspruch erfüllen soll. Da aber nur der Verzicht dem Berechtigten ermöglicht, sich ohne Mitwirkung des Eigentümers von der Grundschuld zu trennen, wird häufig im Voraus diese Alternative verbindlich festgelegt (Konkretisierung der Wahlschuld).

b) Bestehen gebliebene Sicherungsgrundschuld

700 Der Ersteher, der nicht nach § 53 Abs. 2 ZVG die persönliche Forderung übernehmen musste, übernimmt nur die Grundschuld. Zwar haftet er nicht persönlich, wohl aber dinglich mit dem ersteigerten Grundstück für den Nennwert der Grundschuld. Die tatsächliche Höhe der zum Zeitpunkt des Zuschlags geschuldeten persönlichen Forderung ist für ihn ohne Bedeutung.

701 Da er somit nicht persönlich haftet, zahlt er nicht auf die gesicherte Forderung, sondern auf das dingliche Recht), mit der Folge, dass die Grundschuld zur Eigentümergrundschuld wird (§ 1143 BGB analog). Auch eine Grundschuld wird durch Zahlung zur Eigentümergrundschuld, wenn der Eigentümer berechtigt ist, Zahlung auf das dingliche Recht zu leisten. Dies ist z.B. der Fall, wenn der Eigentümer – wie hier – nicht der persönliche Schuldner ist oder wenn der Gläubiger aus dem dinglichen Recht vollstreckt.

702 War zum Zeitpunkt des Zuschlags die Forderung geringer als der Nennbetrag der Grundschuld und war somit bereits ein Rückgewähranspruch (Rn. 697) entstanden, ist dieser nicht auf den Ersteher übergegangen, sondern verbleibt beim Besteller der Grundschuld (= meist früherer Eigentümer).

703 Dies hat Folgen für das Verhalten des Berechtigten der Grundschuld. Er darf sich in der unter Rn. 698 geschilderten Weise von der Grundschuld nur trennen, wenn ihm der Ersteher (!) die volle Valuta zahlt, wodurch dann Ansprüche zwischen Berechtigtem und Besteller der Grundschuld entstehen können, wenn zum Zeitpunkt des Zuschlags die gesicherte Forderung geringer war, als der vom Ersteher gezahlte Nennbetrag.

704 War die gesicherte Forderung zum Zeitpunkt des Zuschlags niedriger als der Nennbetrag der Grundschuld, darf der Berechtigte bezüglich dieser Differenz auch dann nicht ganz oder teilweise auf die Grundschuld verzichten, wenn dies (Rn. 699) ursprünglich so vereinbart war. Da hierdurch die Grundschuld Eigentümerrecht des Erstehers würde, der keinen Rückgewähranspruch hat, wäre dieser Verzicht keine Erfüllung des Rückgewähranspruchs.[236]

705 Wird ein Ersteher, der für die Valuta der Grundschuld nicht persönlich haftet, aus dem dinglichen Recht in Anspruch genommen, kann er aus der Sicherungsabrede des Schuldners mit dem Grundschuldgläubiger keine Rechte herleiten.[237] Musste er jedoch infolge der Anmeldung (§ 53 Abs. 2 ZVG) die persönliche Haftung übernehmen, schuldet er die Valuta nicht nur dinglich, sondern auch persönlich. Somit stehen ihm jetzt die vorgenannten Einreden und der Rückgewähranspruch zu.[238]

---

235 Nach h.M. handelt es sich um eine Wahlschuld § 262 BGB, bei welcher jedoch der Gläubiger der Leistung, also der Schuldner der Grundschuld, wählen darf (*BGH* Rpfleger 1990, 32).
236 *BGH* Rpfleger 1989, 295.
237 *BGH* Rpfleger 2003, 522.
238 *BGH* Rpfleger 1986, 297.

c) Erloschene Sicherungsgrundschuld

706 Reicht der Erlös aus, wird dem Berechtigten der Nennbetrag zugeteilt, wobei es zunächst für das Gericht unbeachtlich ist, ob die gesicherte Forderung noch ganz oder teilweise besteht. Der Berechtigte kann ohne weiteres die volle Valuta fordern und in Empfang nehmen, auch wenn ihm schuldrechtlich weniger zusteht.[239] Dadurch entstehen Ausgleichsansprüche zwischen ihm und dem Inhaber des Rückgewähranspruchs.

707 Der Berechtigte kann hierbei neben dem Kapital alle dinglichen Zinsen anmelden, auch wenn die **gesicherte Forderung** unverzinslich oder geringer verzinslich ist.[240] Die Summe von Kapital und dinglichen Zinsen deckt die Summe der Forderung und ihrer Nebenkosten.

708 Benötigt der Berechtigte zur Deckung der gesicherten Forderung keine oder nicht alle **Zinsen**, kann er durch Anmeldung eines geringeren Betrages noch im Verteilungstermin auf die Zuteilung von Zinsen ganz oder teilweise **verzichten**, auch auf solche, die (Rn. 546) ohne Anmeldung in den Plan aufzunehmen waren. Diese Zinsen werden dann aus der Schuldenmasse gestrichen.

709 Benötigt er nicht das volle Kapital und will er auch nicht nach Rn. 706 verfahren, steht ihm – entgegen einer weit verbreiteten aber falschen Praxis – eine Minderanmeldung nicht zur Verfügung.[241] Die Grundschuld hat sich am Erlös fortgesetzt. Zur Erfüllung des Rückgewähranspruchs müssen also die gleichen Erklärungen abgegeben werden, welche erforderlich gewesen wären, wenn die Grundschuld nicht erloschen wäre. Nur das Eintragungserfordernis (und damit auch die Formvorschrift des § 29 GBO) entfällt, da eine Eintragung beim erloschenen Recht nicht mehr erfolgen kann.

Tipp: Wegen des Grundschuldkapitals ist Minderanmeldung nicht möglich.

710 Somit hat der Berechtigte der Grundschuld, wenn er nicht (Rn. 706) voll kassieren und mit dem Rückgewährberechtigten abrechnen will, **nur folgende Möglichkeiten**:

711 • Er kann auf den nicht in Anspruch genommenen Erlös **ausdrücklich verzichten**. Die Erklärung ist bedingungsfeindlich und unwiderruflich. Damit steht kraft Gesetzes der betroffene Anteil am Erlös[242] dem früheren Eigentümer zu und ist dem Löschungsanspruch (Rn. 682 ff.) der nachstehenden Rechte ausgesetzt.

712 • Er kann den Anspruch auf den Erlös **abtreten**, sowohl an den Rückgewährberechtigten als auch im Einvernehmen mit diesem an einen Dritten. Die Abtretung erfolgt nach den Grundsätzen der §§ 398 ff. BGB; sie ist dem Gericht nachzuweisen. Hierdurch entsteht kein gesetzlicher Löschungsanspruch zu Gunsten der nachstehenden Grundpfandrechte. Weder der Berechtigte der Sicherungsgrundschuld noch des Rückgewähranspruchs ist verpflichtet, auf diese Form der Rückgewähr zu verzichten, um Löschungsansprüche entstehen zu lassen.[243]

713 • Er kann im Einvernehmen mit dem Inhaber des Rückgewähranspruchs das Recht **aufheben**. Dies entspräche einer Löschung. Bei der Verteilung des Erlöses wird das aufge-

---

239 *BGH* Rpfleger 1981, 292.
240 Ob er dem Inhaber des Rückgewähranspruchs zu einer solchen Anmeldung verpflichtet ist, ist streitig. Hierzu z.B. *Eickmann* (ZVG) § 20 V 2c.
241 Die richtige Abwicklung des Rückgewähranspruchs obliegt dem Berechtigten der Grundschuld. Sie ist mit Risiken verbunden und damit eine Art „Sondermüllproblem", das man über eine „Minderanmeldung" gerne auf den Rechtspfleger übertragen würde.
242 Dies betrifft nur das Kapital; Zinsansprüche an den Erlös erlöschen nach §§ 1178, 1192 Abs. 2 BGB.
243 *BGH* Rpfleger 1990, 32 (34).

hobene Recht so behandelt, als wäre es **vor dem Zuschlag gelöscht** worden. Damit ist sowohl der Rückgewähranspruch als auch ein evtl. vorhandener Löschungsanspruch erfüllt. Die nachstehenden Rechte rücken auf.

Nimmt aber der Berechtigte entgegen Rn. 709 eine „Minderanmeldung" vor, ohne ausdrücklich auf den frei gewordenen Teil des Erlöses zu verzichten, liegt darin die **Weigerung**, den zugeteilten Erlös anzunehmen. Die Folgen einer solchen Weigerung sind im ZVG nicht ausdrücklich geregelt. Allgemein wird angenommen, dass der Erlösteil, welchen der Berechtigte nicht annehmen will, (nur) für diesen zu hinterlegen ist. Der Rückgewähranspruch ist dann auf dem Prozessweg auszutragen. Der Berechtigte ist durch sein Verhalten mit der Erfüllung dieses Anspruchs im Verzug. 714

Der Rückgewähranspruch steht als schuldrechtlicher Anspruch stets demjenigen zu, welcher die Grundschuld bestellt hat und kann abgetreten und gepfändet werden. Er ist kein „Nebenrecht" des Eigentums. Bei Eigentumswechsel muss er ausdrücklich oder stillschweigend übertragen werden, sonst verbleibt er beim Besteller. 715

Da es sich also um einen nur schuldrechtlichen Anspruch handelt, kann eine einfache Anmeldung nicht dazu führen, dass er bei der Erlösverteilung berücksichtigt[244] wird. Immer ist hierzu die „Feststellung" durch eine der vorgenannten (Rn. 698) Handlungen des Berechtigten der Grundschuld erforderlich. 716

Weigert sich der Berechtigte der Grundschuld, einen vorhandenen Rückgewähranspruch in der vorgenannten Weise zu erfüllen, kann der Inhaber des Anspruchs nach dessen Anmeldung gegen die Zuteilung an die Grundschuld Widerspruch einlegen[245] und muss dann als Widersprechender (Rn. 642) gegen den Berechtigten der Grundschuld seinen Anspruch klageweise verfolgen. 717

III. Außergerichtliche Erlösverteilung

1. Allgemeines

Das ZVG eröffnet in den §§ 143 und 144 ZVG den Beteiligten zwei Möglichkeiten, ohne gerichtliche Mitwirkung den Versteigerungserlös zu verteilen. Hiervon würde wahrscheinlich kaum jemals Gebrauch gemacht werden, wenn nicht (Nr. 2216 KVGKG) eine Ermäßigung der Gebühr für das Verteilungsverfahren von 0,5 auf 0,25 einer vollen Gebühr vorgesehen wäre, was bei hohen Erlösen finanziell durchaus von Interesse sein kann.[246] 718

Tipp: Außergerichtliche Erlösverteilung bringt Gebührenersparnis.

In beiden Fällen gilt: 719
- Wird eine der beiden Möglichkeiten angekündigt, sollte mit der Bestimmung des Verteilungstermins einige Tage abgewartet werden, um die Vorlage der erforderlichen Erklärungen zu ermöglichen.
- Die erforderlichen Erklärungen müssen in zumindest öffentlich beglaubigten Urkunden vorgelegt werden.
- Werden die Erklärungen vorgelegt, nachdem bereits Verteilungstermin bestimmt ist, muss dieser aufgehoben werden.

---

244 Die gegenteilige Ansicht des *BGH* (Rpfleger 1986, 312, 313) hat keine Beachtung gefunden. Hierzu auch *Mayer* Rpfleger 1986, 443, *Eickmann* (ZVG) § 20 V 2d.
245 *BGH* Rpfleger 2002, 273.
246 Bei einem Erlös (bestehen bleibende Rechte einbezogen) von 500.000,00 € spart man immerhin 739,00 €.

1 Versteigerung eines Grundstücks

- Die Erklärungen können noch zu Beginn des Verteilungstermins vorgelegt und auch in diesem Termin mündlich abgegeben werden.

720 Ist der Ersteher selbst Beteiligter und sieht der Teilungsplan eine Zuteilung an ihn vor, kann er sich im Verteilungstermin für den auf ihn entfallenden Betrag für befriedigt erklären. Er muss also diesen Teil des Bargebots nicht an das Gericht zahlen. Dies ist aber Teil eines normalen Verteilungsverfahrens und fällt nicht unter §§ 143, 144 ZVG; somit tritt auch keine Ermäßigung der Gebühr oder der Zinsen ein.

2. Außergerichtliche Einigung

721 Sämtliche Beteiligte, die grundsätzlich einen Anspruch auf Befriedigung aus dem Erlös haben könnten, können zusammen mit dem Ersteher übereinstimmend erklären, dass sie sich über die Verteilung des Erlöses geeinigt haben, wobei sie den Inhalt der Einigung mitteilen müssen (§ 143 ZVG).

722 Diese Erklärung ist von **allen Beteiligten** (§ 9 ZVG) **übereinstimmend** abzugeben, also auch vom Schuldner und von jenen Beteiligten, welche mangels Masse aus dem Erlös nichts zu erwarten haben. Nicht erforderlich ist die Mitwirkung des Berechtigten eines bestehen gebliebenen Rechtes, der keinerlei Ansprüche an den Erlös hat. Da diese Form der außergerichtlichen Verteilung keine praktische Bedeutung erlangt hat, wird von einer weiteren Darstellung abgesehen.

3. Außergerichtliche Befriedigung

723 Mit Rücksicht auf die Kostenersparnis (Rn. 718) hat diese in § 144 ZVG geregelte Form der Erlösverteilung beträchtliche praktische Bedeutung gefunden. Dies allerdings nur, weil insbesondere Kreditinstitute als Ersteher die sie bei der außergerichtlichen Befriedigung treffende Verantwortung auf den Rechtspfleger abwälzen und die Rechtspfleger hierbei leider auch mitwirken.

724 Gesetzlich vorgesehen ist, dass der Ersteher alle jene Beteiligten befriedigt, welche etwas aus dem Erlös zu erhalten haben. Sodann legt er die Befriedigungserklärungen dem Gericht vor. Wenn er selbst Zuteilungsempfänger ist, bedarf seine Erklärung, befriedigt zu sein (Rn. 719), nicht der öffentlichen Beglaubigung.

725 Nun prüft das Gericht nach, ob ihm Erklärungen aller Beteiligten vorliegen, welche im Falle der Durchführung eines „normalen Verteilungsverfahrens" eine Zuteilung erhalten hätten. Die Höhe der empfangenen Beträge müssen die Beteiligten nicht angeben; das Gericht prüft sie auch nicht nach.

726 Das Gericht legt nun alle Erklärungen (die des Erstehers[247] und jene der Empfänger) auf der Geschäftsstelle zur Einsicht nieder und informiert alle Beteiligten[248] über die Niederlegung. Gleichzeitig fordert es die Beteiligten auf, evtl. beabsichtigte Einwendungen innerhalb einer Ausschlussfrist von zwei Wochen dem Gericht mitzuteilen. Zustellung ist erforderlich; die §§ 4 bis 7 ZVG finden Anwendung.

727 Werden keine Einwendungen erhoben, ist das Verteilungsverfahren beendet.

728 Widerspricht auch nur ein Beteiligter der außergerichtlichen Befriedigung, muss das Gericht Verteilungstermin bestimmen. Eine Begründung des Widerspruchs ist nicht erforder-

---

247 Die Erklärung des Erstehers, dass er die Beteiligten befriedigt habe, bedarf keiner Beglaubigung.
248 Alle Beteiligte, denen es die Terminsbestimmung zugeleitet hatte oder zuzuleiten hätte.

lich; eine Entscheidung über seine Zulassung erfolgt nicht. Die außergerichtliche Befriedigung ist gescheitert; es findet das normale Verteilungsverfahren statt.

War bereits Verteilungstermin bestimmt, muss er aufgehoben werden, wenn die in Rn. 725 genannten Unterlagen vorgelegt werden. Es bestehen aber keine Bedenken, die Aufhebung des Termins aufzuschieben, um zunächst den Ablauf der Ausschlussfrist abzuwarten. Dies erspart im Falle eines Widerspruchs eine neue Terminsbestimmung. 729

Leider wird in der Literatur immer wieder betont, dass der Rechtspfleger einen **„Kontrollteilungsplan"** aufzustellen habe. Dies missbrauchen besonders die Kreditinstitute dahingehend, dass sie eine Abschrift anfordern und an Hand der gerichtlichen Berechnung befriedigen, während sie doch die Gebührenermäßigung dafür erhalten, dass sie auf eigene Verantwortung handeln. 730

Ein Kontrollteilungsplan ist weder gesetzlich vorgesehen noch allgemein erforderlich. Das Gericht muss nur feststellen, welche Beteiligten etwas aus dem Erlös zu erhalten haben, nicht aber wie viel sie zu bekommen haben. Nur in ganz seltenen Fällen wird es zu dieser Abgrenzung einer genauen Berechnung bedürfen.[249] Aber selbst dann ist diese Berechnung nur eine interne Notiz, die nicht hinausgabefähig ist. Die Verantwortung bleibt beim Ersteher. 731

Daraus ergibt sich auch, dass die streitige Frage, wie die Zinsen des § 49 Abs. 2 ZVG zu berechnen sind, das Gericht nur in den ganz seltenen Fällen interessiert, in denen die Höhe dieser Zinsen darüber entscheidet, ob noch ein weiterer Berechtigter eine Erklärung abgeben muss oder nicht. Richtig ist, dass die Zinsen vom Zuschlag bis zum Datum der Befriedigungserklärung (notfalls gestaffelt) zu berechnen sind. 732

Von der Vorlage einer Befriedigungserklärung ausgenommen sind die Gerichtskosten (Rn. 563 ff.), da diese vom Kostenbeamten des Gerichts zu berechnen und dem Ersteher mitzuteilen sind. Die Zahlungsanzeige der Gerichtskasse genügt als deren Erklärung[250] im Sinne des § 144 ZVG. 733

D. Rechtsbehelfe im Verteilungsverfahren

Da der Teilungsplan im Verteilungstermin festgestellt wird, ist er Inhalt einer gerichtlichen Entscheidung und kann – ebenso wie die anderen Entscheidungen des Gerichts im Termin – angefochten werden. Auf diese Weise kann aber nur der Verstoß gegen formelle Vorschriften gerügt werden. Wer eine andere Verteilung will, sich also auf ein besseres materielles Recht beruft, muss seinen Anspruch durch Widerspruch (Rn. 634 bis 645) verfolgen. 734

Gegen die Entscheidungen des Gerichts im Verteilungstermin, also auch gegen den Teilungsplan, steht jedem Beteiligten (ggf. auch dem Ersteher), der durch den gerügten Mangel beeinträchtigt wäre, **sofortige Beschwerde** zu. Da die Entscheidungen des Gerichts verkündet werden, beginnt die Frist mit der Verkündung des Plans im Termin.[251] Die Beschwerdemöglichkeit endet mit der Planausführung durch Zahlung (nicht durch Forderungsübertragung), da die Zwangsvollstreckung dann beendet ist. 735

---

249 Kreditinstitute als Ersteher stellen den Antrag ohnehin nur in klaren Fällen: Zuteilung nur auf Gerichtskosten, öffentliche Lasten und die eigene Forderung des Kreditinstitutes.
250 Das Ansinnen, eine formelle Befriedigungserklärung abzugeben, wird nach aller praktischen Erfahrung das Reaktionsvermögen einer Gerichtskasse übersteigen.
251 Sehr streitig, aber h.M. Hierzu *Stöber* (ZVG) § 113 Rn. 6.3 m.w.N. auch für die Gegenmeinung.

1 *Versteigerung eines Grundstücks*

736 Rechen- oder Schreibfehler könnte das Gericht nach § 319 Abs. 1 ZPO berichtigen, nicht aber z.B. eine aus sachlichen Gründen (falsch) vorgenommene Berechnung. Weigert sich das Gericht, einen Rechenfehler zu berichtigen, kann dies mit befristeter Erinnerung angefochten werden (§ 319 Abs. 3 ZPO, § 11 Abs. 2 RPflG).

737 Wird die Höhe der nach Rn. 562 ff. vorweg zu entnehmenden Gerichtskosten gerügt, erfolgt dies nach den Bestimmungen des GKG (Rn. 119 ff.).

738 Die sofortige Beschwerde wird durch die Auszahlung gegenstandslos. Deshalb aber die Auszahlung bis zur Rechtskraft zurückzuhalten[252], ist nicht veranlasst.

Das Gericht könnte bereits im Termin gemäß § 570 Abs. 2 ZPO die Vollziehung des Teilungsplans aussetzen, wenn sofortige Beschwerde eingelegt ist. Notfalls könnte man den Termin unterbrechen, um dem Beschwerdeführer Gelegenheit geben, die angekündigte sofortige Beschwerde zu Protokoll der Geschäftsstelle einzulegen und sodann nach § 570 Abs. 2 ZPO verfahren. Zwischen dem Verteilungstermin und der unbaren Auszahlung (Rn. 773) könnte ebenfalls noch § 570 Abs. 2 ZPO zur Anwendung kommen.

E. Kosten im Verteilungsverfahren

I. Kosten des Gerichts

739 Die Kosten des Gerichts für ein durchgeführtes Verfahren wurden unter Rn. 563 ff. erörtert und wurden bereits dem Versteigerungserlös entnommen.

740 Endete das **Verfahren ohne Zuschlag**, sind folgende Gerichtskosten angefallen:
- In jedem Fall die Kosten für Anordnung und Beitritt (Rn. 115 ff.).
- Die Verfahrensgebühr (Rn. 318). Sie fällt bereits mit der Hinausgabe des Anordnungsbeschlusses an den Gläubiger an und ermäßigt sich auf die Hälfte (Nr. 2212 KVGKG), wenn das Verfahren vor Ablauf des Tages endet, an welchem der Rechtspfleger die Terminsbestimmung für den ersten Versteigerungstermin unterschreibt.
- Die Terminsgebühr (Rn. 318), wenn in einem Versteigerungstermin zur Abgabe von Geboten aufgefordert war und dieser Termin anders als durch Versagung des Zuschlags aus in den §§ 74a, 85a ZVG genannten Gründen endete.
- Die Auslagen (Rn. 565).

II. Rechtsanwaltskosten

741 Der Rechtsanwalt erhält für seine Tätigkeit im Verteilungsverfahren (einschließlich Verteilungstermin und auch bei Verteilung nach Rn. 718 ff.) eine 4/10 Gebühr nach Nr. 3311 Ziff. 2 VVRVG. Ist er erstmals im Verteilungsverfahren tätig geworden, erhält er keine zusätzliche Verfahrensgebühr nach Nr. 3311 Ziff. 1 VVRVG mehr und auch keine Terminsgebühr für die Wahrnehmung des Verteilungstermins nach Nr. 3312 VVRVG.

742 Die Gebühr für das Verteilungsverfahren berechnet sich
- bei Vertretung eines Gläubigers aus der Forderung (wie Rn. 124) oder aus dem gesamten zur Verteilung kommenden Erlös, wenn dieser geringer ist (§ 26 Ziff. 1 letzter Halbsatz RVG).

---

252 So aber *Eickmann* (ZVG) § 20 VII 1 a.

- bei Vertretung des Schuldners oder eines anderen Beteiligten (außer Gläubiger) aus dem zur Verteilung kommenden Erlös (§ 26 Ziff. 2 RVG);

Bei der Vertretung eines nicht beteiligten Bieters erhält der Rechtsanwalt, falls sein Mandant Meistbietender bleibt, für dessen Vertretung im Verteilungsverfahren eine weitere 4/10 Gebühr (Nr. 3311 Ziff. 2 VVRVG), ebenfalls (§ 26 Ziff. 2 RVG) aus dem zur Verteilung kommenden Erlös. Ist der Bieter nicht Meistbietender geblieben, kommt seine Beteiligung am Verteilungsverfahren nicht in Betracht. 743

F. Pfändungen im Verteilungsverfahren

I. Erloschenes Grundpfandrecht

Die Pfändung eines Grundpfandrechtes wird nicht durch die Zustellung des Pfändungsbeschlusses an den Drittschuldner wirksam, sondern durch Eintragung im Grundbuch (bei Buchrechten) oder dadurch, dass der Pfandgläubiger (bei Briefrechten) den Besitz des Briefes erlangt (§§ 830, 857 Abs. 6 ZPO). 744

Wurde die Pfändung eines nach § 91 Abs. 1 ZVG später erlöschenden Grundpfandrechtes vor dem Zuschlag wirksam, ist zu unterscheiden: 745

- Bei **Buchrechten**: Ist die Pfändung vor dem Zwangsversteigerungsvermerk eingetragen, wird sie von Amts wegen beachtet. Bei Eintragung nach dem Zwangsversteigerungsvermerk bedarf es seitens des Pfandgläubigers der Anmeldung spätestens im Verteilungstermin unter Nachweis der Eintragung. Die Vorlage des Überweisungsbeschlusses ist stets daneben erforderlich.
- Bei **Briefrechten**: Es ist immer die Vorlage des Briefes und des Überweisungsbeschlusses erforderlich, um die Auszahlung der Valuta zu verlangen. Ist die Pfändung vor dem Zwangsversteigerungsvermerk eingetragen, liegt der Brief aber im Verteilungstermin nicht vor, erfolgt die Hinterlegung nach § 126 ZVG von Amts wegen auch für die Pfandgläubiger als Mitberechtigte.

Eine vor dem Zuschlag auf den **künftigen Erlösanteil des Grundpfandrechtes** gerichtete Pfändung nach § 829 ZPO wäre unwirksam (Umgehung der Rechtspfändung).[253] 746

Konnte die Pfändung vor dem Zuschlag in der vorgenannten Weise (Eintragung bzw. Briefbesitz) nicht mehr zur Wirksamkeit gelangen, bezieht sich der Pfändungsbeschluss auf den Erlös. Das Objekt der Pfändung ist nicht falsch bezeichnet, da das Surrogat (Erlösanteil) nur eine andere Erscheinungsform des Grundpfandrechtes ist. Die Pfändung kann nach dem Zuschlag nicht mehr nach Rn. 744 wirksam werden. 747

Allerdings ist in diesem Fall die Zustellung des Pfändungsbeschlusses an den Drittschuldner zur Wirksamkeit der Pfändung erforderlich, da insoweit § 829 Abs. 3 ZPO Anwendung findet. Eine bereits vor dem Zuschlag erfolgte – bis dahin nicht erforderlich gewesene[254] – Zustellung genügt nicht.[255] Bei mehreren Pfändungen (auch in Konkurrenz zu Rn. 747) entscheidet die Reihenfolge der nach dem Zuschlag erfolgten Zustellungen (§ 804 Abs. 3 ZPO). 748

---

253 *Stöber* (Fpf) Rn. 1989.
254 Die Entbehrlichkeit der Zustellung bezieht sich nur auf das Kapital; bezüglich der rückständigen Zinsen war diese erforderlich (§§ 830 Abs. 3, 829 ZPO).
255 *Stöber* (Fpf) Rn. 1986.

1 *Versteigerung eines Grundstücks*

749 Drittschuldner ist bei Grundschulden immer der letzte Eigentümer des Grundstücks; bei Hypotheken könnte es auch der Schuldner der Hypothekenforderung sein, wenn dies nicht der Eigentümer ist. In diesem Falle sollte zur Sicherheit an beide zugestellt werden.[256]

750 **Nach** dem **Zuschlag** erfolgt die Pfändung nicht mehr nach §§ 830, 857 Abs. 6 ZPO, sondern nach den allgemeinen Regeln (§ 829 ZPO). Gepfändet wird jetzt das Surrogat des Grundpfandrechtes. Drittschuldner ist immer noch der Schuldner des Grundpfandrechtes, also Rn. 749. Vollstreckungsgericht und Ersteher sind nicht Drittschuldner. Eine Zustellung an diese wäre ohne Wirkung. Der Pfändungs- und Überweisungsbeschluss ermöglicht die Auszahlung des anteiligen Erlöses (Surrogat) an den Pfandgläubiger.

751 Briefbesitz ist für die Wirksamkeit der Pfändung nicht erforderlich. Dennoch kann wegen § 126 ZVG (Rn. 656 ff.) ohne Brief keine Auszahlung an den Pfandgläubiger erfolgen. Seine Wegnahme kann gemäß § 836 Abs. 3 ZPO erfolgen.

752 Problematisch ist die Pfändung zwischen Verkündung des Zuschlags und dem Eintritt seiner Rechtskraft. Wird der Zuschlagsbeschluss aufgehoben, hätte die Pfändung nach Rn. 744 erfolgen müssen, im anderen Fall nach Rn. 747. In dieser Situation ist daher eine Doppelpfändung (Eventualpfändung) sowohl nach §§ 830, 857 Abs. 6 ZPO als auch nach § 829 ZPO zulässig und ratsam.

Tipp: Ausnahmsweise Doppelpfändung durchführen.

II. Erloschene Eigentümergrundschuld

753 Wurde eine später erloschene Eigentümergrundschuld vor dem Zuschlag nach Rn. 744 gepfändet, stehen dem Pfandgläubiger ab dem Wirksamwerden der Pfändung die dinglichen Zinsen zu.[257] § 1197 Abs. 2 BGB ist nicht mehr anwendbar (**Zinsaktivierung**). Wird allerdings die Pfändung erst nach dem Zuschlag wirksam (Surrogatspfändung), stehen auch dem Pfandgläubiger keine Zinsen zu.

754 Für die Wirksamkeit einer vor dem Zuschlag nicht mehr nach Rn. 744 vollendeten Pfändung (Rn. 747) bedarf es nur der Zustellung des Pfändungsbeschlusses (§ 857 Abs. 2 ZPO) an den Schuldner, da die Pfändung drittschuldnerlos ist. Allerdings muss diese Zustellung nach der Verkündung des Zuschlags erfolgen, also ggf. wiederholt werden, da eine früher erfolgte Zustellung die Pfändung nicht wirksam werden lässt.[258] Dagegen ist unschädlich, dass im Beschluss noch das Grundpfandrecht und nicht das Surrogat als gepfändet bezeichnet ist.

755 Auch die nach dem Zuschlag vorgenommene Pfändung des auf ein Eigentümerrecht entfallenden Erlöses ist drittschuldnerlos und wird mit der Zustellung an den Schuldner wirksam. Somit sind weder das Vollstrekkungsgericht noch der Ersteher Drittschuldner.

756 Der Anspruch des Pfandgläubigers ist in gleicher Weise wie der Anspruch des Eigentümers dem Löschungsanspruch eines nachstehenden Rechtes ausgesetzt, wenn dieses Recht vor der Pfändung eingetragen war. Auf die Darstellung Rn. 680 bis 694 kann daher verwiesen werden.

---

256 *Stöber* (Fpf) Rn. 1982.
257 Sehr streitig, so aber überzeugend *Behr/Eickmann* IV 8 m.w.N. auch für die Gegenmeinung.
258 *Stöber* (Fpf) Rn. 1986.

III. Hinterlegung und Pfändung

Wurde bereits vor Anordnung der Hinterlegung im Verteilungstermin dem Gericht eine Pfändung der zu hinterlegenden Summe nachgewiesen, hat es bei der Hinterlegung auch den Pfandgläubiger als Mitberechtigen zu bezeichnen. Dazu auch Rn. 773. **757**

Soll nach Anordnung der Hinterlegung der zu hinterlegende Betrag gepfändet werden, ist die Hinterlegungsstelle[259] Drittschuldnerin. Gleiches gilt bei bereits durchgeführter Hinterlegung. **758**

IV. Pfändung des Rückgewähranspruchs bei erloschener Sicherungsgrundschuld

1. Vornahme

Pfändungsgegenstand ist der schuldrechtliche Anspruch des Bestellers einer Sicherungsgrundschuld gegen den eingetragenen Berechtigten der Grundschuld, sich von dieser Grundschuld zu trennen (Rn. 698). Der Anspruch ist weder mit dem Eigentum noch mit der Grundschuld verbunden. Bei einer Übereignung des Grundstücks bleibt der Anspruch beim Besteller, falls er nicht ausdrücklich oder stillschweigend mit übertragen wird.[260] **759**

Abtretung und Pfändung erfolgen nach den allgemeinen Regeln für die Übertragung/ Pfändung von Forderungen. Drittschuldner ist der Berechtigte der Sicherungsgrundschuld. Durch Abtretung scheidet der Anspruch aus dem Vermögen des Bestellers aus. Eine spätere Pfändung geht ins Leere und wird auch nicht wieder wirksam, wenn nachträglich der abgetretene Rückgewähranspruch wieder an den Besteller zurück übertragen wird. Da so gut wie immer bei der Bestellung eines Grundpfandrechtes die Rückgewähransprüche gegen die rangbesseren oder gleichrangigen Rechte an den Gläubiger des „neuen" Grundpfandrechtes abgetreten werden, hat in diesem Fall die Pfändung keinen Sinn. **760**

Auch die oft empfohlene Abtretung oder Pfändung des vorgenannten Anspruchs auf Rückzession des abgetretenen Rückgewähranspruchs („Rückgewähr des Rückgewähranspruchs") bringt die ursprüngliche Pfändung nicht zur Wirksamkeit. Es müsste neu gepfändet werden. **761**

2. Wirkung der Pfändung

Wurde der Rückgewähranspruch wirksam gepfändet und zur Einziehung überwiesen, erlangt der Pfandgläubiger ein Pfandrecht am Recht (§§ 1279, 1281 BGB) und kann vom noch eingetragenen, aber zur Rückgewähr verpflichteten Berechtigten der Grundschuld die Rückgewähr fordern. Meist wurde aber bereits bei der Bestellung der Grundschuld vereinbart (Rn. 699), wie die Rückgewähr zu erfolgen hat. An diese Vereinbarung ist der Pfandgläubiger gebunden, was häufig dazu führt, dass er aus der Pfändung keinen **762**

---

259 Genauer: Der Justizfiskus des jeweiligen Bundeslandes (§ 7 Abs. 1 HinterlO). Wer diesen bei der Zustellung vertritt, ergibt sich aus dem Landesrecht. Verzeichnisse finden sich in der Kommentarliteratur.

260 Der Rückgewähranspruch geht auf den neuen Eigentümer über, wenn dieser in das Schuldverhältnis eintritt (*BGH* Rpfleger 1986, 279).

1 Versteigerung eines Grundstücks

Nutzen ziehen kann. Allerdings könnte er mit dem Verpflichteten der Rückgewähr (Berechtigten der Grundschuld) eine für ihn günstigere Art der Rückgewähr vereinbaren, ohne dass die nachstehenden Berechtigten mit Löschungsanspruch dem widersprechen könnten.[261]

763 Meist ist **Verzicht** (Rn. 699) als Art der Rückgewähr vereinbart. Verzichtet demzufolge der Berechtigte auf die Grundschuld, fällt das Surrogat an den Eigentümer (Rn. 711). Dadurch erlangt aber der Pfandgläubiger kein Ersatzpfandrecht am Eigentümerrecht[262] (auch nicht am Surrogat) und der Anspruch des Eigentümers ist jetzt den Löschungsansprüchen der Berechtigten nachfolgender Grundpfandrechte ausgesetzt. Auch eine Pfändung des nach dem Verzicht entstandenen Anspruchs des Eigentümers wäre gegen diese Löschungsansprüche nicht durchzusetzen. Damit hat sich die Pfändung des Rückgewähranspruchs als wertlos erwiesen. Im Verzichtsfall ist somit die Pfändung des Rückgewähranspruchs zusammen mit der Pfändung des auf den Eigentümer fallenden Surrogates nur werthaltig, wenn keine Löschungsansprüche bestehen oder durchgesetzt werden.

764 War ganz ausnahmsweise **Aufhebung** (Rn. 713) als Form der Rückgewähr vereinbart, ist mit erfolgter Löschung der Rückgewähranspruch ersatzlos untergegangen. Auch hier war die Pfändung wertlos, wenn der Pfandgläubiger nicht ausnahmsweise ein nachstehendes Recht hatte, das jetzt aufrückt.

765 Nur die **Abtretung** der Sicherungsgrundschuld ist für den Pfandgläubiger wirklich von wirtschaftlichem Interesse. Ist nichts vereinbart, kann er vom Berechtigten der Sicherungsgrundschuld diese Abtretung als Form der Rückgewähr verlangen[263]. Anderenfalls sollte versucht werden, entgegen der ursprünglichen Vereinbarung eine Abtretung zu erlangen.

766 Der Pfandgläubiger des Rückgewähranspruchs kann nach Überweisung allein die Erklärung der Abtretung wirksam entgegennehmen (§ 1181 BGB). Damit erlangt er ein Pfandrecht am Surrogat der Grundschuld, das ja immer noch dem Eigentümer gebührt.[264] Um das „Verwertungsrecht" zu erlangen (also den Erlös in Empfang zu nehmen), bedarf es der Zustimmung des Eigentümers oder aber der Überweisung (§ 837 ZPO) „der Grundschuld" (hier also des Surrogates) durch Beschluss, die nach der hier vertretenen Auffassung auch jetzt noch erforderlich und zulässig ist. Diese Überweisung der Grundschuld (§ 837 ZPO) hätte bereits im Pfändungs- und Überweisungsbeschluss bezüglich des Rückgewähranspruchs erfolgen können und wäre dann aufschiebend bedingt[265] bis zum Entstehen der Eigentümergrundschuld.

> **Tipp:** Bei einem Antrag auf Pfändung/Überweisung eines Rückgewähranspruchs immer zugleich auch die Überweisung der Grundschuld nach § 837 ZPO beantragen.

767 Erfolgt die Erfüllung des Rückgewähranspruchs durch Abtretung (Rn. 712), ist der Anspruch des Pfandgläubigers dem Löschungsanspruch eines nachstehenden Berechtigten **nicht** ausgesetzt.[266] Die Stellung des Pfandgläubigers wird gegenüber dem Löschungsbe-

---

261 *BGH* Rpfleger 1990, 32, 34.
262 *BGH* Rpfleger 1990, 32; streitig!
263 *BGH* Rpfleger 1990, 32 für den Eigentümer. Dies muss auch für den Pfandgläubiger gelten!
264 Handelt es sich um ein nicht erloschenes Recht, so führt die Abtretung seitens des zur Rückgewähr verpflichteten Berechtigten zur Eintragung des bisherigen Eigentümers als neuem Berechtigten, zusammen mit dem Pfandrecht des Pfandgläubigers.
265 *Behr/Eickmann* V 4 unter Bezugnahme auf *Stöber* (Fpf) Rn. 1901.
266 Str., so aber *BGH* Rpfleger 1975, 219 (NJW 1975, 980).

rechtigten als ähnlich gefestigt angesehen wie die Stellung eines Dritten, dem die Grundschuld vom Rückgewährverpflichteten abgetreten worden wäre, da infolge der Surrogation das Pfandrecht bereits bestand, als das Recht Eigentümerrecht wurde.

Wenn man gegen die h.M[267] die Überweisung des gepfändeten Rückgewähranspruchs an Zahlungs Statt zulassen würde, wäre der Zugriff des Pfandgläubigers einfacher, da in diesem Fall die Grundschuld bei der Rückgewähr direkt Fremdrecht des Pfandgläubigers würde, der dann ohne weiteres das Surrogat in Empfang nehmen könnte. Allerdings gilt damit die Forderung des Pfandgläubigers insoweit auch als erfüllt. **768**

V. Pfändung des Erlösüberschusses

Bleibt nach Befriedigung aller im Teilungsplan genannter Berechtigter ein Überschuss, steht er dem Eigentümer zu. **769**

Allgemein[268] wird die Auffassung vertreten, auch die Pfändung dieses Überschusses sei drittschuldnerlos und somit durch Zustellung an den Eigentümer (§ 857 Abs. 2 ZPO) zu bewirken. Richtig ist nur, dass das Vollstreckungsgericht nicht Drittschuldner sein kann, da es über den Erlös kraft hoheitsrechtlicher Befugnis verfügt. Wegen der von Rn. 755 verschiedenen Anspruchsgrundlage könnte man aber auch an den Ersteher[269] als Drittschuldner denken. Da Erlösüberschüsse keine praktische Bedeutung haben, ist der Streitfall bisher noch nicht gerichtlich entschieden. **770**

7. Kapitel
Schlussabwicklung

A. Auszahlung des Erlöses

Ist der Zuschlagsbeschluss rechtskräftig und der Verteilungstermin gehalten, muss das Gericht das Verfahren zum Abschluss bringen. **771**

Wurde im Termin Bargeld übergeben, das nicht sofort ausgezahlt (Rn. 629) werden konnte, ist dieses jetzt als Verwahrgeld bei der Gerichtskasse einzuzahlen. **772**

Durch eine Anweisung an die Gerichtskasse (Rn. 630) hat das Vollstreckungsgericht die Auszahlung der dort als Verwahrgeld verbuchten Beträge an die Empfänger gemäß Teilungsplan zu veranlassen. **773**

Soweit im Verteilungstermin **Hinterlegung** angeordnet wurde, muss das Vollstreckungsgericht die Hinterlegungsstelle um Annahme der entsprechenden Beträge ersuchen. Dabei ist anzugeben, **774**
- wer „Berechtigter" und wer „Widersprechender" ist, wenn ein Widerspruch Hinterlegungsgrund war (Rn. 642);

---

[267] Str. Für die Zulassung der Überweisung an Zahlungs Statt: *OLG Braunschweig* JurBüro 1969, 439.
[268] So z.B. *Stöber* (Fpf.) Rn. 130.
[269] Hierzu ausführlich *Mayer* RpflStud. 1998, 145, 148.

- zu wessen Gunsten hinterlegt wird, wenn für einen unbekannten Beteiligten hinterlegt wurde (Rn. 657, 658) oder der bekannte Beteiligte die Annahme verweigert (Rn. 714);
- unter welcher Bedingung die Auszahlung erfolgen kann, wenn diese vom Eintritt einer solchen abhängt – und wer das Geld bekommt, wenn die Bedingung ausfällt (Hilfszuteilung). Dazu Rn. 664.

775 Die Hinterlegungsstelle hat die Hinterlegung anzuordnen und eine entsprechende Annahmeanordnung (= eine Verfügung auf Umbuchung des bisher nur verwahrten Geldes) an die Gerichtskasse zu erlassen.

776 Im Falle der Hinterlegung infolge eines Widerspruchs kann die Hinterlegungsstelle selbstständig auszahlen, wenn und soweit der Berechtigte und alle Widersprechenden dies übereinstimmend beantragen. Geschieht dies nicht, muss das Vollstreckungsgericht die Frist des § 878 ZPO (Rn. 643) beachten und die Hinterlegungsstelle um Auszahlung an den Berechtigten ersuchen, falls nicht innerhalb der Frist die Klageerhebung (Rn. 643) durch den Widersprechenden nachgewiesen ist.

777 In allen anderen Fällen einer Hinterlegung ist das Verfahren für das Vollstreckungsgericht mit der Anordnung der Hinterlegung abgeschlossen. Durch das Vollstreckungsgericht erfolgt kein Auszahlungsersuchen mehr. Auszahlungsanträge sind an die Hinterlegungsstelle zu richten, welche gemäß den Vorschriften der Hinterlegungsordnung[270] darüber zu entscheiden hat.

B. Grundbuchersuchen

I. Umfang des Ersuchens

778 Das Versteigerungsergebnis muss im Grundbuch eingetragen werden. Da die Rechtsänderung infolge des Zuschlagsbeschlusses außerhalb des Grundbuchs eingetreten ist, handelt es sich insoweit nur noch um eine Grundbuchberichtigung. Sie erfolgt auf Ersuchen des Vollstreckungsgerichts an das Grundbuchamt (§ 130 ZVG).

779 Insbesondere wird ersucht um:
- Eintragung des **Erstehers** als neuen Eigentümer im Grundbuch. Soweit mehrere Personen das Grundstück ersteigert haben, ist das Gemeinschaftsverhältnis anzugeben.
- Die **Löschung** des **Zwangsversteigerungsvermerks**.
- Die **Löschung** aller Einträge in der zweiten und dritten Abteilung, soweit die **Rechte** nicht gemäß den Versteigerungsbedingungen bestehen geblieben sind (siehe auch Rn. 782). Ist am Versteigerungsobjekt ein Gesamtrecht erloschen, so darf das Grundbuchersuchen nicht auf die Löschung etwa des Mithaftvermerks an dem nicht versteigerten Grundstück „ausgedehnt" werden.[271]

780 Im Falle des § 130a ZVG (Rn. 678) ist um Eintragung der entsprechenden Vormerkung zu ersuchen.

781 Auf den bisherigen Eigentümer (Schuldner) bezogene Verfügungsbeschränkungen, also z.B. Insolvenzvermerk, Testamentsvollstreckervermerk etc. müssen gelöscht werden. Die Löschung eines Zwangsverwaltungsvermerks erfordert jedoch die vorherige Aufhebung

---

[270] Hinterlegungsordnung vom 10.03.1937 zuletzt geändert am 20.08.1990; im *Schönfelder* abgedruckt unter Nr. 121.
[271] *Stöber* (ZVG) § 130 Rn. 2.13e.

der Zwangsverwaltung. Objektbezogene öffentlich-rechtliche Vermerke (z.B. Flurbereinigungsvermerk) dürfen nicht gelöscht werden.

Besondere Sorgfalt ist geboten, wenn eine Vereinbarung nach § 91 Abs. 2 ZVG (Rn. 646 ff.) getroffen worden ist. Das von der Vereinbarung umfasste Recht darf nicht gelöscht werden, soweit es nach der Vereinbarung bestehen bleiben soll. Ggf. hat Teillöschung zu erfolgen. Fast immer müssen (mangels ausdrücklicher anderer Vereinbarung) die Zinsen bis zum Zuschlag gelöscht werden, da diese aus dem Erlös zu bezahlen waren (Rn. 650). **782**

Regressgefahr! Es hat sich bewährt, im Falle einer Vereinbarung nach § 91 Abs. 2 ZVG dies auf der Innenseite des hinteren Aktenumschlags zu vermerken, damit (auch bei Wechsel des Rechtspflegers oder im Vertretungsfall) keine versehentliche Löschung des liegen belassenen Rechts erfolgt. **Achtung!**

Wurde bei Tilgungs- oder Amortisationshypotheken auf die Hauptsumme zugeteilt, ist der entsprechende Teilbetrag erloschen (Rn. 578) und daher um Löschung dieses Teilbetrages zu ersuchen. **783**

Steht fest, dass ein Recht, das nach § 52 ZVG als bestehen bleibend bezeichnet wurde, nicht entstanden oder vor dem Zuschlag bereits erloschen ist, ist auch um dessen Löschung zu ersuchen (§ 130 Abs. 2 ZVG). **784**

Sehr streitig ist die Frage, ob das Gericht um Löschung einer Zwangshypothek ersuchen darf, welche nach dem Zuschlag noch mit einem Titel gegen den früheren Eigentümer eingetragen wurde. Nach der hier vertretenen Auffassung kann das Gericht um deren Löschung ersuchen.[272] Gleiches muss für Rechte gelten, welche noch mit Bewilligung des bisherigen Eigentümers nach dem Zuschlag eingetragen wurden. Dieses Problem entsteht nicht, wenn das Gericht das Grundbuchamt sofort von der Zuschlagserteilung verständigt. In Kenntnis des Eigentumswechsels darf das Grundbuchamt dann solche Eintragungen nicht mehr vornehmen.[273] **785**

Wegen der Eintragung der Sicherungshypotheken im Falle der Nichtzahlung des Bargebots siehe Rn. 819 ff. **786**

II. Form des Ersuchens

Das Gericht hat im Ersuchen genau zu bezeichnen, was beim Grundbuchamt zu geschehen hat. Bezugnahme auf die Abschrift des Zuschlagsbeschlusses, die dem Ersuchen beigefügt wird[274], dient nur zur Ergänzung, z.B. für die näheren Angaben zur Person des Erstehers, wenn diese im Zuschlagsbeschluss stehen (Rn. 485). **787**

Die erloschenen Rechte soll das Gericht einzeln zumindest mit ihren Nummern im Grundbuch bezeichnen. Die Bezeichnung der bestehen gebliebenen Rechte ist nicht erforderlich, ein Hinweis auf den Zuschlagsbeschluss aber sachdienlich. Für den Inhalt der Vormerkung nach § 130a ZVG siehe *Stöber* (ZVG) § 130a Rn. 3.7. Deren Eintragung erfolgt in der Veränderungsspalte beim bestehen gebliebenen angeblichen Eigentümerrecht, dessen Brief hierzu nicht vorliegen muss (§ 131 Satz 2 ZVG). **788**

---

272 So z.B. *Steiner/Eickmann* § 130 Rn. 39 und (mit einer Einschränkung) *Eickmann* (ZVG) § 25 I 2 m.w.N. auch für die Gegenmeinung; insbesondere *Stöber* (ZVG) § 130 Rn. 2.13c.
273 *Thür. OLG* Rpfleger 2001, 11.
274 Dies ist nicht ausdrücklich vorgesehen, aber nach der hier vertretenen Auffassung unverzichtbar.

1 Versteigerung eines Grundstücks

789 Soweit infolge Vereinbarung (Rn. 646 ff.) ein an sich erlöschendes Recht bestehen geblieben ist, muss dies im Ersuchen zum Ausdruck kommen, am Besten unter Hinweis auf § 91 Abs. 2 ZVG.

790 Hat das Gericht den Brief eines erloschenen Rechtes erlangt, ist dieser unbrauchbar zu machen (§ 127 Abs. 1 ZVG und Rn. 632) und dem Ersuchen beizufügen.[275] Soweit nur ein Teil des Grundpfandrechtes erloschen ist, wird dies auf dem Brief vermerkt, der dann nicht vernichtet, sondern dem Einreicher zurückgegeben wird. Dies gilt insbesondere bei Gesamtrechten, die auf dem mithaftenden Grundbesitz noch nicht erloschen sind.

791 Wurde dem Gericht der Brief eines erloschenen Rechtes nicht vorgelegt und auch nicht auf die gerichtliche Einforderung (§ 127 Abs. 1 Satz 3 ZVG) abgeliefert, kann das Recht dennoch gelöscht werden (§ 131 Satz 1 ZVG). Dem Grundbuchamt ist mitzuteilen, dass der Brief nicht erlangt werden konnte.

792 Die erforderliche Unbedenklichkeitsbescheinigung des Finanzamtes war vom Gericht (Rn. 494) zu beschaffen und ist dem Ersuchen beizufügen, falls sie nicht direkt von der zuständigen Stelle[276] dem Grundbuchamt zugeleitet wurde.

793 Das Ersuchen ist vom Rechtspfleger im Original (!) zu unterschreiben und mit dem Dienstsiegel zu versehen.

III. Prüfungspflicht des Grundbuchamts

794 Das Grundbuchamt hat das Ersuchen inhaltlich **nicht** nachzuprüfen. Allerdings darf es das Grundbuch nicht wissentlich unrichtig machen. Auf offenkundige Fehler ist daher der Rechtspfleger des Vollstreckungsgerichts hinzuweisen.[277] Ansonsten prüft es nur die äußere Form und die korrekte Bezeichnung der verlangten Berichtigungen.

795 Lehnt das Grundbuchamt ein Ersuchen des Gerichts ab, entscheidet das Landgericht, auf Beschwerde des Rechtspflegers[278] des Vollstreckungsgerichts. Es ist weder eine Vorlage an den Referatsrichter erforderlich, noch die Einschaltung der Dienstaufsicht möglich. Diese kann nur im Falle einer ungebührlichen Verzögerung der Bearbeitung angerufen werden.

IV. Kosten

796 Obwohl die Eintragung des Erstehers auf Ersuchen des Gerichts erfolgt, trägt der Ersteher die Gebühr für die Eintragung seines Eigentums (§ 69 Abs. 2 KostO). Dies ist im Normalfall eine volle Gebühr nach §§ 60 Abs. 1, 11 KostO aus dem festgesetzten Grundstückwert (§ 74a Abs. 5 ZVG)[279] oder dem Meistgebot (Bargebot + bestehen bleibende Rechte). Maßgebend ist jeweils der höhere Betrag (§ 19 KostO).

---

275 Es ist rechtlich ungeklärt, ob diese unbrauchbaren Briefe beim Grundbuchamt oder bei den Akten des Vollstreckungsgerichts verbleiben. Ersteres ist sinnvoll. Behält das Vollstreckungsgericht die Briefe, muss es dem Grundbuchamt im Ersuchen deren Vernichtung mitteilen.
276 Die Bitte um Erteilung der UB geht immer an das Finanzamt. Die UB selbst kann dann entweder vom Finanzamt oder von der Gemeindesteuerstelle kommen.
277 Je nach üblichem Umgangston entweder mündlich oder per Zwischenverfügung.
278 Auch Rechtsbehelfe der Beteiligten sind möglich. Diesbezüglich wird auf die Kommentarliteratur zu § 130 ZVG verwiesen.
279 *BayObLG* Rpfleger 2002, 382, *OLG Düsseldorf* Rpfleger 2002, 592.

Ob eine Ermäßigung der Gebühr nach § 60 Abs. 2 KostO eintritt, wenn Schuldner und Ersteher in einem dort genannten Verhältnis stehen, ist umstritten.[280] Ein entsprechender Hinweis auf das Verhältnis im Ersuchen ist sachdienlich. **797**

Das Bestehen bleiben eines Rechtes nach § 91 Abs. 2 ZVG löst keine besondere Gebühr aus, wenn nur auf eine Teillöschung oder auf Löschung der Zinsen für die Zeit vor dem Zuschlag ersucht wird. **798**

Die Löschung der nicht bestehen gebliebenen Rechte und Vermerke ist gebührenfrei (§ 69 Abs. 2 KostO). Dies gilt auch für die Eintragung bedingter Sicherungshypotheken (Rn. 679) und der Vormerkung nach § 130a ZVG. Die Eintragung der Sicherungshypotheken wegen Nichtzahlung des Meistgebots (Rn. 819 ff.) ist aber gebührenpflichtig. **799**

C. Sonstige Tätigkeiten

Ist eine Zuteilung auf einen unbekannt gebliebenen Beteiligten entfallen, hat das Gericht nach §§ 135 bis 142 ZVG zu verfahren. Dies gilt insbesondere bei einer Zuteilung auf ein Briefrecht, wenn der Brief nicht vorgelegt wurde. Nach der hier vertretenen – streitigen – Auffassung (Rn. 582), ist ein solches Verfahren nur erforderlich, wenn auch eine Zuteilung auf das Kapital des Grundpfandrechtes entfallen ist, nicht aber, wenn die Zuteilung nur Kosten und fällige Zinsen umfasste. Von der Darstellung dieses sehr seltenen Verfahrens wird abgesehen. **800**

Noch vorhandene Vollstreckungstitel sind zurückzugeben. Soweit auf sie eine Zuteilung entfallen ist, wird dies gemäß der Feststellung im Verteilungstermin (Protokoll!) auf dem Titel vermerkt (§ 127 Abs. 2 ZVG). **801**

Hatte der Ersteher mit einer Bankbürgschaft (Rn. 418) Sicherheit geleistet, ist ihm die Urkunde sofort nach Bezahlung des Bargebots zurück zu geben. **802**

8. Kapitel
Nichtzahlung des Bargebots

A. Allgemeines

Wie bereits dargelegt (Rn. 626), hat der Ersteher das Bargebot und ggf. die Bargebotszinsen (§ 49 Abs. 2, 4 ZVG) im Verteilungstermin zu zahlen (§ 107 Abs. 2 ZVG). **803**

Diese Forderung auf den Versteigerungserlös steht dem bisherigen Grundstückseigentümer (Schuldner) als Ersatz (Surrogat) für den durch Zuschlag „verlorenen" Grundbesitz zu. Das Vollstreckungsgericht nimmt bei regelmäßigem Verlauf (Zahlung des Meistgebots) das Geld lediglich entgegen und leitet es an die Zuteilungsberechtigten weiter.

---

280 Ablehnend *BayObLG* Rpfleger 1996, 129.

B. Forderungsübertragung

I. Allgemeines

804 Kommt der Ersteher seiner Zahlungsverpflichtung nicht nach, ist der Teilungsplan durch Übertragung dieser Forderung (Rn. 803) aus dem Vermögen des bisherigen Grundstückseigentümers in das Vermögen der Zuteilungsberechtigten auszuführen (§ 118 Abs. 1 ZVG). Diese Forderungsübertragung durch staatlichen Hoheitsakt ähnelt der Überweisung im Verfahren der Forderungspfändung.

Unstreitig ist die zu übertragende Forderung verzinslich, d.h. der Ersteher muss an den jeweiligen Zuteilungsberechtigten ab dem Verteilungstermin auch Zinsen auf die übertragene Forderung bezahlen.

In diesem Zusammenhang sind jedoch zwei Fragen sehr umstritten:
- Die im Verteilungstermin zahlbare Forderung umfasst im Falle der Nichtzahlung regelmäßig (Ausnahme § 49 Abs. 4 ZVG) nicht nur das eigentliche Bargebot, sondern auch die Verzinsung nach § 49 ZVG vom Zuschlag bis zum Verteilungstermin (Rn. 560). Ist nun auch der Zinsanteil in der übertragenen Forderung verzinslich oder verstößt dies gegen das Zinseszinsverbot des § 248 BGB?
- Handelt es sich bei den Zinsen, welche der säumige Ersteher für die Zeit ab dem Verteilungstermin auf die übertragene Forderung zu zahlen hat, um Verzugszinsen im Sinne des BGB oder beruht diese Verzinsung nur auf der Weitergeltung des § 49 ZVG auch für diesen Zeitraum? Solange der Zinssatz des § 49 ZVG (mit § 246 BGB) und jener des damaligen § 288 BGB a.F. einheitlich 4 % betrug, führten beide Auffassungen zum gleichen Ergebnis, so dass kein praktisches Bedürfnis bestand, die Natur dieser Zinsen endgültig zu klären. Nach der Änderung des Schuldrechts nach dem SchuMoG muss sich Literatur und Rechtsprechung diesem Problem stellen.

II. Übertragungsgegenstand

805 Zur Übertragung kommt die Forderung auf Zahlung des Bargebots einschließlich der Bargebotszinsen nach § 49 Abs. 2 ZVG, soweit die Verzinsungspflicht unter Beachtung von § 49 Abs. 4 ZVG noch besteht.

III. Begünstigter der Übertragung

806 Die Forderung wird an die Berechtigten laut Teilungsplan übertragen, für welche eine Zahlung aus der Teilungsmasse erfolgt wäre, wenn diese im Termin zur Verfügung gestanden hätte. Ist ein Teil des Bargebots vorhanden (z.B. die Sicherheitsleistung), wird dieser Teil planmäßig ausgezahlt (Rn. 771 ff.) und nur der Rest „übertragen".

807 Soweit mangels Zahlung eine Übertragung zu erfolgen hat, besteht ein Anspruch des Zuteilungsberechtigten gegen den Ersteher auf Verzinsung des offen gebliebenen Betrages. Obwohl der im Teilungsplan für den Zuteilungsberechtigten ausgewiesene Betrag unverzinslich sein kann oder sich aus Kosten, Zinsen und Hauptanspruch zusammensetzen (und damit auch Zinsen enthalten) kann, wird für die Gesamtsumme eine einheitliche Verzinsung angeordnet. Die alte Forderung des Beteiligten erlischt durch die Übertragung (§ 118 Abs. 2 Satz ZVG), wenn nicht nach § 118 Abs. 2 Satz 2 ZVG verfahren wird.

Nichtzahlung des Bargebots

Zunehmend[281] geht die Literatur davon aus, dass der Zinsanteil in der übertragenen Forderung nicht zu verzinsen sei. Entgegen dieser h.M. ist nach hiesiger Auffassung die gesamte Teilungsmasse, die der Ersteher schuldig geblieben ist, zu verzinsen; auch der darin enthaltene Zinsanteil. Die Teilungsmasse ist eine einheitliche Forderung; der Zinsanteil ist darin aufgegangen und kann nicht mehr ausgeschieden werden, so dass § 248 BGB (Zinseszinsverbot) nicht anzuwenden ist.[282]

808 Bis zur Neufassung des Schuldrechts betrugen die Verzugszinsen und die gesetzlichen Zinsen (§ 246 BGB) einheitlich 4 %, weshalb der Streit über die Rechtsgrundlage dieser Verzinsung (§ 49 Abs. 2 ZVG mit § 246 BGB oder aber nur § 288 BGB a.F.) wirtschaftlich zum gleichen Ergebnis führte und daher für die Praxis ohne Interesse war. Dies ist nun nicht mehr der Fall.

Zwei Auffassungen stehen sich gegenüber:

809 1. Die bisher vorhandene Rechtsprechung[283] geht davon aus, dass der Ersteher, der das Bargebot samt Zinsen nicht berichtigt, sich im **Verzug** im Sinne des § 286 BGB befindet und somit Verzugszinsen in Höhe des § 288 BGB schulde, was jetzt[284] Verzinsung ab dem Verteilungstermin (§ 286 Abs. 2 Satz 1 BGB) in Höhe von 5 % über dem Basiszinssatz des § 247 BGB bedeuten würde (§ 288 BGB).

810 2. In der Literatur[285] wird aber auch die Auffassung vertreten bei der Nichtzahlung handele es sich **nicht um** einen **Verzug** im Sinne des BGB, sondern die Zinspflicht sei ausschließlich nach den Regeln des ZVG abzuwickeln. Sie sei demnach eine Weiterwirkung des § 49 Abs. 2 ZVG. Diese Auffassung kommt konsequent zum Ergebnis, dass der säumige Ersteher für die übertragene Forderung nur 4 % (§ 246 BGB) zu zahlen hat und somit bei der Übertragung nur diese Verzinsung anzuordnen ist.
Diese sehr formalistische Auffassung vermag nicht zu überzeugen. Die Zahlungsverpflichtung des Erstehers ist durch Abgabe seines Meistgebotes und Erteilung des Zuschlags in einem Verfahren entstanden, in welchem ihm sein jetziger Gläubiger (also der Grundstückseigentümer) gleichgeordnet gegenüber stand. Dass sich die Zahlungsfolgen des abgegebenen Meistgebotes aus dem ZVG ergeben, macht diese Verpflichtung noch nicht zu einer öffentlich-rechtlichen Verpflichtung, auf welche das BGB nicht anzuwenden wäre.[286] Anderenfalls wäre kaum darzustellen, dass der Gläubiger bezüglich dieser übertragenen Forderung anschließend nach den Regeln des Schuldrechtes den Ersteher in Verzug setzen könnte, was beide Verfasser aber annehmen.

Welcher Auffassung die Rechtsprechung künftig folgen wird, bleibt abzuwarten. Die Verfasser bleiben bei ihrer auch in der Vorauflage vertretenen Auffassung, dass es sich (Rn. 809) um Verzugszinsen auf eine Forderung handelt, die im Verteilungstermin zahlungsfällig war und deren Nichtzahlung Verzug im Sinne des BGB zur Folge hat, ohne dass es noch einer weiteren Maßnahme bedürfe.

---

281 So schon *Steiner/Teufel* § 118 ZVG Rn. 16 sowie *Böttcher*, § 118 Rn. 4, beide unter Berufung auf § 289 BGB (jetzt § 248 Abs. 1 BGB), jetzt auch *Stöber* (ZVG) § 118 Rn. 3.8 und *Streuer* Rpfleger 2001, 401, die sich allerdings von ihrem Ansatz her nicht auf § 248 Abs.1 BGB berufen können.
282 *Eickmann* § 22 I 1b.
283 *LG Berlin* und *LG Kempten* Rpfleger 2001, 192, *LG Augsburg* Rpfleger 2002, 374. Das *Kammergericht* (Rpfleger 2003, 204) hatte diese Frage zwar nicht ausdrücklich zu entscheiden, sah aber keinen Anlass, den entsprechenden Grundbuch-Eintrag zu verbieten.
284 SchuMoG vom 26.11.2001 (BGBl. I Seite 3138).
285 *Stöber* (ZVG) § 118 Rn. 5 sowie *Streuer* Rpfleger 2001, 401.
286 So auch *Eickmann* § 22 I 1b.

811 Die Möglichkeit, dass der Verzugsschaden tatsächlich höher liegt als die nach Rn. 809 oder 810 angeordnete Verzinsung, kann von dem Vollstreckungsgericht im jetzigen Verfahrensstadium nicht (mehr) berücksichtigt werden. Ein Beteiligter, welcher für den möglichen Fall der künftigen Nichtzahlung des Bargebots hinsichtlich der Höhe der Verzugszinsen „abgesichert"[287] sein will, müsste versuchen, diese Erhöhung über die Abänderung der Versteigerungsbedingungen zu erreichen (§ 59 ZVG; Rn. 349 ff.). Das wäre unbedenklich gewesen, wenn man der Auffassung Rn. 810 zuneigt; könnte aber fraglich sein, wenn es sich um Verzugszinsen (Rn. 809) handelt, da dann keine abänderliche Versteigerungsbedingung vorliegt. Allerdings wäre hier eine prozessuale Verfolgung des höheren Verzugsschadens außerhalb des Versteigerungsverfahrens möglich.

Tipp: Ein höherer Verzugsschaden kann prozessual geltend gemacht werden.[288]

IV. Besonderheiten

812 Bei der Forderungsübertragung ist weiter zu beachten:
- Ist der Anspruch des Zuteilungsberechtigten seinerseits mit einem Recht belastet (Nießbrauch, Pfändung etc.), so erfolgt die Forderungsübertragung mit der entsprechenden Einschränkung, da der Zuteilungsberechtigte durch die Forderungsübertragung keine Besserstellung erfahren darf.
- Ein am Zuteilungsanspruch bestehendes Gemeinschaftsverhältnis ist bei der Forderungsübertragung zu übernehmen.
- Ein eventueller Erlösüberschuss muss an den Schuldner nicht förmlich übertragen werden, weil sich dieser Anspruch ja bereits im Vermögen des Schuldners befindet (Rn. 770). Bei der Ausführung des Teilungsplans genügt eine entsprechende Feststellung. Steht dem Schuldner jedoch ein Anspruch aus einem Eigentümergrundpfandrecht zu, ist, falls darauf ein Erlösanteil entfallen wäre, die Forderung nach den bisher dargelegten Grundsätzen zu übertragen.

V. Rechtsfolgen der Forderungsübertragung

813 Um das Rechtsverhältnis zwischen Schuldner, Ersteher und Zuteilungsberechtigtem endgültig zu bereinigen, wirkt die Übertragung der Forderung wie die **Befriedigung** aus dem Grundstück (§ 118 Abs. 2 Satz 1 ZVG). Dies bedeutet, dass der Zuteilungsberechtigte nunmehr keine Forderung mehr gegen den „alten" persönlichen Schuldner hat. Evtl. vorhandene Forderungen des Zuteilungsberechtigten gegen einen Mithaftenden (Bürgen) geraten ebenfalls in Wegfall.

814 Diese Rechtsfolge muss aber der Zuteilungsberechtigte nicht hinnehmen. Er kann **wählen**, ob
- er jetzt den Ersteher als Schuldner haben oder
- er seinen bisherigen Schuldner behalten will.

Wegen der Einzelheiten siehe Rn. 815 und 818.

---

287 Der also für die höhere Verzinsung im Rahmen des Zwangsversteigerungsverfahrens einen Titel (Forderungsübertragung) und eine dingliche Sicherheit erlangen möchte.
288 *Amtsgericht Landstuhl/Pfalz* Rpfleger 1985, 314 jetzt auch § 288 Abs. 4 BGB.

VI. Wegfall der Befriedigungswirkung

1. Verzicht

Will der Zuteilungsberechtigte seinen bisherigen Schuldner behalten, kann er innerhalb einer Frist von drei Monaten gegenüber dem Vollstreckungsgericht den Verzicht auf die Rechte aus der Zuteilung erklären. **815**

Die Befriedigungswirkung ist damit während des Laufes der 3-Monats-Frist, welche grundsätzlich mit der Verkündung des Forderungsübertragungsbeschlusses beginnt, bedingt. Erst nach fruchtlosem Fristablauf treten die Befriedigungswirkungen endgültig ein.

Erklärt der Gläubiger gegenüber dem Vollstreckungsgericht (§ 118 Abs. 2 Satz 2 ZVG) den Verzicht auf die übertragene Forderung, so **verliert** er **816**
- den übertragenen Anspruch,
- eine dafür eingetragene Sicherungshypothek (Rn. 819) und
- seine Befriedigungsberechtigung aus dem Versteigerungserlös.

Seine ursprüngliche Forderung gegen den Schuldner lebt wieder auf.

Mit dem Verzicht geht die übertragene Forderung und mit ihr die für sie eingetragene Sicherungshypothek (§ 1153 BGB) auf den oder die nächstausfallenden Berechtigten über. **817**

2. Wiederversteigerung

Beantragt der Zuteilungsberechtigte innerhalb der Frist von drei Monaten (§ 118 Abs. 2 Satz 2 ZVG) die Wiederversteigerung des Grundbesitzes (dazu Rn. 827), behält er ebenfalls seine persönliche Forderung gegen den bisherigen Schuldner auch in Höhe des ihm zugeteilten Betrages. In diesem Umfang haftet ihm aber auch der Ersteher und zwar sowohl dinglich mit dem ersteigerten Grundstück als auch persönlich. Während der Verzicht (Rn. 815) keine praktische Bedeutung hat, ist der Antrag auf Wiederversteigerung die allgemein übliche Reaktion auf den Fall der Nichtzahlung. **818**

C. Sicherungshypotheken

I. Allgemeines

Nach erfolgter Forderungsübertragung besteht die „letzte Amtshandlung" des Vollstreckungsgerichts darin, die Zuteilungsberechtigten hinsichtlich ihrer neu erworbenen Forderungen gegen den Ersteher dinglich abzusichern. § 128 ZVG sieht hierzu die Eintragung von Sicherungshypotheken für die übertragenen Forderungen vor. **819**

II. Besonderheiten

Diese Sicherungshypotheken weisen die folgenden Besonderheiten auf: **820**
- Vereinigt sich die Sicherungshypothek mit dem Eigentum in einer Person, etwa weil der Ersteher den gesicherten Gläubiger befriedigt und die Sicherungshypothek damit auf ihn übergeht (§§ 1163, 1177 BGB), so kann sie **nicht zum Nachteil** eines Rechtes, das bestehen geblieben ist, oder einer nach § 128 Abs. 1, 2 ZVG eingetragenen Siche-

rungshypothek geltend gemacht werden (§ 128 Abs. 3 Satz 2 ZVG). Diese Rechtsfolge muss im Grundbuch eingetragen werden, weshalb sich das Ersuchen hierauf erstrecken muss.

821 • Bei einer erneuten Versteigerung des Grundstücks ist der mit der Sicherungshypothek gesicherte Betrag **bar** zu entrichten; das Recht bleibt damit nicht nach § 52 Abs. 1 ZVG bestehen, sondern erlicht unabhängig vom Rang des bestbetreibenden Gläubigers.

822 • Die für die in § 129 ZVG genannten Ansprüche eingetragenen Sicherungshypotheken erleiden **Rangverlust**, es sei denn, dass vor dem Ablauf von sechs Monaten nach der Eintragung derjenige, welchem die Hypothek zusteht, die Zwangsversteigerung des Grundstücks beantragt (§ 129 ZVG).[289]

823 Die übertragene Forderung ist in jedem Fall „gesetzlich" zu verzinsen, unabhängig, von welcher Rechtsgrundlage (Rn. 809 oder 810) das Gericht ausgeht. Für „gesetzliche Zinsen" haftet aber das Grundstück (§ 1118 BGB) ohne Eintragung, so dass eigentlich die Eintragung des Zinssatzes entbehrlich wäre. In diesem Fall ergeben sich die „gesetzlichen Zinsen" aus dem Übertragungsbeschluss, auf welchen bei der Eintragung Bezug genommen wird. Allerdings darf das Grundbuchamt eine vom Vollstreckungsgericht ersuchte Eintragung nicht unter Hinweis auf § 1118 BGB als „unnötig" ablehnen (denn sie ist nicht unzulässig und macht das Grundbuch auch nicht unrichtig)[290] und die sich aus dem SchuModG ergebende Besonderheit begründet wohl auch ausreichend eine solche Eintragung.[291] Ersucht aber ein Vollstreckungsgericht auf Eintragung der nach Rn. 809 festgesetzten Zinsen, so ergibt sich ein weiteres Problem. Die Eintragung eines variablen Zinssatzes erfordert grundsätzlich auch die Angabe eines Höchstzinssatzes, den aber das Vollstreckungsgericht nicht angeben kann. Ist aber die Forderungsübertragung nach Rn. 809 rechtens, dann darf das Grundbuchamt das Ersuchen nicht ablehnen.[292]

III. Rangverhältnis

824 Nach § 128 ZVG ist die Sicherungshypothek **im Rang des Anspruchs** einzutragen, d.h. die Befriedigungsrangfolge des § 10 ZVG muss bei der Eintragung der Sicherungshypotheken umgesetzt werden. Die nach den Versteigerungsbedingungen bestehen gebliebenen Rechte am Grundstück müssen in dieser Rangfolge „eingeordnet" werden. Das Vollstreckungsgericht hat die Rangfolge im Ersuchen an das Grundbuchamt genau anzugeben.

Beispiel 32

825 An dem versteigerten Grundstück sind die in Abt. III unter Nr. 1 und Nr. 2 eingetragenen Grundschulden bestehen geblieben. Das Verfahren wurde von dem persönlichen Gläubiger G betrieben. Im Teilungsplan finden sich folgende Ansprüche:

a) Gerichtskosten
b) Grundsteuer
c) Zinsen (bis zum Zuschlag) für das Recht III/1
d) Zinsen (bis zum Zuschlag) für das Recht III/2

---

289 Für Berechtigte der RK 3 siehe *Glotzbach/Mayer* 497, 498.
290 *Kammergericht* Rpfleger 2003, 204.
291 So auch *Eickmann* § 22 II 3.
292 *LG Kassel* Rpfleger 2001, 176. Auch das *Kammergericht* (Rpfleger 2003, 204) hat hierin keine unzulässige Eintragung gesehen, wenn es auch diese Frage nicht unmittelbar zu entscheiden hatte.

e) Anspruch des G (Kosten, Zinsen und ein Teil der Hauptforderung, soweit die Teilungsmasse ausreicht)

Im Falle der Nichtzahlung des Bargebots und Ausführung des Teilungsplans durch Forderungsübertragung müssten folgende Sicherungshypotheken zur Eintragung kommen:

a) III/3 Sicherungshypothek für die Gerichtskosten
im Rang vor den Rechten III/1 und III/2
b) III/4 Sicherungshypothek für die Grundsteuer
im Rang vor den Rechten III/1 und III/2
c) III/5 Sicherungshypothek für die Zinsen (bis zum Zuschlag) aus dem Recht III/1 im Rang vor den Rechten III/1 und III/2
d) III/6 Sicherungshypothek für die Zinsen (bis zum Zuschlag) aus dem Recht III/2 im Rang vor dem Recht III/2
e) III/7 Sicherungshypothek für den Anspruch des G, soweit dieser aus Kosten nach § 10 Abs. 2 ZVG (Rn. 34) entstanden ist (eigene Sicherungshypothek wegen § 129 ZVG)
f) III/8 Sicherungshypothek für den Anspruch des G (andere Kosten, Zinsen und Hauptforderung, soweit die Teilungsmasse ausreicht)

D. Zwangsvollstreckung aus übertragener Forderung

I. Zwangsvollstreckung in das sonstige Vermögen

Tipp: Zwangsvollstreckung auch gegen „Mithaftende" möglich.   826

Nach der Ausführung des Teilungsplans durch Forderungsübertragung, kann der jeweilige Gläubiger gegen den Ersteher, ggf. auch gegen den für mithaftend erklärten Bürgen (§ 69 Abs. 2 ZVG) und den für mithaftend erklärten Meistbietenden (§ 81 Abs. 4 ZVG) die Zwangsvollstreckung betreiben. Dieses „normale" Zwangsvollstreckungsverfahren eröffnet dem Gläubiger den Zugriff auf das **gesamte Vermögen** des Erstehers bzw. der genannten mithaftenden Personen. Das Verfahren weist nur insoweit eine Besonderheit auf, als die Zwangsvollstreckung auf Grund einer vollstreckbaren Ausfertigung des Zuschlagsbeschlusses erfolgt (§ 132 Abs. 2 ZVG). Diese ist mit einer Vollstreckungsklausel zu versehen, welche den Berechtigten sowie den Betrag der Forderung ausweisen muss (§ 132 Abs. 2 ZVG), da sich diese Angaben aus dem Zuschlagsbeschluss nicht entnehmen lassen. Der Zuschlagsbeschluss nebst Vollstreckungsklausel ist dem Vollstreckungsschuldner zuzustellen (§ 750 ZPO); einer Zustellung des Forderungsübertragungsbeschlusses bedarf es nicht.

II. Zwangsvollstreckung in das versteigerte Grundstück (Wiederversteigerung)

1. Allgemeines

Für die Zwangsvollstreckung steht auch das versteigerte Grundstück selbst als Vollstreckungsobjekt zur Verfügung. Wird der Antrag auf Versteigerung von einem Gläubiger gestellt, dem im ersten (vorhergegangenen) Verfahren eine Forderung übertragen wurde, so spricht man von einer „echten Wiederversteigerung". Ein solches Verfahren, für welches § 133 ZVG einige Besonderheiten vorsieht (Rn. 828 ff.), ist von einem möglichen Zwangsversteigerungsverfahren, welches ein „normaler" Gläubiger, z.B. ein solcher eines

827

1 *Versteigerung eines Grundstücks*

bestehen gebliebenen Rechtes, beantragt (sog. „unechte Wiederversteigerung"), zu unterscheiden.

2. Besonderheiten der Wiederversteigerung

828 Zwar handelt es sich bei dem Verfahren auf Wiederversteigerung des Grundstücks um ein völlig neues, gegen den Ersteher gerichtetes Verfahren, dennoch sieht § 133 ZVG einige Besonderheiten vor:

829
- Die Wiederversteigerung ist ohne vorherige Zustellung des Zuschlagsbeschlusses nebst Vollstreckungsklausel zulässig.
- Zur Anordnung des Verfahrens braucht der Ersteher noch nicht als Eigentümer in das Grundbuch eingetragen zu sein.
- Ein Zeugnis nach § 17 Abs. 2 ZVG ist nicht vorzulegen, solange das Grundbuchamt noch nicht um Eintragung ersucht wurde.
- Erfolgt die Anordnung der Zwangsversteigerung vor Berichtigung des Grundbuches, ist zu beachten, dass wegen der Beteiligtenstellung nicht von § 9 Nr. 1 ZVG ausgegangen werden kann, da das Grundbuch noch die alte Rechtslage widerspiegelt.

830 Für die weitere Durchführung der Wiederversteigerung müssen jedoch der Ersteher (als Eigentümer) und die vorgenannten Sicherungshypotheken eingetragen sein.

831 Zur Eintragung des Erstehers als neuen Eigentümer ist die Vorlage der steuerlichen Unbedenklichkeitsbescheinigung (Rn. 494) erforderlich. Da der Ersteher höchstwahrscheinlich die Grunderwerbsteuer nicht bezahlt hat, muss das Vollstreckungsgericht das Finanzamt ersuchen, diese Bescheinigung ohne Steuerzahlung zu erteilen. Dies sehen die Richtlinien des Finanzamtes so vor.[293] Außerdem erlischt die Steuerschuld des Erstehers nach durchgeführter Wiederversteigerung! Da dies nur für die „echte Wiederversteigerung" (Rn. 827) gilt, muss im Ersuchen der Antragsteller des Versteigerungsverfahrens genannt werden.

832 Soll eine „unechte Wiederversteigerung" (Rn. 827) z.B. aus einem bestehen gebliebenen Grundpfandrecht betrieben werden, erteilt das Finanzamt keine Unbedenklichkeitsbescheinigung, bevor die Grunderwerbsteuer bezahlt ist.

> **Tipp:** Berechtigte bestehen gebliebener Grundpfandrechte sollten die Wiederversteigerung nur aus der übertragenen Forderung für Zinsen und Kosten, nicht aber aus der Hauptforderung betreiben, da sie sonst die Umschreibung ihres ursprünglichen Titels gegen den Ersteher nebst Zustellung benötigten und außerdem die Grunderwerbsteuer zahlen müssten.

833 Für das gG gelten zunächst die allgemeinen Bestimmungen (Rn. 303 ff.), jedoch ergeben sich für die im Rahmen der Ausführung des Teilungsplans des Vorverfahrens eingetragenen Sicherungshypotheken aus den §§ 128, 129 ZVG Besonderheiten:
- Sofern eine der genannten Sicherungshypotheken in das gG fällt, ist sie in vollem Umfang bar zu decken (§ 128 Abs. 4 ZVG). Diese Regelung gilt nicht nur für das „echte Wiederversteigerungsverfahren", sondern für alle künftigen Fälle der Versteigerung des Grundstücks.

---

293 Z.B. für Rheinland-Pfalz: Grunderwerbsteuerkartei OFD Koblenz § 22 Karte 3 und Rundverfügung vom 13.03.1989 (AZ.: S 4540A-St 53 4).

- Wegen des Befriedigungsranges, welchen die Sicherungshypotheken bieten, ist für jeden **einzelnen** Gläubiger § 129 ZVG zu beachten. Der Gläubiger einer Sicherungshypothek für einen in dieser Norm genannten Anspruch kann den sechs Monate nach der Eintragung eintretenden Rangverlust nur durch vorherigen Antrag auf Wiederversteigerung verhindern.
- Das Grundbuch wird bezüglich des Ranges der Sicherungshypotheken unrichtig, wenn die Berechtigten den Antrag auf Wiederversteigerung nicht rechtzeitig stellen oder nach Fristablauf zurücknehmen. Diese Rechtsfolge muss im Ersuchen bezeichnet sein. Es genügt dann im Grundbuch die Bezugnahme auf das Ersuchen (§ 874 BGB). Die Berichtigung erfolgt nach § 22 GBO, also nicht auf Ersuchen des Vollstreckungsgerichts.

9. Kapitel
Erbbaurecht und Wohnungseigentum

A. Erbbaurecht

I. Allgemeines

Nach der verbindlichen Regel des § 93 BGB muss der Grundstückseigentümer auch Eigentümer des darauf errichteten Gebäudes sein. Dies hat schon früh zu Problemen geführt, da Bauland nicht in genügender Menge vorhanden war und die Eigentümer es auch nicht verkaufen wollten. Deshalb schuf der Gesetzgeber das Erbbaurecht. Man stelle sich vor, über das Grundstück sei ein unsichtbarer **„Rechts-Teppich"** gebreitet, auf welchem das Gebäude errichtet ist. Es steht nun – rechtlich gesehen – nicht mehr auf dem Grundstück, sondern auf dem „Rechts-Teppich" und damit kann das Gebäude ohne Verletzung des § 93 BGB Eigentum des Erbbauberechtigten sein. Das Gebäude wird wesentlicher Bestandteil des Erbbaurechts, nicht des Grundstücks (§ 12 ErbbauVO).

834

Die Entwicklung des Rechts führte zur Unterscheidung verschiedener Formen des Erbbaurechtes:

835

- Das „Uralt-Erbbaurecht", vor dem 22.01.1919 begründet, wird hier nicht mehr erörtert.
- Das seit dem 22.01.1919 mögliche Erbbaurecht nach der ErbbauVO[294].
- Das neue Erbbaurecht in der Form des Sachenrechtsänderungsgesetzes vom 21.09.1994.

Die beiden letztgenannten Formen des Erbbaurechts unterscheiden sich wesentlich nur in der Einordnung des Erbbauzinses (§§ 9 und 9a ErbbauVO). Auch heute noch könnte ein Erbbaurecht nach der älteren Form begründet werden, ebenso wie eine Umwandlung eines älteren Rechtes in die neue Form möglich[295] wäre. Beides wird nur selten der Fall sein.

836

---

294 Verordnung über das Erbbaurecht vom 22.01.1919, zuletzt geändert durch Gesetz vom 23.07.2002; im *Schönfelder* abgedruckt unter Nr. 41.
295 Mit Zustimmung aller Berechtigten der dinglichen Rechte, die Vorrang vor oder Gleichrang mit der Erbbauzinsreallast haben (§ 9 Abs. 3 Satz 2 ErbbauVO).

837 Die Zwangsversteigerung des mit dem Erbbaurecht belasteten Grundstücks ist rechtlich möglich, jedoch in der Praxis selten. Als Verfahrensbesonderheit bleibt das Erbbaurecht kraft Gesetzes (§ 25 ErbbauVO) auf jeden Fall bestehen.

II. Gemeinsame Regeln für die Zwangsversteigerung des Erbbaurechts

1. Anordnung der Zwangsversteigerung

838 Ein Erbbaurecht wird nach den gleichen Regeln zwangsversteigert wie ein Grundstück, soweit nachfolgend keine Abweichungen angegeben sind. Ersteigert wird das Recht (also der „Rechts-Teppich" der Rn. 834); das Eigentum am Gebäude folgt gemäß § 93 BGB. Der Erwerber wird „Erbbauberechtigter".

839 Bei der Bestellung des Erbbaurechts kann bestimmt sein, dass die Veräußerung des Erbbaurechtes nur mit **Zustimmung** des Ausgebers (Grundstückseigentümers) zulässig ist (§ 5 Abs. 1 ErbbauVO). Diese, im Grundbuch einzutragende, Beschränkung gilt dann auch für die Veräußerung durch Zwangsversteigerung (§ 8 ErbbauVO).

840 Der Gesetzgeber wollte dem Grundstückseigentümer gegen dessen sachlich begründetes Interesse keinen Erbbauberechtigten aufzwingen. Aus dieser „ratio" ergibt sich

- dass diese Zustimmung noch nicht bei der Anordnung der Zwangsversteigerung bzw. der Zulassung des Beitritts, sondern **erst zum Zuschlag** erforderlich ist (Rn. 850); und
- dass sie auch dann erforderlich ist, wenn die Zwangsversteigerung aus einem Grundpfandrecht betrieben wird, das mit Zustimmung (§ 5 Abs. 2 ErbbauVO) des Grundstückseigentümers eingetragen wurde.

Die Zustimmungspflicht schützt also nicht vor der Veräußerung als solcher, sondern vor einem unerwünschten Erwerber.

2. Einzelfragen

841 Der Grundstückseigentümer ist Beteiligter im Sinne des § 9 ZVG (§ 24 ErbbauVO).

842 Bei der Ermittlung des Verkehrswertes nach § 74a Abs. 5 ZVG sind zu bewerten:
- das Bauwerk (nach den allgemeinen Regeln) und
- der „Rechts-Teppich".

843 Da aber der Ersteher nicht Eigentümer des Grundstücks wird, muss das Erbbaurecht, also die Befugnis auf fremden Boden ein Bauwerk zu haben (Rechts-Teppich), bewertet werden. Wichtige Anhaltspunkte hierfür sind
- die restliche Laufzeit des Erbbaurechts und
- die Höhe des Erbbauzinses.

Je geringer der Erbbauzins und je länger die Laufzeit, desto höher ist (aus der Sicht des Erwerbers) der Wert des Erbbaurechts. Für Einzelheiten der Berechnung wird auf die Kommentarliteratur verwiesen.

Tipp: **Auf die Laufzeit des Erbbaurechts achten.**

844 Die öffentlichen Lasten ruhen auf dem Erbbaurecht, nicht auf dem Grundstück. Somit kann aus einer Forderung RK 3, die nach Bestellung des Erbbaurechts fällig geworden ist, keine Zwangsversteigerung des Grundstücks, wohl aber des Erbbaurechts, beantragt werden.

3. Grundsätze zum Erbbauzins

Die Erbbauzins-Reallast sowie die Vormerkung zur Sicherung einer künftigen Erhöhung (dazu Rn. 859) bleiben im Normalfall bestehen, weil **845**
- sie entweder einen besseren Rang als der bestbetreibende Gläubiger haben oder
- dies nach § 59 ZVG so vereinbart wurde oder
- diese Rechte bereits „Bestandschutz" (dazu Rn. 869) haben.

Bleiben Erbbauzins-Reallast und Vormerkung bestehen, muss für sie ein Zuzahlungsbetrag nach §§ 51, 50 ZVG bestimmt werden: **846**
- Für die Erbbauzins-Reallast kann zunächst auf die Berechnung Rn. 864 Bezug genommen werden. Der so ermittelte Betrag kommt aber allenfalls als Höchstbetrag in Betracht. Da sich der Zuzahlungsbetrag nach § 51 ZVG nach der Entlastung des Erstehers durch Wegfall eines übernommenen Rechtes richtet, muss beachtet werden, dass ein Ersteher durch Wegfall einer erst in vielen Jahren fälligen Rate angesichts der ständigen Geldentwertung weniger entlastet sein kann, als durch sofortige Zahlung eines hohen Geldbetrages. Deshalb wird man den nach § 51 ZVG festzusetzenden Betrag wesentlich niedriger ansetzen müssen als einen nach § 92 Abs. 1 ZVG zahlbaren Ersatzbetrag. Die Verminderung ist unter Berücksichtigung des Einzelfalles zu schätzen. **847**
- Die Vormerkung (Rn. 859) hat nur einen real feststellbaren Wert, wenn das von ihr gesicherte Erhöhungsverlangen bereits schuldrechtlich besteht, aber dinglich durch Eintragung des höheren Erbbauzinses noch nicht realisiert wurde. Eine künftige Erhöhung, die von Voraussetzungen abhängt, deren Eintritt ungewiss ist, entzieht sich einer Bewertung[296]. **848**

Die fälligen Raten des Erbbauzinses werden wie Zinsen eines Grundpfandrechtes behandelt (§ 1107 BGB). Also gilt für sie in der Zwangsversteigerung: **849**
- Für die Unterscheidung „laufend" oder „rückständig" gelten die allgemeinen Regeln (Rn. 269 f.).
- Laufende Raten müssen nicht angemeldet werden (§ 45 Abs. 2 ZVG).
- Rückständige Raten müssen bei Meidung des Rangverlustes angemeldet werden und haben für zwei Jahre RK 4, ältere Raten nur noch RK 8.
- Aus dem Erlös erfolgt Befriedigung bis zum Tag vor dem Zuschlag und zwar auch dann, wenn diese Rate noch nicht fällig ist (**Beispiel 33** Rn. 865). Ab dem Zuschlag schuldet der Ersteher den Erbbauzins und zwar sowohl dinglich als auch persönlich (§ 1108 BGB). Erlischt ausnahmsweise (Rn. 861) der Erbbauzins, erhält der Ausgeber die laufende Rate bis zum Verteilungstermin.

4. Zuschlag in der Zwangsversteigerung

Falls die Beschränkung des § 5 Abs. 1 ErbbauVO eingetragen ist, bedarf es zum Zuschlag der Zustimmung des Grundstückseigentümers (Rn. 839). Diese Zustimmung hat der **Meistbietende** zu beschaffen und dem Gericht nachzuweisen. Wird sie nicht erteilt und auch nicht ersetzt (Rn. 855), muss der Zuschlag versagt werden. **850**

Dem Meistbietenden muss zur Beibringung der Zustimmung eine angemessene Frist gewährt und daher ein Verkündungstermin bestimmt werden. Die Frist des § 87 Abs. 2 ZVG reicht regelmäßig nicht aus, weshalb je nach Einzelfall die Verkündung auch später als eine Woche nach dem Versteigerungstermin erfolgen kann. **851**

---

296 Hierzu *Stöber* (ZVG) § 51 Rn. 4.7 und *Streuer* Rpfleger 1997, 141.

1 *Versteigerung eines Grundstücks*

852 Die Zustimmung ist nicht formbedürftig. Sie kann daher schriftlich oder zu Protokoll der Geschäftsstelle oder des Gerichts (im Versteigerungstermin oder Verkündungstermin) erklärt werden. Erst nachdem sie dem Gericht nachgewiesen wurde, kann dem Meistbietenden der Zuschlag erteilt werden.

853 Der Grundstückseigentümer kann die Zustimmung nur aus den in § 7 ErbbauVO genannten Gründen **verweigern**, insbesondere also
- wenn der Meistbietende keine Gewähr für die Erfüllung der Pflichten aus dem Erbbaurecht bietet; oder
- wenn durch den Zuschlag (Eigentumswechsel) der bei Bestellung des Erbbaurechts verfolgte Zweck wesentlich beeinträchtigt oder gefährdet würde (Bankdirektor ersteigert Erbbaurecht, das für Sozialhilfeempfänger gedacht war).

854 Nicht selten benutzen die Ausgeber des Erbbaurechts, insbesondere also die Gemeinden, den Versteigerungsfall bzw. das Zustimmungserfordernis, um den Meistbietenden zu Zugeständnissen bei der Vertragsgestaltung zu „bewegen", auf welche sie keinen Anspruch haben. Versucht wird insbesondere
- die Korrektur eines Versteigerungsergebnisses nach Rn. 863 (Erbbauzins soll entgegen dem Zuschlag bestehen bleiben!);
- eine gewaltige Erhöhung des Erbbauzinses, auf welche weder ein gesetzlicher noch ein vertraglicher Anspruch besteht.

855 § 7 Abs. 3 ErbbauVO sieht vor, dass das Amtsgericht in einem Verfahren nach den Regeln des FGG[297] (also nicht durch das Vollstreckungsgericht) eine ohne triftigen Grund verweigerte Zustimmung ersetzen kann. Antragsberechtigt ist aber nur der bisherige Erbbauberechtigte (Schuldner) sowie jeder Gläubiger des Zwangsversteigerungsverfahrens, **nicht** aber der Meistbietende![298]

856 Leider wissen die Ausgeber des Erbbaurechts, dass der Meistbietende die gerichtliche Ersetzung der Zustimmung nicht selbst beantragen kann. Will er den Zuschlag, kann er nur einen Gläubiger (z.B. das bestbetreibende Kreditinstitut) bitten, seinerseits den Antrag zu stellen. Angesichts der Rechtslage wird dann die Zustimmung meist sofort erteilt. Anderenfalls bleibt nur, dem Ansinnen des Ausgebers nachzukommen oder die Versagung des Zuschlags hinzunehmen.

> **Tipp:** Wird die Erteilung der Zustimmung von unberechtigten Bedingungen abhängig gemacht, sollte der Meistbietende den bestbetreibenden Gläubiger bitten, seinerseits die Ersetzung der Zustimmung zu beantragen. Schließlich ist dieser ja auch an der Erteilung des Zuschlags interessiert, damit er sein Geld bekommt.

5. Heimfall

857 Nach zeitlichem Ablauf des Erbbaurechtes oder bei Eintritt bestimmter (vereinbarter) Bedingungen kann der Grundstückseigentümer die Rückübertragung des Erbbaurechtes auf sich oder einen Dritten verlangen (§ 2 Nr. 4 ErbbauVO; Heimfall). Hierfür hat er grundsätzlich eine Entschädigung zu zahlen.

---

[297] Gesetz über die Angelegenheiten der freiwilligen Gerichtsbarkeit vom 17.05.1898, zuletzt geändert durch Gesetz vom 23.04:2004; im *Schönfelder* abgedruckt unter Nr. 112.
[298] Früher streitig, heute allgemeine Meinung; so auch *OLG Köln* Rpfleger 1969, 300.

Wurde die Vereinbarung getroffen, dass die Anordnung einer Zwangsversteigerung den vorgenannten Heimfall auslöst, liegt darin für den Ersteher ein besonderes Risiko, da er nach Erteilung des Zuschlags dem Heimfallanspruch ausgesetzt ist. Das Gericht sollte daher sofort nach der Anordnung der Versteigerung dem Eigentümer einen Anordnungsbeschluss zuleiten und zugleich anfragen, ob er den Heimfallanspruch geltend machen will. Da die Versteigerungsverfahren meist länger als sechs Monate dauern, könnte bis zum Zuschlag Verjährung (§ 4 ErbbauVO) eingetreten sein.[299]

Tipp: Steht weder der Verzicht noch die Verjährung fest, sollten Bietinteressierte beim Ausgeber des Erbbaurechts anfragen, ob der Heimfallanspruch geltend gemacht wird.

III. Erbbauzins beim „alten" Erbbaurecht

Der Anspruch auf Erbbauzins ist nicht Bestandteil des Rechts, sondern muss vereinbart und durch eine Eintragung in der zweiten Abteilung des Grundbuchs (Erbbauzins-Reallast § 9 Abs. 1 ErbbauVO) gesichert werden. Der Anspruch auf künftige Erhöhung des Erbbauzinses, der wirtschaftlichen Entwicklung entsprechend, kann durch eine Vormerkung dergestalt gesichert werden, dass der erhöhte Erbbauzins später den Rang der ursprünglichen Reallast erhält.

Da Erbbauzins-Reallast und Vormerkung in der Zwangsversteigerung wie jedes andere Recht der zweiten Abteilung des Grundbuchs zu behandeln sind, können beide Rechte durch den Zuschlag erlöschen (§ 91 Abs. 1 ZVG) und der Ersteher erlangt ein erbbauzinsloses Erbbaurecht.

Sehr häufig haben die Ausgeber des Erbbaurechts (Eigentümer des Grundstücks) bei der Belastung des Erbbaurechts ihre Zustimmung erteilt, Belastungen mit Rang vor der Reallast einzutragen. Wird dann aus einem solchen Recht die Zwangsversteigerung betrieben, hätte dies das Erlöschen der rangschlechteren Rechte (Reallast/Vormerkung) zur Folge, was für den Ersteher von Vorteil ist und somit zu höheren Geboten führen kann. Erbbauzins und Vormerkung erlöschen auch, wenn (in der Praxis selten) die Zwangsversteigerung aus einer Forderung der RK 3 betrieben wird.

Die Ausgeber versuchen meist, diese unerwünschte Folge durch eine abweichende Versteigerungsbedingung (§ 59 ZVG; Rn. 349) zu verhindern, was aber oft an der Zustimmung der vorrangigen Gläubiger[300] scheitert und auch über ein Doppelausgebot nur selten zum erwünschten Erfolg führt. Auf das Gebot ohne Erbbauzins wird meist mehr geboten, als auf das Gebot mit bestehen bleibendem Erbbauzins und dies erhöht die Zuteilung an die vorgehenden Rechte, die somit durch einen Zuschlag auf die Abweichung beeinträchtigt wären.

Würde die Erbbauzins-Reallast und/oder die Vormerkung durch den Zuschlag erlöschen, wird der Ersteher (Rn. 854) gehörig unter Druck gesetzt, dem Bestehen bleiben (§ 91 Abs. 2 ZVG) dieser Rechte zuzustimmen, auch wenn der Erlös für einen Ausgleich in Geld (Rn. 652) nicht ausreicht. Reicht ausnahmsweise der Erlös, erfolgt ein Ausgleich nach Rn. 650 mit der Berechnung Rn. 651.

---

299 Einzelheiten bei *Stöber* (ZVG) § 15 Rn. 13.17.
300 Gemäß § 59 Abs. 3 ZVG bedarf es nicht der Zustimmung der nachstehenden Beteiligten; nach der hier vertretenen Auffassung (streitig) auch nicht der Zustimmung des Erbbauberechtigten. Hierzu *Mayer* Rpfleger 2003, 281.

1 Versteigerung eines Grundstücks

864 Scheitert auch dies, hat der Eigentümer für die verlorene Reallast einen Anspruch auf Geldersatz durch einmalige Zahlung (Rn. 602 und 610), was jedoch ausreichenden Erlös an seiner Rangstelle voraussetzt. Die künftigen Erbbauzinsraten gelten als fällig (§ 111 ZVG). Da sie bis zur Fälligkeit unverzinslich sind, erhält der Eigentümer nur einen abgezinsten Betrag. Die Berechnung erfolgt mittels Tabellen oder Formeln (Rn. 610).

865 Beispiel für einen jährlich nachträglich fälligen Erbbauzins auf der Basis von 4 % Zinsen:

Beispiel 33

$$\text{Ersatzbetrag} = \frac{\text{Jahresrate} \times (1{,}04^n - 1)}{(1{,}04^n \times 0{,}04)}$$

Hierbei steht „n" für die Restlaufzeit in Jahren.

Für die fehlende Zeit vom Verteilungstermin bis zur nächsten Fälligkeit ist der entsprechende Betrag zuzusetzen. Die laufende Rate erhält der Eigentümer ohnehin anteilig bis zum Verteilungstermin (Rn. 551, 556), im folgenden Beispiel also 800,00 €.

Erloschener Erbbauzins jährlich 1.200,00 €, Verteilungstermin 01.03.2004; nächste Fälligkeit 01.07.2004 und ab dann noch Restlaufzeit von 35 Jahren.

Ersatzbetrag für 35 Jahre:

$$\text{Ersatzbetrag} = \frac{1.200{,}00 \, € \times (3{,}946088 - 1)}{(3{,}946088 \times 0{,}04)}$$

$$\text{Ersatzbetrag} = \frac{1.200{,}00 \, € \times 2{,}946088}{0{,}157844} = 22.397{,}47 \, €$$

Diese Berechnung geht vom 01.07.2004 als Zahltag aus. Sie muss daher wie folgt rechnerisch ergänzt werden:
- Es fehlt der Ersatzbetrag für vier Monate, also vom 01.03. bis zum 30.06.2004, da diese 400,00 € nicht als „laufend" im Verteilungstermin bezahlt werden. Der errechnete Ersatzbetrag muss also auf 22.797,47 € erhöht werden.
- Da die Bezahlung des Ersatzbetrages im Verteilungstermin, also vier Monate vor der eigentlichen Fälligkeit erfolgt, muss eine entsprechende Abzinsung stattfinden. Einen praxistauglichen Annäherungswert für diese Abzinsung erhält man, indem man den abzuzinsenden Betrag pro Jahr der Abzinsung mit 0,03951 multipliziert.
- Da hier nur für vier Monate abzuzinsen ist, erfolgt die Multiplikation mit 1/3 dieses Jahresbetrages, also mit 0,01317. Dies ergibt dann: 22.797,47 € × 0,01317 = 300,24 €, die vom Ersatzbetrag abzuziehen sind:
22.797,47 € abzüglich 300,24 € ergibt 22.497,23 €.[301]
- Diese 22.497,23 € erhält der Ausgeber des Erbbaurechtes im Verteilungstermin.

Zum Vergleich: 35 Jahresraten + 400,00 € wären 42.400,00 €.

866 Für eine erloschene Vormerkung (Rn. 860) kommt ein Ersatzbetrag nur in Betracht, wenn zwar die Vormerkung, nicht aber der Erbbauzins, erloschen ist. Da sich ein erloschener Erbbauzins nicht mehr erhöhen kann, ist die darauf gerichtete Vormerkung wertlos.

---

[301] Zur Kontrolle: 22.497,23 € ergeben mit 4 % verzinst in vier Monaten 22.797,19 €. Die Rechendifferenz sind nur 0,21 €.

IV. Erbbauzins beim „neuen" Erbbaurecht

867 Für Erbbaurechte, die nach dem 01.10.1994[302] begründet oder durch eine vertragliche Änderung (Rn. 836) dem neuen Rechtsstand angepasst wurden, können bezüglich des Erbbauzinses die nachfolgenden Änderungen gegenüber den Darlegungen im Abschnitt III vereinbart sein. Es handelt sich hauptsächlich um eine Verbesserung der Position des Ausgebers, weshalb seit dieser Zeit kaum noch Erbbaurechte nach „altem Rechtsstand" begründet werden. Die noch vorhandenen Erbbaurechte alten Rechtes werden aber noch viele Jahre die im Abschnitt III genannten Probleme bei der Zwangsversteigerung aufwerfen.

868 Folgende **Änderungen** können als Inhalt des Erbbauzinses vereinbart sein:
- Es kann ein **Rangvorbehalt** für Grundpfandrechte vor dem Erbbauzins vereinbart sein (§ 9 Abs. 3 Satz 1 Nr. 2 ErbbauVO). Dies wird hier nicht weiter erörtert.
- Es kann ein Erbbauzins mit **„Bestandsschutz"** vereinbart sein. Dazu Rn. 869.
- Es kann eine **automatische Anpassung** des Erbbauzinses festgelegt sein. Dazu Rn. 872.

869 Es kann vereinbart sein (§ 9 Abs. 3 Satz 1 Nr. 1 ErbbauVO), dass der Erbbauzins (Stammrecht) gemäß § 52 Abs. 2 Satz 2 ZVG bestehen bleibt (Bestandsschutz), wenn die Versteigerung
- vom Eigentümer des Grundstücks aus einer fälligen Erbbauzinsrate oder
- vom Gläubiger eines vorrangigen **Grundpfandrechtes** betrieben wird.

870 Dieser Bestandsschutz gilt nur für das Stammrecht. Die Einordnung der fälligen Raten in das gG erfolgt nach den allgemeinen Regeln. Diese Raten stehen also nicht im gG, wenn die Zwangsversteigerung aus einem besserrangigen Recht betrieben wird.

871 Auch ein Erbbauzins (Stammrecht) mit Bestandsschutz erlischt, wenn die Versteigerung aus einem Anspruch der RK 3 (theoretisch auch der RK 2) betrieben wird.

872 Es kann vereinbart sein, dass sich der Erbbauzins ohne Eintragung im Grundbuch an bestimmte Veränderungen (§ 9 Abs. 1 ErbbauVO, § 1105 Abs. 1 BGB) in den Grenzen des § 9a ErbbauVO anpasst. Ist für den Erbbauzins Bestandsschutz vereinbart, gilt dieser auch für die Anpassungsklausel.

873 Wird ein solches Erbbaurecht versteigert, muss das Gericht von Amts wegen (§ 45 Abs. 2 ZVG) die „laufenden" Erbbauzinsraten an Hand des Grundbucheintrages[303] berechnen. Rückstände bedürfen der Anmeldung.

874 Nach wie vor kann die künftige Erhöhung des Erbbauzinses auch durch eine Vormerkung gesichert werden (§ 9a Abs. 3 ErbbauVO).

875 Theoretisch kann auch eine solche Vereinbarung einmal nichtig sein, so dass der Ersteher von der Belastung nicht getroffen wird. Also muss sowohl für den Erbbauzins als auch für die Anpassungsklausel ein Zuzahlungsbetrag nach § 51 ZVG bestimmt werden. Dazu Rn. 846 ff.

---

302 Ergänzt durch die Rechtsänderung vom 16.06.1998 (BGBl. I Seite 1242).
303 Bezugnahme auf die Eintragungsbewilligung ist zulässig.

B. Wohnungseigentum

I. Allgemeines

876 Besonders in Ballungsgebieten reichte das Erbbaurecht nicht mehr aus, um möglichst vielen Bürgern eigenen Wohnraum zu bieten, da das Erbbaurecht eher zur Errichtung von Eigenheimen als für Miethäuser gedacht ist. Deshalb wurde durch das WEG[304] die Möglichkeit geschaffen, innerhalb eines Gebäudes eine Wohnung, dazu evtl. Nebenräume und einen Garagenplatz einem Eigentümer als Sondereigentum zuzuweisen, während die gemeinschaftlichen Anlagen im Miteigentum aller verbleiben (§ 1 f. WEG). Häufig hat ein Wohnungseigentümer zusätzlich auch ein Sondernutzungsrecht, z.B. an einem PKW-Stellplatz, der zwar im gemeinschaftlichen Eigentum verblieben ist, dann aber ausschließlich von dem Berechtigten benutzt werden darf (§ 15 WEG).

877 Der Grundsatz des § 93 BGB wird dadurch gewahrt, dass das Grundstück Bruchteilseigentum aller Wohnungseigentümer wird (§ 1 Abs. 2 WEG). Das Gebäude kann auch auf einem Erbbaurecht errichtet sein; dann sind alle Wohnungseigentümer Mitberechtigte des Erbbaurechtes (§ 30 WEG).

878 Die Zwangsversteigerung zum Zwecke der Aufhebung einer Gemeinschaft (§§ 180 ff. ZVG) des Bruchteilseigentums (Rn. 877) ist grundsätzlich ausgeschlossen (§ 11 WEG; dort auch die Ausnahme). Sind aber mehrere Personen Eigentümer einer Wohnung (Sondereigentum) in Bruchteils- oder Gesamthandsgemeinschaft, kann insoweit die Teilungsversteigerung stattfinden.

879 Nach Begründung des Wohnungseigentums ist die Zwangsvollstreckung in das Grundstück nicht mehr zulässig. Es kann nur noch **in das jeweilige Sondereigentum vollstreckt** werden, auch wenn alle Wohnungen noch im Eigentum des Grundstückseigentümers stehen.

880 Die Verwaltung des Wohnungseigentums erfolgt gemeinsam (§§ 20 ff. WEG), im Normalfall durch einen gemeinsam bestellten Verwalter (der nicht mit dem oft vorhandenen Hausmeister verwechselt werden darf!).

881 Für Teileigentum, also Sondereigentum an nicht zu Wohnzwecken dienenden Räumen eines Gebäudes in Verbindung mit dem Miteigentumsanteil an dem gemeinschaftlichen Eigentum zu dem es gehört (§ 1 Abs. 3 WEG), gelten die gleichen Regeln (§ 1 Abs. 6 WEG).

II. Zwangsversteigerung

1. Zustimmung

882 Die Versteigerung von Wohnungs- und Teileigentum erfolgt nach den allgemeinen Regeln.

883 Alle **Miteigentümer sind Beteiligte** (§ 9 ZVG) des Verfahrens, weshalb ihnen Beschlüsse, deren Zustellung an alle Beteiligte vorgesehen ist, zuzustellen sind. Allerdings kann wegen § 27 Abs. 2 Satz 3 WEG die Zustellung für alle an den Verwalter erfolgen (falls dieser

---

[304] Gesetz über das Wohnungseigentum und das Dauerwohnrecht (Wohnungseigentumsgesetz) vom 15.03.1951, zuletzt geändert durch Gesetz vom 05.05.2004; im *Schönfelder* abgedruckt unter Nr. 37.

nicht zufällig als Wohnungseigentümer der Vollstreckungsschuldner ist!). Dies gilt auch für oft vorhandene Rechte in der zweiten Abteilung des Grundstücks (z.B. Wegerechte, Leitungsrechte) die zu Gunsten aller Miteigentümer an jeder Wohnung eingetragen sind und die gemeinsame Benutzung sichern sollen.

Es kann vereinbart sein, dass die Zwangsversteigerung des Wohnungseigentums nur mit Zustimmung der anderen Wohnungseigentümer oder eines Dritten (meist des Verwalters) erfolgen darf (§ 12 Abs. 1, Abs. 3 Satz 2 WEG). Dies gilt dann auch für eine Zwangsversteigerung auf Antrag des Berechtigten eines Grundpfandrechtes, dessen Eintragung (anders als beim Erbbaurecht) keiner Genehmigung bedurfte. Beim Wohnungserbbaurecht (§ 30 WEG) ist neben der **Zustimmung** nach § 12 WEG auch jene gemäß § 5 ErbbauVO denkbar. 884

Die Zustimmung § 12 WEG ist nicht erforderlich, wenn 885
- aus einem einheitlichen Titel alle Wohnungen versteigert werden sollen;[305]
- wegen einer Forderung der RK 3 vollstreckt wird, welche bereits vor der Aufteilung in Wohnungseigentum am Grundstück entstanden ist.

Ebenso wie beim Erbbaurecht ist die Zustimmung erst zur Erteilung des Zuschlags erforderlich. Rn. 850 bis 856 gelten entsprechend. Soweit die Zustimmung der anderen Wohnungseigentümer oder des Verwalters erforderlich ist und ohne wichtigen Grund (§ 12 Abs. 2 Satz 1 WEG) verweigert wird, kann sie im Verfahren nach § 43 WEG ersetzt werden. Ist ausnahmsweise die Zustimmung eines Dritten erforderlich, muss die Ersetzung durch Urteil im Zivilprozess erfolgen. 886

2. Geld der Wohnungseigentümer

Zur Bestreitung der gemeinsamen Ausgaben leisten die Wohnungseigentümer Zahlungen (Wohngeld oder Hausgeld genannt) in eine gemeinsame Kasse, von welcher der Verwalter die gemeinsamen Ausgaben bestreitet. Es ist auch denkbar, dass in Gemeinschaft verbliebenes Eigentum vermietet ist und Erträge in diese Kasse erbringt. Aus diesen Umlagen/Einnahmen wird meist auch eine Rücklage für evtl. größere Reparaturen (Instandsetzungsrücklage; § 21 Abs. 5 Nr. 4 WEG) gebildet. 887

Diese Gelder sind nicht dinglich mit dem Wohnungseigentum verbunden, insbesondere nicht Zubehör. Somit erlangt der Ersteher kein Miteigentum am Geld, das am Zuschlagstag vorhanden ist, insbesondere nicht an der Instandsetzungsrücklage.[306] Andererseits haben der Schuldner und seine Gläubiger keinen Anspruch gegen die Gemeinschaft auf Auszahlung des Anteils. Auch die Gemeinschaft hat keinen Anspruch gegen den Ersteher, den vom früheren Eigentümer erbrachten Betrag nochmals in die Rücklage einzuzahlen. In Betracht kommen Ersatzansprüche zwischen Ersteher und bisherigem Eigentümer aus ungerechtfertigter Bereicherung, die außerhalb des Versteigerungsverfahrens zu verfolgen sind. 888

Tipp: Für nicht aus der Teilungsmasse befriedigte Gläubiger bietet sich hier evtl. eine interessante Vollstreckungsmöglichkeit im Wege der Forderungspfändung. Zu pfänden ist der Anspruch des Schuldners gegen den Ersteher aus der Bereicherung durch vorhandene Rücklagen.

---
305 *BayObLG* NJW 1958, 2016.
306 *BayObLGZ* 1984, 198 (206). Dieser Teil der Entscheidung ist im Rpfleger nicht abgedruckt. Für den Fall des Verkaufs wird allgemein angenommen, dass der Anspruch auf die anteilige Instandsetzungsrücklage „mitverkauft" wurde, wenn kein gegenteiliger Vertragswille ersichtlich ist.

1 Versteigerung eines Grundstücks

889 Der Ersteher schuldet der Gemeinschaft die Umlagen (Hausgeld und Sonderumlagen), die **nach** dem Zuschlag fällig werden (§ 56 ZVG). Die bereits vom Schuldner eingezahlten Beiträge kommen ihm zugute. Er haftet nicht für Zahlungen laut Wirtschaftsplan oder Sonderumlagen, die bereits **vor** dem Zuschlag fällig geworden sind. Dies gilt auch dann, wenn die im Wirtschaftsplan (vor dem Zuschlag) festgelegte Umlage zusammen mit dem Beschluss über die sie einbeziehende Jahresabrechnung (nach dem Zuschlag) nochmals bestätigt wird; der Ersteher haftet selbst dann nicht, wenn dieser Beschluss bestandskräftig wird. [307]

890 Sind allerdings Umlagen erst nach dem Zuschlag durch einen Beschluss der Eigentümergemeinschaft neu begründet – also nicht bereits vorher im Wirtschaftsplan beschlossen – worden (§ 28 Abs. 5 WEG), muss der Ersteher auch dann seinen Anteil erbringen, wenn die Notwendigkeit für diese Umlage bereits vor dem Zuschlag entstanden ist.

891 Umgekehrt hat die Gemeinschaft einen Überschuss, der bereits vor dem Zuschlag zur Auszahlung fällig geworden ist, noch an den bisherigen Eigentümer zu leisten. Beträge, die nach dem Zuschlag fällig werden, gebühren dem Ersteher. Solche Zahlungen werden aber nur anfallen, wenn umfangreiches Gemeinschaftseigentum vorhanden und vermietet ist.

Vermietung vor Aufteilung

892 Für den Ersteher ergeben sich Probleme, wenn das Objekt bereits vermietet war, **bevor** die Aufteilung in Wohnungseigentum erfolgte und die damaligen Mieter immer noch in ihren früheren Wohnungen (somit in der Eigentumswohnung, die jetzt versteigert werden soll) wohnen. Der Gutachter soll mit der Feststellung beauftragt werden, ob diese Voraussetzung bei der zu versteigernden Wohnung vorliegt. Ist dies der Fall, soll der Rechtspfleger die Beteiligten auf die nachgenannten Einschränkungen hinweisen.

893 Der Mieter hat ein gesetzliches Vorkaufsrecht (§ 577 BGB), das allerdings wegen § 471 BGB in der Vollstreckungsversteigerung nicht ausgeübt werden kann – wohl aber in der Teilungsversteigerung. Es besteht nur für den ersten Verkaufsfall und kann somit gegenüber dem Ersteher (wenn dieser verkaufen will) nicht mehr ausgeübt werden.[308]

894 Der Ersteher kann das Mietverhältnis 3 Jahre lang nicht kündigen, wenn er diese Kündigung auf
- Eigenbedarf (§ 573 Abs.2 Satz 2 BGB) oder
- Verhinderung der angemessenen wirtschaftlichen Verwertung (§ 573 Abs.2 Satz 3 BGB)

stützen will.

Diese Frist kann sich auf 10 Jahre verlängern (§ 577a Abs.2 BGB)[309].

---

307 *BGH* Rpfleger 2000, 78.
308 So mit ausführlicher Begründung (wenn auch zu früherem Recht) *BGH* 141, 194.
309 Auch wenn bisher noch keine Verordnung im Sinne des § 577a Abs. 2 BGB erlassen wurde, ist bis zum 31.08.2004 (Art. 229 § 3 Abs.6 EGBGB) das „Sozialklausel-Gesetz" (im *Schönfelder* als Anmerkung zu § 573 BGB abgedruckt) in Verbindung mit Landesrecht zu beachten.

2. Abschnitt
Versteigerung *mehrerer* Grundstücke

A. Grundsatz der Einzelversteigerung

Das Zwangsversteigerungsgesetz geht vom Grundsatz der Einzelversteigerung aus, d.h. in **einem** Versteigerungsverfahren kommt grundsätzlich nur **ein** Grundstück zur Versteigerung. **895**

B. Voraussetzungen für die gemeinsame Versteigerung

Die gemeinsame Versteigerung mehrerer Grundstücke ist die Ausnahme; ihre Voraussetzungen sind in **§ 18 ZVG** wie folgt geregelt: **896**

I. Mehrheit von Grundstücken (Versteigerungsgegenständen)

§ 18 ZVG spricht zwar von der Versteigerung mehrerer Grundstücke, die Anwendung der Norm ist jedoch nicht auf Grundstücke im Rechtssinne (Rn. 1) beschränkt. Ihre allgemeine Bedeutung erschließt sich damit leichter, wenn man an Stelle der genannten „Grundstücke" von Versteigerungsgegenständen oder Vollstreckungsobjekten[310] spricht. **897**

Die notwendige Mehrheit von Versteigerungsgegenständen liegt demnach vor, wenn zur Versteigerung kommen sollen: **898**
1. mehrere **Grundstücke** im Rechtssinne;
2. mehrere **Grundstücksbruchteile** (Rn. 2), wenn die Bruchteile in den ideellen Anteilen von Miteigentümern bestehen (§ 864 Abs. 2 ZPO); hierunter fällt auch das Wohnungseigentum (Rn. 4);
3. mehrere **grundstücksgleiche Rechte** (z.B. Erbbaurecht, Rn. 3).

Denkbar ist auch eine gemeinsame Versteigerung von Versteigerungsgegenständen aus verschiedenen der genannten „Gruppen", etwa die Versteigerung eines Grundstücks im Rechtssinne und eines Grundstücksbruchteils in **einem** Verfahren. **899**

Hinweis:
Wenngleich die nachfolgenden Ausführungen für alle genannten Versteigerungsgegenstände zutreffen, wird in der Folge aus Gründen leichterer Lesbarkeit grundsätzlich von der Versteigerung mehrerer **Grundstücke** gesprochen werden.

II. Zuständigkeit

Zur gemeinsamen Versteigerung mehrerer Grundstücke kann es nur kommen, wenn das Amtsgericht -Vollstreckungsgericht- für **alle** betroffenen Grundstücke örtlich zuständig ist **900**

---
310 So *Böttcher* § 18 Rn. 2.

(§ 1 ZVG; Rn. 10). Liegen die Grundstücke in den Bezirken verschiedener Vollstreckungsgerichte, muss nach § 2 Abs. 2 ZVG zunächst die Zuständigkeit bestimmt werden (zum diesbezüglichen Verfahren Rn. 10).

III. Identität

901 Der Begriff der Identität[311] steht für drei Voraussetzungen, an deren **alternatives** Vorliegen § 18 ZVG die gemeinsame Versteigerung mehrerer Grundstücke knüpft:
1. eine Forderung gegen denselben Schuldner;
   beispielhaft sei hier der Gläubiger genannt, der wegen einer persönlichen Forderung gleichzeitig in mehrere Grundstücke desselben Schuldners vollstreckt;
2. ein bestehendes Recht an jedem Grundstück;
   der Gläubiger vollstreckt z.B. seinen dinglichen Anspruch aus einem Gesamtgrundpfandrecht;
3. eine Forderung gegen gesamtschuldnerisch haftende Eigentümer;
   als eine Möglichkeit sei hier die Geltendmachung einer persönlichen Forderung gegen zwei gesamtschuldnerisch haftende Ehegatten durch Zwangsversteigerung ihrer hälftigen Miteigentumsanteile genannt.

Tipp: **Ein nur teilweise dinglich gesicherter Gläubiger kann durch die gleichzeitige Geltendmachung seiner persönlichen Forderung auch weitere (ihm bislang nicht als Sicherheit dienende) Grundstücke des Schuldners in ein Zwangsversteigerungsverfahren einbeziehen.**

C. Allgemeine Auswirkungen

I. Beschlagnahmezeitpunkt

902 Die Frage, wann die Beschlagnahme wirksam wird, ist auch bei mehreren Grundstücken **allein nach § 22 ZVG** zu beantworten (Rn. 75 ff). Jedes Grundstück hat seinen **eigenen Beschlagnahmezeitpunkt**. Innerhalb eines Versteigerungsverfahrens können demnach mehrere verschiedene Beschlagnahmezeitpunkte vorliegen. Beispielhaft sei die gemeinsame Versteigerung zweier Grundstücksbruchteile (ideelle Miteigentumsanteile) genannt. Denkbar sind hier verschiedene Beschlagnahmezeitpunkte z.B. bei zeitversetzter Zustellung des Anordnungsbeschlusses an den jeweiligen Eigentümer und späterem Eingang des Grundbuchersuchens beim Grundbuchamt.

Tipp: **Verschiedene Beschlagnahmezeitpunkte beachten.**

903 Klarstellend sei darauf hingewiesen, dass bei der Versteigerung mehrerer Grundstücke ein einheitlicher Beschlagnahmezeitpunkt auch **nicht** über § 13 Abs. 4 ZVG bestimmt werden kann. Der für die Abgrenzung der laufenden von den rückständigen wiederkehrenden Leistungen wichtige Tag der ersten Beschlagnahme (Rn. 271) gilt **„pro Grundstück"**, d.h., je Versteigerungsgegenstand ist ein solcher Tag der ersten Beschlagnahme zu ermitteln.

---

311 Zum Begriff der Identität siehe *Böttcher* § 18 Rn. 4.

II. Grundstückswert (Verkehrswert)

Der Verkehrswert ist für jeden Versteigerungsgegenstand **getrennt** festzusetzen. Bei Grundstücksbruchteilen (ideellen Miteigentumsanteilen) gestaltet sich dies oft problematisch, da z.B. der Wert des hälftigen Miteigentumsanteils an einer Eigentumswohnung nicht automatisch 50 % des Verkehrswertes „der gesamten Wohnung" entspricht. Letztlich wird dem Gericht in der Praxis jedoch kaum anderes übrig bleiben, als den Verkehrswert des ideellen Miteigentumsanteils entsprechend dem Bruchteil am „Gesamtwert" festzusetzen. Jedoch sollte auch hier eine getrennte Festsetzung (Festsetzung pro Bruchteil) erfolgen.[312]

904

D. Ausgebotsarten und Verfahren

Bei der Versteigerung mehrerer Grundstücke kann man **drei** verschiedene Ausgebotsarten unterscheiden:
- Einzelausgebot,
- Gesamtausgebot,
- Gruppenausgebot.

905

I. Einzelausgebot

Das Einzelausgebot stellt die gesetzliche Regel dar (§ 63 Abs. 1 ZVG). Grundsätzlich gibt es damit in einem Verfahren über mehrere Grundstücke so viele gG wie Grundstücke.

906

II. Gesamtausgebot

Beim Gesamtausgebot kommt es zur gemeinsamen Versteigerung **aller** vom Verfahren betroffenen Grundstücke (Versteigerung „en bloc").

907

III. Gruppenausgebot

Bei einem Gruppenausgebot werden **einige** aber eben nicht alle Grundstücke eines Verfahrens zusammen versteigert. Innerhalb eines Verfahrens sind auch mehrere Gruppenausgebote denkbar, auch in der Weise, dass ein Grundstück in mehreren Gruppen auftaucht. Das Gruppenausgebot stellt im Verhältnis zum Einzelausgebot ein Gesamtausgebot, im Verhältnis zum Gesamtausgebot ein Einzelausgebot dar.

908

> Zur gemeinsamen Versteigerung stehen drei Grundstücke:
> - das Haus,
> - der Garten,
> - ein Bauplatz.

Beispiel 34

909

---

312 A.A. *Stöber* (ZVG) § 74a Rn. 7.10, der vorschlägt, für Bruchteile eines Grundstücks von gleichem Wert den Wert nur für das Einzelgrundstück festzusetzen, da der Miteigentumsanteil zugleich den Wertanteil bestimme.

Folgende Ausgebote sind z.B.[313] möglich:
- Alle drei Grundstücke werden einzeln ausgeboten (Einzelausgebot);
- Alle drei Grundstücke werden zusammen ausgeboten (Gesamtausgebot);
- Haus und Garten werden zusammen ausgeboten (Gruppenausgebot), der Bauplatz separat (Einzelausgebot);
- Haus und Bauplatz werden zusammen ausgeboten (Gruppenausgebot), der Garten separat (Einzelausgebot);

IV. Verfahren

910 Ob es in einem Versteigerungsverfahren zu einem Gesamtausgebot und/oder Gruppenausgebot(en) kommt, hängt, mit Ausnahme des in § 63 Abs. 1 Satz 2 ZVG genannten Falles der Überbauung mehrerer Grundstücke mit einem einheitlichen Bauwerk (hierzu Rn. 917), von den Verfahrensbeteiligten[314] ab. Der Gesetzgeber unterscheidet in der für das Verfahren maßgeblichen Norm (§ 63 Abs. 2 ZVG) nach
- **Verlangen** auf Gesamt- bzw. Gruppenausgebot und
- **Antrag** auf Gruppenausgebot.

911 Die Differenzierung hat praktische Bedeutung. Während das Vollstreckungsgericht einem Verlangen entsprechen muss, hat es bei einem Antrag einen Ermessensspielraum. Es gelten folgende Zusammenhänge:

Übersicht

Gesamtausgebot:	Jeder Beteiligte kann es **verlangen**.
Gruppenausgebot:	Liegt eine Gesamtbelastung einiger Grundstücke vor, kann jeder Verfahrensbeteiligte ein Gruppenausgebot dieser Grundstücke **verlangen**. Soweit eine Gesamtbelastung nicht besteht, können ein oder mehrere Gruppenausgebot(e) von einem Verfahrensbeteiligten **beantragt** werden.

912 Verlangen und Antrag sind **formlos**, somit mündlich oder vor Termin schriftlich möglich. Sie können nur bis zur Aufforderung zur Abgabe von Geboten gestellt werden (§ 63 Abs. 2 Satz 1 ZVG) und gelten jeweils nur für den konkret anstehenden Versteigerungstermin. Die Möglichkeit der Rücknahme von Verlangen und Antrag wird überwiegend bejaht[315], weshalb der Rechtspfleger **alle** diesbezüglichen Begehren (auch wenn sie auf die gleiche Ausgebotsart gerichtet sind) zu Protokoll nehmen muss. Möglich ist die Rücknahme jedoch nur bis zur Aufforderung zur Abgabe von Geboten.[316]

913 Kommt es zu einem Abbruch der Versteigerung und einer **Neufeststellung des gG**[317] im **gleichen Termin**, so wirkt das Verlangen/der Antrag fort. Auch kann für das neue gG ein Gesamtausgebot (Gruppenausgebot) jetzt erstmals verlangt werden. Wird ein **neuer Ver-**

---

313 Die Auflistung ist nicht abschließend. Auch ist ein Nebeneinander verschiedener Ausgebotsarten (Einzelausgebot neben Gesamtausgebot; Gruppenausgebot neben Gesamtausgebot) möglich.
314 Zum Beteiligtenbegriff siehe § 9 ZVG. Bei der gemeinsamen Versteigerung mehrerer Miteigentumsanteile ist ein Miteigentümer am Verfahren betreffend den „anderen" Miteigentumsanteil Beteiligter nach § 9 Nr. 1 ZVG.
315 So z.B. *Böttcher* § 63 Rn. 19, *Stöber* (ZVG) § 63 Rn. 4.4.
316 *Stöber* (ZVG) § 63 Rn. 3.
317 Etwa nach Wegfall des bisher bestbetreibenden Gläubigers.

steigerungstermin durchgeführt, müssen Verlangen/Antrag wiederholt werden (keine Fortwirkung).

Unterblieben Gesamtausgebot und/oder Gruppenausgebot, obwohl die gesetzlichen Voraussetzungen dafür vorlagen, stellt dies einen Zuschlagsversagungsgrund dar (§ 83 Nr. 2 ZVG). 914

Der Gläubiger, welcher eine der Voraussetzungen des § 18 ZVG (Rn. 897) erfüllt und somit erst das Gesamtausgebot oder ein Gruppenausgebot ermöglicht, muss nicht gleichzeitig der bestbetreibende Gläubiger sein, nach welchem sich das gG richtet. Im Beispiel 35 (Rn. 916) ermöglicht in der 3. Alternative Z das Gesamtausgebot, obwohl er nur am Grundstück C bestbetreibender Gläubiger ist und dort das gG bestimmt. 915

Tipp: Sichern mehrere Grundpfandrechte als Einzelrechte (z.B. Zwangshypotheken) eine einheitliche Forderung, sollte die Versteigerung auch aus RK 5 betrieben werden, damit auch ein Gesamtausgebot möglich ist.

> Sind z.B. drei Gläubiger X, Y, und Z vorhanden und sollen zwei Grundstücke (A, B) versteigert werden, sind folgende Kombinationen möglich:
>
> 1. Alternative:
> X betreibt bestrangig in beide Grundstücke (Gesamtrecht). Er ermöglicht das Gesamtausgebot und bestimmt gleichzeitig das gG.
>
> 2. Alternative:
> X betreibt bestrangig nur in Grundstück A. Y betreibt bestrangig in Grundstück B und zweitrangig (Gesamtrecht) in Grundstück A. Y ermöglicht das Gesamtausgebot und bestimmt am Grundstück B das gG. X bestimmt am Grundstück A das gG.
>
> 3. Alternative:
> X betreibt bestrangig nur in Grundstück A. Y betreibt bestrangig nur in Grundstück B. Z betreibt zweitrangig in beide Grundstücke (Gesamtrecht). Z kann das gG nicht bestimmen, bildet aber die „Klammer", welche ein Gesamtausgebot ermöglicht. X an A und Y an B bestimmen das gG, auch für das Gesamtausgebot! Kommt es in diesem Fall jedoch auf Grund Bewilligung des Z zur einstweiligen Einstellung „seines" Verfahrens, kann kein Gesamtausgebot mehr stattfinden.

Beispiel 35

916

Sind mehrere Grundstücke mit einem einheitlichen Bauwerk überbaut, so können sie auch gemeinsam ausgeboten werden (§ 63 Abs. 1 Satz 2 ZVG). Mit diesem neu[318] in § 63 Abs. 1 ZVG eingefügten Satz 2 schuf der Gesetzgeber die Möglichkeit einer effektiveren Verfahrensdurchführung. Es steht im Ermessen des Gerichts, von Amts wegen (ohne Verlangen bzw. Antrag eines Beteiligten) ein Gesamtausgebot der überbauten Grundstücke durchzuführen. Am Grundsatz der Einzelversteigerung ändert die Möglichkeit eines amtswegigen Gesamtausgebots jedoch nichts, weshalb das Einzelausgebot nur unter den Voraussetzungen des § 63 Abs. 4 ZVG (dazu Rn. 918) wegfällt.[319] 917

---

[318] Art. 1 des Gesetzes zur Änderung des Gesetzes über die Zwangsversteigerung und die Zwangsverwaltung und anderer Gesetze vom 18.02.1998, BGBl. I Seite 866; in Kraft getreten am 01.08.1998.
[319] *Stöber* (ZVG) § 63 Rn. 3.1; *ThürOLG* Rpfleger 2002, 637.

V. Verhältnis der einzelnen Ausgebotsarten zueinander

1. Wegfall des Einzelausgebots

918 Da mehrere Grundstücke grundsätzlich einzeln auszubieten sind (Rn. 895), knüpft das Gesetz an ein Abweichen von diesem Grundsatz besondere Voraussetzungen. So darf das Einzelausgebot nur unterbleiben, wenn die anwesenden Beteiligten, deren Rechte bei der **Feststellung des gG nicht** zu berücksichtigen sind[320], hierauf verzichtet haben (§ 63 Abs. 4 ZVG). Dieser Verzicht ist bis spätestens vor der Aufforderung zur Abgabe von Geboten zu erklären und kann nach dieser Aufforderung nicht mehr zurückgenommen werden.[321]

Erscheint ein Verfahrensbeteiligter erst nach der Erstellung des gG, so ist seine Verzichtserklärung nicht mehr erforderlich.[322]

2. Reihenfolge der Ausgebotsarten

919 Obwohl im Gesetz nicht ausdrücklich geregelt, sollten die verschiedenen Ausgebotsarten **gleichzeitig** erfolgen. Die Versteigerung kann für alle Ausgebotsarten nur **einheitlich** geschlossen werden.[323]

E. Das geringste Gebot (gG)

Hinweis:
Eine ausführliche Darstellung und Berechnung eines geringsten Gebots anhand konkreter Daten findet sich im Fallbeispiel zum 1. Teil, 1. Abschnitt „Geringstes Gebot" (Rn. 1034).

I. Allgemeines

920 Für jede Ausgebotsart muss ein **gesondertes** gG aufgestellt werden. Dessen Aufstellung und Berechnung erfolgt grundsätzlich nach den allgemeinen Bestimmungen (Rn. 303 ff.); aus dem Umstand der Zwangsversteigerung mehrerer Grundstücke ergeben sich jedoch einige Besonderheiten.

---

320 Zum Personenkreis *Böttcher* § 63 Rn. 2.2.
321 *Stöber* (ZVG) § 63 Rn. 2.3.
322 *Stöber* (ZVG) § 63 Rn. 2.2.
323 Arg. § 63 Abs. 3 Satz 1 ZVG.

II. Grundsätze

Zunächst sollen die Grundsätze wie folgt dargestellt werden:

Ausgebotsart	Im geringsten Gebot stehen:
Einzelausgebot	Alle Belastungen (bestehen bleibende Rechte) und alle Barbeträge (Mindestbargebot), die **dieses** Grundstück betreffen. Gesamtbelastungen werden, sofern nicht eine Verteilung nach § 64 Abs. 1 ZVG erfolgt ist (Rn. 948 ff.), bei jedem Grundstück **voll** angesetzt.
Gesamtausgebot	Alle Belastungen und Barbeträge, sofern sie **irgend eines** der zu versteigernden Grundstücke betreffen. Gesamtbelastungen werden **nur einmal** angesetzt.
Gruppenausgebot	Da das Gruppenausgebot im Verhältnis zum Einzelausgebot ein Gesamtausgebot darstellt, werden hier alle Belastungen und Barbeträge angesetzt, die irgendeines der zur Gruppe gehörenden Grundstücke belasten. Gesamtbelastungen finden sich entsprechend nur einmal.

Übersicht

921

III. Einzelausgebot

1. Verfahrenskosten

a) Gebühren

Die Gebühren werden einheitlich nach dem Gesamtwert (§ 54 Abs. 4 GKG) der Grundstücke berechnet und dann im Verhältnis der Verkehrswerte aufgeteilt.

922

b) Auslagen

Auch hier entspricht die Aufteilung der für alle Grundstücke entstandenen Auslagen im Verhältnis der Grundstücksverkehrswerte einer theoretisch korrekten Lösung. In der gerichtlichen Praxis werden die Auslagen wegen der Möglichkeit, dass letztlich nicht alle Grundstücke zugeschlagen werden könnten (siehe z.B. § 76 ZVG), oft bei jedem Grundstück in voller Höhe angesetzt. Sind jedoch Auslagen nur für ein Grundstück entstanden, werden sie auch nur bei diesem angesetzt.

923

2. Ansprüche der Rangklassen 1 bis 3

Ansprüche aus diesen RK sind im Einzelausgebot bei dem Grundstück anzusetzen, für welches sie angefallen sind. Das Vollstreckungsgericht hat daher auf eine **getrennte Anmeldung** zu achten bzw. hinzuwirken.

924

Dies ist bei öffentlichen Lasten von besonderer praktischer Bedeutung. Da es bei diesen keine Gesamthaft[324] gibt, muss der Anspruchsberechtigte bei der Anmeldung bezeichnen, auf welchen Grundstücken die Forderung dinglich ruht (getrennte Anmeldung).[325, 326]

925

---

324 Eine „Gesamtveranlagung" des Schuldners kann sich nur auf dessen persönliche Haftung beziehen.
325 So zutreffend *Glotzbach/Mayer* Rn. 246 bis 248 mit Hinweisen für die Praxis.
326 Die u.a. von *Stöber* (ZVG) § 63 Rn. 2.5. im Falle einer alle oder mehrere Grundstücke betreffenden gemeinsamen Anmeldung bei gleichzeitigem Fehlen von Anhaltspunkten für eine Einzelhaftung eines bzw. einiger Grundstücke vorgeschlagene Aufteilung der Ansprüche im Verhältnis der Werte der betroffenen Grundstücke ist vor dem Hintergrund einer nicht bestehenden Gesamthaft für öffentliche Lasten fragwürdig. Es ist hier sachgerechter, diese Aufteilung von dem diesbezüglich kompetenteren Anspruchsinhaber zu verlangen (getrennte Anmeldung).

1 Versteigerung mehrerer Grundstücke

3. Ansprüche der Rangklasse 4

926 Ansprüche aus Einzelrechten werden nur bei dem belasteten Grundstück angesetzt; Gesamtrechte werden, soweit keine Verteilung nach § 64 Abs. 1 ZVG erfolgt ist (Rn. 948 ff.), bei jedem Grundstück in voller Höhe berücksichtigt.

4. Ansprüche der Rangklasse 5

927 Fällt ausnahmsweise ein persönlicher Gläubiger in das gG (Rn. 322), so gilt für seine Berücksichtigung das zu RK 4 Gesagte entsprechend. Betreibt demnach der Gläubiger aus einem persönlichen Anspruch die Zwangsversteigerung mehrerer Grundstücke, so wird er mit seinem Anspruch **bei jedem** Grundstück in voller Höhe berücksichtigt.

IV. Gesamtausgebot

928 Gerichtskosten und die Ansprüche der RK 1 bis 3 werden nur in einer Summe aufgeführt. Weiter finden alle Ansprüche Berücksichtigung, welche irgendein zum Zwangsversteigerungsverfahren gehörendes Grundstück belasten; **Gesamtbelastungen** werden jedoch nur **einmal** angesetzt. Sofern kein Gesamtrecht zu berücksichtigen ist, entspricht die Summe der gG aus dem Einzelausgebot damit dem gG des Gesamtausgebots.

Hinweis:

929 Das Gesamtausgebot ist unter strenger Wahrung des Deckungsgrundsatzes zu erstellen, d.h. alle Belastungen, welche dem **jeweilig** bestbetreibenden Gläubiger an einem Grundstück vorgehen, sind in das gG des Gesamtausgebots aufzunehmen (Gesamtbelastungen nur einmal). Es gibt keinen einheitlichen bestbetreibenden Gläubiger (Rn. 916).

Beispiel 36

930 In dem Zwangsversteigerungsverfahren betreffend die drei Grundstücke A, B, C soll auf Verlangen eines Beteiligten ein Gesamtausgebot erstellt werden. Auf Einzelausgebote wurde verzichtet. Die Grundstücke sind in der zweiten Abteilung lastenfrei und in der dritten Abteilung jeweils mit Grundschulden in der angegeben Höhe belastet; bei dem an allen drei Grundstücken (zufällig) unter gleicher Nummer eingetragenen Recht Abt. III Nr. 2 handelt es sich um ein an allen drei Grundstücken lastendes Gesamtrecht.

Grundstück A	Grundstück B	Grundstück C
Abt. III	Abt. III	Abt. III
1: 50.000,00 €	1: 70.000,00 €	1: 30.000,00 €
2: 40.000,00 €	2: 40.000,00 €	2: 40.000,00 €
3: 30.000,00 €	3: 20.000,00 €	3: 10.000,00 €
4: 20.000,00 €	4: 10.000,00 €	
5: 10.000,00 €		
6: 10.000,00 €		

Obwohl nur ein Gesamtausgebot aufgestellt werden soll, muss zunächst für jedes einzelne Grundstück der dort bestbetreibende Gläubiger ermittelt werden.

Im Beispiel soll von folgenden Angaben ausgegangen werden:

Bestbetreibender Gläubiger

Grundstück A	Grundstück B	Grundstück C
Gläubiger X	Gläubiger Y	Gläubiger Z
aus dem Recht III/5	aus dem Recht III/4	aus persönlichem
(dinglicher Anspruch)	(dinglicher Anspruch)	Anspruch (in alle drei Grundstücke)

Die *kursiv* gedruckten Rechte bleiben demnach bestehen:

Grundstück A	Grundstück B	Grundstück C
Abt. III	Abt. III	Abt. III
1: *50.000,00 €*	1: *70.000,00 €*	1: *30.000,00 €*
2: 40.000,00 €	2: 40.000,00 €	2: 40.000,00 €
3: *30.000,00 €*	3: *20.000,00 €*	3: *10.000,00 €*
4: *20.000,00 €*	**4: 10.000,00 €**	**Gläubiger Z**
5: 10.000,00 €		
6: 10.000,00 €		

Zusammenfassung:
In das gG des Gesamtausgebots fallen demnach folgende bestehen bleibende Rechte:

Abt. III	
50.000,00 €	an Grundstück A
70.000,00 €	an Grundstück B
30.000,00 €	an Grundstück C
40.000,00 €	an Grundstücken A, B, C (Gesamtrecht)
30.000,00 €	an Grundstück A
20.000,00 €	an Grundstück B
10.000,00 €	an Grundstück C
20.000,00 €	an Grundstück A

V. Gruppenausgebot

Da das Gruppenausgebot im Verhältnis zum Einzelausgebot ein Gesamtausgebot darstellt (Rn. 908), gilt das zum Gesamtausgebot Gesagte entsprechend. **931**

VI. Erhöhung des geringsten Gebots

Wird bei einem Einzelausgebot auf eines der Grundstücke ein Meistgebot abgegeben, das mehr beträgt als das gG für dieses Grundstück, so erhöht sich bei dem Gesamtausgebot das gG um den Mehrbetrag (§ 63 Abs. 3 Satz 1 ZVG). Die gesetzlich eingetretene Erhöhung verändert zwar den bar zu zahlenden Teil, dennoch ist das gG nicht insgesamt neu festzustellen; bereits hierauf abgegebene Gebote bleiben wirksam. **932**

Aus Gründen einer fairen Sitzungsleitung sollte die eingetretene Erhöhung **bekannt gemacht** werden. Ein Mitrechnen des Gerichts ist wegen der bei einer neuerlichen Gebotsabgabe erforderlichen Zulassungsentscheidung ohnehin unerlässlich. **933**

1 Versteigerung mehrerer Grundstücke

Beispiel 37

934 In einem Zwangsversteigerungsverfahren werden die beiden Grundstücke A und B versteigert. Die Grundstücke sollen einzeln und im Gesamtausgebot ausgeboten werden.

Die geringsten Gebote lauten:

	Einzelausgebot Grundstück A	Einzelausgebot Grundstück B	Gesamtausgebot
BbR	80.000,00 €	100.000,00 €	80.000,00 €
			100.000,00 €
MBG	1.600,00 €	2.500,00 €	4.100,00 €

In der folgenden Übersicht wird die Erhöhung des gG beim Gesamtausgebot, jeweils in Abhängigkeit zu den im Einzelausgebot abgegebenen Geboten dargestellt:

	Einzelausgebot Grundstück A	Einzelausgebot Grundstück B	Erhöhung Gesamtausgebot um	auf
1. Gebot	2.000,00 €		400,00 €	4.500,00 €
2. Gebot		3.000,00 €	500,00 €	5.000,00 €
3. Gebot	2.100,00 €		100,00 €	5.100,00 €
4. Gebot	2.300,00 €		200,00 €	5.300,00 €
5. Gebot		3.300,00 €	300,00 €	5.600,00 €
6. Gebot	2.500,00 €		200,00 €	5.800,00 €

Ein Bieter der nunmehr (7. Gebot) ein zulässiges Gebot auf das Gesamtausgebot abgeben wollte, müsste demnach mindestens 5.800,00 € bieten.

935 Da das Gruppenausgebot im Verhältnis zum Einzelausgebot wie ein Gesamtausgebot behandelt werden muss (Rn. 908), findet die Erhöhungsbestimmung des § 63 Abs. 3 Satz 1 ZVG auch auf das Gruppenausgebot Anwendung.

F. Zuschlagsentscheidung

936 Lagen im Verfahren verschiedene Ausgebotsarten vor, stellt sich im Rahmen der Zuschlagsentscheidung die Frage, welches Ausgebot den „Vorzug" erhält.

937 **Hinweis:**
Zum besseren Verständnis bleiben die Betrachtungen zunächst auf Einzelausgebot und Gesamtausgebot beschränkt.

938 Wurden demnach zwei Grundstücke sowohl in Einzelausgebot als auch im Gesamtausgebot versteigert, so lassen sich folgende Alternativen unterscheiden:

1. Wurden wirksame Gebote **nur auf eine der beiden Ausgebotsarten** abgegeben, erfolgt der Zuschlag auf diese, sofern dort Versagungsgründe (Rn. 452 ff., 981 bis 988) nicht gegeben sind.

2. Wurden wirksame Gebote **auf das Einzelausgebot und das Gesamtausgebot** abgegeben, ist zunächst § 63 Abs. 3 Satz 2 ZVG zu beachten. Danach wird der Zuschlag auf Grund des Gesamtausgebots nur erteilt, wenn das dortige Meistgebot höher ist als das Gesamtergebnis der Einzelausgebote. Es erfolgt also ein **Ergebnisvergleich** zwischen Einzelausgebot und Gesamtausgebot. „Ergebnis" bedeutet in diesem Zusammenhang die Summe aus dem abgegebenen Meistgebot zzgl. evtl. bestehen bleibender Rechte (bei solchen der zweiten Abteilung des Grundbuchs ist der festgesetzte Zuzahlungsbetrag (Rn. 361 ff.) nach § 51 Abs. 2 ZVG anzusetzen).

Versteigerung mehrerer Grundstücke **1**

Die beiden Grundstücke A und B werden in **einem** Verfahren versteigert. Es findet ein Einzelausgebot und ein Gesamtausgebot statt. Die gG gestalten sich wie folgt:

Beispiel 38

939

	Einzelausgebot A	Einzelausgebot B	Gesamtausgebot A B
B b R	II/1 Beschränkte persönliche Dienstbarkeit (Leitungsrecht); Zuzahlungsbetrag festgesetzt: 500,00 € III/1 Grundschuld 100.000,00 € III/2 Grundschuld 80.000,00 € (Gesamtrecht mit III/2 an Grundstück B)	III/1 Hypothek 200.000,00 € III/2 Grundschuld 80.000,00 € (Gesamtrecht mit III/2 an Grundstück A)	An Grundstück A: II/1 Beschränkte persönliche Dienstbarkeit (Leitungsrecht); Zuzahlungsbetrag festgesetzt: 500,00 € An Grundstück A: III/1 Grundschuld 100.000,00 € An Grundstück B: III/1 Hypothek 200.000,00 € An Grundstück A und B: (Gesamtrecht) III/2 Grundschuld 80.000,00 €
M B G	10.000,00 €	20.000,00 €	30.000,00 €

Es wurden folgende Gebote abgegeben:

	Einzelausgebot A	Einzelausgebot B	Gesamtausgebot A B
Gebot 1			60.000,00 €
Gebot 2		30.000,00 €	
Gebot 3	20.000,00 €		

Ergebnisvergleich i.S.d. § 63 Abs. 3 Satz 2 ZVG:

	Einzelausgebot A	Einzelausgebot B	Gesamtausgebot A B
BbR	180.500,00 €	280.000,00 €	380.500,00 €
Meistgebot	20.000,00 €	30.000,00 €	60.000,00 €
Ergebnis (Summe)	200.500,00 €	310.000,00 €	440.500,00 €
Vergleich	510.500,00 €		440.500,00 €

Das Ergebnis beim Einzelausgebot ist höher; das Gesamtausgebot kommt für die Zuschlagserteilung demnach nicht in Betracht.

1 Versteigerung mehrerer Grundstücke

940 Schon jetzt sei darauf hingewiesen, dass die Erteilung des Zuschlags auf das Gesamtausgebot trotz eines für das Gesamtausgebot positiven Ergebnisvergleichs dann nicht möglich ist, wenn auf ein Grundstück oder einige Grundstücke so viel geboten wird, dass der Anspruch des Gläubigers **gedeckt** ist (§ 76 ZVG). Einzelheiten unter Rn. 993 ff.

941 Werden die Grundstücke auch im Gruppenausgebot versteigert, so gestaltet sich der Vergleich nach § 63 Abs. 3 Satz 2 ZVG aufwändiger, jedoch nicht wesentlich schwieriger, wenn man nach dem folgenden, bereits erwähnten (Rn. 908) Merksatz vorgeht:

Das Gruppenausgebot stellt im Verhältnis zum Einzelausgebot ein Gesamtausgebot, im Verhältnis zum Gesamtausgebot ein Einzelausgebot dar.

Beispiel 39

942 Die vier Grundstücke A, B, C und D werden in **einem** Verfahren versteigert. Es finden folgende Ausgebotsarten statt:

Einzelausgebot	A	B	C	D
Gruppenausgebot	A B		C D	
Gesamtausgebot	A B C D			

Nach Schluss der Bietezeit werden zunächst die Ergebnisse beim Einzelausgebot mit den Ergebnissen beim Gruppenausgebot gem. § 63 Abs. 3 Satz 2 ZVG verglichen:
Ergebnis A + Ergebnis B zu vergleichen mit Ergebnis A B
Ergebnis C + Ergebnis D zu vergleichen mit Ergebnis C D

Annahme: Bei den Grundstücken A und B brachte das Einzelausgebot, bei den Grundstücken C und D das Gruppenausgebot das jeweils höhere und allgemein zuschlagsfähige Ergebnis:

Einzelausgebot	(A)	(B)	C	D
Gruppenausgebot	A B		(C D)	
Gesamtausgebot	A B C D			

Letzter Schritt:
Ergebnis A + Ergebnis B + Ergebnis C D zu vergleichen mit Ergebnis A B C D

943 Bringt der Vergleich nach § 63 Abs. 3 Satz 2 ZVG das (vorläufige) Ergebnis, der Zuschlag sei auf das Gesamtausgebot zu erteilen, kann jetzt noch ein weiteres Problem auftauchen, welches anhand des folgenden Beispiels erläutert werden soll:

Beispiel 40

Die beiden Grundstücke A und B werden in **einem** Verfahren versteigert. Es findet ein Einzelausgebot und ein Gesamtausgebot statt. Die gG gestalten sich wie folgt:

	Einzelausgebot A	Einzelausgebot B	Gesamtausgebot A B
Bestehen bleibende Rechte	keine	keine	keine
Mindestbargebot	10.000,00 €	20.000,00 €	30.000,00 €

	Einzelausgebot A	Einzelausgebot B	Gesamtausgebot A B
Gebot 1	16.000,00 €		
Gebot 2			40.000,00 €
Gebot 3	25.000,00 €		

Der Ergebnisvergleich nach § 63 Abs. 3 Satz 2 ZVG zeigt, dass das Gesamtausgebot allgemein zuschlagsfähig wäre:

Ergebnis A	+	Ergebnis B	zu vergleichen	mit Ergebnis A B
25.000,00 €	+	0,00 €	<	40.000,00 €

Problematisch gestaltet sich die Lage wegen der nach § 63 Abs. 3 Satz 1 ZVG eingetretenen Erhöhungen.

Durch die Gebote auf das Einzelausgebot des Grundstücks A wurde das gG beim Gesamtausgebot zunächst um 6.000,00 € und sodann um weitere 9.000,00 € erhöht. Das gG (Mindestbargebot) des Gesamtausgebots steht nunmehr bei 45.000,00 €.

Würden auf das Gesamtausgebot erst jetzt 40.000,00 € geboten werden, wäre dieses Gebot als unzulässig zurückzuweisen.

Ob der Zuschlag auf das Gesamtausgebot auch dann erteilt werden kann, wenn zwar der Gebotsvergleich zu Gunsten des Gesamtausgebots ausfällt, das abgegebene Bargebot den gesetzlich erhöhten Betrag jedoch nicht erreicht, ist in Literatur und Rechtsprechung umstritten.[327]

Folgt man der wohl überwiegenden Ansicht, so ist die Zuschlagserteilung auf das Gesamtausgebot im vorliegenden Beispielfall nicht möglich.[328]

An diese Feststellung schließt sich die Frage an, ob dann (wenigstens) die im Einzelausgebot abgegebenen Gebote zur Zuschlagsentscheidung herangezogen werden können. Das *OLG Frankfurt* hat dies in seiner lesenswerten Entscheidung vom 19.05.1995[329] bejaht.

Zusammenfassend lässt sich damit festhalten:

1. Auch bei für das Gesamtausgebot positivem Ergebnisvergleich (§ 63 Abs. 3 Satz 2 ZVG) kann der Zuschlag auf dieses Ausgebot nur erteilt werden, wenn das Gebot im Lichte der Erhöhungsnorm (§ 63 Abs. 3 Satz 1 ZVG) nach wie vor „zulässig" ist.
2. Kommt das Gesamtausgebot wegen „Missachtung" der Erhöhungsnorm zur Zuschlagserteilung nicht in Betracht, können die im Einzelausgebot abgegebenen Gebote für die Zuschlagsentscheidung herangezogen werden.

---

327 Zum aktuellen Meinungsstand siehe *Stöber* (ZVG) § 63 Rn. 7.4; *Böttcher* § 63 Rn. 17 beide m.w.N.
328 Nach Ansicht der Verfasser wird in der überwiegenden Literatur zu diesem Thema den rein formellen Aspekten zu viel Beachtung geschenkt und hierüber vergessen, dass es verfassungsrechtlich geboten ist, den Schuldner für den Verlust seines Grundbesitzes den höchstmöglichen Ersatz zu gewähren.
329 Rpfleger 1995, 512.

G. Verteilung von Gesamtgrundpfandrechten

948 Sind mehrerer Grundstücke mit einem Gesamtgrundpfandrecht belastet und werden diese Grundstücke auch im Einzelausgebot versteigert, so erreichen dort die gG oft große Höhen, da das Gesamtgrundpfandrecht **bei jedem Grundstück voll** in Ansatz zu bringen ist (Rn. 921). Hier soll § 64 ZVG Abhilfe schaffen, der eine Verteilung des Gesamtgrundpfandrechts vorsieht.

I. Voraussetzungen

1. Gesamtgrundpfandrecht

949 Nach § 64 Abs. 1 und Abs. 3 ZVG erfolgt eine Verteilung nur bei Gesamthypotheken, Gesamtgrundschulden oder Gesamtrentenschulden. Auf andere Gesamtrechte (z.B. Gesamtreallast) findet die Norm keine Anwendung; diese sind bei jedem Grundstück in voller Höhe anzusetzen.[330] Das Gesamtrecht kann nur zur Verteilung kommen, wenn es bestehen bleibt.

950 Eine entsprechende Anwendung des § 64 ZVG auf den Anspruch des persönlich betreibenden Gläubigers, welcher die Versteigerung mehrerer Grundstücke betreibt und (ausnahmsweise) in das gG fällt (Rn. 322), ist zu bejahen.[331]

2. Einzel- oder Gruppenausgebot

951 Es muss überhaupt ein Einzelausgebot oder Gruppenausgebot stattfinden. Kommen die Grundstücke ausschließlich im Gesamtausgebot zur Versteigerung, scheidet eine Verteilung des Gesamtrechts aus.

3. Antrag

952 Die Verteilung erfolgt nur auf Antrag. **Antragsberechtigt** sind der/die Gläubiger (zum Gläubigerbegriff Rn. 268), der Eigentümer und jeder dem Gesamtgrundpfandrechtsgläubiger gleich- oder nachstehende Beteiligte (§ 64 Abs. 1 Satz 2, Abs. 3 ZVG).

Der Antrag ist **formlos**, somit mündlich oder vor Termin schriftlich möglich.

Anders als in § 63 Abs. 2 ZVG legt das Gesetz einen spätesten Antragszeitpunkt hier **nicht** ausdrücklich fest. Einzig sachgerecht ist es jedoch, auch den Verteilungsantrag bis spätestens zur Aufforderung zur Abgabe von Geboten zu verlangen.[332] Eine Antragstellung während laufender Bietezeit hätte letztlich das Erlöschen der bereits abgegebenen Gebote zur Folge und würde die Neuberechnung des gG erforderlich machen; ein solcher Vorgang ist dem Zwangsversteigerungsverfahren, mit Ausnahme der Situation beim Wechsel der Person des bestbetreibenden Gläubigers, jedoch fremd.

---

330 Abweichende Versteigerungsbedingungen (§ 59 ZVG) sind jedoch möglich; hierzu Rn. 349 ff.
331 So auch *Stöber* (ZVG) § 64 Rn. 2.3 m.w.N.
332 So auch *Stöber* (ZVG) § 64 Rn. 3.4.

Der gestellte Verteilungsantrag gilt immer nur für den konkret anstehenden Versteigerungstermin. Falls der (ein) Antragsberechtigte(r) auch in einem eventuellen weiteren Termin die Verteilung wünscht, muss ein neuer Antrag gestellt werden. 953

4. Keine BGB-Verteilung

Eine Verteilung nach § 64 ZVG ist nicht mehr möglich, wenn bereits eine BGB-Verteilung (§ 1132 BGB) oder ein Teilverzicht (§§ 1168, 1175 BGB) erfolgt ist und dies dem Versteigerungsgericht spätestens bis zur Aufforderung zur Abgabe von Geboten nachgewiesen (Grundbuch) wird. 954

II. Durchführung der Verteilung

Die Verteilung erfolgt in der Weise, dass das Gesamtgrundpfandrecht bei der Feststellung des geringsten Gebots für das einzelne Grundstück nur zu dem Teilbetrage berücksichtigt wird, der dem **Verhältnis des Wertes** des Grundstücks zu dem Wert der sämtlichen Grundstücke entspricht (§ 64 Abs. 1 ZVG). 955

Dabei wird der Wert bei den einzelnen Grundstücken unter Abzug der Belastungen berechnet, die dem Gesamtgrundpfandrecht im Range vorgehen und bestehen bleiben (Wertkorrektur). Als abzugsfähiger Betrag ist dabei anzusetzen bei

Hypotheken und Grundschulden	Der Kapitalbetrag ohne Kosten und Zinsen; Gesamtgrundpfandrechte müssen hier bei jedem Grundstück voll abgezogen werden, es sei denn, sie werden ebenfalls nach § 64 ZVG verteilt.
Rentenschulden	Die Ablösesumme
sonstigen Rechten	Der Zuzahlungsbetrag nach § 51 Abs. 2 ZVG

Zur Aufnahme in das Mindestbargebot werden die **Kosten und wiederkehrenden Leistungen** aus dem zu verteilenden Gesamtgrundpfandrecht im gleichen Verhältnis aufgeteilt. 956

Der Abzug der Vorbelastungen kann ergeben, dass diese den Wert eines Einzelgrundstücks erschöpfen. Das Gesamtgrundpfandrecht kommt dann an diesem Grundstück nicht zur Verteilung, sondern bleibt hier in voller Höhe bestehen.[333] Bleiben nicht mindestens zwei Grundstücke mit „positivem Verkehrswert" übrig, kommt eine Verteilung nach § 64 ZVG nicht in Betracht. 957

Auch die **gleichzeitige Verteilung** mehrerer Gesamtgrundpfandrechte ist (auf Antrag) möglich. Es wird dabei mit dem rangbesten Recht begonnen; bei der Wertkorrektur (Rn. 955) kommt dann nur noch der nach Verteilung entstandene Betrag in Abzug. 958

---

333 Die gänzliche Nicht-Berücksichtigung des Rechtes würde einen zu großen Eingriff in die Rechte des Gesamtgrundpfandrechtsgläubigers darstellen. Dem ist entgegen zu halten, dass, wenn für das Einzelgrundstück ein geringer Restverkehrswert (etwa 100,00 €) „übrig bleibt", das Gesamtgrundpfandrecht zweifellos entsprechend dieses Anteiles verteilt werden kann.

1 Versteigerung mehrerer Grundstücke

Beispiel 41

959 Die drei Grundstücke A, B und C werden in **einem** Verfahren versteigert. Das Verfahren wird nur von einem Gläubiger aus RK 5 betrieben. Es findet nur ein Gesamtausgebot statt. Die Verkehrswerte und Belastungen gestalten sich wie folgt:

	Grundstück A	Grundstück B	Grundstück C
Verkehrswerte	120.000,00 €	60.000,00 €	35.000,00 €
Belastungen			
III/1	20.000,00 €		
III/2	10.000,00 €		
III/3	10.000,00 €		
III/4 (Gesamtrecht)	70.000,00 €	70.000,00 €	70.000,00 €
III/5	15.000,00 €		
III/6 (Gesamtrecht)	30.000,00 €	30.000,00 €	30.000,00 €

Es wurde ein Antrag auf Verteilung der an allen drei Grundstücken lastenden Gesamtrechte III Nr. 4 und Nr. 6 gestellt.

Das gG (nur BbR) gestaltet sich wie folgt:

	Grundstück A	Grundstück B	Grundstück C
Verkehrswerte	120.000,00 €	60.000,00 €	35.000,00 €
Wertkorrektur			
III/1	– 20.000,00 €		
III/2	– 10.000,00 €		
III/3	– 10.000,00 €		
Rest	100.000,00 €	50.000,00 €	25.000,00 €
Verhältnis	4	2	1
Aufteilung III/4	40.000,00 €	20.000,00 €	10.000,00 €
Wertkorrektur			
III/4	– 40.000,00 €	– 20.000,00 €	– 10.000,00 €
Rest	60.000,00 €	30.000,00 €	15.000,00 €
Wertkorrektur			
III/5	– 15.000,00 €		
Rest	45.000,00 €	30.000,00 €	15.000,00 €
Verhältnis	3	2	1
Aufteilung III/6	15.000,00 €	10.000,00 €	5.000,00 €
Summe BbR	90.000,00 €	40.000,00 €	25.000,00 €

960 Eine Verteilung nach § 64 ZVG ist auch möglich, wenn nicht alle mit dem Gesamtgrundpfandrecht belasteten Grundstücke vom Versteigerungsverfahren erfasst sind. Dabei ist jedoch zu beachten, dass das nicht in die Versteigerung eingebundene Grundstück (bzw. die dortigen Belastungen) von der Versteigerung nicht tangiert wird.

Beispiel 42

961

Grundstücke	A	B	C
Gesamtrecht	300.000,00 €	300.000,00 €	300.000,00 €

Von der Versteigerung sind nur die Grundstücke A und B erfasst. Das Gesamtgrundpfandrecht soll gem. § 64 Abs. 1 ZVG verteilt werden. Der Verkehrswert des Grundstücks A sei doppelt so hoch wie der Verkehrswert des Grundstücks B. Weitere Belastungen sind nicht vorhanden.

Grundstücke	A	B
Gesamtrecht	300.000,00 €	300.000,00 €
Verteilung	200.000,00 €	100.000,00 €

Sollte der Zuschlag rechtskräftig auf das Ausgebot nach § 64 Abs. 1 ZVG erteilt werden, würden die Mithaft unter den Einzelgrundstücken und das Gesamtgrundpfandrecht in Höhe des jeweils auf dieses Grundstück nicht verteilten Betrages erlöschen. In Höhe des bestehen bleibenden Betrages bestünde jedoch weiterhin die Gesamthaftung mit dem nicht versteigerten Grundstück.

Darstellung der Mithaft:

Grundstücke	A	C	B
Belastung	200.000,00 €	300.000,00 €	100.000,00 €
Mithaft A-C	Mithaft in Höhe von 200.000,00 €		
Mithaft B-C		Mithaft in Höhe von 100.000,00 €	

Selbstverständlich tritt durch die Verteilung eines Gesamtgrundpfandrechts im gG des Gesamtausgebots keine Veränderung ein, da das Gesamtrecht dort ohnehin nur „einfach" berücksichtigt war. **962**

III. Gegenantrag

Der von der Verteilung betroffene Gesamtgrundpfandrechtsgläubiger kann verlangen, dass bei der Feststellung des gG für die Grundstücke nur die seinem Anspruch **vorgehenden** Rechte berücksichtigt werden (sog. Gegenantrag; § 64 Abs. 2 ZVG). **963**

Warum der betroffene Gesamtgrundpfandrechtsgläubiger einen solchen Antrag überhaupt stellen sollte, ist auf den ersten Blick kaum verständlich, verliert er doch im Falle des Zuschlags auf diese Ausgebotsform seine (wenngleich verteilte) dingliche Sicherung komplett. Erst die Betrachtung von § 83 Nr. 3 ZVG erschließt die volle Bedeutung des Gegenantrags. Nach dieser Norm muss der Zuschlag versagt werden, wenn in den Fällen des § 64 Abs. 2 Satz 1, Abs. 3 die Hypothek, Grundschuld oder Rentenschuld oder das Recht eines gleich- oder nachstehenden Beteiligten, der dem Gläubiger vorgeht, durch das Gesamtergebnis der Einzelausgebote nicht gedeckt werden. Damit ist sichergestellt, dass bei einem Zuschlag auf diese Ausgebotsform der von der Verteilung betroffene Gesamtrechtsgläubiger wenigstens in voller Höhe **bar** befriedigt wird. **964**

Tipp: Der Gesamtgrundpfandrechtsgläubiger kann sich gegen die Verteilung „wehren".

Voraussetzungen für die Verteilung nach § 64 Abs. 2 ZVG: **965**
- Formloser,
- rechtzeitig gestellter
- Antrag
- des von der Verteilung betroffenen Gesamtgrundpfandrechtsgläubigers.

Nach dem Gesetzeswortlaut handelt es sich sogar um ein „**Verlangen**", weshalb ein Ermessenspielraum des Gerichts nicht besteht (hierzu Rn. 911). **966**

Nach dem Wortlaut des Gesetzes, kann der Gesamtgrundpfandrechtsgläubiger die Abweichung nach § 64 Abs. 2 ZVG „bis zum Schlusse der Verhandlung im Versteigerungstermin" verlangen. Eine wörtliche Umsetzung dieser Regelung würde bedeuten, dass eine Antragstellung auch nach dem Schluss der Bietezeit noch zulässig wäre, sofern sie **967** nur innerhalb des Versteigerungstermins erfolgt, da der Versteigerungstermin erst nach der Verhandlung über den Zuschlag beendet ist (§ 74 ZVG). Eine solche Verfahrensweise würde jedoch die dem ZVG vollkommen fremde Wiedereröffnung der Bietezeit erfordern. Einzig sachgerecht ist es daher, den Antrag des Gesamtgrundpfandrechtsgläubigers nur bis zum **Schluss der Versteigerung** (§ 73 Abs. 2 Satz 1 ZVG) zuzulassen.[334]

Tipp: Auf rechtzeitige Stellung des Gegenantrags achten.

968 Als Folge des zulässigen Antrags kommt es zu einem **Doppelausgebot.** Auf den Gegenantrag (Antrag nach § 64 Abs. 2 ZVG) des Gesamtgrundpfandrechtsgläubigers wird das gG so berechnet, als sei dieser Gläubiger **bestbetreibender** Gläubiger (es werden nur die diesem Gläubiger vorgehenden Belastungen berücksichtigt).

Die Grundstücke werden also wie folgt ausgeboten:
- Einzelausgebot mit verteiltem Gesamtgrundpfandrecht (§ 64 Abs. 1 ZVG);
- Einzelausgebot mit „fiktivem" bestbetreibenden Gläubiger (§ 64 Abs. 2 ZVG).

969 Auch durch den Gegenantrag nach § 64 Abs. 2 ZVG kommt es **nicht** zu einer Veränderung des gG des Gesamtausgebots (Rn. 928 bis 930). Insbesondere wird kein verändertes Gesamtausgebot unter Zugrundelegung des Gegenantragstellers als fiktiv Bestbetreibender erstellt.

IV. Erhöhung nach § 63 Abs. 3 Satz 1 ZVG

970 Erfolgt die Versteigerung im Doppelausgebot nach § 64 Abs. 1 und Abs. 2 ZVG und zugleich im Gesamtausgebot nach § 63 ZVG bereitet die Umsetzung der Erhöhung nach § 63 Abs. 3 Satz 1 der ZVG erhebliche Schwierigkeiten. Dies folgt aus dem Umstand, dass das Gesamtausgebot vor dem Hintergrund der hinsichtlich des bestbetreibenden Gläubigers „wahren" Rechtslage erstellt wurde.

Übersicht

	Geringste Gebote bei				
	Gesamtausgebot § 63 ZVG Grundstücke A + B	Einzelausgebot § 64 Abs. 1 ZVG Grundstück A	Einzelausgebot § 64 Abs. 1 ZVG Grundstück B	Einzelausgebot § 64 Abs. 2 ZVG Grundstück A	Einzelausgebot § 64 Abs. 2 ZVG Grundstück B
	MBG	MBG	MBG	MBG	MBG

Der durch ein Gebot auf das Ausgebot nach § 64 Abs. 2 ZVG entstehende Mehrbetrag (im Sinne des das Mindestbargebot übersteigenden Betrages) kann rechnerisch im Gesamtausgebot bereits enthalten sein.

---

334 *Stöber* (ZVG) § 63 Rn. 5.3 m.w.N.

Geringste Gebote bei				
Gesamtausgebot § 63 ZVG Grundstücke A + B	Einzelausgebot § 64 Abs. 1 ZVG Grundstück A	Einzelausgebot § 64 Abs. 1 ZVG Grundstück B	Einzelausgebot § 64 Abs. 2 ZVG Grundstück A	Einzelausgebot § 64 Abs. 2 ZVG Grundstück B
MBG				
			Gebot	
	MBG	MBG	MBG	MBG

Hier würde sich eine Erhöhung des gG beim Gesamtausgebot nicht ergeben.

Eine weitere Schwierigkeit besteht darin, dass, wie später zu zeigen sein wird, „der bei einem Einzelausgebot erzielte Mehrbetrag unter dem **Vorbehalt der Gesamtgläubigerwahl**" steht. *Stöber*[335] schlägt daher für die Praxis folgende Verfahrensweise vor:

1. In allen Ausgebotsarten sind Gebote allein unter Zugrundelegung des **bei Beginn** der Bietezeit festgestellten geringsten Gebots zuzulassen. Eine Erhöhung wird nicht berücksichtigt.
2. Erst **nach der Wahl** des Gesamtgläubigers erfolgt im Rahmen der Zuschlagsentscheidung eine Prüfung des Meistgebots im Lichte der Erhöhungsnorm.

Das auch dieser grundsätzlich praktikable Vorschlag an seine Grenzen stößt, soll abschließend mit folgendem Beispiel verdeutlicht werden:

> Zwei Grundstücke werden im Einzelausgebote mit verteiltem Grundpfandrecht (§ 64 Abs. 1 ZVG) und im Gesamtausgebot ausgeboten. Ein Gebot auf das Ausgebot nach § 64 Abs. 1 ZVG führt zu einer Erhöhung des gG beim Gesamtausgebot (Rn. 932 f.). Während noch laufender Bietezeit stellt ein Berechtigter zulässiger Weise einen Antrag nach § 64 Abs. 2 ZVG, was jetzt zum Doppelausgebot führt. Die bereits eingetretene und bekannt gemachte Erhöhung kann hier nicht mehr ignoriert werden.

V. Zuschlagsentscheidung

Der Antragsteller des Gegenantrags nach § 64 Abs. 2 ZVG kann nach Schluss der Bietezeit **wählen**, welche Ausgebotsart der Zuschlagsentscheidung zu Grunde gelegt werden soll. Aus dem Versteigerungsprotokoll muss sich ergeben, in welcher Weise der Wahlberechtigte von seinem Recht Gebrauch gemacht hat.

---

335 *Stöber* (ZVG) § 64 Rn. 6.3.

974 Es gelten folgende **Zusammenhänge**:

Entscheidet sich der Gegenantragsteller für die Ausgebotsart nach **§ 64 Abs. 1 ZVG** oder gibt er **keine Erklärung** ab, dann

- **erlöschen** die Gebote auf den Gegenantrag und können einer Zuschlagsentscheidung nicht mehr zu Grunde gelegt werden;
- muss, falls neben den Einzelausgeboten noch Gesamt- oder Gruppenausgebote erfolgt sind, nunmehr die Prüfung nach § 63 Abs. 3 Satz 2 ZVG erfolgen.

975 Sollte der Gegenantragsteller zu dem Zeitpunkt, zu welchem er eine Erklärung abgegeben sollte, den Sitzungssaal bereits verlassen haben, ist einzig sachgerecht, dieses Verhalten so zu werten, als hätte er keine Erklärung abgegeben.

976 Entscheidet sich der Gegenantragsteller für die Ausgebotsart nach **§ 64 Abs. 2 ZVG**, dann

- **erlöschen** die Gebote auf die Ausgebotsart nach § 64 Abs. 1 ZVG und können einer Zuschlagsentscheidung nicht mehr zu Grunde gelegt werden;
- muss, falls neben den Einzelausgeboten noch Gesamt- oder Gruppenausgebote erfolgt sind, nunmehr die Prüfung nach § 63 Abs. 3 Satz 2 ZVG erfolgen;
- ist, falls der Zuschlag auf das Einzelausgebot erteilt werden soll, wegen der zu fordernden Wahrung des Deckungsgrundsatzes jetzt der Zuschlagsversagungsgrund nach § 83 Nr. 3 ZVG zu prüfen.

977 Diese Prüfung des Zuschlagsversagungsgrundes erfolgt in **zwei Schritten**:

1. Gesamtsummenvergleich

978 Da durch die Ausgebote nach § 64 Abs. 2 ZVG weder der Gesamtgrundpfandrechtsgläubiger noch die ihm gleichstehenden oder nachstehenden Rechte, soweit sie dem tatsächlich bestrangig betreibenden Gläubiger vorgehen, beeinträchtigt werden dürfen, muss das bare Meistgebot **aller** Einzelausgebote mindestens die Befriedigung **aller** dieser genannten Gläubiger ermöglichen. Ist der Gesamterlös nicht ausreichend, muss der Zuschlag versagt werden (§ 83 Nr. 3 ZVG); dieser Zuschlagsversagungsgrund ist heilbar (§ 84 ZVG).

979 Bei der Durchführung des Gesamtsummenvergleichs gilt es zu beachten, dass die im Rahmen der Verteilung maßgeblichen Gerichtskosten in aller Regel mit dem Gerichtskostenbetrag aus dem gG nicht identisch sind, was insbesondere auf die Wertveränderung bei der Gebühr Nr. 2215 KVGKG zurückzuführen ist. Droht ein „knappes Ergebnis" muss deshalb schon jetzt eine Gerichtskostenberechnung mit den korrekten Werten durchgeführt werden.

2. Einzelerlösvergleich

980 Sollten Rechte betroffen sein, welche nur aus dem Erlös eines Grundstücks befriedigt werden dürfen, muss ebenfalls geprüft werden, ob dieser Einzelerlös hierfür ausreichend ist.

H. Zuschlagsversagung nach §§ 74a, 85a ZVG

Selbstverständlich finden auch bei der Versteigerung mehrerer Grundstücke die §§ 74a, 85a ZVG Anwendung. Bevor diesen Vorschriften jedoch Beachtung geschenkt wird, ist stets zu prüfen, auf **welche Ausgebotsart** (Einzel-, Gruppen oder Gesamtausgebot) der Zuschlag allgemein erteilt werden soll. 981

I. Zuschlagsversagung nach § 74a ZVG

Ergibt sich eine allgemeine Zuschlagsfähigkeit der **Einzelausgebote,** muss das Vorliegen der Voraussetzungen des § 74a ZVG für jedes Grundstück gesondert geprüft werden. 982

Ist das **Gruppen- oder Gesamtausgebot** allgemein zuschlagsfähig, müssen **zwei Fragen** beantwortet werden: 983
1. Bleibt das Meistgebot auf das Gruppen- bzw. Gesamtausgebot einschließlich der bestehen bleibenden Rechte hinter 7/10 des zusammen gerechneten Verkehrswerts aller betroffenen Grundstücke zurück?
2. Ist im Falle des Vorliegens der Voraussetzungen zu 1. der Antragsteller antragsberechtigt im Sinne des § 74a ZVG? Diese Prüfung setzt evtl. eine fiktive Erlösverteilung nach § 112 ZVG voraus.

Ist nach dem Ergebnis dieser Prüfung der Zuschlag auf das Gesamtausgebot bzw. Gruppenausgebot zu versagen, kann auf die im Einzelausgebot abgegebenen Gebote zurückgegriffen werden.[336] Jedoch muss dann auch dort § 74a ZVG geprüft werden. 984

Denkbar ist, dass das Meistgebot einschließlich der bestehen bleibenden Rechte zwar 7/10 des Gesamtverkehrswertes erreicht, der Antragsteller jedoch bei der Erlösverteilung nach Sondermassenbildung gemäß § 112 ZVG einen Ausfall deshalb erleidet, weil das Ergebnis an einem Grundstück hinter 7/10 des Verkehrswertes zurückbleibt. Hier wird das Interesse aller Beteiligten an dem Zuschlag über das Interesse des einzelnen Antragstellers gestellt und der Zuschlag erteilt. 985

Da nach § 74a Abs. 4 ZVG in dem neuen Versteigerungstermin der Zuschlag weder aus den Gründen des § 74a Abs. 1 ZVG noch aus denen des § 85a Abs. 1 ZVG versagt werden darf, stellt sich die Frage, wie zu verfahren ist, wenn die von einer möglichen Zuschlagsversagung betroffene Ausgebotsart im „ersten" Termin noch überhaupt nicht vorlag. 986

> Im ersten Versteigerungstermin wurden die Grundstücke lediglich im Gesamtausgebot zur Versteigerung gebracht und der Zuschlag nach § 74a ZVG versagt. Im zweiten Versteigerungstermin liegt lediglich ein Einzelausgebot vor.

Beispiel 44

Da sich der Grundsatz der Einmaligkeit in § 74a Abs. 4 ZVG (und § 85a Abs. 2 ZVG) nicht auf den jeweiligen Antragsteller, sondern auf das einzelne Versteigerungsobjekt bezieht, ist eine erneute Geltendmachung der 7/10-Grenze (bzw. die erneute Beachtung der 5/10-Grenze) nicht möglich. 987

---

336 *OLG Frankfurt* Rpfleger 1995, 512.

1 Versteigerung mehrerer Grundstücke

II. Zuschlagsversagung nach § 85a ZVG

988 Für die Zuschlagsversagung wegen Nichterreichung der 5/10-Grenze (§ 85a ZVG) gelten die Ausführungen zu § 74a ZVG mit Ausnahme der sich auf Antrag und Antragsberechtigung beziehenden Darlegungen entsprechend.

I. Einstweilige Einstellung und Aufhebung

989 Zunächst bleibt fest zu halten, dass bei der Versteigerung mehrerer Grundstücke die Einstellung des Verfahrens und dessen Aufhebung auch **wegen einzelner** (also nicht notwendig aller) **Grundstücke möglich** ist. Dies gilt selbst dann, wenn die Grundstücke nur im Gesamtausgebot versteigert werden (Rn. 918). Wegen der einzelnen Einstellungs- und Aufhebungsgründe sowie wegen des zu beachtenden Verfahrens wird auf die Ausführungen Rn. 127 ff. Bezug genommen.

990 Als Besonderheit bei der Versteigerung mehrerer Grundstücke bleibt jedoch die Frage zu klären, welche Auswirkungen die Einstellung oder Aufhebung des Verfahrens über ein Grundstück auf die **anderen** Grundstücke hat.

Beispiel 45

991 Die vier Grundstücke A, B, C und D werden in **einem** Verfahren versteigert. Es finden folgende Ausgebotsarten statt:

Einzelausgebot	A	B	C	D
Gruppenausgebot	A B		C D	
Gesamtausgebot	A B C D			

Nach dem Schluss der Bietezeit bewilligt der in Grundstück A bestrangig betreibende Gläubiger die einstweilige Einstellung des Verfahrens. Augenscheinlich kann ein Zuschlag auf ein Ausgebot, an welchem das Grundstück A beteiligt ist, nicht erteilt werden. Das Einzelausgebot A, das Gruppenausgebot AB und das Gesamtausgebot ABCD sind demnach nicht zuschlagsfähig.

992 Ob auf die anderen Ausgebotsarten der Zuschlag grundsätzlich erteilt werden kann, ist umstritten[337], im Ergebnis jedoch abzulehnen. Eine Zuschlagsversagung (§ 33 ZVG) lässt sich mit folgenden Argumenten begründen:
- Durch den „Wegfall" des Grundstücks A ist der gemäß § 63 Abs. 3 Satz 2 ZVG vorgeschriebene **Ergebnisvergleich** nicht mehr möglich.[338]
- *Stöber* (ZVG)[339]: „Geringstes Gebot, Meistgebot, Zuschlagsentscheidung bilden eine **Gesamtregelung**; auf Antrag muss Gesamtausgebot erfolgen; durch eine Teileinstellung oder Teilaufhebung ist das rückwirkend entgegen § 63 Abs. 2 ZVG nicht mehr geschehen; daher muss der Zuschlag nach § 83 Nr. 2 ZVG versagt werden, wobei § 84 ZVG eine Ausnahme nur mit Genehmigung aller Beeinträchtigten (auch des Schuldners) zulassen würde; es kommt hier nicht auf die fehlende Vergleichsmöglichkeit an, sondern auf die Beachtung der zwingenden Vorschriften des § 63 ZVG."

---

337 Zum Meinungsstand: *Stöber* (ZVG) § 63 Rn. 7.8.
338 *Böttcher* § 63 Rn. 16.
339 § 63 Rn. 7.8.

J. Einstellung nach § 76 ZVG

I. Allgemeines

Auch bei der Vollstreckungsversteigerung mehrerer Grundstücke steht die **Befriedigung der Forderung** des Gläubigers im Vordergrund. Folgerichtig darf „nicht mehr versteigert werden, als für diese Forderungsbefriedigung notwendig ist". Diesem Umstand trägt § 76 ZVG Rechnung, den das Vollstreckungsgericht von Amts wegen zu beachten hat. 993

II. Voraussetzungen

Für die Anwendung von § 76 ZVG müssen folgende Voraussetzungen erfüllt sein: 994

- Versteigerung **mehrerer** Grundstücke; 995
- **Anspruch** des Gläubigers **gedeckt**; 996
  Das(die) auf das Einzelausgebot abgegebene(n) Meistgebot(e) bei einem oder mehreren (aber eben nicht allen) Grundstück(en) muss/müssen ausreichen, um den betreibenden Gläubiger zu befriedigen. Da die Erlösverteilung unter Beachtung der hierfür geltenden Bestimmungen vorzunehmen ist (Rn. 562 ff.), mithin insbesondere die Rangfolge der Ansprüche berücksichtigt werden muss, müssen die dem Gläubiger vorgehenden Ansprüche durch das Gebot/die Gebote ebenfalls gedeckt sein. Bei der Berechnung werden keine Bargebotszinsen berücksichtigt, da solche bei einer möglichen Hinterlegung des Bargebots nicht anfallen würden (Rn. 372). Die Forderung des Gläubigers sowie die ihm vorgehenden Ansprüche sind bis zum mutmaßlichen Verteilungstermin zu decken.

  Wird das Verfahren von **mehreren Gläubigern** betrieben, so müssen grundsätzlich die Ansprüche aller[340] betreibenden Gläubiger bei der voraussichtlichen Erlösverteilung erfüllt werden. Hierbei finden lediglich solche Gläubiger **keine Berücksichtigung**, deren Verfahren eingestellt ist oder für die der Versteigerungstermin nicht stattfindet (Rn. 308), weil die Frist des § 43 Abs. 2 ZVG nicht gewahrt ist. 997

- Die Einstellung darf dem **berechtigten Interesse** des Gläubigers **nicht widersprechen**. Dies wäre etwa anzunehmen, wenn zu erwarten ist, dass Zuschlagsbeschwerde erhoben oder das Bargebot nicht gezahlt wird. 998

III. Verfahren

Das Gericht hat die Beteiligten vor der Einstellung anzuhören. Zwar könnte nach dem Wortlaut des § 76 ZVG über die Einstellung des Verfahrens unmittelbar nach Gebotsabgabe befunden werden, dies ist jedoch **nicht** zweckmäßig. Vielmehr sollte der **Schluss der Versteigerung** abgewartet und dann durch Zuschlagsversagung (§ 33 ZVG) hinsichtlich der nicht mehr „benötigten" Grundstücke entschieden werden. Diese Verfahrensweise hat gleich **zwei Vorteile**. Zum einen könnte eine Fehlentscheidung des Gerichts im Rahmen der Zuschlagsbeschwerde (Rn. 395, 514 ff.) durch (nachträgliche) Zuschlagser- 999

---

340 Str.; zum Meinungsstand: *Stöber* (ZVG) § 76 Rn. 2.5.

teilung korrigiert werden.³⁴¹ Zum anderen kann der Umstand einer alternativen Anspruchsdeckung (Rn. 1000) berücksichtigt werden.

1000 Sind die Ansprüche des/der betreibenden Gläubiger(s) **alternativ** aus den Meistgeboten mehrerer Grundstücke zu decken, so entscheidet das Gericht, nach Anhörung der Beteiligten, nach pflichtgemäßem Ermessen, für welche Grundstücke das Verfahren eingestellt bzw. der Zuschlag versagt wird.³⁴² Aus Gründen des Schuldnerschutzes sollte die Einstellung für das wertvollste Grundstück erfolgen.

1001 § 76 ZVG gilt auch, wenn neben Einzelausgeboten Gruppenausgebote und ein Gesamtausgebot stattfinden. Eine Einstellung muss selbst dann erfolgen, wenn das Ergebnis beim Gruppen- bzw. Gesamtausgebot höher ist als die Summe der Einzelausgebote. Anders als bei der Einstellung aus sonstigem Grund (Rn. 992) stört z.B. die mangelnde Vergleichsmöglichkeit eine Zuschlagsentscheidung bei den „verbliebenen Grundstücken" hier nicht.

1002 Hat einen Gläubiger ein berechtigtes Interesse an der Verfahrensfortsetzung, so kann er diese innerhalb einer Frist von **drei Monaten** nach dem Verteilungstermin verlangen (§ 76 Abs. 2 ZVG). Im Falle fruchtlosen Fristablaufes gilt der Versteigerungsantrag als zurückgenommen. Abweichend von anderen Einstellungsfällen mit Fortsetzungsmöglichkeit (z.B. Rn. 183) sieht das Gesetz eine diesbezügliche Belehrung des Gläubigers nicht vor.³⁴³

Tipp: Fortsetzung rechtzeitig beantragen.

IV. Rechtsbehelfe

1003 Die Zulässigkeit der Rechtsbehelfe hängt unter anderem davon ab, ob das Gericht durch Einstellung oder Zuschlagsversagung entschieden hat. Es bestehen folgende Zusammenhänge:

- Gegen die **Einstellung des Verfahrens** kann der/die betroffene(n) Gläubiger sofortige Beschwerde einlegen. Für den Meistbietenden ergibt sich kein Beschwerderecht. Die Beschwerde hätte jedoch keinen Sinn, da die Gebote erloschen sind (§ 72 Abs. 3 ZVG) und die Fortsetzung des Verfahrens ohnehin auf Gläubigerantrag zu beschließen wäre. Gegen die rechtzeitige Fortsetzung des Verfahrens bleibt dem Schuldner nur die Erhebung einer Vollstreckungsgegenklage.
- Die **Zuschlagsversagung** kann sowohl von dem/den betroffenen Gläubiger(n) als auch vom Meistbietenden mit sofortiger Beschwerde angefochten werden.

Unterlässt das Gericht eine Entscheidung nach § 76 ZVG, so ist die dann ergehende Entscheidung über den Zuschlag anzufechten (Rn. 514 ff.).

---

341 Hätte das Gericht das Verfahren einstweilen eingestellt, wären die Gebote erloschen (§ 72 Abs. 3 ZVG), was eine nachträgliche Zuschlagserteilung unmöglich machen würde.
342 *OLG München* Rpfleger 1993, 121.
343 Ob sie dennoch erfolgen sollte, ist in der Literatur umstritten (bejahend *Böttcher* § 76 Rn. 7).

K. Erlösverteilung nach § 112 ZVG

Hinweis:
Eine ausführliche Darstellung und Berechnung eines Teilungsplans anhand konkreter Daten findet sich im Fallbeispiel zum 1. Teil (Rn. 1034 f.), 3. Abschnitt „Teilungsplan" (Rn. 1036).

I. Allgemeines

Wie beim Verfahren über ein Grundstück schließt sich auch bei der Versteigerung mehrerer Grundstücke an die „erfolgreiche" Versteigerung die Erlösverteilung an. 1004

Wurde der Zuschlag auf das **Einzelausgebot** erteilt, steht für jedes Grundstück automatisch eine Teilungsmasse zur Verfügung, welche nach den bisher dargelegten Grundsätzen (Rn. 556 ff.) zur Verteilung kommt. Eine Besonderheit entsteht lediglich dann, wenn Gesamtrechte vorhanden sind, da diese selbstverständlich nicht aus dem Erlös jedes Grundstücks voll, sondern insgesamt nur einmal befriedigt werden. Dazu später (Rn. 1019 ff.) mehr. 1005

Ungleich schwieriger gestaltet sich das Verfahren, wenn der Zuschlag auf das **Gruppen- oder Gesamtausgebot** erteilt wurde. Hier steht für mehrere Grundstücke (zunächst) nur **eine** Teilungsmasse zur Verfügung. Da die Rechte und Ansprüche an verschiedenen Grundstücken nicht untereinander in einem Rangverhältnis stehen, ist eine Zuteilung aus dem „Gesamterlös" grundsätzlich nicht möglich. Vielmehr müssen meist zunächst so genannte Einzelmassen[344] gebildet werden. 1006

II. Voraussetzungen

Die Einzelmassenbildung erfolgt nach § 112 ZVG, dessen Anwendung an folgende Voraussetzungen geknüpft ist: 1007
- Versteigerung mehrerer Grundstücke im selben Verfahren; 1008
- Zuschlag auf Gruppenausgebot oder Gesamtausgebot;
- Notwendigkeit der Erlösverteilung.

   Nicht notwendig ist die Verteilung, wenn (alternativ)
   – sich alle Beteiligten auf einen anderen Verteilungsmaßstab verständigen;
   – als Meistgebot nur das gG geboten wurde;
   – aus einem das gG übersteigenden Betrag **nur** Gesamtrechte zu befriedigen sind, welche den Erlös ausschöpfen;
   – der Erlös alle Ansprüche deckt und die Grundstücke demselben Eigentümer gehörten.

Zum letztgenannten Punkt bleibt anzumerken, dass bei unterschiedlicher Belastung der Grundstücke die Bildung der Einzelmassen selbst dann erfolgen muss, wenn das Meistgebot rechnerisch zur Deckung aller Ansprüche ausreicht. Da Ansprüche an einem Grundstück nur aus dem dortigen Erlös befriedigt werden können (zur Problematik der Gesamtrechte siehe Rn. 1019 ff.), ist nämlich denkbar und zulässig, dass Berechtigte an einem Grundstück bei der Erlösverteilung ganz oder teilweise ausfallen, während an einem anderen Grundstück ein Erlösüberschuss zu Gunsten des Schuldners entsteht. 1009

---

344 Auch „Sondermassen" genannt.

III. Verfahren

Der Ablauf der Einzelmassenbildung ist in § 112 ZVG beschrieben und vollzieht sich in **vier Schritten**:

1010 **1. Schritt (§ 112 Abs. 1 ZVG):**

Aus dem ungeteilten Erlös werden vorweg entnommen:
- die Verfahrenskosten;
- alle im gG berücksichtigten Ansprüche, für welche der gesamte Grundbesitz haftet (also insbesondere die Kosten und Zinsen der bestehen bleibenden Gesamtrechte (RK 4)).

1011 **2. Schritt (§ 112 Abs. 2 Satz 2 ZVG):**

Nunmehr wird der Gesamtbetrag der nach § 91 Abs. 1 ZVG nicht erlöschenden Rechte hinzugezählt. Rechnerische Größe ist bei Hypotheken und Grundschulden deren Kapitalbetrag, bei Rentenschulden der Ablösungsbetrag, bei anderen Rechten der nach § 51 Abs. 2 ZVG festgesetzte Zuzahlungsbetrag (Rn. 363). Gesamtrechte, die auf **allen** Grundstücken lasten, können unberücksichtigt bleiben, da sie später ohnehin wieder aufgeteilt werden müssten.

1012 **3. Schritt (§ 112 Abs. 2 Satz 1 ZVG):**

Aufteilung der ermittelten Summe im Verhältnis der Grundstückswerte

Formel:

$$\text{Einzelmasse} = \frac{\text{Aktivmasse} \times \text{Einzelgrundstückswert}}{\text{Summe der Grundstückswerte}}$$

1013 **4. Schritt (§ 112 Abs. 2 Satz 3 ZVG):**

Abziehen der auf jedem Grundstück bestehen bleibenden Rechte von jeder Einzelmasse

1014 **Beachte** § 112 Abs. 2 Satz 4 ZVG:

Besteht ein solches Recht an mehreren der versteigerten Grundstücke, so ist bei jedem von ihnen nur ein dem Verhältnisse des Wertes der Grundstücke entsprechende Teilbetrag in Anrechnung zu bringen.

1015 Im Falle einer Liegenbelassungsvereinbarung (Rn. 646 ff.) wird jetzt vom Erlösanteil des betroffenen Grundstücks noch der liegenbelassene Betrag (Kapital und Zinsen) abgezogen, um den sich die Zahlungspflicht des Erstehers mindert.

IV. Fehlbetrag

1016 Es kann vorkommen, dass sich nach Abzug der bestehen bleibenden Rechte (o.g. 4. Schritt)
- ein **negativer** Betrag ergibt;
- nur noch ein Betrag ergibt, der **nicht** ausreichen würde, um bei diesem Grundstück alle **dort** im gG (Mindestbargebot) stehenden Ansprüche zu befriedigen.

Dieser Fehlbetrag muss ausgeglichen werden. Dabei muss das Grundstück mindestens „auf Null gestellt" werden. Sind jedoch aus dem Erlös **nur dieses** Grundstücks noch Ansprüche zwingend zu befriedigen (weil sie im gG dieses Grundstücks stehen), so ist auch der hierfür benötigte Betrag auszugleichen.

Grundsätzlich erfolgt die Ausgleichung dadurch, dass der für das sog. „Not leidende Grundstück" erforderliche Betrag anteilig den Einzelmassen der anderen Grundstücke entnommen wird. Über die rechnerische Durchführung dieser Ausgleichung besteht in der Literatur jedoch keine Einigkeit.[345] Nach der hier vertretenen Ansicht führt die Aufteilung des Betrages auf die anderen Grundstücke **im Verhältnis** von deren **Grundstückswerten** zum gerechtesten Ergebnis.

1017

Beispiel 46

1018

Die drei Grundstücke A, B und C werden in **einem** Verfahren versteigert. Bestbetreibender Gläubiger ist an allen drei Grundstücken der Berechtigte des Rechtes III Nr. 5 (RK 4).
Belastungsübersicht:

Grundstücke	A	B	C
Verkehrswerte	90.000,00 €	60.000,00 €	30.000,00 €
Belastungen[346]			
III/1	20.000,00 €		
III/2 Gesamtrecht	10.000,00 €	10.000,00 €	10.000,00 €
III/3	5.000,00 €		
III/4	30.000,00 €		
III/5 Gesamtrecht	5.000,00 €	5.000,00 €	5.000,00 €
III/6	20.000,00 €		

Auf das Gesamtausgebot in Höhe von 40.000,00 € wird der Zuschlag erteilt. Der Ersteher hinterlegt den Betrag am Tag des Zuschlags bei der Hinterlegungsstelle des Amtsgerichts und verzichtet auf das Recht der Rücknahme.
Die Schuldenmasse wurde im Teilungsplan wie folgt aufgelistet:

Verfahrenskosten	2.000,00 €
Kosten und Zinsen III/1	5.000,00 €
Kosten und Zinsen III/2	3.000,00 €
Kosten und Zinsen III/3	3.000,00 €
Kosten und Zinsen III/4	3.000,00 €
Kosten und Zinsen III/5	2.000,00 €
Kapital III/5	5.000,00 €
Kosten und Zinsen III/6	2.000,00 €
Kapital III/6	20.000,00 €

Es muss eine Einzelmassenbildung erfolgen, da keine der unter Rn. 1008 genannten Ausnahmen vorliegt.

1. Schritt (Rn. 1010)

Teilungsmasse	**40.000,00 €**
abzgl. Verfahrenskosten	– 2.000,00 €
abzgl. Gesamtbelastung, soweit im gG stehend (hier: Kosten und Zinsen III/2)	– 3.000,00 €
verbleibende Restteilungsmasse	35.000,00 €

---

345 Zum Meinungsstand: *Stöber* (ZVG) § 112 Rn. 5.4.
346 Aus Gründen besserer Übersichtlichkeit sind die Belastungen grundstücksübergreifend fortlaufend nummeriert (III/1, III/2 usw.), auch wenn dies in der Praxis wohl kaum vorkommen wird. Dort findet sich im vorgegebenen Fall (drei Grundstücke) wohl dreimal je ein Einzelrecht III/1.

2. Schritt (Rn. 1011)
zzgl. bestehen bleibende Rechte + 55.000,00
ohne Gesamtrechte (III/1, III/3, III/4)
Aktivmasse **90.000,00 €**

3. Schritt (Rn. 1012) = **Einzelmassenbildung**

Grundstück A	Grundstück B	Grundstück C
(Wert: 90.000,00 €)	(Wert: 60.000,00 €)	(Wert: 30.000,00 €)
45.000,00 €	30.000,00 €	15.000,00 €

4. Schritt (Rn. 1013) = **Abzug der bestehen bleibenden Rechte**

− 30.000,00 €	− 5.000,00 €	− 20.000,00 €
15.000,00 €	25.000,00 €	− 5.000,00 €

Die Sondermasse für das Grundstück C ist **Not leidend**. Der Fehlbetrag von 5.000,00 € erhöht sich noch um die 5.000,00 € Zinsen aus dem Recht III Nr. 1, die zu befriedigen sind, da sie im gG stehen (Deckungsgrundsatz). Der Betrag von 10.000,00 € muss aus den Sondermassen A und B im Verhältnis der dortigen Grundstückswerte entnommen werden, d.h. im Verhältnis 90.000,00 € zu 60.000,00 € (= 3:2).

Ausgleich § 112 Abs. 3 ZVG

Grundstück A	Grundstück B	Grundstück C
15.000,00 €	25.000,00 €	− 5.000,00 €
− 6.000,00 €	− 4.000,00 €	+ 10.000,00 €
9.000,00 €	21.000,00 €	5.000,00 €

Aus diesen Beträgen werden nunmehr alle im gG stehenden bar zu zahlenden Ansprüche, welche nicht bereits im 1. Schritt Berücksichtigung gefunden haben, befriedigt:

Grundstück A	Grundstück B	Grundstück C
9.000,00 €	21.000,00 €	5.000,00 €
III/4 − 3.000,00 €	III/3 − 3.000,00 €	III/1 − 5.000,00 €
6.000,00 €	18.000,00 €	0,00 €

Alle nach § 44 ZVG zu deckenden Ansprüche sind damit befriedigt. Aus den verbleibenden Beträgen aus beiden Grundstücken A und B erfolgt, soweit diese ausreichen, die Befriedigung der Berechtigten III Nr. 5 und III Nr. 6.

L. Erlösverteilung bei Gesamtrechten

I. Wesen des Gesamtrechts

1019 Zum besseren Verständnis sei zunächst auf das Wesen des Gesamtrechts, konkret anhand der Gesamthypothek hingewiesen:

§ 1132 Abs. 1 BGB: Besteht für die Forderung eine Hypothek an mehreren Grundstücken (Gesamthypothek), so haftet jedes Grundstück für die ganze Forderung. Der Gläubiger kann die Befriedigung nach seinem Belieben aus jedem der Grundstücke ganz oder zu einem Teile suchen.

II. Das Gesamtrecht in der Zwangsversteigerung

Der o.g. Grundsatz muss auch in der Zwangsversteigerung Berücksichtigung finden. Zunächst muss die Ausgangslage analysiert werden. Sind bei der Versteigerung mehrerer Grundstücke alle oder einige mit einem Gesamtrecht belastet, wurde der Zuschlag jedoch auf das Gesamtausgebot erteilt und konnte die Bildung von Einzelmassen nach § 112 ZVG unterbleiben (Rn. 1008), so stellt die Erlösverteilung hinsichtlich des Gesamtrechts kein Problem dar. Hier steht nur **eine** Verteilungsmasse zur Verfügung; allein aus dieser kann der Inhaber des Gesamtrechts befriedigt werden.

1020

Wurde der Zuschlag jedoch auf das Einzelausgebot erteilt oder war (bei Zuschlag auf Gesamt- oder Gruppenausgebot) die Bildung von Einzelmassen erforderlich, so stellt sich die Frage, welche Verteilungsmasse in welcher Höhe für die Befriedigung des Gesamtberechtigten herangezogen wird. Hier greift § 122 ZVG ein, der auf den Überlegungen beruht, dass gesamtbelastete Grundstücke verhältnismäßig nach den erzielten Erlösen zur Befriedigung des Gesamtanspruchs beizutragen haben.

1021

III. Voraussetzungen für die Verteilung

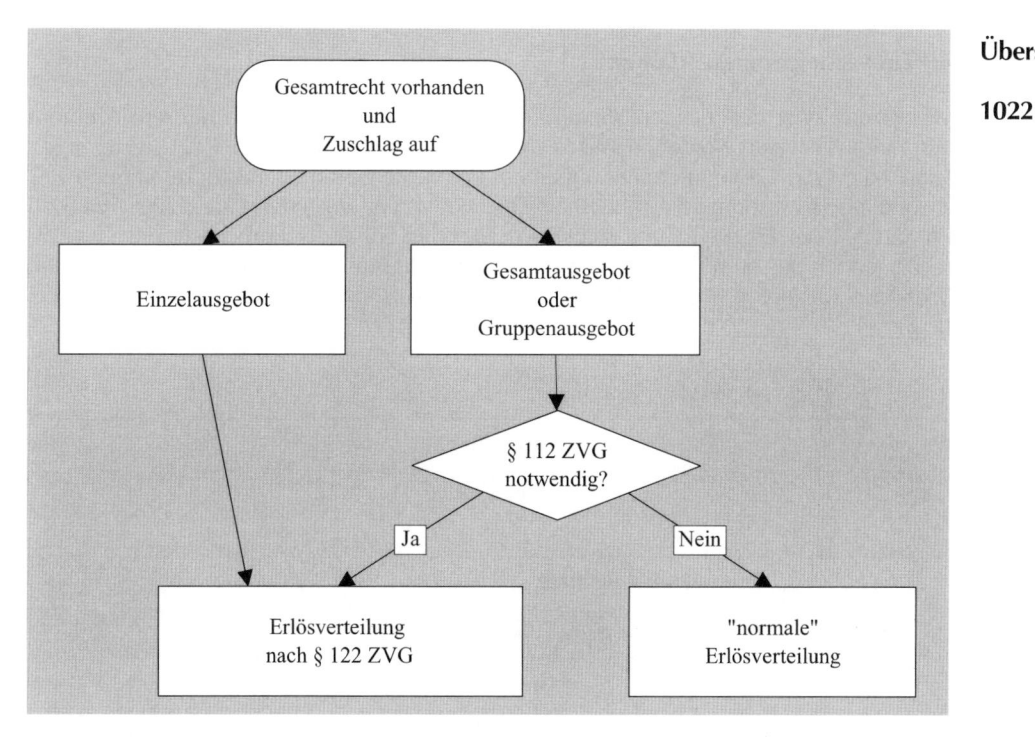

Übersicht

1022

```
                    Gesamtrecht vorhanden
                            und
                        Zuschlag auf
                     /                  \
            Einzelausgebot        Gesamtausgebot
                                       oder
                                  Gruppenausgebot
                                         |
                                   § 112 ZVG
                                   notwendig?
                                   /        \
                                 Ja         Nein
                                 |            |
                         Erlösverteilung   "normale"
                         nach § 122 ZVG   Erlösverteilung
```

1. Gesamtrecht

Zu beachten ist dabei, dass § 122 ZVG auf **alle Gesamtansprüche** Anwendung findet. Die Norm gilt demnach nicht nur für die Gesamtgrundpfandrechte und die Gesamtreallast, sondern auch auf die Gesamtansprüche aus RK 3[347] und der persönlichen Gläubiger (RK 5).

1023

---

[347] Soweit solche entgegen der hier vertretenen Ansicht im Verfahren zugelassen werden.

2. Anspruch auf Barzahlung

1024 Die Erlösverteilung nach § 122 ZVG erfolgt daher
- bei erloschenen Gesamtgrundstücksrechten wegen aller Ansprüche;
- bei bestehen bleibenden Gesamtrechten hinsichtlich der Kosten und der Zinsen bis zum Zuschlag (Gesamtansprüche);
- bei Gesamtansprüchen der RK 5 (ggf. RK 3) wegen aller Ansprüche.

3. Einzelmassen

1025 Wie bereits dargelegt, findet eine Erlösverteilung nach § 122 ZVG nur statt, wenn Einzelmassen vorhanden sind. Diese können durch Zuschlag auf das Einzelausgebot oder Aufteilung gem. § 112 ZVG entstanden sein.

1026 Gesamtansprüche aus Gesamtrechten, die an allen Grundstücken bestehen geblieben sind, werden nur nach § 122 ZVG befriedigt, wenn der Zuschlag auf Einzelausgebote erteilt worden ist. Mussten nach Zuschlag auf das **Gesamtausgebot** Sondermassen gem. § 112 ZVG gebildet werden, waren diese Ansprüche als im gG stehend vorweg zu befriedigen (§ 122 Abs. 1 ZVG; Rn. 1010).

4. Ein Versteigerungsverfahren

1027 Wenigstens zwei der mit dem Gesamtrecht belasteten Grundstücke müssen in **einem** Verfahren versteigert werden, damit es zu einer Erlösverteilung nach § 122 ZVG kommen kann. Lastet das Gesamtrecht nur auf einem der versteigerten Grundstücke, findet § 122 ZVG keine Anwendung; die „außerhalb" des Verfahrens liegenden Grundstücke werden im Rahmen der Erlösverteilung nicht berücksichtigt. Sollte der Berechtigte des Gesamtrechts jedoch aus dem Erlös des Versteigerungsverfahrens befriedigt werden, so werden (falls kein Fall des § 1182 BGB vorliegt) die übrigen Grundstücke frei (§ 1181 Abs. 2 BGB).

Übersicht

1028

§ 122 ZVG findet grundsätzlich Anwendung:		
Gesamtrecht		
Grundstück A	Grundstück B	Grundstück C
Zwangsversteigerung		
§ 122 ZVG findet **keine** Anwendung:		
Gesamtrecht		
Grundstück A	Grundstück B	Grundstück C
Zwangsversteigerung		

5. Keine Verteilung nach § 1132 BGB

Liegt ein Gesamtgrundpfandrecht vor, so ist weiter zu beachten, dass § 122 Abs. 1 ZVG die Anwendung des § 1132 Abs. 1 Satz 2 BGB ausdrücklich ermöglicht. Der Berechtigte des Gesamtgrundpfandrechts kann die Verteilung des Rechtes willkürlich vornehmen. Dies geschieht durch Erklärung gegenüber dem Gericht, welche spätestens bis zur Feststellung des Teilungsplans im Verteilungstermin abgegeben sein muss. Da das Gesamtgrundpfandrecht durch Zuschlag erloschen ist, bedarf die Erklärung keiner besonderen Form.

1029

IV. Durchführung der Verteilung

Wegen der Durchführung der Verteilung ist auf Grund der Sondervorschriften in § 122 Abs. 2 ZVG zwischen der Verfahrensweise bei Bezahlung des Bargebots und bei Nichtzahlung streng zu unterscheiden:

1030

1. Verteilung bei bezahltem Bargebot

Grundlage der Verteilung sind bei Zuschlag auf das Einzelausgebote die jeweiligen Teilungsmassen, bei Zuschlag auf das Gesamtausgebot bzw. Gruppenausgebot die durch Aufteilung gem. § 112 ZVG gebildeten Einzelmassen.

1031

Sodann ist in **zwei Schritten** vorzugehen:

1032

1. Schritt:
Von jedem Einzelerlös werden alle Beträge, die Rang vor dem Gesamtrecht haben und bar zu zahlen sind, abgezogen.

2. Schritt:
Das Gesamtrecht mit im Verhältnis der Resterlöse, also nach folgender Formel, aufgeteilt:

$$\text{Einzelanteil} = \frac{\text{Resterlös des Einzelgrundstücks} \times \text{Gesamtrechtsanspruch}}{\text{Summe aller Resterlöse}}$$

2. Verteilung bei Nichtzahlung des Bargebots

Da sich das Gesamtrecht am Versteigerungserlös fortsetzt (Surrogationsgrundsatz), besteht auch das Wahlrecht des Gläubigers nach § 1132 Abs. 1 BGB bis zu dessen Befriedigung fort. Folgerichtig normiert § 122 Abs. 2 ZVG im Falle der Nichtzahlung des Meistgebots und der damit notwendigen Forderungsübertragung (Rn. 804 ff.) die volle Berücksichtigung des Gläubigeranspruchs bei jedem Grundstück. Zugleich muss eine Hilfsübertragung nach § 123 ZVG erfolgen. Die Forderungsübertragung geschieht also mit der Maßgabe, dass sich der Gläubiger aus den mehreren ihm übertragenen Forderungen insgesamt nur einmal in Höhe seines Anspruchs befriedigen darf. Wegen der Einzelheiten und der Formulierung der einzutragenden Sicherungshypotheken (Rn. 819 ff.) wird auf die Kommentarliteratur verwiesen.[348]

1033

---

348 Z.B. *Stöber* (ZVG) § 122 Rn. 4.

Fallbeispiel zum 1. Teil
(Vollstreckungsversteigerung)

1. Abschnitt
Geringstes Gebot (Rn. 303 ff.)

1034 Bei dem Amtsgericht Mannheim läuft ein Zwangsversteigerungsverfahren betreffend den aus **anliegendem Grundbuchblatt** ersichtlichen Grundbesitz.

Die Zwangsversteigerung wird von den nachfolgend genannten Gläubigern betrieben:

1. Gläubiger X, Mannheim
   in alle drei Grundstücke
   wegen seiner **persönlichen** Forderung aus dem Vollstreckungsbescheid des Amtsgerichts Stuttgart vom 10.11.2004,
   a) Hauptforderung 10.000,00 €
   b) 12 % Zinsen hieraus seit dem 01.03.2004
      gemäß Anordnungsbeschluss vom 09.01.2005, dem Schuldner zugestellt am 10.01.2005.
   Das Ersuchen des Vollstreckungsgerichts um Eintragung des Zwangsversteigerungsvermerks ging bei dem zuständigen Grundbuchamt am 14.01.2005 ein.

2. B-Bank AG, Mannheim
   nur in das Grundstück 2
   wegen ihres **dinglichen** Anspruchs aus dem Recht Abt. III Nr. 2 und zwar
   a) Kapital 60.000,00 €
   b) 12 % Zinsen hieraus seit dem 01.10.2002
      gemäß Beitrittsbeschluss vom 10.03.2005, dem Schuldner zugestellt am 11.03.2005.
   Auf Bewilligung der Gläubigerin wurde das Verfahren durch Beschluss vom 17.04.2005 einstweilen eingestellt und auf entsprechenden Antrag der Gläubigerin durch Beschluss vom 23.09.2005 fortgesetzt. Der Fortsetzungsbeschluss wurde dem Schuldner am 25.09.2005 zugestellt.

3. D-Bank AG, Mannheim
   nur in das Grundstück 2
   wegen ihres **dinglichen** Anspruchs aus dem Recht Abt. III Nr. 4 und zwar
   a) Kapital 10.000,00 €
   b) 15 % Zinsen hieraus seit dem 01.01.2005
      gemäß Beitrittsbeschluss vom 12.05.2005, dem Schuldner zugestellt am 13.05.2005.

Die **Verkehrswerte** für die Versteigerungsobjekte wurden durch ordnungsgemäß erlassenen und bekannt gemachten Beschluss vom 17.06.2005 wie folgt festgesetzt:

Grundstück 1	Grundstück 2	Grundstück 3
50.000,00 €	120.000,00 €	100.000,00 €

Zu dem auf den 01.10.2005 ordnungsgemäß bestimmten und bekannt gemachten Versteigerungstermin liegen rechtzeitig folgende **Anmeldungen** vor:

Fallbeispiel zur Vollstreckungsversteigerung **1**

1. Stadt – Stadtkasse – Mannheim:
   Grundsteuer, vierteljährlich zur Quartalsmitte fällig, jeweils ab dem 01.07.2004

Grundstück 1	Grundstück 2	Grundstück 3
60,00 €	90,00 €	180,00 €
pro Quartal	pro Quartal	pro Quartal

2. A-Bank AG, Mannheim:
   Zinsen aus dem Recht Abt. III Nr. 1
   12 % aus 10.000,00 € seit dem 01.06.2002

Weitere Anmeldungen werden nicht abgegeben.

In dem Versteigerungstermin vom 01.10.2005 werden rechtzeitig folgende **Anträge** gestellt:

1. Gläubiger X beantragt, die Grundstücke auch zusammen auszubieten.
2. Ein Vertreter der D-Bank AG beantragt die Verteilung des Rechtes Abt. III Nr. 3 gemäß § 64 Abs. 1 ZVG.
3. Ein Vertreter der C-Bank AG verlangt, dass bei der Feststellung des geringsten Gebots für die Grundstücke nur die dem Anspruch der C-Bank AG vorgehenden Rechte berücksichtigt werden (§ 64 Abs. 2 ZVG).

Die anwesenden Beteiligten geben zu diesen Anträgen keine Erklärungen ab.

Die gerichtlichen Auslagen (einschließlich geschätzter künftiger Auslagen) belaufen sich auf 1.191,00 €.

Vorüberlegungen für die geringsten Gebote

Gläubiger X ist Beteiligter (§ 9 ZVG) und kann als solcher spätestens im Versteigerungstermin vor der Aufforderung zur Abgabe von Geboten verlangen, dass neben dem Einzelausgebot alle Grundstücke zusammen ausgeboten werden (Gesamtausgebot, § 63 Abs. 2 ZVG, Rn. 910 f.).

Das Gericht hat dem Verlangen zu entsprechen (kein Ermessensspielraum).

➔ Alle Grundstück sind (auch) im Gesamtausgebot auszubieten.

Das Einzelausgebot ist die gesetzliche Regel (§ 63 Abs. 1 ZVG). Es unterbleibt nur, wenn die anwesenden Beteiligten, deren Rechte bei der Feststellung des geringsten Gebots nicht zu berücksichtigen sind, hierauf verzichtet haben (§ 63 Abs. 4 ZVG), was vorliegend **nicht** geschehen ist (Rn. 918).

➔ Alle Grundstücke sind (auch) im Einzelausgebot auszubieten.

Bestbetreibende(r) Gläubiger:

Wer bestbetreibender Gläubiger ist, muss **für jedes Grundstück getrennt** ermittelt werden. Um bestbetreibend zu sein, muss ein Gläubiger verschiedene Voraussetzungen erfüllen (Rn. 308):

Grundstück 1

- Einen Anordnungs- oder Beitrittsbeschluss hat nur Gläubiger X bewirkt.
- Für ihn ist das Verfahren derzeit nicht einstweilen eingestellt.
- Die 4-Wochen-Frist des § 43 Abs. 2 ZVG stellt für Gläubiger X kein Problem dar.

Damit bestimmt Gläubiger X das gG beim Einzelausgebot des Grundstücks 1.

Grundstück 2

Einen Anordnungs- oder Beitrittsbeschluss haben bewirkt:

1. Gläubiger X
2. B-Bank AG
3. D-Bank AG

Für keinen der drei Gläubiger ist das Verfahren derzeit einstweilen eingestellt.

Der Fortsetzungsbeschluss für die B-Bank AG wurde dem Schuldner erst am 25.09.2005 und damit nicht wenigstens vier Wochen vor dem Termin zugestellt (§ 43 Abs. 2 ZVG). Die B-Bank AG kann das gG damit nicht bestimmen (Rn. 308). Für die Gläubiger X und D-Bank AG stellt die 4-Wochen-Frist kein Problem dar.

Sind mehrere Gläubiger vorhanden, richtet sich das gG nach dem Gläubiger mit dem besten Rang (§ 44 Abs. 2 ZVG, Rn. 307). Gläubiger X betreibt aus RK 5 (Rn. 296), die D-Bank AG aus RK 4 (Rn. 287).

Damit bestimmt die D-Bank AG das gG beim Einzelausgebot des Grundstücks 2.

Grundstück 3

Es gilt das zu Grundstück 1 Gesagte entsprechend.

Damit bestimmt der Gläubiger X das gG beim Einzelausgebot des Grundstücks 3.

**Antrag der D-Bank AG
auf Verteilung des Gesamtrechts Abt. III Nr. 3 (Rn. 948 f.)**

Voraussetzung für die Verteilung des Gesamtrechts ist u.a., dass es bestehen bleibt (Rn. 949), was ebenfalls für jedes Grundstück getrennt zu ermitteln ist.

Da das Gesamtrecht sowohl dem Gläubiger X (welcher das gG bei den Grundstücken 1 und 3 bestimmt) als auch der Gläubigerin D-Bank AG (welche das gG bei Grundstück 2 bestimmt) im Range vorgeht, würde es an allen Grundstücken in voller Höhe bestehen bleiben (§ 52 ZVG).

Die D-Bank AG ist als (dem Gesamtrecht) nachstehende Beteiligte antragsberechtigt (§ 64 Abs. 1 Satz 2 ZVG).

Das Gesamtrecht ist bei der Feststellung des geringsten Gebots beim Einzelausgebot für jedes einzelne Grundstück nur zu dem Teilbetrage zu berücksichtigen, der dem Verhältnis des Wertes des Grundstücks zu dem Werte der sämtlichen Grundstücke entspricht; der Wert wird unter Abzug der Belastungen berechnet, die dem Gesamtrecht im Range vorgehen und bestehen bleiben (§ 64 Abs. 1, 3 ZVG, Rn. 955 f.).

Gegenantrag der C-Bank AG gemäß § 64 Abs. 2 ZVG (Rn. 963 f.)

Die C-Bank AG kann als Gläubigerin des zur Verteilung kommenden Gesamtrechts den sog. „Gegenantrag" nach § 64 Abs. 2 ZVG stellen. Die Grundstücke sind deshalb auch mit der dort genannten Anweichung auszubieten (Doppelausgebot). Bei den Ausgeboten nach § 64 Abs. 2 ZVG wird unterstellt, die C-Bank AG sei bestbetreibende Gläubigerin (Rn. 968).

Fallbeispiel zur Vollstreckungsversteigerung **1**

Es sind damit die folgenden geringsten Gebote zu erstellen:
- Einzelausgebot mit verteiltem Gesamtrecht Abt. III Nr. 3 nach § 64 Abs. 1 ZVG
- Einzelausgebot auf Grund Gegenantrags nach § 64 Abs. 2 ZVG
- Gesamtausgebot

Einzelausgebot (§ 64 Abs. 1 ZVG) Grundstück 1

I. Vorbericht

1. Die erste Beschlagnahme des Grundbesitzes erfolgte am 10.01.2005 durch Zustellung des Anordnungsbeschlusses an den Schuldner (Rn. 75, 271).
2. Endzeitpunkt nach § 47 ZVG: 15.10.2005 (Rn. 323)
3. Durch Beschluss vom 17.06.2005 wurde der
   Verkehrswert des Grundbesitzes festgesetzt auf: 50.000,00 €
   Der 5/10 Wert gemäß § 85a ZVG beträgt demnach: 25.000,00 €
   Der 7/10 Wert gemäß § 74a ZVG beträgt demnach: 35.000,00 €
4. Der Versteigerungstermin wurde ordnungsgemäß bekannt gemacht durch Veröffentlichung in dem für amtliche Bekanntmachungen bestimmten Blatt am … (Rn. 248, 253).
5. Bestbetreibender Gläubiger: Gläubiger X
   Dieser Gläubiger betreibt das Verfahren aus der RK 5.
6. An Anmeldungen liegen dem Gericht vor: Siehe oben

II. Bestehen bleibende Rechte

Abteilung II: Keine
Abteilung III: **Recht Nr. 1**
Grundschuld ohne Brief zu zehntausend Euro nebst 12 % Jahreszinsen, kalenderjährlich nachträglich fällig, vollstreckbar nach § 800 ZPO, für A-Bank AG in Mannheim. Gemäß Bewilligung vom 04.04.2002 (Notariat V Mannheim, 5 UR 44/02) eingetragen am 14.04.2002.

Recht Nr. 3
Grundschuld ohne Brief zu einhunderttausend Euro nebst 15 % Jahreszinsen, kalenderjährlich im Voraus fällig, für die C-Bank AG in Mannheim. Gemäß Bewilligung vom 03.11.2002 (Notariat V Mannheim, 5 UR 1144/02) eingetragen am 11.11.2002.
Das Recht kommt wie folgt zur Verteilung:

	Grundstück 1	**Grundstück 2**	**Grundstück 3**
Verkehrswert	50.000,00 €	120.000,00 €	100.000,00 €
Vorbelastung	III/1 10.000,00 €	III/2 60.000,00 €	keine
Bereinigter Verkehrswert	40.000,00 €	60.000,00 €	100.000,00 €
Verhältnis	2/10	3/10	5/10
Aufteilung III/3 100.000,00 €	**20.000,00 €**	30.000,00 €	50.000,00 €

An dem Grundstück 1 bleibt das Recht Abt. III Nr. 3 somit nur mit einem Betrag von 20.000,00 € nebst Zinsen bestehen.

1 *Fallbeispiel zur Vollstreckungsversteigerung*

III. Mindestbargebot
1. Kosten des Verfahrens (§ 109 ZVG, Rn. 318, 922 f.):
Wert: 270.000,00 € (bei Nr. 2215 KVGKG Wertangabe vorläufig)

½ Gebühr Nr. 2211 KVGKG:	953,00 €
½ Gebühr Nr. 2213 KVGKG:	953,00 €
½ Gebühr Nr. 2215 KVGKG:	953,00 €
Auslagen (einschl. geschätzter künftiger Auslagen):	1.191,00 €
Gesamtkosten:	4.050,00 €

Aufteilung der Kosten im Verhältnis der Grundstücksverkehrswerte

	Grundstück 1	Grundstück 2	Grundstück 3
Verkehrswert	50.000,00 €	120.000,00 €	100.000,00 €
Kostenanteil	**750,00 €**	1.800,00 €	1.500,00 €

2. Weitere Beträge (§ 10 Abs. 1 ZVG):

<u>Allgemeiner Hinweis:</u>
Die Zinsberechnungen im gesamten Fallbeispiel erfolgen bankmäßig (das Jahr mit 360 Tagen, jeder Monat mit 30 Tagen).

Rangklasse 3 (Rn. 279 f.):
Rechtzeitig angemeldet wurde regelfällige Grundsteuer (= wiederkehrende Leistungen, Rn. 269 f., 284 f.), mit 60,00 € pro Quartal, ab dem 01.07.2004
Letzte Fälligkeit vor der Beschlagnahme: 15.11.2004
Laufende Leistungen:
01.10.2004 – 15.10.2005 (= 375 Tage) = 250,00 €
Rückständige Leistungen:
01.07.2004 – 30.09.2004 (= 90 Tage) = 60,00 €
Summe: **310,00 €**

Rangklasse 4 (Rn. 287 f.):
Recht Abt. III Nr. 1:
Angemeldet wurden Zinsen (= wiederkehrende Leistungen) mit 12 % aus 10.000,00 € seit dem 01.06.2002
Die Zinsen sind hier kalenderjährlich nachträglich fällig.
Letzte Fälligkeit vor der Beschlagnahme: 31.12.2004
Laufende Leistungen:
01.01.2004 – 15.10.2005 (= 645 Tage) = 2.150,00 €
Rückständige Leistungen:
01.06.2002 – 31.12.2003 (= 570 Tage) = 1.900,00 €
Die Rückstände liegen innerhalb der 2-Jahres-Frist des § 10 Abs. 1 Nr. 4 ZVG und sind daher in RK 4 zu berücksichtigen (Rn. 291).
Summe: **4.050,00 €**

Recht Abt. III Nr. 3:
Es liegt keine Anmeldung vor. Im gG werden jedoch die laufenden wiederkehrenden Leistungen (hier 15 % Zinsen aus 100.000,00 €) von Amts wegen berücksichtigt (§ 45 Abs. 2 ZVG).
Die Zinsen sind hier kalenderjährlich im Voraus fällig.
Letzte Fälligkeit vor der Beschlagnahme: 01.01.2005
Laufende Leistungen: 01.01.2005 – 15.10.2005
(= 285 Tage) = **11.875,00 €**

Fallbeispiel zur Vollstreckungsversteigerung

Da das Recht gemäß § 64 Abs. 1, 3 ZVG verteilt wird, kommen auch nur anteilige Zinsen in das gG. Die Aufteilung der wiederkehrenden Leistungen erfolgt dabei im gleichen Verhältnis wie die Aufteilung des Hauptrechts (Rn. 956).

	Grundstück 1	Grundstück 2	Grundstück 3
Verhältnis	2/10	3/10	5/10
Zinsen 11.875,00 €	**2.375,00 €**	3.562,50 €	5.937,50 €

Zusammenfassung

Bestehen bleibende Rechte:	Abt. III Nr. 1	10.000,00 €
	Abt. III Nr. 3	20.000,00 €
Mindestbargebot:		7.485,00 €

Einzelausgebot (§ 64 Abs. 1 ZVG) Grundstück 2

I. Vorbericht

1. Die erste Beschlagnahme des Grundbesitzes erfolgte am 10.01.2005 durch Zustellung des Anordnungsbeschlusses an den Schuldner.
2. Endzeitpunkt nach § 47 ZVG: 15.10.2005
3. Durch Beschluss vom 17.06.2005 wurde der
   Verkehrswert des Grundbesitzes festgesetzt auf: 120.000,00 €
   Der 5/10 Wert gemäß § 85a ZVG beträgt demnach: 60.000,00 €
   Der 7/10 Wert gemäß § 74a ZVG beträgt demnach: 84.000,00 €
4. Der Versteigerungstermin wurde ordnungsgemäß bekannt gemacht durch Veröffentlichung in dem für amtliche Bekanntmachungen bestimmten Blatt am …
5. Bestbetreibende Gläubigerin: D-Bank AG
   Diese Gläubigerin betreibt das Verfahren aus der RK 4.
6. An Anmeldungen liegen dem Gericht vor: Siehe oben

II. Bestehen bleibende Rechte

Abteilung II: Keine
Abteilung III: **Recht Nr. 2**
   Grundschuld ohne Brief zu sechzigtausend Euro nebst 12 % Jahreszinsen kalenderhalbjährlich im Voraus fällig, vollstreckbar nach § 800 ZPO für die B-Bank AG in Mannheim. Gemäß Bewilligung vom 24.07.2002 (Notariat V Mannheim, 5 UR 678/02) eingetragen am 01.08.2002.

   Recht Nr. 3
   Grundschuld ohne Brief zu einhunderttausend Euro nebst 15 % Jahreszinsen, kalenderjährlich im Voraus fällig, für die C-Bank AG in Mannheim. Gemäß Bewilligung vom 03.11.2002 (Notariat V Mannheim, 5 UR 1144/02) eingetragen am 11.11.2002.
   An dem Grundstück 2 bleibt das Recht Nr. 3, wegen der oben dargestellten Verteilung, nur mit einem Betrag von 30.000,00 € nebst Zinsen bestehen.

III. Mindestbargebot

1. Kosten des Verfahrens (§ 109 ZVG): **1.800,00 €**
2. Weitere Beträge (§ 10 Abs. 1 ZVG):

Rangklasse 3:
Rechtzeitig angemeldet wurde regelfällige Grundsteuer,
mit 90,00 € pro Quartal, ab dem 01.07.2004.
Letzte Fälligkeit vor der Beschlagnahme: 15.11.2004
Laufende Leistungen:
01.10.2004 – 15.10.2005 (= 375 Tage) = 375,00 €
Rückständige Leistungen:
01.07.2004 – 30.09.2004 (= 90 Tage) = 90,00 €
Summe: **465,00 €**

Rangklasse 4:
Recht Abt. III Nr. 2:
Eine ausdrückliche Anmeldung liegt nicht vor. Die Zinsen (12 % aus 60.000,00 € seit dem 01.10.2002) ergeben sich jedoch aus dem Versteigerungsantrag und gelten daher als angemeldet (§ 114 Abs. 1 Satz 2 ZVG).

Die Zinsen sind hier kalenderhalbjährlich im Voraus fällig.
Letzte Fälligkeit vor der Beschlagnahme: 01.01.2005
Laufende Leistungen:
01.01.2005 – 15.10.2005 (= 285 Tage) = 5.700,00 €
Rückständige Leistungen:
01.01.2003 – 31.12.2004 (= 720 Tage) = 14.400,00 €
Summe: **20.100,00 €**

Die weiter geltend gemachten Zinsrückstände (01.10.2002 – 31.12.2002) liegen nicht innerhalb der 2-Jahres-Frist des § 10 Abs. 1 Nr. 4 ZVG und können daher in RK 4 nicht berücksichtigt werden. Sie würden eigentlich in RK 8 fallen (Rn. 300), da das Verfahren jedoch auch wegen dieser Beträge betrieben wird, gehören sie in RK 5 (Rn. 301). Im gG finden sie keine Berücksichtigung.

Recht Abt. III Nr. 3:
Da das Recht gemäß § 64 ZVG verteilt wird, kommen auch nur anteilige Zinsen in das gG.
Nach der im Einzelausgebot für Grundstück 1 dargestellten Berechnung entfallen auf Grundstück 2 Zinsen in Höhe von: **3.562,50 €**

Zusammenfassung
Bestehen bleibende Rechte: Abt. III Nr. 2 60.000,00 €
Abt. III Nr. 3 30.000,00 €
Mindestbargebot: 25.927,50 €

Einzelausgebot (§ 64 Abs. 1 ZVG) Grundstück 3

I. Vorbericht

1. Die erste Beschlagnahme des Grundbesitzes erfolgte am 10.01.2005 durch Zustellung des Anordnungsbeschlusses an den Schuldner.
2. Endzeitpunkt nach § 47 ZVG: 15.10.2005
3. Durch Beschluss vom 17.06.2005 wurde der
Verkehrswert des Grundbesitzes festgesetzt auf: 100.000,00 €

Der 5/10 Wert gemäß § 85a ZVG beträgt demnach: 50.000,00 €
Der 7/10 Wert gemäß § 74a ZVG beträgt demnach: 70.000,00 €
4. Der Versteigerungstermin wurde ordnungsgemäß bekannt gemacht durch Veröffentlichung in dem für amtliche Bekanntmachungen bestimmten Blatt am ...
5. Bestbetreibender Gläubiger: Gläubiger X
Dieser Gläubiger betreibt das Verfahren aus der RK 5.
6. An Anmeldungen liegen dem Gericht vor: Siehe oben

II. Bestehen bleibende Rechte

Abteilung II: Keine
Abteilung III: **Recht Nr. 3**
Grundschuld ohne Brief zu einhunderttausend Euro nebst 15 % Jahreszinsen, kalenderjährlich im Voraus fällig, für die C-Bank AG in Mannheim. Gemäß Bewilligung vom 03.11.2002 (Notariat V Mannheim, 5 UR 1144/02) eingetragen am 11.11.2002.
An dem Grundstück 3 bleibt das Recht Nr. 3, wegen der oben dargestellten Aufteilung, nur mit einem Betrag von 50.000,00 € nebst Zinsen bestehen.

III. Mindestbargebot

1. **Kosten** des Verfahrens (§ 109 ZVG):   1.500,00 €
2. **Weitere Beträge** (§ 10 Abs. 1 ZVG):

Rangklasse 3:
Rechtzeitig angemeldet wurde regelfällige Grundsteuer, mit 180,00 € pro Quartal, ab dem 01.07.2004
Letzte Fälligkeit vor der Beschlagnahme: 15.11.2004
Laufende Leistungen:
01.10.2004 – 15.10.2005 (= 375 Tage) = 750,00 €
Rückständige Leistungen:
01.07.2004 – 30.09.2004 (= 90 Tage) = 180,00 €
Summe: **930,00 €**

Rangklasse 4:
Recht Abt. III Nr. 3:
Da das Recht gemäß § 64 ZVG verteilt wird, kommen auch nur anteilige Zinsen in das gG.
Nach der im Einzelausgebot für Grundstück 1 dargestellten Berechnung entfallen auf Grundstück 3 Zinsen in
Höhe von: **5.937,50 €**

Zusammenfassung

Bestehen bleibende Rechte: Abt. III Nr. 3   50.000,00 €
Mindestbargebot: 8.367,50 €

1 *Fallbeispiel zur Vollstreckungsversteigerung*

Einzelausgebot (§ 64 Abs. 2 ZVG) Grundstück 1

I. Vorbericht

– siehe Vorbericht Einzelausgebot (§ 64 Abs. 1 ZVG) Grundstück 1 –

Für die Berechnung des gG wird die C-Bank AG als bestbetreibende Gläubigerin unterstellt.

II. Bestehen bleibende Rechte

Abteilung II: Keine
Abteilung III: **Recht Nr. 1**
Grundschuld ohne Brief zu zehntausend Euro nebst 12 % Jahreszinsen, kalenderjährlich nachträglich fällig, vollstreckbar nach § 800 ZPO, für A-Bank AG in Mannheim. Gemäß Bewilligung vom 04.04.2002 (Notariat V Mannheim, 5 UR 44/02) eingetragen am 14.04.2002.

III. Mindestbargebot

1. **Kosten** des Verfahrens (§ 109 ZVG): 750,00 €
2. **Weitere Beträge** (§ 10 Abs. 1 ZVG):
   Rangklasse 3:
   Grundsteuer Summe: 310,00 €
   Rangklasse 4:
   Recht Abt. III Nr. 1:
   Zinsen Summe: 4.050,00 €

Zusammenfassung

Bestehen bleibende Rechte: Abt. III Nr. 1   10.000,00 €
Mindestbargebot: 5.110,00 €

Einzelausgebot (§ 64 Abs. 2 ZVG) Grundstück 2

I. Vorbericht

– siehe Vorbericht Einzelausgebot (§ 64 Abs. 1 ZVG) Grundstück 2 –

Für die Berechnung des gG wird die C-Bank AG als bestbetreibende Gläubigerin unterstellt.

II. Bestehen bleibende Rechte

Abteilung II: Keine
Abteilung III: **Recht Nr. 2**
Grundschuld ohne Brief zu sechzigtausend Euro nebst 12 % Jahreszinsen kalenderhalbjährlich im Voraus fällig, vollstreckbar nach § 800 ZPO für die B-Bank AG in Mannheim. Gemäß Bewilligung vom 24.07.2002 (Notariat V Mannheim, 5 UR 678/02) eingetragen am 01.08.2002.

III. Mindestbargebot

1. **Kosten** des Verfahrens (§ 109 ZVG):	1.800,00 €
2. **Weitere Beträge** (§ 10 Abs. 1 ZVG):	

Rangklasse 3:
Grundsteuer Summe: 465,00 €

Rangklasse 4:
Recht Abt. III Nr. 2:
Zinsen Summe: 20.100,00 €

Zusammenfassung
Bestehen bleibende Rechte: Abt. III Nr. 2   60.000,00 €
Mindestbargebot: 22.365,00 €

Einzelausgebot (§ 64 Abs. 2 ZVG) Grundstück 3

I. Vorbericht

– siehe Vorbericht Einzelausgebot (§ 64 Abs. 1 ZVG) Grundstück 3 –

Für die Berechnung des gG wird die C-Bank AG als bestbetreibende Gläubigerin unterstellt.

II. Bestehen bleibende Rechte

Abteilung II: Keine
Abteilung III: Keine

III. Mindestbargebot

1. **Kosten** des Verfahrens (§ 109 ZVG):   1.500,00 €
2. **Weitere Beträge** (§ 10 Abs. 1 ZVG):

Rangklasse 3:
Grundsteuer Summe: 930,00 €

Zusammenfassung
Bestehen bleibende Rechte: Keine
Mindestbargebot: 2.430,00 €

Gesamtausgebot (Rn. 928 f.)

I. Vorbericht

Für das Gesamtausgebot wird vorliegend kein eigener Vorbericht erstellt, da sich die maßgeblichen Daten aus den Vorberichten zum Einzelausgebot nach § 64 Abs. 1 ZVG ergeben. Zu beachten bleibt, dass jedes Grundstück seinen eigenen Tag der ersten Beschlagnahme hat (Rn. 902) und ein einheitlicher bestbetreibender Gläubiger ebenso wenig existiert (Rn. 929).

II. Bestehen bleibende Rechte

Abteilung II: Keine
Abteilung III: **Recht Nr. 1 an Grundstück Nr. 1**
                Grundschuld ohne Brief zu zehntausend Euro nebst 12 % Jahreszinsen, kalenderjährlich nachträglich fällig, vollstreckbar nach § 800 ZPO, für A-Bank

1 Fallbeispiel zur Vollstreckungsversteigerung

AG in Mannheim. Gemäß Bewilligung vom 04.04.2002 (Notariat V Mannheim, 5 UR 44/02) eingetragen am 14.04.2002.

Recht Nr. 2 an Grundstück Nr. 2
Grundschuld ohne Brief zu sechzigtausend Euro nebst 12 % Jahreszinsen kalenderhalbjährlich im Voraus fällig, vollstreckbar nach § 800 ZPO für die B-Bank AG in Mannheim. Gemäß Bewilligung vom 24.07.2002 (Notariat V Mannheim, 5 UR 678/02) eingetragen am 01.08.2002.

Recht Nr. 3 an allen drei Grundstücken (Gesamtrecht)
Grundschuld ohne Brief zu einhunderttausend Euro nebst 15 % Jahreszinsen, kalenderjährlich im Voraus fällig, für die C-Bank AG in Mannheim. Gemäß Bewilligung vom 03.11.2002 (Notariat V Mannheim, 5 UR 1144/02) eingetragen am 11.11.2002.

III. Mindestbargebot

1. **Kosten** des Verfahrens (§ 109 ZVG):   4.050,00 €
2. **Weitere Beträge** (§ 10 Abs. 1 ZVG):
   Rangklasse 3:
   Gesamtsumme Grundsteuer: 1.705,00 €
   Rangklasse 4
   Zinsen aus dem Recht Abt. III Nr. 1:   4.050,00 €
   Zinsen aus dem Recht Abt. III Nr. 2:   20.100,00 €
   Zinsen aus dem Recht Abt. III Nr. 3:   11.875,00 €
   Summe: **41.780,00 €**

Geringste Gebote aller Ausgebotsarten

Übersicht

Einzelausgebot Grundstück 1		Einzelausgebot Grundstück 2		Einzelausgebot Grundstück 3	
§ 64 Abs. 1	§ 64 Abs. 2	§ 64 Abs. 1	§ 64 Abs. 2	§ 64 Abs. 1	§ 64 Abs. 2
BbR 30.000,00	BbR 10.000,00	BbR 90.000,00	BbR 60.000,00	BbR 50.000,00	BbR keine
MBG 7.485,00	MBG 5.110,00	MBG 25.927,50	MBG 22.265,00	MBG 8.367,50	MBG 2.430,00

Gesamtausgebot
§ 63 Abs. 2
BbR 170.000,00
MBG 41.780,00

Fallbeispiel zur Vollstreckungsversteigerung **1**

2. Abschnitt
Zuschlagsentscheidung

Im Versteigerungstermin am 01.10.2005 werden folgende Gebote abgegeben: **1035**

Bieter	auf Ausgebotsart	Betrag
Walter Huber	Gesamtausgebot	42.000,00 €
Hans Schmitt	Einzelausgebot § 64 Abs. 1 ZVG Grundstück 1	8.000,00 €
Tina Mayer	Einzelausgebot § 64 Abs. 2 ZVG Grundstück 1	10.000,00 €
Ernst Deimer	Einzelausgebot § 64 Abs. 1 ZVG Grundstück 2	30.000,00 €
Siegfried Weng	Einzelausgebot § 64 Abs. 2 ZVG Grundstück 2	40.000,00 €
Sarah Schuster	Einzelausgebot § 64 Abs. 1 ZVG Grundstück 3	10.000,00 €
Andreas Noller	Einzelausgebot § 64 Abs. 2 ZVG Grundstück 3	30.000,00 €

Im Rahmen der Zuschlagsverhandlung erklärt der Vertreter der C-Bank AG auf entsprechende Nachfrage des Gerichts, es mögen die auf das Einzelausgebot nach § 64 Abs. 1 ZVG abgegebenen Gebote der Zuschlagsentscheidung zu Grunde gelegt werden (Rn. 973).

→ Die auf das Einzelausgebot nach § 64 Abs. 2 ZVG abgegebenen Gebote sind damit erloschen (Rn. 974).

Das Gericht hat nunmehr den Ergebnisvergleich nach § 63 Abs. 3 Satz 2 ZVG durchzuführen (Rn. 974, 938).

Ergebnisvergleich (§ 63 Abs. 3 Satz 2 ZVG)

[Summe der Ergebnisse beim Einzelausgebot verglichen mit dem Ergebnis beim Gesamtausgebot]

	Einzelausgebot § 64 Abs. 1 ZVG Grundstück 1	Einzelausgebot § 64 Abs. 1 ZVG Grundstück 2	Einzelausgebot § 64 Abs. 1 ZVG Grundstück 3	Gesamtausgebot
BbR	30.000,00 €	90.000,00 €	50.000,00 €	170.000,00 €
Meistgebot	8.000,00 €	30.000,00 €	10.000,00 €	42.000,00 €
Summe	38.000,00 €	120.000,00 €	60.000,00 €	212.000,00 €
Vergleich	**218.000,00 €**			**212.000,00 €**

Der Ergebnisvergleich zeigt, dass die auf das Einzelausgebot abgegebenen Gebote allgemein zuschlagsfähig sind.

Der für jedes Grundstück getrennt zu prüfende Zuschlagsversagungsgrund nach § 85a ZVG bietet keine Probleme (Rn. 462 f., 988); Antrag nach § 74a ZVG ist nicht gestellt (Rn. 446, 464, 982). Auch andere Zuschlagsversagungsgründe (Rn. 452 ff.) sind nicht gegeben.

Den Meistbietenden Schmitt, Deimer und Schuster ist daher je der Zuschlag zu erteilen (Rn. 480). Aus Gründen besserer Übersicht und wegen der denkbaren weiteren „Verwendungsmöglichkeiten" für den Zuschlagsbeschluss (z.B. als Vollstreckungstitel) sollte dies durch **drei getrennte** Beschlüsse erfolgen.

1 Fallbeispiel zur Vollstreckungsversteigerung

Zuschlagsbeschluss betreffend das Grundstück 1 (Rn. 485 ff.)

Muster

Amtsgericht Mannheim, den 01.10.2005
Aktenzeichen: 2 K 3/05

In dem Zwangsversteigerungsverfahren
zum Zwecke der Zwangsvollstreckung

betreffend das im Grundbuch von Mannheim Blatt 2000 unter laufender Nr. 1 eingetragene Grundstück der Gemarkung Mannheim
Flurstücksnummer 100
Gebäude- und Freifläche, Hauptstraße 1 zu 200 m^2

Eigentümer Tobias Mustermann, geb. am 01.03.1971, Mannheim, …

ergeht folgender

Beschluss

Vorgenannter Grundbesitz wird Hans Schmitt … (Geburtsdatum und Anschrift) für den durch Zahlung zu berichtigenden Betrag von 8.000,00 € zugeschlagen zu folgenden Bedingungen:

1. Es bleiben folgende im Grundbuch eingetragenen Belastungen bestehen:

   Abt. III Nr. 1:

   Grundschuld ohne Brief zu zehntausend Euro nebst 12 % Jahreszinsen, kalenderjährlich nachträglich fällig, vollstreckbar nach § 800 ZPO, für A-Bank AG in Mannheim. Gemäß Bewilligung vom 04.04.2002 (Notariat V Mannheim, 5 UR 44/02) eingetragen am 14.04.2002.

   Abt. III Nr. 3:

   Grundschuld ohne Brief zu zwanzigtausend Euro nebst 15 % Jahreszinsen, kalenderjährlich im Voraus fällig, für die C-Bank AG in Mannheim. Gemäß Bewilligung vom 03.11.2002 (Notariat V Mannheim, 5 UR 1144/02) eingetragen am 11.11.2002. Die Grundschuld ist im Grundbuch über einen Betrag von 100.000,00 € eingetragen, kam im Zwangsversteigerungsverfahren jedoch zur Verteilung gemäß § 64 Abs. 1 ZVG.

2. Das Bargebot in Höhe von 8.000,00 € ist vom Zuschlag an mit 4 % zu verzinsen und mit den Zinsen vom Ersteher im Verteilungstermin zu zahlen.
3. Die Kosten des Zuschlagsbeschlusses trägt der Ersteher.
4. Im Übrigen gelten die gesetzlichen Versteigerungsbedingungen. Ein Anspruch auf Gewährleistung findet nicht statt (§ 56 ZVG)

Gründe:

Hans Schmitt ist im Versteigerungstermin vom 01.10.2005 mit einem Gebot in o.g. Höhe auf das Einzelausgebot für genanntes Grundstück Meistbietender geblieben.

Die C-Bank AG als Antragstellerin nach § 64 Abs. 2 ZVG hat nach Schluss der Versteigerung erklärt, der Zuschlagsentscheidung mögen nur die Gebote auf das Einzelausgebot nach § 64 Abs. 1 ZVG zu Grunde gelegt werden; die auf die Anweisung (§ 64 Abs. 2 ZVG) abgegebenen Gebote sind damit erloschen.

Der gemäß § 63 Abs. 3 Satz 2 ZVG durchzuführende Vergleich zwischen den Ergebnissen bei dem Einzelausgebot (§ 64 Abs. 1 ZVG) und dem Ergebnis des Gesamtausgebots erbrachte, dass der Zuschlag auf das Einzelausgebot zu erteilen war.

Alle Verfahrensvorschriften wurden beachtet (§§ 81-84 ZVG); Zuschlagsversagungsgründe bestehen nicht.

Rechtspfleger

Fallbeispiel zur Vollstreckungsversteigerung **1**

3. Abschnitt:
Teilungsplan

Termin zur Verteilung des Versteigerungserlöses wurde bestimmt auf den 01.12.2005. **1036**
Auf die Teilungsmassen wurden bislang keine Zahlungen geleistet. Der Gläubiger X hat einen Gebührenvorschuss (§ 15 Abs. 1 GKG) von 1.906,00 € und einen Auslagenvorschuss (§ 17 Abs. 3 GKG) von 1.000,00 € bezahlt (Rn. 321).

Die gerichtlichen Auslagen belaufen sich auf 1.291,00 €.

Es ist folgender Teilungsplan zu erstellen (Rn. 542 ff.):

A m t s g e r i c h t Mannheim
Vollstreckungsgericht

Aktenzeichen: 2 K 3/05

T e i l u n g s p l a n
für den Verteilungstermin am 01.12.2005

I. Vorbericht

1. Tag der ersten Beschlagnahme:	10.01.2005
2. Tag des Zuschlags:	01.10.2005
3. Verteilungstermin:	01.12.2005

4. Ersteher:

Grundstück 1	Grundstück 2	Grundstück 3
Hans Schmitt	Ernst Deimer	Sarah Schuster

5. An Anmeldungen zum Verteilungstermin liegen dem Gericht vor:
– Die Stadt – Stadtkasse – Mannheim und die A-Bank AG haben Ihre bereits zum Versteigerungstermin eingereichten Anmeldungen wiederholt. –

II. Bestehen bleibende Rechte (Rn. 559)

Abteilung II:

Grundstück 1	Grundstück 2	Grundstück 3
Keine	Keine	Keine

Abteilung III:

Grundstück 1	Grundstück 2	Grundstück 3
Recht Nr. 1 Grundschuld ohne Brief zu zehntausend Euro nebst 12 % Jahreszinsen, kalenderjährlich nachträglich fällig, vollstreckbar nach § 800 ZPO, für A-Bank AG in Mannheim. Gemäß Bewilligung vom 04.04.2002 (Notariat V Mannheim, 5 UR 44/02) eingetragen am 14.04.2002.	Recht Nr. 2 Grundschuld ohne Brief zu sechzigtausend Euro nebst 12 % Jahreszinsen kalenderhalbjährlich im Voraus fällig, vollstreckbar nach § 800 ZPO für die B-Bank AG in Mannheim. Gemäß Bewilligung vom 24.07.2002 (Notariat V Mannheim, 5 UR 678/02) eingetragen am 01.08.2002.	

1 Fallbeispiel zur Vollstreckungsversteigerung

Recht Nr. 3	Recht Nr. 3	Recht Nr. 3
Grundschuld ohne Brief zu zwanzigtausend Euro nebst 15 % Jahreszinsen, kalenderjährlich im Voraus fällig, für die C-Bank AG in Mannheim. Gemäß Bewilligung vom 03.11.2002 (Notariat V Mannheim, 5 UR 1144/02) eingetragen am 11.11.2002.	Grundschuld ohne Brief zu dreißigtausend Euro nebst 15 % Jahreszinsen, kalenderjährlich im Voraus fällig, für die C-Bank AG in Mannheim. Gemäß Bewilligung vom 03.11.2002 (Notariat V Mannheim, 5 UR 1144/02) eingetragen am 11.11.2002.	Grundschuld ohne Brief zu fünfzigtausend Euro nebst 15 % Jahreszinsen, kalenderjährlich im Voraus fällig, für die C-Bank AG in Mannheim. Gemäß Bewilligung vom 03.11.2002 (Notariat V Mannheim, 5 UR 1144/02) eingetragen am 11.11.2002.

III. Teilungsmassen

	Grundstück 1	Grundstück 2	Grundstück 3
Bargebot	8.000,00 €	30.000,00 €	10.000,00 €
Bargebotszinsen 4 % für die Zeit vom 01.10.2005 bis 30.11.2005	53,33 €	200,00 €	66,67 €
Teilungsmasse	8.053,55 €	30.200,00 €	10.066,67 €

IV. Schuldenmassen

1. Kosten des Verfahrens (§ 109 ZVG, Rn. 564):

½ Gebühr Nr. 2211 KVGKG Wert 270.000,00 €	953,00 €
½ Gebühr Nr. 2213 KVGKG Wert 270.000,00 €	953,00 €
½ Gebühr Nr. 2215 KVGKG Wert 218.000,00 €	803,00 €
Auslagen (Rn. 565):	1.291,00 €
Gesamtkosten:	4.000,00 €

Aufteilung der Kosten im Verhältnis der Grundstücksverkehrswerte

	Grundstück 1	Grundstück 2	Grundstück 3
Verkehrswert	50.000,00 €	120.000,00 €	100.000,00 €
Kostenanteil	740,74 €	1.777,78 €	1.481,48 €
Vorschussanteil	**538,15 €**	**1.291,55 €**	**1.076,30 €**
Rest	**202,59 €**	**486,23 €**	**405,18 €**

Da der Zuschlag auf das Einzelausgebot erteilt wurde, sind die Schuldenmassen getrennt für jedes Grundstück darzustellen:

Grundstück 1
Weitere Ansprüche (in Befriedigungsrangfolge)

Rangklasse 3:
Stadt – Stadtkasse Mannheim –
Rechtzeitig angemeldet wurde regelfällige Grundsteuer (= wiederkehrende Leistungen), mit 60,00 € pro Quartal, ab dem 01.07.2004
Letzte Fälligkeit vor der Beschlagnahme: 15.11.2004
Laufende Leistungen:
01.10.2004 – 30.09.2005 (= 360 Tage) =   240,00 €
Rückständige Leistungen:
01.07.2004 – 30.09.2004 (= 90 Tage) =   60,00 €
Summe: **300,00 €**

Rangklasse 4:
A-Bank AG aus dem Recht Abt. III Nr. 1:
Angemeldet wurden Zinsen (= wiederkehrende Leistungen) mit 12 % aus 10.000,00 €
seit dem 01.06.2002
Die Zinsen sind hier kalenderjährlich nachträglich fällig.
Letzte Fälligkeit vor der Beschlagnahme: 31.12.2004
Laufende Leistungen:
01.01.2004 – 30.09.2005 (= 630 Tage) =   2.100,00 €
Rückständige Leistungen:
01.06.2002 – 31.12.2003 (= 570 Tage) =   1.900,00 €
Die Rückstände liegen innerhalb der 2-Jahres-Frist des § 10 Abs. 1 Nr. 4 ZVG und sind daher in RK 4 zu berücksichtigen.
Summe: **4.000,00 €**

C-Bank AG aus dem Recht Abt. III Nr. 3 (nach Verteilung hier 20.000,00 €):

Es liegt keine Anmeldungen vor. Im Teilungsplan werden jedoch die laufenden wiederkehrenden Leistungen (hier 15 % Zinsen aus 20.000,00 €) von Amts wegen berücksichtigt (§ 114 Abs. 2 ZVG, Rn. 546).

Die Zinsen sind hier kalenderjährlich im Voraus fällig.

Letzte Fälligkeit vor der Beschlagnahme: 01.01.2005

Laufende Leistungen:

01.01.2005 – 30.09.2005 (= 270 Tage) =   **2.250,00 €**

Rangklasse 5:
Gläubiger X
Der Gläubiger betreibt das Verfahren; die sich aus dem Versteigerungsantrag ergebenen Beträge gelten als angemeldet (§ 114 Abs. 1 Satz 2 ZVG, Rn. 546).
a) 12 % Zinsen aus 10.000,00 €
   für die Zeit:
   01.03.2004 – 30.11.2005 (= 630 Tage) =   2.100,00 €
b) Hauptforderung   10.000,00 €
Summe: **12.100,00 €**

Da der Gläubiger X das Verfahren in alle drei versteigerten Grundstücke betreibt, ist bei der Erlösverteilung bei jedem einzelnen Grundstück nur ein nach dem Verhältnis der Erlöse zu bestimmenden Betrag in den Teilungsplan aufzunehmen (§ 122 Abs. 1 ZVG, Rn. 1019 f., 1023). Sobald die Resterlöse bei den anderen Grundstücken rechnerisch feststehen, ist auf diese Norm zurückzukommen, falls der Erlös für eine Zuteilung an Gläubiger X ausreicht.

Grundstück 2
Weitere Ansprüche (in Befriedigungsrangfolge)

Rangklasse 3:
Stadt – Stadtkasse Mannheim –
Rechtzeitig angemeldet wurde regelfällige Grundsteuer,
mit 90,00 € pro Quartal, ab dem 01.07.2004.
Letzte Fälligkeit vor der Beschlagnahme: 15.11.2004
Laufende Leistungen:
01.10.2004 – 30.09.2005 (= 360 Tage) =   360,00 €

1 Fallbeispiel zur Vollstreckungsversteigerung

Rückständige Leistungen:
01.07.2004 – 30.09.2004 (= 90 Tage) =   90,00 €
Summe: **450,00 €**

Rangklasse 4:
B-Bank AG aus dem Recht Abt. III Nr. 2:
Eine ausdrückliche Anmeldung liegt nicht vor. Die Zinsen (12 % aus 60.000,00 € seit dem 01.10.2002) ergeben sich jedoch aus dem Versteigerungsantrag und gelten daher als angemeldet (§ 114 Abs. 1 Satz 2 ZVG).
Die Zinsen sind hier kalenderhalbjährlich im Voraus fällig.
Letzte Fälligkeit vor der Beschlagnahme: 01.01.2005
Laufende Leistungen:
01.01.2005 – 30.09.2005 (= 270 Tage) =   5.400,00 €
Rückständige Leistungen:
01.01.2003 – 31.12.2004 (= 720 Tage) =   14.400,00 €
Summe: **19.800,00 €**

Die weiter geltend gemachten Zinsrückstände finden in RK 5 Berücksichtigung und werden daher unten dargestellt.

C-Bank AG aus dem Recht Abt. III Nr. 3 (nach Verteilung hier 30.000,00 €):

Es liegt keine Anmeldung vor. Im Teilungsplan werden jedoch die laufenden wiederkehrenden Leistungen (hier 15 % Zinsen aus 30.000,00 €) von Amts wegen berücksichtigt (§ 114 Abs. 2 ZVG).

Die Zinsen sind hier kalenderjährlich im Voraus fällig.
Letzte Fälligkeit vor der Beschlagnahme: 01.01.2005

Laufende Leistungen:
01.01.2005 – 30.09.2005 (= 270 Tage) =   **3.375,00 €**

D-Bank AG Recht Abt. III Nr. 4:
Eine ausdrückliche Anmeldung liegt nicht vor. Die Zinsen (15 % aus 10.000,00 € seit dem 01.01.2005) ergeben sich jedoch aus dem Versteigerungsantrag und gelten daher als angemeldet (§ 114 Abs. 1 Satz 2 ZVG).

a) Die Zinsen sind hier kalenderjährlich im Voraus fällig.
   Letzte Fälligkeit vor der Beschlagnahme: 01.01.2005
   Laufende Leistungen:
   01.01.2005 – 30.11.2005 (= 330 Tage) =   1.375,00 €
b) Hauptforderung (Rn. 546)   10.000,00 €
Summe: **11.375,00 €**

Rangklasse 5:
Gläubiger X
Der Gläubiger betreibt das Verfahren; die sich aus dem Versteigerungsantrag ergebenen Beträge gelten als angemeldet (§ 114 Abs. 1 Satz 2 ZVG).
a) 12 % Zinsen aus 10.000,00 €
   für die Zeit:
   01.03.2004 – 30.11.2005 (= 630 Tage) =   2.100,00 €
b) Hauptforderung   10.000,00 €
Summe: **12.100,00 €**

Da der Gläubiger X das Verfahren in alle drei versteigerten Grundstücke betreibt, ist bei der Erlösverteilung bei jedem einzelnen Grundstück nur ein nach dem Verhältnis der Erlöse zu bestimmenden Betrag in den Teilungsplan aufzunehmen (§ 122 Abs. 1 ZVG). Sobald die Resterlöse bei den anderen Grundstücken rechnerisch feststehen, ist auf diese Norm zurückzukommen, falls der Erlös für eine Zuteilung an Gläubiger X ausreicht.

B-Bank AG (Recht Abt. III Nr. 2)
Die weiter geltend gemachten Zinsrückstände
12 % aus 60.000,00 €
für die Zeit:
01.10.2002 – 31.12.2002 (= 90 Tage) =   **1.800,00 €**
würden eigentlich in RK 8 fallen, da das Verfahren auch wegen dieser Beträge betrieben wird, gehören sie in RK 5. Gegenüber Gläubiger X haben sie Nachrang, da die B-Bank AG die Beschlagnahme zeitlich später bewirkt hat (§ 11 Abs. 2 ZVG).

Grundstück 3
Weitere Ansprüche (in Befriedigungsrangfolge)

Rangklasse 3:
Stadt – Stadtkasse Mannheim –
Rechtzeitig angemeldet wurde regelfällige Grundsteuer,
mit 180,00 € pro Quartal, ab dem 01.07.2004
Letzte Fälligkeit vor der Beschlagnahme: 15.11.2004
Laufende Leistungen:
01.10.2004 – 30.09.2005 (= 360 Tage) =   720,00 €
Rückständige Leistungen:
01.07.2004 – 30.09.2004 (= 90 Tage) =   180,00 €
Summe: **900,00 €**

Rangklasse 4:
C-Bank AG aus dem Recht Abt. III Nr. 3 (nach Verteilung hier 50.000,00 €):
Es liegt keine Anmeldung vor. Im Teilungsplan werden jedoch die laufenden wiederkehrenden Leistungen (hier 15 % Zinsen aus 50.000,00 €) von Amts wegen berücksichtigt (§ 114 Abs. 2 ZVG).

Die Zinsen sind hier kalenderjährlich im Voraus fällig.
Letzte Fälligkeit vor der Beschlagnahme: 01.01.2005
Laufende Leistungen:
01.01.2005 – 30.09.2005 (= 270 Tage) =   **5.625,00 €**

Rangklasse 5:
Gläubiger X
Der Gläubiger betreibt das Verfahren; die sich aus dem Versteigerungsantrag ergebenden Beträge gelten als angemeldet (§ 114 Abs. 1 Satz 2 ZVG).

12 % Zinsen aus 10.000,00 €
für die Zeit:
01.03.2004 – 30.11.2005 (= 630 Tage) =   2.100,00 €
Hauptforderung   10.000,00 €
Summe: **12.100,00 €**

Da der Gläubiger X das Verfahren in alle drei versteigerten Grundstücke betreibt, ist bei der Erlösverteilung bei jedem einzelnen Grundstück nur ein nach dem Verhältnis der Erlöse zu bestimmenden Betrag in den Teilungsplan aufzunehmen (§ 122 Abs. 1 ZVG). Sobald die Resterlöse bei den anderen Grundstücken rechnerisch feststehen, ist auf diese Norm zurückzukommen, falls der Erlös für eine Zuteilung an Gläubiger X ausreicht.

V. Zuteilung

Da der Zuschlag auf das Einzelausgebot erteilt wurde, ist auch die Zuteilung getrennt für jedes Grundstück darzustellen:

Grundstück 1

Teilungsmasse	**8.053,55 €**
Anteil Gerichtskosten	– 202,59 €
Gläubiger X Anteil Kostenvorschuss	– 538,15 €
Stadt – Stadtkasse – Mannheim Grundsteuern	– 300,00 €
A-Bank AG Zinsen Recht Abt. III Nr. 1	– 4.000,00 €
C-Bank AG Zinsen Recht Abt. III Nr. 3	– 2.250,00 €
Zwischensumme (Rest Teilungsmasse)	762,81 €

Grundstück 2

Teilungsmasse	**30.200,00 €**
Anteil Gerichtskosten	– 486,23 €
Gläubiger X Anteil Kostenvorschuss	– 1.291,55 €
Stadt – Stadtkasse – Mannheim Grundsteuern	– 450,00 €
B-Bank AG	
Zinsen Recht Abt. III Nr. 2 (RK 4)	– 19.800,00 €
C-Bank AG Zinsen Recht Abt. III Nr. 3	– 3.375,00 €
D-Bank AG Zinsen Recht Abt. III Nr. 4	– 1.375,00 €
D-Bank AG; für Zuteilung auf das Kapital des Rechts Abt. III Nr. 4 restlich vorhanden:	– 3.422,22 €

Damit ist die Teilungsmasse erschöpft

Grundstück 3

Teilungsmasse	**10.066,67 €**
Anteil Gerichtskosten	– 405,18 €
Gläubiger X Anteil Kostenvorschuss	– 1.076,30 €
Stadt – Stadtkasse – Mannheim Grundsteuern	– 900,00 €
C-Bank AG Zinsen Recht Abt. III Nr. 3	– 5.625,00 €
Zwischensumme (Rest Teilungsmasse)	2.060,19 €

Gläubiger X, der das Verfahren in alle drei Grundstücke betreibt, erhält aus den Resterlösen der Grundstücke 1 und 3 insgesamt 2.823,00 € wie folgt zugeteilt:
a) 2.100,00 € auf die Zinsen,
b) 723,00 € auf die Hauptforderung.
Mit dem Rest seiner Hauptforderung (9.277,00 €) fällt der Gläubiger aus.

Fallbeispiel zur Vollstreckungsversteigerung 1

Zusammenfassende Übersicht der Zuteilung

Zuteilungsempfänger	aus Grundstück			
	1	2	3	
Gerichtskasse	202,59 €	486,23 €	405,18 €	1.094,00 €
Gläubiger X Kostenvorschuss	538,15 €	1.291,55 €	1.076,30 €	2.906,00 €
Stadt – Stadtkasse – Mannheim	300,00 €	450,00 €	900,00 €	1.650,00 €
A-Bank AG	4.000,00 €			4.000,00 €
B-Bank AG		19.800,00 €		19.800,00 €
C-Bank AG	2.250,00 €	3.375,00 €	5.625,00 €	11.250,00 €
D-Bank AG		4.797,22 €		4.797,22 €
Gläubiger X	762,81 €		2.060,19 €	2.823,00 €
Summe:				**48.320,22 €**

Kontrollberechnung

Teilungsmasse Grundstück 1	**8.053,55 €**
Teilungsmasse Grundstück 2	**30.200,00 €**
Teilungsmasse Grundstück 3	**10.066,67 €**
Summe:	**48.320,22 €**

1 Fallbeispiel zur Vollstreckungsversteigerung

Amtsgerichtsbezirk Mannheim
Grundbuchamt Mannheim

Grundbuch

von

Mannheim

Nr. 2000

Fallbeispiel zur Vollstreckungsversteigerung **1**

Amtsgerichtsbezirk	Grundbuchamt	Grundbuch von	Nummer
Mannheim	Mannheim	Mannheim	2000

Bestandsverzeichnis — 1

Lfd. Nr. der Grundstücke	Bisherige lfd. Nr. der Grd.st.	Bezeichnung der Grundstücke und der mit dem Eigentum verbundenen Rechte			Größe		
		a) Gemarkung (nur bei Abweichung vom Grundbuchbezirk)					
		b) Karte	Flurstück	c) Wirtschaftsart und Lage	ha	a	m²
1	2	3			4		
1			100	Gebäude- und Freifläche Hauptstraße 1		2	00
2			200	Gebäude- und Freifläche Hauptstraße 2		4	00
3			300	Gebäude- und Freifläche Hauptstraße 3		6	00

Bestandsverzeichnis — 1 R

Bestand und Zuschreibungen		Abschreibungen	
Zur lfd. Nr. der Grundstücke		Zur lfd. Nr. der Grundstücke	
5	6	7	8
1, 2, 3	Von Mannheim Band 10 Blatt 15 übertragen am 25.02.2002. *Unterschrift*		

1 Fallbeispiel zur Vollstreckungsversteigerung

Amtsgerichtsbezirk	Grundbuchamt	Grundbuch von	Nummer
Mannheim	Mannheim	Mannheim	2000

Erste Abteilung | | | | 1

Lfd. Nr. der Eintragungen	Eigentümer	Lfd. Nr. der Grundstücke im Bestandsverzeichnis	Grundlage der Eintragung
1	2	3	4
1	Tobias Mustermann, geb. am 01.03.1971, Mannheim	1, 2, 3	Aufgelassen am 07.02.2002, eingetragen am 25.02.2002. *Unterschrift*

Amtsgerichtsbezirk	Grundbuchamt	Grundbuch von	Nummer
Mannheim	Mannheim	Mannheim	2000

Zweite Abteilung | | | 1

Lfd. Nr. der Eintragungen	Laufende Nummer der betroffenen Grundstücke im Bestandsverzeichnis	Lasten und Beschränkungen
1	2	3
1	1, 2, 3	Die Zwangsversteigerung zum Zwecke der Zwangsvollstreckung ist angeordnet (Amtsgericht Mannheim 2 K 3/05). Eingetragen am 16.01.2005 *Unterschrift*

Fallbeispiel zur Vollstreckungsversteigerung **1**

Amtsgerichtsbezirk	Grundbuchamt	Grundbuch von	Nummer
Mannheim	Mannheim	Mannheim	2000

Dritte Abteilung 1

Lfd. Nr. der Eintragungen	Laufende Nummer der belasteten Grundstücke im Bestandsverzeichnis	Betrag	Hypotheken, Grundschulden, Rentenschulden
1	2	3	4
1	1	10.000,00 €	Grundschuld ohne Brief zu zehntausend Euro nebst 12 % Jahreszinsen, kalenderjährlich nachträglich fällig, vollstreckbar nach § 800 ZPO, für A-Bank AG in Mannheim. Gemäß Bewilligung vom 04.04.2002 (Notariat V Mannheim, 5 UR 44/02) eingetragen am 14.04.2002. *Unterschrift*
2	2	60.000,00 €	Grundschuld ohne Brief zu sechzigtausend Euro nebst 12 % Jahreszinsen kalenderhalbjährlich im Voraus fällig, vollstreckbar nach § 800 ZPO für die B-Bank AG in Mannheim. Gemäß Bewilligung vom 24.07.2002 (Notariat V Mannheim, 5 UR 678/02) eingetragen am 01.08.2002. *Unterschrift*
3	1, 2, 3	100.000,00 €	Grundschuld ohne Brief zu einhunderttausend Euro nebst 15 % Jahreszinsen, kalenderjährlich im Voraus fällig, für die C-Bank AG in Mannheim. Gemäß Bewilligung vom 03.11.2002 (Notariat V Mannheim, 5 UR 1144/02) eingetragen am 11.11.2002. *Unterschrift*
4	2	10.000,00 €	Grundschuld ohne Brief zu zehntausend Euro nebst 15 % Jahreszinsen, kalenderjährlich im Voraus fällig, für die D-Bank AG in Mannheim. Gemäß Bewilligung vom 03.12.2002 (Notariat V Mannheim, 5 UR 1432/02) eingetragen am 11.12.2002 *Unterschrift*

2. Teil
Zwangsversteigerung zum Zwecke der Aufhebung einer Gemeinschaft (Teilungsversteigerung)

2. Teil
Zwangsversteigerung
zum Zwecke der Aufhebung einer Gemeinschaft
(Teilungsversteigerung)

1. Kapitel
Begriffsklärung und systematische Einordnung

A. Verfahrenszweck

Das Zwangsversteigerungsgesetz regelt in seinem ersten Abschnitt die „Zwangsversteigerung und Zwangsverwaltung von Grundstücken im Wege der Zwangsvollstreckung". Diese sog. Vollstreckungsversteigerung[349] nimmt in der gerichtlichen Praxis den zahlenmäßig ersten Rang ein. **1037**

An zweiter „Rangstelle" findet sich dann ein Verfahren, welches im Dritten Abschnitt des ZVG „Zwangsversteigerung und Zwangsverwaltung in besonderen Fällen", dort in den §§ 180 bis 185 ZVG behandelt wird, die Zwangsversteigerung zur Aufhebung einer Gemeinschaft.

Während der Zweck der Vollstreckungsversteigerung in der zwangsweisen Realisierung einer Gläubigerforderung durch Substanzverwertung des betroffenen Grundbesitzes liegt, geht es bei der Zwangsversteigerung zum Zwecke der Aufhebung einer Gemeinschaft letztlich darum, eine **an dem Grundbesitz bestehende Eigentümergemeinschaft dort zu beenden**.

B. Der Begriff „Teilungsversteigerung"

Die vom Gesetzgeber gewählte Formulierung „Zwangsversteigerung zur Aufhebung einer Gemeinschaft" ist schon wegen ihrer Länge für den ausschließlichen sprachlichen Gebrauch wenig geeignet. In der einschlägigen Literatur ist daher der Begriff der „Teilungsversteigerung" weit verbreitet. Wer ihn verwendet, sollte um die damit verbundene Ungenauigkeit wissen. So wird in der **Teilungsversteigerung tatsächlich nichts geteilt**, sondern lediglich der in aller Regel in Natura unteilbare Versteigerungsgegenstand (Grundbesitz) in ein teilbares Surrogat (Geld) umgewandelt. **1038**

Die Gemeinschaft setzt sich an dem Versteigerungserlös fort; zu einer zwangsweisen Aufteilung des Geldes (Erlösüberschusses) unter den Miteigentümern kommt es im Rahmen des Zwangsversteigerungsverfahrens gerade nicht.

Angesichts der Tatsache, dass der Begriff „Teilungsversteigerung" insbesondere in der einschlägigen Literatur eine weite Verbreitung gefunden hat und diese knappe Formulierung die Darstellung erleichtert, wird er auch in diesem Buch, trotz der dargestellten sprachlichen Unschärfen, Verwendung finden. **1039**

C. Gesetzessystematik

Die Teilungsversteigerung ist im Dritten Abschnitt des ZVG „Zwangsversteigerung und Zwangsverwaltung in besonderen Fällen", dort in den §§ 180 bis 185 ZVG geregelt. § 180 Abs. 1 ZVG erklärt die Bestimmungen des Ersten und Zweiten Abschnitts für ent- **1040**

---

349 Der Begriff der „Vollstreckungsversteigerung" findet in diesem Werk durchgängig Verwendung für die „Zwangsversteigerung von Grundstücken im Wege der Zwangsvollstreckung", wie sie im Ersten Abschnitt des ZVG geregelt ist.

sprechend anwendbar, soweit die §§ 181 bis 185 ZVG keine Besonderheiten ausweisen. Aus Gründen leichterer Lesbarkeit wird, soweit nachfolgend die entsprechende Anwendung einer Norm aus dem Ersten und Zweiten Abschnitt erläutert wird, § 180 Abs. 1 ZVG in der Regel nicht hinzu zitiert.

D. Teilungsversteigerung als Zwangsvollstreckung?

1041 Umstritten ist die Frage, ob es sich bei der Teilungsversteigerung um eine Maßnahme der Zwangsvollstreckung handelt. Von der Einordnung des Verfahrens ist u.a. die Anwendbarkeit bestimmter Normen, z.B. § 765a ZPO abhängig.

1042 Bei der Teilungsversteigerung handelt es um ein **Verfahren der Zwangsvollstreckung**[350]. Für diese Einordnung spricht insbesondere, dass

- das ZVG, welches die Teilungsversteigerung regelt, über § 869 ZPO Bestandteil des 8. Buches der ZPO ist,
- in der Teilungsversteigerung der Antragsteller seinen materiellen Anspruch auf Aufhebung der Gemeinschaft gegen den Antragsgegner **zwangsweise** durchsetzt,
- der Gesetzgeber in § 181 Abs. 1 ZVG bestimmt, dass ein vollstreckbarer Titel für die Durchführung des Verfahrens nicht erforderlich ist. Eine solche Regelung wäre, handelte es sich bei der Teilungsversteigerung ohnehin nicht um Zwangsvollstreckung, schlicht unnötig.

1043 Die gegenteilige Ansicht (Teilungsversteigerung ist nicht Zwangsvollstreckung) stützt sich im Wesentlichen auf eine Entscheidung des *BGH*[351] zum Vorkaufsrecht in der Teilungsversteigerung. Der *BGH* setzt dort den Erwerb im Rahmen der Teilungsversteigerung dem Erwerb durch freihändigen Kauf gleich. Zutreffend weist *Stöber*[352] darauf hin, dass hier nur eine Abgrenzung eines Vorkaufsfalls (§ 471 BGB) vorgenommen wurde, sich an der systematischen Einordnung des Teilungsversteigerungsverfahrens als Zwangsvollstreckung jedoch nichts ändert.

E. Verhältnis von Teilungsversteigerung zur Vollstreckungsversteigerung

1044 Während die sog. Vollstreckungsversteigerung unter dem Eindruck der zwangsweisen Forderungsrealisierung, betrieben von in der Regel mehreren Gläubigern steht, fehlt es an dem Element der (direkten) Forderungsrealisierung in der Teilungsversteigerung. Dort steht das Begehren eines Mitglieds (oder mehrerer Mitglieder) der an dem Grundbesitz bestehenden **Eigentümergemeinschaft**, diese dort **zu beenden**, im Vordergrund. In zunehmenden Maße kommt es vor, dass ein Gläubiger eines Miteigentümers dessen Auseinandersetzungsanspruch pfändet (und sich zur Einziehung überweisen lässt) und aus dieser Position die Teilungsversteigerung betreibt (hierzu ab Rn. 1265). Obwohl es diesem Gläubiger letztlich zwar um die Realisierung seiner Forderung (aus dem Anteil seines Schuldner-Miteigentümers) geht, wird die Teilungsversteigerung dadurch nicht zur Vollstreckungsversteigerung. Die letztendliche Befriedigung des Pfändungsgläubigers ist fol-

---

350 So mittlerweile die ganz h.M. in der Literatur, z.B. *Stöber* (ZVG) § 172 Rn. 1.3; *Böttcher* § 180 Rn. 3.
351 *BGH* 13, 133.
352 *Stöber* (ZVG) § 172 Rn. 1.3.

gerichtig kein regelmäßiges Element der Teilungsversteigerung. Auch hier setzt sich die Gemeinschaft an dem Versteigerungserlös fort; welche Auswirkungen auf die Erlösverteilung die Beteiligung des Pfändungsgläubigers an dieser Gemeinschaft hat, muss sich im Anschluss an die Teilungsversteigerung zeigen (hierzu ab Rn. 1303).

Denkbar und in der gerichtlichen Praxis gelegentlich vorkommend ist jedoch, dass Teilungsversteigerung und Vollstreckungsversteigerung in zwei **getrennten** Verfahren **zeitgleich** bei Gericht anhängig sind. **1045**

Obwohl nicht gesetzlich vorgeschrieben, empfiehlt sich für das Vollstreckungsgericht hier, wann immer möglich, bei der Durchführung der Verfahren, insbesondere im Rahmen der Terminierung und Durchführung der Versteigerungstermine folgende **prozessökonomische Reihenfolge** einzuhalten: **1046**
1. Vollstreckungsversteigerung
2. Teilungsversteigerung

Führt man nämlich das Teilungsversteigerungsverfahren (bis zum Zuschlag) vor der Vollstreckungsversteigerung durch, so wird letztgenannte durch den Eigentumswechsel in der Teilungsversteigerung nicht tangiert, sondern ist gegen den / die neuen Eigentümer (Ersteher) fortzusetzen.

Erteilt man dagegen zunächst in der Vollstreckungsversteigerung den Zuschlag, dann ist die Teilungsversteigerung wegen Wegfalls der von ihr betroffenen Eigentümergemeinschaft gemäß § 28 ZVG aufzuheben.

Tipp: **Für das Gericht bietet sich bei gleichzeitiger Anhängigkeit von Vollstreckungs- und Teilungsversteigerung eine „Reihenfolge" an.**

2. Kapitel
Dem Verfahren zugängliche Gemeinschaften
Der Versteigerung entgegenstehende Rechte

In diesem Kapitel werden die der Teilungsversteigerung allgemein zugänglichen **„Gemeinschaftstypen"** dargestellt. **1047**

Für viele dieser Gemeinschaften bestehen besondere Voraussetzungen für die Teilungsversteigerung. Auch kann die Auseinandersetzung einer Gemeinschaft kraft Gesetzes, auf Grund einer Vereinbarung oder durch letztwillige Verfügung ausgeschlossen sein.

Um dem Leser den Überblick zu erleichtern, werden bei der jeweiligen Gemeinschaft die hier bestehenden Voraussetzungen für die Teilungsversteigerung bzw. gesetzliche oder typische andere **„Auseinandersetzungshindernisse"** gleich mit dargestellt. Letztlich findet sich ausgeführt, auf welche Weise die der Auseinandersetzung entgegenstehenden Rechte in das Verfahren eingeführt werden d.h. ob diese von dem Vollstreckungsgericht von Amts wegen berücksichtigt werden müssen oder ob der Antragsgegner diese im Rahmen des Versteigerungsverfahrens verfahrenshindernd gelten machen kann oder ob der Antragsgegner gar zunächst ein gesondertes Klagverfahren (§ 771 ZPO[353]) anstrengen muss.

---
353 Die h.M. wendet § 771 ZPO an, obwohl der „widersprechende" Miteigentümer nicht Dritter ist; hierzu *Storz* (TLV) B. 1.7.2 m.w.N.

A. Bruchteilsgemeinschaft

I. Allgemeine Erläuterungen zur Bruchteilsgemeinschaft

1048 Bei der Bruchteilsgemeinschaft (§§ 741 ff. BGB) steht jedem Miteigentümer das Eigentum an seinem ideellen Bruchteil allein zu. Er kann über seinen **Miteigentumsanteil frei verfügen** (§ 747 Satz 1 BGB).

Im Grundbuch erkennt man die Bruchteilsgemeinschaft (als eine Form des Miteigentums) daran, dass der Bruchteil in Form eines „gemeinen Bruches" (also z.B. „zur Hälfte" oder „zu einem Drittel") bezeichnet ist (Tipp: zu Rn. 2).

Jeder Miteigentümer der Eigentümergemeinschaft kann grundsätzlich (Ausnahmen Rn. 1050 f.) **jederzeit die Aufhebung** der Gemeinschaft verlangen (§ 749 Abs. 1 BGB); diese Aufhebung erfolgt bei Grundstücken nach dem Willen des Gesetzgebers durch Teilung in Natur (§ 752 BGB). Da sich dies unter Berücksichtigung der tatsächlichen Gegebenheiten meist nicht realisieren lässt, ist **subsidiär** die **Zwangsversteigerung** gesetzlich vorgesehen (§ 753 Abs. 1 BGB).

1049 Selbstverständlich sind Zwangsmaßnahmen wie immer, so auch hier, nur dort erforderlich, wo eine gütliche Einigung der Parteien (hier: einverständliche Aufhebung der Eigentümergemeinschaft, etwa durch Übertragung des Eigentums an einen der Miteigentümer oder an einen Dritten zu alleinigem Eigentum) nicht zustande kommt. Unter bestimmten Umständen ist ein Miteigentümer sogar gehalten, einer Teilung in Natur (sog. Naturalteilung Rn. 1050 bis 1052) unter dem Aspekt von Treu und Glauben (Rn. 1053) zuzustimmen und auf die Teilungsversteigerung zu verzichten.[354]

II. Entgegenstehende Rechte

1. Naturalteilung (gesetzlicher Ausschluss)

1050 Der Gesetzgeber nennt in § 752 BGB als **regelmäßige Form der Aufhebung** einer Gemeinschaft die Teilung (der gemeinschaftlichen Sache) in Natur.

Erst wo es nicht möglich ist, den gemeinschaftlichen Gegenstand (bzw. alle gemeinschaftlichen Gegenstände) in gleichartige, den Anteilen der Miteigentümer entsprechende Teile zu zerlegen, ohne dass bei den Gegenständen eine Wertminderung eintritt, kommt subsidiär die Teilungsversteigerung zum Zuge (§ 753 BGB).

Gerade bei Grundbesitz gestaltet sich eine den o.g. Maßstäben entsprechende Naturalteilung[355] meist äußerst **schwierig** bzw. ist eine solche ausgeschlossen.

Beispiel 47

1051 A und B sind je hälftige Miteigentümer eines Bauplatzes.

Im Sinne einer zulässigen und die Teilungsversteigerung ausschließenden Naturalteilung müssten dabei jedoch zwei nach Lage, Größe, Zuschnitt, Bodenbeschaffenheit, Zugangsmöglichkeiten, Verkehrsanschluss[356] etc. **vollkommen gleichwertige Teile** entstehen.

---

354 *BGH* Rpfleger 1972, 212.
355 Auch „Realteilung" genannt.
356 *OLG Hamm* NJW-RR 1992, 665.

Zugängliche Gemeinschaften/Entgegenstehende Rechte

Dort wo Naturalteilung möglich ist, schließt sie die Teilungsversteigerung gesetzlich aus (§ 753 Abs. 1 BGB). **1052**

Ein sich hierauf berufender (künftiger) Antragsgegner muss diesen Ausschlusstatbestand im Wege der Drittwiderspruchsklage (§ 771 ZPO) geltend machen.[357]

2. Treu und Glauben (gesetzlicher Ausschluss)

Ausnahmsweise kann der Teilungsversteigerung der Einwand **unzulässiger Rechtsausübung** (Verstoß gegen Treu und Glauben; § 242 BGB) entgegengesetzt werden[358], etwa dann, wenn der Antragsteller durch die Teilungsversteigerung dem Antragsgegner **bewusst Nachteile** zufügen will, ohne dass der Antragsteller durch die Ausübung seines Rechtes auf Auseinandersetzung selbst einen rechtlichen oder wirtschaftlichen Vorteil erlangen könnte. **1053**

So kann in Einzelfällen aus § 242 BGB z.B. folgen, dass die Teilungsversteigerung eines Grundstücks zur Aufhebung der Bruchteilsgemeinschaft von Eheleuten nach Scheidung der Ehe unzulässig ist.[359]

Der Antragsgegner muss den nach seiner Ansicht vorliegenden Verstoß gegen Treu und Glauben durch Drittwiderspruchsklage (§ 771 ZPO) geltend machen.

3. Anderweitige Auseinandersetzung vereinbart

Haben die Gemeinschafter (rechtswirksam) eine andere Art der Auseinandersetzung vereinbart, so ist die Teilungsversteigerung ebenfalls ausgeschlossen.[360] **1054**

4. Ausschlussvereinbarung

Teilhaber einer Bruchteilsgemeinschaft (§§ 749 Abs. 2, 751 BGB) können ihr Recht, die Aufhebung der jeweiligen Gemeinschaft zu verlangen, durch entsprechende Vereinbarung auf Zeit oder für immer **ausschließen**. **1055**

Eine solche Vereinbarung wirkt auch gegen einen Sonderrechtsnachfolger, sofern sie in das Grundbuch eingetragen ist (§§ 751 Satz 1, 1010 BGB). Ein Pfändungsgläubiger ist jedoch durch die Vereinbarung des Auseinandersetzungsausschlusses nicht gehindert, die Teilungsversteigerung zu betreiben (§ 751 Satz 2 BGB; hierzu Rn. 1285). Mit *Storz*[361] sind die Verfasser der Auffassung, dass im Falle des Betreibens einer (eigentlich durch Vereinbarung ausgeschlossenen) Teilungsversteigerung durch einen Pfändungsgläubiger die einzelnen Gemeinschafter dem Verfahren (trotz Ausschlussvereinbarung) beitreten können.

Die Teilungsversteigerung kann **trotz** Vorliegens einer Ausschlussvereinbarung von einem Gemeinschafter betrieben werden, wenn ein **wichtiger Grund** vorliegt (§ 749 Abs. 2 BGB). **1056**

---

357 *OLG Hamm* Rpfleger 1964, 341.
358 *OLG Karlsruhe* Rpfleger 1992, 266.
359 Hierzu *BGH* Rpfleger 1977, 245.
360 *Stöber* (ZVG) § 180 Rn. 9.6.
361 *Storz* (TLV) B. 1.7.1.2.

Der *BGH*[362] stellt für das Vorliegen eines wichtigen Grundes allgemein darauf ab, dass dem Teilhaber ein Verbleiben in der Gemeinschaft nicht zuzumuten ist. Ob konkret ein wichtiger Grund vorliegt, kann nur anhand des Einzelfalls entschieden werden.

Wer sich auf das Vorliegen eines wichtigen Grundes beruft, muss, falls der Aufhebungsausschluss in das Grundbuch eingetragen ist, bei Beantragung der Teilungsversteigerung durch einen prozessgerichtlichen Titel (Klage auf Duldung) die Durchsetzung seines Einwandes nachweisen.

Tipp: **Teilungsversteigerung ist aus wichtigem Grund trotz Ausschlussvereinbarung möglich.**

1057 Der auf Zeit vereinbarte Auseinandersetzungsausschluss tritt im Zweifel mit dem Tode eines Teilhabers außer Kraft (§ 750 BGB).

1058 Ergibt sich die Vereinbarung des Ausschlusses der Auseinandersetzung aus dem Grundbuch (§ 1010 BGB), hat das Vollstreckungsgericht diese als ein „Recht", das der Zwangsversteigerung entgegensteht, von Amts wegen zu beachten (§ 28 Abs. 1 ZVG).

Im Falle fehlender Grundbuchersichtlichkeit bleibt dem betroffenen Antragsgegner nur der Weg über die Drittwiderspruchsklage (§ 771 ZPO).

III. Sonderfall: Zugewinngemeinschaft

1059 Leben die Ehegatten im gesetzlichen Güterstand der Zugewinngemeinschaft, so ist / wird das Vermögen der Ehefrau und das Vermögen des Ehemannes nicht gemeinschaftliches Vermögen der Eheleute (§ 1363 Abs. 2 BGB); jeder Ehegatten verwaltet sein Vermögen selbstständig (§ 1363 BGB). In dieser Verwaltung ist jeder der beiden Eheleute gem. **§ 1365 BGB** jedoch insoweit beschränkt, als er zur Verfügung über sein **ganzes Vermögen** der Zustimmung des anderen Ehegatten bedarf. Sind etwa die Eheleute je hälftige Miteigentümer eines Grundstücks und handelt es sich bei dem Miteigentumsanteil des Ehemannes um dessen ganzes Vermögen, so benötigt er auch für die Teilungsversteigerung die (formlose) **Zustimmung** seiner Ehefrau. Verweigert die Ehefrau diese Zustimmung ohne ausreichenden Grund und entspricht die Teilungsversteigerung den Grundsätzen einer ordnungsgemäßen Vermögensverwaltung kann das Vormundschaftsgericht die Zustimmung auf Antrag ersetzen (§ 1365 Abs. 2 BGB).[363]

Im Einzelnen ist die Anwendung des § 1365 BGB in der Teilungsversteigerung in vielen Punkten stark umstritten.[364] Es werden hier daher nur die Grundzüge dargestellt; im Übrigen wird auf die einschlägige Literatur verwiesen.

1. Zeitpunkt der Anwendung von § 1365 BGB

1060 Muss § 1365 BGB von dem Vollstreckungsgericht bereits bei der Anordnung des Verfahrens oder erst im Rahmen der Zuschlagsentscheidung beachtet werden?

§ 1365 BGB dient dem Schutz der wirtschaftlichen Grundlage der Familie. Folgerichtig verlangt die h.M.[365] seine Beachtung bereits im Rahmen der **Verfahrensanordnung**, weil

---

362 *BGH* BB 1962, 427.
363 *BayObLG* Rpfleger 1972, 368.
364 Zur Gesamtproblematik ausführlich *Böttcher* Rpfleger 1986, 271.
365 *BGH* 35, 135; *Stöber* (ZVG) § 180 Rn. 3.13 m.w.N.

nur so ein frühzeitiger und umfassender Schutz gewährleistet werden kann. Da der Antrag auf Anordnung der Teilungsversteigerung die verfahrensrechtlich einzig erforderliche Handlung des Ehegatten ist, der die Versteigerung wünscht, wird diese **Antragstellung** mit der **Verfügung** i.S.d. § 1365 BGB gleichgesetzt.

2. Berücksichtigung durch das Vollstreckungsgericht

Das Vollstreckungsgericht hat § 1365 BGB von Amts wegen nur zu beachten, wenn seine Voraussetzungen „offen zu Tage treten."[366] Es besteht **keine Amtsermittlungspflicht**, jedoch hat das Gericht die Möglichkeit der Anhörung des Antragsgegners vor Anordnung der Versteigerung (Rn. 1107).[367]

1061

3. Verfahren der Geltendmachung von § 1365 BGB

Auf welche Weise muss sich der sich auf § 1365 BGB berufende Antragsgegner „zur Wehr setzen"?

1062

Als materiell-rechtliche Einwendung muss das Fehlen der Einwilligung nach § 1365 BGB von dem Antragsgegner über die Erhebung der **Drittwiderspruchsklage** (§ 771 ZPO) geltend gemacht werden.

4. Geltungsdauer von § 1365 BGB

Ob die Norm nach rechtskräftiger Ehescheidung noch Anwendung findet, ist in Literatur und Rechtsprechung umstritten.[368] Da jeder Ehegatte nach Beendigung der Zugewinngemeinschaft (z.B. durch rechtskräftige Scheidung) seine uneingeschränkte Verfügungsbefugnis wiedererlangt, bedarf der Antrag auf Teilungsversteigerung ab diesem Zeitpunkt grundsätzlich[369] nicht der Zustimmung des anderen, früheren, Ehegatten.

1063

IV. Sonderfall: Lebenspartnerschaft

Auch auf die Lebenspartnerschaft findet § 1365 BGB entsprechende Anwendung (§ 8 LPartG). Dies kann jedoch durch Lebenspartnerschaftsvertrag (§ 7 LPartG) abbedungen sein.[370]

1063a

V. Sonderfall: Wohnungseigentümergemeinschaft

Die Wohnungseigentümergemeinschaft ist eine Gemeinschaft nach Bruchteilen (§ 10 WEG), weshalb eigentlich eine Teilungsversteigerung mit dem Ziel der Auseinandersetzung der gesamten Gemeinschaft möglich sein müsste. Dies widerspräche jedoch dem Sinn und Zweck des Wohnungseigentums[371], weil hierdurch die angestrebte rechtliche Verselbstständigung der einzelnen „Wohneinheiten" konterkariert werden könnte. Der

1064

---

366 *OLG Bremen* Rpfleger 1984, 156.
367 Zu den Einzelheiten: *Stöber* (ZVG) § 180 Rn. 3.13.
368 Gute Fundstellengegenüberstellung bei *Eickmann* (TLV) Rn. 100.
369 Zu den denkbaren Ausnahmen *Eickmann* (TLV) Rn. 102.
370 Palandt/Brudermüller § 8 LPartG Rn. 2.
371 Das Gesagte gilt für Teileigentum entsprechend.

Gesetzgeber hat daher in **§ 11 Abs. 1 WEG** (dort auch zu den Ausnahmen) einen grundsätzlichen **Auseinandersetzungsausschluss** betr. die gesamte Eigentümergemeinschaft normiert, der auch für den Pfändungsgläubiger gilt (§ 11 Abs. 2 WEG).

Auf die Auflösung einer Eigentümergemeinschaft an einem einzelnen Wohnungseigentumsanteil (Miteigentumsanteil)[372] findet dagegen die Teilungsversteigerung Anwendung.

B. Gesamthandsgemeinschaft

I. Allgemeine Erläuterungen zur Gesamthandsgemeinschaft

1065 Das Vermögen der Gesamthandsgemeinschaft steht den Mitgliedern dieser Gemeinschaft gesamthänderisch zu. Gehört etwa Grundbesitz zu diesem Vermögen, so kann ein einzelnes Mitglied der Gesamthandgemeinschaft nicht über seinen Anteil an dem Grundbesitz verfügen.

Im Grundbuch erkennt man diese Form des Miteigentums daran, dass keine Bruchteile eingetragen sind, obwohl die Gesamthandsgemeinschaft als solche durchaus Bruchteile kennt. Vielmehr ist die Gemeinschaft als solche eingetragen. Zur Formulierung der Grundbucheintragung bei Gesamthandsgemeinschaft (am Beispiel der Erbengemeinschaft) siehe Tipp: zu Rn. 2.

1066 Bei der Gesamthandsgemeinschaft ist zu beachten, dass diese jeweils **im Ganzen aufgehoben** werden muss, sich eine Auseinandersetzung demnach auf das gesamte gemeinschaftliche Vermögen erstrecken muss. Das Nichtvorliegen dieser vom Vollstreckungsgericht nicht überprüfbaren Voraussetzung ist vom Antragsgegner im Wege der Drittwiderspruchsklage (§ 771 ZPO) vorzubringen.

II. Erbengemeinschaft

1. Allgemeine Erläuterungen zur Erbengemeinschaft

1067 Jedes Mitglied einer Erbengemeinschaft hat grundsätzlich (Aufhebungsausschlüsse Rn. 1068 f.) das Recht, **jederzeit die Auseinandersetzung** der gesamten Erbengemeinschaft zu verlangen (§ 2042 Abs. 1 BGB). Hinsichtlich des im Eigentum der Erbengemeinschaft stehenden Grundbesitzes erfolgt diese Auseinandersetzung nach den für die Auseinandersetzung einer **Bruchteilsgemeinschaft** geltenden Bestimmungen (§ 2042 Abs. 2 BGB verweist auf § 753 BGB), letztlich damit auch durch Zwangsversteigerung.

2. Entgegenstehende Rechte

a) Naturalteilung / Treu und Glauben / Anderweitige Vereinbarung

1068 Die Möglichkeit der Naturalteilung (Rn. 1050 bis 1052) und der Einwand unzulässiger Rechtsausübung (Treu und Glauben; Rn. 1053) können der Teilungsversteigerung bei einer Erbengemeinschaft entgegenstehen. Auch kann eine anderweitige Vereinbarung (Rn. 1054) die Teilungsversteigerung verhindern.

---

372 Wenn z.B. die Eheleute A und B je zur Hälfte als Miteigentümer einer „Eigentumswohnung" eingetragen sind.

b) Ausschlussvereinbarung

Beteiligte an einer Erbengemeinschaft können ihr Recht, die Aufhebung der Gemeinschaft zu verlangen, durch entsprechende Vereinbarung auf Zeit oder für immer ausschließen (§§ 2042 Abs. 2, 749 Abs. 2 BGB). Siehe hierzu Rn. 1055 f. **1069**

c) Besondere Gegenrechte bei der Erbengemeinschaft

Die Auseinandersetzung einer Erbengemeinschaft ist in folgenden weiteren Fällen **Kraft Gesetzes** ausgeschlossen: **1070**
1. Ungewissheit der Erbanteile wegen familienrechtlicher „Ereignisse" (§ 2043 BGB), z.B. der zu erwartenden Geburt eines Miterben;
2. Aufgebotsverfahren zur Gläubigerermittlung läuft (§ 2045 BGB);
3. Ausschluss durch letztwillige Verfügung (§ 2044 BGB).

Zu 3. **1071**

Der Erblasser kann durch **letztwillige Verfügung** anordnen, dass die Auseinandersetzung **ausgeschlossen** oder **beschränkt** ist (§ 2044 BGB). Eine solche Anordnung greift selbst dann, wenn gesetzliche Erbfolge eintritt.[373] Sie kann auf einzelne Nachlassgegenstände beschränkt sein oder den gesamten Nachlass betreffen. Die Verfügung wird grundsätzlich 30 Jahre nach Eintritt des Erbfalls unwirksam (§ 2044 Abs. 2 BGB). Selbst wenn der Erblasser die Auseinandersetzung durch letztwillige Verfügung ausgeschlossen hat, ist eine solche aus **wichtigem Grund** dennoch möglich (§ 2044 i.V.m. § 749 Abs. 2 BGB).

Einen nicht aus dem Grundbuch ersichtlichen Aufhebungsausschluss muss der sich hierauf berufende Antragsgegner über die Drittwiderspruchsklage (§ 771 ZPO) geltend machen. **1072**

Von dem Auseinandersetzungsausschluss nach Rn. 1071 ist die ebenfalls durch letztwillige Verfügung mögliche Anordnung (§§ 2044 Abs. 1, 749, 753 BGB) des Erblassers, das Grundstück dürfe nicht an einen Dritten veräußert werden, zu unterscheiden. Hier könnte das Grundstück nur unter den Gemeinschaftern versteigert werden. Der Erblasser kann jedoch den Kreis der „Erwerbsberechtigten" weiter fassen, etwa anordnen, dass die Veräußerung (und damit auch die Teilungsversteigerung) nur unter den „Familienangehörigen" erfolgen darf. Zur Behandlung dieser **„Begrenzung des Bieterkreises"** im Versteigerungstermin siehe Rn. 1218 bis 1220. **1073**

Ist der Ausschluss des Rechts, die Aufhebung der Gemeinschaft verlangen zu dürfen, als Belastung des Miteigentumsanteils des Antragstellers in das **Grundbuch** eingetragen, hat das Vollstreckungsgericht diesen von Amts wegen zu beachten. **1074**

Erlangt das Vollstreckungsgericht von einer solchen Eintragung bereits vor der Anordnung des Verfahrens Kenntnis, hat es den Antragsteller aufklärend (§ 139 ZPO) aufzufordern, eine gerichtliche Entscheidung vorzulegen, wonach die Teilungsversteigerung hier dennoch zulässig ist. Gelingt dies dem Antragsteller nicht, wird sein Antrag zurückgewiesen.

War die Anordnung bereits erfolgt und erfährt das Vollstreckungsgericht erst jetzt (z.B. wegen § 19 Abs. 2 ZVG) von der Ausschlussvereinbarung, fordert es den Antragsteller

---

[373] *BayObLG* NJW 1967, 1136.

unter Fristsetzung auf, eine prozessgerichtliche Entscheidung über die Zulässigkeit der Anordnung der Teilungsversteigerung (Rn. 1056) beizubringen. Gelingt dies dem Antragsteller nicht, erfolgt Verfahrensaufhebung durch Beschluss.

d) Nacherbenvermerk

1075 Da die Teilungsversteigerung keine durch die §§ 2113, 2115 BGB verbotene Verfügung darstellt[374], hindert der Umstand, dass der Grundbesitz zum Nachlass einer Vor- und Nacherbschaft[375] gehört, die Anordnung der Teilungsversteigerung nicht.

1076 Wegen § 2115 Satz 1 BGB, der den Nacherben davor schützen soll, dass Schulden des Vorerben, die den Nacherben nicht treffen, aus dem Nachlass beglichen werden, kann die Anordnung der Teilungsversteigerung auf Antrag eines Gläubigers des Vorerben mit Treu und Glauben unvereinbar sein.[376]

1077 Schon jetzt sei darauf hingewiesen, dass der Nacherbenvermerk als Verfügungsbeschränkung des Vorerben nicht in das gG fällt und nach Zuschlag zu löschen ist.[377] Jedoch bleibt ein aus der Zwangsversteigerung entstehender und damit der Gemeinschaft zustehender Erlösüberschuss Nachlassgegenstand (als Surrogat für den versteigerten Grundbesitz) und ist daher von dem Nacherbenrecht erfasst.

III. BGB-Gesellschaft

1078 Zu beachten ist hier, dass die Auseinandersetzung der Gesellschaft (und damit auch die Auseinandersetzung an dem zum Gesellschaftsvermögen gehörenden Grundbesitz) erst **nach Auflösung der Gesellschaft** zulässig ist (§ 730 Abs. 1 BGB). Soweit die Gesellschafter keine abweichende Vereinbarung getroffen haben, vollzieht sich die Auseinandersetzung nach den Bestimmungen der §§ 732 bis 735 BGB, also letztlich durch Überschussverteilung im Verhältnis der Gewinnanteile.

Über § 731 Satz 2 BGB finden im Übrigen die Vorschriften über die Bruchteilsgemeinschaft Anwendung und damit auch die der Teilungsversteigerung (§ 753 BGB).

1079 Einen nicht aus dem Grundbuch ersichtlichen Aufhebungsausschluss muss der sich hierauf berufende Antragsgegner über die Drittwiderspruchsklage (§ 771 ZPO) geltend machen.

IV. Handelsrechtliche Personengesellschaft (OHG, KG)

1080 Erste Voraussetzung der Auseinandersetzung ist auch bei der OHG und der KG die **Auflösung der Gesellschaft**; diese erfolgt nach den handelsrechtlichen Bestimmungen der §§ 131 f., 161 Abs. 2 HGB. Das HGB sieht nach der Auflösung als Form der Auseinandersetzung dann die Liquidation der Gesellschaft vor (§§ 145 f., 161 Abs. 2 HGB). Raum für die Teilungsversteigerung ist daher nur dort, wo

---

374 *BayObLG* NJW 1965, 1966.
375 Zur Grundstücksversteigerung bei Vor- und Nacherbschaft ausführlich *Klawikowski* Rpfleger 1998, 100.
376 *OLG Celle* NJW 1968, 801.
377 *OLG Hamm* Rpfleger 1968, 403.

1. diese Form als andere Art der Auseinandersetzung durch Gesellschaftervereinbarung bestimmt ist (§ 158 HGB);
2. die Teilungsversteigerung von allen Liquidatoren gemeinsam beantragt wird. [378]

Für die Geltendmachung des Aufhebungsausschlusses siehe Rn. 1079.

V. Partnerschaft und Europäische Wirtschaftliche Interessenvereinigung

Für die Liquidation einer Partnerschaft und einer Europäischen Wirtschaftlichen Interessenvereinigung gilt letztlich das Recht der OHG (§ 10 Abs. 1 PartGG; § 1 EWIV-AusfG). Es kann daher auf die Ausführungen Rn. 1080 verwiesen werden. 1081

VI. Gütergemeinschaft

1. Eheliche Gütergemeinschaft

So lange die Gütergemeinschaft besteht, ist ein Teilungsbegehren eines Ehegatten und damit auch die Teilungsversteigerung **ausgeschlossen** (§ 1419 BGB). 1082

Mithin kann die Teilungsversteigerung hinsichtlich des zum Gesamtgut der ehelichen Gütergemeinschaft gehörenden Grundbesitzes **erst nach Beendigung dieses Güterstandes** beantragt werden (§ 1471 BGB), also nach 1083

1. rechtskräftiger **Scheidung** der Ehe (§ 1564 BGB);
2. rechtskräftiger **Eheaufhebung** (§ 1313 BGB);
3. Aufhebung der Gütergemeinschaft durch notariellen **Aufhebungsvertrag** (Ehevertrag, § 1408 BGB) oder Eintritt der Rechtskraft eines den Güterstand aufhebenden **Urteils** (§§ 1449, 1470 BGB);
4. dem **Tod** eines Ehegatten, ohne dass die Gütergemeinschaft fortgesetzt wird, also wenn
   a) die Fortsetzung nicht vereinbart war (§ 1483 BGB) oder
   b) der Überlebende Ehegatte die Fortsetzung ablehnt (§ 1484 Abs. 2 BGB).

Ob es dann zur Teilungsversteigerung des Grundbesitzes oder zu dessen Übernahme durch einen der (früheren) Ehegatten kommt, hängt, falls sich nicht eine einverständliche Regelung findet, von dem Umstand ab, ob das vorhandene Barvermögen zur Begleichung der Gesamtverbindlichkeiten ausreicht (§ 1475 BGB). 1084

Im Grundsatz gilt:

Reicht das vorhandene Barvermögen zur Berichtigung der Gesamtverbindlichkeiten nicht aus, ist das Gesamtgut in Geld umzusetzen (§ 1475 Abs. 3 BGB), was im Falle der Uneinigkeit der (früheren) Ehegatten durch Zwangsversteigerung erfolgt (§ 753 BGB).[379]

Können jedoch alle Gesamtverbindlichkeiten aus dem vorhandenen Barvermögen befriedigt werden oder übernimmt der die Übernahme verlangende Ehegatte mit Zustimmung aller Gläubiger die Gesamtverbindlichkeiten als Alleinschuldner, genießt das Übernahmeverlangen dieses Ehegatten Vorrang vor der Zwangsversteigerung.[380]

---

378 *LG Kaiserslautern* Rpfleger 1985, 121.
379 Palandt/Diederichsen § 1475 Rn. 2.
380 *BGH* NJW 1985, 3066; *OLG Frankfurt* FamRZ 1984, 170, 171.

2. Fortgesetzte Gütergemeinschaft

1085 Auch die Auseinandersetzung einer fortgesetzten Gütergemeinschaft (§§ 1483 f. BGB) kann erst nach deren **Beendigung** verlangt werden. Diese endet durch
- Aufhebung (§ 1492 BGB);
- Wiederverheiratung oder Tod des überlebenden Ehegatten (§§ 1493, 1494 BGB);
- Eintritt der Rechtskraft eines den Güterstand aufhebenden Urteils (§§ 1495, 1496 BGB).

3. Kapitel
Verfahren über die Anordnung der Teilungsversteigerung

A. Versteigerungsobjekte

1086 Der Teilungsversteigerung sind **grundsätzlich alle Versteigerungsobjekte** zugänglich, welche auch Gegenstand der Vollstreckungsversteigerung sein können, weshalb auf die diesbezüglichen Ausführungen (Rn. 1 bis 6) verwiesen wird.

B. Versteigerungsantrag

I. Zuständigkeit

1087 Die sachliche, örtliche und funktionelle Zuständigkeit in der Teilungsversteigerung ist mit der Zuständigkeit in der Vollstreckungsversteigerung identisch; siehe Rn. 9 bis 11.

II. Antragsrecht und Antragsteller

1088 Im Sinne der über § 180 Abs. 1 ZVG entsprechend anzuwendenden Normen der Vollstreckungsversteigerung übernimmt der Antragsteller die Rolle des betreibenden Gläubigers ohne jedoch selbst Gläubiger zu sein.

1089 Die Teilungsversteigerung findet **nur auf Antrag** statt.

Allgemein ist erforderlich, dass der Antragsteller als Eigentümer im Grundbuch eingetragen ist oder Erbe eines eingetragenen Eigentümers ist oder er das Recht des Eigentümers oder des Erben auf Aufhebung der Gemeinschaft ausübt (§ 181 Abs. 2 ZVG).

1090 In der Folge wird dargestellt, wem bei den einzelnen Gemeinschaftstypen ein **Antragsrecht** zusteht bzw. welche **Beschränkungen** bestehen.

Antragsrechte in der Teilungsversteigerung

Übersicht

Gemeinschaftstyp	Antragsberechtigt
Bruchteilgemeinschaft Erbengemeinschaft Gütergemeinschaft BGB-Gesellschaft	jeder an der „Gemeinschaft" Beteiligte
OHG/KG	jeder Gesellschafter bzw. Liquidator

1. Antragsrecht der Teilhaber

a) Bruchteilsgemeinschaft

§ 749 Abs. 1 BGB normiert das grundsätzliche Recht jedes Miteigentümers auf Auseinandersetzung, mithin auch das Recht der Beantragung der Teilungsversteigerung.

1091

Wegen evtl. bestehender Gegenrechte siehe Rn. 1050 f.

Wegen der für in Zugewinngemeinschaft lebende Ehegatten aus § 1365 BGB resultierenden Besonderheiten siehe Rn. 1059 bis 1063.

b) Erbengemeinschaft

Jeder Miterbe ist berechtigt, die Teilungsversteigerung zu beantragen (§ 2042 Abs. 1 BGB).

1092

Wegen evtl. bestehender anderweitiger Vereinbarungen (§§ 2042 Abs. 2, 749 Abs. 2 BGB) siehe Rn. 1069, wegen gesetzlicher Auseinandersetzungsausschlüsse Rn. 1070; wegen Auseinandersetzungsausschlüssen aus letztwilliger Verfügung Rn. 1071.

Eine Besonderheit liegt vor, wenn sich innerhalb einer Bruchteilsgemeinschaft eine Erbengemeinschaft befindet.

> A, B und C sind Miteigentümer des Grundstücks zu je einem Drittel. C verstirbt und wird von E1, E2 und E3 beerbt. E1 ist an der Auseinandersetzung der Erbengemeinschaft interessiert.
>
> Es bestehen folgende Möglichkeiten:
>
> E1 kann die Teilungsversteigerung des Miteigentumsanteils des verstorbenen C beantragen (sog. kleines Antragsrecht).
>
> E1 kann jedoch auch die – wirtschaftlich weitaus sinnvollere – Teilungsversteigerung des **ganzen** Grundstücks beantragen (sog. **großes Antragsrecht**).[381]

Beispiel 48

1093

Tipp: Bei Erbengemeinschaft innerhalb einer Bruchteilsgemeinschaft als Miterbe Teilungsversteigerung nicht auf den geerbten Bruchteil beschränken, sondern vom großen Antragsrecht Gebrauch machen.

---

[381] Mittlerweile ganz h.M., z.B. *Eickmann* (TLV) Rn. 57 m.w.N.

2. Sonderfälle beim Antragsrecht der Teilhaber

a) Testamentsvollstreckung

1094 Ist Testamentsvollstreckung angeordnet, kann nur der Testamentsvollstrecker den Antrag auf Teilungsversteigerung stellen. Da der Testamentsvollstreckervermerk regelmäßig aus dem Grundbuch ersichtlich ist (§ 52 GBO), müsste das Vollstreckungsgericht den Antrag eines Erben zurückweisen (§ 28 ZVG). Betrifft die Testamentsvollstreckung nur einen Erbteil, so können sowohl der Testamentsvollstrecker für „seinen" Erben als auch die nicht von der Testamentsvollstreckung betroffenen Erben den Antrag stellen.

b) Vor- / Nacherbschaft

1095 Wie bereits ausgeführt (Rn. 1075 f.), handelt es sich bei der Teilungsversteigerung **nicht** um eine nach den §§ 2113, 2115 BGB verbotene **Verfügung**, weshalb auch der (nicht befreite) Vorerbe die Teilungsversteigerung letztlich mit Wirkung für und gegen den Nacherben betreiben kann.

Zum Antragsrecht eines Gläubigers des Vorerben siehe Rn. 1076.

c) Insolvenzverwalter

1096 Wegen der Zusammenhänge zwischen Teilungsversteigerung und Insolvenz siehe zunächst Rn. 1136 bis 1138.

Wurde über das Vermögen eines Miteigentümers das Insolvenzverfahren eröffnet, so kann diesbezüglich nur der Insolvenzverwalter als Antragsteller (bzw. Antragsgegner) auftreten, da (und so lange) ihm allein die Verwaltungs- und Verfügungsbefugnis zusteht (§ 80 InsO).

d) Vormund / Betreuer

1097 Diese Personen können für den von ihnen Vertretenen den Antrag auf Teilungsversteigerung stellen, benötigen hierfür jedoch die Genehmigung des Vormundschaftsgerichts (§ 181 Abs. 2 Satz 2 ZVG).

Um diese Genehmigung muss sich der Vertreter kümmern. Sie wird vom Vormundschaftsgericht gegenüber dem Vormund / Betreuer erklärt (§§ 1828, 1908i BGB) und ist dem Vollstreckungsgericht von diesem vorzulegen.

Für Eltern, welche als gesetzliche Vertreter für ihr Kind die Teilungsversteigerung beantragen wollen, gilt dieses Genehmigungserfordernis nicht.

Sind die Eltern an der gesetzlichen Vertretung ihres Kindes etwa auf Grund einer Interessenkollision[382] verhindert, so ist durch das Vormundschaftsgericht ein Pfleger (Ergänzungspfleger; § 1909 BGB) zu bestellen. Dies hat das Vollstreckungsgericht von Amts wegen zu beachten.

e) Nachlasspfleger / Nachlassverwalter

1098 Diese können ebenfalls die Teilungsversteigerung beantragen, benötigen hierfür jedoch die Genehmigung des Nachlassgerichts[383] (§§ 1961, 1975, 1915 BGB), das für die Nach-

---

382 Stöber (ZVG) § 180 Rn. 3.15 verneint eine Interessenkollision in dem (häufigen) Fall, dass Eltern und Kinder Verfahrensbeteiligte sind und bei der Auseinandersetzung ohne dass Ausgleichsansprüche bestehen, sich über die Teilung des Erlöses gemäß einer gesetzlichen Erbfolge einig sind.
383 Stöber (ZVG) § 181 Rn. 6.5 und 6.6.

lasspflegschaft (und insoweit auch für die Nachlassverwaltung) an die Stelle des Vormundschaftsgerichts tritt (§ 1962 BGB). Für das Verfahren gilt das unter Rn. 1097 Gesagte entsprechend.

f) Nießbrauch

Unproblematisch ist ein **am ganzen Grundstück** bestehender Nießbrauch; da dieser gemäß § 182 ZVG in der Teilungsversteigerung bestehen bleibt (siehe Rn. 1192 f.). Da der Nießbraucher somit keine Beeinträchtigung erfährt, bestehen für die Antragsberechtigung der Teilhaber keine Besonderheiten. 1099

Besteht das Nießbrauchsrecht **nur an einem Miteigentumsanteil**, so erfährt das Antragsrecht der anderen, nicht mit dem Nießbrauch belasteten Miteigentümer, keine Einschränkung. Im Falle des Zuschlags in der Teilungsversteigerung würde das Nießbrauchsrecht erlöschen (§ 182 ZVG) und der Nießbraucher hätte einen Anspruch auf eine Rente (Rn. 604, 613 f.) aus dem anteiligen Erlös. 1100

Schwierig gestaltet sich allerdings der Fall, dass der Miteigentümer, dessen Anteil mit dem Nießbrauch belastet ist, selbst den Antrag auf Teilungsversteigerung stellen will. Allein nach den Bestimmungen des ZVG (§ 182 ZVG) würde das Nießbrauchsrecht bestehen bleiben. Da jedoch mit dem Zuschlag der belastete Miteigentumsanteil des Antragstellers seine Selbstständigkeit verliert, geht auch der daran bestehende Nießbrauch mit dem Zuschlag unter. Die h. M.[384] billigt dem Nießbraucher auch hier nur einen Erlösanspruch zu. Um den Nießbraucher in dieser Konstellation vor einem (überraschenden) Rechtsverlust zu schützen, hat der Gesetzgeber in **§ 1066 BGB** bestimmt, dass der Miteigentümer des belasteten Anteils die Aufhebung der Gemeinschaft nur zusammen mit dem Nießbraucher verlangen kann. 1101

Dabei bejaht die Literatur[385] eine Verpflichtung des Nießbrauchers zur Mitwirkung bei diesem nur gemeinsam auszuübenden Antragsrecht für die Teilungsversteigerung, wenn die Aufhebung der Gemeinschaft einer ordnungsgemäßen Wirtschaft entspricht.

3. Antragsrecht der Gläubiger

Wegen des Antragsrechts des Gläubigers, der sich die Position seines Schuldners in dessen Eigenschaft als Miteigentümer durch Pfändung und Überweisung verschafft, siehe die Ausführungen ab Rn. 1265. 1102

III. Antragsgegner

Antragsgegner im Teilungsversteigerungsverfahren sind alle[386] anderen (außer dem Antragsteller) Mitglieder der „aufzuhebenden" Gemeinschaft. 1103

Eine Besonderheit des Verfahrens (im Unterschied zur Vollstreckungsversteigerung) besteht darin, dass ein Antragsgegner durch Verfahrensbeitritt (hierzu ab Rn. 1115) selbst Antragsteller werden kann und dann beide Positionen in seiner Person vereint.

---

384 *Stöber* (ZVG) § 180 Rn. 7.17, *Storz* (TLV) B. 1.1.5.5.
385 *Eickmann* (TLV) Rn. 89 m.w.N.
386 Wird in diesem Buch von „dem Antragsgegner" gesprochen, sind grundsätzlich alle Antragsgegner gemeint.

2 Verfahren über die Anordnung der Teilungsversteigerung

Im Sinne der über § 180 Abs. 1 ZVG entsprechend anzuwendenden Normen der Vollstreckungsversteigerung übernimmt der Antragsgegner die Rolle des Schuldners ohne jedoch Schuldner zu sein.

Ist der Anteil des Antragsgegners gepfändet, so wird der Pfändungsgläubiger neben dem (pfändungsschuldnerischen) Antragsgegner Beteiligter.

IV. Antragsinhalt und Nachweisungen

1. Inhalt

1104 Im Versteigerungsantrag sind folgende Angaben erforderlich (§§ 16 Abs. 1, 180 ZVG, §§ 253, 130 ZPO):
- Bezeichnung des angerufenen **Gerichts** (Rn. 9, 10);
- **Name** und (zustellungsfähige) **Anschrift** des Antragstellers und der (des) Antragsgegner(s);
- Bezeichnung des **Grundstücks** (Rn. 24, 25);
- das aufzuhebende **Gemeinschaftsverhältnis**;
- die Beteiligung des Antragstellers, bzw. falls sich dessen Antragsberechtigung aus anderen Umständen herleitet auch diese Umstände;
- ein **konkreter Antrag** auf Anordnung der Zwangsversteigerung zur Aufhebung einer Gemeinschaft / Anordnung der Teilungsversteigerung.

Eine Begründung des Antrags ist regelmäßig nicht erforderlich.

Tipp: Als Antragsteller unbedingt auf die Aktualität der Anschriften der Antragsgegner achten, da sonst mit Verfahrensverzögerung gerechnet werden muss.

2. Nachweisungen

1105 Dem Antrag sind folgende **Unterlagen beizufügen** (§ 181 Abs. 2 ZVG):
- Ein Grundbuchzeugnis (§ 17 Abs. 2 ZVG) oder ein beglaubigter Grundbuchauszug (beides möglichst aktuell), siehe Rn. 14;
- Ggf. Erbnachweise (§§ 181 Abs. 3, 17 Abs. 3 ZVG), falls der Antragssteller Erbe eines eingetragenen „Gemeinschafters" ist;
- Ggf. ein Nachweis darüber, dass der Antragsteller das Recht eines eingetragenen „Gemeinschafters" oder eines Erben eines verstorbenen eingetragenen Gemeinschafters, die Aufhebung dieser Gemeinschaft zu verlangen, ausüben darf (z.B. Ausfertigung eines ordnungsgemäß erlassenen und zugestellten Pfändungs- und Überweisungsbeschlusses; dazu Rn. 1292 f.).

1106 Die Vorlage eines Vollstreckungstitels ist nicht erforderlich (§ 181 Abs. 1 ZVG).

C. Entscheidung über den Antrag

I. Gewährung rechtlichen Gehörs

Anders als in der Vollstreckungsversteigerung, wo sich eine Anhörung des Schuldners verbietet (Rn. 62), wird für die Teilungsversteigerung die Anhörung des Antragsgegners vor der Anordnung des Verfahrens als Ausfluss aus Art. 103 GG diskutiert. Die in Rn. 62 für die Vollstreckungsversteigerung beschriebene „Gefahr" geht von dieser Anhörung nicht aus, da die entsprechende Beschlagnahme in der Teilungsversteigerung ohnehin keine Verfügungsbeschränkung im Sinne des § 23 ZVG bewirkt (Rn. 1122 f.). Nach Auffassung der Verfasser sollte die vorherige Anhörung des Antragsgegners in der gerichtlichen Praxis aus Gründen einer zügigen Verfahrensabwicklung jedoch auf die Fälle beschränkt bleiben, in denen ein die Anordnung des Verfahrens letztlich verhinderndes Vorbringen des Antragsgegners denkbar ist.

1107

II. Entgegenstehende Rechte

Die speziell für das Verfahren der Teilungsversteigerung denkbaren entgegenstehenden Rechte wurden u. a. bereits bei der Vorstellung der einzelnen Gemeinschaftstypen erörtert. Auf diese Ausführungen (Rn. 1048 f.) wird verwiesen.

1108

Auch für die Teilungsversteigerung gilt (über § 180 Abs. 1 ZVG) § 28 ZVG, weshalb insoweit auf die Darlegungen Rn. 50 Bezug genommen wird.

III. Beanstandung des Antrages

Liegt nach der Auffassung des Gerichts ein **innerhalb angemessener Frist behebbarer** Mangel vor, weist es den Antragsteller auf diesen Mangel (bzw. alle Mängel) hin, zeigt alle Behebungsmöglichkeiten auf und setzt unter Hinweis auf die Folgen eines fruchtlosen Fristablaufes eine Frist zur Behebung.

1109

Liegt ein nicht behebbarer Mangel vor oder ist die in Rn. 1109 gesetzte Frist fruchtlos verstrichen, weist das Gericht den Antrag auf Anordnung der Teilungsversteigerung durch begründeten Beschluss zurück.

1110

IV. Anordnungsbeschluss

Die Zwangsversteigerung zum Zwecke der Aufhebung einer Gemeinschaft wird durch Beschluss des Gerichts angeordnet (Anordnungsbeschluss).

1111

2 Verfahren über die Anordnung der Teilungsversteigerung

1. Inhalt

1112 Für den Inhalt des Beschlusses gilt zunächst das unter Rn. 63 Gesagte entsprechend.

Checkliste

> **Inhalt des Anordnungsbeschlusses in der Teilungsversteigerung**
> - Vollstreckungsgericht
> - Rubrum (Antragsteller / Antragsgegner, evtl. Dritter, der Recht des Antragstellers ausübt.)
> - Grundstück
> - Gemeinschaftsverhältnis
> - Ausspruch: Anordnung der ZV zum Zwecke der Aufhebung (vorgenannter) Gemeinschaft (konstitutiv)
> - Ausspruch: Beschlagnahme (deklaratorisch)
> - Unterschrift und Amtsbezeichnung (Rechtspfleger)

2. Bekanntmachung der Anordnung und Grundbuchersuchen

1113 Der Anordnungsbeschluss muss allen Antragsgegnern **förmlich zugestellt** werden. Die §§ 4 bis 7 ZVG finden wegen § 8 ZVG keine Anwendung, weshalb die Zustellung gemäß der §§ 166 f. ZPO erfolgen muss. Zusammen mit dem Anordnungsbeschluss ist eine Belehrung nach den §§ 180 Abs. 2 Satz 2, Abs. 3 Satz 2, 30b ZVG über die Möglichkeit einstweiliger Einstellung zuzustellen.

Der Antragssteller erhält den Beschluss formlos. Eine Zustellung erfolgt nur dann, wenn seinem Antrag **nicht** in vollem Umfang **stattgegeben** wurde. Diese Möglichkeit hat für die Teilungsversteigerung jedoch nur dort praktische Bedeutung, wo ein Gläubiger eines Miteigentümers dessen Recht auf Auseinandersetzung ausübt.

Auch im Teilungsversteigerungsverfahren sind die weiteren Mitteilungen nach der MIZI (Rn. 66) zu beachten.

1114 Hinsichtlich des Grundbuchersuchens (Eintragung des Zwangsversteigerungsvermerks) und des weiteren Verfahrens beim Grundbuchamt gilt das unter Rn. 67 und 68 Gesagte entsprechend.

D. Beitritt zum Verfahren

1115 Nach § 27 ZVG, welcher über § 180 Abs. 1 ZVG Anwendung findet, ist auch ein Beitritt zum Verfahren möglich. Dies gilt natürlich nur für solche „Personen", welche ebenfalls ein Recht auf das angestrebte Verfahrensziel, nämlich die Aufhebung der Gemeinschaft haben. Damit kann nur ein anderer Teilhaber[387] der Gemeinschaft beitreten. Er vereinigt damit in seiner Person zwei verfahrensrechtliche Positionen; er war und **bleibt** Antragsgegner und **wird** auch Antragsteller.

Gleiches gilt „mit umgekehrten Vorzeichen" für den bisherigen alleinigen Antragsteller. Die einzelnen Verfahren behalten dabei ihre rechtliche Selbstständigkeit (Grundsatz von der Selbstständigkeit der Einzelverfahren[388]).

1116 Ob ein Teilhaber dem Verfahren beitritt, hängt natürlich davon ab, welche verfahrensrechtliche Rolle (passiv oder aktiv) er künftig spielen möchte. Zu Recht bezeichnet

---

[387] Zum Beitritt eines Pfändungsgläubigers eines Teilhabers siehe Rn. 1294.
[388] *Eickmann* (TLV) Rn. 122.

Storz[389] den Beitritt als „eine der wichtigsten Schutzmaßnahmen gegen die bzw. in der Teilungsversteigerung."

Dass der Beitritt auch Gefahren birgt, wird von *Eickmann*[390] unter Hinweis auf § 183 Satz 1 BGB zutreffend beschrieben und soll mit folgendem Beispiel verdeutlicht werden:

> A betreibt die Teilungsversteigerung der Eigentümergemeinschaft A, B.
>
> B ist gegen die Teilungsversteigerung und sieht für sich die Möglichkeit, materielle Einwendungen über § 771 ZPO durchzusetzen. Dennoch tritt er der Teilungsversteigerung bei, um dort eine aktive Rolle einzunehmen.
>
> Im Verfahren gem. § 771 ZPO droht ihm nun, dass das Prozessgericht in seinem Beitritt eine unwiderrufliche (§ 183 Satz 1 BGB) Zustimmung zur Teilungsversteigerung sieht.

Beispiel 49

Tipp: **Dem Verfahren nicht unüberlegt beitreten.**

Betreibt ein **Pfändungsgläubiger** zulässigerweise (Rn. 1055) die Teilungsversteigerung in eine Gemeinschaft, deren Auseinandersetzung durch Vereinbarung ausgeschlossen ist, stellt sich die interessante Frage, ob ein Beitritt der anderen Miteigentümer trotz des Aufhebungsausschlusses möglich ist. Das Betreiben des Pfändungsgläubigers stellt hier wohl einen wichtigen Grund (i.S.d. § 749 Abs. 2 Satz 1 BGB) dar; der Beitritt sollte deshalb zugelassen werden.[391]

1117

Für die **Zustellung** gelten die Ausführungen zum Anordnungsbeschluss (Rn. 1113). Auch hier muss eine Belehrung gem. den §§ 180 Abs. 2 Satz 3, 30b Abs. 1 ZVG zugestellt werden; diese Zustellung der Belehrung muss an alle Antragsgegner erfolgen, selbst an den, der das Verfahren schon als Antragsteller betreibt.

1118

Es wird **kein neuer Zwangsversteigerungsvermerk** in das Grundbuch eingetragen (Rn. 72).

Ein Gläubiger, der die Vollstreckungsversteigerung betreiben möchte, kann nicht zu diesem Zweck einer Teilungsversteigerung beitreten (Verschiedenheit der Verfahrensarten).[392]

1119

E. Beteiligte

Antragsteller und (alle) Antragsgegner sind Beteiligte des Verfahrens. Dies ergibt sich aus § 9 ZVG; i.S. dieser Norm nehmen sie die Rolle von Gläubiger (Antragsteller) und Schuldner (alle Antragsgegner) ein. Ebenso verfahrensbeteiligt ist ein Pfändungsgläubiger, welcher die Rechte eines potenziellen Antragstellers ausübt.

1120

§ 9 ZVG legt auch die weiteren Verfahrensbeteiligten fest.[393]

---

389 *Storz* (TLV) C. 3.4.1 m.w.N.
390 *Eickmann* (TLV) Rn. 120 und 121.
391 *Storz* (TLV) B. 1.7.1.16.
392 *Stöber* (ZVG) § 180 Rn. 8.6.
393 Siehe hierzu unter Rn. 231.

F. Beschlagnahme

1121 Auch die Teilungsversteigerung kennt eine Beschlagnahme des Grundbesitzes. Für den Eintritt der Beschlagnahme gilt das unter Rn. 75 bis 77 Gesagte mit der Maßgabe, dass an der Stelle des Gläubigers der Antragsteller und an der Stelle des Schuldners der (die) Antragsgegner tritt (treten).

1122 Aus dem Umstand, dass die Beschlagnahme dazu dient, die Erreichung des Verfahrensziels sicherzustellen, dieses Verfahrensziel in der Teilungsversteigerung jedoch gerade nicht auf Verwertung des Grundbesitzes für einen Gläubiger lautet, folgt dass diese **Beschlagnahme** gerade **nicht die Wirkungen des § 23 ZVG** zeitigt. Denn während in der Vollstreckungsversteigerung ein Gläubiger so vor weiteren Verfügungen über das Grundstück zu schützen ist, ist ein solcher Schutz des Antragstellers aus folgenden Gründen (scheinbar; siehe Rn. 1124) nicht erforderlich:

- Steht der Grundbesitz im Eigentum einer Gesamthandsgemeinschaft, ist der Antragsteller durch den Umstand, dass alle Gemeinschafter verfügen müssten, hinreichend geschützt.
- Liegt eine Bruchteilsgemeinschaft vor, gilt für eine mögliche Verfügung über den **gesamten** Grundbesitz Entsprechendes über § 747 Satz 2 BGB.

1123 Belastet ein Bruchteils-Miteigentümer (Antragsgegner der Teilungsversteigerung) nach der Beschlagnahme seinen Anteil (was zulässig ist), erfährt der Antragsteller Schutz über § 182 ZVG (hierzu Rn. 1194 f.).

Im Falle einer (ebenfalls zulässigen) Veräußerung seines Anteils tritt der Erwerber nach § 26 ZVG an die Stelle des insoweit ausgeschiedenen Antragsgegners, womit der Antragsteller erneut nicht beeinträchtigt ist.

1124 Problematisch gestaltet sich das **Fehlen der Verfügungsbeschränkung** jedoch in folgendem Fall:

Gläubiger G, der den Auseinandersetzungsanspruch des A hinsichtlich der Bruchteilsgemeinschaft A, B gepfändet hat (und dem dieser zur Einziehung überwiesen wurde), betreibt die Teilungsversteigerung in ein landwirtschaftliches Grundstück. Nunmehr ereignet sich Folgendes:

1. A belastet seinen Anteil mit einer den Verkehrswert des Anteils weit übersteigenden Grundschuld.

    Diese Belastung ist dem Pfändungsgläubiger gegenüber wirksam, da sich das Arrestatorium aus dem Pfändungsverfahren (§ 829 ZPO) auf den Auseinandersetzungsanspruch und nicht auf das Grundstück bezieht.[394]

    Die Grundschuld würde bestehen bleiben (§ 182 ZVG), was die Versteigerung des Grundstücks unwahrscheinlich macht.

2. A und B sind sich in dem Bestreben, dem G „nichts zukommen zu lassen" einig und veräußern alle zu dem Grundstück gehörenden wertvollen Zubehörstücke.

    Da die Beschlagnahme keine Verfügungsbeschränkung und damit auch keine Beschränkungen i.S.d. §§ 1121, 1122 BGB bewirkt[395], ist die Veräußerung wirksam.

Eickmann[396] zeigt hier für den Gläubiger den einzigen Schutz bringenden Weg auf. Der Gläubiger muss mit seinem Zahlungstitel zunächst auf dem Anteil seines Schuldners eine Zwangshypothek eintragen lassen.

---

394 So auch *Eickmann* (TLV) Rn. 116, *Storz* (TLV) C. 3.3.
395 *Eickmann* (TLV) Rn. 113.
396 *Eickmann* (TLV) Rn. 117.

Im Fall 1 müsste der Gläubiger dann die Vollstreckungsversteigerung aus der Zwangshypothek in den Bruchteil seines Schuldners betreiben; die später eingetragene (neue) Grundschuld, würde nach den allgemeinen Regeln (§§ 44, 52 ZVG) erlöschen.

Im Fall 2 böte die Zwangshypothek Schutz über §§ 1134, 1135 BGB. Dieser müsste prozessual verfolgt werden.

G. Rechtsbehelfe im Verfahren über Anordnung und Beitritt

I. Rechtsbehelf des Antragsgegners

Der Systematik des 8. Buches der ZPO folgend, welches, da das ZVG über § 869 ZPO Bestandteil der ZPO ist, Anwendung findet, hängt die Art des Rechtsbehelfs von der Frage ab, ob der Antragsgegner vor Erlass des Anordnungsbeschlusses (alles Gesagte gilt auch für den Beitrittsbeschluss) von dem Vollstreckungsgericht angehört wurde (Anhörung möglich Rn. 1107).

Wurde **nicht angehört**, so stellt die Anordnung „lediglich" eine Vollstreckungsmaßnahme dar, welche von dem (jedem) Antragsgegner mit **Erinnerung** gem. **§ 766 ZPO** anzufechten ist. Zum weiteren Verfahren siehe Rn. 110 bis 112.

Lag eine **Anhörung** vor, ist das Rechtsmittel der **sofortigen Beschwerde (§ 793 ZPO)** gegeben, da die Anordnung eine Entscheidung darstellt. Zum weiteren Verfahren siehe Rn. 113.

Für beide Rechtsbehelfe ist jedoch zu beachten, dass damit nur ein **Verstoß gegen die formellen Bestimmungen** gerügt werden kann. Denkbar sind hier z.B.
- eine Verletzung von § 181 Abs. 2 ZVG (Rn. 1089);
- die Nichtbeachtung von § 28 ZVG (grundbuchersichtliches Gegenrecht).

Die für die Teilungsversteigerung wesentlich bedeutsameren **materiellen Einwendungen** können von dem Antragsgegner nur im Rahmen einer **Drittwiderspruchsklage** (§ 771 ZPO) vorgebracht werden.

Frühestens über die einstweilige Einstellung, welche grundsätzlich das Prozessgericht zu beschließen hätte (Ausnahme § 769 Abs. 2 ZPO) und den entsprechenden Ausführungsbeschluss des Vollstreckungsgerichts (§§ 775 Nr. 2, 776 ZPO) würde die Drittwiderspruchsklage Auswirkungen auf das Teilungsversteigerungsverfahren zeitigen.

Tipp: Bei materiellen Einwendungen ist Klagerhebung erforderlich.

II. Rechtsbehelf des Antragstellers

Wurde der Versteigerungsantrag des Antragstellers ganz oder teilweise (Rn. 1110) zurückgewiesen, gestaltet sich das Rechtsbehelfsverfahren entsprechend den Ausführungen Rn. 113, 114 (sofortige Beschwerde).

H. Kosten im Verfahren über Anordnung und Beitritt

1128 Für die Gerichts- und Rechtsanwaltskosten gelten gegenüber der Vollstreckungsversteigerung keine Besonderheiten, weshalb auf die Ausführungen Rn. 115 bis 126 verwiesen werden kann.

1129 Ergänzend sei angemerkt, dass im Falle einer Antragsrücknahme § 269 Abs. 3 ZPO keine Anwendung findet, da es sich bei den Kosten der Teilungsversteigerung nicht um Prozesskosten handelt.[397]

Die Kosten können mithin nicht dem Antragsgegner auferlegt werden. Eine evtl. Ausgleichung / Kostenerstattung müssen die Teilhaber außerhalb des Versteigerungsverfahrens untereinander regeln.

4. Kapitel
Einstweilige Einstellung und Aufhebung des Verfahrens

A. Das System und seine Anwendung

1130 Wie für die Vollstreckungsversteigerung ausführlich dargestellt (Rn. 127 ff.), sind die Möglichkeiten der einstweiligen Einstellung oder Aufhebung eines bereits angeordneten Verfahrens vielfältig und kaum zu systematisieren.

1131 Da § 180 ZVG für das Verfahren der Teilversteigerung die Vorschriften §§ 1 bis 171n ZVG (Erster und Zweiter Abschnitt des Zwangsversteigerungsgesetzes) für entsprechend anwendbar erklärt, soweit sich aus den §§ 181 bis 185 ZVG nicht ein anderes ergibt, wurde folgende Darstellung gewählt:
1. Einstellungs- und Aufhebungsnormen aus dem Bereich der Vollstreckungsversteigerung, welche (evtl. mit Besonderheiten) auch im Verfahren der Teilungsversteigerung anzuwenden,
2. Speziell für die Teilungsversteigerung bestehenden Einstellungsbestimmungen.

Die Darstellung zu 1. folgt dabei dem in diesem Werk für die Vollstreckungsversteigerung gewählten Aufbau.

B. Gegenrechte (§ 28 ZVG)

1132 § 28 ZVG findet auch in der Teilungsversteigerung Anwendung. Allgemein wurde auf **entgegenstehende Rechte** bereits bei der Vorstellung der einzelnen Gemeinschaftstypen (ab Rn. 1048) eingegangen.

Die Anwendung von § 28 Abs. 1 ZVG erfordert die **Grundbuchersichtlichkeit** der entgegenstehenden Rechte. Gemessen an ihrer Praxisrelevanz, soll an dieser Stelle auf zwei Fallkonstellationen etwas näher eingegangen werden:

---

[397] *LG Düsseldorf* JurBüro 1981, 1415.

I. Aufhebungsausschluss bei Bruchteilsgemeinschaften

Der **eingetragene** Aufhebungsausschluss (§ 1010 BGB) hindert die Anordnung der Teilungsversteigerung. Beruft sich der (künftige) Antragsteller materiell-rechtlich auf einen wichtigen Grund i.S.d. § 749 Abs. 2 Satz 1 BGB, durch dessen Vorliegen die Teilungsversteigerung trotz Aufhebungsausschlusses zulässig werden würde, muss er dies zunächst zivilprozessual gegen den (künftigen) Antragsgegner durchsetzen (Duldungsklage).[398]

1133

II. Eigentumswechsel nach Verfahrensanordnung

Auf **Antragsgegnerseite** ist ein Eigentumswechsel wegen § 26 ZVG ohne Einfluss auf das Verfahren.

1134

Auf **Antragstellerseite** ist der Eigentumswechsel ebenfalls ohne Auswirkung (Verfahren läuft weiter); jedoch kann der neue Eigentümer natürlich die Antragsrücknahme erklären (§ 29 ZVG). Mit *Eickmann*[399] erscheint es zweifelhaft, in dem Umstand, dass sich der neue Eigentümer nicht bei Gericht meldet, die Bewilligung der einstweiligen Einstellung zu sehen.[400]

1135

Storz[401] verlangt wohl ebenfalls ein aktives Handeln des neuen Eigentümers (ein „Eintreten" in die Rolle des Antragstellers). Bei so viel Unsicherheit empfiehlt sich schlicht eine klarstellende Nachfrage des Gerichts beim neuen Eigentümer.

Tipp: Der nicht an eine Teilungsversteigerung interessierte neue Eigentümer des Antragstelleranteils sollte den Antrag auf Teilungsversteigerung zurücknehmen.

C. Teilungsversteigerung und Insolvenz

Zur Beurteilung der Frage, welche Auswirkungen die Eröffnung des Insolvenzverfahrens auf die bereits angeordnete oder künftig anzuordnende Teilungsversteigerung hat, muss zunächst wie folgt differenziert werden:
- nur ein Grundstücksanteil fällt in die Insolvenzmasse
- das ganze Grundstück fällt in die Insolvenzmasse

1136

Fällt nur ein **Grundstücksanteil** in die Insolvenzmasse, erfolgt die **Auseinandersetzung** nach den Bestimmungen des **Insolvenzrechts** (§ 84 InsO) außerhalb des Insolvenzverfahrens. Mithin tritt der Insolvenzverwalter an die Stelle des Schuldners (= Mitglied der auseinanderzusetzenden Gemeinschaft). In dieser Eigenschaft agiert er als Antragsteller oder Antragsgegner in der Teilungsversteigerung; er kann diese beantragen oder fortsetzen bzw. Rechtsbehelfe einlegen, Einstellungsanträge stellen usw.

1137

Gehört (etwa in der Nachlassinsolvenz) der **gesamte Grundbesitz** zur Insolvenzmasse, kann die Teilungsversteigerung wegen § 80 InsO nur angeordnet bzw. fortgesetzt werden, wenn der Insolvenzverwalter das Grundstück **freigibt**. Anderenfalls kann die Teilungsversteigerung nicht angeordnet bzw. muss aufgehoben werden (§ 28 ZVG).

1138

---

398 *Stöber* (ZVG) § 180 Rn. 9.10.
399 *Eickmann* (TLV) Rn. 145.
400 So aber *Stöber* (ZVG) § 180 Rn. 6.9.
401 *Storz* (TLV) C. 3.3.

D. Einstweilige Einstellung und Aufhebung auf Grund einer Verfahrenshandlung

I. Antragsrücknahme

1139 § 29 ZVG findet uneingeschränkt Anwendung, weshalb die Ausführungen Rn. 178 (zur Zulässigkeit der Antragsrücknahme) und Rn. 180, 181 (zum Verfahren bei Antragsrücknahme) entsprechend gelten.

II. Bewilligung der einstweiligen Einstellung durch den Antragsteller

1140 Auch hier besteht „Parallelität" zur Vollstreckungsversteigerung; siehe deshalb Rn. 182 bis 187.

III. Einstweilige Einstellung auf Antrag des Antragsgegners nach § 180 ZVG

1141 § 30a ZVG, der die Aussicht auf ein Vermeiden der Zwangsversteigerung u. a. unter Berücksichtigung der wirtschaftlichen Verhältnisse des Schuldners voraussetzt, ist in der Teilungsversteigerung **nicht** anwendbar.

An seine Stelle treten § 180 Abs. 2 ZVG (sog. allgemeiner Schutz[402]) und § 180 Abs. 3 ZVG (sog. Kinderschutz[403]).

Für die Darstellung ist eine durch die beiden Absätze vorgegebene Gliederung sinnvoll. Ausgeführt werden nur die Grundzüge; im Übrigen wird auf die Kommentarliteratur verwiesen.

1. Der allgemeine Schutz (§ 180 Abs. 2 ZVG)

a) Antragsberechtigung

1142 Die einstweilige Einstellung setzt einen **Antrag** des Antragsgegners voraus. Klarstellend sei darauf hingewiesen, dass bei mehreren Antragsgegnern jeder selbstständig zur Antragstellung berechtigt ist (Grundsatz der Selbstständigkeit der Einzelverfahren[404]). Dies gilt selbst für Antragsgegner des „jetzigen" Einzelverfahrens, die in ihrer Person auf Grund früheren Anordnungs- oder Beitrittsbeschlusses auch Antragsteller sind.

Der Einstellungsantrag nach § 180 Abs. 2 ZVG eines selbst betreibenden Antragstellers ist jedoch nur Erfolg versprechend, wenn dieser Antragsteller hinsichtlich „seines" Verfahrens die einstweilige Einstellung bewilligt (§ 30 ZVG)[405].

> **Tipp:** Wer als „jetziger" Antragsgegner und immer noch Antragsteller das Versteigerungsverfahren über § 180 Abs. 2 (oder Abs. 3) ZVG zum Stillstand bringen will, sollte zunächst (oder zeitlich mit dem Einstellungsantrag nach § 180 ZVG) die einstweilige Einstellung des von ihm betriebenen Verfahrens bewilligen.

---

402 Begriff aus *Eickmann* (TLV) vor Rn. 166.
403 Begriff aus *Eickmann* (TLV) vor Rn. 189.
404 *Eickmann* (TLV) Rn. 146.
405 *Stöber* (ZVG) § 180 Rn. 12.6; BGH Rpfleger 1981, 187.

Einstweilige Einstellung und Aufhebung des Verfahrens 2

Ob, wenn ein Pfändungsgläubiger die Teilungsversteigerung betreibt, auch der Pfändungsschuldner die Einstellung beantragen darf, ist umstritten. Siehe hierzu Rn. 1299. **1143**

b) Antragsfrist

Für die Antragsfrist verweist § 180 Abs. 2 ZVG auf § 30b ZVG; siehe deshalb Rn. 193. Die Notfrist gilt auch schon für den **ersten** Antrag nach § 180 Abs. 2 ZVG und nicht erst dann, wenn das Verfahren bereits einmal eingestellt war.[406] **1144**

c) Selbstständigkeit der Einzelverfahren

Wegen des Grundsatzes der Selbstständigkeit der Einzelverfahren muss der Antragsgegner im Falle des Beitritts eines weiteren Antragstellers erneut einen Einstellungsantrag stellen. **1145**

d) Materielle Voraussetzungen

Verglichen mit § 30a ZVG (Rn. 189, 190) sind die materiellen Voraussetzungen einer einstweiligen Einstellung nach § 180 Abs. 2 ZVG weniger konkret gefasst und damit für das Gericht schwer zu überprüfen. **1146**

Deutlich wird bei einem Vergleich der Normen jedoch, dass es bei § 30a ZVG um ein (endgültiges) Vermeiden der Zwangsversteigerung geht, während **§ 180 Abs. 2 ZVG lediglich einen Aufschub** gewähren soll.[407]

Dass das Moratorium aber auch dazu genutzt werden kann, um so die Zwangsversteigerung endgültig zu verhindern, ist selbstverständlich.

Die Einstellung hat „bei Abwägung der widerstreitenden Interessen der mehreren Miteigentümer angemessen zu erscheinen" (§ 180 Abs. 2 Satz 1 ZVG).

Der BGH hat in einer Entscheidung[408] aus dem Jahre 1981 den Grundgedanken des § 180 Abs. 2 ZVG wie folgt bezeichnet:

„Die einstweilige Einstellung des Teilungsversteigerungsverfahrens soll nach ihrem Grundgedanken durch Abwägung der widerstreitenden Interessen verhindern, dass ein wirtschaftlich Stärkerer unter Ausnutzung vorübergehender Umstände die Versteigerung „zur Unzeit" durchsetzt, um den wirtschaftlich Schwächeren zu ungünstigen Bedingungen aus dem Grundstück zu drängen."

Gute Auflistungen von berücksichtigungsfähigen und nicht berücksichtigungsfähigen Umständen aus Literatur und Rechtsprechung finden sich bei *Eickmann* (TLV) Rn. 176 f., *Stöber* (ZVG) § 180 Rn. 12.3 und Rn. 12.4 und *Storz* (TLV) B. 3.2.2.1. **1147**

Beim Versuch einer Systematisierung soll nochmals deutlich auf den **temporären Aspekt** des § 180 Abs. 2 ZVG (Rn. 1146) hingewiesen werden. Deshalb sind **auf Dauer** angelegte Umstände, auch solch schwer wiegende wie eine gesundheitliche Beeinträchtigung i. d. R. **nicht** geeignet, eine einstweilige Einstellung zu rechtfertigen. **1148**

Wegen der hohen Praxisbedeutung sei ebenfalls herausgestellt, dass Sachvortrag des Antragsgegners, ihm stehe ein **materiell rechtliches** Versteigerungshindernis zur Seite, ebenfalls **nicht** zur Einstellung führen kann; hier muss der Antragsgegner den Weg über §§ 769, 771 ZPO beschreiten.

---

406 *BGH* Rpfleger 1981, 187.
407 *Eickmann* (TLV) Rn. 174.
408 *BGH* JW 1981, 2065.

2 Einstweilige Einstellung und Aufhebung des Verfahrens

Für das Verfahren bis zur Entscheidung, Form und Bekanntmachung der Entscheidung selbst und die Fortsetzung eines ehemals eingestellten Verfahrens gilt das unter (Rn. 195 bis 199) Gesagte entsprechend.

Die **einmalige Wiederholung** der Einstellung ist zulässig (§ 180 Abs. 2 Satz 2 ZVG; hierzu auch Rn. 200)

2. Der Kinderschutz (§ 180 Abs. 3 ZVG)

1149 Mit dem im Jahre 1986[409] in das Gesetz eingefügten dritten Absatz des § 180 ZVG wollte der Gesetzgeber erreichen, dass bei einer zwischen Ehegatten (bzw. früheren Ehegatten) betriebenen Teilungsversteigerung die **Interessen eines gemeinschaftlichen Kindes** in besonderer Weise berücksichtigt werden.

a) Antragsberechtigung

1150 Diese liegt nach dem Wortlaut des Gesetzes bei dem antragsgegnerischen (früheren) Ehegatten. Die Literatur[410] erweitert die Antragsberechtigung auch auf das betroffene Kind, sofern es selbst Antragsgegner ist.

b) Antragsfrist

1151 Da nach § 180 Abs. 3 Satz 3 ZVG auch hier § 30b ZVG entsprechend gilt, ist auch der Antrag nach § 180 Abs. 3 ZVG binnen einer Notfrist von zwei Wochen zu stellen; die Frist beginnt mit der Zustellung der entsprechenden Belehrung (§ 30b ZVG).

In diesem Zusammenhang empfiehlt *Storz*[411] zu Recht, dass das Gericht in allen „einschlägigen", also zwischen (auch früheren) Ehegatten betriebenen Teilungsversteigerungsverfahren **immer**, also auch ohne konkrete Anhaltspunkte für das Vorhandensein gemeinschaftlicher Kinder, **nach § 180 Abs. 3 ZVG belehrt**, u.a. um so späteren Verfahrensverzögerungen vorzubeugen. *Eickmann*[412] gibt dem Antragsteller in diesem Zusammenhang einen guten

Tipp: In dem Versteigerungsantrag gleich Angaben über im Haus (in der Wohnung) wohnende gemeinsame Kinder aufnehmen.

1152 Antragsgegner, welche sowohl Einstellungsantrag nach § 180 Abs. 2 ZVG als auch nach § 180 Abs. 3 ZVG stellen wollen, müssen dies, wegen des ab der Zustellung der jeweiligen Belehrung drohenden Fristablaufes zwar nicht gleichzeitig[413] tun, beide Anträge aber eben **fristgerecht** einreichen.

Es wäre falsch anzunehmen, die 2-Wochen-Frist des § 30b ZVG laufe für den Antrag nach § 180 Abs. 3 ZVG erst nach Ablauf einer Einstellung nach § 180 Abs. 2 ZVG.[414]

1153 Wo beide Einstellungsgründe in Frage kommen, sollte der Antragsgegner unbedingt beachten, dass ihm eine Einstellung nach § 180 Abs. 3 ZVG wegen der potenziell längeren

---

409 BGBl. I Seite 301.
410 *Eickmann* (TLV) Rn. 197.
411 *Storz* (TLV) B. 3.3.3.
412 *Eickmann* (TLV) Rn. 198.
413 Insoweit missverständliche Formulierung „zugleich" bei *Eickmann* (TLV) Rn. 198.
414 *Eickmann* (TLV) Rn. 198.

Einstellungszeiträume und der im Unterschied zu § 180 Abs. 2 ZVG[415] **mehrfachen** Wiederholbarkeit die „besseren" Möglichkeiten bietet.

Tipp: **Antragsgegner, die Antrag nach § 180 Abs. 2 ZVG und § 180 Abs. 3 ZVG stellen können, sollten unbedingt beide Anträge (rechtzeitig) stellen.**

c) Materielle Voraussetzungen

Nach dem Wortlaut des Gesetzes ist die Anwendung von § 180 Abs. 3 ZVG auf das Teilungsversteigerungsverfahren beschränkt, an welchem mit Antragsteller und Antragsgegner insgesamt nur zwei Personen („und keine mehr") beteiligt sind, die noch untereinander verheiratet sind oder früher miteinander verheiratet waren. 1154

Die Literatur[416] hat hier, nach Einschätzung der Verfasser, **systemgerechte Erweiterungen** vorgenommen: 1155
- Es ist unschädlich, wenn das zu schützende Kind selbst Miteigentümer ist.[417]
- Übt ein Dritter das Recht des einen Ehegatten auf Aufhebung der Gemeinschaft aus[418], so ist Antrag nach § 180 Abs. 3 ZVG dennoch möglich.[419]
- Die Anwendung von § 180 Abs. 3 ZVG ist auch dann noch möglich, wenn die Erben des verstorbenen Ehegatten die Teilungsversteigerung gegen den anderen Ehegatten betreiben.[420]

Die vorgeschriebene Gemeinschaft muss zum Zeitpunkt des Erlasses des Anordnungsbeschlusses (Beitrittsbeschlusses) bestehen; es kann eine Bruchteils- oder Erbengemeinschaft sein. 1156

Für das zu schützende Kind gilt nach dem Gesetzeswortlaut, dass es ein **gemeinschaftliches** Kind sein muss, worunter auch das gemeinschaftlich angenommene Kind (§ 1741 Abs. 2 BGB) fällt. Auch an dieser Stelle hat die Literatur[421] ebenfalls eine sinnvolle **Erweiterung** vorgenommen und leibliche und angenommene Kinder des **Antragstellers** den ehegemeinschaftlichen Kindern im Sinne des § 180 Abs. 3 ZVG gleichgestellt.

Eine Altersbegrenzung bestimmt das Gesetz nicht, weshalb der Schutz grundsätzlich **auch für volljährige Kinder** gewährt werden kann.[422] 1157

Je älter das Kind ist, desto schwieriger wird es jedoch werden, in seiner Person die Erfüllung des Normzwecks anzunehmen.

Zweck der Norm ist der Schutz der körperlichen, geistigen und seelischen (nicht aber des materiellen) Wohls des Kindes. 1158

Sehr schwierig zu beantworten und umstritten ist in diesem Zusammenhang die Frage, ob schon eine Verletzung des von § 180 Abs. 3 ZVG geschützten Kindeswohls vorliegt, wenn als Folge der Teilungsversteigerung „nur" Beeinträchtigungen auftreten, die mit jedem Wohnortwechsel verbunden sind. 1159

---

415 Das Gesetz ermöglicht dort nur eine einmalige Wiederholung.
416 *Stöber* (ZVG) § 180 Rn. 13.2; *Eickmann* (TLV) Rn. 191, 192.
417 *Storz* (TLV) B. 3.3.2.1 sieht auch kein Problem im Miteigentum weiterer gemeinschaftlicher nicht gefährdeter Kinder.
418 Die Teilungsversteigerung wird z.B. von einem Pfändungsgläubiger betrieben.
419 *Stöber* (ZVG) § 180 Rn. 13.1.
420 *Stöber* (ZVG) § 180 Rn. 13.2.
421 *Storz* (TLV) B. 3.3.2.1; *Eickmann* (TLV) Rn. 193.
422 *LG Berlin* Rpfleger 1987, 515.

2 Einstweilige Einstellung und Aufhebung des Verfahrens

Während die Landgerichte *Berlin*[423], *Frankenthal (Pfalz)*[424] und *Essen*[425] „allgemeine Wohnsitzwechselfolgen" als nicht genügend ansehen, will *Eickmann*[426] auf die Persönlichkeit des betroffenen Kindes abstellen.

1160 Wegen der im Einzelnen anerkannten und nicht anerkannten Gründe wird auf die einschlägige Kommentarliteratur verwiesen. Eine gute Gegenüberstellung findet sich auch bei *Storz*[427].

1161 Für das Verfahren bis zur Entscheidung gilt das unter Rn. 195 Gesagte entsprechend.

1162 Die Entscheidung ergeht durch Beschluss. Im Falle einer Antragsstattgabe erfolgt einstweilige Einstellung des Verfahrens solange dies zum Schutz des Kindeswohls erforderlich ist (also nicht auf sechs Monate begrenzt), höchstens jedoch für fünf Jahre (§ 180 Abs. 4 ZVG).

1163 Beruft sich der Antragsgegner zur Begründung seines Erstantrages (seiner Anträge) sowohl auf § 180 Abs. 2 ZVG als auch auf § 180 Abs. 3 ZVG (hierzu Rn. 1153) und erachtet das Gericht beide Normen für begründet, so legt es in einer einheitlichen Entscheidung eine **einheitliche Einstellungsdauer** fest[428], die zwar die für § 180 Abs. 2 ZVG genannten sechs Monate, nicht aber die fünf Jahre des Absatzes 4 übersteigen darf.

1164 Die einstellende Entscheidung ist dem Antragsteller (des Versteigerungsverfahrens) und allen Antragsgegnern zuzustellen (§ 32 ZVG).

1165 Das eingestellte Verfahren wird, nach Ablauf der Einstellungsfrist **nur auf Antrag fortgesetzt** (§ 180 Abs. 1 ZVG i.V.m. § 31 ZVG). Hierzu und zur erforderlichen Belehrung Rn. 198.

1166 Eine mehrfache Wiederholung der Einstellung ist zulässig (§ 180 Abs. 3 Satz 2 ZVG), weshalb das Gericht die Antragsgegner nach jeder Verfahrensfortsetzung entsprechend zu **belehren** hat (§§ 180 Abs. 3 Satz 3, 30b ZVG).

Die **Einstellungshöchstdauer** aus § 180 Abs. 4 ZVG (**fünf Jahre**) darf jedoch insgesamt nicht überschritten werden; zu diesen fünf Jahren zählen aber nur die **reinen Einstellungszeiten**, demnach insbesondere nicht die Zeit, die der Antragsteller des Verfahrens nach Ablauf einer Einstellungsfrist bis zur Verfahrensfortsetzung (§ 31 ZVG) verstreichen lässt.

Tipp: Der (an der Verfahrensfortsetzung interessierte) Antragsteller sollte den Fortsetzungsantrag unmittelbar nach Ablauf der Einstellungsfrist stellen.

1167 Der „**Kinderschutz**" des § 180 Abs. 3 ZVG weist noch eine verfahrensrechtliche Besonderheit auf: Das Gericht kann seinen (einstellenden) Beschluss auf Antrag **aufheben oder ändern**, wenn dies mit Rücksicht auf eine Änderung der Sachlage geboten ist (§ 180 Abs. 3 Satz 4 ZVG).

Das Vollstreckungsgericht muss bei entsprechender Antragstellung beachten, dass es eben um eine Änderung der Sachlage geht und nicht um die vom Antragsteller des Änderungsantrags gewünschte Neubewertung eines zum Zeitpunkt der Einstellungsentscheidung bereits bekannten und verbeschiedenen Umstandes.

---

423 Rpfleger 1987, 514.
424 Rpfleger 1987, 124.
425 FamRZ 1988, 1191.
426 *Eickmann* (TLV) Rn. 200.
427 *Storz* (TLV) B. 3.3.2.1.
428 *Stöber* (ZVG) § 180 Rn. 13.9; *Eickmann* (TLV) Rn. 206 m.w.N.

Antragsteller des Änderungsantrags können sowohl der Antragsteller des Versteigerungsverfahrens als auch der dortige Antragsgegner sein. Ersterer begehrt die Aufhebung der Einstellungsentscheidung oder auch eine Verkürzung der Einstellung; Letzterer eine, ebenfalls von § 180 Abs. 3 Satz 4 ZVG erfasste Verlängerung der Einstellungsdauer.

1168

Als zwei wichtige Umstände, die zu einer Änderung der Einstellungsentscheidung (hier sogar zu deren Aufhebung) führen können, seien genannt
- der Tod des geschützten Kindes[429],
- dessen Auszug aus dem Versteigerungsobjekt[430].

Im Übrigen wird auf die einschlägige Literatur verwiesen.

Obwohl § 180 Abs. 3 ZVG **nicht auf wirtschaftliche Aspekte** abstellt und anders als bei § 180 Abs. 2 ZVG auch eine Abwägung widerstreitender Interessen nicht stattfindet, stehen die Gerichte im Rahmen einer Entscheidung nach § 180 Abs. 3 ZVG immer wieder vor einer Fallkonstellation, die gerade diese beiden Aspekte aufweist.

1169

Wenn nämlich im Falle des Scheiterns einer jungen Ehe die Teilungsversteigerung eingestellt werden soll, weil der im „neuen" Haus verbliebene (Noch)Ehegatte dort das ehegemeinschaftliche Kind erzieht, stellen sich oft massive wirtschaftliche Schwierigkeiten ein, da das Haus neben der zusätzlich erforderlich gewordenen Wohnung für den ausgezogenen (Noch)Ehegatten finanziell nicht zu halten ist.

Lässt sich der wirtschaftlichen Situation im Einzelfall klar entnehmen, dass für das Haus „unhaltbare Zustände" bereits eingetreten sind oder eintreten werden, droht in letzter Konsequenz gar die Zwangsversteigerung im Wege der Zwangsvollstreckung. Lässt sich also letztlich der Verlust des Hauses ohnehin nicht vermeiden, darf nicht über eine Einstellung nach § 180 Abs. 3 ZVG die Verschuldung unnötig in die Höhe getrieben werden.[431]

IV. Einstweilige Einstellung auf Antrag des Antragsgegners nach § 765a ZPO

§ 765a ZPO ist eine Norm aus dem Bereich des (allgemeinen) **Zwangsvollstreckungsrechts**. Es erscheint daher konsequent, seine Anwendbarkeit auf das Verfahren der Teilungsversteigerung nur dann zu bejahen, wenn man auch die Teilungsversteigerung als Maßnahme der Zwangsvollstreckung sieht (hierzu Rn. 1041 bis 1043). *Eickmann*[432] stellt jedoch überzeugend dar, dass es letztlich hierauf nicht entscheidend ankommt, sondern die Schutznorm § 765a ZPO in jedem Fall auch im Verfahren der Teilungsversteigerung Anwendung finden muss.

1170

Zielführend ist der von *Eickmann* gewählte Weg eines Vergleiches mit der Vollstreckungsversteigerung[433]:
- Warum kann (auf Antrag des Schuldners) in der Vollstreckungsversteigerung auf ein Gebot, das wirtschaftlich[434] nur 10% des Verkehrswertes erreicht, über § 765a ZPO der Zuschlag verhindert werden, in der Teilungsversteigerung soll dies jedoch nicht möglich sein?

---

429 *Storz* (TLV) B. 3.3.2.4.
430 *Eickmann* (TLV) Rn. 210.
431 So auch *Storz* B. 3.3.2.1; a.A. *Stöber* (ZVG) § 180 Rn. 13.4.
432 *Eickmann* (TLV) Rn. 152.
433 *Eickmann* (TLV) a.a.O. spricht von „Forderungsversteigerung".
434 Also inklusive des Wertes der nach den Versteigerungsbedingungen bestehen bleibenden Rechte.

- Warum kann dem hoch betagten, kranken und suizidgefährdeten Schuldner in der Vollstreckungsversteigerung auf Antrag über § 765a ZPO geholfen werden ohne dass dies in der Teilungsversteigerung möglich sein soll?

Solche Überlegungen ins Feld zu führen hat nichts mit allein ergebnisorientierter (schlechter) Juristerei zu tun, sondern ist der grundsätzlichen Verpflichtung zu einer fairen Verfahrensführung geschuldet.

1171 Bei alledem darf jedoch das im Rn. 205 Gesagte nicht vergessen werden; § 765 ZPO ist (und bleibt es auch für die Teilungsversteigerung) eine extreme **Ausnahmevorschrift**.

E. Einstellung durch das Prozessgericht

1172 Wie bereits mehrfach erwähnt, sind die der Teilungsversteigerung entgegenstehenden materiell-rechtlichen Einwendungen über die **Drittwiderspruchsklage** (§ 771 ZPO) durchzusetzen.

Deshalb kommt einer prozessgerichtlichen Einstellung eine nicht unerhebliche Bedeutung für die Teilungsversteigerung zu; auf die Ausführungen Rn. 206 und 207 kann verwiesen werden. Dies geschieht jedoch mit der Maßgabe, dass eine Einstellung nach § 775 Nr. 1 ZPO im Teilungsversteigerungsverfahren mangels eines Vollstreckungstitels nur ausnahmsweise Anwendung finden wird, etwa wenn für die Teilungsversteigerung ein Duldungstitel notwendig ist.[435]

> **Tipp:** **Die Einstellungsentscheidung des Prozessgerichts muss dem Vollstreckungsgericht (in Ausfertigung) vorgelegt werden; das Vollstreckungsgericht kann erst dann die Teilungsversteigerung einstellen.**

F. Sonstige Einstellungsfälle

1173 §§ 775 Nr. 3 und Nr. 4 ZPO bleiben in ihrer Anwendbarkeit auf **Ausnahmefälle** (analog Rn. 1172; Duldungstitel notwendig) beschränkt. § 775 Nr. 5 ZPO scheidet aus, da diese Variante die Zwangsvollstreckung wegen eines Geldanspruchs betrifft.

1174 § 75 ZVG, der von der **Befriedigung des Gläubigers** spricht, ist demgemäß in der Teilungsversteigerung nur dort (und damit ausnahmsweise) anwendbar, wo es einen „betreibenden" Gläubiger gibt, also bei von einem Pfändungsgläubiger betriebenen Verfahren. Zu beachten ist natürlich, dass dessen Befriedigung nur dann zu einer kompletten Verfahrenseinstellung bzw. Zuschlagsversagung führt, wenn nicht noch weitere Antragsteller das Verfahren betreiben (und ggf. der Versteigerungstermin auch für sie stattfindet).

1175 **§ 76 ZVG** findet in der Teilungsversteigerung **keine** Anwendung.

1176 Werden in einem Termin **keine Gebote** abgegeben, so führt dies auch in der Teilungsversteigerung zur Verfahrenseinstellung (§ 77 Abs. 1 ZVG), im Wiederholungsfall zur Verfahrensaufhebung. Die in § 77 Abs. 2 Satz 2 ZVG genannte Möglichkeit der Anordnung einer Zwangsverwaltung besteht in der Teilungsversteigerung jedoch nicht.

---

435 *Eickmann* (TLV) Rn. 153.

Eine Verfahrenseinstellung nach § 30d ZVG (Einstweilige Einstellung während des Insolvenzverfahrens) scheidet in der Teilungsversteigerung aus (und damit auch die Anwendung der §§ 30e, 30f ZVG). **1177**

G. Rechtsbehelfe bei einstweiliger Einstellung und Aufhebung

Es gilt das unter Rn. 211 Gesagte entsprechend. **1178**

H. Kosten bei einstweiliger Einstellung und Aufhebung

Es gilt das unter Rn. 212, 213 Gesagte entsprechend. **1179**

5. Kapitel
Verfahren bis zum Versteigerungstermin

A. Die nächsten Schritte (Überblick)

Für die von dem Gericht nunmehr vorzunehmenden nächsten Schritte gilt das unter Rn. 214 bis 217 Gesagte entsprechend (in Rn. 214 tritt an die Stelle des Antrags nach § 30a ZVG der nach § 180 Abs. 2 und Abs. 3 ZVG). **1180**

B. Wertfestsetzung

Auch in der Teilungsversteigerung muss das Gericht den Verkehrswert des Grundstückes ermitteln und festsetzen. Die Vorgehensweise gleicht der für die Vollstreckungsversteigerung beschriebenen; siehe deshalb Rn. 218 ff. **1181**

Auf **zwei Aspekte** sei gesondert hingewiesen:

1. Privatgutachten **1182**
Im Vorfeld einer (einseitig) geplanten Auseinandersetzung werden oft von einzelnen (selten allen) Teilhabern einer Gemeinschaft Gutachten zum Wert des betroffenen Grundbesitzes eingeholt.

Da das Zwangsversteigerungsgesetz dem Rechtspfleger nicht vorschreibt, wie er zu den seine Wertfestsetzung stützenden Erkenntnissen kommt, ist die Verwertung solcher Gutachten nicht verboten.

Dass es sich oft dennoch **nicht empfiehlt**, hängt damit zusammen, dass
- diese Gutachten meist wenig „bieterfreundlich" gestaltet sind (dazu Rn. 225) und damit den Versteigerungserfolg nicht fördern,
- zwischen den Teilhabern oft ein großes Konfliktpotenzial besteht und Parteigutachten damit zu erheblichen Verfahrensverzögerungen im Bereich der Anhörung zur Wertfestsetzung und Anfechtung des Wertfestsetzungsbeschlusses führen können.

1183 **2. „Mehrere" Grundstücke**
Auch in der Teilungsversteigerung ist, falls mehrere Grundstücke (Versteigerungsgegenstände, Rn. 897) betroffen sind, der Verkehrswert für jedes Grundstück getrennt festzusetzen (Rn. 904).

Dies gilt jedoch **nicht** für die einzelnen Miteigentumsanteile, da ja gerade „das ganze Grundstück" Gegenstand der Teilungsversteigerung ist und es nicht zu einer (auch) getrennten Versteigerung der einzelnen Miteigentumsanteile kommt.

C. Beurkundung eines Vergleichs zur Verfahrensbeendigung

1184 Nach Anordnung der Teilungsversteigerung kann der Rechtspfleger zur Beendigung des Verfahrens einen gerichtlichen Vergleich beurkunden und hierbei auch eine Auflassungserklärung entgegen nehmen. Wenn also nach dem Eindruck des Gerichts hinsichtlich des bisherigen Verhaltens der Beteiligten die Möglichkeit besteht, dass sich diese unter dem „Druck" der bevorstehenden Bestimmung des Versteigerungstermins einigen können, sollte der Rechtspfleger einen (nichtöffentlichen) **Vortermin** (§ 62 ZVG analog) bestimmen und mit den Beteiligten über eine Abwicklung ohne Versteigerung verhandeln.

Zu beachten ist dabei, dass auch die Regelung der Schuldübernahme bzw. die Löschung „überflüssiger" Rechte erörtert werden sollte, wenn der Grundbesitz belastet ist.

1185 Besteht Grund zu der Annahme, dass ein Grundpfandrecht nicht mehr valutiert[436] ist, sollte der Rechtspfleger in jedem Fall auf eine vorherigen Löschung hinwirken und die Beteiligten auf die ärgerlichen Folgen hinweisen, welche anderenfalls bei der Auseinandersetzung entstehen könnten.[437]

1186 Weiter hat das Gericht zu beachten, dass eine **Auflassung** nur **unbedingt** erklärt werden darf (§ 925 Abs. 2 BGB); wird die Auflassung im Vergleich erklärt, darf dieser nicht mit einer Widerrufsklausel versehen werden.

> **Tipp:** Für einen solchen Vergleich entstehen keine zusätzlichen Gerichtskosten; auch sparen die Beteiligten die Kosten eines Notars.

1187 Der Rechtspfleger muss einen solchen Vergleich dem zuständigen Finanzamt zuleiten, damit dort die Frage der Grunderwerbsteuer geklärt werden kann. Gelangt die steuerliche Unbedenklichkeitsbescheinigung zu den Gerichtsakten, kann das Gericht den Vergleich dem Grundbuchamt unmittelbar zur Eintragung zuleiten, wenn die Beteiligten im Vergleich die Eintragung der Rechtsänderungen bewilligt und beantragt haben und ggf. erforderliche Bewilligungen der Grundpfandrechtsgläubiger beigebracht wurden.

1188 Ein **Muster** für einen gerichtlich protokollierten Vergleich zur Abwendung einer Teilungsversteigerung findet sich unter Rn. 1313.

---

436 Korrekte Formulierung bei einer Grundschuld: „... dass der Rückgewähr-Fall eingetreten ist ..."
437 Mayer ab Seite 119.

D. Bestimmung des Versteigerungstermins

Für Terminstag und Terminsort gelten die Ausführungen Rn. 239 bis 249 entsprechend. **1189**

Hinsichtlich des Inhaltes der Terminsbestimmung gelten die Rn. 250 und 251; wegen **1190**
§ 37 Nr. 3 ZVG hat das Gericht anzugeben, das die Zwangsversteigerung zu dem **Zweck der Aufhebung einer Gemeinschaft** stattfindet.

Ein diesbezügliches „Versehen" des Rechtspflegers (etwa bei unveränderter Verwendung des Formulars oder der Computermaske für die Vollstreckungsversteigerung) stellt einen **unheilbaren Zuschlagsversagungsgrund** dar (§§ 83 Nr. 7, 43 Abs. 1 ZVG).

Die Bekanntmachung der Terminsbestimmung bzw. des Versteigerungstermins erfolgt nach den Grundsätzen Rn. 252 bis 254.

E. Das geringste Gebot

Zum Begriff des gG siehe Rn. 303. **1191**

I. Der Deckungsgrundsatz in der Teilungsversteigerung

Der Deckungsgrundsatz des § 44 ZVG (Rn. 305) **gilt auch** in der Teilungsversteigerung. **1192**
Seine „Umsetzung" und damit die Aufstellung des gG würde im Falle einer unveränderten Übernahme der Bestimmungen der Vollstreckungsversteigerung in das Verfahren der Teilungsversteigerung jedoch daran scheitern, dass es dort einen bestbetreibenden Gläubiger nicht gibt. In der Teilungsversteigerung setzt (grundsätzlich) ein Teilhaber seinen Auseinandersetzungsanspruch durch. Da dieser Anspruch zu den eingetragene Rechten nicht in einem Rangverhältnis steht, lässt sich „anhand" der Antragstellung auch kein Vor- / bzw. Nachrang i.S.d. § 44 ZVG feststellen.

Eickmann[438] weist zu Recht darauf hin, dass in der Teilungsversteigerung eine mit der Vollsteckungsversteigerung vergleichbare Interessenlage der Beteiligten besteht. Auch hier stehen sich Rechtsdurchsetzungsinteresse (des Antragstellers) und Sicherungsinteresse (der eingetragenen Berechtigten) gegenüber.

Dem Normzweck des § 44 ZVG folgend, hat der Gesetzgeber das Sicherungsinteresse vor das Rechtsdurchsetzungsinteresse gestellt und da dies mangels Rangverhältnis nicht „teilweise" geschehen konnte, ist dies grundsätzlich in vollem Umfang erfolgt.

Damit bleiben im **Grundsatz** (zu den Ausnahmen ab Rn. 1194) in der Teilungsversteigerung **alle eingetragenen Rechte bestehen** und sind von dem Ersteher zu übernehmen. **1193**

In das **Mindestbargebot** fallen nach Maßgabe der unter Rn. 265 ff. dargestellten Grundsätze, die Kosten und Zinsen dieser bestehen bleibenden Rechte sowie die diesen Ansprüchen vorgehenden bar zu zahlenden Beträge (siehe hierzu Rn. 317 ff.).

---

438 *Eickmann* (TLV) Rn. 225.

II. Sonderfall: Bruchteilsgemeinschaft

1194 Der dargestellte Grundsatz (Rn. 1193) des Bestehen Bleibens aller eingetragenen Rechte findet seine uneingeschränkte Umsetzung, wenn das Grundstück im Eigentum einer Gesamthandsgemeinschaft (Rn. 1065 ff.) steht.

Für die Bruchteilsgemeinschaft hat sich der Gesetzgeber (§ 182 ZVG) für eine Modifikation entschieden, da hier (im Unterschied zur Gesamthandsgemeinschaft) eine **unterschiedliche Belastung** der einzelnen Anteile **möglich** ist (§§ 747, 1114 BGB).

1. *Ein* Antragsteller

1195 Das gG orientiert sich am Antragsteller. Nach § 182 Abs. 1 ZVG sind alle Rechte zu berücksichtigen, die den Anteil des Antragstellers

- belasten (Einzelrechte),
- mitbelasten (Gesamtrechte) oder
- einem dies Rechte vorgehen
- oder gleichstehen.

Auf diese Weise (zu sehen z.B. an nachfolgendem Beispiel 50) kann z.B. eine Einzelbelastung an einem Anteil eines nicht betreibenden Teilhabers erlöschen (Gefahr für Grundpfandrechtsberechtigte!).

Vorbemerkungen:

Für alle nachfolgenden **Beispiele** (Nr. 50 bis 53) gilt, dass die Teilungsversteigerung **allein von Miteigentümer A betrieben** wird. In der **zweiten Abteilung** bestehen (mit Ausnahme des Zwangsversteigerungsvermerks) **keine Eintragungen**.

Beispiel 50

1196 A und B sind je hälftige Miteigentümer eines Grundstücks, welches wie folgt belastet ist:
Dritte Abteilung

Lfd. Nr. der Eintragungen	Lfd. Nummer der belasteten Grundstücke im Bestandsverzeichnis	Betrag EUR	Hypotheken, Grundschulden, Rentenschulden
1	2	3	4
1	1	50.000,00	Auf dem Anteil des **B**: Grundschuld zu …
2	1	30.000,00	Auf dem Anteil des **A**: Grundschuld zu …

Lösung:

In das gG kommt nur die Grundschuld auf Anteil A (= III/2). Die Grundschuld auf Anteil B hat hierzu kein Rangverhältnis, kann also nicht vorgehen oder gleichstehen. Die beiden Bruchteile sind wie gesonderte Grundstücke anzusehen.

Verfahren bis zum Versteigerungstermin **2**

A und B sind je hälftige Miteigentümer eines Grundstücks, welches wie folgt belastet ist:
Dritte Abteilung

Beispiel 51

1197

Lfd. Nr. der Eintragungen	Lfd. Nummer der belasteten Grundstücke im Bestandsverzeichnis	Betrag EUR	Hypotheken, Grundschulden, Rentenschulden
1	2	3	4
1	1	50.000,00	Auf dem Anteil des **A**: Grundschuld zu …
2	1	30.000,00	Auf dem Anteil des **B**: Grundschuld zu …
3	1	20.000,00	Grundschuld zu …

Lösung:

Bestehen bleiben das Recht III/1 als den Anteil des A belastend, das Recht III/3 als den Anteil des A mitbelastend (Gesamtrecht) und das Recht III/2 als einer Mitbelastung des Anteils A vorgehend.

A und B sind je hälftige Miteigentümer eines Grundstücks, welches wie folgt belastet ist:
Dritte Abteilung

Beispiel 52

1198

Lfd. Nr. der Eintragungen	Lfd. Nummer der belasteten Grundstücke im Bestandsverzeichnis	Betrag EUR	Hypotheken, Grundschulden, Rentenschulden
1	2	3	4
1	1	50.000,00	Auf dem Anteil des **A**: Grundschuld zu …
2	1	30.000,00	Grundschuld zu …
3	1	20.000,00	Auf dem Anteil des **B**: Grundschuld zu …

Lösung:

Bestehen bleiben das Recht III/1 als den Anteil des A belastend und das Recht III/2 als den Anteil des A mitbelastend. Das Recht III/3 geht dem Recht III/2 im Range nach und wird daher im gG nicht berücksichtigt.

Beispiel 53

1199

A, B und C sind je zu einem Drittel Miteigentümer eines Grundstücks, welches wie folgt belastet ist:

Dritte Abteilung

Lfd. Nr. der Eintragungen	Lfd. Nummer der belasteten Grundstücke im Bestandsverzeichnis	Betrag EUR	Hypotheken, Grundschulden, Rentenschulden
1	2	3	4
1	1	60.000,00	Auf dem Anteil des **A**: Grundschuld zu ...
2	1	40.000,00	Auf dem Anteil des **C**: Grundschuld zu ...
3	1	30.000,00	Auf den Anteilen des **B und C**: Grundschuld zu ...
4	1	20.000,00	Auf den Anteilen des **A und B**: Grundschuld zu ...

Lösung:

Bestehen bleiben das Recht III/1 als den Anteil des A belastend und das Recht III/4 als den Anteil des A mitbelastend. Das Recht III/3 geht dem Recht III/4 im Range vor und bleibt daher ebenfalls bestehen. Das Recht III/2 geht aber dem bestehen bleibenden Recht III/3 im Range vor, weshalb auch III/2 bestehen bleibt.

2. Mehrere Antragsteller

1200 Ist die Berechnung des gG bei einem von **einem** Bruchteilseigentümer betriebenen Verfahren, weil § 182 ZVG eindeutig anwendbar ist, problemlos möglich, bereitet das Betreiben durch mehrere Antragsteller hier einige Schwierigkeiten.

Diese resultieren schlicht aus dem Umstand, dass ein Ausrichten des gG an einem Antragsteller insbesondere einem Rangbesten (es existiert kein Rangverhältnis unter den Antragstellern!) nicht möglich und damit das System des § 182 ZVG nicht umsetzbar ist.

1201 Dass es sich dabei nicht (mehr) um ein allein theoretisches Problem handelt, zeigt u.a. die jüngere gerichtliche Verfahrenspraxis auf. Immer häufiger wird versucht, die mit der Aufstellung des gG bei mehreren Antragstellern verbundenen Schwierigkeiten für „Verfahrensblockaden" zu missbrauchen. Dabei wird in der Regel nach folgendem Schema vorgegangen:

Der „versteigerungsunwillige" Antragsgegner der Teilungsversteigerung belastet seinen Grundstücksbruchteil weit über den Verkehrswert hinaus. Dann tritt der dem Verfahren bei. Dem Grundsatz (Rn. 1195) folgend, müsste jetzt auch diese Belastung in das gG aufgenommen und vom Ersteher übernommen werden, was potenzielle Bietinteressierte abschreckt.

Die Literatur hat zur „Lösung" der Frage, wie das gG bei Mehrfach-Betreibern zu berechnen ist, unterschiedliche Theorien[439] entwickelt. Um den Umfang dieses Buches nicht zu überziehen, beschränken sich die Verfasser hier auf die Darstellung der nach ihrer Einschätzung „zutreffenden" Vorgehensweise und verweisen im Übrigen auf die einschlägige Literatur[440].

1202

Die hier favorisierte sog. Niedrigstgebot-Theorie führt zu folgender Vorgehensweise:

1203

1. Terminsrelevante Antragsteller ermitteln,

Zunächst prüft das Gericht, welche Antragsteller überhaupt der Berechnung des gG für den anstehenden Termin allgemein zugrunde gelegt werden können.

Entsprechend Rn. 308 bedeutet dies

- der Teilhaber (bzw. Pfändungsgläubiger; Rn. 1265 f.) muss einen Anordnungs- oder Beitrittsbeschluss erwirkt haben (nur das macht ihn zum Antragsteller),
- sein Verfahren darf nicht (mehr) einstweilen eingestellt sein,
- sein Anordnungs-, Beitritts- oder Fortsetzungsbeschluss muss allen jeweiligen Antragsgegnern mindestens vier Wochen vor Termin zugestellt sein (§ 43 Abs. 2 ZVG).

2. für jeden terminsrelevanten Antragsteller „sein" geringstes Gebot errechnen

Nun wird für jeden so ermittelten Betreibenden getrennt und unter jeweiliger Beachtung von § 182 ZVG ein (sein) gG errechnet.

3. und dann das Niedrigste nehmen.

Unter allen gem. Nr. 2 errechneten gG wird als das entscheidende gG jenes ausgewählt, welches am niedrigsten ist.

3. Ausgleichsbetrag

a) Begründung

Die Notwendigkeit der Festlegung eines Ausgleichsbetrags erschließt sich sofort bei Betrachtung folgenden Beispiels:

1204

> Das Grundstück steht im hälftigen Miteigentum von A und B. A hat seinen Anteil mit einer Hypothek von 80.000,00 € belastet. Die Hypothek ist noch voll valutiert. Der Miteigentumsanteil des B ist lastenfrei.
> A betreibt die Teilungsversteigerung allein.
> In das gG fällt die genannte Hypothek, da sie den Anteil des A belastet (§ 182 ZVG).
> E, der als Ersteher für ein Gebot von 30.000,00 € den Zuschlag erhält, übernimmt die Hypothek und gem. § 53 Abs. 1 ZVG auch die persönliche Schuld.
> Nimmt man jetzt aus Vereinfachungsgründen an, die vollen 30.000,00 € ständen als Erlösüberschuss der Eigentümergemeinschaft zu und unterstellt man weiter, A und B hätten im Innenverhältnis vereinbart, B solle alles erhalten, so hätte dennoch A den „höheren" Profit aus der Teilungsversteigerung geschlagen, da er seine Schuld in Höhe von 80.000,00 € losgeworden ist.

Beispiel 54

---

[439] Totalbelastungs-Theorie, Zustimmungswegfall-Theorie, Niedrigstgebots-Theorie, Korrealbelastungs-Theorie.
[440] *Böttcher* § 182 Rn. 12 f.; *Eickmann* (TLV) Rn. 238; *Stöber* (ZVG) § 182 Rn. 3.4; *Storz* (TLV) B. 5.4.2.

1205 Deshalb ist in allen Fällen der **Ungleichbelastung von Grundstücksbruchteilen** nach § 182 Abs. 2 ZVG dem geringsten Gebot, genauer dem bar zu zahlenden Teil (Mindestbargebot), ein sog. Ausgleichsbetrag zuzuschlagen.

1206 Der Gesetzgeber schafft so die wirtschaftlichen Voraussetzungen dafür, dass der Miteigentümer, der seinen Anteil weniger stark belastet hat, einen finanziellen Ausgleich erhalten kann.

Ob und in welcher Höhe dies dann letztlich tatsächlich geschieht, müssen die Teilhaber jedoch untereinander regeln; dem Vollstreckungsgericht fällt hier keine Rolle als Entscheidungsträger zu. Bei Uneinigkeit der erlösüberschussberechtigten Teilhaber wird der evtl. Erlösüberschuss (Rn. 1247), der ja rechnerisch auch aus dem Ausgleichsbetrag resultiert, für alle Teilhaber hinterlegt.[441]

Tipp: Es wäre falsch, anzunehmen, der Ausgleichsbetrag werde direkt aus dem Erlös entnommen und dem „Berechtigten" ausbezahlt.

b) Berechnung

1207 Zunächst sei darauf hingewiesen, dass bei der Berechnung des Ausgleichsbetrags „Gesamtansprüche", welche **alle** Grundstücksbruchteile belasten, damit also die **Verfahrenskosten** sowie Kosten, Zinsen und Hauptanspruch von (an allen Grundstücksbruchteilen lastenden) **Gesamtrechten** aus Gründen der Vereinfachung **außer Betracht** bleiben können, da sie das Ergebnis nicht beeinflussen.

1208 Dann ist wie folgt vorzugehen

1. Feststellung der **absoluten** Belastung eines jeden Anteils

   Gesamtrechte, welche nicht auf allen Anteilen lasten (sonst Rn. 1207), werden dabei auf die einzelnen Anteile nach Bruchteilen (Größe der Anteile) verteilt.

2. Feststellung der **relativen** Belastung eines jeden Anteils

   Um festzustellen, welcher Miteigentümer seinen Anteil am höchsten belastet hat, müssen vergleichbare Verhältnisse geschaffen werden.[442]

3. Berechnung des **Ausgleichsbetrags**

   Für dessen konkrete Berechnung stehen **alternativ zwei Wege** zur Verfügung:

1209 • die Freund'sche Formel:[443]

„Der am stärksten belastete Anteil multipliziert mit dem gemeinsamen Nenner und nach Abzug der bestehen bleibenden Rechte und der bar zu zahlenden Beträge ergibt den Ausgleichsbetrag."

Anders ausgedrückt:
Multipliziert man den am stärksten belasteten Miteigentumsanteil mit dem gemeinsamen Nenner (der für alle Bruchteile gilt), dann erhält man als Resultat das geringste Gebot, bestehend aus: Summe der bestehen bleibenden Rechte, Mindestbargebot („normal berechnet"); Ausgleichsbetrag. Da die ersten beiden Punkte betragsmäßig bereits feststehen, kann auch der dritte Punkt (= Ausgleichsbetrag) ganz leicht ermittelt werden.

---

441 *Eickmann* (TLV) Rn. 274 m.w.N.
442 Eine absolute Belastung eines Viertel-Anteils mit 60.000,00 € ist relativ mehr als die Belastung des hälftigen Anteils mit 100.000,00 €.
443 *Freund* Zwangsvollstreckung in Grundstücke 1901, Seite. 226 bis 228.

- bei **jedem** Anteil Berechnung nach folgender Formel: **1210**
  (HB – RB) x Z = AA

  HB = Am stärksten relativ belasteter Anteil
  RB = relative Belastung des konkreten Anteils
  Z = Zähler vom gemeinsamen Nenner des Anteils
  AA = Ausgleichsanspruch für jeden einzelnen Anteil

  Der Ausgleichsbetrag ergibt sich dann aus der **Addition** dieser Beträge von allen Anteilen.

Die Berechnung eines Ausgleichsbetrags (mit alternativer Darstellung der beiden o.g. Möglichkeiten) findet sich im Fallbeispiel zum 2. Teil (ab Rn. 1311).

F. Grundsätze für das weitere Verfahren

Die Einführung einer Forderung in das Verfahren (Rn. 265 bis 268) und die Berechnung **1211** der wiederkehrenden Leistungen (Rn. 269 bis 274) erfolgt nach den für die Vollstreckungsversteigerung geltenden Regeln, auf welche verwiesen wird.

G. Rangklassen

Auch die Rangklassen des § 10 ZVG gelten grundsätzlich in der Teilungsversteigerung, **1212** dabei sind jedoch einige Besonderheiten zu beachten:
- Ansprüche aus RK 1 sind in der Teilungsversteigerung nicht denkbar.
- Da RK 5 das Betreiben eines **persönlichen** Gläubigers voraussetzt, ist auch diese in der Teilungsversteigerung nicht möglich.
- Öffentliche Lasten (dazu Rn. 279 f.), die auf Grund ihres Alters statt in RK 3 jetzt in RK 7 fallen, gehen rangmäßig dem Auseinandersetzungsanspruch der Eigentümer vor und stehen daher (nach Anmeldung) im gG.[444]
- Gleiches gilt für die Nebenleistungen der bestehen bleibenden Rechte, die auf Grund ihres Alters in die RK 8 fallen. Auch sie fallen in das gG.

Tipp: Auch „ältere" wiederkehrende Leistungen unbedingt anmelden.

---

444 Dazu *Glotzbach/Mayer* Rn. 231.

6. Kapitel
Der Versteigerungstermin

A. Vom Aufruf der Sache bis zur Aufforderung, Gebote abzugeben

I. Erste Schritte

1213 Der Versteigerungstermin in der Teilungsversteigerung entspricht in seiner Gliederung (Rn. 332), der Öffentlichkeit seiner Durchführung (Rn. 333) und der Notwendigkeit der Protokollierung (Rn. 334) dem Versteigerungstermin der Vollstreckungsversteigerung.

Auch die ersten Schritte, nämlich die Feststellung der Beteiligten (Rn. 335 und 336) und die Bekanntmachungen (Rn. 337 f.) sind identisch, wobei natürlich hier (Rn. 332) an die Stelle des Gläubigers der Antragsteller tritt.

II. Ausgebotsarten

1214 Wie unter Rn. 897, 898 dargestellt, handelt es sich, wenn von der Versteigerung mehrere Grundstücksbruchteile betroffen sind, eigentlich um die Versteigerung mehrerer Grundstücke, welche, der gesetzlichen Regel folgend, einzeln ausgeboten werden müssten (Rn. 906).

Dies kann für die Teilungsversteigerung einer Bruchteilsgemeinschaft **nicht** gelten, weil ja hier die Auseinandersetzung der Gemeinschaft an dem „gesamten" Grundstück gerade Ziel des Verfahrens ist.[445]

Folgerichtig handelt es sich in diesem Fall (Bruchteilsgemeinschaft an einem Grundstück) von vorn herein um **ein einheitliches** Verfahren[446]; eine Verbindung nach § 18 ZVG ist nicht erforderlich

1215 Auch finden hier, **ohne** dass ein Verzicht nach § 63 Abs. 2 ZVG (Rn. 918) erforderlich wäre, **keine Einzelausgebote** statt; die Grundstücksbruchteile werden nur zusammen (Gesamtausgebot) ausgeboten und damit das „Grundstück" als Ganzes versteigert.

1216 Dennoch kann es auch in der Teilungsversteigerung zur Versteigerung mehrerer Grundstücke kommen, wenn eben die aufzuhebende Gemeinschaft Eigentümerin mehrerer Grundstücke ist und diese zum Gegenstand des Verfahrens werden.

Für dieses Verfahren gelten die Ausführungen im 1. Teil dieses Buches (ab Rn. 895) entsprechend.

III. Miet- und Pachtverhältnisse

1217 Auch in der Teilungsversteigerung gilt der durch § 57 ZVG normierte Grundsatz „Zuschlag bricht nicht Miete". Diesbezüglich kann daher auf die Ausführungen Rn. 343 ff. verwiesen werden. Darüber hinaus bestimmt § 183 ZVG, dass in der Teilungsversteigerung die §§ 57a und 57b ZVG **keine** Anwendung finden. Damit besteht für den Ersteher

---

445 *Storz* (TLV) B. 5.6.
446 *Storz* (TLV) B. 5.6. m.w.N.

in der Teilungsversteigerung gegen den Mieter **kein außerordentliches Kündigungsrecht**. Es bleibt bei den vertraglichen und den gesetzlichen Kündigungsmöglichkeiten.

Die Nichtanwendung der §§ 57a und 57b ZVG führt automatisch auch zum „Wegfall" von § 57c ZVG, da diese Norm ja lediglich die Aufschiebung des ohnehin nicht bestehenden Sonderkündigungsrechts regelt. Folgerichtig entfällt auch eine Belehrung der Mieter nach § 57d ZVG.

Die gesetzliche Versteigerungsbedingung § 183 ZVG kann auf Antrag eines Verfahrensbeteiligten gem. § 59 ZVG abgeändert werden; da hier jedoch die Beeinträchtigung der Rechte der Mieter (und Pächter) feststeht, ist deren Zustimmung erforderlich (siehe Rn. 349 f.).

IV. Begrenzung des Bieterkreises

Bei der Begrenzung des Bieterkreises (zum Begriff und Zustandekommen Rn. 1073) handelt es sich um eine im Versteigerungstermin bekannt zu machende **gesetzliche Versteigerungsbedingung**. **1218**

Das Vollstreckungsgericht hat diese von Amts wegen zu beachten, wenn Sie
- grundbuchersichtlich ist
oder
- von allen Miteigentümern einvernehmlich behauptet wird.

Anderenfalls muss ein die Existenz einer Begrenzung des Bieterkreises behauptender Miteigentümer über § 771 ZPO (Drittwiderspruchsklage) vorgehen.

Problematisch ist, ob eine Bieterkreisbeschränkung gegenüber einem die Teilungsversteigerung betreibenden Pfändungsgläubiger wirkt. **1219**

Getreu dem allgemeinen Grundsatz, der Pfändungsgläubiger darf nicht mehr als „sein" Vollstreckungsschuldner darf, würde eine wirksame Bieterkreisbeschränkung auch für und gegen den Pfändungsgläubiger gelten. Dass dies wohl aber dann nicht gelten kann, wenn die Bieterkreisbeschränkung erst **nach** der Pfändung (zwischen dem Vollstreckungsschuldner und den anderen Miteigentümern) vereinbart wird, legt *Eickmann*[447] zutreffend dar.

Ist eine Begrenzung des Bieterkreises zu beachten, so muss das Vollstreckungsgericht Gebote „Außenstehender" zurückweisen (§ 71 ZVG). **1220**

V. Weiterer Ablauf und Aufforderung zur Abgabe von Geboten

Anträge auf abweichende Versteigerungsbedingungen (Rn. 349 bis 353) sowie wegen „schuldner"-fremden Zubehörs (Rn. 354 bis 360) und die Festsetzung eines Zuzahlungsbetrages (Rn. 361 bis 366) sind auch in der Teilungsversteigerung möglich. Wie in der Vollstreckungsversteigerung wird der Bekanntmachungsteil (Rn. 367 bis 379, 1218) durch die Aufforderung des Gerichts zur Abgabe von Geboten beendet (siehe Rn. 381). **1221**

---

447 *Eickmann* (TLV) Rn. 299 f.

B. Die Bietezeit

I. Abgabe von Geboten, Zulassung, Zurückweisung, Widerspruch

1222 Für die Abgabe von Geboten (Rn. 382 bis 392) sowie deren Zulassung, Zurückweisung und die möglichen Widersprüche (Rn. 393 bis 400) gelten die Ausführungen zur Vollstreckungsversteigerung entsprechend.

Manchmal gehen bietinteressierte Miteigentümer davon aus, nur den „nicht auf sie selbst entfallenden Erlösanteil" im Verteilungstermin zahlen zu müssen. Erkennt das Vollstreckungsgericht diese Fehlannahme eines bietwilligen Miteigentümers bereits im Versteigerungstermin, sollte es möglichst vor Gebotsabgabe einen Hinweis (§ 139 ZPO) erteilen.

Tipp: Unbedingt beachten sollte ein bietender Miteigentümer, dass er im Falle des Zuschlags das volle Bargebot (ggf. nebst Bargebotszinsen) an das Vollstreckungsgericht zu zahlen hat. Das Bargebot wird nicht um seinen Anteil am Versteigerungsobjekt reduziert.

II. Sicherheitsleistung

1223 Die Bestimmungen über die Sicherheitsleistung (§§ 67 bis 70 ZVG) sind grundsätzlich auch in der Teilungsversteigerung anwendbar (§ 180 Abs. 1 ZVG); siehe deshalb Rn. 401 bis 434.

Nach § 184 ZVG gilt jedoch für das Gebot eines Miteigentümers eine **Besonderheit:** Steht diesem Miteigentümer nämlich ein durch das Gebot ganz oder teilweise gedecktes Grundpfandrecht zu, so muss er für das Gebot keine Sicherheit leisten. Eine teilweise Deckung i.S.d. §§ 184 ZVG stellt auch schon die mögliche Zuteilung auf Zinsen eines bestehen bleibenden Rechts dar[448]; siehe auch Rn. 409.

1224 Eine weitere Privilegierung für Miteigentümer besteht nicht. Insbesondere ist die in der Praxis häufige Berufung auf die **Mitberechtigung** am Grundstück beziehungsweise dem Erlösüberschuss **nicht** geeignet, die Verpflichtung zur Sicherheitsleistung entfallen zulassen.

Tipp: Auch für das Gebot eines Miteigentümers kann grundsätzlich Sicherheit verlangt werden.

1225 § 68 Abs. 3 ZVG findet in der Teilungsversteigerung **keine** Anwendung. Zwar tritt im Rahmen der grundsätzlichen Anwendung der Bestimmungen der Vollstreckungsversteigerung (§ 180 Abs. 1 ZVG) in der Teilungsversteigerung an die Stelle des Schuldners der Antragsgegner, da dem Antragsteller anders als den Gläubiger in der Vollstreckungsversteigerung jedoch keine vollstreckbare Forderung zusteht, ist § 68 Abs. 3 ZVG nicht einschlägig.[449]

---

448 Str. aber wohl h.M., z.B. *Eickmann* (TLV) Rn. 291 m.w.N.
449 So auch *Eickmann* (TLV) Rn. 293 m.w.N.

III. Vorzeitige Beendigung des Termins

1. Aufhebung oder einstweilige Einstellung

Auch in der Teilungsversteigerung kann der Versteigerungstermin durch die Bewilligung der einstweiligen Einstellung bzw. durch die Antragsrücknahme Veränderungen bis hin zum vorzeitigen (vor Zuschlagsentscheidung) Ende erfahren. Die Ausführungen Rn. 435 bis 438 gelten mit der Maßgabe, dass an die Stelle des Gläubigers der Antragsteller tritt. Im Sinne der Rn. 437 bestimmt (bei mehreren Antragstellern) ein Antragsteller das gG, wenn er nach der hier vertretenen Niedrigstgebot-Theorie (Rn. 1203) dieses niedrigste gG ermöglichte.

1226

2. Zahlung

Eine Zahlung im Termin, wie sie § 75 ZVG vorsieht (Rn. 439), setzt selbstverständlich voraus, dass die Zwangsversteigerung wegen einer Geldforderung betrieben wird. Dies ist bei der Teilungsversteigerung, in welcher „lediglich" der Auseinandersetzungsanspruch eines Miteigentümers „realisiert" wird, regelmäßig nicht der Fall. Ausnahmeweise, nämlich dann, wenn ein Pfändungsgläubiger die Teilungsversteigerung betreibt (hierzu ab Rn. 1265), ist jedoch eine Zahlung im Termin mit der Folge der einstweiligen Einstellung (bzw. Zuschlagsversagung; Rn. 439) möglich.[450]

1227

3. Ablösung

Für die Ablösung gilt das unter Rn. 440 und Rn. 441 Gesagte entsprechend; der wesentliche Unterschied zur Zahlung nach § 75 ZVG besteht darin, dass die Ablösung bereits ab Vollstreckungsbeginn möglich ist.

1228

C. Schlussverhandlung

Der Schluss der Teilungsversteigerung entspricht dem Schluss der Vollstreckungsversteigerung (Rn. 442, 443).

1229

Natürlich ist auch ein ergebnisloser Termin im Sinne des §§ 77 ZVG denkbar (Rn. 444, 445) **nicht** jedoch die in § 77 Abs. 2 Satz 2 ZVG genannte Möglichkeit der Zwangsverwaltung.

Ist mindestens ein nicht erloschenes Gebot vorhanden, erfolgt jetzt, wie in der Vollstreckungsversteigerung (Rn. 446 bis 451), die Zuschlagsverhandlung. An die Zuschlagsverhandlung schließt sich die Entscheidung über den Zuschlag an. Auch in der Teilungsversteigerung kann hierfür ein gesonderter Verkündungstermin (§ 487 ZVG) bestimmt werden.

1230

---

450 So auch *Eickmann* (TLV) Rn. 158; *Storz* (TLV) B. 3.4.4.

7. Kapitel
Zuschlag

A. Entscheidung über den Zuschlag

I. Versagung des Zuschlags

1231 Auch in der Teilungsversteigerung muss das Gericht das mögliche Vorliegen von Zuschlagsversagungsgründen prüfen. Die diesbezüglichen Ausführungen zur Vollstreckungsversteigerung (Rn. 452 bis 479) gelten entsprechend.

Wegen ihrer Bedeutung für die gerichtliche Praxis seien die aus einem **nicht ausreichenden Meistgebot** resultierenden Zuschlagsversagungsgründen kurz näher erläutert:

1232 § 85a ZVG – Nichterreichung der 5/10-Grenze – (Rn. 462, 463) findet in der Teilungsversteigerung Anwendung. § 85a **Abs. 3** ZVG (Rn. 463) spielt dabei jedoch nur eine sehr untergeordnete Rolle.[451]

1233 Bei § 74a ZVG – Nichterreichung der 7/10-Grenze – (Rn. 464 f.) ist ein besonderes Augenmerk auf das dortige (§ 74a Abs. 1 ZVG) Antragserfordernis (genauer die **Antragsberechtigung**) zu lenken. Weder Antragsteller noch Antragsgegner sind in dieser Eigenschaft antragsberechtigt, weil es ihnen an einem Befriedigungsrecht aus dem Grundstück mangelt. Auch der Pfändungsgläubiger eines Miteigentümers ist nicht antragsberechtigt. Damit beschränkt sich das Antragsrecht des § 74a Abs. 1 ZVG auf Befriedigungsberechtigte (Grundpfandrechtsgläubiger), deren Rechte im Verfahren der Teilungsversteigerung durch Zuschlag erlöschen würden und welche von einem Gebot im in Höhe der 7/10-Grenze „profitieren" würden.

II. Erteilung des Zuschlags

1234 Es gilt das unter Rn. 477 bis 484 Gesagte entsprechend.

Auch in der Teilungsversteigerung sind Strohmanngebote und die Abtretung der Rechte aus dem Meistgebot zulässig.

B. Inhalt, Bekanntmachung, Wirkungen

1235 Es gilt das unter Rn. 485 bis 513 Gesagte entsprechend.

1236 Mit dem Zuschlag ist die Gemeinschaft, welche an dem Versteigerungsobjekt bestanden hat, **dort, soweit die Teilungsversteigerung reicht**, beendet. Diese setzt sich an dem Erlös (Surrogat für das Versteigerungsobjekt) fort.

Im Hinblick auf die Ausführungen Rn. 506 (keine Zwangsräumung von besitzberechtigten Personen) sei nochmals (Rn. 1217) darauf hingewiesen, dass der Ersteher bestehende Miet- und Pachtverhältnisse gegen sich gelten lassen muss, ohne dass ihm ein Sonderkündigungsrecht zusteht (§ 183 ZVG).

---

451 Hierzu ausführlich *Storz* (TLV) Seite 343.

C. Rechtsbehelfe bei der Entscheidung über den Zuschlag

I. Allgemeines

Wie in der Vollstreckungsversteigerung ist auch in der Teilungsversteigerung gegen den Zuschlag und die Versagung des Zuschlags das Rechtsmittel der **sofortigen Beschwerde** gegeben (§ 97 ZVG), weshalb auf die Ausführungen Rn. 514 bis 521 verwiesen werden kann. 1237

Auf einige **Besonderheiten** soll nachfolgend hingewiesen werden:

II. Gesamthandsgemeinschaften

Da es sich bei der Anfechtung der Zuschlagsentscheidung **nicht** um eine **Verfügung** handelt, ist jeder Beteiligte einer Gesamthandsgemeinschaft **einzeln** und ohne Zustimmung der anderen berechtigt, Rechtsmittel einzulegen.[452] 1238

III. Bei gepfändetem Miteigentumsanteil

Ist bei einer Gesamthandsgemeinschaft der Anteil eines Miteigentümers gepfändet und dem Gläubiger zur Einziehung überwiesen, so kann dennoch dieser Miteigentümer ohne Zustimmung des Pfandgläubigers den Zuschlag anfechten. Auch dem Pfandgläubiger steht ein solches Rechtsmittel zu.[453] 1239

IV. Antragsgegner gegen Zuschlagsversagung

Wie unter Rn. 517 ausgeführt, ist nach h.M. der Schuldner in der Vollstreckungsversteigerung nicht berechtigt, allein aus dieser Position heraus die Versagung des Zuschlags anzufechten. 1240

Übertragen auf die Teilungsversteigerung würde dies bedeuten, dass Gemeinschafter, welche das Verfahren nicht aktiv betreiben, also **„Nur-Antragsgegner"** sind, im Falle einer Zuschlagsversagung ebenfalls nicht **rechtsmittelberechtigt** wären. Diese könnte jedoch in bestimmten Fällen der Intention dieser Antragsgegner entgegenlaufen. Denn anders als der Schuldner in der Vollstreckungsversteigerung wird es sicher Antragsgegner eines Teilungsversteigerungsverfahrens geben, die ihrerseits ein Interesse an der Versteigerung des Grundbesitzes haben. Dass sie dem Verfahren nicht beigetreten sind, mag verschiedene Gründe (etwa die Sorge um die Kostenhaftung) gehabt haben, lässt ihr schützenswertes Interesse an der Versteigerung jedoch nicht entfallen. Die Antragsgegner können daher die zuschlagsversagende Entscheidung (mit sofortiger Beschwerde) anfechten.[454]

---

452 *Stöber* (ZVG) § 97 Rn. 2.5.
453 *Stöber* (ZVG) § 497 Rn. 2.5.
454 So im Ergebnis, jedoch ohne Begründung, auch *Storz* (TLV) C. 8.1.5.

D. Kosten für den Versteigerungstermin und die Entscheidung über den Zuschlag

I. Allgemeines

1241 Grundsätzlich gilt das zu den im Rahmen der Vollstreckungsversteigerung entstehenden Kosten Gesagte (Rn. 522 bis 531) entsprechend.

II. Reduzierung des Geschäftswerts bei Zuschlagsgebühr

1242 Wird der Zuschlag einem Miteigentümer erteilt, so wird der Geschäftswert für die Berechnung der Zuschlagsgebühr Nr. 2214 KVGKG (Rn. 523) um den Anteil ermäßigt, der bereits bisher dem Ersteher gehörte (§ 54 Abs. 2 Satz 2 GKG). Dies gilt auch für einen Anteil an einer Gesamthandsgemeinschaft.

> **Beispiel 55**
>
> 1243 A, B und C sind Miterben zu je einem Drittel (Gesamthandsgemeinschaft). A erhält den Zuschlag für ein Gebot von 120.000,00 €. Es bleiben keine Rechte bestehen. Die Zuschlagsgebühr berechnet sich aus einem (gem. § 54 Abs. 2 Satz 2 GKG reduzierten) Wert von 80.000,00 €.

Tipp: Ist Ersteher ein früherer Miteigentümer des Grundstücks, berechnet sich die Zuschlagsgebühr aus einem geringeren Wert.

8. Kapitel
Verteilung des Erlöses

A. Allgemeines

1244 Auch in der Teilungsversteigerung erfolgt alsbald nach dem Zuschlag die Verteilung des Versteigerungserlöses. Diese richtet sich grundsätzlich nach den für die Vollstreckungsversteigerung geltenden Bestimmungen, weshalb auf die Ausführungen Rn. 532 f. Bezug genommen werden kann.

Nachfolgend soll auf **Einzelheiten** näher eingegangen werden:

B. Teilungsmasse

1245 Wie in der Vollstreckungsversteigerung hat der Ersteher das Bargebot nebst Bargebotszinsen[455] im Verteilungstermin zu zahlen. Diese Zahlungsverpflichtung betrifft, soweit nicht ausnahmsweise eine Ermäßigung der Zahlungspflicht auf Grund einer Liegenbelassungsvereinbarung (Rn. 646 bis 652) eintritt, das Bargebot in voller Höhe. Dies gilt selbst dann, wenn der Ersteher aus dem Kreis der (ehemaligen) **Miteigentümer** des Grundstücks stammt und zu den potenziell Erlösüberschussberechtigten gehört.[456]

---

455 Soweit nicht ein Fall des § 49 Abs. 4 ZVG vorliegt.
456 RGZ 135, 19.

C. Einzelmassenbildung bei Bruchteilseigentum

Waren die einzelnen Bruchteile (Miteigentumsanteile) des Versteigerungsobjektes **unterschiedlich belastet**, muss vor der Erlösverteilung die Bildung von Einzelmassen nach § 112 ZVG erfolgen (Rn. 1004 bis 1018). Wie in der Vollstreckungsversteigerung gilt auch in der Teilungsversteigerung, dass ein nur an einem Miteigentumsanteil bestehender Anspruch **nur** aus dem auf diesen Miteigentumsanteil entfallenen Erlös befriedigt werden darf. Die Rechte und Ansprüche an verschiedenen Miteigentumsanteilen stehen **nicht** untereinander in einem Rangverhältnis.   **1246**

Die Berechnung von Einzelmassen findet sich im Fallbeispiel zum 2. Teil (Rn. 1312).

D. Erlösüberschuss

Wie in der Vollstreckungsversteigerung (Rn. 598), so gebührt auch in der Teilungsversteigerung ein Erlösüberschuss den **letzten Grundstückseigentümern**.   **1247**

Dass es in Teilungsversteigerungsverfahren weitaus häufiger zu einem Erlösüberschuss kommt als in der Vollstreckungsversteigerung, liegt zum einen an der gänzlich anderen Ausgangslage; nicht eine gegen die Eigentümer (bzw. „deren Grundbesitz") gerichtete Geldforderung, sondern der Auseinandersetzungswille mindestens eines Miteigentümers ist regelmäßig Motivation für die Teilungsversteigerung.   **1248**

Weiter ist zu beachten, dass in der Teilungsversteigerung grundsätzlich alle im Grundbuch eingetragenen Rechte bestehen bleiben (Rn. 1193; zu den Ausnahmen Rn. 1194 f.). Für diese Rechte muss aus der Teilungsmasse weitaus weniger Geld aufgewendet werden, als im Falle ihres Erlöschens.

Der Erlösüberschuss tritt (als Teil der Teilungsmasse) als Surrogat an die Stelle des versteigerten Objekts (Surrogationsgrundsatz; Rn. 503). So wie die Eigentümergemeinschaft an dem Versteigerungsobjekt bestand, setzt sie sich am Erlösüberschuss fort. Damit bleibt der **Erlösüberschuss unverteilt**.[457]   **1249**

Mit der Umwandlung des unteilbaren Versteigerungsobjekts in teilbares Surrogat (Geld) ist der Verfahrenszweck der Teilungsversteigerung (Rn. 1037, 1038) erreicht.

Das Vollstreckungsgericht hat zwar den Erlösüberschuss im Rahmen des Verteilungsverfahrens zu ermitteln; dessen Verteilung unter den Mitgliedern der Eigentümergemeinschaft ist jedoch **nicht** seine Aufgabe.[458]   **1250**

Gerade Miteigentümer, welche die Teilungsversteigerung angestrengt haben, ohne sich vorab eingehend über deren Ziel zu informieren, werden von diesem „Ergebnis" oft überrascht; einige fühlen sich gar in der Weise „betrogen", als sie zwar den Grundbesitz verloren, ihr Ziel der Vermögensauseinandersetzung jedoch noch immer nicht erreicht haben. Schnell wird dann der Ruf nach dem Vollstreckungsgericht laut, welches nach Meinung dieser Miteigentümer in die Verteilung des Erlösüberschusses unter den Gemeinschaftern „eingreifen" soll.   **1251**

---

457 *OLG Hamm* Rpfleger 1970, 215.
458 *Stöber* (ZVG) § 180 Rn. 18.1 m.w.N.

2 Verteilung des Erlöses

1252 Literatur[459] und Rechtsprechung sehen es als Anstandspflicht des Vollstreckungsgerichts, den Beteiligten bei einer Einigung über die Verteilung behilflich zu sein; wenigstens sei das Vollstreckungsgericht berechtigt, bei der Überschussverteilung mitzuwirken.[460]

1253 Das Vollstreckungsgericht kann überhaupt nur dahingehend tätig werden, eine Einigung der bisherigen Miteigentümer zu **beurkunden** um dann entsprechend dieser Einigung den anteiligen Erlös auszuzahlen. Irgendwelche Entscheidungen kann es in diesem Zusammenhang nicht treffen.

Daraus ergeben sich **folgende Möglichkeiten**:

1254 1. Nicht alle Miteigentümer sind im Teilungstermin anwesend oder ordnungsgemäß[461] vertreten und es liegt auch keine schriftliche Einigung in gehöriger Weise[462] vor – oder aber, die Miteigentümer sind zwar anwesend, einigen sich aber nicht.
Folge: Der Erlös bleibt unverteilt und wird zugunsten aller bisherigen Miteigentümer hinterlegt. Ab jetzt kann das Vollstreckungsgericht nichts mehr veranlassen. Die Beteiligten müssen sich gegenüber der Hinterlegungsstelle einigen (übereinstimmender Auszahlungsantrag) oder aber ihren Streit prozessual austragen (§ 13 Abs. 2 HinterlO). In diesem Fall muss ein Miteigentümer als Ersteher das volle Meistgebot (ggf. nebst Bargebotszinsen) an das Versteigerungsgericht zahlen.

1255 2. Alle Miteigentümer sind im Termin anwesend oder ordnungsgemäß vertreten und sind sich über die Verteilung des Gesamterlöses einig.
Folge: Der Rechtspfleger beurkundet im Terminsprotokoll diese Einigung und zahlt gemäß dieser Einigung die Teilbeträge an die jeweiligen Empfänger aus.[464] War der Ersteher (vor dem Zuschlag) Miteigentümer am Versteigerungsobjekt, so kann er sich bezüglich seines Anteils am Erlösüberschuss für befriedigt erklären (beurkunden!) und nur den Rest einzahlen.

1256 3. Alle Miteigentümer sind im Termin anwesend oder ordnungsgemäß vertreten. Es bleibt jedoch die Verteilung eines Teilbetrages des Meistgebotes streitig.
Folge: Der Rechtspfleger hinterlegt diesen Teilbetrag zugunsten aller Miteigentümer und beurkundet die Einigung über den Rest. Sodann zahlt er die Teilbeträge dieses Restes an die jeweiligen Empfänger aus.
Ist ein Teilbetrag nur zwischen einigen, nicht aber zwischen allen Miteigentümern streitig, soll ihn der Rechtspfleger dennoch zugunsten **aller** hinterlegen. Die Miteigentümer können dann ihre Zustimmung zur Auszahlung gegenüber der Hinterlegungsstelle erklären.

> **Tipp:** Falls zwischen den Miteigentümern nicht über den gesamten Erlösüberschuss Streit besteht, sollte wenigstens wegen des unstrittigen Teiles eine einverständliche Erklärung abgegeben werden, um die Hinterlegung auch dieses Teiles zu vermeiden.

---

459 *Stöber* (ZVG) § 180 Rn. 18.3 m.w.N.
460 *Stöber* (ZVG) a.a.O.
461 Für die Vollmacht gibt es keine bindende Formvorschrift. Es entscheidet der Rechtspfleger, ob ihm die vorliegende Vollmacht genügt. Dabei muss er § 181 BGB beachten.
462 Eine verbindliche Formvorschrift besteht nicht, somit entscheidet der Rechtspfleger nach pflichtgemäßem Ermessen, ob ihm die privatschriftlich vorliegende Zustimmung genügt.
463 *(nicht besetzt)*
464 Der Rechtspfleger sollte daher nicht vergessen, die Bankverbindungen der Anwesenden zu notieren. Auf Vollmachten sollten die Vollmachtgeber ebenfalls ihre Bankverbindung vermerken.

9. Kapitel
Schlussabwicklung

Die Schlussabwicklung (Auszahlung des Erlöses, Grundbuchersuchen, Titelvermerke etc.) in der Teilungsversteigerung entspricht der in der Vollstreckungsversteigerung, weshalb auf die Ausführungen Rn. 771 bis 802 verwiesen werden kann. **1257**

10. Kapitel
Nichtzahlung des Bargebots

A. Allgemeines

Im Fall der Nichtzahlung des Bargebots in der Teilungsversteigerung erfolgt die Ausführung des Teilungsplans, wie in der Vollstreckungsversteigerung, durch **Forderungsübertragung** (§ 118 ZVG). Auch in der Teilungsversteigerung werden die übertragenen Forderungen durch die Eintragung von **Sicherungshypotheken** (§ 128 ZVG) abgesichert. Insgesamt (auch für die Geltendmachung der übertragenen Forderung) kann daher auf die Darlegungen Rn. 803 bis 833 verwiesen werden. **1258**

Im Hinblick auf die **Besonderheiten der Teilungsversteigerung** soll auf folgende Punkte direkt hingewiesen werden:

B. Ehemaliger Miteigentümer als Ersteher

Wurde einem der bisherigen Miteigentümer der Zuschlag erteilt, ist er, wie bereits dargelegt, verpflichtet, das Bargebot (ggf. nebst Bargebotszinsen) in voller Höhe zu bezahlen. Selbst wenn er nach späterer Auseinandersetzung mit den anderen Miteigentümern einen (erheblichen) Teil dieses Geldes als Erlösüberschuss zugeteilt erhalten würde, ist er nicht berechtigt, diesen Anteil „vorweg" abzuziehen. Ein solcher Abzug würde eine teilweise Nichtzahlung des Bargebots darstellen und wäre von dem Vollstreckungsgericht nach hierfür geltenden allgemeinen Regeln (Rn. 803 ff.) zu behandeln. **1259**

Haben sich jedoch alle früheren Miteigentümer über die konkrete Verteilung des Erlösüberschusses geeinigt und wurde dies dem Vollstreckungsgericht nachgewiesen, ist z.B. hinsichtlich des auf den Ersteher entfallenden Anteils eine Befriedigungserklärung möglich.[465] Diese hat zur Folge hat, dass der Ersteher den von ihr erfassten Betrag nicht mehr an das Gericht zahlen muss. Dies gilt natürlich nur insoweit, als auf den Ersteher nach dem Teilungsplan auch ein Betrag in dieser Höhe entfiele. **1260**

---

465 *BGH* Rpfleger 1988, 495.

C. Zuweisung des Erlösüberschusses

1261 Der Erlösüberschuss gebührt den ehemaligen **Miteigentümern**. Da den ehemaligen Miteigentümern ohnehin ein Anspruch gegen den Ersteher auf Zahlung des gesamten Bargebots[466], also „Ausgleich" für den Verlust des versteigerten Grundbesitzes zusteht, ist es **nicht** nötig (nicht möglich), den Miteigentümern im Fall der Nichtzahlung des Bargebots den Erlösüberschussanspruch zu **übertragen**. Es reicht die bloße Feststellung des Vollstreckungsgerichts aus, wonach den ehemaligen Miteigentümern gegen den Ersteher eine Forderung i.H.v. ... (Erlösüberschuss) in dem Gemeinschaftsverhältnis ... zusteht.

1262 Die Eintragung einer Sicherungshypothek erfolgt dann nach § 128 **Abs. 2** ZVG.

1263 Liegt dem Vollstreckungsgericht eine Einigung der ehemaligen Miteigentümer über die Verteilung des Erlösüberschusses vor, wird die Forderung gegen den Ersteher auf die einzelnen Miteigentümer einzeln übertragen.

D. Wiederversteigerung

1264 Auch aus der für die ehemaligen Miteigentümer (in dem bestehenden Gemeinschaftsverhältnis) nach § 128 Abs. 2 ZVG eingetragenen Sicherungshypothek kann die Wiederversteigerung (Rn. 827 f.) beantragt werden. Zu beachten ist hierbei, dass **jeder** einzelne der als Gläubiger eingetragenen früheren Miteigentümer die Wiederversteigerung auch ohne die Zustimmung der anderen früheren Miteigentümer beantragen kann.[467]

11. Kapitel
Teilungsversteigerung auf Antrag eines Gläubigers

A. Allgemeines

1265 Ein **Gläubiger eines Miteigentümers** kann ebenfalls die Teilungsversteigerung beantragen. Erforderlich ist hierzu, dass er sich die **Position seines Schuldners** in dessen Eigenschaft als Miteigentümer durch Pfändung und Überweisung verschafft. Sowohl für die Pfändung als auch für die spätere Durchführung der Teilungsversteigerung ergeben sich erhebliche Unterschiede aus dem Beteiligungsverhältnis des Schuldners.

1266 Da nur die Pfändung **und** Überweisung dem Gläubiger das alleinige Antragsrecht (ohne Mitwirkung des Schuldners) verschafft, kann er den Antrag auf Teilungsversteigerung nicht stellen, wenn die Pfändung nur im Wege der Sicherungsvollstreckung nach § 720a ZPO erfolgt war. Vielmehr muss dann die Überweisung nach Leistung der Sicherheit oder Rechtskraft des Urteils durch einen eigenen Beschluss des Vollstreckungsgerichts nachgeholt werden.

1267 Auch dem Pfandgläubiger steht das „große Antragsrecht" (Rn. 1093) zu.

---

466 Ggf. mit Bargebotszinsen (§ 49 Abs. 2 ZVG).
467 *OLG Frankfurt* NJW 1953, 1877.

B. Schuldner ist Miteigentümer in Bruchteilsgemeinschaft

I. Pfändung

Im Grundbuch erkennt man die Bruchteilsgemeinschaft (als eine Form des Miteigentums) daran, dass der Bruchteil in Form eines „gemeinen Bruches" (also z.B. „zur Hälfte" oder „zu einem Drittel") bezeichnet ist (Rn. 2). **1268**

Da es sich bei diesem Miteigentum um „reales Eigentum" handelt, könnte der Gläubiger auch eine Vollstreckungsversteigerung nach den allgemeinen Regeln in diesen Bruchteil betreiben (§ 864 Abs. 2 ZPO), wozu er keiner besonderen Pfändung / Überweisung bedürfte. Versteigert würde dann aber nur der auf den Namen des Schuldners eingetragene Bruchteil des Grundstücks. Der wirtschaftliche Erfolg einer solchen Maßnahme ist äußerst zweifelhaft. Dies gilt zum einen auf Grund des Umstandes, dass der Kreis der Bietinteressierten für Grundstücksbruchteile naturgemäß äußerst gering ist. Weiter stellen sich Bruchteile in der Vollstreckungsversteigerung oft wirtschaftlich überbelastet dar, da alle am gesamten Grundstück lastenden und dem Gläubiger vorgehenden Gesamtrechte in voller Höhe am Grundstücksbruchteil bestehen bleiben. **1269**

Die Versteigerung des ganzen Grundstücks kann der Gläubiger, der keinen Titel gegen alle Bruchteils-Miteigentümer hat, nur im Wege der Teilungsversteigerung erreichen. Hierzu bedarf es einer Pfändung. Da jedoch ein Grundstücksbruchteil reales Eigentum darstellt, kommt eine Pfändung des Anteils an der Gemeinschaft – also eben des Bruchteils – nicht in Betracht. Dem Miteigentümer (Schuldner) steht aber grundsätzlich der Anspruch zu, jederzeit die Aufhebung der Bruchteilsgemeinschaft zu verlangen. Hierbei handelt es sich zwar nicht um ein selbstständig übertragbares Recht, so dass an sich ein Pfändungsverbot nach § 851 ZPO denkbar wäre. Da jedoch die Ausübung einem Dritten überlassen werden kann, ergibt sich die Pfändbarkeit aus § 857 Abs. 3 ZPO. **1270**

Gepfändet und zur Einziehung überwiesen wird also der Anspruch des Schuldners, die Aufhebung der Bruchteilsgemeinschaft, bestehend am Grundstück ..., zu verlangen. Damit allein hat er aber noch keine Aussicht, auch anteiliges Geld zu erlangen. Also muss zugleich der Anspruch des Schuldners gegen den/die Miteigentümer auf Teilung des Erlöses und Auszahlung des Erlösanteiles gepfändet und überwiesen werden.

Die genaue Bezeichnung im Antrag auf Erlass des Pfändungsbeschlusses lautet daher[468]: **1271**

Gepfändet werden die angeblichen Ansprüche des Schuldners an ... (Drittschuldner) auf

- Aufhebung der Gemeinschaft nach Bruchteilen, die hinsichtlich des Eigentums an dem im Grundstück ... (genaue Bezeichnung) besteht;
- Zustimmung zu einer den Miteigentumsanteilen entsprechenden Teilung des Erlöses;
- Auszahlung (Auskehrung) des außerhalb des Zwangsversteigerungsverfahrens zu verteilenden Erlöses.

Die Eintragung der Pfändung im Grundbuch ist **nicht** möglich und somit auch für den Antrag auf Teilungsversteigerung nicht erforderlich. **1272**

---

[468] Formulierung aus *Stöber* (Fpf.) Rn. 1542.

II. Das Problem mangelnder Erfolgsaussicht

1273 Nach erfolgter Pfändung kann unter Vorlage des Pfändungs- und Überweisungsbeschlusses samt der erforderlichen Zustellungsnachweise an alle Miteigentümer (= Drittschuldner) und an den Schuldner die Teilungsversteigerung beantragt werden. Die erneute Vorlage des Titels ist daneben nicht erforderlich; auch für den Gläubiger gilt § 181 Abs. 1 ZVG.

1274 Zunächst wäre jedoch zu prüfen, ob ein solcher Antrag unter **wirtschaftlichen Gesichtspunkten** überhaupt gestellt werden sollte. Hierbei muss Folgendes erwogen werden:

1275 Für das geringste Gebot und somit für die Frage, ob sich für das Grundstück unter wirtschaftlichen Gesichtspunkten überhaupt ein Bieter finden wird, gelten zunächst die allgemeinen Regeln (Rn. 1191 f.). Ist also der Bruchteil des Schuldners bereits erheblich belastet, bleiben diese Belastungen bestehen (§ 182 Abs. 1 ZVG). Weiter führen diese Belastungen regelmäßig noch dazu, dass sich das Mindestbargebot um den Ausgleichsbetrag des § 182 Abs. 2 ZVG (Rn. 1204 bis 1210) erhöht.

Beispiel 56

1276 Eigentümer des Grundstücks sind Kain zu einem Drittel und sein Bruder Abel zu zwei Dritteln. Kain hat seinen Bruchteil mit einer Grundschuld über 10.000,00 € belastet.

Würde ein Gläubiger des Kain die Teilungsversteigerung beantragen, so ergäbe sich, ohne Berücksichtigung der Gerichtskosten und evtl. Ansprüche nach § 10 Abs. 1 ZVG, folgendes geringstes Gebot:

	1/3-Anteil Kain	2/3-Anteil Abel
Bestehen bleibende Rechte	Grundschuld 10.000,00 €	keine

In das Mindestbargebot wäre (ohne Berücksichtigung evtl. Zinsen aus dem Recht III/1) ein Ausgleichsbetrag nach § 182 Abs. 2 ZVG (Rn. 1204 bis 1210) von 20.000,00 € aufzunehmen.

Ein evtl. Ersteher müsste für das Grundstücke daher wirtschaftlich[469] mindestens 30.000,00 € aufwenden.

Ist das Grundstück verkehrswertbedingt zu diesem Preis nicht „veräußerbar", hat der Antrag des Gläubigers auf Durchführung der Teilungsversteigerung keinen wirtschaftlichen Sinn.

1277 Weiter muss bedacht werden, dass die Pfändung (nur) des Anspruchs auf Aufhebung der Gemeinschaft weder eine Grundbuchsperre noch ein relatives Veräußerungsverbot für den Bruchteil bewirkt (also auch kein Recht auf Befriedigung aus dem Grundstück), so dass der Gläubiger keinen Schutz gegen eine Belastung des Anteils mit Rang nach dem Zwangsversteigerungsvermerk genießt. Da § 10 Abs. 1 Nr. 6 ZVG deshalb hier keine Anwendung findet, kommen auch nachträglich eingetragene Rechte ins geringste Gebot, wozu nur deren rechtzeitige Anmeldung (§ 37 Nr. 4 ZVG) erforderlich ist. Der Schuldner kann also noch bis zum Versteigerungstermin an seinem Anteil Grundpfandrechte etc. eintragen lassen und damit die Versteigerung faktisch verhindern.

---

[469] Bargebot zzgl. bestehen bleibende Rechte, da letztgenannte ja „irgendwann" vom Ersteher auch bezahlt werden müssen.

Weiterführung Beispiel 56 **1278**

Kain lässt **nach** der Pfändung / Überweisung an seinem Anteil noch eine Grundschuld über 100.000,00 € eintragen. Nun ergibt sich:

	1/3-Anteil Kain	2/3-Anteil Abel
Bestehen bleibende Rechte	Grundschuld 10.000,00 € Grundschuld 100.000,00 €	keine

In das Mindestbargebot wäre (ohne Berücksichtigung evtl. Zinsen aus den bestehen bleibenden Rechten) ein Ausgleichsbetrag von 220.000,00 € aufzunehmen.

Ein evtl. Ersteher müsste für das Grundstück daher wirtschaftlich mindestens 330.000,00 € aufwenden.

Ist der Anteil des Schuldners nicht oder nur unwesentlich belastet und reicht die Forderung des Gläubigers aus[470], um eine Zwangssicherungshypothek eintragen zu lassen, so wäre zu erwägen, eine solche Eintragung vornehmen zu lassen, bevor der Antrag auf Teilungsversteigerung gestellt wird. **1279**

Das weitere Verfahren kann sich nun wie folgt entwickeln:

Das Grundstück wird versteigert; die Sicherungshypothek bleibt bestehen und der Ersteher zahlt dem Gläubiger der Zwangssicherungshypothek später deren Valuta gegen Löschungsbewilligung.

Beispiel 57

1280

	1/3-Anteil Kain	2/3-Anteil Abel
Bestehen bleibende Rechte	Grundschuld 10.000,00 € Zwangssicherungshypothek 8.000,00 €	keine

In das Mindestbargebot wäre (ohne Berücksichtigung evtl. Zinsen aus den bestehen bleibenden Rechten) ein Ausgleichsbetrag von 36.000,00 € aufzunehmen. **1281**

Ein evtl. Ersteher müsste für das Grundstück daher wirtschaftlich mindestens 54.000,00 € aufwenden.

Angenommen, das Grundstück wird für ein Meistgebot von 40.000,00 € zugeschlagen. Der Gläubiger der Zwangssicherungshypothek erhält aus dem Versteigerungserlös die dort eingetragenen Kosten und Zinsen (bis 1 Tag vor Zuschlag; Rn. 551). Sodann fordert er vom Ersteher das Kapital der Sicherungshypothek und die Zinsen ab Zuschlag (Rn. 552) Zug um Zug gegen Löschungsbewilligung. **1282**

Weiterführung Beispiel 57 **1283**

Nach Eintragung der Zwangssicherungshypothek und Anordnung der Teilungsversteigerung belastet Kain seinen Anteil mit einer Grundschuld (im Rang nach der Zwangssicherungshypothek) über 100.000,00 €.

	1/3-Anteil Kain	2/3-Anteil Abel
Bestehen bleibende Rechte	Grundschuld 10.000,00 € Zwangssicherungshypothek 8.000,00 € Grundschuld 100.000,00 €	keine

---

470 Die Forderung (regelmäßig ohne Zinsen) muss mehr als 750,00 € betragen (§ 866 Abs. 3 ZPO).

Damit ergäbe sich für das geringste Gebot folgende Berechnung:
In das Mindestbargebot wäre (ohne Berücksichtigung evtl. Zinsen aus den bestehen bleibenden Rechten) ein Ausgleichsbetrag von 236.000,00 € aufzunehmen.
Ein evtl. Ersteher müsste für das Grundstück daher wirtschaftlich mindestens 354.000,00 € aufwenden.
Ist das Grundstück gemessen am Verkehrswert „zu diesem Preis" nicht zu versteigern, ist die Teilungsversteigerung gescheitert.

1284 Falls der Gläubiger jetzt noch Nerven und Geld hat, käme folgendes in Betracht:
Der Gläubiger bewilligt die einstweilige Einstellung der aussichtslos gewordenen Teilungsversteigerung. Sodann beantragt er im Range der Zwangssicherungshypothek[471] die Vollstreckungsversteigerung des 1/3-Anteils des Kain. Hierbei bleibt nur die erstrangige Grundschuld über 10.000,00 € bestehen. Der Gläubiger erwartet, dass kaum jemand auf einen 1/3-Anteil bietet. Bei der Wertfestsetzung sollte er, notfalls durch Einwendungen, darauf hinwirken, dass nicht einfach ein Drittel des „Gesamtwertes" als Verkehrswert festgesetzt wird, sondern dem Umstand, dass Bruchteile kaum einen Markt haben, durch Reduzierung des Wertes Rechnung getragen wird[472]. Sodann ersteigert er (billig) den Anteil und setzt die Teilungsversteigerung fort. Wenn er Glück hat, kann er so einen Gewinn erzielen, der weit über die Forderung hinausgeht.

> **Tipp:** Der Gläubiger eines Miteigentümers sollte prüfen, ob er nicht zunächst eine Zwangshypothek am Miteigentumsanteil „seines Schuldners" eintragen lassen soll und erst dann die Teilungsversteigerung beantragt; so erhält sich der Gläubiger mehrere Optionen.

III. Hindernisse für die Teilungsversteigerung

1285 Grundsätzlich stehen dem Antrag des Gläubigers die gleichen Hindernisse entgegen, die sich auch dem Miteigentümer stellen würden (Rn. 1050 f.). In zwei Fällen ist jedoch der **Gläubiger besser gestellt** als es der Schuldner (Miteigentümer) als Antragsteller wäre:

1. Ist der Schuldner ein in **Zugewinngemeinschaft** lebender Ehegatte und die Ehe noch nicht rechtskräftig geschieden, so könnte dem Antrag des Schuldners § 1365 BGB entgegenstehen. Nach h.M.[473] soll dies für den Gläubiger kein Hindernis sein. Aber selbst wenn man der Gegenansicht folgt, wird das Gericht in diesem Fall kaum Anhaltspunkte dafür haben, dass die Voraussetzungen des § 1365 BGB vorliegen und deshalb die Teilungsversteigerung anordnen und gegebenenfalls den Partner auf den Prozessweg verweisen.
2. Haben die Miteigentümer die Aufhebung der Gemeinschaft auf Dauer oder Zeit **ausgeschlossen** oder von einer Kündigung abhängig gemacht, kann der Gläubiger dennoch ohne diese Beschränkung die Teilungsversteigerung beantragen (§ 751 Satz 2 BGB).

---

471 Hierzu Rn. 40.
472 Zur Problematik der Verkehrswertfestsetzung bei Grundstückbruchteilen siehe Rn. 904.
473 Nicht unstrittig; zum Meinungsstand siehe *Stöber* (ZVG) § 180 Rn. 3.13p.

C. Schuldner ist Miteigentümer in Gesamthandsgemeinschaft

I. Pfändung

Im Grundbuch erkennt man diese Form des Miteigentums daran, dass keine Bruchteile eingetragen sind, obwohl die Gesamthandsgemeinschaft als solche durchaus Bruchteile kennt. Vielmehr ist die Gemeinschaft als solche eingetragen. In Betracht kommen

- die Erbengemeinschaft (§§ 2032 ff. BGB),
- die Gütergemeinschaft (§§ 1415 ff. BGB) und
- die BGB-Gesellschaft (§§ 705 ff BGB).

1286

Der Anteil an einer Gütergemeinschaft ist so lange der Pfändung nicht unterworfen, wie die Gütergemeinschaft besteht (§ 860 Abs. 1 ZPO). In dieser Zeit ist dem Gläubiger also der Weg der Teilungsversteigerung verwehrt. Es bleibt ihm nur die Vollstreckungsversteigerung. Hat er nur einen Titel gegen einen der Ehegatten, kann er nur unter besonderen Voraussetzungen vollstrecken.[474]

1287

Die Pfändung des Anteils einer Gesamthandsgemeinschaft an einem bestimmten Gegenstand ist grundsätzlich nicht möglich. Nur der Anteil an der Gemeinschaft als solcher kann gepfändet werden. (§ 859 Abs. 1 ZPO für die BGB-Gesellschaft; § 859 Abs. 2 ZPO für die Erbengemeinschaft; § 860 Abs. 2 ZPO für die Gütergemeinschaft). Somit wäre es **unzulässig**, „…den Erbanteil des Schuldners am Grundstück …" zu pfänden.

1288

Gepfändet wird immer **der Anteil an der Gemeinschaft**. Diese Pfändung schließt den Auseinandersetzungsanspruch ein. Es ist jedoch nicht unzulässig, diesen und den Anspruch auf Teilung und Auszahlung des Erlöses mit zu pfänden, wie dies in der Praxis meist geschieht.

1289

Der Antrag könnte also lauten:

Gepfändet und zur Einziehung überwiesen wird der Erbanteil des Schuldners an der Erbengemeinschaft nach dem am … (Todestag) verstorbenen … (Name des Erblassers), zusammen mit dem Anspruch auf Auseinandersetzung dieser Erbengemeinschaft und dem Anspruch auf Teilung des Erlöses und Auszahlung des auf den Schuldner entfallenden Erlösanteils.

Das Grundstück wird im Pfändungs- und Überweisungsbeschluss nicht erwähnt. Drittschuldner sind die (alle) Miteigentümer (hier die Miterben). Die Eintragung der Erbteilspfändung im Grundbuch ist möglich, aber für den Antrag auf Teilungsversteigerung nicht erforderlich.

II. Das geringste Gebot

Da im Normalfall[475] das ganze Grundstück nur einheitlich belastet sein kann, bleiben alle eingetragenen Rechte bestehen. Das durch die **Pfändung** bewirkte relative Verfügungsverbot bewirkt, dass Rechte, die unter Verstoß gegen dieses Verfügungsverbot eingetragen wurden, dem Pfandgläubiger gegenüber unwirksam sind. Somit bleiben die Rechte, die nach der Wirksamkeit der Pfändung dem Zwangsversteigerungsvermerk eingetragen wurden, nicht bestehen. Sind sie ausnahmsweise dem Pfandgläubiger gegenüber wirksam,

1290

---

474 Hierzu Rn. 18.
475 Ausnahme siehe *Stöber* (ZVG) § 182 Rn. 2.6.

muss dies prozessual durchgesetzt werden; außerdem ist natürlich Anmeldung (§ 37 Nr. 4 ZVG) erforderlich. Sind Rechte im Grundbuch bereits vor dem Zwangsversteigerungsvermerk eingetragen, aber dem Pfandgläubiger gegenüber unwirksam, muss er dies ebenfalls im Prozessweg durchsetzen. Im Grunde gelten die Regeln der Vollstreckungsversteigerung, wobei die Wirksamkeit der Pfändung an die Stelle der Beschlagnahme tritt.

III. Hindernisse für die Teilungsversteigerung

1291 Grundsätzlich gelten die Hindernisse, welche dem Antrag des Schuldners auf Teilungsversteigerung entgegengestanden hätten, auch für den antragstellenden Gläubiger. Aber auch für ihn kommen **Erleichterungen** in Betracht:
- Hat der Erblasser durch letztwillige Verfügung die Auseinandersetzung ausgeschlossen oder beschränkt, kann sie der Gläubiger trotzdem verlangen, wenn sein Titel nicht nur vorläufig vollstreckbar ist (§§ 2044, 751 Satz 2 BGB).
- Unter der gleichen Voraussetzung kann ein Gläubiger nach Pfändung eines Anteils an der BGB-Gesellschaft diese kündigen und die Auseinandersetzung verlangen (§ 751 Satz 2 BGB), obwohl die Gesellschafter dies gesellschaftsvertraglich ausgeschlossen hatten.

D. Gemeinsame Verfahrensregeln

I. Anordnung und Beitritt

1292 Auch auf Antrag eines Pfändungsgläubigers wird eine **Teilungsversteigerung** angeordnet, keine Vollstreckungsversteigerung, so dass die Regeln für die Teilungsversteigerung anwendbar sind, soweit sich aus der Tatsache der Pfändung / Überweisung keine Besonderheiten ergeben.

1293 Der Pfändungsgläubiger eines schuldnerischen Miteigentümers kann einer gegen diesen Schuldner angeordneten **Vollstreckungsversteigerung** allein aus seiner Rechtsstellung als Pfändungsgläubiger **nicht beitreten**.

Umgekehrt ist auch ein Beitritt eines „normalen" Gläubigers zu einer Teilungsversteigerung allein auf Grund einer titulierten Forderung nicht möglich.

1294 Ist die Teilungsversteigerung bereits angeordnet, gilt Folgendes:
- Wurde die Teilungsversteigerung auf Antrag eines anderen Miteigentümers (also nicht des Schuldners) angeordnet, tritt der Gläubiger dem Verfahren bei.
- Wurde die Teilungsversteigerung auf Antrag des Schuldners angeordnet, ist kein Beitritt erforderlich, da der Pfändungsgläubiger ja aus der gleichen Rechtsposition betreiben würde. In diesem Fall genügt die Anmeldung der Pfändung / Überweisung unter Vorlage des Beschlusses mit Zustellungsnachweisen. Die Folge ist nun, dass keiner von beiden allein den Antrag wieder zurücknehmen kann. Die anderen Miteigentümer können beitreten.

1295 Ob der Schuldner nach Pfändung / Überweisung **gegen den Willen** des Gläubigers **allein** die Teilungsversteigerung betreiben darf, ist sehr umstritten.[476] Nach der hier vertretenen

---
476 Das *OLG Hamburg* (MDR 1958, 45) und die überwiegende Literatur wollen ihm dieses Recht versagen; das *OLG Hamm* (Rpfleger 1958, 269) sowie das *OLG Jena* (Rpfleger 2001, 445) billigen ihm ein Antragsrecht zu. Zum Meinungsstand auch *Stöber* (ZVG) § 180 Rn. 11.10i.

Auffassung steht ihm dieses Recht zu. Der Gläubiger betreibt gegen den Schuldner die Zwangsvollstreckung und ist daher gehalten, die Verwertung des gepfändeten Gegenstandes nicht gegen den Willen des Schuldners zu verzögern. Schuldner und Pfändungsgläubiger stehen im Verfahren nebeneinander; der Schuldner ist nicht etwa aus seiner Rechtsposition verdrängt. Er darf nur die auf Befriedigung gerichteten Interessen des Gläubigers durch sein Verhalten nicht beeinträchtigen, nur insoweit ist er „relativ verfügungsbeschränkt"[477]. Die Verzögerung der Verwertung ist dem Gläubigerinteresse aber grundsätzlich entgegengesetzt. Ob im Einzelfall der Gläubiger ausnahmsweise an der Verzögerung ein schützenswertes Interesse hat, wäre für diesen Einzelfall zu entscheiden.

Der Anordnungsbeschluss und auch die Beitrittsbeschlüsse sollen klarstellen, dass das Verfahren zum Zwecke der Aufhebung einer Gemeinschaft erfolgt und dass der Gläubiger in der Rechtsposition des Schuldners handelt. Unbeschadet der dem Schuldner verbliebenen Beteiligungsrechte, ist er nach der hier vertretenen Auffassung nicht „Antragsgegner"[478] im formellen Sinne. Der Antrag wird aus seiner Rechtsposition – also **„für ihn"** und nicht „gegen ihn" gestellt. **1296**

In der Praxis wird gelegentlich die Geldsumme angegeben, wegen welcher die Pfändung erfolgt ist und wegen der somit jetzt die Versteigerung betrieben wird. Obwohl die Antragsgegner und auch der Schuldner dies aus dem Pfändungsbeschluss bereits wissen, werden sie dadurch nochmals darauf hingewiesen, welche Summe zur Abwendung dieser Versteigerung aufzubringen ist. Auch die Antragsgegner können gemäß § 267 BGB an den Gläubiger zahlen; in Sonderfällen[479] wird ihnen sogar ein Ablösungsrecht (§ 268 BGB) zugestanden. **1297**

Der Anordnungsbeschluss könnte daher etwa folgenden Wortlaut haben:

Anordnungsbeschluss (Teilungsversteigerung auf Antrag eines Pfändungsgläubigers **Muster**

In der Zwangsversteigerungssache

… (Gläubiger)

vertreten durch …

infolge Pfändungs- und Überweisungsbeschlusses des Amtsgerichts … vom … (Aktenzeichen)

in der Rechtsposition des … (Vollstreckungsschuldner)

wegen einer Forderung von … € zuzüglich … (Zinsen und Kosten)

– Antragsteller –

gegen

… (Miteigentümer)

… (Miteigentümer)

- Antragsgegner –

wird die Zwangsversteigerung folgender Grundstücke …

zum Zwecke der Aufhebung einer Erbengemeinschaft angeordnet.

Der Anordnungsbeschluss ist dem Vollstreckungsschuldner und den beiden Antragsgegnern zuzustellen. Der Gläubiger-Vertreter erhält ihn formlos.

---

477 *OLG Hamm* Rpfleger 1961, 201.
478 So aber *Stöber* (ZVG) § 180 Rn.11.10g.
479 Hierzu *Stöber* (ZVG) § 180 Rn. 11.10k bis 11.10m.

II. Einstweilige Einstellung des Verfahrens

1298 Für die Antragsgegner ergibt sich keine Besonderheit. Sie können gegen den Antrag des Pfandgläubigers einen Antrag auf einstweilige Einstellung des Verfahrens nach § 180 Abs. 2 ZVG (Rn. 1142 f.) und auch nach § 180 Abs. 3 ZVG (Rn. 1149 f.) stellen. Hierbei sind ihre Interessen nur gegenüber jenen des Miteigentümers (Schuldners) abzuwägen. Für ihren Antrag ist es bedeutungslos, dass das Verfahren nicht vom Miteigentümer selbst sondern von seinem Gläubiger betrieben wird.

1299 Ob auch der Miteigentümer, aus dessen Rechtsposition die Zwangsversteigerung betrieben wird, einen solchen Einstellungsantrag stellen darf, ist umstritten[480]. Nach der hier vertretenen Auffassung kann er einen solchen Antrag stellen, da der Pfandgläubiger nicht an seine Stelle, sondern neben ihn getreten ist und die Rechtsordnung Anträge eines Schuldners auf Verzögerung der Verwertung kennt und somit nicht grundsätzlich missbilligt.
Weiter gilt es zu beachten, dass besonders im Bereich § 180 Abs. 3 ZVG (Gefährdung des Kindeswohls) für den Schuldner eine Möglichkeit gegeben sein muss, diese Gefährdung von seinem Kind abzuwenden.

Die Abwägung widerstreitender Interessen wird, wie in der Teilungsversteigerung ohne Pfandgläubigerbeteiligung, ohnehin nur in besonders gelagerten Fällen zur einstweiligen Einstellung führen, da der Auseinandersetzungsanspruch grundsätzlich durchgesetzt werden muss.

Wegen des Antragsrechts des Schuldners ist auch ihm eine Belehrung gemäß § 180 Abs. 2 Satz 3 ZVG i.V.m. § 30b ZVG zuzustellen.

Tipp: Auch der Schuldner kann einen Einstellungsantrag (§ 180 Abs. 2, Abs. 3 ZVG) stellen.

III. Verfahren bis zum Verteilungstermin

1300 Zur beabsichtigten Wertfestsetzung sind neben den weiteren Beteiligten (hierzu Rn. 1120) sowohl der Gläubiger als auch der Schuldner zu hören; beide erhalten den Wertfestsetzungsbeschluss und die Terminsbestimmung zugestellt.

1301 Für den Versteigerungstermin ergeben sich keine Besonderheiten. Neben dem Gläubiger kann auch der Schuldner Sicherheit für das Gebot eines Dritten oder eines Miteigentümers (Ausnahme § 184 ZVG, Rn. 1223) verlangen. Bietet der Schuldner, kann der Gläubiger Sicherheit verlangen, falls nicht ebenfalls ausnahmsweise § 184 ZVG greift. Bietet der Gläubiger, können jedenfalls die übrigen Beteiligten Sicherheit verlangen, auch wenn wegen § 184 ZVG auf ein Gebot des schuldnerischen Miteigentümers keine Sicherheit zu leisten wäre. Da das Sicherheitsverlangen die Verwirklichung des Pfandrechtes des Gläubigers nicht beeinträchtigt, kann aber auch der Schuldner für ein Gebot des Gläubigers Sicherheit verlangen.

---

480 Hierzu *Stöber* (ZVG) § 180 Rn. 11.12a.

IV. Verteilungstermin

Wie üblich entnimmt das Gericht dem Erlös zunächst die Kosten des Verfahrens, die öffentlichen Lasten sowie die Zinsen und Nebenleistungen der bestehen gebliebenen Rechte. Hierbei kann der Gläubiger, falls er ein Grundpfandrecht am Bruchteil hatte, die hierauf entfallenden Zinsen und die Kosten der Eintragung des Grundpfandrechtes (für welche das Grundstück nach § 1118 BGB haftet) ohne weiteres entgegennehmen. 1302

Hierzu bedarf es **keiner Auseinandersetzung**; § 182 Abs. 2 ZVG schützt die Rechte der anderen Miteigentümer.

Da der Schuldner durch die Pfändung / Überweisung seines Anspruchs auf Auseinandersetzung (= Teilung des Erlöses) aus dem Beteiligungsrecht **nicht** vollständig ausgeschieden ist, bedarf die Erlösteilung auch seiner Zustimmung. Es können sich daher im Verteilungstermin **folgende Situationen** ergeben: 1303

1. Gläubiger, Schuldner und die anderen Miteigentümer erscheinen im Termin und erklären ihre Zustimmung zur Teilung des Erlöses gemäß der aufzulösenden Gemeinschaft. Sodann erklärt der Schuldner sein Einverständnis, den geschuldeten Betrag an den Gläubiger auszukehren. 1304
Folge: Jeder der Miteigentümer erhält seinen Anteil ausgezahlt / überwiesen, der Schuldner gekürzt um die Forderung des Gläubigers. Dieser wird wegen seiner Forderung aus dem Anteil des Schuldners befriedigt.

2. Der Schuldner oder auch nur einer der anderen Miteigentümer verweigert die Zustimmung zur Teilung des Erlöses. Oder aber, es fehlt eine dieser Zustimmungen im Verteilungstermin. 1305
Folge: Der Erlös bleibt ungeteilt. Das Gericht ordnet die Hinterlegung für sämtliche Miteigentümer (einschließlich Schuldner) und den Gläubiger als Pfändungsgläubiger des Schuldners an. Für das Versteigerungsgericht ist damit die Angelegenheit erledigt. Weitere Erledigung erfolgt durch Einigung gegenüber der Hinterlegungsstelle oder auf dem Prozesswege.

3. Der Schuldner und die übrigen Miteigentümer einigen sich über die Erlösteilung. Der Gläubiger stimmt zu. Dann verweigert der Schuldner die Entnahme der Gläubigerforderung aus seinem Anteil. 1306
Folge: Zunächst einmal erhalten die anderen Miteigentümer ihren Anteil am Erlös ausgezahlt / überwiesen. Die Weigerung des Schuldners hat keine Rechtsfolgen. Die Auseinandersetzung als solche – bei welcher der Schuldner trotz Pfändung mitwirken musste – ist ja vollzogen. Somit zahlt das Gericht jetzt gemäß dem Pfändungs- und Überweisungsbeschluss an den Gläubiger; den Rest an den Schuldner. Die Situation ist vergleichbar mit der Pfändung einer Gläubigerforderung durch einen Dritten im Verteilungstermin einer Vollstreckungsversteigerung.

In gleicher Weise ist zu verfahren, wenn infolge der Nichtzahlung des Meistgebotes die Übertragung der Forderung gegen den Ersteher auf die bisherigen Miteigentümer erforderlich wird. Es wird also entweder die Gesamtforderung auf alle einschließlich Gläubiger übertragen, oder aber – der Auseinandersetzung entsprechend – die Anteile auf die einzelnen Beteiligten. Im unter obiger Nr. 3 genannten Fall (der in der Praxis sehr selten sein dürfte) erhält der Gläubiger eine eigene Übertragung für seine Forderung, der Schuldner für den Rest. 1307

Für die im Falle einer **Forderungsübertragung** einzutragenden **Sicherungshypotheken** (Rn. 819 f.) gilt hinsichtlich ihrer **Rangfolge**: 1308

2 Teilungsversteigerung auf Antrag eines Gläubigers

1309 Ist die Auseinandersetzung erfolgt und hat der Schuldner der Zuteilung des gepfändeten Betrages an den Gläubiger zugestimmt (obige Nr. 1) oder hat der Schuldner (nach Auseinandersetzung) einer Zuteilung an den Gläubiger widersprochen (obige Nr. 3), erhält die für den Gläubiger einzutragende Sicherungshypothek Gleichrang mit jenen der anderen Miteigentümer, aber Vorrang gegenüber jener des Schuldners.

1310 Kommt es nicht zu einer Auseinandersetzung (obige Nr. 2), so wird nur eine (einheitliche) Sicherungshypothek für sämtliche Miteigentümer und den Gläubiger als Berechtigte eingetragen.

Fallbeispiel zum 2. Teil
(Teilungsversteigerung)

1. Abschnitt
Geringstes Gebot (Rn. 1191 f.)

Bei dem Amtsgericht Kaiserslautern läuft ein Zwangsversteigerungsverfahren zum Zwecke der Aufhebung einer Gemeinschaft betreffend den aus **anliegendem Grundbuchblatt** ersichtlichen Grundbesitz.

Auf Antrag der Annika Wald aus Kaiserslautern vom 27.01.2007 wurde am 31.01.2007 die Teilungsversteigerung des Grundbesitzes ordnungsgemäß angeordnet. Dem Versteigerungsantrag war die Ausfertigung eines Erbscheins des Amtsgerichts Kaiserslautern vom 21.12.2006 beigefügt, wonach der am 17.11.2006 in Kaiserslautern, seinem letzten Wohnsitz, verstorbene Carl Wald von seiner Ehefrau Bärbel Wald geb. Feld, in Kaiserslautern, zu 1/2-Anteil und von seinen beiden Kindern Annika Wald, in Kaiserslautern und David Wald, in Kaiserslautern, zu je 1/4-Anteil auf Grund gesetzlicher Erbfolge beerbt worden ist.

Der Anordnungsbeschluss wurde allen Antragsgegnern am 03.02.2007 zugestellt. Das Ersuchen um Eintragung des Zwangsversteigerungsvermerks ging am 05.02.2007 beim Grundbuchamt ein und wurde an gleichen Tag vollzogen.

Durch Beschluss vom 02.05.2007 wurde der Verkehrswert des Grundstücks auf 500.000,00 € festgesetzt.

Versteigerungstermin bestimmt das Vollstreckungsgericht auf den 17.07.2007.

Zu diesem Termin meldet die A-Bank AG ihre Zinsen aus der Grundschuld Abt. III Nr. 1 als rückständig seit dem 01.04.2006 an.

Die Auslagen des Gerichts bis zum Termin betragen einschließlich der geschätzten künftigen Auslagen 1.066,00 €.

„Lösungshinweise"

Die Antragstellerin ist (Mit)Erbin eines eingetragenen Miteigentümers (§ 181 Abs. 2 ZVG; Rn. 1089). Die Erbfolge wurde ordnungsgemäß glaubhaft gemacht (§§ 181 Abs. 3, 17 Abs. 3 ZVG).

Die Grundstücksbruchteile sind ungleich belastet; nach § 182 Abs. 2 ZVG ist dem geringsten Gebot (im Mindestbargebot), ein sog. Ausgleichsbetrag zuzuschlagen (Rn. 1204 f.).

Bei dessen Berechnung können „Gesamtansprüche", hier also die Verfahrenskosten sowie Kosten, Zinsen und Hauptanspruch des auf allen Grundstücksbruchteilen lastenden Gesamtrechts Abt. III Nr. 2 aus Gründen der Vereinfachung außer Betracht bleiben können, da sie das Ergebnis nicht beeinflussen (Rn. 1207).

Gesamtrechte, welche nicht auf allen Anteilen lasten, hier das Recht Abt. III Nr. 3, werden dabei auf die einzelnen Anteile nach Bruchteilen (Größe der Anteile) verteilt.

2 Fallbeispiel zur Teilungsversteigerung

Geringstes Gebot

A m t s g e r i c h t Kaiserslautern
Vollstreckungsgericht

Aktenzeichen: 2 K 3/07

Vorläufiges geringstes Gebot
berechnet für den Versteigerungstermin am 17.07.2007

In dem Zwangsversteigerungsverfahren
zum Zwecke der Aufhebung einer Gemeinschaft
betreffend das Grundstück der Gemarkung Kaiserslautern,
eingetragen im Grundbuch von Kaiserslautern Blatt 2000, lfd. Nr. 1 des Bestandsverzeichnisses
Flurstück Nr. 100/5 Gebäude- und Freifläche, Am hohen Berg 12 zu 1520 m²

I. Vorbericht

1. Die erste Beschlagnahme des Grundbesitzes erfolgte am 03.02.2007 durch Zustellung des Anordnungsbeschlusses an alle Antragsgegner (Rn. 1121).
2. Endzeitpunkt nach § 47 ZVG: 31.07.2007
3. Durch Beschluss vom 02.05.2007 wurde der
   Verkehrswert des Grundbesitzes festgesetzt auf: 500.000,00 €
   Der 5/10 Wert gemäß § 85a ZVG beträgt demnach: 250.000,00 €
   Der 7/10 Wert gemäß § 74a ZVG beträgt demnach: 350.000,00 €
4. Der Versteigerungstermin wurde ordnungsgemäß bekannt gemacht durch Veröffentlichung in dem für amtliche Bekanntmachungen bestimmten Blatt am ...
5. Antragstellerin: Annika Wald aus ihrem von Carl Wald anteilig (Gesamthand) geerbten 3/8-Anteil
6. An Anmeldungen liegen dem Gericht vor:
   A-Bank AG, Zinsen aus der Grundschuld Abt. III Nr. 1, rückständig seit dem 01.04.2006

II. Bestehen bleibende Rechte

Abteilung II: Keine
Abteilung III: Recht Nr. 1
Auf 1/4-Anteil des Anton Feld (Abt. I Nr. 1a):
Grundschuld ohne Brief in Höhe von fünfzigtausend Euro nebst 9 % Jahreszinsen, kalendervierteljährlich nachträglich fällig, für die A-Bank AG in Kaiserslautern. Vollstreckbar nach § 800 ZPO. Gemäß Bewilligung vom 11.03.2003 (Notar Dr. Schlau, Kaiserslautern, UR 44/03) eingetragen am 28.04.2003.
Das Recht lastet auf dem Anteil Abt. I Nr. 1a.
Es bleibt bestehen, weil es der Gesamtbelastung Abt. III Nr. 2 im Rang vor geht (§ 182 Abs. 1 ZVG; Rn. 1195)

Recht Nr. 2
Grundschuld ohne Brief in Höhe von achtzigtausend Euro nebst 7,5 % Jahreszinsen, monatlich jeweils am 1. im Voraus fällig, für die B-Bank AG in Kaiserslautern. Vollstreckbar nach § 800 ZPO. Gemäß Bewilligung vom 27.04.2003 (Notar Dr. Schlau, Kaiserslautern, UR 213/03) eingetragen am 01.06.2003.
Das Recht bleibt bestehen, weil es sich um eine Gesamtbelastung handelt.

Recht Nr. 3
Auf 3/8-Anteilen Bärbel und Carl Wald (Abt. I Nr. 1b und c):
Hypothek (Darlehn) ohne Brief in Höhe von sechzigtausend Euro nebst 10 % Jahreszinsen für die C-Bank AG in Kaiserslautern. Vollstreckbar nach § 800 ZPO. Gemäß Bewilligung vom 27.12.2003 (Notar Dr. Schlau, Kaiserslautern, UR 600/03) eingetragen am 01.02.2004.
Das Recht lastet auf den Anteilen Abt. I Nr. 1b und c.
Es bleibt bestehen, weil es den Anteil der Antragstellerin (Abt. I Nr. 1c als Erbin des Carl Wald) mitbelastet.

III. Mindestbargebot

1. Kosten des Verfahrens (§ 109 ZVG, Rn. 318, 319):
Wert: 500.000,00 € (bei Nr. 2215 KVGKG Wertangabe vorläufig)

½ Gebühr Nr. 2211 KVGKG:	1.478,00 €
½ Gebühr Nr. 2213 KVGKG:	1.478,00 €
½ Gebühr Nr. 2215 KVGKG:	1.478,00 €
Auslagen (einschl. geschätzter künftiger Auslagen):	1.066,00 €
Gesamtkosten:	5.500,00 €

2. Weitere Beträge (§ 10 Abs. 1 ZVG):

Allgemeiner Hinweis:
Die Zinsberechnungen im gesamten Fallbeispiel erfolgen bankmäßig (das Jahr mit 360 Tagen, jeder Monat mit 30 Tagen).

Rangklasse 3:
Keine Anmeldung

Rangklasse 4:
Recht Abt. III Nr. 1:
Angemeldet wurden Zinsen (= wiederkehrende Leistungen) mit 9 % aus 50.000,00 € seit dem 01.04.2006
Die Zinsen sind hier kalendervierteljährlich nachträglich fällig.

Letzte Fälligkeit vor der Beschlagnahme:	31.12.2006
Laufende Leistungen:	
01.10.2006 – 31.07.2007 (= 300 Tage) =	3.750,00 €
Rückständige Leistungen:	
01.04.2006 – 30.09.2006 (= 180 Tage) =	2.250,00 €

Die Rückstände liegen innerhalb der 2-Jahres-Frist des § 10 Abs. 1 Nr. 4 ZVG und sind daher in RK 4 zu berücksichtigen (Rn. 291).

Summe:	**6.000,00 €**

Recht Abt. III Nr. 2:
Mangels Anmeldung werden nur die laufenden Zinsen berücksichtigt.
7,5 % aus 80.000,00 €
Die Zinsen sind hier monatlich jeweils am 1. im Voraus fällig.

Letzte Fälligkeit vor der Beschlagnahme:	01.02.2007
Laufende Leistungen:	
01.02.2007 – 31.07.2007 (= 180 Tage) =	3.000,00 €
Summe:	**3.000,00 €**

2 Fallbeispiel zur Teilungsversteigerung

Recht Abt. III Nr. 3:
Mangels Anmeldung werden nur die laufenden Zinsen berücksichtigt.
Für deren Berechnung gilt § 488 Abs. 2 BGB analog
Die Zinsen gelten also als jährlich nachträglich fällig.
10 % aus 60.000,00 €

Letzte Fälligkeit vor der Beschlagnahme:	31.01.2007
Laufende Leistungen:	
01.02.2007 – 31.07.2007 (= 540 Tage) =	9.000,00 €
Summe:	**9.000,00 €**

Ausgleichsbetrag

Feststellung der *absoluten* Belastung eines jeden Anteils:

1/4-Anteil Anton Feld	3/8-Anteil Bärbel Wald	3/8-Anteil Carl Wald (jetzt Erbengemeinschaft Bärbel, Annika und David Wald)
Recht III/1 **50.000,00 €**	Recht III/3 (Anteil) **30.000,00 €**	Recht III/3 (Anteil) **30.000,00 €**
Zinsen III/1 **6.000,00 €**	Zinsen III/1 (Anteil) **4.500,00 €**	Zinsen III/1 (Anteil) **4.500,00 €**
56.000,00 €	**34.500,00 €**	**34.500,00 €**

Feststellung der *relativen* Belastung eines jeden Anteils:
Um festzustellen, welcher Miteigentümer seinen Anteil am höchsten belastet hat, müssen vergleichbare Verhältnisse geschaffen werden (Rn. 1208).
Hier bedeutet dies die „Herunterrechnung" auf 1/8-Anteil.

1/4-Anteil (= 2/8) Anton Feld	3/8-Anteil Bärbel Wald	3/8-Anteil Carl Wald (jetzt Erbengemeinschaft Bärbel, Annika und David Wald)
Recht III/1 **50.000,00 €**	Recht III/3 (Anteil) **30.000,00 €**	Recht III/3 (Anteil) **30.000,00 €**
Zinsen III/1 **6.000,00 €**	Zinsen III/1 (Anteil) **4.500,00 €**	Zinsen III/1 (Anteil) **4.500,00 €**
56.000,00 €	**34.500,00 €**	**34.500,00 €**
dies entspricht der Belastung eines **1/8-Anteil (= gemeinsamer Nenner)** in Höhe von:		
28.000,00 €	**11.500,00 €**	**11.500,00 €**

Fallbeispiel zur Teilungsversteigerung **2**

Als Zwischenergebnis lässt sich jetzt festhalten, dass Anton Feld seinen Anteil am höchsten belastet hat; für die beiden anderen Anteile muss ein **Ausgleichsbetrag** angesetzt werden.

Für die konkrete Berechnung des Ausgleichsbetrags stehen **alternativ zwei Wege** zur Verfügung (Rn. 1209 f.):

1. Weg: Die Freund'sche Formel:
„Der am stärksten belastete Anteil multipliziert mit dem gemeinsamen Nenner und nach Abzug der bestehen bleibenden Rechte und der bar zu zahlenden Beträge ergibt den Ausgleichsbetrag."

Anders ausgedrückt:
Multipliziert man den am stärksten belasteten Miteigentumsanteil **(hier: 28.000,00 €)** mit dem gemeinsamen Nenner **(hier: 8)**, dann erhält man als Resultat das geringste Gebot, bestehend aus: Summe der bestehen bleibenden Rechte **(hier: 110.000,00 €**, da die Gesamtbelastung Abt. III Nr. 2 nicht berücksichtigt wurde), Mindestbargebot (hier: Zinsen Abt. III Nr. 1 und Abt. III Nr. 3, **also 15.000,00 €**; auch hier wurden die Gesamtbelastungen (Gerichtskosten und Zinsen Abt. III Nr. 2 nicht berücksichtigt) und Ausgleichsbetrag.

28.000,00 € x 8 – 80.000,00 € – 10.500,00 € = **99.000,00 € (= Ausgleichsbetrag)**

2. Weg: Berechnung bei *jedem* Anteil nach folgender Formel:

(HB – RB) x Z = AA

HB = Am stärksten relativ belasteter Anteil **(hier: 28.000,00 €)**
RB = relative Belastung des konkreten Anteils **(Anteil Bärbel Wald und Anteil Carl Wald: je 11.500,00 €)**
Z = Zähler vom gemeinsamen Nenner des Anteils **(Anteil Bärbel Wald und Anteil Carl Wald: je 3)**
AA = Ausgleichsanspruch für jeden einzelnen Anteil

Anteil Bärbel Wald
(28.000,00 € – 11.500,00 €) x 3 =   49.500,00 €

Anteil Carl Wald (jetzt Erbengemeinschaft)
(28.000,00 € – 11.500,00 €) x 3 =   49.500,00 €

Summe: **99.000,00 €**

Zusammenfassung geringstes Gebot:

Summe bestehen bleibender Rechte: 190.000,00 €
Summe Mindestbargebot: 122.500,00 €

2. Abschnitt
Teilungsplan (Rn. 1244 ff.)

1312 In dem Versteigerungstermin bleibt Bärbel Wald geb. Feld, geb. am 17.04.1957, aus Kaiserslautern mit einem Bargebot von 250.000,00 € Meistbietende. Für dieses Gebot wird ihr am 01.08.2007 der Zuschlag erteilt. Verteilungstermin wird auf den 31.10.2007 bestimmt.

Außer der Anmeldung zum Versteigerungstermin liegen keine weiteren Anmeldungen vor.

Auf die Teilungsmasse wurden bislang keine Zahlungen geleistet. Die Antragstellerin Annika Wald hat einen Gebührenvorschuss (§ 15 Abs. 1 GKG) von 2.956,00 € und einen Auslagenvorschuss (§ 17 Abs. 3 GKG) von 1.000,00 € bezahlt (Rn. 321).

Die gerichtlichen Auslagen belaufen sich auf 1.116,00 €.

Die Ersteherin zahlt das Bargebot nebst Bargebotszinsen im Verteilungstermin bar an das Gericht. Weitere Beteiligte sind nicht erschienen.

„Lösungshinweise"

Obwohl es sich bei der Ersteherin um eine „ehemalige" Miteigentümerin handelt, muss sie das Bargebot nebst Bargebotszinsen in voller Höhe an das Gericht zahlen (Rn. 1245).

Es ist folgender Teilungsplan zu erstellen:

A m t s g e r i c h t Kaiserslautern
Vollstreckungsgericht

Aktenzeichen: 2 K 3/05

T e i l u n g s p l a n
für den Verteilungstermin am 31.10.2007

I. Vorbericht
1. Tag der ersten Beschlagnahme: 03.02.2007
2. Tag des Zuschlags: 01.08.2007
3. Verteilungstermin: 31.10.2007
4. Ersteherin: Bärbel Wald geb. Feld, Kaiserslautern
5. Meistgebot: 250.000,00 €
6. An Anmeldungen zum Verteilungstermin liegen dem Gericht vor:
   Außer der Anmeldung zum Versteigerungstermin liegen keine weiteren Anmeldungen vor.

II. Bestehen bleibende Rechte

Abteilung III: Recht Nr. 1
Grundschuld ohne Brief in Höhe von fünfzigtausend Euro nebst 9 % Jahreszinsen, kalendervierteljährlich nachträglich fällig, für die A-Bank AG in Kaiserslautern. Vollstreckbar nach § 800 ZPO. Gemäß Bewilligung vom 11.03.2003 (Notar Dr. Schlau, Kaiserslautern, UR 44/03) eingetragen am 28.04.2003.
Das Recht lastet auf dem ehemaligen Anteil Abt. I Nr. 1a.

Recht Nr. 2
Grundschuld ohne Brief in Höhe von achtzigtausend Euro nebst 7,5 % Jahreszinsen, monatlich jeweils am 1. im Voraus fällig, für die B-Bank AG in Kaiserslautern. Vollstreckbar nach § 800 ZPO. Gemäß Bewilligung vom 27.04.2003 (Notar Dr. Schlau, Kaiserslautern, UR 213/03) eingetragen am 01.06.2003.
Das Recht bleibt als Gesamtrecht bestehen.

Recht Nr. 3
Hypothek (Darlehn) ohne Brief in Höhe von sechzigtausend Euro nebst 10 % Jahreszinsen für die C-Bank AG in Kaiserslautern. Vollstreckbar nach § 800 ZPO. Gemäß Bewilligung vom 27.12.2003 (Notar Dr. Schlau, Kaiserslautern, UR 600/03) eingetragen am 01.02.2004.
Das Recht lastet auf den ehemaligen Anteilen Abt. I Nr. 1b und c.

III. Teilungsmasse

Bares Meistgebot	250.000,00 €
Bargebotszinsen 4% vom 01.08. bis 30.10.2007 (= 90 T.)	2.500,00 €
Summe:	252.500,00 €

IV. Schuldenmasse

1. Kosten des Verfahrens (§ 109 ZVG, Rn. 564 f.):

½ Gebühr Nr. 2211 KVGKG Wert 500.000,00 €	1.478,00 €
½ Gebühr Nr. 2213 KVGKG Wert 500.000,00 €	1.478,00 €
½ Gebühr Nr. 2215 KVGKG Wert 440.000,00 €	1.328,00 €
Auslagen:	1.116,00 €
Gesamtkosten:	5.400,00 €

Vorschussweise wurden auf diesen Betrag von der Antragstellerin Annika Wald ein Gebührenvorschuss von 2.956,00 € und einen Auslagenvorschuss von 1.000,00 €, zusammen mithin 3.956,00 € bezahlt.

Damit gestaltet sich die Schuldenmasse hinsichtlich der Gerichtskosten wie folgt:

Landesjustizkasse (restliche Gerichtskosten)	1.444.00 €
Annika Wald (Rückerstattung Vorschuss)	3.956,00 €

Rangklasse 4:
Recht Abt. III Nr. 1:
Angemeldet wurden Zinsen (= wiederkehrende Leistungen)
mit 9 % aus 50.000,00 € seit dem 01.06.2002
Die Zinsen sind hier kalendervierteljährlich nachträglich fällig.

Letzte Fälligkeit vor der Beschlagnahme:	31.12.2006
Laufende Leistungen:	
01.10.2006 – 31.07.2007 (= 300 Tage) =	3.750,00 €
Rückständige Leistungen:	
01.04.2006 – 30.09.2006 (= 180 Tage) =	2.250,00 €

Die Rückstände liegen innerhalb der 2-Jahres-Frist des
§ 10 Abs. 1 Nr. 4 ZVG und sind daher in RK 4
zu berücksichtigen.

Summe:	**6.000,00 €**

Recht Abt. III Nr. 2:
Mangels Anmeldung werden nur die laufenden Zinsen berücksichtigt.
7,5 % aus 80.000,00 €
Die Zinsen sind hier monatlich jeweils am 1. im Voraus fällig.
Letzte Fälligkeit vor der Beschlagnahme: 01.02.2007
Laufende Leistungen:
01.02.2007 – 31.07.2007 (= 180 Tage) = 3.000,00 €
Summe: **3.000,00 €**

Recht Abt. III Nr. 3:
Mangels Anmeldung werden nur die laufenden Zinsen berücksichtigt.
Für deren Berechnung gilt § 488 Abs. 2 BGB analog
Die Zinsen gelten also als jährlich nachträglich fällig.
10 % aus 60.000,00 €
Letzte Fälligkeit vor der Beschlagnahme: 31.01.2007
Laufende Leistungen:
01.02.2006 – 31.07.2007 (= 540 Tage) = 9.000,00 €
Summe: **9.000,00 €**

Recht Abt. III Nr. 4:
Mangels Anmeldung werden nur die laufenden Zinsen berücksichtigt.
15 % aus 10.000,00 €
Die Zinsen sind hier kalenderhalbjährlich im Voraus fällig.
Letzte Fälligkeit vor der Beschlagnahme: 01.01.2007
Laufende Leistungen:
01.01.2007 – 30.10.2007 (= 300 Tage) = 1.250,00 €
Kapital 10.000,00 €
Summe: **11.250,00 €**

V. Zuteilung

Es muss eine Verteilung gem. **§ 112 ZVG** erfolgen (Rn. 1246).
1. Schritt:
Zunächst befriedigt werden die Ansprüche,
für welche der gesamte Grundbesitz haftet:

Teilungsmasse	252.500,00 €
abzgl. Gerichtskosten	- 5.400,00 €
abzgl. Zinsen des Rechts Abt. III Nr. 2 (Gesamtrecht)	- 3.000,00 €
Verbleibender Überschuss:	244.100,00 €

2. Schritt:
Dem Überschuss von 244.100,00 €
sind die bestehen bleibenden Rechte Abt. III Nr. 1 und 3 mit 110.000,00 €
hinzuzurechnen (§ 112 Abs. 2 S. 2 ZVG).
Am gesamten Grundbesitz lastende Gesamtrechte (hier Abt. III Nr. 2)
können außer Betracht bleiben.

3. Schritt:
Der Gesamtbetrag von 354.100,00 €
ist auf die Anteile entsprechend ihres Wertverhältnisses (= Anteilsgröße)
zu verteilen (§ 112 Abs. 2 S. 1 ZVG)

Fallbeispiel zur Teilungsversteigerung 2

Anteilsgröße	A (2/8)	B (3/8)	C (3/8)
Anteile	88.525,00	132.787,50	132.787,50
4. Schritt Abzug der bestehen bleibenden Rechte § 112 Abs. 2 S. 3, 4 ZVG	- 50.000,00	- 30.000,00	- 30.000,00
Resterlös	**38.525,00**	**102.787,50**	**102.787,50**
Weitere Zuteilung:			
Zinsen III/1	- 6.000,00		
Zinsen III/3		- 4.500,00	- 4.500,00
Recht III/4	- 11.250,00		
Resterlös	**21.275,00**	**98.287,50**	**98.287,50**

Der Resterlös von insgesamt 217.850,00 € bleibt unverteilt und steht den bisherigen Eigentümern in Bruchteils- bzw. Erbengemeinschaft zu. Bei Auseinandersetzung durch übereinstimmende Erklärung aller Miteigentümer kann Auszahlung, andernfalls nur Hinterlegung für die bisherigen Eigentümer als Gesamtberechtigte nach § 432 BGB erfolgen (Rn. 1254 bis 1256).

Amtsgericht Kaiserslautern

Grundbuch

von

Kaiserslautern

Blatt 2000

Fallbeispiel zur Teilungsversteigerung **2**

Amtsgericht	Grundbuch von	Blatt	Bestandsverzeichnis
Kaiserslautern	Kaiserslautern	2000	Bogen 1

Laufende Nummer der Grundstücke	Bisherige laufende Nummer der Grundstücke	Bezeichnung der Grundstücke und der mit dem Eigentum verbundenen Rechte			Größe
		Gemarkung (Vermessungsbezirk)	Karte		Wirtschaftsart und Lage	
			Flur	Flurstück		
		a	b		c	m²
1	2	3				4
1		Kaiserslautern		100/5	Gebäude- und Freifläche Am hohen Berg 12	1520

Amtsgericht	Grundbuch von	Blatt	Bestandsverzeichnis
Kaiserslautern	Kaiserslautern	2000	Bogen 1

Zur lfd. Nr. der Grundstücke	Bestand und Zuschreibungen	Zur lfd. Nr. der Grundstücke	Abschreibungen
5	6	7	8
1	Von Blatt 19 hierher übertragen am 15.07.2002. *Unterschrift*		

2 Fallbeispiel zur Teilungsversteigerung

Amtsgericht	**Grundbuch von**	**Blatt**	**Erste Abteilung**
Kaiserslautern	Kaiserslautern	2000	Bogen 1

Laufende Nummer der Eintragungen	Eigentümer	Laufende Nummer der Grundstücke im Bestandsverzeichnis	Grundlage der Eintragung
1	2	3	4
1 a) b) c)	Anton Feld, geb. am 01.03.1965 - Miteigentümer zu 1/4 - Bärbel Wald geb. Feld, geb. am 17.04.1957 - Miteigentümerin zu 3/8 - Carl Wald, geb. am 26.07.1955 - Miteigentümer zu 3/8 -	1	Aufgelassen am 15.03.2002, eingetragen am 15.07.2002. *Unterschrift*

Amtsgericht	**Grundbuch von**	**Blatt**	**Zweite Abteilung**
Kaiserslautern	Kaiserslautern	2000	Bogen 1

Laufende Nummer der Eintra-	Laufende Nummer der betroffenen Grundstücke im Bestandsverzeichnis	Lasten und Beschränkungen
1	2	3
1	1	Die Zwangsversteigerung zum Zwecke der Aufhebung der Gemeinschaft ist angeordnet (Amtsgericht Kaiserslautern 2 K 3/07). Eingetragen am 05.02.2007 *Unterschrift*

Fallbeispiel zur Teilungsversteigerung **2**

Amtsgericht	Grundbuch von	Blatt	Dritte Abteilung
Kaiserslautern	Kaiserslautern	2000	Bogen 1

Laufende Nummer der Eintragungen	Laufende Nummer der belasteten Grundstücke im Bestandsverzeichnis	Betrag	Hypotheken, Grundschulden, Rentenschulden
1	2	3	4
1	1	50.000,00 €	Auf 1/4-Anteil des Anton Feld (Abt. I Nr. 1a): Grundschuld ohne Brief in Höhe von fünfzigtausend Euro nebst 9 % Jahreszinsen, kalendervierteljährlich nachträglich fällig, für die A-Bank AG in Kaiserslautern. Vollstreckbar nach § 800 ZPO. Gemäß Bewilligung vom 11.03.2003 (Notar Dr. Schlau, Kaiserslautern, UR 44/03) eingetragen am 28.04.2003. *Unterschrift*
2	1	80.000,00 €	Grundschuld ohne Brief in Höhe von achtzigtausend Euro nebst 7,5 % Jahreszinsen, monatlich jeweils am 1. im Voraus fällig, für die B-Bank AG in Kaiserslautern. Vollstreckbar nach § 800 ZPO. Gemäß Bewilligung vom 27.04.2003 (Notar Dr. Schlau, Kaiserslautern, UR 213/03) eingetragen am 01.06.2003. *Unterschrift*
3	1	60.000,00 €	Auf 3/8-Anteilen Bärbel und Carl Wald (Abt. I Nr. 1b und c): Hypothek (Darlehn) ohne Brief in Höhe von sechzigtausend Euro nebst 10 % Jahreszinsen für die C-Bank AG in Kaiserslautern. Vollstreckbar nach § 800 ZPO. Gemäß Bewilligung vom 27.12.2003 (Notar Dr. Schlau, Kaiserslautern, UR 600/03) eingetragen am 01.02.2004. *Unterschrift*
4	1	10.000,00 €	Auf 1/4-Anteil des Anton Feld (Abt. I Nr. 1a): Grundschuld ohne Brief in Höhe von zehntausend Euro nebst 15 % Jahreszinsen, kalenderhalbjährlich im Voraus fällig, für die D-Bank AG in Kaiserslautern. Vollstreckbar nach § 800 ZPO. Gemäß Bewilligung vom 03.02.2005 (Notar Dr. Schlau, Kaiserslautern, UR 57/05) eingetragen am 01.03.2005. *Unterschrift*

Muster 1313

**Gerichtlich protokollierter Vergleich
zur Abwendung der Teilungsversteigerung**

A m t s g e r i c h t Tübingen   Tübingen, den 30.04.2004
- Vollstreckungsgericht -
K 60/04

Anwesend:
Amtsrat Schmidt, als Rechtspfleger
Justizobersekretärin Schreib, als Urkundsbeamtin der Geschäftsstelle des Amtsgerichts

Protokoll

in dem Zwangsversteigerungsverfahren
zum Zwecke der Aufhebung der Gemeinschaft Mustermann, Tübingen,
hinsichtlich des Grundstücks der Gemarkung Tübingen,
eingetragen im Grundbuch von Tübingen Blatt 2000
lfd. Nr. 1 des Bestandsverzeichnisses, Flurstück 100,
Gebäude- und Freifläche, Hauptstraße 1 zu 400 qm

In dem gem. § 62 ZVG[481] auf heute anberaumten Termin erschienen nach Aufruf der Sache folgende Beteiligte:

1. Frau Klara Mustermann, Hintergasse 3, 72760 Reutlingen
   – Antragstellerin –
   mit ihrem Verfahrensbevollmächtigten, Rechtsanwalt Dr. Schlau, 72760 Reutlingen

2. Herr Tobias Mustermann, Hauptstraße 1, 72074 Tübingen
   – Antragsgegner –
   mit seinem Verfahrensbevollmächtigten, Rechtsanwalt Dr. Wissend, 72074 Tübingen

Es wurde zunächst Folgendes festgestellt:

Frau Klara Mustermann und Herr Tobias Mustermann sind je zur Hälfte Eigentümer des Grundstücks
der Gemarkung Tübingen, eingetragen im Grundbuch von Tübingen Blatt 2000
lfd. Nr. 1 des Bestandsverzeichnisses, Flurstück 100,
Gebäude- und Freifläche, Hauptstraße 1 zu 400 qm

Die Ehe der Parteien ist rechtskräftig geschieden.

Die Eigentümer beabsichtigen, die Bruchteilsgemeinschaft hinsichtlich des vorstehend näher bezeichneten Grundstücks auseinander zu setzen.

Nach eingehender Erörterung der Sach- und Rechtslage schließen die Parteien folgenden

Vergleich:

Zur Aufhebung der Bruchteilsgemeinschaft verpflichtet sich die Antragstellerin, ihren Miteigentumsanteil auf den Antragsgegner zu übertragen.

Als Gegenleistung bezahlt der Antragsgegner an die Antragstellerin 50.000,– Euro (i. W.: fünfzigtausend Euro). Dieser Betrag ist bereits treuhänderisch bei dem Verfahrensbevollmächtigten des Antragsgegners hinterlegt, er wird an die Antragstellerin nach erfolgter Auflassung ausbezahlt werden.

---

481 Ein Vergleich mit dem Ziel der „gütlichen Beilegung" des Verfahrens kann auch in einem Termin im Rahmen des Verfahrens nach §§ 180 Abs. 2, 30a ZVG verhandelt und geschlossen werden. Auch im Versteigerungstermin selbst ist dies noch möglich, wenngleich wegen der dann vor den Bietinteressierten auszutragenden Verhandlungen zwischen den Parteien wenig zweckmäßig.

Muster: Vergleich in der Teilungsversteigerung

Als weitere Gegenleistung übernimmt der Antragsgegner die auf dem Objekt lastenden Verbindlichkeiten, nämlich

1. 45.000,-- Euro, Buchgrundschuld für die A-Bank AG, Tübingen, eingetragen in vorgenanntem Grundbuch Abt. III lfd. Nr. 1
2. 15.000,-- Euro, Grundschuld für die B-Bank AG, Tübingen, eingetragen in vorgenanntem Grundbuch Abt. III lfd. Nr. 2

Insoweit wird eine Schuldübernahme vereinbart.

Für den Fall der Nichtgenehmigung der Schuldübernahme gilt Erfüllungsübernahme als vereinbart.

Die vorgenannten Grundpfandrechte sind teilweise nicht mehr valutiert. Die Antragstellerin tritt sämtliche ihr in Bezug auf die Grundpfandrechte zustehenden Ansprüche, insbesondere diejenigen auf Rückübertragung der Grundschulden und Herausgabe der Grundschuldbriefe, sowie eine etwa entstehende Eigentümergrundschuld an den Antragsgegner ab, welcher die Abtretung annimmt.

Damit sind sämtliche Ansprüche der Parteien gegeneinander, insbesondere der Anspruch auf Zugewinnausgleich erledigt.

Die Besitzübergabe des Übernahmegegenstandes erfolgt sofort.

Im Übrigen gelten folgende weitere Bestimmungen;

1. Für Sachmängel und den Messgehalt wird keine Gewähr geleistet.
2. Die Rechtsmängelhaftung bestimmt sich nach dem Gesetz.
3. Von dem Tage der Besitzübergabe an gehen Nutzen, Lasten und die Gefahr des zufälligen Unterganges oder der zufälligen Verschlechterung auf den Antragsgegner über.
4. Die Grundsteuer übernimmt der Antragsgegner ab 01.01.2005.
5. Die gerichtlichen Kosten des Zwangsversteigerungsverfahrens tragen die Parteien je zur Hälfte; jede Partei trägt ihre eigenen außergerichtlichen Kosten.

Hierauf erklären die erschienenen Parteien bei gleichzeitiger Anwesenheit folgende unbedingte

Auflassung:

Die Parteien sind sich darüber einig, dass das Eigentum am Vergleichsgegenstand, dem hälftigen Miteigentumsanteil der Antragstellerin Klara Mustermann an dem Grundstück der Gemarkung Tübingen, eingetragen im Grundbuch von Tübingen Blatt 2000, lfd. Nr. 1 des Bestandsverzeichnisses, Flurstück 100, Gebäude- und Freifläche, Hauptstraße 1 zu 400 qm auf den Antragsgegner, Tobias Mustermann, übergehen soll.

Beide Parteien bewilligen, Herr Tobias Mustermann beantragt die Eintragung der Eigentumsänderung im Grundbuch.

vorgelesen und genehmigt

Hierauf erklärt der Verfahrensbevollmächtigte der Antragstellerin:

Namens der Antragstellerin nehme ich den Zwangsversteigerungsantrag vom 10.01.2004 zurück.

Sodann erging folgender

Beschluss

Das Zwangsversteigerungsverfahren zum Zwecke der Aufhebung der Gemeinschaft Mustermann (K 60/04) wird aufgehoben.

Gründe

Die Antragstellerin hat ihren Versteigerungsantrag zurückgenommen (§ 29 ZVG).

Schmidt	*Schreib*
(Schmidt)	(Schreib)
Rechtspfleger	Justizobersekretärin als Urkundsbeamtin der Geschäftsstelle des Amtsgerichts

3. Teil
Zwangsverwaltung

1. Kapitel
Systematische Einordnung und Allgemeines

A. Zwangsverwaltung als Maßnahme der Immobiliarvollstreckung

Neben der Zwangsversteigerung und der Eintragung einer Zwangshypothek stellt die Zwangsverwaltung eine **weitere Art der Immobiliarvollstreckung** dar (§ 866 Abs. 1 ZPO). Sie steht **selbständig** und **gleichwertig** neben den beiden anderen Maßregeln. 1314

B. Verfahrenszweck

Während in der Zwangsversteigerung der Gläubiger die Befriedigung aus der Substanz des Grundstücks, d.h. aus dem Erlös des zwangsweise verwerteten Objekts, sucht, soll er dagegen in der Zwangsverwaltung **aus den Erträgnissen des Grundbesitzes befriedigt** werden (arg. §§ 148 Abs. 1, 155 ZVG). 1315

Die Befriedigung des Gläubigers erfolgt in der Zwangsverwaltung aus den Erträgnissen und nicht aus der Substanz. Daher bewirkt die Beschlagnahme in der Zwangsverwaltung für den Zwangsverwalter kein Recht, über dieses Grundstück zu verfügen. Das Grundstück kann daher während der Zwangsverwaltung ohne Zustimmung des Verwalters veräußert werden. Die Beschlagnahme bewirkt also keine Grundbuchsperre. Die Aufhebung des Verfahrens kann nur durch die Antragsrücknahme des bzw. der (betreibenden) Gläubiger bewirkt werden. Im Gegensatz zum Insolvenzverwalter kann der Zwangsverwalter deshalb auch ein Grundstück nicht aus der Zwangsverwaltung freigeben.

Ein vom Gericht ermächtigter Zwangsverwalter verschafft sich den Besitz am schuldnerischen Grundstück und zieht die Nutzungen aus diesem Objekt. Dem Schuldner wird durch die Beschlagnahme die Verwaltung und Benutzung des Grundstücks entzogen (§ 148 Abs. 2 ZVG). Regelmäßig bestehen die Nutzungen aus den **Miet- oder Pachtforderungen**. Der Verwalter hat aber auch die Nutzungen, die in Natur bestehen, zu ziehen (also zu ernten) und, soweit diese Nutzungen entbehrlich sind, diese in Geld umzusetzen. Zu denken ist an landwirtschaftliche oder gärtnerische Erzeugnisse, die der Verwalter erntet und veräußert und den Erlös zur Zwangsverwaltungsmasse zieht. 1316

Die Zwangsverwaltung soll nicht nach starren Regeln durchgeführt werden. Vielmehr sollen der Zwangsverwalter und das ihn überwachende Gericht wie ein verantwortungsbewusster Eigentümer handeln.[482] Deshalb soll der Zwangsverwalter auch dafür sorgen, dass das beschlagnahmte Objekt in einem **guten Zustand erhalten** bleibt bzw. ein schlechter Zustand beseitigt wird. Hiervon hängt nicht nur der Erfolg des Zwangsverwaltungsverfahrens, sondern auch ein gutes Ergebnis eines evtl. später oder parallel durchgeführten Zwangsversteigerungsverfahrens ab. 1317

Eine Zwangsverwaltung macht auch deshalb Sinn für einen Gläubiger, weil er durch den Zwangsverwalterbericht sofort über die exakten Miet- und Pachtverhältnisse Bescheid weiß. Der Verwalter wird bereits in seinem ersten Bericht mitteilen können, ob Vorauszahlungen gem. §§ 57 ff. ZVG geleistet worden sind, die ein entsprechendes außerordentliches Kündigungsrecht eines Erstehers hinausschieben würde. 1318

---

482 *Stöber* (ZVG) § 146 Rn. 2.3.

Dann ist es für einen Schuldner kaum mehr möglich, was in der Praxis vorkommt, nachträglich fingierte Mietverträge vorzulegen, die ein außerordentliches Kündigungsrecht wegen Zahlung von Baukostenzuschüssen i.S.d. §§ 57 ff. ZVG hinausschieben würden.

Außerdem kann der Verwalter die für die Versteigerung wichtige Frage (Rn. 379) klären, ob die Mieter Mietsicherheiten (Kautionen) geleistet haben.

C. Verhältnis der Zwangsverwaltung zur Zwangsversteigerung

1319 Zwangsverwaltung und Zwangsversteigerung können **nebeneinander** betrieben werden (§ 866 Abs. 2 ZPO). Beide Verfahren sind jedoch voneinander **unabhängig** und daher verfahrensmäßig **getrennt** zu halten. Wird über dasselbe Grundstück bei gleichzeitigem Antrag Zwangsverwaltung und Zwangsversteigerung angeordnet, so muss dies daher auch in getrennten Beschlüssen erfolgen.

Es gibt jedoch **einige Berührungspunkte** der beiden Verfahren:

I. Bestimmte Zwangsverwaltungsvorschüsse

1320 Ein Gläubiger im Zwangsversteigerungsverfahren kann gem. § 10 Abs. 1 Nr. 1 ZVG die **Aufwendungen**, die er im Zwangsverwaltungsverfahren für die Erhaltung oder nötige Verbesserung des Grundstücks gemacht hat (sog. bestimmte Zwangsverwaltungsvorschüsse), im Zwangsversteigerungsverfahren erstattet erhalten, wenn die Zwangsverwaltung bis zum Zuschlag fortgedauert hatte und die Ausgaben nicht aus den Nutzungen des Grundstücks erstattet werden konnten.

II. Zwangsverwaltung zur Sicherung

1321 Ist eine Zwangsversteigerung angeordnet und ist während des Verfahrens zu besorgen, dass durch das Verhalten des Schuldners die ordnungsmäßige Wirtschaft gefährdet wird, so hat das Vollstreckungsgericht auf Antrag des Gläubigers die zur Abwendung der Gefährdung erforderlichen Maßregeln anzuordnen, was auch durch Anordnung einer Zwangsverwaltung geschehen kann (§ 25 ZVG).[483]

III. Überleitung einer ergebnislosen Zwangsversteigerung

1322 Bleibt die Zwangsversteigerung auch in einem zweiten Termin **ergebnislos**, so wird dieses Verfahren grundsätzlich aufgehoben (§ 77 Abs. 1 Satz 1 ZVG; Rn. 444). Liegen jedoch die Voraussetzungen für die Anordnung einer Zwangsverwaltung vor, so kann gem. § 77 Abs. 2 Satz 2 ZVG das Gericht auf Antrag eines Gläubigers anordnen, dass das Verfahren als Zwangsverwaltung fortgeführt wird.

---

483 Dazu *Depré/Mayer* ab Rn. 773.

IV. Zwangsverwaltung und Zuschlag

Wird in der Zwangsverwaltung der Zuschlag erteilt, so endet mit dem Erlass des Beschlusses über die Aufhebung der Zwangsverwaltung die auch noch nach dem Zuschlag weiter vorhandene Verwaltungsbefugnis des Zwangsverwalters bezüglich der vom Zuschlag umfassten Gegenstände.[484]

1323

V. Gerichtliche Verwaltung gem. § 94 ZVG

Bekanntlich (Rn. 497) wird der Ersteher bereits mit dem Zuschlag Eigentümer des Versteigerungsobjekts, sofern der Zuschlag nicht im Beschwerdeweg rechtskräftig aufgehoben wird (§ 90 Abs. 1 ZVG). Auf die Zahlung des Meistgebots kommt es nicht an. Damit kann ein Ersteher zwar nicht über den ersteigerten Grundbesitz, jedoch z.B. über die mitversteigerten Gegenstände verfügen; auch kann er die Grundstücksnutzungen (z.B. Miete) ziehen und auch über evtl. Mietverträge „verfügen". Insgesamt lässt sich also festhalten, dass der Ersteher den Grundbesitz in einer Weise „beeinträchtigen" kann, welche dessen, wegen der bisherigen Nichtzahlung des Meistgebots drohende, Wiederversteigerung erlöstechnisch erheblich erschweren würde. Vor einer derartigen Verschlechterung soll § 94 ZVG all jene schützen, welche aus dem bisherigen Versteigerungsergebnis eine Zuteilung erwarten dürfen.

1324

Diese Beteiligten und der Schuldner[485] können im Falle der Nichtzahlung des Meistgebots versuchen, ihren möglichen Schaden dadurch abzuwenden, dass das Grundstück für Rechnung des Erstehers in gerichtliche Verwaltung genommen wird. Den hierauf gerichteten Antrag können sie schon im Versteigerungstermin stellen (§ 94 Abs. 1 ZVG). Auf das Verfahren finden einige Bestimmungen der Zwangsverwaltung Anwendung, so etwa die für die Bestellung des Verwalters und dessen Rechte und Pflichten bestehenden Regelungen (§ 94 Abs. 2 ZVG). Soweit durch die vom Verwalter vorzunehmende Einziehung von Nutzungen Überschüsse (§ 155 Abs. 2 ZVG) entstehen, erfolgt deren Verteilung nach den in der Zwangsverwaltung geltenden Regeln (Rn. 1633) mithin gemäß eines aufzustellenden Teilungsplans nur an Berechtigte, welche auf Grund des Zuschlags einen Anspruch gegen den Ersteher haben, z.B. für Zinsen aus den bestehen bleibenden Rechte oder öffentliche Lasten ab Zuschlag.

1325

Gläubiger der durch die Zwangsversteigerung erloschenen Rechte werden hieran ebenso wenig beteiligt, wie persönliche Gläubiger „des Zwangsversteigerungsverfahrens", da diese eben nur aus dem (bislang nicht gezahlten) Versteigerungserlös, nicht jedoch aus Zwangsverwaltungsüberschüssen befriedigt werden.

1326

Die Sicherungsverwaltung nach § 94 ZVG dient aus den o.g. Gründen eben nur dem Schutz gegen tatsächliche Verfügung des Erstehers, nicht jedoch der Befriedigung der aus dem Bargebot zu deckenden Berechtigten.

1327

Abschließend sei angemerkt, dass, obwohl für dieses Verfahren einige Bestimmungen der Zwangsverwaltung gelten, § 149 ZVG keine Anwendung findet, da der Schuldner durch den Zuschlagsbeschluss bereits sein Eigentum verloren hat und ihm daher ein „Wohnrecht" nicht mehr zugebilligt werden kann.

1328

---

484 Dazu *Eickmann* ZfIR 2003, 1021.
485 Mit guten Argumenten bejahen *Depré/Mayer* (Rn. 795) das Antragsrecht des Schuldners entgegen der h.M.

2. Kapitel
Dingliche Mietpfändung – Alternative zur Zwangsverwaltung?

A. Miete als Vollstreckungsobjekt

1329 Wie bereits dargelegt (Rn. 1315) kommt den Nutzungen aus dem Grundbesitz in der Zwangsverwaltung erhebliche Bedeutung zu. Gerade das vermietete Objekt verspricht dem Gläubiger der Zwangsverwaltung eher die zumindest teilweise Befriedigung seiner Forderung.

1330 Da es sich bei dem Anspruch des Vermieters gegen den Mieter auf Zahlung von Miete[486] jedoch um eine „normale" Forderung handelt, ist auch ein Vollstreckungszugriff durch **Pfändung** (und Überweisung) nach den §§ 828 ff. ZPO denkbar. Ohne Frage ist diese Forderungspfändung **schneller** und weitaus **kostengünstiger** durchführbar als die Zwangsverwaltung. Problematisch gestaltet sich die Sachlage in der Praxis oft allein dadurch, dass für eine solche Pfändung das Prioritätsprinzip des § 804 Abs. 3 ZPO gilt. Wer nicht zuerst pfändet, hat meist das Nachsehen.

B. Zwangsverwaltung „bricht" Mobiliarpfändung

1331 In das unter obiger Rn. 1330 dargestellte Prioritätsprinzip der Mobiliarvollstreckung greift § 1124 Abs. 2 BGB ein. Nach dieser Norm wird wenigstens die i.S.d. § 1124 Abs. 2 BGB künftige Miete trotz Vorausverfügung wieder der Hypothekenhaftung unterstellt[487]. Klarstellend sei angemerkt, dass zu einer Vorausverfügung i.S. dieser Norm auch eine solche im Wege der Zwangsvollstreckung (hier Mobiliarpfändung) gehört.[488] Damit wird durch eine gegenüber der Mobiliarpfändung nachträgliche Beschlagnahme in der Zwangsverwaltung die künftige[489] Miete allein den Befriedigungsregeln des Zwangsverwaltungsverfahrens unterstellt. Da in der Zwangsverwaltung die Befriedigung der Gläubiger aus den Überschüssen (Rn. 1644) überwiegend[490] nicht nach dem Prioritätsprinzip, sondern nach den Rangklassen des § 10 ZVG erfolgt (§ 155 Abs. 2 ZVG), stellt die Beantragung (mit nachfolgender Anordnung) der Zwangsverwaltung besonders für den dinglichen Gläubiger einen Weg dar, trotz vorliegender „vorrangiger" (Mobiliar)Pfändung der Miete hieraus Befriedigung zu erfahren.

---

486 Soweit in diesem Kapitel von Miete gesprochen wird, gelten die Ausführungen entsprechend für die Pacht.
487 *Depré/Mayer* Rn. 168.
488 *Palandt/Bassenge* § 1124 Rn. 5.
489 § 1124 Abs. 2 BGB.
490 Ausnahme: RK 5; hier richtet sich der Befriedigungsrang nach der zeitlichen Reihenfolge der Beschlagnahmen.

C. Alternativ: Auch „dingliche Pfändung" bricht Mobiliarpfändung

Die Mietforderungen unterliegen gem. § 1123 BGB der Hypothekenhaftung.[491] Der Grundstückseigentümer (Vermieter) kann über diese Mieten verfügen, solange der Berechtigte eines Grundpfandrechts seine Hypothekenhaftung noch nicht verwirklicht hat. Die Hypothekenhaftung ist zwar latent vorhanden, der dingliche Gläubiger kann aber auf die Erträge erst zugreifen, wenn er die Haftung durch Beschlagnahme aktiviert hat.

1332

Wird vor dieser Beschlagnahme die Miete eingezogen oder wird in anderer Weise über sie verfügt, so ist diese Verfügung[492] dem Hypothekengläubiger gegenüber wirksam (§ 1124 Abs. 1 BGB).

1333

Verfügungen jedweder Art über die Miete vor Haftungsverwirklichung durch den Hypothekengläubiger sind jedoch ihm gegenüber insoweit **unwirksam**, soweit sie sich auf die Miete für die spätere Zeit als den zur Zeit der Beschlagnahme laufenden Kalendermonat beziehen. Erfolgt die Beschlagnahme nach dem fünfzehnten Tage des Monats, so ist die Verfügung jedoch insoweit wirksam, als sie sich auf die Miete für den folgenden Kalendermonat bezieht (§ 1124 Abs. 2 BGB).

1334

Die von § 1124 BGB geforderte **Beschlagnahme** der Miete tritt jedoch nicht allein durch die Zwangsverwaltung (Rn. 1396 ff.), sondern auch durch die **Pfändung** der Miete aufgrund eines **dinglichen** Titels (sog. Duldungstitel) ein.[493]

1335

Diesen dinglichen Titel hält ein Grundpfandrechtsgläubiger meist schon in Händen, weil sich der Eigentümer regelmäßig bei der Grundpfandrechtsbestellung in einer notariellen Urkunde der Zwangsvollstreckung aus dem einzutragenden Recht in das Grundstück unterwirft (Titel nach § 794 Abs. 1 Nr. 5 ZPO). Anderenfalls müsste der Gläubiger gegen den Schuldner über eine Duldungsklage diesen dinglichen Titel (dann Titel nach § 704 ZPO) erwirken.

1336

Nimmt der dingliche Gläubiger demnach eine Pfändung der Miete (durch Pfändungsbeschluss des Vollstreckungsgerichts) aufgrund seines dinglichen Titels (Duldungstitels) vor, aktiviert er damit den Haftungsverband des Grundpfandrechts. Dies hat nicht nur die relative Unwirksamkeit der bisherigen Mietpfändung im Rahmen des § 1124 Abs. 2 BGB zur Folge. Der dingliche Gläubiger nimmt durch die Mietpfändung auch **exklusiv** Zugriff auf diese Forderung, d.h. er allein wird aus der Pfändung befriedigt, unabhängig etwa von § 10 ZVG oder dem Grundbuchrang seines Grundpfandrechts.

1337

Aus dieser starken Position kann der dingliche Gläubiger nur **vertrieben** werden wenn
1. ein weiterer dinglicher Gläubiger aus einem rangbesseren Grundpfandrecht ebenfalls die dingliche Mietpfändung bewirkt oder
2. die Beschlagnahme der Miete in einem später angeordneten Zwangsverwaltungsverfahren bewirkt wird.

1338

zu 1.
In der Konkurrenz mehrerer dinglicher Gläubiger gilt nicht der Zeitpunkt der Beschlagnahme, sondern der **Grundbuchrang** der Rechte (§ 879 BGB) aus denen die Zwangsvollstreckung betrieben wird.[494]

---

491 Wegen § 1192 Abs. 1 BGB gilt dies entsprechend für die Grundschuld und die Rentenschuld.
492 Darunter fallen auch solche im Wege der Zwangsvollstreckung.
493 *RG* 103, 137; *Palandt/Bassenge* § 1123 Rn. 5 m.w.N.
494 *RG* a.a.O.

3 Dingliche Mietpfändung – Alternative zur Zwangsverwaltung?

zu 2.
Erfolgt die Beschlagnahme im Rahmen einer Zwangsverwaltung, hat diese in jedem Falle Vorrang, d.h. das Recht des Zwangsverwalters, die Miete einzuziehen (§ 148 ZVG) und diese nach Maßgabe der §§ 155 ff. ZVG auszuschütten geht (im Rahmen des § 1124 Abs. 2 BGB) vor.[495] Dies gilt selbst dann, wenn die Zwangsverwaltung „nur" von einem persönlichen Gläubiger betrieben wird. Die bisher ausgebrachten Pfändungen der Miete werden aber **nicht gegenstandslos**, sondern **ruhen** für die Zeit der Zwangsverwaltung und leben nach deren Aufhebung wieder auf.[496]

1339 Somit lässt sich für die Mietpfändung abschließend folgende „Rangfolge" festhalten:

1. Rangstelle	Beschlagnahme in der **Zwangsverwaltung**; liegen mehrere dieser Beschlagnahmen vor, gilt § 10 ZVG
2. Rangstelle	Beschlagnahme aus **dinglichem** Anspruch; liegen mehrere dieser Beschlagnahmen vor, gilt § 879 BGB
3. Rangstelle	Pfändung aus **persönlichem** Titel; liegen mehrere Pfändungen vor, gilt § 804 Abs. 3 ZPO

D. Prozessökonomisches Gläubigerverhalten

Für welche Maßnahme sich ein Gläubiger letztlich entscheiden sollte, wird an einem Beispiel verdeutlicht.

Beispiel 58

Der Schuldner und Grundstückseigentümer (und Vermieter) E kann monatlich 1.500,00 € an Mieten einziehen. Diese Mieteinnahmen verwendet er, um die in gleicher Höhe monatlich anfallenden Zins- und Tilgungsleistungen gegenüber seiner Bank B, die über eine Hypothek an erster Rangstelle im Grundbuch abgesichert ist, zu begleichen. B verfügt ebenfalls über einen persönlichen Titel gegen E in Höhe des Grundschuldbetrages.

Dem persönlichen Gläubiger G steht gegen E ein vollstreckbarer Anspruch in Höhe von 50.000,00 € zu. Er erwirkt wegen dieses Anspruchs einen Pfändungs- und Überweisungsbeschluss mit welchem er die genannten Mietforderungen des E pfändet und sich zur Einziehung überweisen lässt. E sieht sich jetzt nicht mehr in der Lage, seine laufenden Verbindlichkeiten gegenüber seiner Bank zu erbringen. B erwägt den Vollstreckungszugriff auf die Mietforderungen.

Theoretisch kommen hierfür **drei Möglichkeiten** in Betracht:

1340 **1. Forderungspfändung aus dem persönlichen Titel**

Wegen § 804 Abs. 3 ZPO ist dies nicht Erfolg versprechend; das Pfandrecht von G würde B vorgehen. Wegen der hohen Forderung des G kann B in absehbarer Zeit nicht mit einer Befriedigung rechnen.

---

495 *OLG Celle* JR 1955, 267; *LG Braunschweig* ZIP 1996, 193.
496 *OLG Frankfurt* JW 27, 861.

Dingliche Mietpfändung – Alternative zur Zwangsverwaltung? 3

2. Beantragung der Zwangsverwaltung 1341

Durch die Beschlagnahme in der Zwangsverwaltung würde die Hypothekenhaftung aktiviert; nach § 1124 Abs. 2 BGB wäre die Pfändung der Miete durch G den Berechtigten aus der Zwangsverwaltung gegenüber unwirksam, soweit sie die i.S. dieser Norm künftigen Ansprüche betrifft. In der Zwangsverwaltung würde eine Befriedigung aus den Überschüssen in der Rangfolge des § 10 ZVG erfolgen. Da B zu diesen Berechtigten gehört (RK 4) und eine gute Grundbuch-Rangstelle einnimmt, könnte auch sie mit einer Zuteilung rechnen. Nach den Regelungen der Zwangsverwaltung müsste sich der vom Gericht bestellte Zwangsverwalter zunächst sich den Besitz des Objekts verschaffen und danach die Mieten einziehen. Aus diesem Erlös hätte er vorab die laufenden Beträge der öffentlichen Grundstückslasten (§ 156 Abs. 1 ZVG; Rn. 1643) zu begleichen und die Beträge für die voraussichtlich entstehenden Kosten der Verwaltung und die Kosten des Verfahrens (§ 155 Abs. 1 ZVG) zu berücksichtigen. Danach hätte er, falls einschlägig, dem Gericht mitzuteilen, dass genügend Masse vorhanden ist, um einen Verteilungstermin zu bestimmen (§ 156 Abs. 2 ZVG). Erst nach dessen Erstellung könnte Gläubiger B mit einer Zuteilung rechnen.

3. Forderungspfändung aus dem dinglichen Titel 1342

Wählt B diesen Weg, würde sie wegen § 1124 Abs. 2 BGB den persönlichen Gläubiger G alsbald vom ersten Pfändungsrang verdrängen und erhielte exklusiven[497] Zugriff auf die Miete. Auch ist das Forderungspfändungsverfahren, verglichen mit der Zwangsverwaltung schnell und kostengünstig[498]. Aus Sicht der Bank einziger „Nachteil" ist der Umstand, dass jeder im Wege einer Pfändung aus dinglichem Anspruch eingenommene Euro von der Pfändungsgläubigerin natürlich auch auf die dingliche Forderung verrechnet werden muss. Über Grundschulden gesicherte Kreditinstitute versuchen solches soweit möglich zu vermeiden. Im Rahmen der Darlehensgewährung wird daher meist vereinbart, dass jede Zahlung des Schuldners auf das über die Sicherungsabrede mit der Grundschuld verbundene Darlehen (= persönliche Forderung der Bank) gezahlt wird. So wird erreicht, dass die Grundschuld bis zur Rückgewähr der Sicherheit für evtl. weitere Sicherungszwecke zur Verfügung stehen kann.

Weiter ist für den Fall, dass über das Vermögen des Schuldners das Insolvenzverfahren eröffnet wird zu beachten, dass ein dinglicher Gläubiger in einem Insolvenzverfahren die Absonderung nur aufgrund der Vorschriften über die Zwangsverwaltung durchführen kann (§ 49 InsO). Aufgrund der Pfändung mit dem dinglichen Titel ist der Gläubiger zwar absonderungsberechtigt, kann diese Absonderung aber im Insolvenzverfahren nicht durchsetzen. Hier bleibt also nur die Beantragung der Zwangsverwaltung. 1343

---

497 Unabhängig von der Rangstelle seines Rechts im Grundbuch und nur durch die unter Rn. 1338 geschilderten Umstände zu beeinträchtigen.
498 Festgebühr von 15,00 € (Nr. 2110 KVGKG) zzgl. Zustellungsauslagen des Gerichtsvollziehers.

3. Kapitel
Verfahren über die Anordnung der Zwangsverwaltung

A. Objekte der Zwangsverwaltung

1344 Gegenstand der Zwangsverwaltung können Grundstücke, auch mehrere Grundstücke, ideelle Grundstücksbruchteile und grundstücksgleiche Rechte sein.

1345 Die Verfahren über **mehrere Grundstücke** können unter der Voraussetzungen des § 18 ZVG (Rn. 897) verbunden werden.

In der Zwangsverwaltung ist jedoch zu beachten, dass die **Grundstückserträge getrennt zu halten** sind und daher auch die Verteilung gesondert durchzuführen ist. Daher darf grundsätzlich ein umfangreicher Ertrag eines Grundstücks nicht zur Befriedigung der gegen ein anderes (ertragsschwächeres) Grundstück gerichteten Ansprüche verwendet werden. Dies ist jedoch zulässig, wenn und soweit eine Gesamtbelastung vorliegt.

1346 Wird die Zwangsverwaltung in den **Bruchteil eines Grundstücks** betrieben (§§ 866 Abs. 1, 864 Abs. 2 ZPO), so ist der Zwangsverwalter an die von den Eigentümern getroffenen Verwaltungs- und Benutzungsregelungen gebunden. Diese Regelungen wirken auch gegenüber dem Zwangsverwalter (§§ 745, 746, 1010 BGB). Der Verwalter kann daher nur die Rechte ausüben, die dem Schuldner auch zustehen.[499] Allerdings kann während eines angeordneten Zwangsverwaltungsverfahrens weder der Zwangsverwalter noch der Schuldner allein, sondern es können nur beide gemeinsam den Anspruch auf Aufhebung der Gemeinschaft gem. § 749 BGB, §§ 180 ff. ZVG durchsetzen. Das Recht der übrigen Miteigentümer, die Aufhebung der Gemeinschaft zu verlangen, bleibt unberührt.

1347 Die Zwangsverwaltung kann auch über in ein **Erbbaurecht** und in andere grundstücksgleiche Rechte[500] angeordnet werden. Das oft als Inhalt des Erbbaurechts vereinbarte Veräußerungs- und Verfügungsverbot (§ 5 ErbbauVO) hindert die Zwangsverwaltung nicht, da das Grundstück in deren Rahmen nicht veräußert wird.

Auch **Wohnungs- oder Teileigentum** kann Gegenstand der Zwangsverwaltung sein. Da die Zwangsverwaltung, wie bereits dargelegt, keine Veräußerung des Grundbesitzes bedeutet, stellt eine als Inhalt des Sondereigentums evtl. vereinbarte Veräußerungsbeschränkung nach § 12 WEG kein Hindernis dar.

1348 Die Zwangsverwaltung ist **nicht zulässig** bei Luftfahrzeugen (§ 171a ZVG), Schiffen und Schiffsbauwerken (§ 870a Abs. 1 ZPO). Es kann jedoch deren Bewachung und Verwahrung angeordnet werden (§§ 165 Abs. 2, 171c Abs. 3 ZVG).

---

499 Dazu ausführlich *Depré/Mayer* Rn. 378 ff.
500 Eine Auflistung findet sich bei *Stöber* (ZVG) Einl. 13.

B. Antrag auf Zwangsverwaltung

Die Zwangsverwaltung wird nur auf Antrag eines Gläubigers durch das Vollstreckungsgericht angeordnet (§§ 146 Abs. 1, 15 ZVG). **1349**

Auf die Anordnung der Zwangsverwaltung finden die Vorschriften über die Anordnung der Zwangsversteigerung entsprechende Anwendung, soweit sich nicht aus den §§ 147 bis 151 ZVG etwas anderes ergibt (§ 146 Abs. 1 ZVG). Deshalb kann zunächst auf die Ausführungen Rn. 8 bis Rn. 44 verwiesen werden. **1350**

I. Zuständigkeit

Die Zuständigkeit bestimmt sich nach den zwangsversteigerungsrechtlichen Bestimmungen (§ 146 Abs. 1 mit §§ 1 und 2 ZVG). **1351**

Für die Durchführung der Zwangsverwaltung ist damit grundsätzlich das Amtsgericht, in dessen Bezirk das Grundstück liegt. Wegen der Zentralisierung und Zuständigkeitsbestimmung wird auf Rn. 10 verwiesen.

Die funktionelle Zuständigkeit liegt beim Rechtspfleger (§ 3 Nr. 1 i RPflG).

II. Antragsvoraussetzungen

1. Vollstreckungstitel

Wie die Vollstreckungsversteigerung erfolgt die Zwangsverwaltung ebenfalls nur aufgrund eines vollstreckbaren Titels. **1352**

2. Schuldner muss Besitzer sein

Wie bei der Zwangsversteigerung darf die Zwangsverwaltung grundsätzlich nur angeordnet werden, wenn der Schuldner als **Eigentümer** im Grundbuch eingetragen ist oder wenn er Erbe des eingetragenen Eigentümers ist (§ 17 Abs. 1 ZVG). Zu den Ausnahmen und zur Nachweisfrage siehe Rn. 15 ff. **1353**

Da die Zwangsverwaltung auf die Grundstücksnutzungen abzielt (Rn. 1315), muss sich der Eigentümer des Grundstücks (Schuldner) auch in einer Position befinden, aus der heraus er solche grundsätzlich ziehen kann. Die Zwangsverwaltung setzt daher **Eigenbesitz** des Eigentümers am Objekt der Zwangsverwaltung voraus.[501] Unerheblich ist dabei, ob der Schuldner unmittelbaren Besitz (er nutzt das Objekt selbst) oder mittelbaren Besitz (Grundstück ist vermietet oder verpachtet) hat. **1354**

Im Falle **vollständiger Besitzaufgabe** ist die Anordnung der Zwangsverwaltung gegen den Eigentümer nicht möglich. Es kommt jedoch jetzt die Zwangsverwaltung gegen den Eigenbesitzer in Frage (Rn. 1358). **1355**

---

501 *BGH* Rpfleger 1986, 26.

3. Zwangsverwaltung gegen den Eigenbesitzer

a) Besitz und Eigenbesitz

1356 Normalerweise ist der Eigentümer auch der Besitzer des Grundstücks (entweder unmittelbarer oder mittelbarer Eigenbesitzer).

1357 Ausnahmsweise kann jedoch die Zwangsverwaltung aufgrund eines Antrages eines dinglichen Gläubigers auch dann angeordnet werden, wenn ein Schuldner nicht Eigentümer des Grundstücks ist, aber das Grundstück in **Eigenbesitz** hat, also das Grundstück **als ihm gehörend**[502] besitzt (§ 147 Abs. 1 ZVG, § 872 BGB).

Beispiel 59   B kauft von A ein Grundstück. Der Eigentümer A hat sein Grundstück an B aufgelassen[503] und ihm bereits übergeben. Die Umschreibung des Eigentums im Grundbuch steht noch aus. Es fehlt somit zum Erwerb des Eigentums durch B noch dessen Eintragung im Grundbuch (§ 873 BGB). B ist aber bereits Besitzer des Grundstücks.

b) Voraussetzungen

1358
- Schuldner ist **Eigenbesitzer**
- Anspruch aus einem **eingetragenen Recht**

    Nur die Ansprüche aus einer Hypothek, Grundschuld, Rentenschuld oder Reallast können gegen einen Eigenbesitzer vollstreckt werden (§ 147 Abs. 1 ZVG). Auch aus einer Zwangshypothek ist diese Vollstreckung möglich.[504]

- **Vollstreckungstitel** gegen den Eigenbesitzer (Schuldner)

    Auch die Zwangsvollstreckung (durch Zwangsverwaltung) gegen den Eigenbesitzer erfordert seitens des Gläubigers einen Vollstreckungstitel. Dieser muss sich gegen den Eigenbesitzer richten; ein Vollstreckungstitel nur gegen den Eigentümer reicht daher nicht aus.[505] Weiter muss es sich, weil aus einem eingetragenen Recht vorgegangen wird dabei um einen Duldungstitel handeln. Meist wird der Berechtigte aus dem eingetragenen Grundpfandrecht (Gläubiger) einen solchen Titel (z.B. notarielle Urkunde; § 794 Abs. 1 Nr. 5 ZPO) nur gegen den eingetragenen Eigentümer (welcher das Grundpfandrecht bestellt hat), nicht jedoch gegen den Eigenbesitzer in Händen halten. In diesem Fall ist die **Umschreibung** des Titels nach § 727 ZPO (Rechtsnachfolgeklausel) erforderlich. In diesem Verfahren muss der Eigenbesitz, sofern nicht offenkundig, von dem Gläubiger durch öffentliche oder öffentlich beglaubigte Urkunden nachgewiesen werden (§ 727 Abs. 1 ZPO).

    Verfügt der Gläubiger noch nicht über einen Titel, muss der diesen über eine Duldungsklage gegen den Eigentümer erwirken.

    Vor Beginn der Zwangsvollstreckung ist weiter das Zustellungserfordernis nach § 750 Abs. 1 und Abs. 2 ZPO zu beachten.

---

[502] Eigenbesitzer ist damit nicht, wer sein Recht zum Besitz von einem Dritten aufgrund eines dinglichen oder persönlichen (z.B. Mietvertrag) Nutzungsrecht ableitet.
[503] Auflassung ist für die Bejahung von Eigenbesitz nicht erforderlich.
[504] So zutreffend *Depré/Mayer* Rn. 30.
[505] *BGH* Rpfleger 1986, 26.

- **Offenkundigkeit** oder **Glaubhaftmachung** des Eigenbesitzes (§ 147 Abs. 2 ZVG)

    Sofern der Eigenbesitz nicht bei Gericht offenkundig ist, also entweder allgemein bekannt oder dem Gericht aufgrund seiner jetzigen oder einer früheren amtlichen Tätigkeit bekannt ist, muss dieser glaubhaft gemacht werden. § 147 Abs. 2 ZVG beschränkt dabei die Möglichkeiten des Gläubigers nicht auf öffentliche oder öffentlich beglaubigte Urkunden. Neben behördlichen Bescheinigungen kommt insbesondere die notarielle Kaufurkunde, aus welcher sich der Besitzübergang an den Käufer ergibt, in Betracht. An diese kann der Gläubiger wegen § 792 ZPO gelangen.

    Das Vollstreckungsgericht entscheidet die Frage der Offenkundigkeit/Glaubhaftmachung des Eigenbesitzes nach pflichtgemäßem Ermessen.

Besitzt der Dritte nicht als **Eigen**besitzer oder steht dem Gläubiger „nur" eine persönliche Forderung gegen den Eigentümer zu (Rn. 37), so bleibt dem Gläubiger nur folgender (Um)Weg: **1359**

Der Gläubiger muss einen etwaigen Herausgabeanspruch des Eigentümers gegen den Besitzer pfänden und sich zur Einziehung überweisen lassen, sodann einen Herausgabetitel gegen den Besitzer erwirken, um schließlich nach erfolgter Herausgabe die Zwangsverwaltung durchführen zu lassen.[506]

III. Inhalt des Antrags und Anlagen

Wie der Zwangsversteigerungsantrag hat auch der Antrag auf Anordnung der Zwangsverwaltung zu enthalten (§§ 146, 16 ZVG): **1360**
- Bezeichnung des angerufenen Gerichts (Rn. 9, 10);
- Name und Anschrift (zustellungsfähig) des Gläubigers und des Schuldners (Rn. 15 f.);
- Bezeichnung des Grundstücks (Rn. 24);
- Bezeichnung der Forderung, wegen welcher die Zwangsverwaltung angeordnet werden soll (Rn. 26 ff.);
- Bezeichnung des vollstreckbaren Titels (Rn. 37 ff.).

Auf die Ausführungen Rn. 13 f. wird verwiesen.

Wegen der beizufügenden Unterlagen wird auf Rn. 14 verwiesen. **1361**

Antrag auf Anordnung der Zwangsverwaltung	Muster
Stadtsparkasse Musterstadt　　　　　　　　　　　　Musterstadt, 22.01.2004 Sparkassenplatz 1 66666 Musterstadt An das Amtsgericht 66666 Musterstadt **Antrag auf Anordnung der Zwangsverwaltung** In der Zwangsvollstreckungssache Stadtsparkasse Musterstadt, vertreten durch den Vorstand Sparkassenplatz 1 66666 Musterstadt – Gläubigerin –	

---

506 *BGH* a.a.O.

gegen
Tina Schuld
Hintergasse 1
66666 Musterstadt
– Schuldnerin –

Die Schuldnerin ist Eigentümerin des Grundstücks der Gemarkung Musterstadt, eingetragen im Grundbuch von Musterstadt Blatt 3000 unter lfd. Nr. 1 des Bestandsverzeichnisses
Flurstücksnummer 555
Hof- und Gebäudefläche, Waldstraße 14 zu 600 m^2

Aufgrund der beigefügten vollstreckbaren Urkunde des Notars Dr. Schlau in Musterstadt vom 22.03.2003 – Urk. Rolle Nr. 254/03 – steht der Gläubigerin gegen die Schuldnerin ein dinglicher Anspruch aus der im Grundbuch in Abt. III Nr. 1 eingetragenen Grundschuld zu, und zwar:

1. Hauptforderung   120.000,00 €
2. 15 % Zinsen hieraus seit 01.01.2004   p.m.
3. Kosten der gegenwärtigen Rechtsverfolgung

Wir beantragen hiermit die Zwangsverwaltung des im o.g. Grundbuch auf den Namen der Schuldnerin eingetragenen Grundstücks.
Ein Zeugnis gem. § 17 Abs. 2 ZVG fügen wir zum Nachweis der Eigentumsverhältnisse bei.
Die Auswahl des Zwangsverwalters stellen wir in das Ermessen des Gerichts.
Stadtsparkasse Musterstadt
(Unterschrift)   (Unterschrift)

Anlagen:
- Urkunde des Notars Dr. Schlau vom 22.03.2003 mit Vollstreckungsklausel und Zustellungsnachweis
- Zeugnis gem. § 17 Abs. 2 ZVG vom 16.01.2004

C. Entscheidung über den Antrag

I. Prüfung durch das Vollstreckungsgericht

1. Allgemeine Prüfung

a) *Tätigkeit der Geschäftsstelle*

1362 Die Geschäftsstelle trägt den Antrag ins Vollstreckungsregister II Spalte „L" ein. Soweit im Antrag für die Eintragung des Schuldners im Grundbuch auf die Grundakten Bezug genommen wird (§ 17 Abs. 2 Satz 2 ZVG), werden diese beigezogen.

b) *Allgemeine Prozessvoraussetzungen*

1363 Auch vor Beginn einer Zwangsverwaltung sind die allgemeinen Prozessvoraussetzungen[507] zu prüfen, nämlich z.B.
- Parteifähigkeit (§ 50 ZPO);
- Prozessfähigkeit (§§ 51 bis 53 ZPO);

---

507 Einzelheiten werden als bekannt vorausgesetzt. Eine gute Zusammenstellung der Prozessvoraussetzungen findet sich z.B. bei *Schellhammer* Rn. 355 f.

- Rechtsschutzbedürfnis.
 Wird ein Zwangsverwaltungsantrag erkennbar nur deshalb gestellt, um wegen eines laufenden oder geplanten Zwangsversteigerungsverfahrens einem Gutachter oder den Bietinteressenten den Zutritt zu dem Objekt zu verschaffen, so fehlt diesem Antrag das Rechtsschutzinteresse; er muss zurückgewiesen werden.[508]

c) *Allgemeine und besondere Vollstreckungsvoraussetzungen*

Neben den stets zu beachtenden allgemeinen Vollstreckungsvoraussetzungen hat der Rechtspfleger zu prüfen, ob der vorgelegte Titel gegen den im Grundbuch eingetragenen Eigentümer (Rn. 37) oder gegen den Eigenbesitzer (Rn. 1358) vollstreckbar ist (§§ 17, 147 Abs. 1 ZVG). 1364

2. Besondere Prüfung (§ 28 ZVG)

Auch der Zwangsverwaltung können **Rechte Dritter** entgegenstehen. 1365
Wie in der Zwangsversteigerung gilt daher auch hier, dass das Gericht zu prüfen hat, ob durch die Durchführung des Verfahrens die Rechte Dritter verletzt würden. Wegen der Frage, wann diese Prüfung zu geschehen hat (vor oder nach der Verfahrensanordnung), wird auf die Ausführungen Rn. 50 Bezug genommen.

Besonders im Lichte der Entscheidung des Bundesgerichtshofs vom 14.03.2003[509] zum am künftigen Zwangsverwaltungsobjekt eingetragenen Nießbrauch, empfiehlt es sich für das Vollstreckungsgericht dringend, sich **vor der Verfahrensanordnung** über den vollständigen aktuellen Grundbuchstand zu informieren. 1366

Einzelheiten zu den entgegenstehenden Rechten unter **Beanstandung des Antrags** (Rn. 50 bis 52), **Hindernisse für die Anordnung** (Rn. 54) und **Gegenrechte und Verfügungsbeschränkungen** (Rn. 55 bis 60). 1367

II. Entscheidung des Vollstreckungsgerichts

1. Beanstandung des Antrags

Ein Anordnungsbeschluss kann **nicht** erlassen werden, wenn das Vollstreckungsgericht zu der Auffassung kommt, dass 1368
- die beantragte Zwangsvollstreckung unzulässig ist oder
- ein formaler Mangel vorliegt.

Dies ist insbesondere der Fall, wenn 1369
- wichtige Angaben im Antrag fehlen; dazu Rn. 13;
- kein Vollstreckungstitel vorliegt und offenbar auch nicht vorhanden ist;
- der im Vollstreckungstitel ausgewiesene Schuldner nicht als Eigentümer im Grundbuch eingetragen ist und auch nicht eine Ausnahme – Schuldner ist Erbe des eingetragenen Eigentümers (Rn. 15 ff.) oder Zwangsvollstreckung gegen den Eigenbesitzer (Rn. 1358) – vorliegt;

---

508 *Depré/Mayer* Rn. 8; *Haarmeyer/Wutzke/Förster/Hintzen* § 146 Rn. 29; *LG Ellwangen* Rpfleger 1995, 427; a.M. *Böttcher* § 160 Rn. 20.
509 Rpfleger 2003, 378.

- ein für den Gläubiger nicht überwindbares Hindernis der Anordnung entgegensteht. Die wichtigsten Anordnungshindernisse werden ab Rn. 1370 besprochen;
- eine Verfügungsbeschränkung grundbuchersichtlich oder dem Gericht bekannt ist (§ 28 ZVG). Die **wichtigsten Verfügungsbeschränkungen** werden ab Rn. 1379 dargestellt.

2. Hindernisse für die Anordnung

a) *Grundproblematik bei Nießbrauch, Altenteil (Leibgeding) und Wohnungsrecht*

1370 Während ein Nießbrauch die Anordnung der Zwangsversteigerung nicht hindert (Rn. 149), kann ein solches Recht der Anordnung der Zwangsverwaltung sehr wohl entgegenstehen. Ähnliches gilt für Altenteil (Leibgeding) und Wohnungsrecht. Der Grund hierfür liegt im Wesen der vorgenannten Rechte, was sich am Beispiel des Nießbrauches leicht zeigen lässt: Dem Nießbraucher steht die dingliche Berechtigung zu, die Nutzungen des belasteten Grundstücks zu ziehen (§ 1030 Abs. 1 BGB) und es zu besitzen (§ 1036 Abs. 1 BGB). Damit tangiert der Nießbrauch exakt die Ansprüche, auf welche im Rahmen der Zwangsverwaltung zugegriffen werden bzw. die dem Zwangsverwalter dort zustehen sollen (Rn. 1315).

1371 Da auch ein Altenteil (Leibgeding) und ein Wohnungsrecht zum Besitz des Grundstücks berechtigen (§§ 1036; 1093 BGB), erwachsen aus diesen Rechten für die Zwangsverwaltung ähnliche Probleme.

b) *Nießbrauch*

1372 Während früher für die Prüfung der Zulässigkeit der Anordnung des Zwangsverwaltungsverfahrens auf das Rangverhältnis zwischen dem Recht des Gläubigers und dem Nießbrauch abgestellt wurde und darüber hinaus einiges streitig war, hat der *BGH* mit seiner Entscheidung vom 14.03.2003[510] jetzt folgende Lage geschaffen:

Auch ein im Verhältnis zum Nießbrauch vorrangiger dinglicher Gläubiger benötigt zur unbeschränkten Anordnung der Zwangsverwaltung einen Titel gegen den Nießbraucher. Diesen erhält er meist durch „Umschreibung" der Vollstreckungsklausel entsprechend § 727 ZPO; der Nießbraucher wird insoweit als Rechtsnachfolger behandelt. Kann der Gläubiger auf diesem Weg keinen Titel gegen den Nießbraucher erlangen und liegt auch nicht dessen Zustimmung zur **unbeschränkten** Zwangsverwaltung vor, muss er den Titel im Wege einer Duldungsklage gegen den Nießbraucher erwirken. Anderenfalls (also ohne Titel gegen den Nießbraucher) bleibt dem Gläubiger nur die **beschränkte** Zwangsverwaltung (hierzu Rn. 1375).

1373 Bei **unbeschränkter**[511] Zwangsverwaltung kann der Nießbraucher aus dem Besitz gesetzt werden. Dies geschieht auf Basis des Anordnungsbeschlusses mit Zustellungsvermerk und Ermächtigung nach § 150 Abs. 2 ZVG im Auftrag des Zwangsverwalters durch einen Gerichtsvollzieher. Der Nießbraucher hat keinen Anspruch auf Belassung von Wohnräumen nach § 149 Abs. 1 ZVG.

1374 Der Zwangsverwalter kann bei unbeschränkter Zwangsverwaltung selbst jene Mieten einziehen, welche aufgrund eines Vertrages zu zahlen sind, den der Nießbrauchsberechtigte im Rahmen seines Rechts abgeschlossen hat.[512]

---

510 Rpfleger 2003, 378.
511 Duldungstitel gegen den Nießbraucher liegt vor.
512 *Depré/Mayer* Rn. 56.

Hat der bevorrechtigte dingliche Gläubiger nur einen Titel gegen den Eigentümer oder wird die Zwangsverwaltung aus einem Recht – dinglich oder persönlich – betrieben wird, welches dem Nießbrauchsrecht im Range nachgeht, kann die Zwangsverwaltung zwar angeordnet werden, die Rechte des Nießbrauchers dürfen jedoch dadurch nicht berührt werden, d.h. der Zwangsverwalter ist an die Beschränkungen gebunden, die sich aus dem Nießbrauchsrecht ergeben. Die Tatsache, dass es sich um eine derartig beschränkte Zwangsverwaltung handelt, hat das Vollstreckungsgericht bereits im Anordnungsbeschluss zu erwähnen.[513] Die beschränkte Zwangsverwaltung ist nur ausnahmsweise sinnvoll, da der Zwangsverwalter keine Zugriffsmöglichkeiten auf die zu ziehenden Nutzungen des Grundstücks hat. Der Zwangsverwalter hat dann lediglich die Funktion, das Grundstück und den Nießbrauchsberechtigten zu überwachen und die Rechte auszuüben, die der Eigentümer gegen den Nießbrauchsberechtigten geltend machen könnte.[514]

1375

Ein für den Eigentümer bestehender Nießbrauch hindert in keinem Fall die Anordnung der unbeschränkten Zwangsverwaltung.

1376

c) Altenteil (Leibgeding) und Wohnungsrecht

Für Altenteil (Leibgeding) und Wohnungsrecht gilt das zum Nießbrauch Gesagte entsprechend.

1377

Unbeschränkte Zwangsverwaltung erfordert auch hier einen Duldungstitel gegen den Berechtigten aus dem jeweiligen Recht. Eine beschränkte Zwangsverwaltung macht für den Gläubiger nur dann Sinn, wenn es aus dem Grundstück neben dem Altenteil bzw. Wohnungsrecht noch Erträge gibt, welche ohne Zwangsverwaltung dem Grundstückseigentümer zustehen würden.

d) Besitzaufgabe durch den Eigentümer

Ist der Eigentümer ausnahmsweise (etwa wegen laufender Eigentumsübertragung noch nicht einmal mehr mittelbarer Besitzer des zur Zwangsverwaltung heranstehenden Objekts, kann die Zwangsverwaltung nicht mehr gegen ihn, sondern allenfalls gegen den Eigenbesitzer (Voraussetzungen und Verfahren siehe Rn. 1358) angeordnet werden.

1378

3. Verfügungsbeschränkungen

a) Eröffnung des Insolvenzverfahrens gegen den Eigentümer

Die Folgen dieser Verfügungsbeschränkung werden unter Rn. 1517 ff. ausführlich dargestellt.

1379

b) Anordnung der Testamentsvollstreckung

Für die Zwangsverwaltung im Fall bestehender Testamentsvollstreckung gelten die diesbezüglichen Ausführungen zur Zwangsversteigerung (Rn. 57, 58) entsprechend.

1380

c) Schuldner ist nur Vorerbe

Da sich § 2115 BGB nur auf die Zwangsversteigerung bezieht, hindert ein Nacherbenvermerk die Anordnung und Durchführung der Zwangsverwaltung gegen den Vorerben

1381

---

513 *Stöber* (ZVG) § 146 Rn. 10.3.
514 *Stöber* (ZVG) § 146 Rn. 10.3.

nicht. Da bis zum Eintritt des Nacherbfalls dem **Vorerben** die **Nutzungen** des Grundstücks zustehen (§ 2111 BGB) und sich die Zwangsverwaltung „gegen eben diese Nutzungen richtet (Rn. 1315)", erfolgt die Anordnung der Zwangsverwaltung (auch) mit einem Titel, der allein den Vorerben als Schuldner ausweist (Gläubiger ist sog. Eigengläubiger des Vorerben).

1382 Weiter kann die Anordnung erfolgen, wegen
- des dinglichen Anspruchs eines Grundpfandrechtsgläubigers,
- eines persönlichen Anspruchs, wenn der Gläubiger Nachlassgläubiger ist.

1383 Mit **Eintritt des Nacherbfalls** fällt die Erbschaft dem Nacherben an. Er wird Erbe des Erblassers. Der Vorerbe ist daher nicht mehr Erbe, damit auch nicht mehr Grundstückseigentümer (§ 2139 BGB).

1384 Die weitere Zwangsvollstreckung hat der Nacherbe (nur) zu dulden, wenn eine der folgenden Voraussetzungen vorliegt:
- Die Zwangsverwaltung erfolgt aus einem Grundpfandrecht (dinglicher Anspruch), welches auch dem Nacherben gegenüber wirksam ist. Dies gilt, wenn das Recht zum Zeitpunkt des Erbfalls bereits eingetragen war oder mit Einwilligung des Nacherben von dem Vorerben bestellt wurde (§ 2115 Satz 2 BGB). Der Eintritt der Nacherbfolge hat dann auf den Fortgang der von dem Gläubiger eines solchen Anspruchs oder Rechts betriebenen Zwangsverwaltung keinen Einfluss.
Die erforderliche Bezeichnung des Nacherben als Schuldner im Vollstreckungstitel ermöglicht eine Klauselumschreibung nach § 728 ZPO mit § 727 ZPO.
- Die Zwangsverwaltung erfolgt wegen des persönlichen Anspruchs eines Nachlassgläubigers. Auch hier ist Titelumschreibung (§§ 728, 727 ZPO) möglich.

1385 Findet die Zwangsverwaltung jedoch für einen Eigengläubiger des Vorerben oder aus einem dinglichen Recht statt, welches gegenüber dem Nacherben nicht wirksam ist (§ 2113 BGB), muss diese gem. § 28 ZVG aufgehoben werden.

d) Auflassungsvormerkung

1386 Eine eingetragene Auflassungsvormerkung hindert die Anordnung der Zwangsverwaltung nicht. Wegen weiterer Einzelheiten siehe Rn. 1513.

4. Anordnungsbeschluss

1387 Die Zwangsverwaltung wird durch Beschluss des Gerichts angeordnet (§§ 146, 15 ZVG), falls die gerichtliche Prüfung des Antrags kein Hindernis ergeben hat.

1388 Eine vorherige Anhörung des Schuldners findet nicht statt.

1389 Der **Mindestinhalt** des Anordnungsbeschlusses entspricht der Vorgabe des **§ 16 ZVG** für den Versteigerungsantrag. Daneben ist der Ausspruch, dass hiermit die Zwangsverwaltung angeordnet wird, konstitutiv.

1390 Darüber hinaus sollte das Gericht, soweit möglich (Rn. 1441, 1442), den Zwangsverwalter bereits im Anordnungsbeschluss bestellen (§ 150 Abs. 1 ZVG) und zugleich anordnen, wie der Verwalter in den Besitz des Grundstücks kommen soll (hierzu Rn. 1572 ff.). Zur Auswahl des Zwangsverwalters siehe Rn. 1433 ff.

Eine Begründung des die Zwangsverwaltung anordnenden Beschlusses ist regelmäßig nicht erforderlich. **1391**

Inhalt des Anordnungsbeschlusses in der Zwangsverwaltung	**Checkliste**

- Vollstreckungsgericht
- Rubrum
- Eigentümer
- Grundstück
- Titel
- Anspruch des Gläubigers
- Ausspruch: Anordnung der Zwangsverwaltung (konstitutiv)
- Bestellung Zwangsverwalter (soweit jetzt schon möglich)
- Regelung zur Besitzerlangung durch Zwangsverwalter (sofern Zwangsverwalter bestellt wurde)
- Unterschrift und Amtsbezeichnung (Rechtspfleger)

Tipp: Zusammen mit dem Anordnungsbeschluss sollte das Gericht den Gläubiger und den Schuldner auffordern, unverzüglich den Verwalter gemäß § 9 Abs. 3 ZwVwV[515] zu informieren.

5. Bekanntmachung der Anordnung und Grundbuchersuchen

Der Anordnungsbeschluss ist dem Schuldner förmlich (wegen § 8 ZVG ohne „Erleichterung" nach den §§ 4-7 ZVG) zuzustellen. Eine Belehrung (etwa entsprechend § 30b ZVG) ist mangels diesbezüglicher Einstellungsmöglichkeit (Rn. 1552) nicht vorgesehen. **1392**

Für die Bekanntmachung an den Gläubiger gilt Rn. 64 entsprechend.

An den Zwangsverwalter wird der Anordnungsbeschluss regelmäßig formlos übersandt.

Sind weitere Beteiligte (§ 9 ZVG) bereits bekannt, so werden diese schon jetzt von der Anordnung formlos benachrichtigt; andernfalls muss dies nach Eingang der Mitteilung des Grundbuchamts (§ 19 Abs. 2 ZVG) nachgeholt werden (§ 146 Abs. 2 ZVG).

Wegen der Bekanntmachung nach MIZI wird auf die Ausführungen Rn. 66 verwiesen.

Außerdem hat das Vollstreckungsgericht das zuständige Grundbuchamt um **Eintragung des Zwangsverwaltungsvermerks** zu ersuchen (§§ 146, 19 Abs. 1 ZVG); die Beifügung des Anordnungsbeschlusses ist dabei lediglich zweckmäßig, aber nicht vorgeschrieben. **1393**

Wegen der weiteren Veranlassung des Grundbuchamtes (§ 19 Abs. 2 und Abs. 3 ZVG) siehe Rn. 67 und 68.

6. Beitritt weiterer Gläubiger zum Verfahren

Auch einer angeordneten Zwangsverwaltung können weitere Gläubiger beitreten. Für das Verfahren gelten die Ausführungen Rn. 70 bis 73 entsprechend. Es wird kein neuer Zwangsverwalter ernannt; auch wird kein weiterer Zwangsverwaltungsvermerk in das Grundbuch eingetragen. **1394**

---

515 Der Text der Zwangsverwalterverordnung (ZwVwV) findet sich im Anhang zum 3. Teil dieses Buches (Rn. 1707).

3 Verfahren über die Anordnung der Zwangsverwaltung

1395 Der Beitrittsbeschluss wird dem Schuldner zugestellt, was (auch) die Beschlagnahme zugunsten des Beitrittsgläubigers bewirkt. Wegen § 150 Abs. 2 ZVG wird der Beitrittsbeschluss auch dem Verwalter zugestellt, was ebenfalls die Beschlagnahme zugunsten des Beitrittsgläubigers auslösen kann. An den Beitrittsgläubiger erfolgt die Zustellung des Beitrittsbeschlusses nur, falls seinem Antrag nicht vollumfänglich entsprochen worden ist (siehe Rn. 65).

Tipp für die Gemeindekasse:
Ist noch keine Zwangsversteigerung anhängig und droht Privilegverlust durch Zeitablauf, sichert der Beitritt wegen § 13 Abs. 4 ZVG die RK 3 bis zur Beschlagnahme in der Zwangsversteigerung.

D. Beschlagnahme

I. Eintritt der Beschlagnahme

1396 Die Anordnung der Zwangsverwaltung bewirkt, wie in der Zwangsversteigerung (Rn. 74 ff.), zugunsten des Gläubigers die Beschlagnahme des Grundstücks.

1397 In der Zwangsverwaltung wird die Beschlagnahme nach den **allgemeinen Bestimmungen** (siehe hierzu Rn. 75) wirksam, also
- mit Zustellung des Anordnungsbeschlusses an den Schuldner (§§ 146 Abs. 1, 22 Abs. 1 Satz 1 ZVG),
- in dem Zeitpunkt, in welchem das Ersuchen um Eintragung des Zwangsverwaltungsvermerks beim Grundbuchamt zugeht, sofern auf das Ersuchen die Eintragung demnächst erfolgt (§§ 146 Abs. 1, 22 Abs. 1 Satz 2 ZVG).

1398 Gemäß § 151 Abs. 1 ZVG wird die Beschlagnahme **auch dadurch** wirksam, dass der Zwangsverwalter nach § 150 ZVG den Besitz des Grundstücks erlangt.

1399 Gem. § 150 Abs. 2 ZVG hat das Gericht dem Verwalter durch einen Gerichtsvollzieher oder durch einen sonstigen Beamten das Grundstück zu übergeben oder ihm die Ermächtigung zu erteilen, sich selbst den Besitz zu verschaffen.

1400 Der insgesamt **früheste** Zeitpunkt ist maßgeblich.

1401 Wird für einen weiteren Beteiligten der **Beitritt** zum Zwangsverwaltungsverfahren zugelassen, so wird die Beschlagnahme für ihn wie folgt wirksam:
- mit Zustellung des Beitrittsbeschlusses an den Schuldner (§§ 146 Abs. 1, 22 Abs. 1 Satz 2 ZVG) oder
- mit der Zustellung des Beitrittsbeschlusses an den Zwangsverwalter, sofern dieser bereits im Besitz des Grundstücks ist (§ 151 Abs. 2 ZVG).

Auch hier ist der **früheste** Zeitpunkt maßgeblich.

1402 Der Vollstreckungsgläubiger, der die Anordnung der Zwangsverwaltung erwirkt hat und die weiteren dem Verfahren beitretenden Gläubiger betreiben bezüglich der Beschlagnahme jeweils ihr „Einzelverfahren" das jedoch zu einem gemeinsamen Teilungsplan führt.

II. Wirkung der Beschlagnahme

1. Relatives Veräußerungsverbot

Die Beschlagnahme hat die Wirkung eines Veräußerungsverbots (§§ 146, 23 ZVG) und zwar eines relativen Veräußerungsverbots im Sinne der §§ 135, 136 BGB. Wie bei der Zwangsversteigerung führt damit auch die Anordnung der Zwangsverwaltung nicht zu einer Grundbuchsperre; der Schuldner kann trotz der Beschlagnahme sein Grundstück weiterhin belasten und veräußeRn. Belastung und Veräußerung sind jedoch dem Beschlagnahmegläubiger gegenüber unwirksam. **1403**

2. Aktivierung des Haftungsverbandes / Befriedigungsrecht

Betreibt der Gläubiger die Zwangsverwaltung aus einem Grundpfandrecht, wird mit der Beschlagnahme die Hypothekenhaftung des Grundstücks (§ 1113 BGB) bzw. die Haftung der Gegenstände des Hypothekenhaftungsverbandes (§§ 1120 ff. BGB) aktiviert (dazu auch Rn. 86). Betreibt der Gläubiger aus einem persönlichen Recht, entsteht mit der Beschlagnahme (erstmals) ein Recht auf Befriedigung aus dem Grundstück (Rn. 87). Anders als in der Zwangsversteigerung bezieht sich dieses Befriedigung natürlich nicht auf die Substanz des Grundstücks, sondern nur auf dessen Erträge. **1404**

3. Grundstücksverwaltung und -benutzung

Mit dem Eintritt der Beschlagnahme wird dem Schuldner das Recht, das Grundstück zu verwalten und zu benutzen, entzogen (§ 148 Abs. 2 ZVG). **1405**

4. Wirkung gegenüber Drittschuldnern

Damit die Beschlagnahme gegenüber einem Drittschuldner wirkt, muss sie diesem bekannt sein oder ihm ein Zahlungsverbot zugestellt werden (§ 22 Abs. 2 Satz 2 ZVG). Deswegen verpflichtet § 4 ZwVwV[516] den Verwalter, u.a. alle betroffenen Mieter und Pächter (= Drittschuldner von Miet- und Pachtforderungen) unverzüglich über die Zwangsverwaltung zu informieren. **1406**

Der Verwalter (§ 151 Abs. 3 ZVG) kann, wie jeder Gläubiger auch (§ 22 Abs. 2 ZVG), beim Vollstreckungsgericht beantragen, ein Zahlungsverbot gegen den Drittschuldner zu erlassen. **1407**

III. Umfang der Beschlagnahme

1. Grundsätzliches

Die Beschlagnahme umfasst zunächst alle Gegenstände, die auch eine **Zwangsversteigerungsbeschlagnahme** umfasst (§§ 146 Abs. 1, 20, 21 ZVG) **1408**

---

[516] Der Text der Zwangsverwalterverordnung (ZwVwV) findet sich im Anhang zum 3. Teil dieses Buches (Rn. 1707).

2. Erweiterter Umfang in der Zwangsverwaltung

1409 Die Beschlagnahme in der Zwangsverwaltung erfasst **zusätzlich** folgende Gegenstände (§ 148 Abs. 1 Satz 1 ZVG):

- **Land- und forstwirtschaftliche Erzeugnisse** (auch die Forderung aus einer Versicherung solcher Erzeugnisse), die nicht mehr mit dem Boden verbunden oder nicht Zubehör des Grundstücks sind, die aber noch der Hypothekenhaftung unterliegen (§ 20 Abs. 2 ZVG, §§ 1120 bis 1122 BGB),
- **Miet- und Pachtforderungen** nach Maßgabe von § 1124 Abs. 2 BGB.
  Rechtsgeschäftliche (dazu zählen auch Pfändungen) Vorausverfügungen über diese Forderungen gelten gegenüber dem Zwangsverwalter nur noch für den laufenden Kalendermonat der Beschlagnahme; bei Beschlagnahme nach dem 15. Tag des Monats gelten diese Vorausverfügungen noch für den folgenden Monat.
  Auf rückständige Mietforderungen erstreckt sich die Beschlagnahme nach Maßgabe des § 1123 Abs. 2 BGB. Fällige Forderungen bleiben mit dem Ablauf eines Jahres ab ihrer Fälligkeit beschlagnahmefrei.
  Erfolgte die Vermietung oder Verpachtung durch einen dem Gläubiger der Zwangsverwaltung gegenüber rangbesseren Nießbraucher, so werden die Mieten oder Pachten durch die Beschlagnahme nicht erfasst.
- Ansprüche aus einem mit dem Eigentum am Grundstück **verbundenen Recht** auf wiederkehrende Leistungen gem. § 1126 BGB.
- Das dem Eigentümer gehörende **Zubehör** des Grundstücks sowie das vor der Beschlagnahme veräußerte, aber nicht aus dem Hypothekenhaftungsverband ausgeschiedene Zubehör (§§ 1121, 1122 Abs. 2 BGB).
  Zubehör, das im Eigentum eines Dritten steht, wird von der Zwangsverwaltung nicht erfasst; § 55 Abs. 2 ZVG ist in der Zwangsverwaltung nicht anzuwenden.
  Die Zwangsverwaltung erstreckt sich ebenso wie die Zwangsversteigerung auf schuldnerfremde aber noch verhaftete und deshalb gem. §§ 146 Abs. 1, 20 Abs. 2 ZVG, §§ 1120, 1121 BGB beschlagnahmte Zubehörstücke.[517]

1410 Für den Eintritt der Beschlagnahmewirkung ist es im Übrigen ohne Bedeutung, ob die Zwangsverwaltung aus dinglichen oder persönlichen Ansprüchen betrieben wird.

3. Exkurs: Räume des Schuldners

a) Privaträume

1411 Auch während der Zwangsverwaltung hat der Schuldner für sich und seine Familie Anspruch auf kostenlose Überlassung derjenigen Räume auf dem Grundstück, die für seinen Hausstand unentbehrlich sind (§ 149 Abs. 1 ZVG).

b) Gewerbliche Räume

1412 Für die gewerblichen Räume ist im ZVG keine Ausnahme von dem grundsätzlichen Benutzungsverbot des § 148 Abs. 2 ZVG vorgesehen. Daher darf der Schuldner in der Zwangsverwaltung diese nicht unentgeltlich benutzen. Der Verwalter kann dem Schuldner die Gewerberäume gegen Mietzahlung überlassen. Dabei ist ein schriftlicher Mietvertrag abzufassen (§ 6 Abs. 1 ZwVwV).

---

517 *BGH* Rpfleger 1985, 161.

Wird kein Mietvertrag abgeschlossen und bezahlt der Schuldner auch die dann zu fordernde **Nutzungsentschädigung** nicht, ist der Schuldner im Auftrag des Verwalters von einem Gerichtsvollzieher außer Besitz zu setzen. Vollstreckungstitel ist der Beschluss über die Anordnung der Zwangsverwaltung zusammen mit der Ermächtigung zur Besitzverschaffung nach § 150 Abs. 2 ZVG.

1413

c) *Zwangsräumung wegen Gefährdung*

Gefährdet der Schuldner schuldhaft, nicht zwingend vorsätzlich, das Grundstück oder die Zwangsverwaltung, dann hat ihm das Gericht auf Antrag die Räumung des Objekts aufzugeben (§ 149 Abs. 2 ZVG).

1414

Als Gefährdung nennt *Stöber*[518] exemplarisch die Vernachlässigung der Wohnung, das widerrechtliche Beziehen von dem Schuldner nicht zur Benutzung zustehenden Räumen, das Bereiten von Schwierigkeiten für den Zwangsverwalter und das Abschrecken von Miet- und Pachtinteressenten. Wesentliches Beurteilungskriterium ist, dass das Verhalten des Schuldners den Ertrag des Grundstücks gefährdet.

Nach Auffassung von *Depré/Mayer*[519] genügt es, dass der Schuldner beharrlich die Nebenkosten für die Wohnung nicht zahlt, obwohl er sie zahlen könnte.

Die Gefährdung kann durch den Vollstreckungsschuldner selbst oder durch ein Mitglied seines Hausstandes erfolgen. Der Schuldner hat für das Verhalten seines Angehörigen einzustehen.

1415

Berechtigt, einen Antrag nach § 149 Abs. 2 ZVG zu stellen, sind

1416

- der Zwangsverwalter,
- jeder Gläubiger,
- auch jeder sonstige Verfahrensbeteiligte, weil durch die Gefährdung des Grundstücks auch seine Interessen berührt sind.

Das Gericht kann mündliche Verhandlung (mit allen Beteiligten) anordnen, was wegen der erheblichen Auswirkungen der gerichtlichen Entscheidung wenigstens dann erfolgen sollte, wenn eine anderweitige Lösung im Bereich des Möglichen liegt.

1417

Das Gericht entscheidet nach pflichtgemäßem Ermessen. In seiner dem Antrag stattgebenden Entscheidung kann es die sofortige Räumung beschließen oder dem Schuldner eine Räumungsfrist bewilligen. Der Schuldner genießt weder Mieterschutz, noch kann er Räumungsschutz nach § 721 ZPO verlangen.[520]

1418

Gegen die Entscheidung findet die **sofortige Beschwerde** statt. Diese kann, bei Erlass des Räumungsbeschlusses der Schuldner, im Falle der Ablehnung des Antrages nach § 149 Abs. 2 ZVG jeder Gläubiger und jeder sonstige Antragsberechtigte einlegen. Dem Zwangsverwalter steht jedoch kein Rechtsmittel zu, denn er unterliegt den Anweisungen des Gerichts.

1419

Der Räumungsbeschluss stellt einen **Vollstreckungstitel** dar, da gegen ihn die sofortige Beschwerde zulässig ist (§§ 794 Abs. 1 Nr. 3, 793 ZPO).

1420

---

518 § 149 Rn. 3.1.
519 Rn. 471. So jetzt auch *AG Heilbronn* Rpfleger 2004, 236.
520 *Stöber* (ZVG) § 149 Rn. 3.5.

Der Beschluss bedarf nach allgemeiner Meinung in der Literatur[521] keiner Vollstreckungsklausel, obwohl eine solche für Titel nach § 794 ZPO wegen der Verweisung in § 795 Satz 1 ZPO grundsätzlich[522] vorgesehen ist.

Der erforderliche Zustellungsnachweis (§ 750 Abs. 1 ZPO) kann über eine Bescheinigung der Geschäftsstelle gem. § 169 Abs. 1 ZPO erfolgen.

1421 Die Vollstreckung aus dem Räumungstitel bedarf **keines** richterlichen Durchsuchungsbeschlusses (§ 758a Abs. 2 ZPO).

E. Rechtsbehelfe im Verfahren über Anordnung und Beitritt

I. Rechtsbehelf des Schuldners

1422 Gegen die Anordnung der Zwangsverwaltung und die Zulassung des Beitritts steht dem Schuldner der Rechtsbehelf der unbefristeten Vollstreckungserinnerung (§ 766 ZPO) zu. Es gilt das unter Rn. 110 bis 112 Gesagte entsprechend; siehe dort auch zum weiteren Verfahren nach amtsrichterlicher Entscheidung.

II. Rechtsbehelfe des Gläubigers

1423 Es gilt das unter Rn. 113 und 114 Gesagte entsprechend; grundsätzlich steht dem Gläubiger demnach die sofortige Beschwerde zu, welcher der Rechtspfleger abhelfen kann.

F. Kosten im Verfahren über Anordnung und Beitritt

I. Kosten des Gerichts

1424 Für die Entscheidung über den Antrag auf Anordnung der Zwangsverwaltung fällt eine **Pauschalgebühr** von 50,00 € (Nr. 2220 KVGKG) an, ohne dass es auf den Wert des Grundstücks oder die Höhe der Forderung ankäme. Die Gebühr **entsteht mit der Entscheidung**, mithin sowohl für die Anordnung als auch für die Zurückweisung des Antrags. Wird der Antrag vor Entscheidung zurückgenommen, fällt keine Gebühr an.

1425 Hierzu kommen die Auslagen für die Zustellung des Beschlusses (Nr. 9002 KVGKG[523]).

1426 Für die Entscheidung über jedes Beitrittsgesuch fällt die vorgenannte Gebühr erneut an.

II. Rechtsbehelf gegen den Kostenansatz

1427 Der Kostenschuldner kann gegen die Kostenberechnung des Gerichts unbefristete Erinnerung gemäß § 66 Abs. 1 GKG einlegen. Es gelten die Ausführungen Rn. 119 bis 123 entsprechend.

---

521 *Dassler/Schiffhauer/Gerhardt/Muth* § 149 Rn. 10; *Depré/Mayer* Rn. 469; *Haarmeyer/Wutzke/Förster/Hintzen* § 149 Rn. 11; *Stöber* (ZVG) § 149 Rn. 3.8.
522 Zu den Ausnahmen siehe §§ 795a ff. ZPO.
523 Bei Zustellung durch die Deutsche Post AG derzeit (Stand 07/2004) 5,60 €, bei Zustellung durch Justizbedienstete (Nr. 9002 2. Alt. KVGKG) 7,50 €.

III. Rechtsanwaltskosten

Der Rechtsanwalt erhält für die Vertretung **eines Gläubigers** im Verfahren über die Anordnung oder den Beitritt eine Verfahrensgebühr in Höhe von 4/10 der vollen Gebühr (Nr. 3311 Ziff. 3 VVRVG). Gegenstandswert ist die gesamte Forderung des Gläubigers, einschließlich Nebenforderungen (§ 27 Satz 1 RVG). Bei Ansprüchen auf wiederkehrende Leistungen ist der Wert der Leistungen eines Jahres maßgebend. 1428

Besonders zu vergüten sind: 1429
- die Vertretung eines Gläubigers im weiteren Verfahren einschließlich des Verteilungsverfahrens (Nr. 3311 Ziff. 4 VVRVG); dazu Rn. 1673 ff.
- die Mitwirkung bei Anträgen auf einstweilige Einstellung des Verfahrens (dazu Rn. 1548 ff.) oder bei Verhandlungen zwischen Gläubiger und Schuldner mit dem Ziel der Aufhebung des Verfahrens (Nr. 3311 Ziff. 6 VVRVG).

Für die **Vertretung des Schuldners** erhält der Rechtsanwalt im ganzen Verfahren einschließlich des Verteilungsverfahrens eine Verfahrensgebühr in Höhe von 4/10 der vollen Gebühr (Nr. 3311 Ziff. 5 VVRVG). Eine zusätzliche Gebühr für die Vertretung des Schuldners im Verfahren über die Anordnung oder den Beitritt entsteht nicht. Wohl aber die Gebühr Nr. 3311 Ziff. 6 VVRVG. Der Gegenstandswert bestimmt sich nach dem zusammengerechneten Wert aller Ansprüche, wegen derer das Verfahren beantragt ist (§ 27 Satz 2 RVG). 1430

4. Kapitel
Der Zwangsverwalter

A. Bedeutung für das Verfahren

Ähnlich dem Insolvenzverwalter, wenngleich in weniger weit gehendem Umfang, nimmt der Zwangsverwalter eine zentrale Stellung im Verfahren ein. Mit seiner Person und der Qualität seiner Amtsführung stehen und fallen Verlauf und Ergebnis des Verfahrens. Dies gilt sowohl aus Sicht der Gläubiger und sonstigen Zuteilungsberechtigten als auch für das Vollstreckungsgericht hinsichtlich der Art und des Umfangs seiner Aufsichtsführung. 1431

B. Theorien der Amtsführung

Ohne dass dies wesentliche Bedeutung für die Praxis der Zwangsverwaltung hätte, herrscht seit Jahren besonders in der Literatur Streit darüber, nach welcher Theorie das Amt des Zwangsverwalters zu beurteilen ist. Vertreten werden die „**Organtheorie**" (= Verwalter als Organ einer als Rechtsträger zu behandelnden selbstständigen Vermögensmasse), die „**Vertretertheorie**" (= Verwalter als gesetzlicher Vertreter des Schuldners hinsichtlich des beschlagnahmten Vermögens), die „**Amtstheorie**" (= Verwalter verwaltet das beschlagnahme Vermögen des Schuldners aus eigenem Recht; er ist Partei kraft Amtes) und die „**Neutralitätstheorie**". 1432

3 Der Zwangsverwalter

Nach der heute stark im Vordringen begriffenen Neutralitätstheorie handelt der Zwangsverwalter weder einseitig im Interesse der Gläubiger oder des Schuldners, noch im Interesse des Staates, sondern nur neutral bezogen auf das beschlagnahmte Grundstück.[524]

C. Bestellung

I. Bestellung durch das Vollstreckungsgericht

1433 Der Verwalter wird vom Vollstreckungsgericht bestellt (§ 150 ZVG). In seiner Auswahl ist das Gericht, abgesehen von den Ausnahmen § 150a ZVG (Institutsverwalter; dazu Rn. 1467 ff.) und § 150b ZVG (Schuldner als Verwalter; dazu Rn. 1474 ff.) frei, also an Vorschläge der Beteiligten **nicht** gebunden.

1434 Die Entscheidung über die Bestellung des Zwangsverwalters ist ein Akt der rechtsprechenden Gewalt und die dabei vorgenommene Auswahl der Person des für das konkrete Verfahren „geeigneten" Verwalters ist eine in den Grenzen des § 1 Abs. 2 ZwVwV zu treffende Ermessensentscheidung des Vollstreckungsgerichts.[525]

II. Person und Qualifikation

1435 Bestellt werden kann nur eine **natürliche** Person (§ 1 Abs. 2 ZwVwV). Diese muss **geschäftskundig** sein und nach Qualifikation und Büroausstattung die Gewähr für die ordnungsgemäße Gestaltung und Durchführung der Zwangsverwaltung bieten (§ 1 Abs. 2 ZwVwV).

1436 Wegen des Erfordernisses der Geschäftskunde, welche auch die notwendige Qualifikation des Insolvenzverwalters beschreibt (§ 56 Abs. 1 InsO), muss auch der Zwangsverwalter die wirtschaftlichen Verhältnisse der Gegenwart richtig beurteilen können und sollte zumindest über Grundkenntnisse im Immobiliarsachenrecht, Mietrecht und Steuerrecht verfügen.

1437 Obwohl weder im ZVG noch in der ZwVwV ausdrücklich genannt, muss der Zwangsverwalter (ebenfalls wie der Insolvenzverwalter – § 56 Abs. 1 InsO) von den Verfahrensbeteiligten **unabhängig** sein.[526]

1438 In Betracht kommen somit insbesondere Rechtsanwälte, Wirtschaftsprüfer, Steuerberater, gewerbliche Hausverwalter, u.a.

1439 Da eine Verpflichtung zur Amtsübernahme nicht besteht, ist es grundsätzlich erforderlich, den Ausgewählten vor der Bestellung zu seiner **Bereitschaft zur Amtsübernahme** zu befragen. Häufig kommt es jedoch vor, dass Mitarbeitende von auf Zwangsverwaltung spezialisierten Kanzleien im Voraus ihre Zustimmung zur Auswahl generell gegeben haben, was eine Nachfrage im Einzelfall entbehrlich macht.

1440 Wer sich als Verwalter bestellen lässt, muss das Amt ordnungsgemäß ausführen. Er kann es auch nicht jederzeit niederlegen, sondern muss seine Entlassung beantragen.

---

524 *Stöber* (ZVG) § 152 Rn. 2.2c; *Berges* KTS 1970, 99.
525 *BGH* ZIP 1986, 319.
526 *Stöber* (ZVG) § 150 Rn. 2.6.

III. Zeitpunkt der Bestellung

Die Bestellung des Zwangsverwalters erfolgt regelmäßig und zweckmäßigerweise bereits im **Anordnungsbeschluss**, denn eine Zwangsverwaltung ohne einen eingesetzten Zwangsverwalter ist nicht durchführbar. **1441**

Sollte diese sofortige Bestellung nicht möglich sein, weil eine geeignete und bereite Person nicht gleich gefunden werden kann, ist zunächst die Zwangsverwaltung anzuordnen[527] und die Bestellung dann umgehend durch einen weiteren Beschluss nachzuholen. **1442**

IV. Ausweis

Der Zwangsverwalter erhält eine **Bestallungsurkunde** (§ 2 ZwVwV; dort auch zu deren Inhalt). Die Übersendung einer Ausfertigung des Beschlusses, durch den die Zwangsverwaltung angeordnet und seine Bestellung erfolgt ist, sollte zusätzlich erfolgen. **1443**

V. Rechtsbehelf gegen die Auswahl

Die Beteiligten (§ 9 ZVG) können die Auswahl des Verwalters, nicht jedoch die Bestellung eines Zwangsverwalters als solche, anfechten. Da die Beteiligten meist nicht vorher angehört wurden, steht ihnen regelmäßig die unbefristete Vollstreckungserinnerung gem. § 766 ZPO zu; fand ausnahmsweise eine Anhörung statt, ist die sofortige Beschwerde (§ 793 ZPO) gegeben. **1444**

D. Aufgaben

I. Allgemeines

Der Verwalter ist allen am Verfahren beteiligten Personen gleichermaßen gegenüber verantwortlich und verpflichtet. **1445**

Er hat seine Aufgabe objektiv nach dem Verfahrenszweck der Zwangsverwaltung auszuüben und auszufüllen.

Er hat aus den Erträgnissen des Grundstücks die bestmögliche Befriedigung der Gläubiger und sonstigen Zuteilungsberechtigten zu ermöglichen und zugleich das dem Schuldner nach wie vor gehörende Grundstück in seinem wirtschaftlichen Bestand zu erhalten.[528]

Die Aufgaben des Zwangsverwalters sind allgemein in § 152 ZVG festgelegt. Danach hat er **1446**
- das Recht und die Pflicht, alle Handlungen vorzunehmen, die erforderlich sind, um das Grundstück in seinem wirtschaftlichen Bestand zu erhalten und ordnungsgemäß zu benutzen,
- die beschlagnahmten Ansprüche geltend zu machen und
- entbehrliche Nutzungen in Geld umzusetzen.

---

527 Also ist eine Anordnung der Zwangsverwaltung ohne Verwalterbestellung durchaus „möglich" und wirksam.
528 *Haarmeyer/Wutzke/Förster/Hintzen* § 152 Rn. 2a.

3 Der Zwangsverwalter

> **Tipp:** Falls Umsatzsteuer in Betracht kommt, sollte der Zwangsverwalter keinesfalls über die Steuernummer des Schuldners abrechnen sondern vom Finanzamt eine eigene Steuernummer für die Masse fordern.

1447 In den §§ 3-16 ZwVwV werden einige Aufgaben des Zwangsverwalters, etwa die Besitzergreifung, Auskunftserteilung etc. konkret geregelt.

Weiter gehende Antrags- und Verfügungsrechte hat der Zwangsverwalter nicht, z.B. kein Antrags- und Bewilligungsrecht gegenüber dem Grundbuchamt.[529]

II. Rechnungslegung

1. Pflicht zur Rechnungslegung

1448 Nach § 154 Satz 2 ZVG hat der Zwangsverwalter gegenüber dem Gläubiger und dem Schuldner[530] die Pflicht zur Rechnungslegung. Da der Verwalter der Aufsicht des Gerichts untersteht, ist diese Rechnungslegung beim Gericht einzureichen (§ 154 Satz 3 ZVG) damit dieses seine Kontrollpflichten nach § 153 ZVG wahrnehmen kann. Dem Gericht obliegt es darüber zu wachen, dass der Verwalter die Rechnungen fristgerecht einreicht.

Kommt der Verwalter seinen Pflichten nicht nach, kann das Gericht ihm gegenüber ein Zwangsgeld festsetzen und ihn sogar entlassen (§ 153 Abs. 2 ZVG).

Da gegenüber dem Gläubiger und dem Schuldner eine **Rechnungslegungspflicht** des Verwalters besteht, haben diese auch einen **einklagbaren Anspruch** auf Rechnungslegung; § 154 Satz 3 ZVG schließt die Geltendmachung dieses Anspruchs im Klageweg nicht aus.[531]

1449 Der Verwalter hat jährlich (sog. **Jahresbericht**) sowie nach Beendigung der Verwaltung (sog. **Schlussbericht**) Rechnung zu legen (§ 154 Satz 2 ZVG). Das Rechnungsjahr ist das **Kalenderjahr** (§ 14 Abs. 2 ZwVwV), soweit nicht auf Wunsch eines Beteiligten oder des Verwalters mit Zustimmung des Gerichts ein anderer Zeitabschnitt vereinbart wird.

1450 Das Gericht kann unabhängig von der regelmäßigen Rechnungslegung während des gesamten Zwangsverwaltungsverfahrens im Rahmen der Aufsichtspflicht vom Verwalter jederzeit eine Rechnungslegung verlangen (§ 153 Abs. 2 ZVG). Diese Überwachung der Amtsführung des Zwangsverwalters ist für das Vollstreckungsgericht Amtspflicht im Sinne des § 839 BGB.

2. Inhalt der Rechnungslegung

1451 Die Rechnungslegung und das ihr zugrunde liegende Belegwesen ist in den §§ 14, 15 ZwVwV geregelt.

1452 In die Rechnung sind die Einnahmen und Ausgaben aufzunehmen, welche im Laufe des Rechnungsabschnitts angefallen sind. Die Einnahmen und Ausgaben sind gem. § 15 ZwVwV zu glieden. Die Belege über Einnahmen und Ausgaben sind beizufügen (§ 13 Abs. 3 Satz 4 ZwVwV).

1453 Wegen der Schlussrechnung siehe § 14 Abs. 3 und Abs. 4 ZwVwV.

---

529 *LG Bonn* Rpfleger 1983, 324.
530 Nicht jedoch gegenüber dem Vollstreckungsgericht!
531 *OLG Celle* NdsRpfl 1997, 25; a.A. *Stöber* (ZVG) § 154 Rn. 3.4.

3. Prüfung und Einwendungen

Dem Gericht obliegt im Rahmen seiner Aufsichtspflicht die Prüfung der rechnerischen und sachlichen Richtigkeit. Auch in diesem Zusammenhang gibt § 16 ZwVwV dem Gericht die Möglichkeit zur Beseitigung von Unklarheiten von dem Verwalter zusätzliche Auskünfte und Unterlagen zu verlangen. **1454**

Unter den Voraussetzungen des § 259 Abs. 2 BGB hat der Zwangsverwalter auf Antrag des Gläubigers oder des Schuldners[532] die Richtigkeit seiner Angaben an Eides Statt zu versichern (§ 259 BGB). Jeder auskunftsberechtigte Beteiligte[533] kann im Falle der Verweigerung dieser eidesstattlichen Versicherung Klage erheben. **1455**

Stellt das Gericht fest, dass die Rechnungslegung im Sinne des § 259 BGB formell nicht zu beanstanden, also rechnerisch richtig und vollständig ist, spricht man auch von der „Abnahme" der Rechnungslegung durch das Gericht. Damit geht jedoch nicht automatisch eine „Entlastung" des Zwangsverwalters einher. Vielmehr können der (alle) Gläubiger und der Schuldner auch jetzt noch Einwendungen erheben. Das Gericht wird den Verwalter hierzu anhören, eine Klärung versuchen und dann entscheiden, **1456**
- ob es zur weiteren Klärung gegen den Verwalter im Aufsichtsweg vorgeht oder
- hierzu keine Veranlassung sieht und den Beteiligten, der die Einwendung erhoben hat, auf den Prozessweg (Klage gegen den Verwalter) verweist.

In der Literatur umstritten ist die Frage, wie die **Nichtäußerung** (Schweigen) der Beteiligten zur übersandten Rechnungslegung zu werten ist. Von einem Anerkenntnis ist dann nicht auszugehen.[534] Unter besonderen Umständen, nämlich der Erhebung von Einwendungen lange nach Ablauf der von dem Gericht den Beteiligten gesetzten Äußerungsfrist, wird sich der Verwalter wohl auf die Verwirkung der Einwendungen berufen können.[535] **1457**

E. Haftung

I. Allgemeines

Die Haftung des Zwangsverwalters kann resultieren aus **1458**
1. § 154 Satz 1 ZVG und/oder
2. den allgemeinen Vorschriften des BGB.

Weiter wird zu unterscheiden sein, ob
- der Verwalter persönlich oder
- „nur" die zwangsverwaltete Masse haftet.

II. Haftung nach § 154 ZVG

Gem. § 154 Satz 1 ZVG ist der Verwalter für die Erfüllung der ihm obliegenden Verpflichtungen allen Beteiligten gegenüber verantwortlich. Diese Verantwortlichkeit trifft auch den Schuldner als Zwangsverwalter (Rn. 1467 ff.) und die ihm zur Seite gestellte Auf- **1459**

---

532 Das Vollstreckungsgericht kann die eidesstattliche Versicherung nicht erzwingen.
533 Also der/die (betreibenden) Gläubiger oder der Schuldner.
534 *Depré/Mayer* Rn. 624.
535 *Depré/Mayer* Rn. 624.

sichtsperson (Rn. 1473 ff.). Bei der Institutsverwaltung haftet anstelle des Verwalters das Institut, bei welchem er fest angestellt ist (§ 150a Abs. 2 Satz 2 ZVG).

1460 Nach h.M.[536] besteht die Haftung **nur gegenüber den Beteiligten** i.S.d. § 9 ZVG. Bei solchen Beteiligten, die ihre Beteiligtenposition erst durch Anmeldung oder Glaubhaftmachung erlangen (§ 9 Nr. 2 ZVG) kommt die Haftung schon dann zum Tragen, wenn sie die Anmeldung oder die Glaubhaftmachung noch nicht vorgenommen haben.[537]

1461 Der Zwangsverwalter haftet auch gegenüber dem **Ersteher**, obwohl dieser nicht Beteiligter im Sinne des § 9 ZVG ist, wenn die Zwangsverwaltung nach dem Zuschlag im Zwangsversteigerungsverfahren noch fortgeführt wird. Haftungsgrundlage ist ein gesetzliches Schuldverhältnis, welches eine Geschäftsbesorgung zum Gegenstand hat.[538]

1462 Nicht beteiligte Dritte können keinen Anspruch gegen den Verwalter persönlich herleiten.[539] Ansprüche gegen die Masse sind möglich, wenn der Dritte mit dem Zwangsverwalter in einem Vertragsverhältnis steht.

1463 Der Zwangsverwalter haftet z.B. aus unerlaubter Handlung für Vorsatz und Fahrlässigkeit (§ 276 BGB). Soweit Mitarbeiter für den Verwalter gehandelt haben, beruht seine Haftung auf § 278 BGB.

III. Haftung nach dem BGB

1464 Neben der Haftung nach § 154 Satz 1 ZVG kann auch eine Haftung nach den Vorschriften des BGB in Betracht kommen. Personen, welche nicht am Verfahren beteiligt sind, haftet der Zwangsverwalter nach allgemeinen Grundsätzen vertraglich und aus unerlaubter Handlung.

IV. Geltendmachung der Ansprüche und Verjährung

1465 Die Ansprüche auf Schadensersatz gegen den Verwalter können die Beteiligten bereits während des laufenden Zwangsverwaltungsverfahrens auf dem Prozessweg (nicht beim Vollstreckungsgericht) geltend machen.

1466 Die Ansprüche gegen den Verwalter verjähren in drei Jahren (regelmäßige Verjährungsfrist; § 195 BGB).[540]

---

536 *Stöber* (ZVG) § 154 Rn. 2.2; *BGH* Rpfleger 1990, 132.
537 *Steiner/Hagemann* § 154 Rn. 8.
538 *Depré/Mayer* Rn. 631.
539 *OLG Schleswig* NJW-RR 1991, 1489: Eine nicht im Sinne des § 9 ZVG beteiligte Mieterin hatte im Mietobjekt einen Wasserschaden. Hier haftet ihr der Verwalter nicht persönlich wegen mangelnder Heizung oder mangelnder Versicherung.
540 *OLG Köln* NJW 1956, 835 für den ehemaligen Konkursverwalter.

F. Besondere Verwalter

I. Institutsverwalter

1. Vorschlagsrecht und Bestellung

Die in § 150a ZVG näher bezeichneten Institute, insbesondere also Banken, Sparkassen, Versicherungsgesellschaften und Bausparkassen können vom Gericht die Bestellung eines sog. „Institutsverwalters" verlangen, wenn sie Beteiligte (§ 9 ZVG) des Verfahrens sind. **1467**

Durch die Einsetzung eines Institutsverwalters soll das Verfahren wirtschaftlicher gestaltet werden, da der Institutsverwalter für seine Tätigkeit keine Vergütung erhält (§ 150a Abs. 2 Satz 2 ZVG). Auch bietet sich für den vorschlagenden Beteiligten i.S.d. § 150a Abs. 1 ZVG so die Möglichkeit, wesentlichen Einfluss auf das Verfahren zu nehmen. **1468**

Schlägt der hierzu berechtigte Beteiligte einen Institutsverwalter vor, muss[541] das Gericht ihn bestellen (§ 150a Abs. 2 ZVG), wenn folgende Voraussetzungen vorliegen: **1469**

- Der Vorgeschlagene muss bei dem Institut **fest angestellt** sein. Daher können freie Mitarbeiter nicht bestellt werden.[542]
- Gegen den Vorgeschlagenen dürfen auch mit Rücksicht auf seine Person oder die Art der Verwaltung keine Bedenken bestehen. Er muss also persönlich und fachlich geeignet sein, das Amt des Zwangsverwalters auszuüben.
- Das vorschlagende Institut muss die Haftung nach § 154 Satz 1 ZVG übernehmen.

Schlagen mehrere hierzu berechtigte Institute **verschiedene Verwalter** vor, trifft das Gericht die Wahl, wobei die Reihenfolge des § 10 Abs. 1 Nr. 4 ZVG nicht entscheidet. Es wird dem Vorschlag jenes Institutes folgen, das an der Verwaltung das größte Interesse hat. **1470**

2. Rechtsstellung

Hinsichtlich seiner Stellung unterscheidet sich der Institutsverwalter nicht von einem nach § 150 ZVG bestellten Zwangsverwalter. **1471**

Das Gericht hat ihn ebenfalls nach Anhörung des Gläubigers und des Schuldners mit der erforderlichen Anweisung für die Verwaltung zu versehen (§ 153 ZVG).

Auch der Institutsverwalter unterliegt der Aufsicht und den Weisungen des Vollstreckungsgerichts. Auch er muss dem Gericht Bericht erstatten und ist an den gerichtlichen Teilungsplan gebunden.

Seine Entlassung aus wichtigem Grund ist ebenfalls zulässig. Wichtiger Grund ist dabei etwa, dass das Institut während der Zwangsverwaltung durch Ablösung oder Abtretung des Rechts seine Beteiligtenstellung verliert. Scheidet das Institut jedoch im Laufe der Zwangsverwaltung aus dem Verfahren aus, ist dies noch kein Grund, den Verwalter abzuberufen.[543] **1472**

---

541 Das Gericht hat dann kein Ermessen.
542 Das *LG Heidelberg* hält einen unbefristeten „Dienstvertrag" mit einem ansonsten freiberuflich tätigen Rechtsanwalt nach Art der „Beraterverträge" für ausreichend (Unveröffentliche Entscheidung; 6 T 46/04).
543 *Haarmeyer/Wutzke/Förster/Hintzen* § 150a Rn. 31.

1473 Der Institutsverwalter darf keine Vergütung aus der Masse oder vom Vollstreckungsschuldner beanspruchen.[544] Ersetzt werden können ihm nur die baren Auslagen (§ 155 Abs. 1 ZVG).

II. Schuldner als Verwalter

1. Zweck der Regelung

1474 Bei landwirtschaftlich, forstwirtschaftlich oder gärtnerisch genutzten Grundstücken ist grundsätzlich der Schuldner zum Verwalter zu bestellen (§ 150b Abs. 1 Satz 1 ZVG).

Die Verwaltung derartiger Grundstücke erfordert besondere Kenntnisse und Erfahrungen, die bei der Bewirtschaftung genutzt werden sollen. Eine ordnungsgemäße Führung der Verwaltung wird, eben wegen des Erfordernisses dieser Spezialkenntnisse, nur durch den Schuldner zu erwarten sein. Steht daher von vorn herein fest, dass der Schuldner nicht bereit ist, das Amt des Verwalters zu übernehmen, sollten die Gläubiger von einem Zwangsverwaltungsantrag eher Abstand nehmen, da andere Verwalter regelmäßig mit der „Bewirtschaftung" des speziellen Grundbesitzes überfordert sein werden.

1475 Ist das Grundstück verpachtet, so findet § 150b ZVG keine Anwendung, da die Bewirtschaftung des Grundstücks dann nicht der Zwangsverwaltung unterliegt.[545]

1476 Die Bestellung darf nur dann nicht erfolgen, wenn der Schuldner **ungeeignet oder nicht bereit** ist, das Amt zu übernehmen (§ 150b Abs. 1 Satz 2 ZVG). An einer ordnungsgemäßen Durchführung der Zwangsverwaltung wird der Schuldner schon allein deshalb interessiert sein, weil er seinen notwendigen Unterhalt nur aus den erwirtschafteten Erträgen erhält (§ 149 Abs. 3 ZVG).

1477 Steht nicht von Anfang an fest, dass der Schuldner die Verwaltung übernehmen kann und wird, kann bei der Anordnung der Zwangsverwaltung zunächst nur ein vorläufiger Verwalter bestellt werden. Falls möglich, sollte dies die spätere Aufsichtsperson (dazu Rn. 1480) sein.

1478 Liegen die Voraussetzungen für die Bestellung des Schuldners zum Verwalter vor, hat das Gericht nach § 150b Abs. 2 ZVG hierzu vor der Bestellung anzuhören:
- den (betreibenden) Gläubiger,
- etwaige Beteiligte der in § 150a ZVG bezeichneten Art (hierzu Rn. 1467),
- die untere Verwaltungsbehörde, das ist regelmäßig das Landratsamt.[546]

Diese Anhörung dieser Beteiligten dient vornehmlich der Überprüfung der Frage, ob der Schuldner Eignung zu diesem Amte besitzt.

1479 Ist der Schuldner zur Amtsführung nicht geeignet, so kann unter den Voraussetzungen des § 150a ZVG Institutsverwaltung (dazu Rn. 1467) angeordnet werden. Wird kein entsprechender Verwalter vorgeschlagen, ist der vorläufig eingesetzte Verwalter (Rn. 1477) zum endgültigen Verwalter zu bestellen.

---

544 Besoldet wird der Verwalter von dem Institut, bei dem er fest angestellt ist.
545 *Stöber* (ZVG) § 150b Rn. 2.4.
546 Die Behörde bestimmt sich nach Landesrecht.

2. Aufsichtsperson

Zugleich mit der Bestellung des Schuldners als Verwalter muss das Vollstreckungsgericht eine Aufsichtsperson bestellen (§ 150c Abs. 1 ZVG). Dabei kann es sich um eine **natürliche oder juristische** Person oder sogar eine Behörde handeln (§ 150c Abs. 1 Satz 2 ZVG). 1480

Der Schuldner darf zwar als Verwalter über die Nutzungen des Grundstücks und deren Erlös verfügen, bedarf aber hierzu der **Zustimmung** der Aufsichtsperson (§ 150d Satz 1 ZVG). Nicht zwingend vorgeschrieben, aber zweckmäßig ist es, die Beteiligten vor Bestellung der Aufsichtsperson zu hören. An Vorschläge zur Person ist das Vollstreckungsgericht jedoch nicht gebunden. Auch die Aufsichtsperson muss für das Amt in persönlicher und fachlicher Hinsicht geeignet und von den Beteiligten unabhängig sein. Die Bestellung ist erst wirksam, wenn die ausgewählte Person sich ausdrücklich zur Übernahme bereiterklärt hat, da niemand verpflichtet ist, ein solches Amt zu übernehmen. 1481

Ladungen, Verfügungen und Beschlüsse über Anordnung, Beitritt, Einstellung und Aufhebung des Verfahrens, die an den Schuldner zugestellt oder mitgeteilt werden müssen, sind auch der Aufsichtsperson zuzustellen bzw. mitzuteilen (§ 150c Abs. 2 Satz 2 ZVG). 1482

Beide, Schuldner und Aufsichtsperson, stehen unter der Aufsicht des Vollstreckungsgerichts und sind dessen Weisungen unterworfen. 1483

Im Interesse der Gläubiger hat die Aufsichtsperson den Schuldnerverwalter zu beaufsichtigen. Die Aufsichtsperson ist für die Erfüllung der ihm obliegenden Verpflichtungen allen Beteiligten gegenüber verantwortlich (§§ 150c Abs. 2 Satz 1, 154 ZVG). Zur Vergütung der Aufsichtsperson Rn. 1489. 1484

Der Schuldner, der die Verwaltung unter dieser Aufsicht führt, ist verpflichtet, der Aufsichtsperson jederzeit Auskunft über das Grundstück, den Betrieb und die mit der Bewirtschaftung zusammenhängenden Rechtsverhältnisse zu geben und Einsicht in vorhandene Aufzeichnungen zu gewähren (§ 150c Abs. 4 ZVG). Verletzt der Schuldner seine Pflichten als Verwalter, muss die Aufsichtsperson dies dem Vollstreckungsgericht unverzüglich anzeigen (§ 150c Abs. 3 ZVG). 1485

Verfügungen des Schuldners als Verwalter über die Nutzungen des Grundstücks und deren Erlös bedürfen der Zustimmung der Aufsichtsperson. Die Entschließung der Aufsichtsperson hat der Schuldner dann rechtzeitig einzuholen, wenn es sich um Geschäfte handelt, die über den Rahmen der laufenden Wirtschaftsführung hinausgehen (§ 150c Abs. 4 ZVG). 1486

Die Begleichung der Verwaltungsausgaben, die Zahlung der Verfahrenskosten und die Begleichung der laufenden Beträge öffentlicher Lasten, wie z.B. Grundsteuerbeträge, fallen nicht hierunter, da sie vorweg aus dem Erlös zu entnehmen sind. 1487

G. Vergütung

I. Allgemeines

Der Zwangsverwalter hat für seine Verwaltertätigkeit Anspruch auf eine **angemessene Vergütung** für seine **gesamte Geschäftsführung**, also nicht nur für Vermietung und Verpachtung. Dabei ist die Höhe der Vergütung an der Art und dem Umfang der Aufgabe sowie an der Leistung des Zwangsverwalters auszurichten, wobei Mindest- und Höchstsätze vorgesehen sind (§ 152a ZVG). 1488

3 Der Zwangsverwalter

1489 Obwohl das ZVG dies nicht erwähnt, wird heute überwiegend angenommen[547] dass das Gericht der Aufsichtsperson (Rn. 1480 ff.) eine Vergütung in entsprechender Anwendung der Normen zur Vergütung de Verwalters festzusetzen hat.

II. Regelvergütung

1490 Für die Regelvergütung maßgeblich ist die eingezogene **Miete** oder Pacht. Alle im Rahmen der Darstellung der Vergütung zur Miete gemachten Aussagen gelten für die **Pacht entsprechend**.

1491 Die **Regelvergütung** beträgt im **Normalfall 10 % des Bruttobetrages** (Einnahmen **zuzüglich** Nebenkosten) der für den Zeitraum der Verwaltung eingezogenen Miete. Diese Regelvergütung deckt in den Fällen der vollständigen oder teilweisen Vermietung die eigentliche Zwangsverwaltertätigkeit sowie die Tätigkeit der nicht gesondert vergüteten Mitarbeiter ab. Außerdem werden mit der Vergütung auch die allgemeinen Geschäftskosten des Verwalters abgegolten (§ 21 Abs. 1 ZwVwV). Zu den allgemeinen Geschäftskosten gehört der Büroaufwand des Verwalters einschließlich der Gehälter seiner Angestellten, also jene Aufwendungen, die bei dem Verwalter auch dann angefallen wären, wenn er diese Zwangsverwaltung nicht übernommen hätte.

1492 Gem. § 18 Abs. 1 Satz 2 ZwVwV erhält der Verwalter für vertraglich geschuldete, nicht eingezogene Mieten[548] 20 % der Vergütung (das entspricht 2 % der Regelvergütung), die er erhalten hätte, wenn diese Mieten eingezogen worden wären. Werden zunächst nicht eingezogene Mietrückstände später gezahlt, ist eine nach dieser Vorschrift erhaltene Vergütung auf die nach den nunmehr eingezogenen Mieten zu berechnende Vergütung anzurechnen. Für den Verwalter soll durch diese Regelung ein Anreiz geschaffen werden, sich um den Einzug geschuldeter Mieten zu kümmeRn.

III. Verminderung / Erhöhung der Regelvergütung

1493 Im Einzelfall kann sich zwischen der Tätigkeit des Verwalters und der Regelvergütung ein **Missverhältnis** ergeben. Daher bestimmt § 18 Abs. 2 ZwVwV, dass der Regelsatz von 10 % bis auf 5 % **vermindert** oder bis auf 15 % **angehoben** werden kann. Diese Verminderungs- oder Erhöhungskriterien bewirken auch eine Veränderung der Vergütung für vertraglich geschuldete, aber nicht eingezogene Mieten. Kann der Verwalter eine Regelvergütung von 15 % beanspruchen, so bemisst sich die Vergütung für diese nicht eingezogenen Mieten 20 % hiervon, mithin also 3 %. Durch Abweichen von der Regelvergütung wird der Tatsache Rechnung getragen, dass dies zur Herstellung eines leistungsadäquaten Vergütungsniveaus im konkreten Einzelfall zulässig sein muss.

---

547 *Depré/Mayer* Rn. 108 m.w.N.
548 Also geschuldete, aber nicht bezahlte Mieten, nicht etwa auch der Mietwert leer stehender Räume.

IV. Vergütung nach Zeitaufwand

1. Voraussetzungen

§ 19 ZwVwV regelt die Zeitvergütung, die in **zwei Fällen** gilt: **1494**
1. In allen Fällen, in denen der Verwalter nicht nach § 18 ZwVwV abrechnen kann, weil **keine Vermietung** vorliegt.
2. Bei nur **teilweiser Vermietung** erfolgt die Vergütung nach Zeitaufwand, wenn über § 18 ZwVwV (auch nach entsprechender Erhöhung gemäß Rn. 1493) keine angemessene Vergütung des Verwalters erreicht werden kann (§ 19 Abs. 2 ZwVwV).

Es ist nicht (mehr) zulässig, einen Teil des Objekts nach Ertrag und den Rest nach Zeitaufwand abzurechnen. Wenn überhaupt Erträge vorhanden sind, muss immer zunächst eine Berechnung nach § 18 ZwVwV stattfinden und erst, wenn deren Ergebnis „offensichtlich unangemessen" wäre, erfolgt die Abrechnung nach § 19 ZwVwV statt. Im Bereich der Kosten- oder Vergütungsfestsetzung wird eine Abweichung von mehr als 20 % bis 25 % der Regelvergütung als unbillig angesehen.[549] **1495**

2. Berechnung

Wird die Vergütung nach Zeitaufwand abgerechnet, so erhält der Verwalter für jede Stunde der für die Verwaltung erforderlichen Zeit, die er oder einer seiner qualifizierten Mitarbeiter[550] aufgewendet hat, eine Vergütung von mindestens 35,00 € und höchstens 95,00 €, wobei der Stundensatz für den jeweiligen Abrechnungszeitraum einheitlich zu bemessen ist (§ 19 Abs. 1 ZwVwV). **1496**

Die Stundenvergütung bemisst sich für den Verwalter und seine qualifizierten Mitarbeiter nach der **Schwierigkeit** des jeweiligen Verfahrens. Der Mindestsatz kommt dann in Betracht, wenn die Verwaltungstätigkeit ganz überwiegend aus einfachsten Aufgaben besteht, die hauptsächlich von gering qualifizierten Mitarbeitern und Hilfskräften erledigt werden können. Abgedeckt werden dabei die Tätigkeit des Verwalters, seiner qualifizierten Hilfskräfte sowie die entstandenen Geschäftskosten. Handelt es sich nach der Verfahrensstruktur um ein sog. Normal- oder Regelverfahren, soll der angemessene Stundensatz 71,00 € betragen.[551] Noch ungeklärt ist, ob es wirklich nur auf die Schwierigkeit des Verfahrens ankommt oder ob auch die Qualifikation des Verwalters (im Einzelfall also „Über-Qualifikation") eine Rolle spielen muss. **1497**

---

549 *OLG Düsseldorf* Rpfleger 2002, 271; *OLG München* FamRZ 2003, 466; *LG Dortmund* Rpfleger 1991, 33; *OLG Hamm* Rpfleger 1999, 565; *LG Göttingen* Rpfleger 2002, 481, *Haarmeyer* ZinsO 2004, 18, 21.
550 „Qualifizierte Mitarbeiter" meint jene Personen, welche nicht nur „unterstützend" tätig werden (also z.B. Schreibkräfte), sondern selbständig unter Aufsicht des Verwalters Handlungen vornehmen, welche ansonsten der Verwalter selbst vornehmen müsste (§ 1 Abs. 3 Satz 3 und 4 ZwVwV).
551 *Haarmeyer* ZinsO 2004, 18 ff.

V. Mindestvergütung

1. Bei erlangtem Besitz

1498 Eine Mindestvergütung von **600,00 €** wird gewährt, wenn der Verwalter das Zwangsverwaltungsobjekt in Besitz genommen hat, wobei der mittelbare Besitz genügt (§ 20 Abs. 1 ZwVwV). Der Verordnungsgeber hat in seinem dritten Entwurf zur Begründung des § 20 ZwVwV ausgeführt, dass mit dieser Regelung der nach dem bisherigen Recht in § 24 Abs. 3 Zwangsverwalterverordnung geregelte Fall der bloßen Inbesitznahme des Objekts durch den Zwangsverwalter honoriert werde. Daher wurde die Festschreibung einer angemessenen Pauschale, welche zugleich als Mindestvergütung diene, empfohlen. Diese Vergütung kann er somit **nicht** neben den Vergütungen nach § 18 oder § 19 ZwVwV erhalten, sondern nur dann, wenn diese geringer als 600,00 € wären. Daher ist die Gesamtsumme der Vergütungen der Abrechnungszeiträume mit diesem Betrag zu vergleichen und entweder die höhere Regelvergütung nach den §§ 18, 19 ZwVwV oder eben die Mindestvergütung festzusetzen. Abweichend zum bisherigen Recht fällt diese Mindestvergütung nur **einmal** und nicht jährlich an.[552]

Tipp: Ist der erste Berichtszeitraum sehr kurz (Rumpfjahr), die Mindestvergütung fordern, wenn die §§ 18, 19 ZwVwV weniger als 600,00 € ergeben.

2. Ohne Besitzerlangung

1499 Wird die Zwangsverwaltung beendet, bevor der Verwalter das Objekt in Besitz genommen hat, so erhält er eine Vergütung von 200,00 €. Voraussetzung ist aber, dass er bereits tätig geworden ist. Der Verwalter muss also bereits Handlungen vorgenommen haben, welche die Inbesitznahme vorbereiten. Ob bereits interne Tätigkeit nach Bekanntgabe der Bestellung, also z.B. Anlage der Akten, Kontoeröffnung, Entwurf eines Briefes an die Mieter etc. genügt[553], muss noch entschieden werden. Verzögert sich, insbesondere durch das Verhalten des Schuldners, die Inbesitznahme und nimmt der Gläubiger dann den Antrag alsbald zurück, kann infolge des Zeitaufwandes (§ 19 ZwVwV) durchaus bereits eine höhere Vergütung als 200,– € verdient sein.

VI. Auslagen

1500 Mit der Vergütung werden zwar die **allgemeinen Geschäftskosten** abgegolten, jedoch können dem Verwalter **besondere Kosten**, die ihm im Einzelfall entstehen, erstattet werden, soweit sie angemessen sind (§ 21 ZwVwV). Diese Auslagen, zu denen neben den in § 21 Abs. 2 ZwVwV beispielhaft genannten besonderen Kosten vor allem die in einem konkreten Verfahren anfallenden Post- und Telekommunikationsentgelte zählen, können entweder im Einzelfall nachgewiesen oder pauschal erstattet werden. Insoweit hat der Verwalter eine Wahlmöglichkeit. Die Pauschale beträgt 10 % der Vergütung, ist jedoch begrenzt auf höchstens 40,00 € für jeden angefangenen Monat seiner Tätigkeit, also 480,00 € pro Verwaltungsjahr. Der Verwalter ist zum Abschluss einer Vermögenshaftpflichtversicherung von mindestens 500.000,00 € verpflichtet (§ 1 Abs. 4 ZwVwV). Wenn aber das Gericht den Abschluss einer höheren Versicherung für den Einzelfall an-

---

552 *LG Stralsund* Rpfleger 2004, 580.
553 So *Depré/Mayer* Rn. 670.

ordnet, können diese zusätzlich aufgewendeten Kosten als Auslagen erstattet werden und zwar neben der vorgenannten Pauschale.[554] Ansonsten sind die Kosten der Haftpflichtversicherung mit der Vergütung abgegolten.

Zusätzlich zur Vergütung und den Auslagen kann der Verwalter die Festsetzung seiner zu zahlenden Umsatzsteuer verlangen (§ 17 Abs. 2 ZwVwV). **1501**

VII. Besonderheiten

1. Fertigstellung von Bauvorhaben

Erstmalig geregelt ist die Vergütung für die nunmehr mögliche Bautätigkeit (Fertigstellung von Bauvorhaben) unter Aufsicht des Zwangsverwalters (§ 18 Abs. 3 ZwVwV). Sie beträgt 6 % der verwalteten Bausumme und ist vom Zeitaufwand unabhängig, kann also seitens des Gerichts weder erhöht noch ermäßigt werden. § 19 ZwVwV findet keine Anwendung. **1502**

2. Besondere Sachkunde

Bringt der Verwalter im Einzelfall seine besondere Sachkunde als Rechtsanwalt, als Steuerberater oder eine sonstige besondere Qualifikation in die Zwangsverwaltung ein, so kann er diese Leistung im Einzelfall entsprechend seiner Vergütungsordnung abrechnen. Die Zwangsverwaltungsmasse wäre nämlich mit denselben Beträgen belastet worden, wenn sich ein nicht sachkundiger Zwangsverwalter hierfür eines sachkundigen Dritten bedient hätte. Wichtigster Einzelfall: Ein Anwalt als Zwangsverwalter führt einen Rechtsstreit.[555] **1503**

VIII. Vorschuss

Vor einer jeweiligen Festsetzung kann der Verwalter aus den Einnahmen einen Vorschuss auf die Vergütung und Auslagen mit Einwilligung des Gerichts entnehmen (§ 22 Abs. 2 ZwVwV). **1504**

IX. Festsetzung durch das Gericht

Die Festsetzung der dem Verwalter zu erstattenden Vergütung und Auslagen erfolgt für den jeweils festgelegten Rechnungszeitraum, also kalenderjährlich oder aber jährlich, wenn das Gericht zu dieser Abweichung die Zustimmung erteilt hat. Bei Aufhebung des Verfahrens erfolgt sie im Anschluss an die Schlussrechnung (§ 22 Abs. 1 ZwVwV). **1505**

Der Beschluss, durch welchen die Vergütung festgesetzt wird, ist, auch bei Zuerkennung der Regelvergütung, zu begründen. **1506**

Setzt das Gericht weniger fest als beantragt, muss der Beschluss eingehend begründet werden.

Der Beschluss ist dem Schuldner und dem Gläubiger zuzustellen, dem Verwalter nur, wenn von seinem Antrag abgewichen wurde. **1507**

---

554 *Depré/Mayer* Rn. 684.
555 Hierzu ausführlich *Depré/Mayer* Rn. 687 ff.

1508 Die Entscheidung ist grundsätzlich mit **sofortiger Beschwerde** anfechtbar, auf welche nach h.M.[556] § 567 Abs. 2 ZPO anzuwenden ist. Somit findet **sofortige Erinnerung** nach § 11 Abs. 2 RPflG, wenn die Beschwer 200,00 € oder weniger beträgt. Die dann zu treffende Entscheidung des Referatsrichters ist gebührenfrei und unanfechtbar.

5. Kapitel
Einstweilige Einstellung und Aufhebung

A. Das System und seine Anwendung

1509 Für die Zwangsverwaltung gelten die unter Rn. 127 bis 130 gemachten Ausführungen über das System der einstweiligen Einstellung und Verfahrensaufhebung entsprechend.

B. Gegenrechte und Verfügungsbeschränkungen

I. Allgemeine Vorbemerkung

1510 Wegen des Umstandes, dass Gegenrechte und Verfügungsbeschränkungen systematisch sowohl im Rahmen der Prüfung des Antrages (Rn. 1365 ff.) als auch noch nach der Anordnung zu thematisieren sind siehe Rn. 131, 132 und Rn. 1512 ff.

II. Neues Eigentum

1511 Ob die Zwangsverwaltung durch den Umstand, dass das Eigentum an dem Vollstreckungsobjekt wechselt, tangiert wird, hängt davon ab, ob der Eigentumswechsel im Lichte der Beschlagnahme dem Gläubiger gegenüber wirksam erfolgt ist.

1512 Im Grundsatz gilt: Im Falle einer wirksamen Eigentumsübertragung muss das Verfahren aufgehoben werden, während die nicht wirksame Eigentumsübertragung allenfalls, wegen einer erforderlichen Titelumschreibung, zu einer kurzzeitigen einstweiligen Einstellung führt. Siehe hierzu die entsprechend geltenden Ausführungen zur Zwangsversteigerung Rn. 79 ff.

III. Auflassungsvormerkung

1513 Eine eingetragene Auflassungsvormerkung hindert nicht die Anordnung der Zwangsverwaltung. Wird jedoch nach der Beschlagnahme der neue Eigentümer auf Grund einer vorher eingetragenen Auflassungsvormerkung eingetragen, kann dies wegen § 883 BGB das Zwangsverwaltungsverfahren tangieren. Wegen der Einzelheiten siehe Rn. 140 bis 143.

---

556 *Haarmeyer/Wutzke/Förster/Hintzen* § 22 ZwVwV Rn. 11.12.

IV. Testamentsvollstreckung

Es gelten die zur Zwangsversteigerung gemachten Ausführungen (Rn. 57, 58) entsprechend. **1514**

V. Nachlassverwaltung

Es gelten die zur Zwangsversteigerung gemachten Ausführungen (Rn. 147) entsprechend. **1515**

VI. Vorerbe und Nacherbe

Ob und inwieweit eine angeordnete Nacherbschaft das Zwangsverwaltungsverfahren tangiert wird unter Rn. 1383 dargelegt. **1516**

C. Zwangsverwaltung und Insolvenz

I. Insolvenzeröffnung als Vollstreckungshindernis

Auch für das Zwangsverwaltungsverfahren kann die Insolvenzeröffnung ein Vollstreckungshindernis darstellen. Wie in der Zwangsversteigerung (Rn. 150 f.) sind dabei verschiedene „Grade" der Beeinträchtigung denkbar. So kann die Insolvenzeröffnung die Zwangsverwaltung völlig „unbeeindruckt lassen", d.h. trotz Eröffnung des Insolvenzverfahrens ist die Anordnung der Zwangsverwaltung möglich bzw. wird ein bereits laufendes Verfahren unverändert fortgesetzt. Andererseits kann die Insolvenzeröffnung auch die Anordnung einer Zwangsverwaltung verbieten bzw. muss ein bereits laufendes Verfahren aufgehoben werden. **1517**

Zu welcher Folge die Insolvenzeröffnung auf Seiten der Zwangsverwaltung letztlich führt, hängt ab, **1518**
1. von der „Person" des vollstreckenden Gläubigers (hierzu Rn. 150 bis 154) und
2. vom Zeitpunkt der Beschlagnahme in der Zwangsverwaltung im Verhältnis zur Insolvenzeröffnung (hierzu Rn. 155 bis 165).

Auf die praxisrelevantesten Fälle beschränkt, lässt sich zusammenfassend festhalten: **1519**
- dem absonderungsberechtigten Gläubiger (Rn. 152) ist die Zwangsverwaltung möglich, während
- der „Nur"-Insolvenzgläubiger (Rn. 151) am Vollstreckungsverbot des § 89 InsO scheitert.

Wegen der Einzelheiten – auch zu den Problemen der Titelumschreibung, Rückschlagsperre (§ 88 InsO) und dem Vorgehen aus einer Zwangshypothek – wird auf die Ausführungen Rn. 150 bis 165 verwiesen. **1520**

3 Einstweilige Einstellung und Aufhebung

Beispiel 60 **Zusammenwirken von Beschlagnahme in der Zwangsverwaltung, Insolvenzeröffnung, Absonderungsrechten und der Rückschlagsperre**

Durch Beschluss des Vollstreckungsgerichts vom 06.09.2004 wurde die Zwangsverwaltung des schuldnerischen Grundbesitzes angeordnet und zwar wegen eines persönlichen Anspruchs des Gläubigers G. Dieser Anordnungsbeschluss wurde dem Schuldner S am 07.09.2004 zugestellt. Das Ersuchen um Eintragung des Zwangsverwaltungsvermerks ging am 08.09.2004 beim Grundbuchamt ein und wurde noch am selben Tage vollzogen.

Die Inbesitznahme des Grundstücks durch den Zwangsverwalter erfolgte am 09.09.2004.

S stellte am 10.09.2004 Antrag auf Eröffnung des Insolvenzverfahrens, welches dann durch Beschluss des Amtsgerichts vom 13.09.2004 eröffnet wurde.

§ 89 InsO verbietet die Zwangsvollstreckung für Insolvenzgläubiger während des Insolvenzverfahrens. G hatte schon zur Zeit der Insolvenzeröffnung eine persönliche Forderung gegen S; er ist damit Insolvenzgläubiger (§ 38 InsO; Rn. 151) und eigentlich von § 89 InsO tangiert.

Jedoch hat G im Rahmen der Zwangsverwaltung die Beschlagnahme des Grundstücks erwirkt. Die Beschlagnahme wurde wirksam am 07.09.2004 durch Zustellung des Anordnungsbeschlusses an den Schuldner (Rn. 1397). Damit hat G ein Recht auf Befriedigung aus dem Grundstück erworben (§ 10 Abs. 1 Nr. 5 ZVG). Wer an einem Grundstück ein Befriedigungsrecht hat, ist im Insolvenzverfahren absonderungsberechtigt (§ 49 InsO) und insoweit gerade nicht Insolvenzgläubiger. G wird daher von dem Vollstreckungsverbot des § 89 InsO nicht erfasst. Auf den ersten Blick scheint G daher die Zwangsverwaltung fortsetzen zu können. Er hat jedoch sein Absonderungsrecht innerhalb der Frist des § 88 InsO erworben (Fristberechnung erfolgt nach § 139 InsO). Mit der Eröffnung des Insolvenzverfahrens ist diese Sicherung (hier das Recht auf abgesonderte Befriedigung) daher unwirksam geworden.

G kann – als im Ergebnis „nur" persönlicher Gläubiger (Insolvenzgläubiger) – die Zwangsverwaltung wegen § 89 InsO nicht fortsetzen; das Zwangsverwaltungsverfahren ist vom Vollstreckungsgericht gem. § 28 Abs. 2 ZVG (nach Anhörung des G) aufzuheben.

Unterbleibt die Aufhebung, kann der Insolvenzverwalter Erinnerung (§ 766 ZPO) einlegen, über die das Insolvenzgericht (§ 89 Abs. 3 InsO) entscheidet.

1521 Gem. § 89 InsO dürfen auch Neugläubiger, also Gläubiger, die ihre Forderungen erst nach der Verfahrenseröffnung erworben haben, nicht in die Insolvenzmasse vollstrecken. Daher müsste ein Zwangsverwaltungsantrag, der während des Insolvenzverfahrens von einem derartigen Gläubiger gestellt wird, als unzulässig zurückgewiesen werden.

II. Einstweilige Einstellung auf Antrag des Insolvenzverwalters

1522 Ist über das Vermögen des Schuldners das Insolvenzverfahren eröffnet, so kann auf Antrag des Insolvenzverwalters die vollständige oder teilweise einstweilige Einstellung eines gegen den Schuldner anhängigen Zwangsverwaltungsverfahrens erfolgen (§ 153b ZVG).

1523 Voraussetzung für die einstweilige Einstellung ist, dass der Insolvenzverwalter glaubhaft macht, dass durch die Fortsetzung der Zwangsverwaltung eine wirtschaftlich sinnvolle Nutzung der Insolvenzmasse wesentlich erschwert wird. Einige Aspekte dieser Einstellungsmöglichkeit sollen nachfolgend näher erläutert werden.

1. Materielle Voraussetzungen

Grundvoraussetzung einer einstweiligen Einstellung nach § 153b ZVG ist ein Nebeneinander von Zwangsverwaltung und Insolvenzverfahren. Welches der beiden Verfahren zuerst angeordnet wurde, ist dabei unerheblich; damit kommt eine Einstellung auch des Zwangsverwaltungsverfahrens in Betracht, welches erst nach der Insolvenzeröffnung (also unter den Voraussetzungen Rn. 1519) angeordnet wurde.[557] **1524**

Das von § 153b Abs. 1 ZVG geforderte wesentliche Erschweren einer wirtschaftlich sinnvollen Nutzung der Insolvenzmasse liegt nicht schon allein dadurch vor, dass dem Insolvenzverwalter die Verwaltung und Benutzung des zwangsverwalteten Grundbesitzes wegen § 148 Abs. 2 ZVG entzogen ist. Der für die Praxis bedeutendste Fall einer Erschwerung wird wohl meist dann gegeben sein, wenn der Insolvenzverwalter das Grundstück zur Fortführung des schuldnerischen Unternehmens unbedingt benötigt und er über diese Art der Nutzung mit dem Zwangsverwalter nicht zu einer vernünftigen Absprache kommt. **1525**

2. Verfahren

Der Antrag des Insolvenzverwalters ist nicht an eine Frist gebunden und kann wiederholt gestellt werden. Der Insolvenzverwalter muss die antragsbegründenden Umstände glaubhaft machen[558]. Das Gesetz (§ 153b Abs. 3 ZVG) verlangt eine vorherige Anhörung des Zwangsverwalters und der betreibenden[559] Gläubiger. Mündliche Verhandlung ist möglich, aber nicht vorgeschrieben. **1526**

3. Entscheidung

Zu Recht weisen *Depré/Mayer*[560] darauf hin, dass, obwohl so im Gesetz nicht ausdrücklich bezeichnet, in § 153b ZVG allenfalls eine **einstweilige** Einstellung gemeint sein kann. Die (einstweilige) Einstellung kann vollständig oder teilweise erfolgen. Teilweise bedeutet in diesem Zusammenhang die Beschränkung der (einstweiligen) Einstellung auf einzelne beschlagnahmte Gegenstände; denkbar sind hier auch reale Grundstücksbruchteile[561]. **1527**

Die (einstweilige) Einstellung ist mit der Auflage zu verbinden, dass die Nachteile, die dem (betreibenden) Gläubiger aus der Einstellung erwachsen, durch laufende Zahlungen aus der Insolvenzmasse ausgeglichen werden (§ 153b Abs. 2 ZVG). **1528**

Den Gläubigern, also allen (und nur diesen), welche die Zwangsverwaltung betreiben, darf durch die (einstweilige) Einstellung kein wirtschaftlicher Nachteil entstehen. Ein solcher Nachteil würde aber nur auftreten, wenn der Gläubiger im Falle der Fortführung der Zwangsverwaltung aus den dort eingezogenen überschüssigen (§ 156 Abs. 2 ZVG) Nutzungen überhaupt eine Zuteilung zu erwarten hätte. Die für die Anordnung des Nachteil- **1529**

---

557 *Haarmeyer/Wutzke/Förster/Hintzen* § 153b Rn. 3; dazu auch ausführlich *Depré/Mayer* ab Rn. 756.
558 § 294 ZPO.
559 Wenn das ZVG von Gläubigern spricht, meint es betreibende Gläubiger. In § 153b Abs. 3 ZVG ausdrücklich von „betreibenden" Gläubigern zu sprechen, war daher nicht nötig.
560 Rn. 757.
561 *Stöber* (ZVG) § 153b Rn. 2.4.

sausgleichs (§ 153b Abs. 2 ZVG) somit erforderliche Prognose[562] des Vollstreckungsgerichts gestaltet sich (wie jeder ernst gemeinte Blick in die Zukunft) „schwierig".

1530 Streitig ist, ob der Gläubiger die „dinglichen Zinsen" oder nur die Zinsen der gesicherten persönlichen Forderung zu erhalten hat. Nach der hier vertretenen Auffassung gebühren ihm die dinglichen Zinsen.[563]

1531 Zu beachten ist jedoch unbedingt, dass das Gesetz nur einen Nachteilsausgleich für (betreibende) Gläubiger vorsieht; ein Berechtigter, der nach dem Teilungsplan im Zwangsverwaltungsverfahren zwar vor diesem Gläubiger mit einer Zahlung rechnen könnte, ist dennoch nicht in die Entscheidung nach § 153b Abs. 2 ZVG einzubeziehen, wenn er das Verfahren nicht betreibt.

1532 Demgegenüber sind, weil es um alle Gläubiger geht, im Rahmen von § 153b Abs. 2 ZVG auch solche zu berücksichtigen, die dem Zwangsverwaltungsverfahren später beitreten. In diesem Fall wird von Amts wegen eine Änderung der gerichtlichen Entscheidung notwendig.

Tipp: Durch ihren Beitritt zur Zwangsverwaltung können insbesondere „Nur-Berechtigte" i.S.d. § 10 Abs. 1 Nr. 4 ZVG erreichen, über die Auflage nach § 153b Abs. 2 ZVG vom Insolvenzverwalter Zahlungen zu erhalten.

4. Folgen der (einstweiligen) Einstellung

1533 Wie bereits dargelegt, bedeutet die (einstweilige) Einstellung des Verfahrens nicht die Aufhebung der Zwangsverwaltung und/oder die „Entlassung" des Zwangsverwalters. Vielmehr bleibt die Beschlagnahme bestehen, jedoch wird ein Verfahrensfortgang aufgehalten. Konkret bedeutet dies, dass der Zwangsverwalter seine Verwalterrechte nicht wahrnehmen kann, sondern die Verwaltung und Benutzung des Grundbesitzes von dem Insolvenzverwalter (§ 80 InsO) vorgenommen wird.

1534 Die bis zur Einstellung erwirtschafteten Nutzungen sind nach § 155 Abs. 1 ZVG zu verwenden, Überschüsse (§ 156 Abs. 2 ZVG) sind nach Teilungsplan (Rn. 1633) auszuzahlen.[564]

1535 Dem Zwangsverwalter steht für die Dauer der (einstweiligen) Einstellung keine Vergütung zu.

5. Rechtsbehelfe

1536 Nach derzeitiger Rechtslage[565] ist gegen die Entscheidung das Rechtsmittel der sofortigen Beschwerde gegeben (§ 793 ZPO). Diese steht im Falle der stattgebenden (einstellenden) Entscheidung dem Gläubiger, bei zurückweisender Entscheidung dem Insolvenzverwalter zu. Dem Zwangsverwalter, dem Schuldner und den übrigen Verfahrensbeteiligten steht kein Rechtsbehelf zu.

---

562 *Stöber* (ZVG) § 153b Rn. 5.2.; *Depré/Mayer* Rn. 764.
563 So auch *Haarmeyer/Wutzke/Förster/Hintzen* § 153b Rn. 15. A.M. *LG Stade* Rpfleger 2002, 472.
564 *Stöber* (ZVG) § 153b Rn. 7.2.
565 Zum eigentlichen gesetzgeberischen Willen, die Entscheidung unanfechtbar auszugestalten, siehe *Depré/Mayer* Rn. 766.

III. Fortsetzung der Zwangsverwaltung

1. Materielle Voraussetzungen

Unter welchen Voraussetzungen das (einstweilen) eingestellte Zwangsverwaltungsverfahren seine Fortsetzung findet, bestimmt § 153c ZVG, welche vier Konstellationen unterscheidet: **1537**

1. **Wegfall** der Einstellungsvoraussetzungen;
   d.h., durch die Fortsetzung der Zwangsverwaltung wird die wirtschaftliche Nutzung der Insolvenzmasse nicht mehr wesentlich erschwert. Beispiel: Der Insolvenzverwalter hat den schuldnerischen Geschäftsbetrieb, für welchen das Grundstück „erforderlich" war, mittlerweile eingestellt.
2. **Nichterfüllung** der Auflagen nach § 153b Abs. 2 ZVG;
3. **Zustimmung** des Insolvenzverwalters;
4. **Beendigung** des Insolvenzverfahrens
   durch Aufhebung (§§ 200 Abs. 1, 258 InsO), Einstellung (§§ 201 Abs. 1, 212, 213 InsO) oder Freigabe des Grundstücks durch den Insolvenzverwalter.

2. Verfahren

Während die Verfahrensfortsetzung aufgrund eines Umstandes nach o.g. Nr. 1 bis 3 den Antrag eines (betreibenden) Gläubigers erfordern, erfolgt diese im Fall Nr. 4 „automatisch" d.h. die Wirkungen der einstellenden Anordnung fallen kraft Gesetzes weg.[566] **1538**

Zum Aufhebungsantrag des Gläubigers ist der Insolvenzverwalter zu hören. Bestreitet dieser das Vorliegen der Voraussetzungen für die Aufhebung, muss der die Fortsetzung beantragende Gläubiger diese glaubhaft machen. Das Vollstreckungsgericht entscheidet durch zu begründenden Beschluss. **1539**

D. Einstweilige Einstellung und Aufhebung auf Grund einer Verfahrenshandlung

I. Antragsrücknahme durch den Gläubiger

§ 29 ZVG findet (über § 161 Abs. 4 ZVG) Anwendung; für den Gläubiger, welcher seinen Antrag zurückgenommen hat, ist das Verfahren durch Beschluss aufzuheben. **1540**

TIPP: Vor der Antragsrücknahme sollte der Gläubiger vom Gericht klären lassen, ob die Aufwendungen (§ 155 Abs. 1 ZVG) gedeckt sind, da der Gläubiger für einen evtl. Fehlbetrag haftet.

Zur Wirksamkeit der Antragsrücknahme nach überkommener Ansicht siehe Rn. 181. Entgegen *Haarmeyer/Wutzke/Förster/Hintzen*[567] ist dieser Streit für die Zwangsverwaltung durch die Neufassung (leider) noch nicht entschieden, da der ZwVwV die Verordnungskompetenz für einen Eingriff in die Beschlagnahme fehlt (§ 152a ZVG). **1541**

---

566 Hier ist entgegen der sonstigen Systematik des ZVG (siehe § 31) kein Fortsetzungsantrag erforderlich (*Depré/Mayer* Rn. 769).
567 § 12 ZwVwV Rn. 2

1542 Nach dem Urteil des *BGH* vom 08.05.2003[568] kann ein Gläubiger bestimmte Gegenstände aus seiner Antragsrücknahme ausnehmen. Hierauf ergeht ein „eingeschränkter" Aufhebungsbeschluss des Gerichts; die „ausgenommenen" Gegenstände bleiben unter der Verwaltung des Zwangsverwalters.

1543 Nach Eingang der „uneingeschränkten" Antragsrücknahme hat das Gericht für diesen Gläubiger einen Aufhebungsbeschluss zu erlassen und zuzustellen.

1544 Welche Fortsetzung das Verfahren nimmt hängt davon ab, ob die Zwangsverwaltung noch von mindestens einem weiteren Gläubiger betrieben wird. Ist dies nicht der Fall, kommt es zur Abwicklung des Verfahrens. Anderenfalls ist lediglich eine Ergänzung (i.S. einer Berichtigung) der Auszahlungsanordnung zum Teilungsplan (Rn. 1656) erforderlich.

1545 Kommt es zur Abwicklung des Verfahrens, sind zusätzlich folgende Schritte zu beachten:

1546 Das Gericht
- ersucht das Grundbuchamt um Löschung des Zwangsverwaltungsvermerks;
- teilt dem Zwangsverwalter die Aufhebung mit.

1547 Der Zwangsverwalter
- stellt alle Verwaltungshandlungen ein;
  Allenfalls unaufschiebbare Handlungen darf er noch vornehmen. Depré/Mayer[569] weisen zu Recht darauf hin, dass § 12 ZwVwV trotz scheinbar anders lautender Formulierung keine tragfähige Rechtsgrundlage für die Ermächtigung des Zwangsverwalters zur Vornahme von unaufschiebbaren Handlungen bietet.
- unterrichtet die Mieter/Pächter von der Verfahrensaufhebung;
- begleicht die von ihm begründeten Verbindlichkeiten aus den noch vorhandenen Einnahmen und, soweit vorhanden und deren Verwendung zulässig ist, aus den Gläubigervorschüssen;
- legt dem Gericht eine Schlussrechnung vor (§ 14 Abs. 3 ZwVwV);
- fügt der Schlussrechnung seinen Antrag auf Festsetzung der Vergütung bei.

II. Bewilligung der einstweiligen Einstellung durch den Gläubiger

1548 Da nach § 146 Abs. 1 ZVG auf die Zwangsverwaltung die Vorschriften über die Zwangsversteigerung entsprechende Anwendung finden, soweit sich nicht aus den §§ 147 bis 161 ZVG ein Anderes ergibt, müsste auch die einstweilige Einstellung des Verfahrens auf Bewilligung des Gläubigers (§ 30 ZVG) möglich sein. Dies ist in der Literatur stark umstritten.[570] Zur Recht wird die Möglichkeit der Verfahrenseinstellung nach § 30 ZVG von der neueren Literatur abgelehnt.

1549 Dies lässt sich nicht allein damit begründen, dass das Zwangsverwaltungsverfahren seiner Art nach „auf Dauer angelegt" ist. Denn auch die Einstellungsbefürworter verkennen nicht, dass besonders in der Person des Zwangsverwalters, genauer in seiner Verwaltungs- und Benutzungsbefugnis (§ 148 Abs. 2 ZVG), eine gewisse Kontinuität bestehen muss. So wollen auch die Einstellungsbefürworter durch die einstweilige Einstellung die Beschlagnahme nicht berührt sehen.[571] Aber auch die Verwaltungs- und Benutzungsbefugnis des

---

568 Rpfleger 2003, 458.
569 Rn. 324.
570 Zum Meinungsstand: *Stöber* (ZVG) § 146 Rn. 6.5.
571 Hier liegt eine folgerichtige Übereinstimmung zur einstweiligen Einstellung in der Zwangsversteigerung vor.

Zwangsverwalters sowie dessen Berechtigung (Verpflichtung) zur Begleichung der öffentlichen Lasten (§ 156 Abs. 1 ZVG) sollen fortbestehen. Letztlich verbleibt als (einzige) Wirkung der einstweiligen Einstellung der Umstand, dass der Zwangsverwalter die eingezogenen Nutzungen nicht mehr an den Gläubiger, welcher die einstweilige Einstellung bewilligt hat, auszahlen darf sondern diese hinterlegen bzw. zinsbringend anlegen muss. Zu Recht stellen *Depré/Mayer*[572] die Frage, ob eine solche einstweilige Einstellung einen von der Rechtsordnung gebilligten Zweck erfüllen kann. Bedenkt man weiter, dass die auf die Nichtannahme von Nutzungen durch den Gläubiger reduzierte einstweilige Einstellung den Schuldner sogar ausdrücklich schädigen[573] kann, ist die Möglichkeit der Bewilligung der einstweiligen Einstellung (§ 30 ZVG) abzulehnen.

Vorgesehen ist eine einstweilige Einstellung nur auf Antrag des Insolvenzverwalters nach § 153b ZVG (hierzu Rn. 1522 ff.). Dies ist kein Widerspruch zur Versagung der einstweiligen Einstellung nach § 30 ZVG, da infolge des Insolvenzverfahrens eine andere Nutzung möglich und sinnvoll geworden ist, welche das Zwangsverwaltungsverfahren als Maßnahme einer Einzelvollstreckung nicht ermöglicht[574] und die auch nicht verhindert werden soll. 1550

Rechtspflegerinnen und Rechtspflegern der Vollstreckungsgerichte, welche die Anwendbarkeit von § 30 ZVG im Zwangsverwaltungsverfahren entgegen der hier geäußerten Ansicht bejahen, sei an dieser Stelle vorgeschlagen, sich dann, entgegen einiger Ansätze in der Literatur, nicht „allzu weit" von der diesbezüglichen **Systematik** des ZVG zu entfernen. So sollte die **Zahl** der einem Gläubiger zustehenden Einstellungsbewilligungen auf zwei beschränkt bleiben (§ 30 Abs. 1 ZVG), im Sinne einer zügigen Verfahrensdurchführung die **6-Monats-Frist** des § 31 Abs. 1 ZVG Anwendung finden und die **Verfahrensfortsetzung** einen diesbezüglichen Antrag des Gläubigers (§ 31 Abs. 1 ZVG) voraussetzen. 1551

III. Einstweilige Einstellung auf Schuldnerantrag nach § 30a ZVG

Eine einstweilige Einstellung des Zwangsverwaltungsverfahrens auf Antrag des Schuldners nach § 30a ZVG kann nicht erfolgen. Diese auf die Zwangsversteigerung zugeschnittene Norm findet in der Zwangsverwaltung keine Anwendung. 1552

IV. Antrag des Schuldners nach § 765a ZPO

In besonderen Ausnahmesituationen kann auf Schuldnerantrag die einstweilige Einstellung und sogar die Aufhebung des Verfahrens nach der für alle ZPO-Vollstreckungsverfahren geltenden „Notbremse" § 765a ZPO erfolgen. Nach heutigem Sozialverständnis kann dem Schuldner außer §§ 149 Abs. 3, 150e ZVG, also nach § 765a ZPO, regelmäßig kein Unterhalt aus der Masse gewährt werden.[575] 1553

Wird ausnahmsweise ein Verfahren einstweilen eingestellt, bleibt die Beschlagnahme unberührt; auch bleibt der Zwangsverwalter im Amt und zieht weiterhin die Nutzungen 1554

---

572 Rn. 182; Darstellung des Meinungsstandes und ausführliche Kritik Rn. 180, 181.
573 Die Forderung des Gläubigers wäre ohne einstweilige Einstellung längst bezahlt. Da der Gläubiger während der einstweiligen Einstellung aber gerade keine Zahlungen beziehen darf, hält er die Zwangsverwaltung so künstlich „am Leben".
574 *Depré/Mayer* Rn. 184.
575 *LG Saarbrücken* Rpfleger 1995, 265.

ein. An den von der Zwangsverwaltungseinstellung betroffenen Gläubiger darf aber nichts mehr ausbezahlt werden. Das Geld ist für ihn zu hinterlegen wobei die Notwendigkeit der Zustimmung des Verwalters zur Auszahlung zu vermerken ist. Auf Antrag oder aber auch von Amts wegen kann der Einstellungsbeschluss geändert werden, wenn dies mit Rücksicht auf eine Änderung der Sachlage geboten ist (§ 765a Abs. 4 ZPO).

V. Entscheidung des Prozessgerichts und sonstige Einstellungsfälle nach § 775 ZPO (Beispiele)

1555 Auch in der Zwangsverwaltung kann es durch Entscheidung des zuständigen Prozessgerichts z.B. nach § 767 ZPO (Vollstreckungsabwehrklage) oder § 771 ZPO (Drittwiderspruchsklage) i.V.m. einer ausführenden Entscheidung des Vollstreckungsgerichts (nach den §§ 775 Nr. 1 und 2, 776 ZPO) zu einer Einstellung oder gar einer Aufhebung des Verfahrens kommen (hierzu Rn. 206).

1556 Denkbar, wenngleich im Zwangsverwaltungsverfahren mangels „dringlicher Situationen" weitaus weniger häufig ist auch eine Eilentscheidung des Vollstreckungsgerichts nach § 769 Abs. 2 ZPO. Diesbezüglich wird auf die Ausführungen Rn. 207 mit der Maßgabe verwiesen, dass das fristgerechte Beibringen einer Einstellungsbewilligung (§ 30 ZVG) wegen Rn. 1548 ff. ausscheidet.

E. Aufhebung der Zwangsverwaltung nach § 161 ZVG

I. Befriedigung des Gläubigers (§ 161 Abs. 2 ZVG)

1557 Das Verfahren ist aufzuheben, wenn der Gläubiger befriedigt ist (§ 161 Abs. 2 ZVG). Die Befriedigung des Gläubigers kann auf verschiedene Arten erfolgen.

1. Befriedigung durch Zahlung des Zwangsverwalters

1558 Hat der Zwangsverwalter die Beschlagnahmeforderung des Gläubigers befriedigt, muss die Zwangsverwaltung für diesen Gläubiger aufgehoben werden. Sollten noch weitere Gläubiger vorhanden sind, wird für diese das Verfahren fortgesetzt.

1559 Der Verwalter darf die Verwaltung nicht von sich aus beenden. Vielmehr zeigt er die erfolgte Befriedigung unverzüglich dem Gericht an (§ 12 Abs. 4 Satz 1 ZwVwV), welches nach Anhörung des Gläubigers durch konstitutiven Beschluss das Verfahren aufhebt, falls der Gläubiger nicht von sich aus den Antrag zurücknimmt. Es soll stets angeordnet werden, dass die Wirkungen der Aufhebung erst mit Rechtskraft eintreten.

1560 Der Verwalter führt die Verwaltung weiter, bis ihm die Aufhebung mitgeteilt wird. Das Gericht kann aus gegebenem Anlass eine Ermächtigung nach § 12 Abs. 2 ZwVwV erteilen.

2. Befriedigung durch Zahlung außerhalb des Verfahrens

1561 Erfährt der Zwangsverwalter vom Gläubiger, dass dieser befriedigt wurde, teilt er dies unverzüglich dem Gericht mit (§ 12 Abs. 4 Satz 2 ZwVwV). Dies ist kein Fall des § 161 ZVG.

Somit erfolgt eine Aufhebung erst nach Antragsrücknahme durch den Gläubiger (siehe Rn. 1540) oder aber nachdem der Schuldner seinen Anspruch auf Beendigung des Verfahrens prozessual (Vollstreckungsgegenklage) durchgesetzt hat (Rn. 1555).

3. Befriedigung aus dem Erlös der Zwangsversteigerung

Dieser Fall ist gesetzlich nicht geregelt. Nach der hier vertretenen Auffassung ist § 161 Abs. 2 ZVG entsprechend anzuwenden, da die Befriedigung in einem ZVG-Verfahren erfolgt und im Protokoll des Verteilungstermins dokumentiert ist. **1562**

II. Aufhebung mangels Vorschusszahlung (§ 161 Abs. 3 ZVG)

Hat der Verwalter mangels ausreichender Einziehung von Nutzungen keine finanziellen Mittel, die erforderlichen Aufwendungen des § 155 Abs. 1 ZVG zu zahlen, muss der Gläubiger einen Vorschuss leisten. Üblich ist, dass der Verwalter die Notwendigkeit dem Gericht anzeigt und dieses die Zahlung anordnet. Hierbei bestimmt es dem Gläubiger eine Zahlungsfrist und weist ihn darauf hin, dass mangels fristgemäßer Zahlung die Aufhebung des Verfahrens (§ 161 Abs. 3 ZVG) erfolgt. Der Beschluss ist konstitutiv und es sollte stets angeordnet werden, dass die Wirkungen der Aufhebung erst mit Rechtskraft eintreten. Dies schützt nicht nur das Gericht, sondern ermöglicht dem Gläubiger eine Zahlung bis zur Rechtskraft, worauf nach sofortiger Beschwerde der Rechtspfleger abzuhelfen und seinen Aufhebungsbeschluss wieder aufzuheben hätte. **1563**

Im Übrigen haftet der Gläubiger dem Verwalter für angefallene Aufwendungen nach § 155 Abs. 1 ZVG auch dann, wenn kein Vorschuss angefordert oder geleistet worden ist.[576] **1564**

F. Zuschlag in der Zwangsversteigerung

I. Allgemeines

Wird das Grundstück in einem gleichzeitigen Zwangsversteigerungsverfahren (möglich gem. § 866 Abs. 2 ZPO) zugeschlagen, muss dies Auswirkungen auf die anhängige Zwangsverwaltung haben. Es ist umstritten, welche Auswirkungen dies sind. Im Wesentlichen streitet man über drei Punkte: **1565**
- Welche unmittelbare Wirkung hat der Zuschlagsbeschluss auf die Zwangsverwaltung?
- Welche Rechtsstellung hat der Verwalter in der Zeit zwischen Zuschlag und Aufhebung des Zwangsverwaltungsverfahrens?
- Welche Wirkung hat der Aufhebungsbeschluss auf die nicht versteigerten Gegenstände (Guthaben beim Verwalter, Mietrückstände aus der Zeit vor dem Zuschlag, haftende, aber z.B. infolge Freigabe nicht mitversteigerte bewegliche Sachen.).

Die Verfasser gehen davon aus, dass sich durch den richtungsweisenden Aufsatz von *Eickmann*[577] wohl künftig die nachgenannten Auffassungen durchsetzen werden. Wegen des Meinungsstreits wird auf die Literatur[578] verwiesen.

---

576 *BGH* Rpfleger 2004, 579.
577 ZfIR 2003, 1021.
578 Unvollständige Zusammenfassung des Meinungsstandes bei *Mayer* RpflStud 2003, 112.

1566 Nach dem Zuschlag hat das Vollstreckungsgericht einen Aufhebungsbeschluss zu erlassen. Mit Rücksicht auf die unsichere Rechtslage wird folgender Tenor vorgeschlagen[579]:

„In Sachen … werden das Grundstück samt der mitversteigerten Gegenstände sowie die nach dem Zuschlag angefallenen Erträge, soweit diese bisher noch beschlagnahmt waren, aus der von der Zwangsverwaltung bewirkten Beschlagnahme freigegeben."

II. Wirkung des Zuschlagsbeschlusses

1567 Da der Ersteher mit dem Zuschlag Eigentümer des Grundstücks und der mitversteigerten Gegenstände wird (§ 90 ZVG), hat künftig der Gläubiger kein Recht mehr auf Befriedigung aus diesen Gegenständen. Wegen § 56 Satz 2 ZVG verliert er auch das durch die Beschlagnahme bewirkte Recht zur Befriedigung aus den Erträgen, welche für die Zeit nach dem Zuschlag anfallen. Insoweit erlischt auch das nur zum Schutz der Beschlagnahme durch diese bewirkte Veräußerungsverbot. Hierzu bedarf es keiner zusätzlichen Entscheidung mit konstitutiver Wirkung. Die in der Literatur häufig erwähnte „Rückwirkung des Aufhebungsbeschlusses auf den Zeitpunkt des Zuschlags" wurde inzwischen als Leerformel entlarvt und sollte künftig als Argument bedeutungslos werden.

III. Verwaltungsbefugnis zwischen Zuschlag und Aufhebung

1568 Nicht beendet ist jedoch die durch den Anordnungsbeschluss begründete Verwaltungsbefugnis des Zwangsverwalters. Sie muss, ebenso wie eine durch Pfändung bewirkte Verstrickung, durch einen hoheitlichen Akt aufgehoben werden. Es wird allgemein anerkannt, dass dieser hoheitliche Akt (also die Aufhebung der Zwangsverwaltung) erst ergehen darf, wenn der Zuschlagsbeschluss rechtskräftig ist. Dies mag mit Rücksicht auf § 90 ZVG unsystematisch sein, ist jedoch vom Ersteher hinzunehmen, zumal er mit dem Zuschlag zwar Eigentum, aber eben Eigentum temporär in der Schwebe, erworben hat. Würde nämlich der Zuschlag vom Beschwerdegericht aufgehoben, könnten die Folgen einer vorzeitigen Beendigung der Zwangsverwaltung kaum noch rückgängig gemacht werden. Unter Abwägung der Interessen der Gläubiger und des Schuldners einerseits und des Ersteher (der ja weiß, dass er ein unter Zwangsverwaltung stehendes Grundstück erworben hat) andererseits, mutet die allgemeine Meinung dem Ersteher eine solche Verzögerung zu. Die Aufhebung hat jedoch alsbald nach Rechtskraft zu erfolgen. Wegen der weiteren Verwaltungsbefugnis des Verwalters und des Verhältnisses von Verwalter und Ersteher siehe *Depré/Mayer* ab Rn. 357.

1569 Der Zwangsverwalter schuldet dem Ersteher Auskunft über seine Verwaltung in dieser Zeit und die Auskehr der für diese Zeit eingenommenen Beträge nach Abzug der Aufwendungen des § 155 Abs. 1 ZVG.[580]

---

579 *Depré/Mayer* Rn. 377.
580 Es ist streitig, ob der Ersteher dem Verwalter für diese Zeit eine Vergütung schuldet. Richtig dürfte sein, dass ein materieller Anspruch aus einem „gesetzlichen Schuldverhältnis" besteht, der aber mangels Beteiligung des Erstehers am Verfahren nicht gegen diesen festgesetzt werden kann. Der Verwalter kann also allenfalls mit Beträgen aufrechnen oder den Prozessweg bestreiten. Im Übrigen schuldet ihm die Masse, notfalls der Gläubiger, auch für diesen Zeitraum die übliche Vergütung.

IV. Nicht versteigerte Gegenstände

Der Aufhebungsbeschluss ergeht nur im Verhältnis Ersteher und Gläubiger und beendet die Verwaltungsbefugnis des Verwalters für die versteigerten Gegenstände. Der Schuldner ist daran nicht beteiligt. Der Ersteher hat auf Grund seines Eigentums einen Anspruch auf Beendigung der Verwaltung, den er eigentlich nach § 771 ZPO durchsetzen müsste. Da jedoch § 28 ZVG die Erledigung solcher Ansprüche im ZVG-Verfahren dekretiert, erfolgt die „Freigabe" der versteigerten Gegenstände aus der fortwirkenden Verwaltung durch Beschluss im Zwangsverwaltungsverfahren. **1570**

Daraus ergibt sich, dass die nicht versteigerten Gegenstände (Rn. 1565) weiterhin beschlagnahmt sind. Insoweit geht die Zwangsverwaltung weiter, bis sie nach §§ 29 oder 161 ZVG beendet wird. Sich noch ergebende Beträge hat der Zwangsverwalter gemäß dem Teilungsplan auszukehren (wobei er die Befriedigung in der Zwangsverwaltung zu beachten hat), soweit er sie nicht nach § 155 Abs. 1 ZVG benötigt. Einer „Ermächtigung" nach § 12 Abs. 2 ZwVwV bedarf es nicht. **1571**

Tipp: Beteiligte, deren dingliche Zinsen im Teilungsplan der Zwangsverwaltung stehen, sollten sich vor dem Verteilungstermin der Zwangsversteigerung beim Zwangsverwalter erkundigen, ob von dort noch eine Zuteilung zu erwarten ist. Gegebenenfalls wäre an eine „Minderanmeldung" bezüglich der laufenden Zinsen zu denken, falls der Versteigerungserlös keine volle Befriedigung gewährt. Damit hält sich der Beteiligte die Möglichkeit offen, aus der Teilungsmasse der Zwangsverwaltung auf die laufenden Zinsen zu kassieren.

6. Kapitel
Verfahren bis zum Verteilungstermin

A. Inbesitznahme des Grundstücks

I. Allgemeines

Zunächst hat der Verwalter das Grundstück in Besitz zu nehmen. **1572**

Diese Besitzergreifung kann auf verschiedene Art erfolgen. § 150 Abs. 2 ZVG sieht vor, dass der Verwalter in den Besitz des Grundstücks durch einen Gerichtsvollzieher oder sonstigen Beamten eingewiesen werden kann oder ihm die Ermächtigung erteilt werden kann, sich selbst den Besitz zu verschaffen.

Das Vollstreckungsgericht muss dafür Sorge tragen, dass der Verwalter unverzüglich die tatsächliche Gewalt über das Grundstück erhält. Dabei ist die vom Gericht ermächtigte Erlaubnis, sich selbst den Besitz zu verschaffen, in der Praxis allgemein üblich.[581] **1573**

Der Verwalter muss persönlich handeln, wenn er in den unmittelbaren Besitz eingewiesen werden soll oder wenn er sich diesen selbst verschaffen will. Er kann sich vertreten lassen, wenn ihm nur der mittelbare Besitz übertragen werden soll. **1574**

---

581 *Depré/Mayer* Rn. 444.

1575 Für die Ergreifung des Besitzes ist zunächst maßgebend, ob der Schuldner unmittelbarer oder nur mittelbarer Besitzer ist.

II. Schuldner ist unmittelbarer Besitzer

1. Freiwillige Besitzübergabe

1576 Wenn der Schuldner dem Verwalter den (unmittelbaren) Besitz freiwillig verschafft, gibt es keine Schwierigkeiten. Wegen der Möglichkeit, dem Schuldner die für seinen Hausstand unentbehrlichen Räume zu belassen siehe Rn. 1411 ff.

1577 Das Besitzrecht des Verwalters umfasst nicht nur das Grundstück, sondern auch die mithaftenden Gegenstände betreffenden Unterlagen und Nachweise, wie z.B. Grundsteuerbescheide, Versicherungspolicen, Miet- und Kaufverträge etc. Diese sind an den Zwangsverwalter herauszugeben.

2. Zwangsweise Besitzeinweisung

1578 Hat das Gericht die Besitzeinweisung durch einen Gerichtsvollzieher oder sonstigen Beamten angeordnet, übergibt dieser dem Verwalter den Besitz.

1579 Wenn das Vollstreckungsgericht im Anordnungsbeschluss den Zwangsverwalter ermächtigt hat, sich den Besitz an dem Grundstück selbst zu verschaffen, kann dieser einen Widerstand des Schuldners mit Hilfe des Gerichtsvollziehers nach § 892 ZPO beseitigen. Vollstreckungstitel ist der Anordnungsbeschluss mit der darin enthaltenen gerichtlichen Ermächtigung zur Besitzergreifung.[582] Für die Besitzergreifung bedarf es keines Durchsuchungsbeschlusses nach § 758 a Abs. 2 ZPO.

III. Schuldner ist mittelbarer Besitzer

1580 Ist der Schuldner nur mittelbarer Besitzer, kann sich der Verwalter auch nur den mittelbaren Besitz verschaffen. Die Besitzergreifung erfolgt durch Verständigung der Mieter. Diese werden vom Verwalter gleichzeitig aufgefordert, die Miete ab sofort auf das Konto des Zwangsverwalters zu zahlen.

1581 Damit die Beschlagnahme einem Dritten gegenüber wirkt, muss sie diesem bekannt werden. Gem. § 4 ZwVwV hat der Verwalter eine Mitteilungspflicht. Dem Drittschuldner wird eine Beschlagnahme auch dann bekannt, wenn ihm ein gerichtliches Zahlungsverbot zugestellt wird (Rn. 1407).

IV. Bericht über die Besitzerlangung

1582 Der Verwalter hat über die Inbesitznahme und die Umstände der Beschlagnahme einen Bericht zu fertigen und dem Gericht vorzulegen. Einzelheiten, auch zum Inhalt des Berichts, ergeben sich aus § 3 ZwVwV.

---

582 *AG Ottweiler* Rpfleger 1998, 533.

B. Geltendmachung beschlagnahmter Ansprüche

I. Miete und Pacht

Die überwiegende Zahl der Verfahren ist dadurch gekennzeichnet, dass es sich bei den beschlagnahmten Objekten um Mietshäuser handelt. **1583**

Ist das Grundstück vor der Beschlagnahme bereits einem Mieter oder Pächter überlassen, dann ist der Miet- oder Pachtvertrag dem Verwalter gegenüber wirksam (§ 152 Abs. 2 ZVG). Ein „Überlassen" wird bereits dann angenommen, wenn der Mieter schon im Besitz der Schlüssel ist, nicht jedoch, wenn der Schuldner lediglich einen Miet- oder Pachtvertrag abgeschlossen hat. Der Verwalter muss dann den Mietvertrag nicht erfüllen. Erfüllung wird er nur wählen, wenn dies wirtschaftlich sinnvoll ist. **1584**

Gem. § 20 Abs. 2 ZVG erfasst eine Grundstücksbeschlagnahme auch diejenigen Gegenstände, auf die sich bei einem Grundstück die Hypothek erstreckt. Die Hypothek erstreckt sich nach § 1123 BGB auf die Miet- oder Pachtforderung. In der **Zwangsversteigerung** sind diese Forderungen jedoch von der Beschlagnahme ausgenommen (§ 21 Abs. 2 ZVG). Dagegen bestimmt § 148 Abs. 1 ZVG, dass in einem **Zwangsverwaltungsverfahren** gerade diese Gegenstände von der Beschlagnahme erfasst werden. Dabei ist es gleichgültig, ob die Beschlagnahme zugunsten eines dinglichen oder eines persönlichen Gläubigers erfolgte. Nachdem sich die Beschlagnahme auf diese Ansprüche erstreckt, hat sie der Verwalter die Miete/Pacht geltend zu machen (§ 152 Abs. 1 ZVG). **1585**

Gesetzlich oder vertraglich mögliche Mieterhöhungen hat der Verwalter grundsätzlich geltend zu machen. **1586**

Miet- und Pachtforderungen können von der Hypothekenhaftung frei werden. Sind sie schon vor Beschlagnahme von dieser Haftung freigeworden, dann können sie auch nicht mehr beschlagnahmt werden. **1587**

Miet- und Pachtforderungen werden von der **Hypothekenhaftung frei,**
1. wenn der Eigentümer die fälligen Ansprüche einzieht. Der Einziehung steht jedes Erfüllungssurrogat gleich, also auch Aufrechnung durch den Mieter (Pächter), Hingabe an Erfüllungs Statt usw.[583]
2. wenn eine ein Jahr oder länger zurückliegend fällige Miete/Pacht noch nicht eingezogen worden ist (§ 1123 Abs. 2 BGB). Diese älteren Forderungen darf dann der Eigentümer einziehen.
3. für den in § 1123 Abs. 2 BGB genannten Fälligkeitszeitraum nach Beschlagnahme, wenn die Leistung im Voraus fällig wird und noch nicht eingezogen ist.
4. durch Trennung der Miet-/Pachtforderung vom Eigentum, sei es durch Abtretung der Forderung (§ 1124 Abs. 2 BGB) oder Veräußerung des Grundstücks ohne die Forderung.
5. durch eine Vorausverfügungen über noch nicht fällige Leistungen. Eine Verfügung im Wege der Zwangsvollstreckung (Pfändung der Miet- oder Pachtforderung) steht einer rechtsgeschäftlichen Verfügung gleich.[584]

Liegen Vorausverfügungen über noch nicht fällige Leistungen vor, so sind diese auch der Zwangsverwaltung gegenüber wirksam (§ 1124 Abs. 1 Satz 1 BGB), jedoch mit der Einschränkung (siehe § 1124 Abs. 2 BGB), dass diese Vorausverfügungen ab einem be- **1588**

---
583 Wegen der Einzelheiten siehe *Haarmeyer/Wutzke/Förster/Hintzen* § 8 ZwVwV Rn. 6.
584 Allgemeine Meinung; vgl. auch § 110 Abs. 2 Satz 2 InsO, welcher dies ausdrücklich regelt.

stimmten Zeitpunkt der Zwangsverwaltungsmasse gegenüber zurückzutreten haben. Erfolgte die Beschlagnahme nach dem 15. eines Monats (also am 16. und später), so sind die Vorausverfügungen auch noch für den Folgemonat wirksam, ansonsten nur noch für den Monat der Beschlagnahme.

Beispiel 61

> Angenommen, die Miete wird monatlich im Voraus fällig; der Eigentümer hat die Mietforderung vor der Beschlagnahme in der Zwangsverwaltung abgetreten (= Vorausverfügung).
>
> Die Beschlagnahme in der Zwangsverwaltung erfolgte am 16. Januar. Die Vorausverfügung ist noch wirksam für den Monat Februar, ab März hat der Verwalter diese Miete einzuziehen. Erfolgte die Beschlagnahme dagegen schon am 15. Januar, muss der Verwalter schon die Februarmiete einziehen.

1589 Die Beschlagnahme hat gem. § 23 Abs. 1 ZVG die Wirkung eines relativen Veräußerungsverbots im Sinne der §§ 136, 135 BGB, weshalb Verfügungen nach Beschlagnahme dem Beschlagnahmegläubiger gegenüber unwirksam sind.

1590 Grundsätzlich ist damit auch eine Zahlung des Mieters (Pächters) an den Schuldner nach Beschlagnahme unwirksam. Hat ein Mieter oder Pächter die Miet- oder Pachtforderung trotz Beschlagnahme dennoch an den Schuldner bezahlt, so wird er von der nochmaligen Zahlung nur befreit, wenn

- ihm die Beschlagnahme nicht bekannt war (fahrlässige Unkenntnis genügt nicht) oder
- ihm ein Zahlungsverbot nach § 22 Abs. 2 Satz 1 ZVG zugestellt wurde.

1591 Der Zwangsverwalter hat daher dafür Sorge zu tragen, dass die Mieter/Pächter umgehend von der Anordnung der Zwangsverwaltung benachrichtigt werden, um sie „bösgläubig" zu machen, denn durch diese Benachrichtigung gilt die Beschlagnahme als bekannt. Sie gilt wegen § 23 Abs. 2 Satz 1 ZVG auch als bekannt, wenn der Mieter/Pächter den **Antrag** auf Zwangsverwaltung kennt. Dabei ist es gleichgültig, ob dieser Antrag fehlerhaft war oder nicht.[585] Dagegen bewirkt die Eintragung des Zwangsverwaltungsvermerks in das Grundbuch keine Bösgläubigkeit des Mieters, da § 23 Abs. 2 Satz 2 ZVG nur von beweglichen **Sachen** spricht.

1592 Hat der Mieter/Pächter befreiend geleistet, so hat der Verwalter nur noch unter den Voraussetzungen der §§ 812 ff. BGB einen Bereicherungsanspruch gegen den Schuldner oder gegen den Dritten, welcher die Leistung erhalten hat.

1593 Hat der Mieter/Pächter nicht befreiend geleistet, so hat der Verwalter die gezahlten Beträge nochmals einzuziehen. Diese Verpflichtung ergibt sich aus § 152 Abs. 1 ZVG; sie wird in § 8 ZwVwV nochmals hervorgehoben und dort gleichzeitig klargestellt, dass der Gläubiger auf die Einziehung (Rechtsverfolgung) verzichten kann, obwohl die Beträge aufgrund der Rangfolge des § 10 Abs. 1 ZVG im Rahmen der späteren Verteilung der Nutzungen möglicherweise nicht ihm, sondern anderen zugute gekommen wären. Das ZVG geht von der Dispositionsbefugnis des Gläubigers aus, da es sich um eine Einzelzwangsvollstreckung und nicht Gesamtzwangsvollstreckung handelt.[586]

1594 Letztendlich darf der Mieter/Pächter mit einer beschlagnahmten Forderung gegenüber dem Hypothekengläubiger nicht aufrechnen (§ 1125 BGB).

1595 Bei einer gezahlten Mietsicherheit (§ 551 BGB), auch **Mietkaution** genannt, muss der Verwalter versuchen, in den Besitz dieser Kaution zu gelangen, welche der Mieter dem Schuldner übergeben hat. Wenn der Schuldner korrekt gehandelt und diese Kaution ge-

---

[585] *Stöber* (ZVG) § 23 Rn. 5.1.
[586] *Depré/Mayer* Rn. 165.

trennt von seinem Vermögen angelegt hat (§ 551 Abs. 3 BGB), dürfte dies für den Verwalter problemlos möglich sein. Hat der Schuldner die Kaution jedoch nicht nach den gesetzlichen Vorgaben angelegt, kann der Verwalter vom Schuldner die Herausgabe der Kaution verlangen. Endet ein Mietverhältnis während der Dauer der Zwangsverwaltung, so hat der Verwalter dem Mieter die Kaution zu erstatten, selbst wenn der sie vom Schuldner nicht erlangt hat (§ 57 ZVG i.V.m. § 566a BGB). Notfalls muss er hierfür sogar einen Vorschuss nach § 161 ZVG vom Gläubiger verlangen.[587] Diese zum 01.09.2001 in Kraft getretene Rechtsänderung[588] hat dazu geführt, dass ein Ersteher in der Zwangsversteigerung dem Mieter die Rückgabe der Kaution schuldet, auch wenn er diese nicht vom damaligen Eigentümer (also dem Schuldner) erlangt hat (hierzu Rn. 379).

Damit übernimmt der Ersteher außerhalb des Zuschlagsbeschlusses eine Verbindlichkeit, deren Höhe ihm oftmals nicht bekannt sein wird. Deshalb ist damit zu rechnen, dass besonders Banken künftig den Verwalter veranlassen und ihm entsprechende Vorschüsse zahlen werden, den Schuldner auf Herausgabe der Kaution zu verklagen, damit diese später dem Ersteher übergeben werden kann. Auch der Mieter kann klageweise vom Schuldner verlangen, dass dieser die Kaution dem Verwalter aushändigt.[589] **1596**

II. Mietverträge des Verwalters

Bereits bestehende Mietverhältnisse hat der Verwalter unter den Voraussetzungen von § 152 Abs. 2 ZVG (Rn. 1584). zu übernehmen Stellt der Verwalter fest, dass Räume des beschlagnahmten Objekts unvermietet sind oder Mieter gekündigt haben, so hat er diese (wieder) zu vermieten. Nicht genutzte land- oder forstwirtschaftliche Grundstücke hat er zu verpachten (§ 152 Abs. 1 ZVG i.V.m. § 5 ZwVwV). **1597**

Mietverträge mit dem Schuldner sind grundsätzlich zulässig.[590] Sie werden insbesondere in Betracht kommen, wenn der Schuldner eng mit der Wohnung verbundene gewerbliche Räume oder Wohnräume nutzen will, die ihm nicht nach § 149 ZVG mietfrei überlassen werden müssen. **1598**

Der Verwalter hat die Miet- oder Pachtverträge sowie Änderungen solcher Verträge **schriftlich** abzuschließen (§ 6 Abs. 1 ZwVwV). Inhaltlich hat er sich dabei an der ortsüblichen Miete/Pacht zu orientieren und die in § 6 Abs. 2 ZwVwV genannten Punkte vertraglich zu vereinbaren. **1599**

Der an Stelle des Vermieters (Schuldners) tretende Zwangsverwalter ist auch verpflichtet, die Nebenkosten wie Strom, Wasser, Straßenreinigung und Müllabfuhr etc. auf die Mieter / Pächter zu umzulegen.[591] **1600**

Bei Abschluss von Mietverträgen mit Dritten hat der Verwalter einerseits zu beachten, dass die abgeschlossenen Verträge auch nach Aufhebung der Zwangsverwaltung den Schuldner binden[592], andererseits hat er auch die Interessen der Gläubiger bei gleichzeitiger Zwangsversteigerung zu berücksichtigen. Bietinteressenten könnten durch vorhan- **1601**

---

587 *BGH* Rpfleger 2003, 217; dazu ablehnende Anmerkung *Alff/Hintzen* Rpfleger 2003, 265.
588 Gesetz zur Neugliederung, Vereinfachung und Reform des Mietrechts (Mietrechtsreformgesetz) vom 19.06.2001, BGBl. I Seite 1149.
589 *AG Düsseldorf* ZMR 1992, 549.
590 Str., aber h.M., dazu *Depré/Mayer* Rn. 513.
591 Wegen der Verpflichtung zur Abrechnung für die Vergangenheit siehe *BGH* Rpfleger 2003, 456.
592 *BGH* NJW 1992, 3041; *Stöber* (ZVG) § 152 Rn. 9.4.

dene Miet- bzw. Pachtverträge abgeschreckt werden. Wegen der besonderen Vereinbarung zur Begründung eines Haftungsausschlusses siehe § 6 Abs. 2 ZwVwV.[593]

1602 Bei Abschluss eines neuen Miet- oder Pachtvertrages ist der Zwangsverwalter berechtigt und im Interesse der Gläubiger sogar verpflichtet, das Risiko eines Mietausfalls durch die Forderung einer Mietsicherheit (Kaution) zu verringeRn. Diese Kaution ist getrennt vom Vermögen des Verwalters anzulegen.[594] Für die Form der Anlegung gilt § 551 BGB.

III. Zubehör

1603 § 865 ZPO bestimmt, dass sich die Zwangsvollstreckung in das unbewegliche Vermögen auch auf die Gegenstände bezieht, die der Hypothekenhaftung unterliegen. Gem. § 865 Abs. 2 ZPO können Zubehörstücke nicht gepfändet werden. Sie sollen „den Weg des Hauptgrundstückes gehen."

1604 Gem. § 1120 BGB haften der Hypothek auch die Zubehörstücke mit Ausnahme des Zubehörs, welches bei Begründung der Hypothekenhaftung nicht im Eigentum des Schuldners stand und auch später nicht dieser Haftung unterstellt wurde.

1605 Daher ist gem. § 20 Abs. 2 ZVG **schuldnereigenes Zubehör** von der Beschlagnahme erfasst. In der Zwangsverwaltung gilt jedoch, dass die Substanz nicht verwertet werden darf, somit scheidet auch eine Verwertung des Zubehörs grundsätzlich aus. Ob und unter welchen Voraussetzungen der Zwangsverwalter Zubehörstücke ausnahmsweise veräußern darf und was mit dem Erlös zu geschehen hat, ist umstritten.[595]

1606 Dagegen kann der Verwalter das Grundstück zusammen mit dem Zubehör verpachten. Er kann auch ein Zubehörstück, das für den Betrieb des Grundstücks nicht benötigt wird, separat verpachten.

IV. Weitere beschlagnahmte Gegenstände

1607 Die Schlüssel des Gebäudes sind Zubehör und daher ebenfalls beschlagnahmt. Da der Anordnungsbeschluss Vollstreckungstitel ist (§ 794 Abs. 1 Nr. 3 ZPO), kann der Verwalter mit einer Ausfertigung des Anordnungsbeschlusses den Gerichtsvollzieher mit der Wegnahme dieser Gegenstände beauftragen. Auch Urkunden, wie Baupläne, Mietverträge und Versicherungsverträge, können auf diesem Wege vom Gerichtsvollzieher weggenommen werden. Dies muss in analoger Anwendung zu der Herausgabevollstreckung nach § 883 ZPO auch für den Verwalter gelten, obwohl diese Urkunden kein Zubehör darstellen.[596]

---

593 Formulierungsvorschlag bei *Depré/Mayer* Rn. 516.
594 *Kammergericht* NJW-RR 1999, 738; *LG Stuttgart* ZMR 1997, 472; *LG Bochum* NJW-RR 1997, 1099.
595 *Depré/Mayer* Rn. 134 ff. m. w. N.
596 *OLG München* Rpfleger 2002, 373.

V. Prozessführung

1. Allgemeines

Soweit dem Schuldner durch die Beschlagnahme die Verwaltung entzogen ist, verliert er auch die Prozessführungsbefugnis; diese erlangt der Zwangsverwalter (§§ 148 Abs. 2, 152 Abs. 1 ZVG). Der Schuldner bleibt zwar auch nach Anordnung der Zwangsverwaltung partei- und prozessfähig, das aktive und passive Prozessführungsrecht geht jedoch hinsichtlich aller der Zwangsverwaltung unterliegenden Rechte, Verpflichtungen und Ansprüche auf den Zwangsverwalter über.[597] Der Verwalter ist daher befugt, sämtliche Ansprüche prozessual zu verfolgen, welche sich auf die beschlagnahmten Gegenstände beziehen. Er kann auch wegen der seiner Verwaltung unterliegenden Gegenstände als Verwalter gerichtlich in Anspruch genommen werden. **1608**

Eine von ihm erhobene Klage muss erkennen lassen, dass er als Zwangsverwalter die Klage erhoben hat. **1609**

> **Beispiel für das Rubrum:** **Beispiel 62**
>
> Klage
> des ...
> **als Zwangsverwalter** des im Grundbuch von ... auf den Namen des ... (Schuldner) eingetragenen Grundstücks
> - Kläger -
> gegen ...

Der Zwangsverwalter kann auch Forderungen und Gestaltungsrechte aus Miet- und Pachtverträgen und Entschädigung für entgangene Nutzung[598] einklagen, Vermieterpfandrechte geltend machen und Forderungen gegen Versicherungen (für beschlagnahmte Gegenstände) durchsetzen. Er hat auch die gesetzlich zulässigen Mieterhöhungen fristgerecht zu veranlassen und ggf. gerichtlich durchzusetzen.[599] Im Falle des Unterlassens ist er u.U. schadensersatzpflichtig.[600] **1610**

Der Zwangsverwalter hat alle seiner Prozessführungsbefugnis unterliegenden Ansprüche, insbesondere also die Miet- und Pachtforderungen im Rahmen seines pflichtgemäßen Ermessens zeitnah geltend zu machen (§ 7 ZwVwV). Er muss daher darauf achten, dass keine Verjährung eingewendet werden kann und er bei Vollstreckungsmaßnahmen für seine etwaigen Pfändungspfandrechte einen günstigen Rang erhält. **1611**

Fällige Mieten sollte der Verwalter daher nach schriftlicher Mahnung und kurzer Frist z.B. im gerichtlichen Mahnverfahren geltend machen. Bei rückständiger Miete oder Pacht wird er regelmäßig von dem gesetzlich oder vertraglich begründeten Kündigungsrecht Gebrauch machen, wenn nicht inzwischen alle Rückstände getilgt sind. **1612**

Liegt über eine nunmehr vom Verwalter geltend zu machende Forderung bereits ein Vollstreckungstitel vor, so muss er diese nunmehr im Wege der Zwangsvollstreckung durchsetzen. Dabei hat den Vollstreckungstitel analog § 727 ZPO auf sich umschreiben zu lassen. Weiter ist insbesondere § 750 Abs. 2 ZPO zu beachten. **1613**

---

597 *BGH* Rpfleger 1992, 402. Dies soll aber nicht gelten, wenn ein Rechtsstreit bereits anhängig ist. Dazu *OLG Naumburg* OLG-NL 2001, 20.
598 *OLG Stuttgart* Rpfleger 1994, 77.
599 *Kammergericht* Rpfleger 1978, 335.
600 *Kammergericht* a.a.O.

2. Rechtstreit ist bereits anhängig

1614 Ist bezüglich eines der Verwaltung unterliegenden Anspruchs bereits eine Klage anhängig, so werden hinsichtlich der Wirkung der Zwangsverwaltungsbeschlagnahme insbesondere folgende Ansichten vertreten:
- Das Verfahren wird in analoger Anwendung von § 240 ZPO (Unterbrechung anhängiger Verfahren bei Insolvenzeröffnung) unterbrochen.[601]
- Die Unterbrechung erfolgt in analoger Anwendung von § 239 ZPO (Tod der Partei).[602]

Nach h.M. findet **keine Unterbrechung** statt; der Verwalter kann nur gem. § 263 ZPO in den Rechtsstreit eintreten, wenn der Gegner einverstanden ist oder das Gericht dies für sachdienlich erachtet.[603]

3. Ende der Prozessführungsbefugnis

1615 Die Prozessführungsbefugnis endet grundsätzlich mit dem Wegfall der Beschlagnahme (§ 152 Abs. 1 ZVG).

1616 Wird der Zwangsverwaltungsantrag zurückgenommen, so endet die Beschlagnahme nach veralteter Ansicht bereits mit dem Eingang der Rücknahmeerklärung bei Gericht (§ 130 Abs. 1, 3 BGB). Der Gläubiger kann auch seine Rücknahme einschränken und damit eine Teilaufhebung erreichen.[604]

1617 Bei Beendigung des Verfahrens ergeht stets einen Aufhebungsbeschluss (§ 161 Abs. 1 ZVG i.V.m. § 12 Abs. 1 ZwVwV). Erst wenn dem Zwangsverwalter dieser Beschluss zugegangen ist, hat er seine Verwaltungstätigkeit gegenüber den Gläubigern und dem Schuldner einzustellen, hierzu bedarf es nicht der Rechtskraft des Aufhebungsbeschlusses.[605]

1618 Um jedoch einen ordnungsgemäßen Abschluss des Verfahrens zu ermöglichen, kann ihn das Gericht ermächtigen, „seine Tätigkeit in Teilbereichen fortzusetzen" (§ 12 Abs. 2 ZwVwV), wozu wohl auch die Weiterführung eines Rechtsstreites gehört, bis Klarheit besteht, ob der Prozess vom Schuldner weitergeführt oder beendet werden soll.

1619 In den Fällen des § 161 Abs. 2 und 3 ZVG endet die Beschlagnahme mit der Wirksamkeit des Aufhebungsbeschlusses. Das Vollstreckungsgericht kann jedoch bestimmen, dass diese Wirkungen erst mit dessen Rechtskraft eintreten sollen.

1620 Bei Aufhebung des Zwangsverwaltungsverfahrens nach Zuschlag sind die Beendigung der Beschlagnahme und die weitere Abwicklung sehr streitig. Nach dem richtungsweisenden Aufsatz von *Eickmann*[606] wird sich wohl folgende Auffassung durchsetzen:
- Bezüglich Grundstück und mitversteigerten Gegenständen beendet der Zuschlag die Beschlagnahme und damit auch die Prozessführungsbefugnis, jedoch nicht die weiterwirkende Verwaltungsbefugnis des Verwalters.
- Bezüglich dieser Gegenstände endet diese Verwaltungsbefugnis mit der konstitutiven Entscheidung über die Aufhebung, die nicht zurück wirkt.
- Bezüglich der nicht mitversteigerten Gegenstände (z.B. Mietrückstände aus der Zeit vor Zuschlag), endet die Beschlagnahme erst mit der Freigabe durch den Gläubiger. Es

---
601 *Haarmeyer/Wutzke/Förster/Hintzen* § 7 ZwVwV Rn. 5 ff.
602 *Steiner/Hagemann* § 152 ZVG Rn. 178 m.w.N.
603 *Stöber* (ZVG) § 152 Rn. 11.4; *Böttcher* § 152 Rn. 57.
604 *BGH* Rpfleger 2003, 458.
605 RGZ 59, 87, 89; *OLG Hamm* NJW 1956, 125.
606 ZfIR 2003, 1021.

handelt sich hierbei also nicht um eine „nachwirkende" sondern eine auf Grund des Fortbestandes der Beschlagnahme weitere bestehende Prozessführungsbefugnis, die keiner Anordnung nach § 12 Abs. 2 ZwVwV bedarf, sich über Jahre hinaus erstrecken kann und auch den Beginn neuer Rechtsstreite einschließt.[607]

C. Verwaltung des beschlagnahmten Objekts

I. Einzelheiten zur Verwaltung

Wie jeder andere Vermögensverwalter hält auch der Zwangsverwalter die von ihm verwaltete Masse als **Treuhänder** im Rahmen seines gerichtlichen Auftrages.[608] Daraus folgt u.a., dass die Masse weder mit den eigenen Beständen des Verwalters noch mit anderen Massen vermengt werden darf. 1621

Zu Beginn der Zwangsverwaltung hat der Verwalter daher ein Zwangsverwalterkonto als Treuhandkonto, das auch ein Rechtsanwaltsanderkonto sein kann, zu eröffnen (§ 13 Abs. 2 ZwVwV). 1622

Für das Objekt muss er die im Einzelfall notwendigen (siehe § 9 Abs. 2 ZwVwV) Versicherungen abschließen, soweit er nicht auf vorhandene Versicherungen zurückgreifen kann. Er selbst muss für seine eigene Haftung auf eigene Kosten eine Haftpflichtversicherung für Vermögensschäden mit einer Deckungssumme von mindestens 500.000,00 € vorhalten (§ 1 Abs. 4 ZwVwV), falls das Gericht (auf Massekosten) keine höhere Versicherung im Einzelfall fordert. 1623

Tipp: Die vorgeschriebene Versicherung gegen Vermögensschäden deckt keine Sachschäden. Der Verwalter kann aber fahrlässig solche verursachen (z.B. unterlassener Winterdienst) Diese Frage muss mit der Versicherung geklärt sein, bevor eine Zwangsverwaltung übernommen wird.

Die Steuerkasse der zuständigen Gemeinde ist vom Verwalter zu unterrichten. Diese hat er zu ersuchen, künftige Bescheide über die laufenden öffentlichen Lasten (Grundsteuer, Abwasserabgaben etc.) an ihn zu übersenden und ihm die Höhe der laufenden wiederkehrenden Leistungen mitzuteilen. 1624

Der Verwalter hat auch die Versorgungsträger für Energie und Wasser, den Kaminkehrer und den Müllentsorger von der Beschlagnahme zu unterrichten. Bei Wohnungseigentum hat er den WEG-Verwalter zu ermitteln und ebenfalls zu informieren. 1625

Das Finanzamt erhält von ihm eine Mitteilung, wenn es sich beim beschlagnahmten Objekt um ein gewerblich genutztes Objekt handelt oder wenn gewerbliche Miete (Mehrwertsteuer) eingeht.[609] 1626

Der Verwalter hat das beschlagnahmte Objekt zu sichern und ggf. winterfest zu machen. 1627

Weiter obliegt ihm, 1628

- den Bericht über die Inbesitznahme für das Vollstreckungsgericht fertigen; dessen inhaltliche Erfordernisse ergeben sich aus § 3 ZwVwV;

---

607 *Depré/Mayer* Rn. 563.
608 Vgl. zur Rechenschaftspflicht des Treuhänders auch *BGH* NJW 1954, 70 sowie RGZ 164, 350.
609 Zu den Steuerpflichten ausführlich *Depré/Mayer* Rn. 568.

- eine Vorschussanforderung durch das Vollstreckungsgericht zu beantragen, wenn zu erwarten ist, dass die Kosten des § 155 Abs. 1 ZVG nicht alsbald durch Einnahmen gedeckt werden;
- die Überwachung der Mieteingänge (Pachteingänge).

II. Fortführung eines Betriebs

1629 Grundsätzlich hat der Zwangsverwalter nur das beschlagnahmte **Grundstück** zu verwalten und ordnungsgemäß zu nutzen. Problematisch ist ein auf dem Grundstück des Schuldners ausgeübter Gewerbebetrieb. Er soll nach älterer Rechtsprechung und Literatur vom Zwangsverwalter für Rechnung der Masse weiter betrieben werden dürfen und zwar zeitweise oder dauernd[610] oder auch durch Verpachtung genutzt werden können.[611]

1630 Entgegen dieser Ansicht ist heute davon auszugehen[612], dass der Verwalter in der Regel nicht befugt ist, dem Schuldner einen Gewerbebetrieb im Ganzen zu entziehen und selbst zu betreiben oder zu verpachten. Dies ergibt sich nicht zuletzt daraus, dass es ein Ziel der Insolvenzordnung ist, einen Betrieb im Rahmen einer Sanierung oder übertragenden Sanierung zu erhalten.

1631 Trotzdem kann die Fortführung aufgrund der Besonderheiten im Einzelfall möglich sein. Besteht ein Gewerbebetrieb fast ausschließlich darin, das Grundstück als solches zu nutzen (z.B. Betreiben eines Parkplatzes) oder Bodenbestandteile mittels beschlagnahmten Zubehörs auszubeuten (z.B. eine Sandgrube, die mittels eines beschlagnahmten Baggers ausgebeutet wird), darf der Verwalter dies in eigener Regie tun oder von einem Pächter vornehmen lassen. In der Regel wird der Verwalter dem Schuldner das so genutzte Betriebsgrundstück gegen entsprechendes Entgelt belassen oder den Betrieb anderweitig verpachten.

D. Zahlungen aus dem Erlös

I. Allgemeines

1632 Der Zwangsverwalter hat auch Zahlungen z.B. aus den gezogenen Nutzungen zu bewirken. Dabei sind solche Zahlungen, für welche er keine Anordnung des Gerichts, also keines Teilungsplans bedarf (Rn. 1636 ff.) von jenen zu unterscheiden, die er nur nach Aufstellung eines Teilungsplans (Rn. 1644) bewirken darf.

1633 Im Einzelnen darf er folgende **Zahlungen** leisten:
1. Aufwendungen gemäß § 155 Abs. 1 ZVG ohne gerichtliche Anordnung aus den Einnahmen oder einem Gläubigervorschuss (§ 161 ZVG).
2. Zahlungen gemäß § 156 Abs. 1 ZVG ohne gerichtliche Anordnung, also ohne Teilungsplan, aus den Einnahmen (§ 11 Abs. 1 ZwVwV).
3. Zahlungen an Beteiligte erst, wenn ein Teilungsplan aufgestellt und eine Auszahlungsanordnung des Gerichts ergangen ist (§§ 156 Abs. 2, 157 ZVG, § 11 Abs. 2 ZwVwV).

---

610 *RG* 93, 1 und 135, 197; *BArbG* NJW 1980, 2148; *ArbG Lübeck* BB 1979, 989 mit Anm. *Dauenheimer*.
611 *LG Oldenburg* Rpfleger 1984, 195.
612 Dazu ausführlich *Haarmeyer/Wutzke/Förster/Hintzen* § 5 ZwVwV Rn. 14 ff.

Verfahren bis zum Verteilungstermin **3**

Das Gericht muss daher einen Verteilungstermin bestimmen, wenn nach der Mitteilung des Zwangsverwalters oder nach der eigenen Kenntnis des Gerichts zu erwarten ist, dass sich in der Zwangsverwaltung Überschüsse ergeben, welche eine Auszahlung nach obiger Nr. 3 möglich machen. Der Termin wird erst nach dem Eingang der Mitteilungen des Grundbuchamts nach § 19 Abs. 2 ZVG bestimmt. In diesem Termin wird ein Teilungsplan erstellt. Im Gegensatz zu dem in der Zwangsversteigerung aufzustellenden Teilungsplan wirkt dieser Plan für die Zukunft, bestimmt also, wie die Überschüsse zukünftig zugeteilt werden. In der Praxis kommt es regelmäßig nur zur Zuteilung hinsichtlich der laufenden Zinsen des erstrangigen Grundpfandrechts. Daher werden von den Gerichten die Ansprüche der nachrangigen Berechtigten meist nicht mehr errechnet und in den Plan aufgenommen. Dies ist jedoch nicht korrekt. Der Teilungsplan muss **alle** zum Zeitpunkt der Erstellung feststehenden Ansprüche enthalten und betragsmäßig ausweisen.

1634

Da während eines Zwangsverwaltungsverfahrens verschiedene Rechtsänderungen auftreten können (z.B. Abtretung eines Rechts), muss der Teilungsplan dann berichtigt bzw. ergänzt werden, wenn diese Änderungen bekannt bzw. vom Grundbuchamt mitgeteilt werden.

1635

II. Aufwendungen nach § 155 Abs. 1 ZVG

Aus den vom Zwangsverwalter eingenommenen Beträgen, den von ihm gezogenen Nutzungen des Grundstücks also, sind zunächst die Ausgaben der Verwaltung einschließlich der dem Verwalter zustehenden Vergütung sowie die Kosten des Verfahrens vorweg zu bestreiten (§ 155 Abs. 1 ZVG[613]). Der Verwalter hat daher von den Einnahmen die Beträge (Liquidität) zurückzubehalten, die für Ausgaben der Verwaltung einschließlich der Verwaltervergütung und der Kosten des Verfahrens vorgehalten werden müssen (§ 9 Abs. 1 ZwVwV). Verpflichtungen soll der Verwalter nur eingehen, wenn diese durch Einnahmen oder Vorschüsse (oder eine praxisübliche Zusage zur Kostenübernahme) gedeckt sind (§ 9 Abs. 2 ZwVwV).

1636

Sehr oft ergibt sich nach Anordnung der Zwangsverwaltung, dass keine[614] oder kaum nennenswerte Einkünfte zu erzielen sind, die Liquidität also nicht ausreicht, um die gesamten Ausgaben der Verwaltung und die Verfahrenskosten zu decken. Damit sich der Verwalter nicht persönlichen Haftungsgefahren aussetzt, hat er über das Vollstreckungsgericht rechtzeitig Vorschüsse vom betreibenden Gläubiger anzufordern, wenn die Fortsetzung des Verfahrens Aufwendungen erfordert, für die in der Masse keine Mittel vorhanden sind. Eine solche Vorschusszahlung (§ 161 Abs. 3 ZVG) kann auch von Amts wegen angeordnet werden. Der Gläubiger soll dabei durch Beschluss unter kurzer Fristsetzung und Androhung der möglichen Aufhebung des Verfahrens im Falle der Nichtzahlung des Vorschusses (§ 161 Abs. 3 ZVG) aufgefordert werden, den entsprechenden, betragsmäßig bezifferten Vorschuss zu zahlen. Der Beschluss ist dem Gläubiger zuzustellen; dem Zwangsverwalter und dem Schuldner wird nur formlos mitgeteilt, da beiden kein Rechtsbehelf zusteht.

1637

Sind die Gläubiger zur Vorschusszahlung nicht bereit, wird das Gericht das Verfahren regelmäßig aufheben müssen (§ 161 Abs. 3 ZVG), auch wenn es sich dabei formal um eine

1638

---

613 Für die in § 155 Abs. 1 ZVG genannten Beträge hat sich der zusammenfassende Begriff „Aufwendungen" durchgesetzt.
614 Die Zwangsverwaltung kann auch zum Zwecke der Sicherung des Grundstücks angeordnet werden, ohne dass Einnahmen zu erwarten sind; hierzu *Depré/Mayer* Rn. 4 ff.

3 *Verfahren bis zum Verteilungstermin*

Ermessensentscheidung handelt. Vor der Aufhebung müssen die Gläubiger und der Zwangsverwalter gehört werden.

Beispiel 63   **Beispiel für eine Aufforderung zur Vorschusszahlung (Beschlusstenor):**
Dem Gläubiger ... wird auf Antrag des Zwangsverwalters aufgegeben, diesem bis spätestens ... (Fristsetzung) einen Vorschuss für die Aufwendungen § 155 Abs. 1 ZVG in Höhe von ... € zur Verfügung zu stellen. Bei fruchtlosem Fristablauf wird das Verfahren aufgehoben (§ 161 Abs. 3 ZVG).

III. Einzelheiten zu § 155 Abs. 1 ZVG

1. Die Kosten des Verfahrens

1639   Kosten des Verfahrens sind die Gerichtskosten, welche für die Durchführung des Verfahrens anfallen, mit Ausnahme[615] der Kosten, welche durch die Anordnung oder den Beitritt eines Gläubigers entstanden sind (§ 155 Abs. 1 ZVG).

1640   Die Gebühr für die Durchführung des Verfahrens bestimmt sich nach dem Gesamtwert der Einkünfte (§ 55 GKG). Für jedes angefangene Jahr, beginnend mit dem Tag der Beschlagnahme (also nicht das „Kalenderjahr"), wird 0,5 der vollen Gebühr erhoben (Nr. 2221 KVGKG). Hinzu kommen die Auslagen wie Zustellungskosten etc.

2. Ausgaben der Verwaltung

1641   Unter die Ausgaben der Verwaltung fallen:
1. Beträge, welche der Zwangsverwalter bezahlen muss, um seiner Aufgabe (§ 152 Abs. 1 ZVG) zu entsprechen, das Grundstück in seinem wirtschaftlichen Bestand zu erhalten und ordnungsgemäß zu benutzen. Darunter fallen z.B. die Versicherungen für das Objekt (§ 9 Abs. 3 ZwVwV). Bei land- und forstwirtschaftlichen Grundstücken gehören u.a. dazu auch die Löhne und Sozialabgaben der angestellten Bediensteten (Litlohn) sowie die Kosten für Viehfutter;
2. Die Vergütung und Auslagen des Zwangsverwalters, dazu Rn. 1490 ff.
3. Ansprüche Dritter, welche aus einem gegen den Zwangsverwalter ergangenen oder umgeschriebenen Vollstreckungstitel in die Zwangsverwaltungsmasse dürfen.
4. Neuerdings auch Mietsicherheiten (Kautionen), die der Verwalter bei Beendigung eines Mietverhältnisses zurückzahlen muss (Rn. 1595) und die Rückvergütung auf Nebenkostenabschläge aus einer von ihm für die Vergangenheit vorzunehmenden Abrechnung.[616]

1642   Die Ausgaben der Verwaltung stehen zu den Kosten des Verfahrens (Rn. 1639) nicht in einem Rangverhältnis; sie sind gleichrangig.[617]

Vom Schuldner-Zwangsverwalter sind die Ausgaben der Verwaltung ohne Genehmigung der Aufsichtsperson des § 150c ZVG zu leisten.

---

615 Vgl. auch § 109 ZVG für das Zwangsversteigerungsverfahren.
616 *BGH* Rpfleger 2003, 456.
617 *Stöber* (ZVG) § 155 Rn. 4.5; a.A. *Drischler* Rpfleger 1957, 212 und RpflJahrbuch 1969, 369: Wenn die Mittel nicht für beide voll ausreichen, sind die Ausgaben vor den Kosten zu zahlen

IV. Öffentliche Lasten

Auch die auf dem Grundstück ruhenden öffentlichen Lasten soweit „wiederkehrend" (Rn. 284) und „laufend" (Rn. 270), sind ohne weitere Anordnung des Gerichts durch den Zwangsverwalter zu zahlen, wenn ihm hierfür Einnahmen zur Verfügung stehen und soweit er hierdurch nicht die RK 1 und 2 des § 10 Abs. 1 ZVG beeinträchtigt[618] (§ 156 Abs. 1 ZVG). Aus einem Gläubigervorschuss darf er die öffentlichen Lasten nicht begleichen, da sonst ein nachrangiger Gläubiger einen vorrangigen befriedigen würde, was systemwidrig wäre.[619]

1643

V. Überschüsse

„Überschüsse" sind die aus den Bruttoeinnahmen nach der Entnahme der Ausgaben der Verwaltung und der Kosten des Verfahrens noch verbleibenden Beträge. Es ist also nicht jener Betrag, der nach Aufhebung des Verfahrens noch an den Schuldner oder an den Ersteher (bei Aufhebung des Verfahrens wegen Zuschlag) auszuzahlen ist

1644

Aus diesen Überschüssen kann der Verwalter nur Zahlungen gemäß einem gerichtlichen Teilungsplan leisten. Dieser wird im Verteilungstermin aufgestellt.

E. Bestimmung des Verteilungstermins

Sobald die Erträge aus dem Grundstück ausreichen, um hieraus auch Zahlungen auf Ansprüche der Rangklassen 1, 2, 4 und 5 zu leisten, muss der Verwalter dies dem Gericht unter Angabe des voraussichtlichen Betrages dieser Überschüsse und der Zeit ihres Eingangs anzeigen (§ 11 Abs. 2 Satz 2 ZwVwV).

1645

Unter der Voraussetzung, dass die Mitteilung des Grundbuchamts nach § 19 Abs. 2 ZVG schon eingegangen ist, bestimmt das Vollstreckungsgericht nunmehr unverzüglich einen Termin zur Aufstellung des Teilungsplans für die ganze Dauer des Zwangsverwaltungsverfahrens (§ 156 Abs. 2 Satz 1 ZVG).

1646

Wie im Zwangsversteigerungsverfahren (für die Terminsbestimmung zum Verteilungstermin) ist auch im Zwangsverwaltungsverfahren der Inhalt der Terminsbestimmung nicht ausdrücklich gesetzlich geregelt. Damit sie ihren Zweck erfüllen kann, sollte sie enthalten:[620]

1647

- Gericht und Aktenzeichen,
- Verfahrensbezeichnung,
- Benennung als „Bestimmung eines Verteilungstermins zur Aufstellung eines Teilungsplans",
- Terminszeit (Datum und Uhrzeit),
- Terminsort (Lage des Gerichtsgebäudes; Zimmer- bzw. Saalnummer),

---

618 *Stöber* (ZVG) § 156 Rn. 2.
619 Abweichend von der gesamten Literatur vertreten *Depré/Mayer* (Rn. 243 ff) die Auffassung, § 155 Abs. 2 ZVG ordne die öffentlichen Lasten nur für den Umfang der möglichen Befriedigung in die RK 3 ein, während § 156 ZVG für die **Auszahlung** sie den Aufwendungen zuordne. Dies hätte die Folge, dass es keine Konkurrenz zu den RK 1 und 2 gäbe und eine Befriedigung aus dem Gläubigervorschuss möglich wäre.
620 Nach *Böttcher* § 156 Rn. 6.

- Bitte[621] an die Beteiligten, ihre Ansprüche an die Teilungsmasse bei Gericht anzumelden.

Sinnvoll ist es, in der Terminsbestimmung weiter darauf hinzuweisen, dass im Teilungsplan in den Rangklassen § 10 Abs. 1 Nr. 2 bis Nr. 4 nur Ansprüche auf laufende wiederkehrende Leistungen berücksichtigt werden können (§ 155 Abs. 2 ZVG).

1648 Die Terminsbestimmung wird den Beteiligten und dem Zwangsverwalter zugestellt (§ 156 Abs. 2 Satz 3 ZVG), wobei die Zustellung nach den §§ 3-7 ZVG zu erfolgen hat. Als (zu ladende) Beteiligte gelten auch diejenigen, die ihr Recht erst glaubhaft zu machen haben (§ 156 Abs. 2 Satz 4 i.V.m. § 105 Abs. 2 Satz 2 ZVG).

1649 Der Verteilungstermin ist nicht öffentlich.

1650 Über die Vorgänge im Verteilungstermin wird ein Protokoll gefertigt.

F. Anmeldungen zum Verteilungstermin

I. Allgemeines

1651 Um im Teilungsplan Berücksichtigung zu finden, müssen andere als die aus dem Grundbuch ersichtlichen Ansprüche angemeldet werden. Dies gilt auch für gezahlte Vorschüsse der betreibenden Gläubiger, die in RK 1 berücksichtigt werden sollen.

1652 In den Teilungsplan sind daher jene Ansprüche aufzunehmen, deren Betrag zur Zeit der Eintragung des Zwangsverwaltungsvermerks aus dem Grundbuch ersichtlich war und zwar nach dem Inhalt des Grundbuchs. Andere Ansprüche nur, wenn sie spätestens im Verteilungstermin angemeldet werden (§ 156 Abs. 2 Satz 4 i.V.m. § 114 Abs. 2 ZVG). Die Ansprüche der (betreibenden) Gläubiger gelten als angemeldet, soweit sie sich aus dem Zwangsverwaltungsantrag bzw. einem Beitrittsgesuch ergeben (§ 156 Abs. 2 Satz 4 i.V.m. § 114 Abs. 1 Satz 2 ZVG).

1653 Laufende Beträge der grundbuchersichtlichen wiederkehrenden Leistungen brauchen nicht angemeldet zu werden (§ 114 Abs. 2 ZVG).

II. Anzumeldende Ansprüche

1654
- Ansprüche der RK 1

  In die RK 1 gehören die Ansprüche der die Zwangsverwaltung betreibenden Gläubiger auf Ersatz ihrer Auslagen zur Erhaltung oder nötigen Verbesserung des Grundstücks, gleichgültig, ob dieser Vorschuss freiwillig oder auf Verlangen des Gerichts nach § 161 Abs. 3 ZVG gezahlt wurde. Sie haben untereinander Gleichrang.

- Ansprüche der RK 2

  In der Zwangsverwaltung werden die laufenden (Rn. 270) Litlohnansprüche berücksichtigt, soweit sie der Verwalter nicht schon als Aufwendungen (§ 155 Abs. 1 ZVG) bestritten hat.

---

621 Es ergeht keine Aufforderung, da die Beteiligten nicht anmelden müssen und da die grundbuchersichtlichen Ansprüche von Amts wegen berücksichtigt werden.

Verfahren bis zum Verteilungstermin **3**

- Ansprüche der RK 4

  Nebenleistungen der dinglichen Rechte am Grundstück, die sich nicht aus dem Grundbuchinhalt ergeben und
  Kosten der dinglichen Rechtsverfolgung (§ 10 Abs. 2 ZVG), die bei dem geltend gemachten Anspruch berücksichtigt werden sollen.
  Soweit der Berechtigte wiederkehrende Sachleistungen aus einem Recht der RK 4 zu erhalten hat (z.B. Reallast) ist die laufende Sachleistung, falls grundbuchersichtlich, ohne Anmeldung an der entsprechenden Rangstelle einzustellen, andernfalls werden diese Leistungen nur auf Anmeldung berücksichtigt.[622]

- Ansprüche der RK 5

  In diese RK fallen die Ansprüche der persönlichen Gläubiger, soweit diese das Verfahren betreiben, also einen Anordnungs- oder Beitrittbeschluss erwirkt haben. Kosten ihrer dinglichen Rechtsverfolgung können auf Anmeldung bei dem geltend gemachten Anspruch berücksichtigt werden (§ 10 Abs. 2 ZVG). Diese gelten als angemeldet, soweit sie sich aus dem Versteigerungsantrag ergeben (§ 156 Abs. 2 Satz 4 i.V.m. § 114 Abs. 1 Satz 2 ZVG). Obwohl die Gerichtskosten für Anordnung und Beitritt bekannt sind, sollte man sie anmelden.

1655 Gem. § 1197 Abs. 2 BGB gebühren bei einem Eigentümerrecht dem Eigentümer Zinsen für die Dauer der Zwangsverwaltung, wenn das Grundstück auf Antrag eines anderen zum Zwecke der Zwangsverwaltung in Beschlag genommen worden ist. Daher werden in RK 4 auch die laufenden Zinsen einer Eigentümergrundschuld berücksichtigt.

1656 Da es bei der Aufstellung des Teilungsplans nicht um die Auszahlung, sondern um die **Feststellung** eines Empfangsberechtigten für künftig fällig werdende Zinsen geht, muss bei Briefrechten der Brief im Verteilungstermin vorgelegt werden.[623] Der Zwangsverwalter kann danach ohne erneute Briefvorlage laut Teilungsplan zahlen. Ein nachträglicher Gläubigerwechsel bedürfte einer Planänderung.

III. Rechtsanwaltskosten für die Anmeldung

1657 Für die Anmeldung der Forderung erhält der Rechtsanwalt eine 4/10 Gebühr (Nr. 3311 Ziff. 4 VVRVG) aus dem angemeldeten Betrag, Nebenkosten eingeschlossen (§ 27 RVG). Umfasst die Anmeldung Forderungen der RK 4 und RK 5, muss die Gebühr aufgeteilt werden.[624] Es handelt sich um notwendige Kosten der Zwangsvollstreckung, obwohl die laufenden Beträge eines Grundpfandrechts auch von Amts wegen berücksichtigt worden wären.

1658 Hatte der Rechtsanwalt einen Antrag auf Anordnung des Verfahrens bzw. ein Beitrittsgesuch gestellt, wurde hierdurch bereits eine 4/10 Gebühr verdient (Nr. 3311 Ziff. 3 VVRVG), die jetzt angemeldet werden kann.

---

622 *Depré/Mayer* Rn. 286.
623 *Depré/Mayer* Rn. 289.
624 Dazu *Depré/Mayer* Rn. 267.

7. Kapitel
Verteilung der Überschüsse

A. Die Rangklassen in der Zwangsverwaltung

1659 § 155 ZVG regelt zunächst, in welcher Rangfolge die im Verfahren zu berücksichtigenden Ansprüche zu entrichten sind, wobei § 156 Abs. 1 ZVG ergänzend dazu ausführt, dass die öffentlichen Lasten vom Verwalter ohne weiteres Verfahren zu berichtigen sind. Für die Ansprüche der RK 2, 3 und 4 sei schon jetzt deutlich hervorgehoben, dass hier nur Ansprüche auf **laufende wiederkehrende Leistungen**, einschließlich der Rentenleistungen, sowie auf diejenigen Beträge, die zur allmählichen Tilgung einer Schuld als Zuschlag zu den Zinsen zu entrichten sind, Berücksichtigung finden.

1660 Im Range des jeweiligen Anspruchs können auch die Kosten der dinglichen Rechtsverfolgung angemeldet werden. Dies sind z.B. auch die Kosten eines damit beauftragten Rechtsanwalts.

I. Rangklassen 1 und 1a

1661 In der RK 1 stehen die Zwangsverwaltungsvorschüsse. Es handelt sich um die Vorschüsse, welche ein Gläubiger zur Erhaltung und Verbesserung des Grundstücks gegeben hat und die auch für diesen Zweck tatsächlich verwendet worden sind. Hierzu gehören also nicht die Vorschüsse, welche für die übrigen Aufwendungen des § 155 Abs. 1 ZVG geleistet worden sind.

1662 Hat der Zwangsverwalter Düngemittel, Saatgut oder Futtermittel angeschafft, dann sind die Ansprüche aus diesen Lieferungen im Rahmen des § 155 Abs. 4 ZVG solche der RK 1. Dies gilt auch für den zum Verwalter bestimmten Schuldner, der derartige Mittel mit Zustimmung der Aufsichtsperson angeschafft hat. Auch Kredite, die zur Bezahlung dieser Lieferungen in der für derartige Geschäfte üblichen Weise aufgenommen worden sind, fallen in RK 1.

1663 Einen Anspruch nach RK 1 hat nur ein Gläubiger (Anordnungs- bzw. Beitrittsgläubiger), nicht der Antragsteller der Sicherungsmaßnahmen nach § 25 ZVG oder der Beteiligte, der die gerichtliche Verwaltung nach § 94 ZVG veranlasst hat.

1664 Mehrere Ansprüche in der RK 1 haben untereinander Gleichrang.

1665 Das Vorrecht der RK 1a hat für das Zwangsverwaltungsverfahren keine Bedeutung.

II. Rangklasse 2

1666 In dieser RK werden die laufenden Litlohnansprüche berichtigt, soweit sie der Verwalter nicht schon als Ausgabe der Verwaltung aus den laufenden Einnahmen bezahlen muss.

III. Rangklasse 3

1667 In RK 3 gehören die laufenden wiederkehrenden öffentlichen Lasten. Diese sind im Zwangsverwaltungsverfahren vom Zwangsverwalter ohne weiteres Verfahren zu berichtigen. Zu den laufenden wiederkehrenden öffentlichen Lasten, die der Verwalter vorweg zu berichtigen hat, gehören insbesondere die laufenden GrundsteueRn. Zur Regelfälligkeit der Grundsteuern siehe Rn. 284.

IV. Rangklasse 4

In die RK 4 des § 10 ZVG gehören die laufenden wiederkehrenden Leistungen der im Grundbuch in Abt. II und III eingetragenen Rechte. Die Rangfolge mehrerer dieser Rechte bestimmt sich nach § 879 BGB. **1668**

Zu berücksichtigen sind insbesondere **1669**
- **laufende Zinsen** der Grundpfandrechte; die weiteren Zinsen und – im Rahmen des § 158 ZVG – das Kapital kann der Berechtigte des Rechts nur in RK 5 und damit nur unter der Voraussetzung erhalten, dass er das Verfahren wegen dieser Ansprüche betreibt.
- wiederkehrende Leistungen aus **Reallasten**, insbesondere der Erbbauzins, aber auch Rentenleistungen (§ 155 Abs. 2 Satz 2 ZVG);
- **Tilgungsbeträge**, die als Zuschlag zu den Zinsen zu zahlen sind und der allmählichen Tilgung dienen[625] (§ 155 Abs. 2 Satz 2 ZVG). In Höhe der einzelnen Tilgungsbeträge erlischt das Recht, da aus dem Grundstück bezahlt wird. Daher ist das Grundbuchamt um Löschung in entsprechender Anwendung des § 158 ZVG zu ersuchen.
- **Abzahlungsbeträge** auf eine unverzinsliche Schuld bis zu 5 % der Schuldsumme (§ 155 Abs. 2 Satz 3 ZVG;
- laufende Zinsen aus einem **Eigentümerrecht** (§ 1197 Abs. 2 BGB).
  Betreibt ein Pfändungsgläubiger aus einem Eigentümerrecht, so erhält er in der RK 4 die laufenden wiederkehrenden Leistungen.

V. Rangklasse 5

Hierher gehören: **1670**
- Kapital und „rückständige" Zinsen (§ 13 ZVG) der Grundpfandrechte,
- Leistungen aus Reallasten, die nicht mehr „laufend" sind,
- alle titulierten persönlichen Forderungen, soweit wegen ihnen das Zwangsverwaltungsverfahren betrieben wird.

Es werden die Beträge berücksichtigt, die in einem Anordnungs- oder Beitrittsbeschluss aufgeführt sind. Dabei werden sie gem. § 12 ZVG in der Reihenfolge Kosten, Zinsen und danach Hauptforderung berichtigt. **1671**

VI. Weitere Rangklassen

Die RK 7 und 8 können in der Zwangsverwaltung nicht vorkommen. Die RK 6 ist nur im Zusammenhang mit einem „relativen Rang" denkbar.[626] **1672**

---

625 Bei gleich bleibender Leistung werden die Zinsen immer geringer, die Tilgungsbeträge immer höher.
626 Dazu *Depré/Mayer* Rn. 310 ff.

Beispiel 64 Ein persönlicher Gläubiger erwirkt die Zwangsverwaltungsbeschlagnahme am 10.05.2004.

Am 15.09.2004 belastet der Schuldner das Grundstück, an welchem zum Zeitpunkt der Beschlagnahme die Grundschulden Abt. III Nr. 1 und 2 bestanden haben mit einer Hypothek, welche unter Abt. III Nr. 3 eingetragen wird.

In einem aufzustellenden Teilungsplan genießen die dinglichen Rechte grundsätzlich das Vorrecht der Rangklasse 4 des § 10 ZVG.

Die Hypothek wurde jedoch nach der Beschlagnahme zugunsten des persönlichen Gläubigers eingetragen, daher ist sie diesem Gläubiger gegenüber unwirksam. Der persönliche Gläubiger ist in der RK 5 zu befriedigen. Da die Hypothek dem Beschlagnahmegläubiger gegenüber unwirksam ist, würde sie eigentlich in RK 6 fallen. Diese kann es begrifflich in der Zwangsverwaltung jedoch nicht geben.[627]

B. Aufstellung des Teilungsplans

I. Allgemeines

1673 Der Teilungsplan wird im Verteilungstermin nach Anhörung der anwesenden Beteiligten vom Vollstreckungsgericht für die ganze Dauer des Zwangsverwaltungsverfahrens aufgestellt (§§ 113 Abs. 1, 156 Abs. 2 ZVG).

1674 Für „die Form" des Teilungsplans gibt es keine gesetzlichen Vorgaben, jedoch hat sich auch hier (wie in der Zwangsversteigerung) ein bestimmtes Schema bewährt. So findet sich in den meisten Teilungsplänen auch ein **Vorbericht**, in welchem die für die Planaufstellung wesentlichen Angaben zusammengefasst werden. So steht hier z.B. der Tag der ersten Beschlagnahme, da dieses Datum für die Frage, welche Ansprüche „laufend" sind, von Bedeutung ist. Außerdem werden der betreibende Gläubiger und bereits erfolgte Anmeldungen in den Vorbericht aufgenommen.

1675 Gegenstand der Verteilung sind nicht bloß die bereits vorhandenen, sondern auch die bis zur vollen Befriedigung des vollstreckenden Gläubigers zu erwartenden zukünftigen Erträgnisse. Deshalb wird im Teilungsplan (im Gegensatz zum Teilungsplan in der Zwangsversteigerung) **keine Teilungsmasse** aufgeführt, sondern nur die Schuldenmasse festgestellt.

1676 Laufende Beträge öffentlicher Lasten (§ 10 Abs. 1 Nr. 3 ZVG) sind **nicht** in den Teilungsplan aufzunehmen.[628] Jedoch ist in der Praxis ein Hinweis auf diese Ansprüche zulässig und üblich, damit sie der Verwalter nicht übergeht und damit auch die Beteiligten des Verfahrens über die Befriedigungsfolge im Bilde sind.

1677 Für die jeweiligen Anspruchsberechtigten werden die Beträge ausgewiesen, die ab dem besonderen Fälligkeitstermin nach § 13 ZVG bis zur nächsten Fälligkeit nach dem Verteilungstermin angefallen sind. Im Übrigen wird nur unter Angabe des weiteren Fälligkeitstermins der jeweilige Betrag bestimmt.

1678 Am Schluss angefügt wird meist der Satz, dass der Verwalter auf nachrangige Beträge nur Zahlung leisten darf, wenn er damit rechnen kann, vorrangige Beträge am Fälligkeitstag zu befriedigen.[629]

---

627 Hierzu und zum „Zwischenrecht" siehe *Depré/Mayer* Rn. 275 und 310 ff.
628 So auch *Stöber* (ZVG) § 156 Rn. 4.4 m.w.N., auch für die Gegenansicht.
629 *Depré/Mayer* Rn. 283.

Für die Auszahlung selbst ist dann der Zwangsverwalter verantwortlich, für welchen der Teilungsplan verbindlich ist. **1679**

II. Verhandlung über den Teilungsplan

Das Vollstreckungsgericht wird in Vorbereitung des Verteilungstermins einen „vorläufigen Teilungsplan" entwerfen. Über diesen vorläufigen Teilungsplan wird im Verteilungstermin verhandelt (§ 156 Abs. 2 Satz 4, § 115 Abs. 1 Satz 1 ZVG). Ergeben sich aus dieser Verhandlung keine Änderungen und wird auch kein Widerspruch erhoben, beschließt das Vollstreckungsgericht, dass der bisherige Entwurf (vorläufiger Teilungsplan), zum endgültigen Plan erklärt wird und dass der Verwalter dem Plan entsprechende Zahlungen zu leisten hat. **1680**

Der Plan wird verkündet und den Beteiligten formlos mitgeteilt; eine Zustellung erfolgt nicht. **1681**

III. Rechtsbehelfe

Auch der Teilungsplan in der Zwangsverwaltung ist mit Widerspruch oder sofortiger Beschwerde anfechtbar. Wie in der Zwangsversteigerung (Rn. 635) gilt folgende Zuordnung: **1682**
- Wer einen **Verfahrensfehler** des Gerichts bei der Aufstellung des Plans rügen will, hat **sofortige Beschwerde**.
- Wer der Auffassung ist, er habe ein besseres **materielles Recht** als für ihn derzeit berücksichtigt, wehrt sich mit **Widerspruch**.

1. Sofortige Beschwerde

Mit sofortiger Beschwerde gegen den Teilungsplan werden formelle Mängel gerügt, z.B. die falsche Berechnung der Zinsen eines Rechts oder die Aufnahme einer Forderung in den Plan, welche in diesem Verfahren nicht berücksichtigt werden kann. Die Beschwerdefrist beginnt mit der Verkündung des Plans im Termin.[630] **1683**

Wird sofortige Beschwerde eingelegt, sollte das Gericht den Verwalter anweisen, den hiervon betroffenen Betrag bis zur endgültigen Entscheidung zurückzuhalten, da die Beschwerde insoweit unzulässig wird, als Auszahlung erfolgt ist.[631] **1684**

2. Widerspruch

Ein Widerspruch zielt darauf ab, die aus der Sicht des Widersprechenden geltende materielle Rechtslage im Rahmen des Teilungsplans umzusetzen. So könnte der Widersprechende z.B. vortragen, er habe einen besseren Rang als bisher im Plan angenommen oder einem dort Aufgenommenen stehe überhaupt kein Recht zu. **1685**

Ist ein vor dem Verteilungstermin angemeldeter Anspruch nicht nach Antrag in den Plan aufgenommen, so gilt die Anmeldung als Widerspruch (§ 156 Abs. 2 Satz 4 mit § 115 Abs. 2 ZVG). **1686**

Für die Abwicklung des Widerspruchs gelten die Ausführungen Rn. 634 ff. entsprechend. **1687**

---

630 Sehr streitig, aber h.M. Hierzu *Stöber* (ZVG) § 113 Rn. 6.3 m.w.N. auch für die Gegenmeinung.
631 *Depré/Mayer* Rn. 285.

C. Zahlungen auf das Kapital

1688 Betreibt ein Grundpfandrechtsgläubiger das Verfahren auch aus dem Kapital des Grundpfandrechts (zu berücksichtigen in RK 5) darf der Verwalter von sich aus hierauf keine Zahlungen leisten.

1689 Damit auf den Kapitalzahlungsanspruch des dinglichen Gläubigers eine Zahlung überhaupt erfolgen kann, müssen

- alle diesem Recht im Range **vorgehenden,** zurzeit fälligen **wiederkehrenden** Leistungen befriedigt sein,
- auch alle diesem Recht im Range **nachgehenden,** zurzeit fälligen Beträge an **wiederkehrenden** Leistungen befriedigt sein und
- für die diesbezüglich **künftig** fälligen Beträge **Deckung** vorhanden oder zu erwarten sein.

1690 Sodann muss der Verwalter dem Gericht anzeigen, welchen Betrag er auf welches Kapital eines Grundpfandrechts zahlen will (§ 11 Abs. 3 ZwVwV).

1691 Kapitalzahlung auf Grundpfandrechte darf nur in einem hierfür bestimmten besonderen Termin erfolgen (§ 158 Abs. 1 Satz 1 ZVG). Der Grund liegt darin, dass der Hauptsachebetrag des Grundpfandrechts in Höhe der Bezahlung erlischt, da „aus dem Grundstück" bezahlt wird. Demzufolge wird das Grundbuch unrichtig (§§ 1181, 1192 BGB). Das Grundbuchamt ist insoweit um Löschung zu ersuchen (§ 158 Abs. 2 ZVG).

1692 Zum Termin werden Gläubiger, Schuldner und Zwangsverwalter geladen.

Im Termin wird sodann an den Berechtigten bezahlt (§ 158 Abs. 3 ZVG i.V.m. § 117 Abs. 1 ZVG). Nur die Bezahlung an den Berechtigten oder ein Erfüllungssurrogat bringt das Recht zum Erlöschen.

8. Kapitel
Jahresrechnung und Schlussrechnung

A. Der Bericht

1693 Gem. § 154 ZVG hat der Verwalter jährlich (= Jahresrechung) und nach Beendigung der Verwaltung (= Schlussrechnung) Rechnung zu legen und zwar gegenüber dem Gläubiger und dem Schuldner. Die Jahresrechnungslegung erfolgt grundsätzlich jährlich nach Kalenderjahren; das Gericht kann einen kürzeren, jedoch keinen längeren Abrechnungszeitraum gestatten (§ 14 Abs. 2 ZwVwV i.V.m. § 154 ZVG).

Im Jahr der Anordnung der Zwangsverwaltung (sog. Rumpfjahr) wird der Verwalter mit Zustimmung des Gerichts einen besonderen Bericht erstatten, zumal er dann die Vergütung des § 22 Satz 1 ZwVwV fordern kann.

1694 Die sich aus § 153 ZVG ergebende Befugnis des Gerichts, jederzeit Zwischenberichte und Auskünfte zu verlangen, bleibt unberührt (§ 16 ZwVwV), wird aber nur aus besonderem Anlass in Betracht kommen.

1695 Der Verwalter kann durch Androhung von Zwangsgeld zur Berichterstattung gezwungen werden (§ 153 Abs. 2 ZVG). Notfalls kann sich auch die Frage der Entlassung stellen.

Jahresrechnung und Schlussrechnung **3**

Der für die Vergütungsfestsetzung maßgebende Abrechnungszeitraum ist das Kalenderjahr (§ 22 ZwVwV) falls kein anderer Abrechnungszeitraum festgelegt wurde. Dagegen rechnet sich die gerichtliche Verfahrensgebühr in Höhe der Hälfte der vollen Gebühr (Nr. 2221 KVGKG) jährlich ab dem Tag der Beschlagnahme (§§ 7 Abs. 2, 55 GKG). Der Verwalter hat daher in seiner Abrechnung dem Gericht die Möglichkeit zu geben, die Einnahmen dem jeweiligen Rechnungszeitraum zuzuordnen. **1696**

Der Bericht des Verwalters gliedert sich in zwei Teile, nämlich **1697**
1. den sog. darstellenden Teil (Rn. 1699) und
2. die eigentliche Rechnungslegung, aufgeschlüsselt nach Einnahmen und Ausgaben (§§ 13 – 15 ZwVwV), wobei die Kontoauszüge und Belege beizufügen sind.

Bei Aufhebung der Zwangsverwaltung hat der Verwalter die Schlussrechnung „in Form einer abgebrochenen Jahresrechnung" (§ 14 Abs. 3 ZwVwV) zu legen. **1698**

In dem sog. darstellenden Teil des Berichts wird der Verwalter darlegen, was er im Berichtszeitraum unternommen hat, welche Mietverträge z.B. neu abgeschlossen und welche Mietverhältnisse beendet wurden. Der Bericht gibt auch Auskunft darüber, ob die Mieten pünktlich bezahlt werden oder ob Mietaußenstände bestehen und was insoweit unternommen wurde. Auch wird er über den Zustand des zwangsverwalteten Objekts und evtl. Reparaturmaßnahmen berichten. Die Gründe für einen fortlaufenden Leerstand und seine Bemühungen zur Beseitigung dieses Zustandes sind ebenfalls darzulegen. **1699**

Bei der Aufstellung der Einnahmen und Ausgaben ist § 15 ZwVwV und hierbei insbesondere zu beachten: **1700**
- Es muss ersichtlich sein, welche Beträge der Einnahmen auf **Mieten** und welche auf Abschläge für **Nebenkosten** entfallen (§ 15 Abs. 1 ZwVwV).
- Eine bereits eingegangene Mietvorauszahlung, die für den folgenden Zeitraum bestimmt ist, muss als solche kenntlich gemacht werden.
- Eingetriebene oder nachgezahlte Mieten aus dem Vorjahr sind gesondert darzustellen.

Entsprechend der Einteilung der Einnahmen nach sachlichen Kriterien sind auch die Ausgaben nach den wirtschaftlichen Eckdaten zu gliedern (§ 15 Abs. 3 ZwVwV). Bei den öffentlichen Grundstückslasten ist der Erhebungszeitraum anzugeben. Zahlungen an die Gläubiger sind den Positionen des Teilungsplans zuzuordnen. Daher sollte sich ein Verwalter mit dem Vollstreckungsgericht in dieser Hinsicht absprechen. **1701**

B. Prüfung durch das Gericht

Aus § 153 ZVG resultiert für das Vollstreckungsgericht die **Pflicht**, die Rechnungen des Verwalters sachlich und rechnerisch zu prüfen. Es kann für die Prüfung einen Sachverständigen heranziehen, was jedoch selten vorkommt, **1702**

Sind seitens des Gerichts keine Beanstandungen zu erheben, so leitet es Abschriften des Berichts (ohne Belege) den Gläubigern und dem Schuldner zu. Werden innerhalb einer vom Gericht gesetzten Frist keine Einwendungen erhoben, wird das Gericht durch einen Vermerk feststellen, dass die Rechnung formell ordnungsgemäß, vollständig, sowie sachlich und rechnerisch richtig ist und dies den Beteiligten mitteilen. Die Belege gehen an den Verwalter zurück, der sie – zu seiner eigenen Sicherheit – verwahrt. **1703**

3 Jahresrechnung und Schlussrechnung

1704 Werden Einwendungen erhoben, prüft das Gericht, ob diese gerechtfertigt sind. Ist nach der Auffassung des Gerichts die Einwendung unbegründet, so wird dem Beteiligten mitgeteilt, dass kein Anlass für ein Einschreiten des Gerichts bestehe. Will der Beteiligte seine Einwendungen weiter verfolgen, muss er auf den Prozessweg beschreiten. Sind die vorgebrachten Einwendungen nach Auffassung des Gerichts berechtigt, wird der Verwalter dazu gehört. Werden die Einwendungen nicht ausgeräumt, hat das Gericht im Rahmen seiner Aufsichtspflicht einen ordnungsgemäßen Bericht zu erzwingen.

1705 Die Ablehnung des Vollstreckungsgerichts, eine vom Gläubiger oder Schuldner verlangte Aufsichtsmaßnahme zu ergreifen, ist nach Anhörung der Beteiligten eine Entscheidung des Gerichts und ergeht durch Beschluss. Gegen ihn haben die – angehörten – Beteiligten die Möglichkeit der sofortigen Beschwerde; bei Nichtanhörung ist Erinnerung nach § 766 ZPO gegeben.[632]

1706 Wird das Verfahren aufgehoben oder wird der Verwalter entlassen und ein anderer Verwalter bestellt, dann ist ein **Schlussbericht** einzureichen.

---

[632] Depré/Mayer Rn. 623.

Zwangsverwalterverordnung
(ZwVwV)

vom 19. Dezember 2003

(BGBl. 2003 I Seite 2804)

Auf Grund des § 152a des Gesetzes über die Zwangsversteigerung und die Zwangsverwaltung in der im Bundesgesetzblatt Teil III, Gliederungsnummer 310-14, veröffentlichten bereinigten Fassung, der durch Artikel 7 Abs. 23 des Gesetzes vom 17. Dezember 1990 (BGBl. I S. 2847) eingefügt worden ist, in Verbindung mit Artikel 35 des Gesetzes vom 13. Dezember 2001 (BGBl. I S. 3574), verordnet das Bundesministerium der Justiz:

§ 1 Stellung

(1) Zwangsverwalter und Zwangsverwalterinnen führen die Verwaltung selbständig und wirtschaftlich nach pflichtgemäßem Ermessen aus. Sie sind jedoch an die vom Gericht erteilten Weisungen gebunden.

(2) Als Verwalter ist eine geschäftskundige natürliche Person zu bestellen, die nach Qualifikation und vorhandener Büroausstattung die Gewähr für die ordnungsgemäße Gestaltung und Durchführung der Zwangsverwaltung bietet.

(3) Der Verwalter darf die Verwaltung nicht einem anderen übertragen. Ist er verhindert, die Verwaltung zu führen, so hat er dies dem Gericht unverzüglich anzuzeigen. Zur Besorgung einzelner Geschäfte, die keinen Aufschub dulden, kann sich jedoch der Verwalter im Fall seiner Verhinderung anderer Personen bedienen. Ihm ist auch gestattet, Hilfskräfte zu unselbständigen Tätigkeiten unter seiner Verantwortung heranzuziehen.

(4) Der Verwalter ist zum Abschluss einer Vermögensschadenshaftpflichtversicherung für seine Tätigkeit mit einer Deckung von mindestens 500.000 Euro verpflichtet. Durch Anordnung des Gerichts kann, soweit der Einzelfall dies erfordert, eine höhere Versicherungssumme bestimmt werden. Auf Verlangen der Verfahrensbeteiligten oder des Gerichts hat der Verwalter das Bestehen der erforderlichen Haftpflichtversicherung nachzuweisen.

§ 2 Ausweis

Der Verwalter erhält als Ausweis eine Bestallungsurkunde, aus der sich das Objekt der Zwangsverwaltung, der Name des Schuldners, das Datum der Anordnung sowie die Person des Verwalters ergeben.

§ 3 Besitzerlangung über das Zwangsverwaltungsobjekt, Bericht

(1) Der Verwalter hat das Zwangsverwaltungsobjekt in Besitz zu nehmen und darüber einen Bericht zu fertigen. Im Bericht sind festzuhalten:

1. Zeitpunkt und Umstände der Besitzerlangung;
2. eine Objektbeschreibung einschließlich der Nutzungsart und der bekannten Drittrechte;
3. alle der Beschlagnahme unterfallenden Mobilien, insbesondere das Zubehör;
4. alle der Beschlagnahme unterfallenden Forderungen und Rechte, insbesondere Miet- und Pachtforderungen, mit dem Eigentum verbundene Rechte auf wiederkehrende Leistungen sowie Forderungen gegen Versicherungen unter Beachtung von Beitragsrückständen;
5. die öffentlichen Lasten des Grundstücks unter Angabe der laufenden Beträge;
6. die Räume, die dem Schuldner für seinen Hausstand belassen werden;
7. die voraussichtlichen Ausgaben der Verwaltung, insbesondere aus Dienst- oder Arbeitsverhältnissen;
8. die voraussichtlichen Einnahmen und die Höhe des für die Verwaltung erforderlichen Kostenvorschusses;
9. alle sonstigen für die Verwaltung wesentlichen Verhältnisse.

(2) Den Bericht über die Besitzerlangung hat der Verwalter bei Gericht einzureichen. Soweit die in Absatz 1 bezeichneten Verhältnisse nicht schon bei Besitzübergang festgestellt werden können, hat der Verwalter dies unverzüglich nachzuholen und dem Gericht anzuzeigen.

§ 4 Mitteilungspflicht

Der Verwalter hat alle betroffenen Mieter und Pächter sowie alle von der Verwaltung betroffenen Dritten unverzüglich über die Zwangsverwaltung zu informieren. Außerdem kann der Verwalter den Erlass von Zahlungsverboten an die Drittschuldner bei dem Gericht beantragen.

§ 5 Nutzungen des Zwangsverwaltungsobjektes

(1) Der Verwalter soll die Art der Nutzung, die bis zur Anordnung der Zwangsverwaltung bestand, beibehalten.

(2) Die Nutzung erfolgt grundsätzlich durch Vermietung oder Verpachtung. Hiervon ausgenommen sind:
1. landwirtschaftlich oder forstwirtschaftlich genutzte Objekte in Eigenverwaltung des Schuldners gemäß § 150b des Gesetzes über die Zwangsversteigerung und die Zwangsverwaltung;
2. die Wohnräume des Schuldners, die ihm gemäß § 149 des Gesetzes über die Zwangsversteigerung und die Zwangsverwaltung unentgeltlich zu belassen sind.

(3) Der Verwalter ist berechtigt, begonnene Bauvorhaben fertig zu stellen.

§ 6 Miet- und Pachtverträge

(1) Miet- oder Pachtverträge sowie Änderungen solcher Verträge sind vom Verwalter schriftlich abzuschließen.

(2) Der Verwalter hat in Miet- oder Pachtverträgen zu vereinbaren,
1. dass der Mieter oder Pächter nicht berechtigt sein soll, Ansprüche aus dem Vertrag zu erheben, wenn das Zwangsverwaltungsobjekt vor der Überlassung an den Mieter oder Pächter im Wege der Zwangsversteigerung veräußert wird;
2. dass die gesetzliche Haftung des Vermieters oder Verpächters für den vom Ersteher zu ersetzenden Schaden ausgeschlossen sein soll, wenn das Grundstück nach der Überlassung an den Mieter oder Pächter im Wege der Zwangsversteigerung veräußert wird und der an die Stelle des Vermieters oder Verpächters tretende Ersteher die sich aus dem Miet- oder Pachtverhältnis ergebenden Verpflichtungen nicht erfüllt;
3. dass der Vermieter oder Verpächter auch von einem sich im Fall einer Kündigung (§ 57a Satz 1 des Gesetzes über die Zwangsversteigerung und die Zwangsverwaltung, § 111 der Insolvenzordnung) möglicherweise ergebenden Schadensersatzanspruch freigestellt sein soll.

§ 7 Rechtsverfolgung

Der Verwalter hat die Rechtsverfolgung seiner Ansprüche im Rahmen des pflichtgemäßen Ermessens zeitnah einzuleiten.

§ 8 Rückstände, Vorausverfügungen

Die Rechtsverfolgung durch den Verwalter erstreckt sich auch auf Rückstände nach § 1123 Abs. 1 und 2 des Bürgerlichen Gesetzbuchs und unterbrochene Vorausverfügungen nach § 1123 Abs. 1, §§ 1124 und 1126 des Bürgerlichen Gesetzbuchs, sofern nicht der Gläubiger auf die Rechtsverfolgung verzichtet.

§ 9 Ausgaben der Zwangsverwaltung

(1) Der Verwalter hat von den Einnahmen die Liquidität zurückzubehalten, die für Ausgaben der Verwaltung einschließlich der Verwaltervergütung und der Kosten des Verfahrens vorgehalten werden muss.

(2) Der Verwalter soll nur Verpflichtungen eingehen, die aus bereits vorhandenen Mitteln erfüllt werden können.

(3) Der Verwalter ist verpflichtet, das Zwangsverwaltungsobjekt insbesondere gegen Feuer-, Sturm-, Leitungswasserschäden und Haftpflichtgefahren, die vom Grundstück und Gebäude ausgehen, zu versichern, soweit dies durch eine ordnungsgemäße Verwaltung geboten erscheint. Er hat diese Versicherung unverzüglich abzuschließen, sofern

1. Schuldner oder Gläubiger einen bestehenden Versicherungsschutz nicht innerhalb von 14 Tagen nach Zugang des Anordnungsbeschlusses schriftlich nachweisen und
2. der Gläubiger die unbedingte Kostendeckung schriftlich mitteilt.

§ 10 Zustimmungsvorbehalte

(1) Der Verwalter hat zu folgenden Maßnahmen die vorherige Zustimmung des Gerichts einzuholen:

1. wesentliche Änderungen zu der nach § 5 gebotenen Nutzung; dies gilt auch für die Fertigstellung begonnener Bauvorhaben;
2. vertragliche Abweichungen von dem Klauselkatalog des § 6 Abs. 2;
3. Ausgaben, die entgegen dem Gebot des § 9 Abs. 2 aus bereits vorhandenen Mitteln nicht gedeckt sind;
4. Zahlung von Vorschüssen an Auftragnehmer im Zusammenhang insbesondere mit der Erbringung handwerklicher Leistungen;
5. Ausbesserungen und Erneuerungen am Zwangsverwaltungsobjekt, die nicht zu der gewöhnlichen Instandhaltung gehören, insbesondere wenn der Aufwand der jeweiligen Maßnahme 15 Prozent des vom Verwalter nach pflichtgemäßem Ermessen geschätzten Verkehrs wertes des Zwangsverwaltungsobjektes überschreitet;
6. Durchsetzung von Gewährleistungsansprüchen im Zusammenhang mit Baumaßnahmen nach § 5 Abs. 3.

(2) Das Gericht hat den Gläubiger und den Schuldner vor seiner Entscheidung anzuhören.

§ 11 Auszahlungen

(1) Aus den nach Bestreiten der Ausgaben der Verwaltung sowie der Kosten des Verfahrens (§ 155 Abs. 1 des Gesetzes über die Zwangsversteigerung und die Zwangsverwaltung) verbleibenden Überschüssen der Einnahmen darf der Verwalter ohne weiteres Verfahren nur Vorschüsse sowie die laufenden Beträge der öffentlichen Lasten nach der gesetzlichen Rangfolge berichtigen.

(2) Sonstige Zahlungen an die Berechtigten darf der Verwalter nur aufgrund der von dem Gericht nach Feststellung des Teilungsplans getroffenen Anordnung leisten. Ist zu erwarten, dass solche Zahlungen geleistet werden können, so hat dies der Verwalter dem Gericht unter Angabe des voraussichtlichen Betrages der Überschüsse und der Zeit ihres Einganges anzuzeigen.

(3) Sollen Auszahlungen auf das Kapital einer Hypothek oder Grundschuld oder auf die Ablösesumme einer Rentenschuld geleistet werden, so hat der Verwalter zu diesem Zweck die Anberaumung eines Termins bei dem Gericht zu beantragen.

§ 12 Beendigung der Zwangsverwaltung

(1) Die Beendigung der Zwangsverwaltung erfolgt mit dem gerichtlichen Aufhebungsbeschluss. Dies gilt auch für den Fall der Erteilung des Zuschlags in der Zwangsversteigerung.

(2) Das Gericht kann den Verwalter nach dessen Anhörung im Aufhebungsbeschluss oder auf Antrag durch gesonderten Beschluss ermächtigen, seine Tätigkeit in Teilbereichen fortzusetzen, soweit dies für den ordnungsgemäßen Abschluss der Zwangs Verwaltung erforderlich ist. Hat der Verwalter weiterführende Arbeiten nicht zu erledigen, sind der Anordnungsbeschluss und die Bestallungsurkunde mit der Schlussrechnung zurückzugeben, ansonsten mit der Beendigung seiner Tätigkeit.

(3) Unabhängig von der Aufhebung der Zwangsverwaltung bleibt der Verwalter berechtigt, von ihm begründete Verbindlichkeiten aus der vorhandenen Liquidität zu begleichen und bis

zum Eintritt der Fälligkeit Rücklagen zu bilden. Ein weitergehender Rückgriff gegen den Gläubiger bleibt unberührt. Dies gilt auch für den Fall der Antragsrücknahme.

(4) Hat der Verwalter die Forderung des Gläubigers einschließlich der Kosten der Zwangsvollstreckung bezahlt, so hat er dies dem Gericht unverzüglich anzuzeigen. Dasselbe gilt, wenn der Gläubiger ihm mitteilt, dass er befriedigt ist.

§ 13   Masseverwaltung

(1) Der Massebestand ist von eigenen Beständen des Verwalters getrennt zu halten.

(2) Der Verwalter hat für jede Zwangsverwaltung ein gesondertes Treuhandkonto einzurichten, über das er den Zahlungsverkehr führt. Das Treuhandkonto kann auch als Rechtsanwaltsanderkonto geführt werden.

(3) Der Verwalter hat die allgemeinen Grundsätze einer ordnungsgemäßen Buchführung zu beachten. Die Rechnungslegung muss den Abgleich der Solleinnahmen mit den tatsächlichen Einnahmen ermöglichen. Die Einzelbuchungen sind auszuweisen. Mit der Rechnungslegung sind die Kontoauszüge und Belege bei Gericht einzureichen.

(4) Auf Antrag von Gläubiger oder Schuldner hat der Verwalter Auskunft über den Sachstand zu erteilen.

§ 14   Buchführung der Zwangsverwaltung

(1) Die Buchführung der Zwangsverwaltung ist eine um die Solleinnahmen ergänzte Einnahmenüberschussrechnung.

(2) Die Rechnungslegung erfolgt jährlich (Jahresrechnung) nach Kalenderjahren. Mit Zustimmung des Gerichts kann hiervon abgewichen werden.

(3) Bei Aufhebung der Zwangsverwaltung legt der Verwalter Schlussrechnung in Form einer abgebrochenen Jahresrechnung.

(4) Nach vollständiger Beendigung seiner Amtstätigkeit reicht der Verwalter eine Endabrechnung ein, nachdem alle Zahlungsvorgänge beendet sind und das Konto auf Null gebracht worden ist.

§ 15   Gliederung der Einnahmen und Ausgaben

(1) Die Soll- und Isteinnahmen sind nach folgenden Konten zu gliedern:
1. Mieten und Pachten nach Verwaltungseinheiten,
2. andere Einnahmen.

(2) Der Saldo der vorigen Rechnung ist als jeweiliger Anfangsbestand vorzutragen.

(3) Die Gliederung der Ausgaben erfolgt nach folgenden Konten:
1. Aufwendungen zur Unterhaltung des Objektes;
2. öffentliche Lasten;
3. Zahlungen an die Gläubiger;
4. Gerichtskosten der Verwaltung;
5. Vergütung des Verwalters;
6. andere Ausgaben.

(4) Ist zur Umsatzsteuer optiert worden, so sind Umsatzsteueranteile und Vorsteuerbeträge gesondert darzustellen.

§ 16   Auskunftspflicht

Der Verwalter hat jederzeit dem Gericht oder einem mit der Prüfung beauftragten Sachverständigen Buchführungsunterlagen, die Akten und sonstige Schriftstücke vorzulegen und alle weiteren Auskünfte im Zusammenhang mit seiner Verwaltung zu erteilen.

§ 17 Vergütung und Auslagenersatz

(1) Der Verwalter hat Anspruch auf eine angemessene Vergütung für seine Geschäftsführung sowie auf Erstattung seiner Auslagen nach Maßgabe des § 21. Die Höhe der Vergütung ist an der Art und dem Umfang der Aufgabe sowie an der Leistung des Zwangsverwalters auszurichten.

(2) Zusätzlich zur Vergütung und zur Erstattung der Auslagen wird ein Betrag in Höhe der vom Verwalter zu zahlenden Umsatzsteuer festgesetzt.

(3) Ist der Verwalter als Rechtsanwalt zugelassen, so kann er für Tätigkeiten, die ein nicht als Rechtsanwalt zugelassener Verwalter einem Rechtsanwalt übertragen hätte, die gesetzliche Vergütung eines Rechtsanwalts abrechnen. Ist der Verwalter Steuerberater oder besitzt er eine andere besondere Qualifikation, gilt Satz 1 sinngemäß.

§ 18 Regelvergütung

(1) Bei der Zwangsverwaltung von Grundstücken, die durch Vermieten oder Verpachten genutzt werden, erhält der Verwalter als Vergütung in der Regel 10 Prozent des für den Zeitraum der Verwaltung an Mieten oder Pachten eingezogenen Bruttobetrags. Für vertraglich geschuldete, nicht eingezogene Mieten oder Pachten erhält er 20 Prozent der Vergütung, die er erhalten hätte, wenn diese Mieten eingezogen worden wären. Soweit Mietrückstände eingezogen werden, für die der Verwalter bereits eine Vergütung nach Satz 2 erhalten hat, ist diese anzurechnen.

(2) Ergibt sich im Einzelfall ein Missverhältnis zwischen der Tätigkeit des Verwalters und der Vergütung nach Absatz 1, so kann der in Absatz 1 Satz 1 genannte Prozentsatz bis auf 5 vermindert oder bis auf 15 angehoben werden.

(3) Für die Fertigstellung von Bauvorhaben erhält der Verwalter 6 Prozent der von ihm verwalteten Bausumme. Planungs-, Ausführungs- und Abnahmekosten sind Bestandteil der Bausumme und finden keine Anrechnung auf die Vergütung des Verwalters.

§ 19 Abweichende Berechnung der Vergütung

(1) Wenn dem Verwalter eine Vergütung nach § 18 nicht zusteht, bemisst sich die Vergütung nach Zeitaufwand. In diesem Fall erhält er für jede Stunde der für die Verwaltung erforderlichen Zeit, die er oder einer seiner Mitarbeiter aufgewendet hat, eine Vergütung von mindestens 35 Euro und höchstens 95 Euro. Der Stundensatz ist für den jeweiligen Abrechnungszeitraum einheitlich zu bemessen.

(2) Der Verwalter kann für den Abrechnungszeitraum einheitlich nach Absatz 1 abrechnen, wenn die Vergütung nach § 18 Abs. 1 und 2 offensichtlich unangemessen ist.

§ 20 Mindestvergütung

(1) Ist das Zwangsverwaltungsobjekt von dem Verwalter in Besitz genommen, so beträgt die Vergütung des Verwalters mindestens 600 Euro.

(2) Ist das Verfahren der Zwangsverwaltung aufgehoben worden, bevor der Verwalter das Grundstück in Besitz genommen hat, so erhält er eine Vergütung von 200 Euro, sofern er bereits tätig geworden ist.

§ 21 Auslagen

(1) Mit der Vergütung sind die allgemeinen Geschäftskosten abgegolten. Zu den allgemeinen Geschäftskosten gehört der Büroaufwand des Verwalters einschließlich der Gehälter seiner Angestellten.

(2) Besondere Kosten, die dem Verwalter im Einzelfall, zum Beispiel durch Reisen oder die Einstellung von Hilfskräften für bestimmte Aufgaben im Rahmen der Zwangsverwaltung, tatsächlich entstehen, sind als Auslagen zu erstatten, soweit sie angemessen sind. Anstelle der tatsächlich entstandenen Auslagen kann der Verwalter nach seiner Wahl für den jeweiligen Ab-

rechnungszeitraum eine Pauschale von 10 Prozent seiner Vergütung, höchstens jedoch 40 Euro für jeden angefangenen Monat seiner Tätigkeit, fordern.

(3) Mit der Vergütung sind auch die Kosten einer Haftpflichtversicherung abgegolten. Ist die Verwaltung jedoch mit einem besonderen Haftungsrisiko verbunden, so sind die durch eine Höherversicherung nach § 1 Abs. 4 begründeten zusätzlichen Kosten als Auslagen zu erstatten.

§ 22 Festsetzung

Die Vergütung und die dem Verwalter zu erstattenden Auslagen werden im Anschluss an die Rechnungslegung nach § 14 Abs. 2 oder die Schlussrechnung nach § 14 Abs. 3 für den entsprechenden Zeitraum auf seinen Antrag vom Gericht festgesetzt. Vor der Festsetzung kann der Verwalter mit Einwilligung des Gerichts aus den Einnahmen einen Vorschuss auf die Vergütung und die Auslagen entnehmen.

§ 23 Grundstücksgleiche Rechte

Die vorstehenden Bestimmungen sind auf die Zwangsverwaltung von Berechtigungen, für welche die Vorschriften über die Zwangsverwaltung von Grundstücken gelten, entsprechend anzuwenden.

§ 24 Nichtanwendbarkeit der Verordnung

(1) Die Vorschriften dieser Verordnung gelten nicht, falls der Schuldner zum Verwalter bestellt ist (§§ 150b bis 150e des Gesetzes über die Zwangsversteigerung und die Zwangsverwaltung).

(2) Die Vorschriften dieser Verordnung gelten ferner nicht, falls die durch die §§ 150, 153, 154 des Gesetzes über die Zwangsversteigerung und die Zwangsverwaltung dem Gericht zugewiesene Tätigkeit nach landesgesetzlichen Vorschriften von einer landschaftlichen oder ritterschaftlichen Kreditanstalt übernommen worden ist.

§ 25 Übergangsvorschrift

In Zwangsverwaltungen, die bis einschließlich zum 31. Dezember 2003 angeordnet worden sind, findet die Verordnung über die Geschäftsführung und die Vergütung des Zwangsverwalters vom 16. Februar 1970 (BGBl. I S. 185), zuletzt geändert durch Artikel 9 des Gesetzes vom 13. Dezember 2001 (BGBl. I S. 3574), weiter Anwendung; jedoch richten sich die Vergütung des Verwalters und der Auslagenersatz ab dem ersten auf den 31. Dezember 2003 folgenden Abrechnungszeitraum nach den §§ 17 bis 22 dieser Verordnung.

§ 26 Inkrafttreten, Außerkrafttreten

Diese Verordnung tritt am 1. Januar 2004 in Kraft. Gleichzeitig tritt die Verordnung über die Geschäftsführung und die Vergütung des Zwangs Verwalters vom 16. Februar 1970 (BGBl. I S. 185), zuletzt geändert durch Artikel 9 des Gesetzes vom 13. Dezember 2001 (BGBl. I S. 3574), außer Kraft.

4. Teil
Zwangsversteigerung auf Antrag des Insolvenzverwalters

1. Kapitel
Einordnung, Gesetzessystematik, Zweck

A. Einordnung des Verfahrens

Bei der Zwangsversteigerung auf Antrag des Insolvenzverwalters (kurz: Insolvenzverwalterversteigerung) handelt es sich um eines von drei Verfahren, welche im dritten und letzten Abschnitt des Zwangsversteigerungsgesetzes (§§ 172 bis 185 ZVG) geregelt sind. 1708

Im Einzelnen finden sich in dort: 1709
- die Zwangsversteigerung (und Zwangsverwaltung) auf Antrag des Insolvenzverwalters (§§ 172 bis 174a ZVG);
- die Zwangsversteigerung auf Antrag des Erben (§§ 175 bis 179 ZVG);
- die Zwangsversteigerung zum Zwecke der Aufhebung einer Gemeinschaft (§§ 180 bis 185 ZVG; hier dargestellt ab Rn. 1037).

Gemeinsam haben alle diese Verfahren, welche der Gesetzgeber insgesamt mit „Zwangsversteigerung und Zwangsverwaltung **in besonderen Fällen**" überschreibt, dass es in ihnen zwar um die Ausübung eines rechtlichen Zwangs geht, es sich dabei aber nicht um Zwangsvollstreckung wegen einer Geldforderung handelt.[633] 1710

B. Gesetzliche Systematik

Nach § 172 ZVG finden auf das Zwangsversteigerungsverfahren auf Antrag des Insolvenzverwalters die Bestimmungen des ersten und zweiten Abschnitts des Zwangsversteigerungsgesetzes entsprechende Anwendung, soweit sich nicht aus den §§ 173, 174 und 174a ZVG etwas Anderes ergibt. 1711

Dieser Vorgabe folgend, werden hier in der Regel nur die Verfahrensbesonderheiten dargestellt und wegen der sonstigen Abläufe auf die Ausführungen zur Vollstreckungsversteigerung (1. Teil dieses Buches; ab Rn. 1) verwiesen. 1712

C. Zweck des Verfahrens – Insolvenzrechtliches

I. Aufgaben eines Insolvenzverwalters

Nach der Eröffnung des Insolvenzverfahrens hat der Insolvenzverwalter das gesamte zur Insolvenzmasse gehörende Vermögen sofort in Besitz und Verwaltung zu nehmen (§ 148 InsO). Zur Insolvenzmasse zählt das gesamte Vermögen des Schuldners, das zur Zeit der Eröffnung des Verfahrens in dessen Eigentum steht oder von ihm während des Verfahrens erlangt wird (§ 35 InsO). Dass nach § 36 InsO bestimmte unpfändbare Gegenstände nicht in die Insolvenzmasse fallen, ist für das hier darzustellende Verfahren ohne Bedeutung. 1713

---

633 *Stöber* (ZVG) § 172 Rn. 1.1.

1714 Um die gemeinschaftliche Befriedigung der Gläubiger (= Ziel des Insolvenzverfahren; siehe § 1 InsO) zu gewährleisten, ist es grundsätzlich erforderlich, dass die Insolvenzmasse verwertet, also in Geld „umgewandelt" wird. Sofern die Gläubigerversammlung (Berichtstermin) nicht einen anderen Fortgang des Verfahrens beschließt (§ 157 InsO), hat der Insolvenzverwalter unverzüglich nach dem Berichtstermin mit der Verwertung zu beginnen (§ 159 InsO).

1715 Für die Verwertung unbeweglicher Gegenstände sieht § 165 InsO vor, dass der Insolvenzverwalter u.a. die Zwangsversteigerung betreiben kann. Dies gilt selbst dann, wenn an dem unbeweglichen Gegenstand ein Absonderungsrecht besteht (§ 165 InsO). Ein solches Absonderungsrecht haben nach § 49 InsO diejenigen Gläubiger, welchen ein Recht auf Befriedigung aus dem Grundstück zusteht (siehe hierzu Rn. 152).

1716 Neben der Zwangsversteigerung steht dem Insolvenzverwalter als Verwertungsmöglichkeit auch der freihändige Verkauf zur Verfügung. Nach § 160 InsO hat der Insolvenzverwalter für einen solchen Verkauf „aus freier Hand" die Zustimmung des Gläubigerausschusses bzw. der Gläubigerversammlung einzuholen. Tätigt der Insolvenzverwalter das Rechtsgeschäft ohne diese Zustimmung, so ist es dennoch wirksam.

II. Aufgaben eines Treuhänders

1717 Im sog. „Vereinfachten Insolvenzverfahren" (§§ 311 f. InsO), welches im Rahmen einer Verbraucherinsolvenz (§§ 304 ff. InsO) meist zur Durchführung kommt, werden die Aufgaben des Insolvenzverwalters von einem Treuhänder wahrgenommen (§ 313 Abs. 1 InsO). Sofern, wie in der Praxis meist der Fall, an dem unbeweglichen Gegenstand Absonderungsrechte bestehen, ist der Treuhänder zur Verwertung des unbeweglichen Gegenstandes nicht berechtigt (§ 313 Abs. 3 Satz 1 InsO). Hierzu ist der (absonderungsberechtigte) Gläubiger berufen.

1718 Ausnahmsweise, nämlich über ein Verfahren nach den §§ 313 Abs. 3 Satz 3, 173 Abs. 2 InsO, kann der Treuhänder verwertungszuständig werden.

1719 Soweit im 4. Teil dieses Buches von dem Insolvenzverwalter gesprochen wird, gelten die Ausführungen für den Treuhänder im Rahmen seiner Zuständigkeit entsprechend, sofern nicht etwas Anders dargelegt wird.

III. Verwertung nach Wahl des Insolvenzverwalters

1720 Wie bereits dargestellt (Rn. 1715, 1716), stehen dem Insolvenzverwalter für die Verwertung von Grundbesitz folgende Möglichkeiten zu:
- **Freihändiger Verkauf** und
- **Zwangsversteigerung** (§ 165 InsO, §§ 172 f. ZVG).

Er wählt zwischen diesen Möglichkeiten nach **pflichtgemäßem** Ermessen.

1721 Gegenüber dem freihändigen Verkauf hat die **Zwangsversteigerung** folgende **Vorteile**:
- Gewährleistungsansprüche sind ausgeschlossen (§ 56 ZVG);
- Evtl. bestehende Vorkaufsrechte können dort nicht ausgeübt werden;
- Über § 174a ZVG, also der abweichenden Feststellung des geringsten Gebots (hierzu ab Rn. 1781), kann auch ein hoch belastetes Grundstück verwertet werden;

- Anders als beim freihändigen Verkauf, können Schadensersatzansprüche gegen den Insolvenzverwalters wegen zu geringen Erlöses aus der Zwangsversteigerung nicht resultieren;
- Eine Zustimmung des Gläubigerausschusses bzw. der Gläubigerversammlung (§ 160 ZVG) ist nicht erforderlich.

D. Verhältnis zu anderen Versteigerungsverfahren

Ein Zwangsversteigerungsverfahren auf Antrag des Insolvenzverwalters und eine Vollstreckungsversteigerung können nebeneinander laufen; möglich sind auch eine gleichzeitige Zwangsversteigerung zum Zwecke der Aufhebung einer Gemeinschaft oder eine Zwangsversteigerung auf Antrag des Erben. **1722**

Ähnlich wie bei einem Nebeneinander von Vollstreckungsversteigerung und Teilungsversteigerung (hierzu Rn. 1044 bis 1048) gibt es auch hier eine „sinnvolle" Reihenfolge bei der Durchführung der Verfahren. Im Falle einer erfolgreichen Vollstreckungsversteigerung erübrigt sich nämlich ein weiteres Durchführen der Insolvenzverwalterversteigerung. **1723**

2. Kapitel
Verfahren über die Anordnung der Insolvenzverwalterversteigerung

A. Versteigerungsobjekte

Gegenstände der Zwangsversteigerung auf Antrag des Insolvenzverwalters können u.a. sein **1724**
- Grundstücke,
- Grundstücksbruchteile (Rn. 3),
- Grundstücksgleiche Rechte, insbesondere das Erbbaurecht,
- Wohnungs- und Teileigentum.

Die ebenfalls mögliche Insolvenzverwalterversteigerung von Schiffen, Schiffsbauwerken und Luftfahrzeugen wird im Rahmen dieses Buches nicht dargestellt. **1725**

B. Versteigerungsantrag

I. Zuständigkeit

Für die Zuständigkeit gelten die allgemeinen Bestimmungen, also die §§ 1, 2 ZVG (Rn. 9 bis 11). **1726**

II. Antragsberechtigung

1727 Die Anordnung der Zwangsversteigerung erfolgt nur auf Antrag. Antragsberechtigt in dem besonderen Verfahren nach § 172 f. ZVG ist allein der **Insolvenzverwalter**.

1728 Besondere Antragszuständigkeiten bestehen
- im **Verbraucherinsolvenzverfahren** für den ausnahmsweise zuständigen (Rn. 1718) **Treuhänder;**
- bei angeordneter **Eigenverwaltung** (§§ 270 bis 285 InsO) für den **Schuldner**. Eine Mitwirkung des Sachwalters (§§ 270 Abs. 3, 274 InsO) ist im Außenverhältnis und damit auch gegenüber dem Vollstreckungsgericht nicht gesetzlich vorgeschrieben.

III. Voraussetzungen und Inhalt des Antrags

1729 Wie in der Vollstreckungsversteigerung, ist die Anordnung des Verfahrens an bestimmte Voraussetzungen und die Vorlage bestimmter Unterlagen (Nachweise) geknüpft. Der gesetzlichen Systematik (Rn. 1711) folgend, werden hier nur die von der Vollstreckungsversteigerung abweichenden „Besonderheiten" dargestellt.

1730
- Das **Insolvenzverfahren** gegen den Schuldner muss noch bestehen.
- Der Antragsteller muss **Insolvenzverwalter** in diesem Verfahren sein.
Nachweis: Vorlage der Bestallung (§ 56 Abs. 2 InsO).
- Das Versteigerungsobjekt (Grundstück, Grundstücksbruchteil, grundstücksgleiches Recht), nachfolgend kurz „Grundstück" genannt, muss der **Insolvenzmasse** (§ 35 InsO) zugehören.
Nachweis: Insolvenzvermerk im Grundbuch (§ 32 InsO)
- Der Schuldner (des Insolvenzverfahrens) muss als **Eigentümer** des Grundstücks im Grundbuch eingetragen oder dessen Erbe sein.
Nachweis: § 17 ZVG (Rn. 14)
Wegen der hier bestehenden Ausnahme im Falle erfolgreicher Anfechtung einer Eigentumsübertragung durch den Insolvenzverwalter (§§ 129 ff. InsO) siehe *Stöber* (ZVG) § 172 Rn. 5.1.

1731 Einen Vollstreckungstitel benötigt der Insolvenzverwalter nicht.

1732 Wird der Versteigerungsantrag ausnahmsweise von einem **Treuhänder** gestellt, so hat dieser neben seiner Bestallung auch nachzuweisen, dass er aufgrund der besonderen Umstände (Rn. 1718) verwertungsbefugt ist.

1733 Besteht für den Schuldner an seinem Grundstück ein Eigentümergrundpfandrecht, so ist es auch möglich, dass der Insolvenzverwalter die Zwangsversteigerung daraus betreibt. § 1197 Abs. 1 BGB, der dem Schuldner (Eigentümer) verbietet, die Zwangsversteigerung aus einem Eigentümergrundpfandrecht zu betreiben, findet nach richtiger Ansicht in der Literatur keine Anwendung. Der Schutz, welchen § 1197 Abs. 1 BGB den Grundpfandrechtsgläubigern bietet, tritt bei eröffneter Insolvenz zu Gunsten des einen optimalen Erlös erstrebenden Verwertungsrechts des Insolvenzverwalters zurück.

1734 Bei dieser Art der Versteigerung handelt es sich aber **nicht** um eine Insolvenzverwalterversteigerung im Sinne der §§ 172 ff. ZVG, sondern um eine „normale" Vollstreckungsversteigerung.

C. Entscheidung über den Antrag

I. Anordnungsbeschluss

Die Anordnung erfolgt durch Beschluss. **1735**

Für den Inhalt des Beschlusses ergeben sich abweichend von den Ausführungen Rn. 63 einige Besonderheiten, welche aus dem Fehlen der typischen Gläubiger-Schuldner-Konstellation und aus dem Umstand folgen, dass der Beschluss nicht als Beschlagnahme des Grundstücks gilt (§ 173 ZVG; Rn. 1742). **1736**

Anordnungsbeschluss im Verfahren der Insolvenzverwalterversteigerung

Amtsgericht Musterstadt   Musterstadt, 21.10.2004
Aktenzeichen: 3 K 123/04
Auf Antrag des Insolvenzverwalters
Rechtsanwalt Maximilian Beispiel, Marktplatz 4, 66666 Musterstadt
wird gemäß § 172 ZVG die
Z w a n g s v e r s t e i g e r u n g
des Grundstücks der Gemarkung Musterstadt,
eingetragen im Grundbuch von Musterstadt Blatt 1000
unter lfd. Nr. 1 des Bestandsverzeichnisses
Flurstücksnummer 444
Gebäude- und Freifläche, Bebelstraße 1 zu 500 m²
a n g e o r d n e t .
Das Grundstück ist eingetragen auf den Namen des Schuldners
Aloisius Hinterher, Bebelstraße 1, 66666 Musterstadt.
Im Sinne der §§ 13, 55 ZVG ist die Zustellung des Beschlusses an den Insolvenzverwalter als Beschlagnahme des Grundbesitzes anzusehen.
Rechtspfleger(in)

Muster

II. Bekanntmachung der Anordnung und Grundbuchersuchen

Der Anordnungsbeschluss wird dem Insolvenzverwalter zugestellt. Die Zustellung an den Schuldner ist nicht gesetzlich vorgeschrieben. Der Schuldner ist noch nicht einmal Beteiligter (§ 9 ZVG) des Verfahrens. Dies folgt aus der Tatsache, dass die Verwaltungs- und Verfügungsbefugnis hinsichtlich der Insolvenzmasse mit der Eröffnung des Insolvenzverfahrens auf den Insolvenzverwalter übergegangen ist (§ 80 Abs. 1 InsO). Der Insolvenzverwalter nimmt damit, verfahrensrechtlich argumentiert, sowohl die Position des (betreibenden) Gläubigers als auch, mit gewissen Ausnahmen, die des antragsgegnerischen Schuldners ein. **1737**

Aus dem unter Rn. 1748 dargestellten Grund empfiehlt sich die Zustellung des Anordnungsbeschlusses an den Schuldner. **1738**

Für die Praxis sei darauf hingewiesen, dass die Zustellungen an den Schuldner wegen einer evtl. angeordneten Postsperre (§ 99 InsO) den Zusatz tragen sollten: „Gerichtspost – trotz evtl. Postsperre zustellen." **1739**

1740 Der in das Grundbuch auf Ersuchen des Vollstreckungsgerichts einzutragende Zwangsversteigerungsvermerk (§ 19 Abs. 1 ZVG) sollte erkennen lassen, dass es sich um ein Versteigerungsverfahren auf Antrag des Insolvenzverwalters handelt. Kommen parallel weitere Zwangsversteigerungsverfahren zur Anordnung (Rn. 1722), so sind in den dortigen Verfahren auch weitere Vermerke in das Grundbuch einzutragen.

III. Beitritt zum Verfahren

1741 Ob der Beitritt eines Vollstreckungsgläubigers[634] zu der angeordneten Insolvenzverwalterversteigerung möglich ist, wird in der Literatur zwar vereinzelt bejaht[635], ist jedoch mit der h.M.[636] wegen der grundsätzlichen Verschiedenenartigkeit der Verfahren **abzulehnen**. Gleiches gilt für den umgekehrten Fall eines (damit ebenfalls nicht möglichen) Beitritts des Insolvenzverwalters nach § 172 f. ZVG zu einem bereits über ein schuldnerisches Grundstück laufenden Zwangsversteigerungsverfahren.

D. Beschlagnahme

I. Kein Veräußerungsverbot

1742 Nach § 173 ZVG hat die Anordnung des Verfahrens in dieser Verfahrensart nur eine beschränkte Beschlagnahmewirkung. Der Eigentümer des Versteigerungsobjektes und Schuldner des Insolvenzverfahrens ist nämlich (schon) in letztgenannter Eigenschaft nicht (mehr) in der Lage, wirksam über das zur Insolvenzmasse gehörende Grundstück zu verfügen (§§ 80, 81 InsO). Die Verfügungsbefugnis über die zur Insolvenzmasse gehörenden Gegenstände steht dem Insolvenzverwalter zu. An beiden Umständen darf die Anordnung der Zwangsversteigerung auf Antrag des Insolvenzverwalters nichts ändern, weshalb der Anordnung das für die „normale" Beschlagnahme ansonsten typische relative Veräußerungsverbot (§ 23 Abs. 1 ZVG, §§ 136, 135 BGB) nicht bewirkt.

II. Verbliebene Wirkungen

1743 Nach § 173 Satz 2 ZVG gilt jedoch die Zustellung des Anordnungsbeschlusses an den Insolvenzverwalter[637] in zweifacher Hinsicht als Beschlagnahme, nämlich
- für die rechnerische Abgrenzung der rückständigen von der laufenden wiederkehrenden Leistungen (§ 13 ZVG; hierzu Rn. 269 f.);
- für die Bestimmung der von der Versteigerung erfassten Gegenstände (§ 55 ZVG).

1744 Nach § 90 Abs. 2 ZVG erwirbt der Ersteher damit alle Gegenstände, „auf die sich die Zwangsversteigerung erstreckt haben würde, wenn das Verfahren auf Antrag eines Gläubigers angeordnet worden wäre, mit Ausnahme diejenigen, welche der Insolvenzverwal-

---

634 Vorausgesetzt, dieser könnte trotz § 89 InsO die Zwangsversteigerung betreiben. Er müsste also absonderungsberechtigt sein.
635 *Dassler/Schiffhauer/Gerhardt/Muth* § 172 Rn. 15.
636 *Stöber* (ZVG) Rn. 7.1. m.w.N. auch für die Gegenmeinung.
637 Der Zeitpunkt des Eingangs des Ersuchens beim Grundbuchamt ist ohne jede Bedeutung.

ter in der Zwischenzeit bis zum Versteigerungstermin kraft seiner gesetzlichen Befugnisse anderweitig veräußert hat"[638].

Da der Insolvenzverwalter jedoch, mangels „normaler" Beschlagnahmewirkung (Rn. 1742), nicht in seiner Verfügungsbefugnis beschränkt ist, kann er über Zubehör und die sonstigen mithaftenden Gegenstände frei verfügen. Damit erwirbt der Ersteher durch Zuschlag nur ein (noch) die „restlichen" Gegenstände. Auch § 55 Abs. 2 ZVG findet Anwendung, jedoch ist in der Literatur umstritten, ob es dabei allein auf den Besitz des Insolvenzverwalters ankommt oder ob auch der Besitz des Schuldners genügt. **1745**

E. Rechtsbehelfe im Verfahren über die Anordnung

Gegen die **Zurückweisung** seines Antrags auf Anordnung der Insolvenzverwalterversteigerung steht dem Insolvenzverwalter das Rechtsmittel der sofortigen Beschwerde zu. **1746**

Im Falle der Anordnung des Verfahrens ist ein Rechtsmittel, mit Ausnahme des unter Rn. 1748 dargestellten Falls bereits erfolgter Freigabe, nicht „denkbar". Ein Rechtsmittel des Insolvenzverwalters wäre mangels Beschwer unzulässig. Der Schuldner kann ein solches mangels Verfügungsbefugnis nicht einlegen. **1747**

Möglich, jedoch kaum praxisrelevant, ist, dass das Grundstück von dem Insolvenzverwalter bereits freigegeben wurde, der Insolvenzvermerk zum Zeitpunkt der Verfahrensanordnung jedoch noch immer im Grundbuch stand und daher das Verfahren zu Unrecht angeordnet wurde. Hier müsste sich der Schuldner durch die Einlegung der Vollstreckungserinnerung nach § 766 ZPO zur Wehr setzen. **1748**

3. Kapitel
Einstweilige Einstellung und Aufhebung

A. Einstweilige Einstellung und Aufhebung auf Grund einer Verfahrenshandlung

I. Antragsrücknahme durch den Insolvenzverwalter

Nimmt der Insolvenzverwalter seinen Antrag zurück, ist das Verfahren aufzuheben (§ 29 ZVG). **1749**

II. Bewilligung der einstweiligen Einstellung durch den Insolvenzverwalter

Der Insolvenzverwalter kann die einstweilige Einstellung des Verfahrens gem. § 30 ZVG bewilligen; hinsichtlich der im Rahmen der Einstellungsentscheidung erforderlichen Belehrung (§ 31 Abs. 3 ZVG) und der Verfahrensfortsetzung (§ 31 Abs. 1 ZVG) sowie der Möglichkeit und der Folgen einer erneuten Einstellungsbewilligung (§ 31 Abs. 1 Satz 2 **1750**

---

638 *Stöber* (ZVG) § 174 Rn. 2.5.

und 3 ZVG) gelten die Bestimmungen der Vollstreckungsversteigerung (Rn. 182, 183) entsprechend.

III. Einstweilige Einstellung auf Antrag nach § 30a ZVG

1751 Einstellungsantrag nach § 30a ZVG ist nicht möglich, da der Insolvenzverwalter (da er insoweit auch die Position des Schuldners einnimmt) diesen gegen sich selbst stellen müsste.

1752 Dem Schuldner steht (erneut aus den Gründen mangelnder Verfügungsbefugnis) weder ein Antragsrecht nach § 30a ZVG noch ein solches nach § 765a ZPO zu.

B. Besondere Beendigungsgründe

I. Freigabe des Grundbesitzes

1753 Hat der Insolvenzverwalter das Grundstück (durch einseitige, empfangsbedürftige Willenserklärung gegenüber dem Schuldner) aus der Insolvenzmasse freigegeben, endet damit die Insolvenzverwalterversteigerung nicht automatisch. In der Regel wird der Insolvenzverwalter seinen Antrag jedoch zurücknehmen und danach das Verfahren aufgehoben werden (Rn. 1749).

1754 Erklärt der Insolvenzverwalter keine Antragsrücknahme, so ist das Verfahren nach Löschung des Insolvenzvermerks im Grundbuch wegen § 28 ZVG von dem Vollstreckungsgericht von Amts wegen aufzuheben. Das „Gegenrecht" i.S.d. § 28 ZVG, nämlich der Umstand, dass es sich nunmehr um insolvenzfreies Eigentum des Schuldners handelt, ergibt sich, nach Löschung des Insolvenzvermerks, direkt aus dem Grundbuch. Der Insolvenzverwalter kann dieses Gegenrecht auch nicht „überwinden", fehlt ihm doch nach der Freigabe die Verfügungsbefugnis (Verwertungsbefugnis) hinsichtlich des Grundstücks. Deshalb ist eine Antragsrücknahme des Insolvenzverwalters für die Aufhebung nicht erforderlich.[639]

1755 Der vereinzelt vertretenen[640] Ansicht, die Insolvenzverwalterversteigerung werde von dem Schuldner nach der Freigabe des Grundstücks oder der Aufhebung des Insolvenzverfahrens (hierzu Rn. 1756) fortgeführt, kann nicht gefolgt werden, da dem ZVG ein Eigenverwertungsrecht des Eigentümers durch gerichtliche Zwangsversteigerung, mit Ausnahme der ausdrücklich hierfür vorgesehenen Verfahren Teilungsversteigerung (§§ 180 ff. ZVG) und Erbenversteigerung (§§ 175 f. ZVG) fremd ist.

II. Aufhebung des Insolvenzverfahrens

1756 Im Fall der Aufhebung des Insolvenzverfahrens hat das Vollstreckungsgericht das Verfahren nach Löschung des Insolvenzvermerks im Grundbuch von Amts wegen aufzuheben; die Ausführungen Rn. 1754 gelten entsprechend.

---

639 A.A. *Stöber* (ZVG) § 172 Rn. 5.2.
640 *Stöber* (ZVG) § 172 Rn. 3.3. m.w.N.

4. Kapitel
Weiteres Verfahren

A. Wertfestsetzung

Auch in der Insolvenzverwalterversteigerung muss der Verkehrswert des Grundbesitzes festgesetzt werden. Erforderlich ist dies insbesondere für die Anwendung von § 85a ZVG (Zuschlagsversagung wegen Nichterreichung der 5/10-Grenze; dazu Rn. 462). Ausnahmsweise, wenn nämlich für den Schuldner am Versteigerungsobjekt ein Eigentümergrundpfandrecht besteht (Rn. 466), ist auch denkbar, dass der Insolvenzverwalter einen Antrag auf Zuschlagsversagung nach § 74a ZVG (Nichterreichung der 7/10-Grenze) stellt, dessen Verbescheidung ebenfalls eine Verkehrswertfestsetzung voraussetzt.

1757

B. Bestimmung des Versteigerungstermins

Der Mussinhalt der Terminsbestimmung nach § 37 ZVG ist anzupassen. Nach § 37 Nr. 3 ZVG ist also in der Terminsbestimmung anzugeben, dass „die Versteigerung „auf Antrag des Insolvenzverwalters erfolgt".

1758

Weiter muss der Wortlaut der Aufforderung nach § 37 Nr. 4 ZVG dahingehend verändert werden, dass an die Stelle des potenziell widersprechenden Gläubigers der Insolvenzverwalter tritt.

C. Das geringste Gebot

I. Umsetzung des Deckungsgrundsatzes

Auch in der Insolvenzverwalterversteigerung ist ein gG aufzustellen, welches sich aus den bestehen bleibenden Rechten und dem Mindestbargebot zusammensetzt. Der für alle Versteigerungsverfahren geltende Deckungsgrundsatz (§ 44 ZVG; Rn. 305) erfordert, dass Berechtigte an dem Grundstück, die dem bestbetreibenden Gläubiger vorgehen, im Zwangsversteigerungsverfahren keine Beeinträchtigung erfahren dürfen. Da es in der Insolvenzverwalterversteigerung an einem bestbetreibenden Gläubiger fehlt, stellt sich die Frage, wie hier der Deckungsgrundsatz umgesetzt wird. In der Literatur werden **zwei Auffassungen** vertreten:

1759

1. Nach einer Ansicht soll für die Aufstellung des gG der Insolvenzverwalter so behandelt werden, als betreibe er das Zwangsversteigerungsverfahren als persönlicher Gläubiger aus der RK 5.

1760

2. Nach der heute wohl als h.M.[641] zu bezeichnenden Gegenansicht sind über die nach der unter 1. geschilderten Auffassung zu berücksichtigenden Ansprüche **hinaus** auch solche im gG aufzunehmen, welche in die RK 7 oder RK 8 fallen.

1761

---

641 Z.B. *Stöber* (ZVG) § 174 Rn. 2.2.; *Muth* ZIP 1999, 945 (948).

4 Weiteres Verfahren

1762 Der zweitgenannten Ansicht ist zu folgen. Die Insolvenzverwalterversteigerung dient der Verwertung des Grundbesitzes. Rechte, welche Dritte an dem Grundbesitz wirksam erlangt haben, kann der Insolvenzverwalter im Rahmen dieser Verwertung nicht übergehen.[642] Mithin steht der Insolvenzmasse aus der Verwertung des Grundbesitzes nur der Betrag zu, welcher für die Befriedigung der aus dem Grundstück Befriedigungsberechtigten nicht benötigt wird. Da auch die Ansprüche der RK 7 und RK 8 ein Recht auf Befriedigung aus dem Grundstück gewähren (§ 10 Abs. 1 ZVG), sind auch diese „vorab" zu begleichen; mithin müssen auch solche Ansprüche, soweit die übrigen Voraussetzungen für ihre dortige Berücksichtigung erfüllt sind, in das gG aufgenommen werden.

1763 Als **bestehen bleibend** werden alle Rechte im gG aufgenommen, die vor dem Zwangsversteigerungsvermerk in das Grundbuch eingetragen wurden. Diese formelle und praxisgerechte Vorgehensweise steht nicht zwingend mit der materiellen Rechtslage in Einklang.

1764 Aus materiell-rechtlicher Sicht entscheidend ist nämlich die Frage, ob das eingetragene Recht im Lichte des mit der Insolvenzeröffnung einhergehenden absoluten Verfügungsverbots (§ 81 Abs. 1 Satz 1 InsO) und des Ausschlusses des sonstigen Rechtserwerbs (§ 91 Abs. 1 InsO) wirksam ist. In der Regel wird dies zu verneinen sein, weshalb Rechte, die zwar **vor** dem **Zwangsversteigerungsvermerk**, aber **nach Insolvenzeröffnung** in das Grundbuch eingetragen wurden, meist unwirksam sind. Dass sie trotz Insolvenzeröffnung im Grundbuch überhaupt zur Eintragung kommen, setzt voraus, dass das Grundbuchamt noch keine Kenntnis von der Insolvenzeröffnung hat oder der Insolvenzverwalter im Rahmen der Bewilligung mitgewirkt hat.

1765 Da § 91 Abs. 2 InsO durch Verweisung auf die §§ 878, 892 BGB jedoch Möglichkeiten eröffnet, wie trotz Insolvenzeröffnung wirksam Rechte am Grundstück erworben werden können und ebenso denkbar ist, dass der Insolvenzverwalter die Eintragung des Rechts bewilligt hat, stellt weder die Eröffnung des Insolvenzverfahrens noch die Eintragung des Insolvenzvermerks im Grundbuch ein geeignetes Kriterium für das nach formellem Recht arbeitende Versteigerungsgericht dar, um für die Aufstellung des gG wirksame von unwirksamen Rechten voneinander zu scheiden.

1766 Es bleibt, obwohl in der Insolvenzverwalterversteigerung die „sonst übliche" (§ 23 Abs. 1 ZVG) Beschlagnahmewirkung des relativen Veräußerungsverbots gerade nicht eintritt (§ 173 Satz 1 ZVG), also der Zwangsversteigerungsvermerk als formell entscheidendes Kriterium (§ 37 Nr. 4 ZVG) für die Frage der Aufnahme von Rechten in das gG.

1767 Möchte der Insolvenzverwalter erreichen, dass ein Recht, welches so Einzug in das gG hält, dort keine Berücksichtigung findet, da er dessen Wirksamkeit im Lichte der Insolvenzeröffnung bestreitet, muss er dies außerhalb des Zwangsversteigerungsverfahrens verfolgen.

---

[642] Wegen der Möglichkeit der abweichenden Feststellung des gG nach § 174a ZVG siehe Rn. 1781 f.

II. Abweichende Feststellung auf Antrag eines Gläubigers (§ 174 ZVG)

Nach § 174 ZVG kann ein „bestimmter" (Rn. 1772) Gläubiger verlangen, dass bei der Feststellung des gG nur die seinem Anspruch vorgehenden Rechte berücksichtigt werden. **1768**

1. Zweck der Regelung

Für das Verständnis von § 174 ZVG ist ein Blick in die Insolvenzordnung hilfreich: **1769**

Nach § 52 InsO sind Gläubiger, die abgesonderte Befriedigung beanspruchen können, Insolvenzgläubiger, soweit ihnen der Schuldner auch persönlich haftet. Zur (anteilsmäßigen) Befriedigung aus der Insolvenzmasse sind sie jedoch nur berechtigt, soweit sie auf eine abgesonderte Befriedigung verzichten oder bei ihr ausgefallen sind.

Folglich und wegen § 190 InsO ist ein Insolvenzgläubiger, welchem auch ein Absonderungsrecht zusteht, interessiert, baldmöglichst zu erfahren, ob und inwieweit er dieses Absonderungsrecht realisieren konnte, um so letztlich wegen der verbliebenen Restforderung als Insolvenzgläubiger anteilige Befriedigung zu erlangen.

Die Aufstellung des gG nach dem Deckungsgrundsatz führt, wie oben (Rn. 1759 f.) dargestellt, zum Bestehen bleiben des für den Absonderungsberechtigten am Grundstück eingetragenen Rechts. Auf diese Weise kann er also einen Ausfall nicht nachweisen. Lässt man aber (über die abweichende Feststellung des gG) zu, dass das Recht des Absonderungsberechtigten keine Aufnahme im gG findet, zeigt sich als Ergebnis der Zwangsversteigerung sofort, ob und inwieweit der Absonderungsberechtigte aus dieser Rechtsposition befriedigt wurde. **1770**

Die nach § 174 ZVG vorzunehmende abweichende Feststellung des gG hat darüber hinaus den keinesfalls zu unterschätzenden „Nebeneffekt", dass das Grundstück wegen der bei „konventioneller" Aufstellung des gG in der Insolvenzverwalterversteigerung (nachfolgend als „Ausgebot nach § 172 ZVG" bezeichnet) meist viel zu hohen Summe der bestehen bleibenden Rechte erst nach dieser abweichenden Feststellung wirtschaftlich sinnvoll versteigerbar wird. **1771**

2. Voraussetzungen und Verfahren

a) Antrag und Antragsberechtigung

Die abweichende Feststellung des gG nach § 174 ZVG erfolgt nur auf Antrag. Um antragsberechtigt zu sein, muss der Gläubiger Inhaber einer persönlichen Forderung, die Insolvenzforderung ist, gegen den Schuldner sein (§ 174 ZVG ... für seine Forderung gegen den Schuldner des Insolvenzverfahrens ...). Daneben muss diesem Gläubiger für die Forderung zugleich ein Recht auf Befriedigung aus dem Grundstück zustehen, welches vom Insolvenz Verwalter anerkannt wurde. **1772**

Nur für einen Gläubiger, der diese beiden Voraussetzungen erfüllt, stellt sich der nämlich die unter Rn. 1769, 1770 thematisierte Frage der Ungewissheit über den Forderungsausfall.

Sind diese beiden Voraussetzungen auf Grund insoweit eindeutiger Gesetzeslage noch unstreitig, herrscht hinsichtlich nahezu aller weiteren Punkte zu § 174 ZVG in der Literatur Streit. Im Einzelnen geht ist dabei um **1773**

1. den spätesten Zeitpunkt der Antragstellung (Rn. 1774);
2. die Möglichkeit der Antragsrücknahme (Rn. 1775);

3. die Verfahrensweise bei Antragstellung durch mehrere Gläubiger (Rn. 1777);
4. die Zuschlagsentscheidung (Rn. 1778 bis 1780).

Um den Umfang des Buches nicht zu überziehen, zeigt dieses Werk den Benutzern jeweils einen nach Einschätzung der Verfasser gesetzeskonformen und praktikablen Weg auf, ohne alle anderen Ansichten detailliert darzustellen. Diesbezüglich wird auf die umfangreiche Literatur verwiesen.

b) Zeitpunkt der Antragstellung

1774 Der Antrag kann schriftlich vor dem Versteigerungstermin, mündlich zu Protokoll in einem Vortermin (§ 62 ZVG) oder mündlich zu Protokoll im Versteigerungstermin gestellt werden. Er ist, unter insoweitiger teleologischer Reduktion des Gesetzeswortlauts, bis spätestens zum **Schluss der Versteigerung** zu stellen.[643] Die in der Literatur[644] aufgrund wörtlicher Anwendung des Gesetzes überwiegend zugelassene Antragstellung bis zum Schluss der Verhandlung über den Zuschlag, würde, was von den Vertretern dieser Meinung durchaus gesehen wird, zu einer Wiedereröffnung der Bietezeit führen, was dem ZVG fremd und aus systematischen Gründen abzulehnen ist.

c) Antragsrücknahme

1775 Der Antrag kann bis zur Entscheidung über den Zuschlag zurückgenommen werden.[645] Die mit dieser Möglichkeit verbundene Folge, dass nämlich der Antragsteller nach § 174 ZVG das Ergebnis des Verfahrens willkürlich beeinflussen kann, ist dem ZVG nicht fremd. Die Ausübung des Wahlrechts durch den Gegenantragsteller des § 64 Abs. 2 Satz 2 ZVG (Rn. 973) führt zur gleichen Problematik. Selbstverständlich bringt die Möglichkeit einer späten Antragsrücknahme viel Unsicherheit für die Beteiligten und Bietinteressierten in das Verfahren. Solche Risiken zu reduzieren, war sicherlich Motivation für den Gesetzgeber § 59 ZVG mit Wirkung vom 01.08.1998[646], zu ändern; dort kann der Antrag nur (noch) bis spätestens zur Aufforderung zur Abgabe von Geboten zurückgenommen werden. Dennoch besteht ein bemerkenswerter Unterschied zwischen dem Antrag nach § 174 ZVG und einem Antrag auf abweichende Versteigerungsbedingungen nach § 59 ZVG. Während nämlich erstgenannter zwingend zu einem Doppelausgebot führt (§ 174 letzter Halbsatz ZVG), kann der Antrag nach § 59 ZVG zur Folge haben, dass **nur** nach den abgeänderten Versteigerungsbedingungen ausgeboten wird.[647] Ließe man hier (§ 59 ZVG) eine Antragsrücknahme nach Schluss der Bietezeit zu, wären damit, mangels anderweitiger Ausgebotsart, überhaupt keine potenziell zuschlagsfähigen Gebote mehr vorhanden.

---

643 So zutreffend *Muth* ZIP 1999, 945 (949).
644 Z.B. *Stöber* (ZVG) § 174 Rn. 3.7.
645 H.M. z.B. *Stöber* (ZVG) § 174 Rn. 3.6.
646 Gesetz zur Änderung des Gesetzes über die Zwangsversteigerung und die Zwangsverwaltung und anderer Gesetze vom 18.02.1998, BGBl. I Seite 866.
647 Dies kann geschehen, wenn feststeht, dass es trotz abgeänderter Versteigerungsbedingungen nicht zur Beeinträchtigung des Rechtes eines anderen Beteiligten kommt.

d) Rechtsfolge

Der zulässige Antrag nach § 174 ZVG führt dazu, dass neben (Doppelausgebot) dem „normalen" gG[648] ein solches aufgestellt wird, für das der antragstellende Gläubiger als bestbetreibend unterstellt wird. Sein Recht und alle nachrangigen Ansprüche finden damit im gG keine Berücksichtigung. **1776**

e) Antragstellung durch mehrere Gläubiger

Erfüllen gleich mehrere Beteiligte die Voraussetzungen des § 174 ZVG, so ist für **jeden Antragsteller** ein eigenes Ausgebot zu erstellen. Die h.M.[649] in der Literatur indes erstellt nur ein einziges abgeändertes Ausgebot unter Zugrundelegung des antragstellenden Gläubigers, welcher das niedrigste gG ermöglicht. Diese Verfahrensweise ist im Hinblick auf die zeitlich weit gehenden Möglichkeiten der Antragsrücknahme (Rn. 1775) sehr problematisch. Würde nämlich gerade der das gG bestimmende Gläubiger seinen Antrag nach § 174 ZVG kurz vor der Zuschlagsentscheidung zurücknehmen, stünde für diese Entscheidung nur noch die nicht abgeänderte Ausgebotsart (Rn. 1759 f.) zur Verfügung. Auf diese Weise wäre es den anderen antragstellenden Gläubigern entgegen der Intention des § 174 ZVG nicht möglich, ihren Ausfall zu ermitteln. Und dies zu vermeiden, bleibt nur die von *Muth*[650] aufgezeigte Möglichkeit, pro Antragsteller ein gG aufzustellen. **1777**

f) Zuschlagsentscheidung

Unproblematisch sind die Verfahren, in denen **kein wirksames Gebot** abgegeben wurde (dann Entscheidung nach § 77 ZVG; Rn. 444), solche, in denen eine **Zuschlagversagung** nach § 85a ZVG oder § 74a ZVG erfolgen muss und jene, in denen **nur auf eine Ausgebotsart** geboten wurde, ohne dass dort ein Zuschlagsversagungsgrund besteht (dann Zuschlagserteilung hierauf). **1778**

Wurden jedoch auf mehrere nebeneinander gelaufene Ausgebotsarten zulässige Gebote abgegeben, gestaltet sich die Entscheidung ungleich schwieriger, da es an einer ausdrücklichen **gesetzlichen Regelung für diesen Falls** fehlt. Kommt es an anderer Stelle im ZVG zu einem Doppelausgebot (etwa § 64 Abs. 2 Satz 1 ZVG), hat der Gesetzgeber gleich mit geregelt, nach welchen Kriterien die Konkurrenz der beiden Ausgebotsarten zu entscheiden ist.[651] Worauf *Muth*[652] richtig hinweist, hilft § 81 ZVG, wonach der Zuschlag dem Meistbietenden zu erteilen ist, nicht weiter, da diese Norm nur den Zuschlaganspruch innerhalb einer Ausgebotsart, nicht jedoch das Verhältnis verschiedener Ausgebotsarten zueinander regelt. **1779**

Nach h.M.[653] ist der Zuschlag im Verhältnis von Ausgebot nach § 172 ZVG zu Ausgebot nach § 174 ZVG immer auf die abweichende Ausgebotsart (§ 174 ZVG) zu erteilen, da nur so der gesetzlichen Intention der Feststellung des Forderungsausfalls des Absonderungsberechtigten Rechnung getragen werden kann. Liegen Gebote auf mehrere (Rn. 1777) abweichende Ausgebotsarten nach § 174 ZVG vor, ist das Meistgebot auf die Ausgebotsart des bestrangigen Antragstellers maßgeblich.[654] **1780**

---

648 Geringstes Gebot unter Wahrung des Deckungsgrundsatzes.
649 *Stöber* (ZVG) § 174 Rn. 3.10. m.w.N.
650 *Muth* ZIP 1999, 945 (948).
651 Im Falle des § 64 Abs. 2 Satz 1 ZVG über das Wahlrecht des Gegenantragstellers nach § 64 Abs. 2 Satz 2 ZVG.
652 ZIP 1999, 945 (950).
653 *Stöber* (ZVG) § 174 Rn. 3.11. m.w.N.
654 *Muth* ZIP 1999, 945 (951).

III. Abweichende Feststellung auf Antrag des Insolvenzverwalters (§ 174a ZVG)

1781 § 174a ZVG wurde mit Inkrafttreten der Insolvenzordnung am 01.01.1999 neu in das ZVG eingefügt und stellt, gemessen an den Regelungen unter der Konkursordnung, eine wesentliche Änderung der Möglichkeiten des Insolvenzverwalter das war. Auch § 174a ZVG führt zu einem abweichenden Ausgebot.

1. Zweck der Regelung und Kritik

1782 Bei § 174a ZVG geht es um Ansprüche aus der RK 1a des § 10 ZVG (siehe Rn. 277). Der Insolvenzverwalter soll so die Möglichkeit erhalten, den Anspruch auf Ersatz der Feststellungskosten (RK 1a) zugunsten der Insolvenzmasse zu realisieren.

1783 Um dies zu erreichen, nimmt der Gesetzgeber in Kauf, dass bei der Versteigerung des Grundstücks in der nach § 174a ZVG abweichenden Ausgebotsform noch nicht einmal mehr der Bestand erstrangiger Grundstücksrechte gesichert ist. Dies trifft nicht nur Kreditinstitute hinsichtlich ihrer Grundpfandrechte, sondern, worauf *Stöber*[655] zu Recht hinweist, z.B. auch den Berechtigten einer (erstrangigen) Auflassungsvormerkung oder die „versteigerungsfeste" (Rn. 869) Erbbauzinsreallast.

1784 Die Feststellungskosten nach RK 1a in dieser Weise zu „schützen", war auch nicht veranlasst. Der Anspruch nach § 10 Abs. 1 Nr. 1a ZVG findet, rechtzeitige Anmeldung vorausgesetzt, schon bei konventioneller Versteigerung, also unter strenger Wahrung des Deckungsgrundsatzes in jedem gG (Mindestbargebot) Raum. Damit reduziert sich der eigentliche Anwendungsbereich der Norm auf die Tatsache, dass über eine Abweichung nach § 174a ZVG die Verwertung selbst eines hoch belasteten Grundstücks erreicht werden kann. Berücksichtigt man den Umstand, dass, wie *Muth*[656] darlegt, selbst bei einem besonders hohen Anteil von z.B. 60 %[657] der Feststellungskostenanspruch[658] gerade mal 2,4 % des Grundstückswerts ausmacht, erscheint die mit § 174a ZVG verbundene Gefährdung der im Grundbuch eingetragenen Rechte ein zu hoher Preis.

2. Voraussetzungen und Verfahren

a) Antrag und Antragsberechtigung

1785 Die abweichende Feststellung des gG erfolgt nur auf Antrag. Nur der Insolvenzverwalter ist antragsberechtigt. Andere Beteiligte können den Antrag nach § 174a ZVG selbst dann nicht stellen, wenn auf sie ein Anspruch gem. § 10 Abs. 1 Nr. 1a ZVG aufgrund Ablösung kraft Gesetzes übergegangen ist.

b) Zeitpunkt der Antragstellung

1786 Wie bei § 174 ZVG (Rn. 1774) ist die gesetzliche Formulierung „… bis zum Schluss der Verhandlung im Versteigerungstermin …" teleologisch zu reduzieren. Der Insolvenzverwalter muss den Antrag bis zum Schluss der Versteigerung stellen.

---

655 NJW 2000, 3600.
656 ZIP 1999, 945 (953).
657 Denkbar etwa bei Fabrik- oder Hotelgrundstücken mit „hohem Zubehöranteil".
658 Pauschal 4 % von dem nach § 74a Abs. 5 Satz 2 ZVG für die Zubehörstücke festgesetzten Wert (§ 10 Abs. 1 Nr. 1a ZVG).

c) *Anspruch nach § 10 Abs. 1 Nr. 1a ZVG*

Es muss ein Kostenerstattungsanspruch nach § 10 Abs. 1 Nr. 1a ZVG bestehen und dieser muss vom Insolvenzverwalter rechtzeitig angemeldet worden sein. Auf die Höhe des Anspruchs kommt es nicht an. **1787**

d) *Antragsrücknahme*

Der Antrag kann bis zur Entscheidung über den Zuschlag zurückgenommen werden. **1788**

e) *Rechtsfolge*

Der zulässige Antrag nach § 174a ZVG führt dazu, dass neben (Doppelausgebot) dem Ausgebot nach § 172 ZVG ein solches aufgestellt wird, für das der Insolvenzverwalter als aus RK 1a betreibend unterstellt wird. Das gesamte gG besteht in der Abweichung daher ausschließlich aus einem Mindestbargebot, in welchem sich nur die Gerichtskosten (§ 109 ZVG) und, sofern angemeldet, auch Ansprüche nach RK 1 finden. **1789**

f) *Antrag nach § 174a ZVG neben Antrag nach § 174 ZVG*

Während in der Literatur[659] meist angenommen wird, dass sich das Verfahren nach dem Insolvenzverwalterantrag nach § 174a ZVG richtet, da dieser als weitestgehend das niedrigste gG ermöglicht, ist den von *Muth* für die Antragstellung durch mehrere Gläubiger nach § 174 ZVG entwickelten Grundsätzen (dargestellt unter Rn. 1777) zu folgen und ein Doppelausgebot vorzunehmen. **1790**

g) *Zuschlagsentscheidung*

Auch hier sind die unter Rn. 1778 aufgezeigten unproblematischen Konstellationen denkbar und wie dort angegeben zu lösen. **1791**

Für den Fall, dass auf mehrere nebeneinander gelaufene Ausgebotsarten zulässige Gebote abgegeben wurden, fehlt ebenfalls (Rn. 1779) eine ausdrückliche gesetzliche Regelung. Stellt man jedoch den eigentlichen Zweck des § 174a ZVG, also den Schutz des Anspruchs auf Ersatz der Feststellungskosten (RK 1a) in den Vordergrund, kommt man zu dem Ergebnis, dass bei Geboten auch auf das Ausgebot nach § 172 ZVG, immer[660] hierauf der Zuschlag zu erteilen ist, da die Feststellungskosten (RK 1a) dort voll gedeckt sind und damit ein Rechtsschutzinteresse für den Zuschlag auf das Ausgebot nach § 174a ZVG nicht besteht.[661] **1792**

Fanden die Ausgebotsarten § 172 ZVG, § 174 ZVG und § 174a ZVG parallel statt und liegen nur Gebote auf die beiden letztgenannten Ausgebotsarten vor, dann ist, den unter Rn. 1792 dargestellten Grundsätzen folgend, der Zuschlag auf die Ausgebotsart nach § 174 ZVG zu erteilen. **1793**

Bei alledem darf jedoch nicht übersehen werden, dass, sobald den Bietinteressierten die Ausgebotsart nach § 174a ZVG angeboten wird, Gebote auf eine andere Ausgebotsform wenig wahrscheinlich erscheinen. **1794**

---

659 *Stöber* (ZVG) § 174a Rn. 2.5.
660 Natürlich nur, sofern keine Zuschlagsversagungsgründe greifen.
661 So auch *Muth* ZIP 1999, 945 (951); *Stöber* (ZVG) § 174a Rn. 2.4.

Paragrafenregister zum ZVG

Die Zahlen verweisen auf die Randnummern dieses Werkes.

§	Randnummern
§ 1	9, 10, 900, 1131, 1351, 1726
§ 2	10, 900,b 1351, 1726
§ 3	539
§ 4	54, 64, 257, 539, 726, 1113
§ 5	54, 257
§ 6	15, 258, 259
§ 7	64, 258, 539, 726, 1113
§ 8	15, 64, 256, 1113, 1392
§ 9	69, 137, 231, 242, 252, 260, 268, 289, 298, 335, 401, 492, 516, 536, 722, 829, 841, 883, 1120, 1392, 1444, 1460, 1461, 1467, 1737
§ 10	26, 34, 276, 285, 309, 313, 330, 568, 573, 588, 824, 825, 1212, 1276, 1277, 1320, 1331, 1337, 1339, 1341, 1470, 1520, 1593, 1643, 1647, 1654, 1668, 1672, 1676, 1762, 1782, 1784, 1785, 1787
§ 11	294, 296, 309, 584
§ 12	292, 294, 296, 568, 580, 585, 1670
§ 13	270, 271, 903, 1670, 1677, 1743
§ 14	661, 663
§ 15	8, 1349, 1387
§ 16	13, 14, 63, 71, 1104, 1360, 1389
§ 17	14, 18, 20, 47, 51, 71, 829, 1105, 1353, 1362, 1364, 1730
§ 18	896, 897, 901, 915, 1214, 1345
§ 19	51, 67, 68, 1074, 1392, 1393, 1634, 1646, 1740
§ 20	74, 90, 1408, 1409, 1585, 1605,
§ 21	91, 92, 96, 103, 108, 1585
§ 22	75, 902, 1397, 1401, 1406, 1407, 1590
§ 23	53, 84, 85, 98, 102, 1107, 1122, 1403, 1589, 1591, 1742, 1766
§ 24	98
§ 25	1321, 1663
§ 26	135, 137, 1123, 1134
§ 27	70, 71, 72, 217, 1115
§ 28	50, 51, 52, 131, 132, 136, 139, 141, 146, 148, 156, 158, 164, 1046, 1058, 1094, 1108, 1125, 1132, 1138, 1369, 1385, 1520, 1570, 1754
§ 29	178, 181, 207, 357, 1135, 1139, 1540, 1571, 1749
§ 30	182, 186, 187, 203, 207, 216, 245, 246, 247, 326, 476, 1142, 1548, 1549, 1550, 1551, 1556, 1750
§ 30a	188, 191, 194, 200, 201, 203, 204, 214, 1141, 1146, 1180, 1552, 1751, 1752
§ 30b	64, 73, 135, 143, 177, 191, 193, 195, 200, 214, 239, 1113, 1118, 1144, 1151, 1152, 1166, 1299, 1392
§ 30c	200, 201, 202, 203, 204
§ 30d	166, 168, 169, 170, 174, 1177
§ 30e	171, 172, 173, 1177
§ 30f	175, 174, 177, 1177
§ 31	176, 177, 183, 185, 198, 199, 210, 444, 477, 1165, 1166, 1551, 1750
§ 32	180, 183, 196, 1164
§ 33	438, 458, 459, 476, 992, 1025, 439, 999
§ 36	239, 249
§ 37	250, 297, 310, 357, 547, 588, 596, 1190, 1277, 1290, 1758, 1766
§ 38	250, 251, 411, 468
§ 39	248, 254
§ 40	253, 254
§ 41	252, 262
§ 42	232, 263
§ 43	184, 241, 244, 247, 248, 260, 262, 308, 309, 997, 1190, 1203
§ 44	184, 262, 305, 307, 310, 318, 1018, 1124, 1192, 1759
§ 45	265, 280, 288, 291, 298, 849, 873
§ 46	325, 546, 577
§ 47	323, 324, 330, 551
§ 48	315
§ 49	370, 371, 372, 434, 560, 564, 626, 732, 803, 805, 808, 804, 810, 811
§ 50	361, 364, 677, 679, 846
§ 51	338, 361, 363, 365, 523, 846, 847, 875, 938, 955, 1011
§ 52	312, 316, 329, 352, 353, 502, 559, 575, 671, 784, 821, 869, 1124
§ 53	340, 696, 700, 705, 1204
§ 54	341
§ 55	355, 1409, 1743, 1745
§ 56	323, 375, 376, 378, 457, 552, 889, 1567, 1721
§ 57	343, 348, 379, 1217, 1318, 1595
§ 57a	345, 1217
§ 57b	346, 1217
§ 57c	261, 346, 347, 1217
§ 57d	261, 346, 1217
§ 58	374, 566
§ 59	349, 351, 353, 392, 811, 845, 862, 1217, 1775
§ 62	1184, 1774

§ 63	906, 910, 912, 917, 918, 932, 935, 938, 939, 941, 942, 943, 947, 952, 970, 974, 976, 992, 1215	§ 109	318, 523, 526, 557, 563, 1789
		§ 110	302, 380, 547, 568, 574, 596
		§ 111	610, 666, 864
§ 64	921, 926, 948, 949, 950, 952, 954, 955, 957, 960, 961, 963-970, 972, 973, 974, 976, 978, 1775, 1779	§ 112	983, 985, 1007, 1010-1014, 1020, 1025, 1026, 1031, 1034, 1246, 1422
		§ 113	559, 1673
§ 65	561	§ 114	34, 265, 544, 546, 586, 608, 611, 633, 1652, 1653, 1654
§ 66	332, 337, 338, 380, 565, 124		
§ 67	403, 405, 407, 409, 410, 422, 424, 1233	§ 114a	238, 463, 465, 523
		§ 115	612, 625, 638, 641, 644, 684, 1680, 1686
§ 68	251, 411, 412, 413, 1225		
§ 69	415, 416, 418, 419, 434, 826,	§ 116	533, 534, 654
§ 70	415, 425, 426, 427, 432, 455, 1223	§ 117	629, 630, 1692
§ 71	336, 386, 390, 1220	§ 118	804, 807, 813, 816, 818, 1258
§ 72	393, 394, 397, 436, 437, 459, 1003	§ 119	619, 664, 666
§ 73	332, 381, 438, 442, 443, 967	§ 120	620, 664, 666, 683
§ 74	332, 446, 967	§ 121	614, 619, 620
§ 74a	124, 218, 219, 238, 303, 318, 365, 446, 464, 465, 466, 467, 468, 469, 479, 740, 796, 842, 981, 982, 983, 984, 986, 987, 988, 1233, 1757, 1778	§ 122	1021-1030, 1033
		§ 123	1033
		§ 125	679
		§ 126	581, 657, 745, 751
§ 75	439, 440, 1174, 1227, 1228	§ 127	631,632, 790, 791, 801
§ 76	923, 940, 993, 994, 999, 1000, 1001, 1002, 1003, 1175	§ 128	679, 819, 820, 824, 833, 1258, 1262, 1264
§ 77	444, 445, 1176, 1229, 1322, 1778	§ 129	822, 825, 833
§ 78	334, 429, 453, 492	§ 130	778, 784
§ 79	395, 400, 426, 427, 454	§ 130a	675, 676, 678, 780, 788, 799
§ 80	334, 429, 453	§ 131	788, 791
§ 81	386, 480, 481, 482, 484, 517, 826, 1779	§ 132	826
		§ 133	48, 827, 828
§ 82	485, 488, 489	§ 135	657, 800
§ 83	452, 457, 458, 470, 471, 472, 474, 476, 521, 914, 964, 976, 978, 992, 1190	§ 142	800
		§ 143	718, 720, 721
		§ 144	718, 720, 723, 733
§ 84	461, 470, 471, 978, 992	§ 146	90, 1349, 1350, 1351, 1360, 1387, 1392, 1393, 1397, 1401, 1403, 1408, 1409, 1433, 1548
§ 85a	219, 238, 303, 365, 462, 463, 465, 467, 468, 469, 479, 740,981, 986, 987, 988, 1232, 1757, 1778		
		§ 147	1350, 1357, 1358, 1364, 1548
§ 86	458, 459, 473, 476	§ 148	1315, 1316, 1338, 1405, 1409, 1412, 1525, 1549, 1585, 1608
§ 87	447, 448, 475, 491, 851, 1230		
§ 88	492, 510, 519	§ 149	1328, 1373, 1411, 1414, 1416, 1419, 1476, 1553
§ 89	491		
§ 90	96, 355, 497, 1324, 1567, 1568, 1744	§ 150	1373, 1390, 1395, 1398, 1399, 1413, 1433, 1471, 1572
§ 91	501, 579, 601, 646, 650, 651, 652, 675, 745, 782, 789, 798, 860, 863, 1011		
		§ 150a	1433, 1459, 1467, 1468, 1469, 1478, 1479
§ 92	503, 583, 602-605, 607, 613, 617, 619, 847	§ 150b	1433, 1474, 1475, 1476, 1478
		§ 150c	1480, 1482, 1484, 1485, 1486, 1642
§ 93	505, 513	§ 150d	1481
§ 94	499, 1324, 1325, 1327, 1663	§ 150e	1553
§ 95	211	§ 151	1350, 1398, 1401, 1407
§ 96	514	§ 152	1446, 1584, 1585, 1593, 1597, 1608, 1641
§ 97	516, 517, 1237		
§ 98	475, 518, 519, 537	§ 152a	1488, 1541
§ 100	521	§ 153	1448, 1450, 1471, 1694, 1695, 1702
§ 104	491	§ 153b	1522, 1524-1529, 1531, 1532, 1537, 1550
§ 105	532, 536, 538, 540, 1648		
§ 106	543	§ 153c	1537
§ 107	370, 434, 561, 627, 803		

§ 154	1448, 1449, 1458, 1459, 1464, 1469, 1484, 1518, 1693	§ 173	1711, 1736, 1742, 1743, 1766
§ 155	1315, 1325, 1331, 1338, 1341, 1473, 1534, 1563, 1564, 1569, 1571, 1628, 1633, 1636, 1638, 1639, 1647, 1654, 1659, 1661, 1662, 1669	§ 174	1711, 1768, 1769, 1771, 1772, 1773, 1775, 1776, 1777, 1780, 1786, 1790, 1793
		§ 174a	1709, 1711, 1721, 1781-1785, 1789, 1790, 1792, 1793, 1794
§ 156	1341, 1529, 1534, 1549, 1633, 1643, 1646, 1648, 1652, 1654, 1659, 1673, 1680, 1686	§ 175	1709, 1755
		§ 179	1709
§ 157	1633, 1714	§ 180	878, 1037, 1040, 1088, 1103, 1104, 1108, 1113, 1115, 1118, 1131, 1141, 1142, 1144, 1146, 1148, 1149, 1151-1156, 1159, 1162, 1163, 1165, 1166-1169, 1180, 1223, 1225, 1298, 1299, 1346, 1709, 1755
§ 158	1669, 1691, 1692		
§ 160	1721		
§ 161	1540, 1548, 1557, 1561, 1562, 1563, 1571, 1595, 1617, 1619, 1633, 1637, 1638, 1654		
§ 162	5	§ 181	1040, 1042, 1089, 1097, 1105, 1106, 1125, 1131, 1273
§ 165	1348		
§ 171a	1348	§ 182	1099, 1100, 1101, 1123, 1124, 1194, 1195, 1200, 1203, 1204, 1205, 1275, 1276, 1302
§ 171c	1348		
§ 171n	1131		
§ 172	1708, 1709, 1711, 1720, 1727, 1734, 1741, 1771, 1780, 1789, 1792, 1793	§ 183	1217, 1236
		§ 184	1223, 1301
		§ 185	1037, 1040, 1131, 1708, 1709

Stichwortverzeichnis

Es wird, falls nichts anderes angegeben, auf die Randnummern des Werkes verwiesen.

Abänderung der Versteigerungsbedingungen 349 ff., 811, 1221, 1775
Ablösbare Rechte 605
Ablösung 440 ff., 1228, 1297, 1472, 1785
Ablösesumme 605, 955
Absonderungsrecht 56, 152, 156, 162, Beispiel 60, 1715, 1719, 1769
Abtretung
– der Rechte aus dem Meistgebot 482, 488, 1234
– der Miet-/Pachtforderung in der Zwangsverwaltung 1587
– des Erlösanspruchs 712
– im Teilungsplan der Vollstreckungsversteigerung 549
– im Teilungsplan der Zwangsverwaltung 1635
– Rückgewähr der Sicherungsgrundschuld 698, 712, 760, 765 f.
– von Briefrechten 581, 656
Abweichende Versteigerungsbedingungen
– Altenteil 352
– Beeinträchtigung 349 ff.
– Doppelausgebot 351
– Erbbauzins 845, 862
– Verfahren 349 ff.
– Zuschlagsentscheidung bei – 351
Abzahlungshypothek 293, 578
Akteneinsicht 232
Altenteil
– als bestehen bleibendes Recht 316, 352
– bei Erlösverteilung 606 ff., 616
– Doppelausgebot 352
– Erlöschen 490, 502
– im Zuschlagsbeschluss 490
– in der Zwangsverwaltung 1370 f.
– Nebenleistungen bei 577
Amortisationshypothek 293, 783
Amtsblatt 248, 253
Amtstafel 254
Anhörung
– der Beteiligten über den Zuschlag 332
– des Antragsgegners vor Anordnung der Teilungsversteigerung 1107
– des Gläubigers vor Einstellung nach § 30a ZVG 195
– des Insolvenzverwalters in der Vollstreckungsversteigerung 176
– keine – des Schuldners vor Anordnung der Vollstreckungsversteigerung 62
– der Beteiligten zum Wertgutachten 231
– vor Entscheidung nach § 76 ZVG 1000

Anmeldung
– Ausschluss von –en 380, 471
– Bekanntmachung im Versteigerungstermin 337
– der Forderungen § 10 ZVG 275 ff.
– der Mieter s. Mieter
– der persönlichen Schuld 340
– der Kündigung eines Grundpfandrechtes 341
– des Ersatzbetrages nach § 91 ZVG 608 f.
– des Fremdeigentums von Zubehör 357
– entbehrlich 291, 546, 567
– gilt als Widerspruch gegen den Teilungsplan 638, 1686
– nachträglich eingetragener Rechte 298
– noch im Versteigerungstermin 338 f.
– Rangverlust bei nicht rechtzeitiger – 302, 547
– von Pfändungen in der Teilungsversteigerung 1294
– zum Verteilungstermin in der Vollstreckungsversteigerung 633
– zum Verteilungstermin in der Zwangsverwaltung 1651 f.
– zur Einführung einer Forderung 266
Anordnungsbeschluss in der Insolvenzverwalterversteigerung
– Bekanntmachung 1737 f.
– Inhalt 1735, 1736
– Rechtsbehelf gegen den – 1746 f.
– Zustellung 1737
Anordnungsbeschluss in der Teilungsversteigerung
– Bekanntmachung 1113
– Inhalt 1112 f.
– Rechtsbehelf gegen den – 1125 f.
– Zustellung 1113
Anordnungsbeschluss in der Vollstreckungsversteigerung
– Bekanntmachung 64 ff.
– Inhalt 63
– Rechtsbehelf gegen den – 110
– Zustellung 64 ff.
Anordnungsbeschluss in der Zwangsverwaltung
– Bekanntmachung 1392
– Inhalt 1389 f.
– Rechtsbehelf gegen den – 1422 f.
– Zustellung 1392
Anspruch
– dinglicher – 37 ff.
– des Schuldners auf den Versteigerungserlös 803

Stichwortverzeichnis

Antrag
- auf abweichende Versteigerungsbedingungen 349, 845, 862
- auf Anordnung der Insolvenzverwalterversteigerung 1726 ff.
- auf Anordnung der/Beitritt zur Teilungsversteigerung 1088 ff., 1115 f.
- auf Anordnung der/Beitritt zur Vollstreckungsversteigerung 8 f., 12, 13, 14, 43 (Muster)
- auf Anordnung der/Beitritt zur Zwangsverwaltung 1349 ff., 1360 (Muster)
- auf Aufhebung des Versteigerungstermins 186
- auf Verteilung eines Gesamtgrundpfandrechts 952 f.
- auf Gruppenausgebot 910 f.
- auf Zuschlagsversagung nach § 74a ZVG 446, 464

Antragsgegner in der Teilungsversteigerung 1103 f.

Antragsrücknahme in der Insolvenzverwalterversteigerung 1749, 1753

Antragsrücknahme in der Teilungsversteigerung 1139

Antragsrücknahme in der Vollstreckungsversteigerung
- dritte Einstellungsbewilligung 187
- durch den Gläubiger 178 ff.

Antragsrücknahme in der Zwangsverwaltung 1540

Aufhebung der Insolvenzverwalterversteigerung 1749 ff.

Aufhebung der Teilungsversteigerung 1139 ff.

Aufhebung der Vollstreckungsversteigerung
- Beschluss deklaratorisch 181
- der einstweiligen Einstellung nach § 30d ZVG (Insolvenz) 174
- Verfahren bei – 180
- hinsichtlich Zubehör 357 f.

Aufhebung der Zwangsverwaltung
- Antragsrücknahme 1540
- Befriedigung des Gläubigers 1557 ff.
- mangels Vorschuss 1563
- nach Zuschlag 1565 ff.

Aufhebung einer Gemeinschaft 2, 1037 ff.

Aufhebungsausschluss in der Teilungsversteigerung 1133 ff.

Aufklärungsverfügung 53, 1108

Auflagen
- bei Einstellung auf Antrag des Insolvenzverwalters 171
- bei Einstellung auf Antrag des Schuldners nach § 30a ZVG 194 ff.

Auflassung
- Beurkundung on der Teilungsversteigerung 1186

Auflassungsvormerkung
- kein Anordnungshindernis 60, 140
- kein entgegenstehendes Recht 140 ff., 1513
- Wertersatz für – 606

Aufsichtsperson 1480 ff.

Aufwendungen (§ 155 Abs. 1 ZVG) 1636 ff.

Ausgaben der Verwaltung 1641 f.

Ausgebotsarten 905 f., 1213

Ausgleichsbetrag (Teilungsversteigerung)
- Berechnung 1207 f.
- Zweck 1204 f.

Auslagen
- Aufteilung der – bei der Versteigerung mehrerer Grundstücke 923
- des Rechtsanwalts 126
- des Zwangsverwalters 1500
- für Zustellung des Anordnungs-/Beitrittsbeschlusses 116
- im geringsten Gebot 319
- im Teilungsplan 565
- Schreibauslagen für Verkehrswertgutachten 232, 263
- Vorschuss 321

Ausländer als Bieter 391

Ausnahmekündigungsrecht s. *Sonderkündigungsrecht*

Ausschlussvereinbarung (Teilungsversteigerung) 1055 f.

Außergerichtliche Befriedigung 723 ff.

Außergerichtliche Erlösverteilung 718 ff.

Auszahlung des Erlöses
- bare 629
- an die Gemeinschafter in der Teilungsversteigerung 126
- unbare 772, 773

Bahneinheiten 5

Bankbeleg als Zahlungsnachweis 208

Bargebot
- als Bestandteil der Teilungsmasse 560
- als Gegenstandswert der Rechtsanwaltsgebühren 529
- als Wert für die Gerichtsgebühren 564
- als Wert für die Zuschlagsgebühr 523
- Nennung im Zuschlagsbeschluss 485
- und Liegenbelassungsvereinbarung 649 ff.
- Verzinsung des –s 371 f.
- Zahlung des – s 371

Bargebotszinsen 371, 805

Basiszinssatz 810

Baulast
- Baulastverzeichnis 215, 501
- Definition 215

Bauvorhaben 1502

Bedingte Rechte 315

Bedingte Zuteilung 679

Befriedigung
- außergerichtliche – 723 f.
- bei außergerichtlicher Einigung 721, 722
- bei Forderungsübertragung 813

Stichwortverzeichnis

- bei Gesamtrechten 1021
- nur aus einzelnen Grundstücken (§ 76 ZVG) 994
- Reihenfolge der – 26
- vorzugsweise – 106
- Wegfall der Befriedigungswirkung 815 ff.

Befriedigungsrang 130, 824, 883

Begrenzung des Bieterkreises in der Teilungsversteigerung 1218, 1219

Beitrittsbeschluss in der Teilungsversteigerung 1115 f.
- des Pfändungsgläubigers 1117

Beitrittsbeschluss in der Vollstreckungsversteigerung
- Begriff und Verfahren 70 ff.
- Bekanntmachung 73
- Belehrung 73
- Zustellung 73

Beitrittsbeschluss in der Zwangsverwaltung 1394

Beitrittsgebiet 6

Bekanntmachung
- der Anordnung 64 f.
- des Beitritts 73
- des Versteigerungstermins 252 f.
- des Versteilungstermins 536 f.
- des Zuschlagsbeschlusses 491 f.
- im Versteigerungstermin 337 f.

Belehrung
- bei Anordnung nach § 30b ZVG 64
- bei Beitritt nach § 30b ZVG 73
- des Gläubigers 199
- des Schuldners bei Fortsetzung 177, 202

Berechtigter
- als Gegenantragsteller nach § 64 Abs. 2 ZVG 963, 972
- bei Liegenbelassungsvereinbarung 646
- des Löschungsanspruchs 676 f.
- im Widerspruchsverfahren 642, 774
- unbekannter – bei Zuteilung 581, 657

Bericht des Zwangsverwalters 1693 f.

Berichtigung
- des Grundbuchs nach Zuschlag 778
- des Teilungsplans 736

Beschlagnahme
- Befreiung aus dem Haftungsverband 98
- Begriff 74
- bei der Versteigerung mehrerer Grundstücke 902
- der mithaftenden Gegenstände 90 ff.
- Eintritt der – nach Anordnung 75, 76
- Eintritt der – nach Beitritt 77
- Erlöschen bei Aufhebung 130
- erweiterter Umfang in der Zwangsverwaltung 1409 f.
- in der Insolvenzverwalterversteigerung 1742 ff.
- in der Teilungsversteigerung 1121 ff.
- in der Zwangsverwaltung 1396 ff.

- Konkurrenz mehrerer Gläubiger 78 ff.
- Umfang 96, 1408 ff.
- Wirkung 84 ff., 1403 ff.

Beschränkte persönliche Dienstbarkeit 603

Beschwerde
- gegen den Teilungsplan 734 ff.
- gegen die Wertfestsetzung 236
- gegen Versagung des Zuschlags 514 ff.
- gegen Zurückweisung des Versteigerungsantrags 113
- gegen Zurückweisung nur wegen Kosten 114
- Rechtsanwaltsgebühr 531
- sofortige – 111 ff., 211, 236, 514, 520, 634, 654, 735, 738, 1003
- weitere – 112, 520

Besitzeinweisung des Zwangsverwalters 1578

Bestandteile
- wesentliche – 1, 88, 89, 92, 106

Bestbetreibender Gläubiger
- Begriff und Bestimmung 307 ff.
- bei Versteigerung mehrerer Grundstücke 915, 929
- fiktiver – bei Gegenantrag nach § 64 Abs. 2 ZVG 968
- im Rahmen der Zuschlagsverhandlung 448, 452 f.
- und Altenteil 352
- und geringstes Gebot 305, 327 ff.
- und Rangklasse 6 297
- und Zuschlagsversagung 476
- Zahlung an den – 439

Bestehen bleibende Rechte
- Altenteil 316, 353
- Begriff 312
- bei der Versteigerung mehrerer Grundstücke 929 f.
- durch Vereinbarung 646 ff.
- Erbbauzins 861, 869
- im Teilungsplan 559
- Nebenleistungen 313
- und Mindestbargebot 317 ff.

Bestellung des Zwangsverwalters 1433 f.

Bestallung 1443

Beteilige
- am Verfahren 231, 1120, 1392, 1737
- als Beschwerdeberechtigte gegen den Zuschlag 516
- als Sicherheitsverlangende 401 f.
- Anhörung vor Wertfestsetzung 231
- bei außergerichtlicher Einigung über die Erlösverteilung 722
- bei Versteigerung eines Erbbaurechts 841
- im Terminsprotokoll vermerken 335
- keine Nachricht über Anordnung der Versteigerung 69
- Miteigentümer als – in der Vollstreckungsversteigerung 883

Stichwortverzeichnis

- ohne Anmeldung 137
- Zustellung der Terminsbestimmung zum Versteigerungstermin 242
- Zustellung der Terminsbestimmung zum Verteilungstermin 536
- Zustellung des Zuschlagsbeschlusses an – 492

Betreibender Gläubiger 268
Betreuer (Antragstellung Teilungsversteigerung) 1097
Betriebsfortführung durch den Zwangsverwalter 1629 f.
BGB–Gesellschaft
- als Bieter 387
- in der Teilungsversteigerung 1078, 1079
- Titel gegen – 23

BGB–Verteilung (§ 1132 BGB) 954
Bieten
- für andere 386
- mündlich 385

Bietergemeinschaft 387
Bieterkreis (Begrenzung) 1218, 1219
Bietezeit
- Beginn 381, 437
- Neubeginn 437
- Schluss der Versteigerung 442 f.
- und Gegenantrag nach § 64 Abs. 2 ZVG 972
- und Zuschlagsversagung 472
- Verfahrensablauf 382 ff.

Bietinteressierte 219, 225, 263, 264
Bietvollmacht 336, 386
Brief (Grundpfandrechte)
- keine Vorlage für Vollstreckung 41
- Nebenrechte 582
- Vermerk über Zuteilung 632
- Vorlage im Verteilungstermin 632
- unbrauchbar machen 790
- und Zuteilung 581

Bruchteilseigentum
- als Versteigerungsobjekt 2
- in der Teilungsversteigerung 1048 f.
- Pfändung des Auseinandersetzungsanspruchs (Teilungsversteigerung) 1268 f.
- Vollstreckungstitel bei – 16
- Wohnungseigentum 877, 878

Bruchteilsgemeinschaft in der Teilungsversteigerung 1048 f.
Bürgschaft 418 ff., 489

Deckungsgrundsatz in der Insolvenzverwalterversteigerung 1759 f.
Deckungsgrundsatz in der Teilungsversteigerung 1192, 1193
Deckungsgrundsatz in der Vollstreckungsversteigerung 305, 929, 976
Dienstaufsichtsbeschwerde 11
Dienstbarkeit
- altrechtliche – 316

- beschränkte persönliche – 603
- Grunddienstbarkeit 604, 606

Dingliche Mietpfändung 1329 ff.
Dingliche Surrogation 99, 503, 579, 680
Dinglicher Gläubiger 37 f., 289
Dinglicher Titel
- Absonderungsrecht 152
- als Vollstreckungstitel 37 f.
- Mietpfändung 1332 ff.
- und Beschlagnahme 90
- und Zubehör 107
- Zwangshypothek 40, 162

Dingliches Vorkaufsrecht 606
Doppelausgebot
- bei abweichenden Versteigerungsbedingungen 351
- bei Altenteil 352 f.
- bei Gegenantrag nach § 64 Abs. 2 ZVG 968 f.
- in der Insolvenzverwalterversteigerung 1776 f., 1789 f.

Dritter erhält Zuschlag 481
Drittwiderspruchsklage und Beschlagnahme 106
Duldungstitel
- Entbehrlichkeit bei Zwangshypothek 40
- gegen Insolvenzverwalter 160
- gegen Nacherben 59, 148
- gegen Nachlassverwalter 147
- gegen Testamentsvollstrecker 58
- Kosten des –s 35
- und Gesamtgut 18

Ehegatten
- in der Teilungsversteigerung 1059 ff., 1082 ff.
- und Gesamtgut 18 f., 1082 ff.
- und gesamtschuldnerische Haftung 901

Eigenbesitz(er) 1358 ff.
Eigentümergrundschuld
- bestehen gebliebene – 671
- erloschene – 680 ff.
- in der Insolvenzverwalterversteigerung 1733
- und Löschungsanspruch 672 ff.

Eigentümerrechte 667 ff., 1733
Einheitswert 66
Einmalige Leistungen
- Abgrenzung 269 f.
- Begriff 282
- Endtermin 324, 573
- im geringsten Gebot 324
- im Teilungsplan 550
- Verlust des Privilegs 283
- vom Ersteher zu tragen 555

Einstellung Ý *einstweilige Einstellung*
Einstweilige Einstellung der Insolvenzverwalterversteigerung 1750

Einstweilige Einstellung der Teilungsversteigerung
- allgemeiner Schutz (§ 180 Abs. 3 ZVG) 1142 f.
- auf Antrag des Antragsgegners 1141 ff.
- auf Bewilligung des Antragstellers 1140
- Kinderschutz (§ 180 Abs. 3 ZVG) 1149 ff.
- wiederholte – 1166

Einstweilige Einstellung der Vollstreckungsversteigerung
- auf Antrag des Insolvenzverwalters 166 ff.
- auf Antrag des Schuldners 188 ff.
- Aufhebung der nach § 30d ZVG angeordneten – 174 ff.
- Bewilligung Gläubiger 182 ff.
- durch das Prozessgericht 206
- durch das Vollstreckungsgericht 207
- Fortsetzung nach – 184
- mehrere Gläubiger 129
- nach § 765a ZPO 204 ff.
- nach § 775 ZPO 208

Einstweilige Einstellung der Zwangsverwaltung
- auf Antrag des Insolvenzverwalters 1522, 1523
- auf Antrag des Schuldners 1552 f.
- Bewilligung durch den Gläubiger 1548 f.
- durch das Prozessgericht 1555 f.

Eintragungsersuchen s. *Grundbuchersuchen*
Eintragungskosten 796 f.
Einzelausgebot 905
- geringstes Gebot beim – 922 f.
- Verzicht auf 918
- Wegfall 918

Einzelversteigerung 895,
Eltern 388
Endtermin
- bei einstweiliger Einstellung 196 f.
- bei wiederkehrenden Leistungen 323
- für Berücksichtigung im geringsten Gebot 323
- im Teilungsplan 551 f.

Entgegenstehende Rechte s. *Gegenrechte*
Erbbaurecht
- altes 835
- Anordnungsbeschluss 838 ff.
- Heimfall 857
- neues – 835
- Versteigerung 3, 834 f., 898
- Verweigerung der Zustimmung 853 ff.
- Zustimmung des Ausgebers 839, 840, 850 ff.

Erbbauzins
- Anpassungsklausel 868, 872
- Bestandsschutz 869 ff.
- Reallast als erlöschendes Recht 860 ff.
- Rangklasse 287
- Vormerkung 848, 859, 874
- Wertersatz 607, 864 ff.

Erbe
- als Bieter 387
- in der Teilungsversteigerung s. *Erbengemeinschaft*
- unbekannter – 258
- und Nachlassverwaltung 147
- und Testamentsvollstreckung 145 f.
- Vorerbe 59, 148
- Titel gegen Erbe 21, 58

Erbengemeinschaft in der Teilungsversteigerung 1067 f.
Erbnachweis 14, 20, 1105
Ergebnislose Zwangsversteigerung 444, 1176, 1229, 1322, 1778
Ergebnisvergleich 938
Erhöhung des geringsten Gebots
- bei Versteigerung mehrerer Grundstücke 932 f.
- Zuschlagsentscheidung nach – 944 f.

Erledigungserklärung 179
Erlöschen
- der Gebote 395 f., 436
- der Rechte 312, 314, 501 ff.
- eines Rechts durch Tod des Berechtigten 545

Erlösüberschuss
- bei Forderungsübertragung 812
- Ersteher 598
- in der Teilungsversteigerung 1247 ff.
- Pfändung 769, 770

Erlösverteilung in der Teilungsversteigerung
- bei Bruchteileeigentum 1246 ff.
- Teilungsmasse 1245
- Überschuss 1247 ff.

Erlösverteilung in der Vollstreckungsversteigerung
- außergerichtliche – 718 ff.
- bei Gesamtrecht 1019 ff.
- Endtermin 323 f.
- nach § 112 ZVG 1004 ff.
- Rechtsbehelfe gegen – 634 f.
- und Eigentümerrechte 667 ff.

Ersatzbetrag nach § 92 ZVG
- Allgemeines und Verfahren 601 ff.
- für Erbbauzins–Reallast 847

Ersteher
- als neuer Grundstückseigentümer 497
- Beschwerdeberechtigung 516
- Eintritt in bestehende Miet-/Pachtverhältnisse 343 ff.
- Gefahrübergang auf – 376 f.
- Inhalt des Zuschlagsbeschlusses 485, 1235
- Übergang von Nutzungen und Lasten 378
- Übernahme bestehen bleibender Rechte 311, 314
- und einmalige Leistungen 324

Euro 415

Stichwortverzeichnis

Fallbeispiel zum 1. Teil (Vollstreckungsversteigerung) 1034 f.
Fallbeispiel zum 2. Teil (Teilungsversteigerung) 1311
Familiengerichtliche Genehmigung 388, 455
Festsetzung der Zwangsverwaltervergütung 1505 ff.
Finanzamt
– Mitteilung der Anordnung 66, 1113, 1392
– Übersendung Zuschlagsbeschluss 494
Flurstück
– Flurstücksnummer 24
Forderung
– Hauptforderung 27, 33
– Kosten 29 ff.
– Zinsen 28
Forderungsübertragung 804
Fortsetzung des Verfahrens
– auf Antrag (Insolvenz) 177
– Frist 183
– nach einstweiliger Einstellung Gericht 210
– nach einstweiliger Einstellung Gläubiger 198
– nach einstweiliger Einstellung Insolvenz 174
– nach einstweiliger Einstellung in der Teilungsversteigerung 1165 f.
– nach Versagung des Zuschlags 477
– von Amts wegen 207
Fortsetzungsbeschluss 135, 137, 176, 177, 184, 202, 243, 262, 308
Freund'sche Formel 1209

Gebote
– Abgabe von –n 382, 385
– Anfechtung von – 384
– Ausländer als Bieter 391
– Erlöschen von –n 395
– gemeinschaftliche – 387
– mündlich 385
– Rechtsnatur 384
– unzulässige – 455
– Vertretung bei der Abgabe von –n 386, 388
– Zurückweisung von –n 393 f.
Gebotssprung 392
Gefahrenübergang
– Grundstück 376
– mitversteigerte Gegenstände 377
– Nutzungen/Lasten 378
Gegenantrag nach § 64 Abs. 2 ZVG 963 ff.
Gegenrechte
– in der Teilungsversteigerung 1050 f. 1068 ff. 1168, 1132 ff.
– in der Vollstreckungsversteigerung 131 ff.
Geld
– als Sicherheit 415
– im Verteilungstermin 629
– mehrere Bieter 430

Gemeinschaftsverhältnis bei Forderungsübertragung 812
Geringstes Gebot in der Insolvenzverwalterversteigerung
– abweichende Feststellung auf Antrag des Insolvenzverwalters 1781 ff.
– abweichende Feststellung auf Gläubigerantrag 1768 f.
– bestehen bleibende Rechte 1763 f.
– Deckungsgrundsatz 1759 f.
– Doppelausgebot 1776 f., 1789 f.
Gerichtliche Verwaltung (§ 94 ZVG) 1324 f.
Geringstes Gebot in der Teilungsversteigerung 1191 ff.
– Ausgleichsbetrag 1204 ff.
– bei Bruchteilsgemeinschaft 1194 f.
– bestehen bleibende Rechte 1193.
– Freund'sche Formel 1209
Geringstes Gebot in der Vollstreckungsversteigerung 303 ff.
– bei der Versteigerung mehrerer Grundstücke 920 f.
– bestehen bleibende Rechte 312 ff.
– bestbetreibender Gläubiger 307 ff.
– Mindestbargebot 317 ff.
Gesamtausgebot
– als Ausgebotsart bei der Versteigerung mehrerer Grundstücke 905
– geringstes Gebot bei – 921, 928 f.
– keine Veränderung durch Gegenantrag nach § 64 Abs. 2 ZVG 969
– Zuschlagsentscheidung 938 ff.
Gesamtgrundpfandrecht
– Verteilung 949 ff.
Gesamtgut 17
Gesamthandsgemeinschaft in der Teilungsversteigerung 1065 f.
– Pfändung des Anteils 1286 f.
Geschäftsstelle 45, 263, 264, 1362
Gesellschaft bürgerlichen Rechts s. BGB–Gesellschaft
Gesetz zur Beschleunigung fälliger Zahlungen 807
Gesetzliche Versteigerungsbedingungen 367 f., 375
Gesetzlicher Löschungsanspruch s. Löschungsanspruch
Gewährleistung
– gesetzliche Versteigerungsbedingung 375
– keine – 486, 1721
Gläubiger
– als Antragsteller in der Teilungsversteigerung 1102
– Begriff 268
Glaubhaftmachung 18
GmbH
– als Bieter 387, 389
– gelöschte GmbH 259
– Titel gegen - 22

Grundakten
- Anforderung 45
- Rückgabe 67

Grundbuch
- als Grundlage der Terminsbestimmung 250
- als Grundlage des Teilungsplans 544 ff.
- bestehen bleibende Rechte außerhalb des –s 312
- Bezeichnung des Grundstücks 24
- Bezugnahme auf das – 14
- ersichtliche Hindernisse 50
- ersichtliche Verfahrensbeteiligte 69
- Ersuchen gem. § 130 ZVG 778, 1114
- herrenloses Grundstück 49
- Rangänderung 397a
- und Rangklasse 4 287 f.
- und Rangklasse 6 297 f.
- unrichtiges – 361, 440, 497, 501, 545, 669, 681, 794, 833
- Voreintragung des Schuldners 12, 15, 47
- Wiederversteigerung vor Grundbuchberichtigung 829

Grundbuchamt
- Tätigkeit nach Anordnung 68, 1114, 1393
- Prüfungspflicht 794 ff.

Grundbuchersuchen 778 ff.
Grunddienstbarkeit 606
Grunderwerbsteuer 342, 484, 831 f.
Grundsteuer 269, 273, 279, 284, 295, 330 f., 552, 1487, 1624, 1667

Grundstück
- Bezeichnung im Antrag 24
- gemeinsame Versteigerung mehrerer – 895 ff.
- herrenloses – 49

Grundstücksbezeichnung 24
Grundstücksbruchteile
- Bezeichnung im Antrag 25
- gemeinsame Versteigerung mehrerer – 898
- Verkehrswert 904
- Versteigerung 2
- Zwangsverwaltung 1344

Grundstücksgleiche Rechte 898
Grundstückswert s. Wertfestsetzung
Gruppenausgebot
- als Ausgebotsart bei der Versteigerung mehrerer Grundstücke 905
- geringstes Gebot bei – 921, 931
- Zuschlagsentscheidung bei – 941

Gutachterausschuss 220, 222, 230, 494
Guter Glaube 84, 85
Gütergemeinschaft
- fortgesetzte – 1085
- in der Teilungsversteigerung 1082 f.
- Titel 18
- Verwaltung des Gesamtguts 17

Haftung des Zwangsverwalters 1458 f.
Haftungsverband
- Gläubiger ohne – 87
- Hypothekenhaftung 86
- mithaftende Gegenstände 88 ff.

Hauptforderung
- Rangklasse 26
- Teilbetrag 33

Heimfall 857 f.
Herrenloses Grundstück 49
Hilfszuteilung 774
Hinterlegung
- Anweisung nach Fristablauf 776
- Bargebot 626
- Deckungskapital 620 ff.
- Durchführung 774
- des Erlösüberschusses in der Teilungsversteigerung 1254
- mangels Feststellung des Betrages 664
- und Pfändung 757 ff.
- wegen Widerspruchs 642 ff., 687
- zur Sicherheit 415
- zur Zinsbefreiung 372

Höchstbetrag
- bei Bürgschaftserklärung 418
- bei Erbbauzins–Reallast 847
- nach § 882 BGB 608

Hoffmannsche Methode 610

Identität
- Versteigerungsobjekt/Grundstück 457
- mehrere Grundstücke 901

Inbesitznahme durch den Zwangsverwalter 1572 ff.
Insolvenz s. Insolvenzgläubiger, Insolvenzverfahren
Insolvenzgläubiger
- Begriff 151
- und Absonderungsrecht 1769
- Vollstreckungsverbot 55, 158, 1519, 1520

Insolvenzverfahren
- als Gegenrecht 150 ff.
- als Vollstreckungshindernis 55
- einstweilige Einstellung der Vollstreckungsversteigerung 166 ff.
- Kosten für Bewertung (Rangklasse 1a) 277
- und Teilungsversteigerung 1136 ff.
- und Zwangsverwaltung 1517 ff.

Insolvenzverwalter
- Titel gegen – 56
- und einstweilige Einstellung der Insolvenzverwalterversteigerung 1750
- und einstweilige Einstellung der Vollstreckungsversteigerung 166 ff.
- vorläufiger – 157

Insolvenzverwalterversteigerung
- abweichende Feststellung des gG auf Antrag des Insolvenzverwalters 1781 ff.

Stichwortverzeichnis

- abweichende Feststellung des gG auf Gläubigerantrag 1768 f.
- Anordnungsbeschluss 1735, 1736 (Muster)
- Antrag auf Anordnung der – 1729 f.
- Antragsrücknahme 1749
- Aufhebung der – 1749
- Aufhebung des Insolvenzverfahrens 1756
- Beitritt zur – 1741
- Beschlagnahme in der – 1742 ff.
- Bestehen bleibende Rechte in der – 1763 f.
- Deckungsgrundsatz in der – 1759 f.
- einstweilige Einstellung der – 1750
- Freigabe des Grundbesitzes 1753 f.
- freihändiger Verkauf 1720
- Geringstes Gebot in der – 1759 ff.
- Terminsbestimmung 1758
- Treuhänder und – 1717 f.
- Verhältnis zu anderen Versteigerungsarten 1722 f.
- Versteigerungsobjekte in der – 1724 f.
- Vorteile 1721
- Wertfestsetzung 1757
- Zuständigkeit 1726
- Zweck 1713 ff.

Institutsverwaltung 1467 ff.

Jahresrechnung 1693 f.
Juristische Person
- als Aufsichtsperson in der Zwangsverwaltung 1480
- als Bieter 387, 389
- Titel gegen – 22

Kapitalzahlung in der Zwangsverwaltung 1688 f.
Kindeswohl in der Teilungsversteigerung 1158, 1159, 1162
Klausel s. *Vollstreckungsklausel*
Kommanditgesellschaft 22, 1080
Kontrollteilungsplan 730, 731
Konzentration der Verfahren s. *Zentralisierung*
Kosten des Gerichts
- Anordnung 115, 1128, 1129
- bei der Verteilung von Gesamtgrundpfandrechten 956
- bei Versteigerung mehrerer Grundstücke 922 f.
- Beitritt zur Vollstreckungsversteigerung 117
- des Sachverständigen 224
- Eigentumswechsel 796
- Einstellung 212
- für den Versteigerungstermin 522
- im Teilungsplan 563
- in der Zwangsverwaltung 1639
- Kostenschuldner 118
- Löschung erloschener Rechte 799

- Rechtsbehelf 119 ff.
- Verfahrenskosten 318 ff.
- Vorschuss 321, 567
- vorzeitiges Verfahrensende 740
- Zuschlag s. *Kosten für den Zuschlag*
- Zustellung Anordnung/Beitritt 116

Kosten des Gläubigers
- Anmeldung 292
- dingliche – 34 ff.
- Kosten der Titelbeschaffung 31
- Kosten früherer Vollstreckung 32
- Kostenpauschale Fußnote 123
- vorgerichtliche – 20

Kosten des Rechtsanwaltes s. *Rechtsanwaltskosten*
Kosten für den Zuschlag
- Gerichtskosten 523 f.
- Gesamthaft 487
- reduzierter Geschäftswert in der Teilungsversteigerung 1242
- nicht im Teilungsplan 566
- Versteigerungsbedingung 374

Kündigung
- des Grundpfandrechtes 341
- Kosten der – 35
- nach Zuschlag 506
- Sonderkündigungsrecht 344 ff.
- Zwangsversteigerung kein Kündigungsgrund 343

Kündigungsschutz der Mieter und Pächter 346

Land- und forstwirtschaftliche Arbeit s. *Litlohnansprüche*
Laufende wiederkehrende Leistungen 270 ff., 284 ff., 546 ff., 849 f.
Lebenspartnerschaft in der Teilungsversteigerung 1063a
Liegenbelassungsvereinbarung 646 f., 782, 789, 1015
Litlohnansprüche 278, 571
Löschung nach Zuschlag
- erloschene Rechte 779
- öffentlich rechtliche Vermerke 781
- und Vereinbarung nach § 91 Abs. 2 ZVG 782
- Verfügungsbeschränkungen 781
- Zwangsversteigerungsvermerk 779
- Zwangsverwaltungsvermerk 781

Löschungsanspruch
- anmelden 683
- durchsetzen 685
- erlischt nicht 675
- für bestehen gebliebenes Recht 674
- für erloschenes Recht 675 ff.
- gesetzlicher – 672 f., 712
- ist werthaltig 677, 682
- kein – nach Abtretung 712

- nach Verzicht 711
- Vormerkung 676, 678

Massegläubiger
- Begriff 153
- Vollstreckung 161

Meistbietender
- Abtretung der Rechte aus dem Meistgebot 482, 488
- als Beschwerdeberechtigter (Zuschlagsentscheidung) 517, 519
- als gesamtschuldnerisch Haftender 484, 488
- Anspruch auf Zuschlagserteilung 480
- Antragsberechtigung § 74a ZVG 466
- Strohmanngebot 481, 488
- Verkündungstermin 450
- Zustellung an Meistbietenden 492, 538
- Zustimmung nach § 5 ErbbauVO 850 ff.
- Zustimmung zur Zuschlagserteilung 457
- Zwangsvollstreckung gegen den Meistbietenden 826

Meistgebot
- unter 50 % des Verkehrswertes 462
- unter 70 % des Verkehrswertes 464
- s. auch Bargebot

Miete
- Geltendmachung durch den Zwangsverwalter 1583 f.

Mieterbelehrung
- Bedeutung 346, 347
- bewirkt Anmeldepflicht 347
- von Amts wegen 261

Mietkaution s. Mietsicherheit

Mietpfändung 1329 ff.

Mietsicherheit 348, 379, 1595, 1602

Mietvertrag
- des Zwangsverwalters 1597 f.
- ist zu übernehmen 343, 1217 f.
- Sonderkündigung 344 ff., 1217

Mietvorauszahlung 346

Minderanmeldung
- allgemein 633
- Sicherungsgrundschuld 708 ff.

Minderjährige Bieter 399, 400

Mindestvergütung des Zwangsverwalters 1498

Miteigentumsanteil 2, 881, 901 f.

Mithaftende 538, 813, 826

Mitteilung § 41 Abs. 2 ZVG 262

Mitversteigerte Gegenstände
- Eigentumserwerb 497
- Gefahrenübergang
- im Zuschlagsbeschluss 485

Mobiliarvollstreckung
- Kosten früherer – 37
- in Erzeugnisse 109
- in Gegenstände des Haftungsverbandes 106
- in Zubehör 107

Nacherbe 59, 148, 1075 f.

Nachlasspfleger in der Teilungsversteigerung 1098

Nachlassverwalter in der Teilungsversteigerung 1098

Nachlassverwaltung 147

Naturalteilung 1050

Nebenleistungen
- bei Briefrecht 582
- bei Reallast 583
- bestehen gebliebenes Recht 575 ff.
- erloschenes Recht 580

Neugläubiger (Insolvenz) 159

Nichtzahlung des Bargebots 1258 ff.

Nießbrauch in der Teilungsversteigerung 1099 f.

Nießbrauch in der Vollstreckungsversteigerung
- Berücksichtigung im geringsten Gebot 288
- kein Gegenrecht 149
- Nebenleistungen 287
- Wertersatz 603

Nießbrauch in der Zwangsverwaltung 1370 ff.

Notsicherheit 426, 455

Notwegrente 316

Nutzungen
- ab Zuschlag für den Ersteher 378
- in der Zwangsverwaltung 1316, 1370, 1381, 1446, 1481 f., 1534, 1549, 1554, 1593, 1632 f.

Objekte
- der Insolvenzverwalterversteigerung 1724, 1725
- der Teilungsversteigerung 1086
- der Zwangsversteigerung 1 ff.
- der Zwangsverwaltung 1344 ff.

Offene Handelsgesellschaft 22, 1080

Öffentlich-rechtliche Vermerke 781

Öffentliche Bekanntmachung
- des Versteigerungstermins 253, 1190
- des Verteilungstermins (Gerichtstafel) 540

Öffentliche Grundstückslasten
- im Teilungsplan (Vollstreckungsversteigerung) 572 ff.
- in der Zwangsverwaltung 1643
- Rangklasse 3 279 ff.

Öffentlichkeit
- des Versteigerungstermins 333
- des Verteilungstermins 624

Ort der Versteigerung 249

Örtliche Zuständigkeit 10, 900, 1087, 1351

Ortsbesichtigung
- durch das Gericht 228
- durch den Sachverständigen 227

Stichwortverzeichnis

Pächter
- Pachtvertrag 343 ff.
- Titel gegen – 91

Persönliche Forderung
- bei der Versteigerung mehrerer Grundstücke 950
- Übernahme der – 700, 705
- und Insolvenz 165
- und Wiederversteigerung 818

Persönlicher Gläubiger
- als betreibender Gläubiger 87, 97
- im geringsten Gebot 322, 922

Persönlicher Titel 39, 40, 87, 97
Pfändung der Instandsetzungsrücklage 888
Pfändung des Auseinandersetzungsanspruchs 1265 ff.
Pfändungen im Verteilungsverfahren
- erloschene Eigentümergrundschuld 753 f.
- erloschenes Grundpfandrecht 744 ff.
- Erlösüberschuss 769 ff.
- Pfändung hinterlegter Beträge 757 ff.
- Rückgewähranspruch 759

Pfändungsgläubiger als Antragsteller (Teilungsversteigerung) 1265 ff.
Privatgutachten 1182
Protokoll
- Rückgabe der Sicherheit 431
- Sicherheitsleistung 429
- Versteigerungstermin 334 ff.

Prozessführung durch den Zwangsverwalter 1608 ff.
Prozessvoraussetzungen
- allgemeine 46
- besondere 47

Prüfpflicht des Grundbuchamts 794 ff.

Quittung als Grundlage der einstweiligen Einstellung 208

Räume des Schuldners in der Zwangsverwaltung 1411 f.
Rangänderung 310
Rangklassen
- allgemein 26, 275 ff., 1213
- im geringsten Gebot 275 ff.
- im Teilungsplan – 568 ff.
- in der Zwangsverwaltung 1659 ff.

Rangordnung
- der Gläubiger 307 f.
- der Rechte s. *Rangklassen*

Rangvorbehalt 868
Reallasten
- auf bestimmte Dauer 607
- auf unbestimmte Dauer 603
- Berücksichtigung 288
- Betreiben aus – 289
- Naturalien 325

- Nebenleistungen 583
- Rangklasse 287

Rechnungslegung des Zwangsverwalters
- Inhalt 1451 f.
- Pflicht zur – 1448
- Prüfung 1454

Rechtliches Gehör 110, 113, 130, 176, 195, 211, 231
Rechtsanwaltskosten
- für Einstellungsverfahren 213
- für Versteigerungsantrag 124 ff.
- für Verteilungsverfahren 742
- für Zuschlag 527
- Vertretung des Bieters 743

Rechtsbehelf
- bei Aufhebung, Einstellung, Fortsetzung 211
- gegen den Anordnung– bzw. Beitrittsbeschluss 110 f., 1125, 1422, 1748
- gegen den Kostenansatz 119 ff.
- gegen den Teilungsplan 734 f., 1682 f.
- gegen den Wertfestsetzungsbeschluss 236
- gegen den Zuschlagsbeschluss 514 f., 1237
- gegen die Zurückweisung des Versteigerungsantrags 113 f., 1127, 1746
- gegen die Zurückweisung des Zwangsverwaltungsantrags 1423

Rechtsbeschwerde 112, 520
Rechtskraft
- Aussetzung der Verteilung 653 f., 738
- der Zuschlagsversagung 458 f.
- Entscheidungswirksamkeit auf Eintritt der – hinausschieben 130
- keine materielle – des Wertfestsetzungsbeschlusses 237

Rechtsmittel s. *Rechtsbehelf*
Reduzierung bei Zuschlagsgebühr (Teilungsversteigerung) 1242
Regelvergütung des Zwangsverwalters 1490 f.
Reihenfolge der Ausgebotsarten 919
Relativer Rang 299, 591
Rentenschuld 605, 949, 955, 964, 1011
Rückgewähranspruch
- Ausgleichsanspruch 706
- Erfüllung 697, 698
- kein Übergang bei Zuschlag 702
- Pfändung 759 ff.
- und Abtretung 765 ff.

Rücknahme des Versteigerungsantrags s. *Antragsrücknahme*
Rücknahmeverzicht 434
Rückständige wiederkehrende Leistungen 270 ff., 546 ff., 574, 849 f.

Sachverständiger 218 ff., 261, 346, 375
Schlussrechnung 1693 f.

Stichwortverzeichnis

Schreiblauslagen für Verkehrswertgutachten 232, 263
Schuldenmasse 562 ff.
Schuldner s. *Vollstreckungsschuldner*
Schuldner als Zwangsverwalter 1474 f.
Schuldnerschutz 188 ff., 204 f., 1000
Schuldtitel s. *Titel*
Sicherheitsleistung
– Höhe 411 ff.
– in der Teilungsversteigerung 1223
– Nachreichen 427
– privilegierte Bieter 406 ff.
– Prüfung des Verlangens 401 ff.
– Rückgabe 430 ff.
– Sicherungsmittel 414 ff.
– Verlangen 401, 422
Sicherungsgrundschuld 695 ff.
– ist bestehen geblieben 700 ff.
– ist erloschen 706 ff.
– und Rückgewähr 698 ff.
Sicherungshypothek
– nach Forderungsübertragung 819 ff.
– nach Verzicht auf die übertragene Forderung 817
– Besonderheiten bei der – 820 f.
– Rangverlust 822
– Rang 823
Sicherungsmittel
– taugliche 414
– unzulässige 420
Sicherungsverwaltung 1321, 1324
Sicherungsvollstreckung 37
Sofortige Beschwerde s. *Rechtsbehelf*
Sonderkündigungsrecht des Erstehers 344 ff.
Strohmann 481, 488
Surrogationsgrundsatz 503, 579, 680, 1033

Tag der ersten Beschlagnahme
– als Trennpunkt bei wiederkehrenden Leistungen 271 f.
– bei der Versteigerung mehrerer Grundstücke 903
– Eintritt der Beschlagnahme 75 f., 1121, 1396 f., 1743
– Nennung im Vorbericht zum Teilungsplan 558
Teileigentum 881
Teilungsmasse 560 ff.
Teilungsplan
– in der Zwangsversteigerung 556 ff.
– in der Zwangsverwaltung 1673 ff.
Teilungsversteigerung 2, 878, 1037 ff.
Terminsbestimmung in der Insolvenzverwalterversteigerung 1758
Terminsbestimmung in der Teilungsversteigerung
– Inhalt der – 1190
– Versteigerungstermin 1189 f.

Terminsbestimmung in der Vollstreckungsversteigerung
– Inhalt der – 250, 251
– Versteigerungstermin 239 ff.
– Verteilungstermin 532 ff.
– Voraussetzungen 217, 242, 243
Terminsort 249
Testamentsvollstreckung
– als Gegenrecht 145, 146, 1514
– Titel gegen Testamentsvollstrecker 58
– Vollstreckung vorher begonnen 57
Tilgungshypothek 293, 783
Titel
– Absonderungsrecht 160
– bei Gütergemeinschaft 18
– dinglicher – 37 ff.
– gegen den verstorbenen Schuldner 19, 20
– gegen den vorläufigen Insolvenzverwalter 157
– gegen Erben 21
– Vermerk auf – über Zuteilung 631, 801, 1257
Titelumschreibung
– nicht erforderlich 57, 145, 155, 163
– und Ablösung 441
Tod des Vollstreckungsschuldners 19 ff.

Überbaurente 316
Überbauung mehrerer Grundstücke 917
Übergang
– der Gefahr 376 f., 457
– von Lasten und Nutzen 323, 378, 552, 889
Übergebot
– Gebotsprung 355
– und Untergebot 393
Übernahmegrundsatz 312
Überschüsse in der Zwangsverwaltung 1644
Übertragung der Forderung auf die Zahlung des Bargebots 804
Umfang der Beschlagnahme s. *Beschlagnahme*
Umschreibung des Vollstreckungstitels s. *Titelumschreibung*
Unbedenklichkeitsbescheinigung 494, 830
Unbekannter Berechtigter
– Abwicklung 800
– allgemein 658
– mangels Briefvorlage 657
– Minderanmeldung 714
Unbeschränkte Zwangsverwaltung 1373 f.
Unbestimmter Betrag 661 ff.
Unrichtiges Grundbuch s. *Grundbuch*
Untergebot s. *Übergebot*
Urkundsbeamter der Geschäftsstelle
– erteilt die Vollstreckungsklausel 510
– gibt Auskünfte 264

Stichwortverzeichnis

Veräußerungsverbot 84 f.
Verein
– Titel gegen – 22
Vereinbarung des Bestehenbleibens von erloschenen Rechten 646 f., 782, 789, 1015
Verfahrenskosten s. *Kosten des Gerichts*
Verfügungsbeschränkungen
– als Gegenrechte 131, 132
– Nachlassverwaltung 147
– Testamentsvollstreckung 57, 58, 145, 146, 1380
– Vorerbe/Nacherbe 148, 1381
Vergleich der Versteigerungsergebnisse 938
Vergleich zur Verfahrensbeendigung (Teilungsversteigerung) 1184 f.
– Muster 1313
Vergütung des Zwangsverwalters 1488 ff.
Verhandlung über den Teilungsplan 1680
Verhandlung über den Zuschlag 446 f., 467, 967
Verkehrswert s. *Wertfestsetzung*
Verlangen
– auf Gesamtausgebot 910 f.
– gemäß § 64 Abs. 2 ZVG 966
Veröffentlichung der Terminsbestimmung
– im Amtsblatt 253
– freiwillige 254
– Gerichtstafel 253
Verrechnungsscheck
– als Sicherheit 416 ff.
– Einlösung 433
Versagung des Zuschlags 452 ff., 514, 525, 740, 856, 938, 976, 981 f., 992, 1004, 1025, 1231 f.
Versicherungsforderung 89, 91, 92, 376
Versteigerungsantrag
– auf Anordnung der Insolvenzverwalterversteigerung 1726 ff.
– auf Anordnung der/Beitritt zur Teilungsversteigerung 1088 ff., 1115 f.
– auf Anordnung der/Beitritt zur Vollstreckungsversteigerung 8 f., 12, 13, 14, 43 (Muster)
– auf Anordnung der/Beitritt zur Zwangsverwaltung 1349 ff., 1360 (Muster)
Versteigerungsbedingungen 367 ff.
Versteigerungsgegenstände s. *Versteigerungsobjekte*
Versteigerungsobjekte
– in der Insolvenzverwalterversteigerung 1724, 1725
– in der Teilungsversteigerung 1086
– in der Vollstreckungsversteigerung 1 f., 898.
Versteigerungstermin
– Bestimmung des Termins 239 f., 1189 f., 1758
– Vorzeitige Beendigung 435 f., 1226 f.
Versteigerungsvermerk s. *Zwangsversteigerungsvermerk*

Verteilung von Gesamtgrundpfandrechten 949 ff.
– Gegenantrag 963 ff.
– nach BGB 954
– Voraussetzungen 949 f.
– Verfahren 952 ff.
Verteilungstermin in der Zwangsverwaltung
– Bestimmung 1645 ff.
– Anmeldung zum – 1651 ff.
– Teilungsplan 1673 ff.
Verzicht
– auf den Erlös 763
– auf die Einzelausgebote 918
– auf die Rechte aus der Zuteilung 815
– Erfüllung des Rückgewähranspruchs durch – 698
– und Pfändung 763
Verzinsung des Bargebots 371 f.
Verzugsschaden 808
Verzugszinsen 806
Vollmacht 335, 336
Vollstreckbare Urkunde 37
Vollstreckungsgegenklage 644
Vollstreckungsklausel
– als allgemeine Vollstreckungsvoraussetzung 37
– auf dem Zuschlagsbeschluss 507, 826 f.
– gegen Erben 20
– nach Ablösung 441
Vollstreckungsobjekte
– in der Teilungsversteigerung 1086
– in der Vollstreckungsversteigerung 1 f., 898.
– in der Zwangsverwaltung 1344 f.
Vollstreckungsregister 45, 1362
Vollstreckungsschuldner 15 ff.
– als Zwangsverwalter 1474 ff.
– mehrere 16
– Tod des –s 19 ff.
Vollstreckungsschutz 188 ff., 204 f., 1142 ff., 1170, 1553
Vollstreckungstitel s. *Titel*
Vollstreckungsvoraussetzungen 37, 47 f.
Vorbericht im Teilungsplan 558, 1674
Vorerbe
– Schuldner ist – 58
– Nacherbschaft als Gegenrecht 148
Vorkaufsrecht
– kein Gegenrecht 149
– Wertersatz 606
Vorläufiger Insolvenzverwalter 157
Vorläufiger Teilungsplan 542 ff.
Vorläufiges geringstes Gebot 304
Vormerkung für Löschungsanspruch
– Eintragung 676, 678
– Kosten für Eintragung 799
– Kosten für Löschung 678
Vormundschaft 17, 1097
Vormundschaftsgerichtliche Genehmigung 388, 455, 1097

Stichwortverzeichnis

Wahlrecht
- bei Gegenantrag nach § 64 Abs. 2 ZVG 973
- des Gesamtgläubigers 1033
- Zuteilungsberechtigten nach Forderungsübertragung 814

Wegerecht 288, 314, 575, 883

Wertersatz
- Auszahlung 622, 623, 659 ff.
- durch Einmalzahlung 606 ff.
- durch Rente 603, 613 ff.

Wertfestsetzung 218 ff.
- Bedeutung 219
- bei der Versteigerung mehrerer Grundstücke 904
- Gegenstände des Haftungsverbandes 218
- in der Teilungsversteigerung 1181 ff.
- Sachverständiger 218 ff..

Wertkorrektur 955

Wertverlust
- als Gegenargument nach § 30a Abs. 1 ZVG 190
- als Gegenargument nach § 74a Abs. 1 ZVG 467
- Ausgleich des –s nach § 30e ZVG (Insolvenz) 173

Wesentliche Bestandteile 1, 88, 89, 92, 106

Widerspruch im Versteigerungstermin
- gegen Zurückweisung des Gebots 396 ff.
- verhindert Erlöschen der Gebote 394

Widerspruch im Verteilungstermin
- Abgrenzung zur Beschwerde 634
- beim Löschungsanspruch 686
- beim Rückgewähranspruch 717
- Feststellung 624
- gegen festgestellten Betrag 665
- kraft Gesetzes 638
- Schuldner 644, 645
- Zurückweisung 640

Widerspruchsklage nach § 878 ZPO 643

Wiederkehrende Leistungen
- Abgrenzung zu einmaligen Leistungen 269 ff.
- bei der Verteilung von Gesamtgrundpfandrechten 956
- Endtermin 323 ff.
- im geringsten Gebot 284
- im Teilungsplan 573

Wiederversteigerung 818, 1264
- Besonderheiten 827 ff.
- echte 826
- unechte 826

Wohnungseigentum
- Hausgeld 887 ff.
- keine Teilungsversteigerung 878
- Sonderumlagen 889
- Überschuss 891
- Versteigerung 4, 876 ff.
- Verwalter 880, 883
- Wesen des –s 876 f.

- Wohngeld s. Hausgeld
- Zustimmung zum Zuschlag 886

Wohnungseigentümergemeinschaft in der Teilungsversteigerung 1064

Wohnungsrecht in der Zwangsverwaltung 1377

Zahlung
- auf das Kapital in der Zwangsverwaltung 1688 f.
- bei Ablösung 440
- des Bargebots 803
- des Schuldners an das Gericht 439
- einstweilige Einstellung nach – 208

Zahlungsnachweis 208

Zentralisierung 10

Zinsen aus dem Bargebot
- Befreiung von Zinspflicht 372
- Versteigerungsbedingung 371 ff.
- Verzug 806

Zinsen aus Grundpfandrechten s. Nebenleistungen

Zubehör
- Aufhebung der Zubehöreigenschaft 108
- in der Zwangsverwaltung 1603 f.
- neues – 94
- schuldnerfremdes – 95, 354, 355
- verlässt den Haftungsverband 93
- von der Beschlagnahme erfasstes – 91
- wird mitversteigert 354, 355, 1745

Zurückweisung
- des Versteigerungsantrags 54
- des Widerspruchs 640
- nur wegen Kosten 114
- Rechtsbehelf 113 ff.

Zuschlag 446 ff., 1231 ff.
- als Vollstreckungstitel 505 ff.
- an Dritte 481 ff.
- bei abweichendem gG in der Insolvenzverwalterversteigerung 1778 f., 1791 f.
- bei der Versteigerung mehrerer Grundstücke 900
- Inhalt des Zuschlagsbeschlusses 479 ff., 1235, 1236
- Kosten 523 f., 1242
- Rechtsbehelf gegen den – 514 ff., 1237
- und Zwangsverwaltung 1565 f.
- Verhandlung über den – 446 f., 467, 967
- Verkündung 447, 491 ff.
- Versagung des –s 452 ff., 514, 525, 740, 856, 938, 976, 981 f., 992, 1025, 1004, 1025, 1231 f.

Zuschlagsbeschwerde 514 ff.

Zuschlagskosten s. Kosten für den Zuschlag

Zuständigkeit
- ausschließliche 10
- bei mehreren Grundstücken
- funktionelle 11

407

Stichwortverzeichnis

- örtliche 10
- sachliche 9
- Teilungsversteigerung 1087
- Zentralisierung 10
- Zwangsverwaltung 1351

Zustellung
- des Ablehnungsbeschlusses 54
- des Anordnungsbeschlusses 64, 1113, 1392, 1737
- des Aufhebungsbeschlusses 180
- des Wertfestsetzungsbeschlusses 236
- des Zuschlagsbeschlusses 492 ff.
- Erleichterungen bei der – 256 ff.
- Sonderformen der – 256 ff.

Zustellungsvertreter 258 ff.

Zuteilung 599 ff., 1247 f., 1304 f.

Zuzahlung
- Begriff 361
- Festsetzung der – 363 ff.

Zwangshypothek
- kein dinglicher Titel erforderlich 40
- und Insolvenz 162 ff.
- und Teilungsversteigerung 1279

Zwangsräumung des Schuldners (Zwangsverwaltung) 1414

Zwangsversteigerung
- auf Antrag des Insolvenzverwalters 1708 ff.
- eines Grundstücks 1 ff.
- mehrerer Grundstücke 895 ff.
- zum Zwecke der Aufhebung einer Gemeinschaft 2, 878

Zwangsversteigerungsvermerk
- keiner nach Beitritt 72
- Löschung nach Aufhebung 180
- Löschung nach Zuschlag 779
- nach Anordnung 67, 1114, 1740

Zwangsverwalter
- Aufwendungen des –s 163 6 ff.
- Auslagen des –s 1500
- Bestellung des –s 1433 ff.
- Haftung des –s 1458 ff.
- Institutsverwalter 1467 ff.
- Qualifikation des –s 1435, 1503
- Rechnungslegung des –s 1448 ff., 1693 ff.
- Rechtsbehelf gg. Auswahl 1444
- Schuldner als – 1474 ff.
- Vergütung des –s 1488 ff.
- zwischen Zuschlag und Aufhebung 1568 ff.

Zwangsverwalterverordnung (ZwVwV) 1707

Zwangsverwaltung
- Altenteil in der – 1377
- Auflassungsvormerkung in der – 1513
- Aufwendungen 1636 ff.
- Aufwendungen Rangklasse 1a 276
- Antragsrücknahme 1540
- Beendigung der – s. *Aufhebung*
- Betriebsfortführung 1629 ff.
- Eigentumswechsel 1512
- Einstweilige Einstellung 1522, 1548 ff., 1552, 1553
- Erlösverteilung 1659 ff.
- gegen Eigenbesitzer 1358 ff.
- gegen Ersteher (§ 94 ZVG) 1324 ff.
- Gerichtskosten 1424, 1639
- Hindernisse 1370 ff.
- Insolvenz und – 1517 ff.
- Kapitalzahlung in der – 1688 ff.
- Miete und – 1583 ff.
- Mietpfändung 1329 ff.
- Mietverträge 1597 ff.
- Nacherbe 1382, 1516
- Objekte der – 1344 ff.
- Öffentliche Last 1643
- Pacht 1583
- Prozesse 1608
- Prüfung durch Gericht 1454, 1702 ff.
- Rechtsanwaltskosten 1428, 1657
- Rechtsbehelfe 1422 ff., 1444, 1682
- Schuldnerwohnung 1411 ff.
- Testamentsvollstrecker 1514
- Verhältnis zur Zwangsversteigerung 1319 f.
- Vorerbe 1381, 1516
- Zahlungsverbot 1406
- Zubehör 1603 ff.
- zur Sicherung 1321
- Zuschlag und – 1565 ff.
- Zwangsversteigerung und – 1318 ff.
- Zweck des Verfahrens 1315 f.

Zwangsvollstreckung
- gegen den Ersteher 826
- gegen den Meistbietenden 826

Zwischenrecht 690

Zwischenverfügung 53

„ein echter Klassiker"

Gebührentabellen

mit Erläuterungen

für Gerichte, Rechtsanwälte, Notare, Rechtsbeistände, Gerichtsvollzieher und Behörden

Begründet von Albert Höver. Bearbeitet von Wolfgang Bach, Regierungsdirektor a.D., und Jürgen Bach, Oberamtsrat.
33., völlig neu bearbeitete Auflage. 2004
281 Seiten. Kartoniert. € 18,–

Durch das Kostenrechtsmodernisierungsgesetz wurde das Recht der Gerichtskosten insgesamt erheblich überarbeitet, umgestaltet und vereinfacht. Insbesondere das Gerichtskostengesetz (GKG) wurde grundlegend umgestaltet. Die Bundesgebührenordnung für Rechtsanwälte (BRAGO) wurde durch ein völlig neues Rechtsanwaltsvergütungsgesetz (RVG) ersetzt. Eine völlige Neubearbeitung der Gebührentabellen wurde erforderlich.

Mit seiner übersichtlichen und praxisgerechten Darstellung ist der „Höver" seit einem halben Jahrhundert ein Begriff für schnelle und verlässliche Orientierung in allen Gebührenfragen. Das praktische Griffregister bietet schnellen Zugang zur jeweils benötigten Tabelle und dem entsprechenden Gebührentatbestand.

Pressestimmen

„… ein echter „Klassiker" … Für jeden, der viel mit Kostenrecht zu tun hat, schlechthin unentbehrlich."
Mitteilungen des Deutschen Richterbundes, Landesverband Berlin 1/2004

„Diese neueste Auflage ist wie bisher unverzichtbar für juristische Informationsbestände."
ekz-Informationsdienst 9/2002

„Eine Anschaffung, die den Preis wert ist."
Der Deutsche Rechtspfleger 3/2002

C. F. Müller, Verlagsgruppe Hüthig Jehle Rehm GmbH
Im Weiher 10, 69121 Heidelberg, Kundenbetreuung München:
Bestell-Tel. 089/54852-8178, Fax -8137, kundenbetreuung@hjr-verlag.de

C.F. Müller
www.cfmueller-verlag.de

Bassenge/Herbst/Roth

FGG/RPflG
Gesetz über die Angelegenheiten der freiwilligen Gerichtsbarkeit. Rechtspflegergesetz. Kommentar.

Dr. Peter Bassenge, Dr. Gerhard Herbst, Prof. Dr. Herbert Roth.

10., neu bearbeitete Auflage 2004. XXIX, 907 Seiten. Gebunden. € 88,-.
ISBN 3-8114-1937-4
C.F. Müller Kommentar

Die Neuauflage:

Mit diesem kompakten Kommentar stehen dem Praktiker wieder aktuelle und präzise Erläuterungen zum FGG und zum RPflG zur Verfügung, die es ihm zum Einen erlauben sich eine schnelle Übersicht zu verschaffen und zum Anderen tiefer in Detailprobleme einzusteigen.

Berücksichtigt wurden neben der aktuellen Rechtsprechung u.a. bereits folgende Gesetzesänderungen: Justizmodernisierungsgesetz, Justizkostenmodernisierungsgesetz und das Justizbeschleunigungsgesetz. Die präzisen und ausführlichen Erläuterungen des bewährten Kommentars sind nunmehr wieder auf dem neuesten Stand.

Die Autoren:

Dr. Peter Bassenge, Vors. Richter am Landgericht a.D., Dr. Gerhard Herbst, Präsident des Bayerischen Obersten Landesgerichts a.D., Professor Dr. Herbert Roth, Professor für Bürgerliches Recht und Verfahrensrecht an der Universität Regensburg.

„Die Neuauflage ... gehört weiter in die Handbibliothek jedes Rechtspflegers und jedes Rechtsanwenders im Bereich der freiwilligen Gerichtsbarkeit." Zeitschrift für das gesamte Familienrecht 17/2003.

C.F. Müller, Verlagsgruppe Hüthig Jehle Rehm GmbH
Im Weiher 10, 69121 Heidelberg,
Kundenbetreuung München
Bestell-Tel. 089/54852-8178, Fax 089/54852-8137
E-Mail: kundenbetreuung@hjr-verlag.de

C.F. Müller
www.cfmueller-verlag.de

Praktikum
der Freiwilligen Gerichtsbarkeit

Zimmermann
Praktikum der Freiwilligen Gerichtsbarkeit

Verfahrensgrundzüge, Erbscheins-, Grundbuch-, Vormundschafts- und Familiengerichtssachen

Von Prof. Dr. Walter Zimmermann
6., neu bearbeitete und erweiterte Auflage.
2004. XIV, 240 Seiten. Kartoniert. € 20,–
ISBN 3-8114-3910-3
(Jurathek Praxis)

Die Konzeption:

Besonders praxisrelevante Fragen des allgemeinen FGG-Verfahrensrechts sowie ausgewählte Nachlasssachen wie etwa das Erbscheinverfahren, das Grundbuchverfahren, Vormundschaftssachen (insbesondere Betreuung) und FG-Sachen der Familiengerichte werden anhand von zahlreichen Fallbeispielen behandelt.

Die Darstellung bietet neben der Zusammenstellung von besonders häufigen Problemen auch Aufbauschemata (z.B. zur Beschwerdeentscheidung, Erbscheinvoraussetzungen, Grundbucheintragungsvoraussetzungen, Grundbuch-Beschwerde) und Hinweise zur Falllösung.

Der Autor:

Prof. Dr. Walter Zimmermann ist Vizepräsident des Landgerichtes Passau und Honorarprofessor an der Universität Regensburg.

Die Neuauflage:

Die Neuauflage berücksichtigt vor allem die zahlreichen erheblichen Änderungen im Rechtspflegerrecht und die ZPO-Novelle, die am 01.01.2002 in Kraft trat. Ergänzt wurde der Band um neue Fälle zum Betreuungsrecht und zu Nachlasssachen.

„Nichts ist so ermüdent, wie ein Rechtsgebiet Punkt für Punkt darzustellen und Rechtsfrage an Rechtsfrage zu reihen. Zimmermann begegnet dieser Gefahr (...). Didaktisches Können ist also in besonderem Maß verlangt, will man in die Materie einführen. Das ist Zimmermann (...) gelungen."
Zeitschrift für das gesamte Familienrecht zur Vorauflage.

C. F. Müller, Verlagsgruppe Hüthig Jehle Rehm GmbH
Im Weiher 10, 69121 Heidelberg

C.F. Müller
www.cfmueller-verlag.de